인문학으로 사회변혁을 말하다

문화과학 이론신서 71

인문학으로 사회변혁을 말하다—강내희 선집

지은이 | 강내희

초판인쇄 | 2016년 2월 15일
초판발행 | 2016년 2월 20일

펴낸이　 | 손자희
펴낸곳　 | 문화과학사

출판등록 | 제1-1902 (1995. 6. 12)
주소 | 03707 서울시 서대문구 성산로13길 22(연희동)
전화 | 02-335-0461
팩스 | 02-334-0461
이메일　 | transics@chol.com
홈페이지 | http://cultural.jinbo.net

값 23,000원

ISBN 978-89-97305-09-4　93300

이 도서의 국립중앙도서관 출판시도서목록(CIP)은 서지정보유통지원시스템 홈페이지(http://seoji.nl.go.kr)
와 국가자료공동목록시스템(http://www.nl.go.kr/kolisnet)에서 이용하실 수 있습니다. (CIP제어번호: CIP
2016002318)

문화과학 이론신서 71

인문학으로 사회변혁을 말하다
—강내희 선집

강내희 지음

문화과학사

서 문 |

나는 1986년에 8년간의 미국 유학생활 끝에 영문학으로 박사학위를 받았
고, 그해 여름 귀국해 모교에서 한 학기 동안 강사 생활을 하고난 뒤 이듬해
중앙대학교 영문학과에 부임해 29년간의 교수 생활을 마치고 이제 정년을
맞게 되었다. 박사학위 취득 후의 세월은 내가 연구자, 교육자, 전문가, 지식인
으로서 한국의 공적 지식생산 영역과 공론장에서 제법 다양한 발언을 할 수
있었던 기간이기도 했다. 이번에 내는 책 『인문학으로 사회변혁을 말하다』
는 지난 30년 가까이 발표한 글 가운데 19편을 추려 함께 묶은 것이다. 여기
선택된 글들은 그간의 지식생산 활동에 대한 요약 결산에 해당한다고 생각
했기 때문에, 책 제목에 '강내희 선집'이라는 부제도 달았다.

나의 본격적 글쓰기 작업은 박사 학위논문으로 시작되었고, 이후 전개한 작
업에도 거기서 시작된 문제의식이 지속적으로 반영되었다고 할 수 있다. 「기행
문학, 스펜서, 셰익스피어, 밀턴에 나타난 르네상스 타자의 재현」("Renaissance
Representation of the Other: Travel Literature, Spenser, Shakespeare, and Milton")에서
주목한 것은 르네상스의 대표적 텍스트들에서 '비서구 타자'가 재현되는 방
식이었는데, 이처럼 박사 학위논문에서 타자 재현의 문제를 중요한 탐구 과
제로 설정하게 된 것이 나중에 내가 영문학, 나아가 문학을 비판적으로 보게
된 중요한 계기가 되었던 것 같다. 나는 영시 강의를 하며 교수 생활을 시작
했지만, 나름대로는 비판적인 영문학 연구와 교육을 수행하고자 했다. 영문
학 하기에 대한 비판적 문제의식은 문학에 대한 제도론적 관점, 다시 말해
문학은 순수 예술인 것만이 아니라 지배체제를 재생산하는 현실적 효과를
지닌 사회적 제도이기도 하다는 인식으로 이어진다. 문학이 사회적 제도라
는 것은 이데올로기적 지배 효과를 만들어 내기도 한다는 말로서, 그런 인식
이 내가 영문학 연구자로만 남지 않고 문화연구자라는 새로운 정체성을 얻

으면서 연구와 관심, 활동 범위를 넓히는 근본적 계기가 되었을 것이다. 그동안 원래 전공분야였던 영문학, 문학의 경계를 넘어서는 글들을 자주 생산하게 된 것은 이렇게 보면 학위논문을 작성할 때 '재현' 문제를 화두로 잡고, 그 문제가 문학 작품만이 아니라 사회적 현상 전반에 걸쳐 어떻게 다뤄지고 있는지 관심을 갖게 된 결과라고 하겠다.

전공분야를 넘나드는 글쓰기를 시도한 또 하나 중요한 이유는 아직도 한국의 지식생산을 지배하고 있는 대학의 분과학문 체제에 대해 나름의 비판적 의식을 가졌다는 데서 찾을 수 있다. 분과학문 체제는 분업화에 기초한 지식생산 방식이며, 자본주의적 지식생산의 핵심 기제에 해당한다. 내가 전공한 영문학을 포함해 인문학, 사회과학, 자연과학 영역에 속한 다양한 분과학문들은 각기 나름의 학문적 정당성과 역사성을 가지고 있는 것이 사실이다. 하지만 나는 그런 학문들을 분과학문 체제라는 제도로 묶어서 운영하는 관행은 문제라고 보며, 개별 학문의 발전에도 큰 도움이 된다고 생각하지 않는 편이다. 최근에 들어와 학문의 융합이나 통섭의 이름으로 분과학문 체제를 해체하려는 흐름이 없지는 않지만, 그것은 그것대로 문제를 안고 있는 움직임일 뿐이다. 왜냐하면 그런 흐름은 연구와 교육, 학문을 시장 논리에 종속시키는 지식생산의 신자유주의적 개편으로서, 당연히 발전시켜야 할 분과학문을 고사시키고 있기 때문이다. 지금 대학에서 분과학문 체제를 오히려 고수하는 것이 좋다고 생각하는 지식생산자가 적지 않은 것도 지식생산의 신자유주의화로 인해 그 나름의 학문적 정당성을 지닌 분과학문이 고사당하는 데 대한 저항 현상일 것이다. 그러나 분과학문의 발전과 분과학문 체제의 고수는 별개의 사안이며, 분과학문 체제는 반드시 지양해 새로운 학문 및 교육의 편제를 창출하는 것은 여전히 필요한 일이라고 본다. 내가 전공분야를 넘나드는 글쓰기를 한 것은 분과학문은 소중히 여기되 분과학문 체제는 지양해야 한다는 입장을 나름대로 실천하기 위함이었다.

영문학에 대한 전문적 지식생산 틀 안에 갇히고 싶지도 않고, 나아가서 문학의 한계도 벗어나 그 경계를 넘나들거나 때로는 훌쩍 벗어나는 지식생산에 관심이 많았던 것이 사실이지만, 나는 그렇다고 문학의 가치를 부인하고 문학을 버리려고 했던 것은 아니다. 사실 지난 30년간 문학 이외의 현상들에 대해 해온 발언이 조금이나마 독자성을 갖는다면, 그 상당 부분은 문학 공부와 연구를 통해 얻을 수 있었던 약간의 전문지식에서 나왔다고 봐야 할 것이다. 문학 전공자로서 내가 관심을 기울인 것은 재현 이외에도 '형태'라는 문제가 있다. 여기서 말하는 '형태'는 한국의 문학비평계에서 진보적인 계열로 분류되는 리얼리즘 진영이 비판적인 검토 대상으로 여기는 '형식'과는 다른 차원의 문제다. 나는 리얼리즘 진영이 '내용'과 '형식'의 관계를 반영론의 틀로 이해하는 경향을 지녔다고 보고 불만족을 느꼈던 편이며, 문화이론가로서 더 중요하게 살펴볼 문제는 '내용'과 '표현'의 관계라고 생각했고, 문학을 포함한 다양한 문화적 현상을 분석할 때 표현 층위를 특히 중요하게 살펴볼 필요가 있다고 믿었다. 그것은 이 선집에 포함된 「문학의 힘, 문학의 가치」에서 잠깐 언급한 대로, 내용과 대비되는 것은 표현인 것이지 형식은 아니라고 생각했기 때문이다. 어쨌든 표현 또는 형태의 문제에 관심을 갖게 되면서 나는 사회적 비판을 수행할 때 다양한 사회문화적 현상의 내용 형식에 속하는 이데올로기의 작동에 대한 설명 못지않게 그런 현상의 표현 양상을 기술하고 분석하는 것도 중요하게 여겼다. 예컨대 신자유주의적 자본주의를 비판할 때에도 신자유주의적 지배의 '꼴'을 들춰내고 그 문제를 살피는 것이 필요하다고 생각한 것이다. 내가 자본주의 비판을 글쓰기의 핵심 과제로 삼으면서 동시에 문화적 관점에서 그런 비판을 수행하는 것이 중요하다고 본 것도 그런 이유 때문이다. 나는 자본주의 생산양식을 극복해야 할 핵심적 이유의 하나를 그것이 꼴사나운 것들, 꼴같잖은 것들을 계속 만들어내고 있다는 데서 찾고 있기도 하다.

학자로서의 삶을 충실하게 살아보려고 했지만, 나는 연구 성과를 크게 내거나 자신의 이름을 내걸 만한 이론을 수립하는 업적을 이루지는 못했다. 이런 결과는 내가 특정 분야의 전문 학자가 되기보다는 잡식성의 공부를 선호했다는 점과도 무관하지 않을 것이다. 대학원까지 영문학을 전공했고, 영문학과에서 교수로 재직하며 영문학 교육을 담당하기는 했지만, 나는 영문학의 경계 안에 머물기보다는 문학 일반과 관련된 현상 이해에 더 많은 흥미를 느꼈던 편이고, 문학의 경계도 넘어서서 다양한 분과학문 분야들을 가로지르는 전방위적 지식생산을 더 중요하게 여겼던 편이다. 그렇게 된 것은 아마도 미학이나 역사학, 사회학이나 경제학, 인지과학이나 복잡성 과학 등 인문학과 사회과학, 자연과학의 다양한 분야에 대해 아마추어적 수준이나마 계속 관심을 지녔던 때문일 것이다. 하지만 너무 많은 분야를 집적거렸던 탓에 내가 수행한 지식생산 작업은 어느 것 하나에도 깊이 있게 파고들지 못한 것 또한 사실이다. 이번 선집에 실린 글들의 종류를 통해서도 상당 부분 드러나고 있지만, 그동안 내가 글쓰기나 강의 등을 통해 건드려온 주제는 좁은 의미의 전공분야인 르네상스 영문학 이외에 문학이론, 영문학 제도, 글쓰기 기술, 문형, 담론이론, 서사이론, 기호학, 문화연구, 문화공학, 인문학, 인지과학, 교과과정 혁신 및 교육개혁, 학문전략과 대학개혁, 한국 근대성과 유령학, 포스트모더니즘, 시공간, 길의 역사, 위험사회, 금융화, 신자유주의 및 자본주의 문화, 노동권, 문화적 권리, 문화운동, 표현의 자유, 사회미학, 문화사회, 코뮌주의 등으로 지나치게 넓고 다양하다.

이렇게 된 데에는 크게 두 가지 계기가 있었던 것 같다. 내가 번다한 주제를 다루게 된 주요 원인 하나는 1990년대 초 문화이론전문지 『문화/과학』을 창간해 20년간 편집인 또는 발행인 역할을 맡으면서 글쓰기를 자주 해야 했던 데서 찾을 수 있다. 『문화/과학』이 90년대 중반부터 계간지로 전환된 뒤로 석 달에 한 번씩 특집 기획에 참여할 일이 많아지면서 다양한 주제의 글쓰기는 나에게 거의 불가피한 일이 되었다. 다른 한편으로 민주화를 위한 전국교수협의회, 민주와 진보를 위한 지식인연대, 진보네트워크센터, 문화연대, 맑스코뮤날레, 진보정치세력 연대를 위한 교수-연구자모임, 지식순환협동조합 등의 조직 창립이나 활동에 참여하게 된 것도 내 글쓰기에 중요한 영향을 미쳤다고 할 수 있다. 사회운동 또는 학술운동 성격을 띤 이들 단체가 당면 사회 문제들에 개입하게 될 때 함께 했던 것이 나로 하여금 사회적 현안들에 대한 발언을 자주 하게끔 만든 또 다른 계기였던 것이다. 이상의 두 활동, 그리고 교수로서 학생들을 지도하며 지내온 경험이 지식인으로서 나의 정체성을 강화했으며, 나를 학자-지식인으로 만들었다고 할 수 있다.

지내놓고 보니, 그동안의 내 글쓰기는 다양한 주제를 대상으로 이루어졌다는 것과는 별도로, 아니 어쩌면 바로 그런 점 때문에 일관된 문제의식에 의해 지배되고 있었던 것으로 보인다. 신자유주의에 대한 비판적 의식이 바로 그것이다. 그동안 발표한 글이나 책 제목에서 가장 자주 등장하는 단어가 '신자유주의'라는 사실이 그런 점을 말해주고 있기도 한데, 이것은 내 글쓰기는 많은 부분 정세 분석 또는 개입의 성격을 띠었다는 것과도 같다. 지난 30년 가까이 나는 정규직 교수로서 한국사회에서는 갈수록 드문 안정된 일자리를 유지한 개인적 행운을 누린 편이나, 이 기간은 우리 사회 구성원, 특히 노동자를 포함한 민중과 소수자가 신자유주의의 지배를 받아 말 못할 고난을 겪은 기간이기도 하다. 그동안의 내 글쓰기에서 신자유주의 비판을 가장 중요한 과제로 삼았던 것은 개인적으로 학자로서, 지식인으로서 살아온 시기가 한국 자본주의의 신자유주의적 지배가 사회적 삶의 방식을 갈수록 흉악하게 만든 시기와 겹침에 따라 생긴 당연한 결과라고 하겠다.

신자유주의를 비판하며 내가 선택한 관점이 있다면 그것은 바로 자본주의 비판의 관점이다. 신자유주의 비판은 다양한 시각에서 이루어질 수 있겠지만, 나는 신자유주의를 자본주의가 20세기 말에 이르러 채택한 축적 체제 또는 전략인 것으로 파악하고, 신자유주의 극복의 올바른 방향은 반드시 자본주의를 극복하려는 데서 나와야 한다고 믿게 되었다. 그동안의 글쓰기를 통해 문화사회, 코뮌주의 건설에 대해 간절한 관심을 표명했던 것도 그런 사회가 실현되는 것이야말로 신자유주의적 자본주의를 벗어나는 가장 바람직한 방향이라고 믿어왔기 때문이다. 하지만 이런 관점을 세우는 과정에서 놓친 쟁점이나 과제도 없지 않았다고 봐야 한다. 단적으로 나는 자신의 이론적 입장으로 선택한 맑스주의적 코뮌주의와 다른 좌파적 이론의 관계에 대해서는 아직 분명한 정리를 한 적이 없다. 특히 생태주의나 여성주의의 경우 맑스주의적 코뮌주의와 비환원주의적인 '적녹보' 연대를 구성할 중요한 입장이라는 점에서 내가 채택한 입장과 이론적으로 어떤 관련성을 맺고 있는지 살펴봐야 했으나, 아직은 그런 작업을 진행하지는 못했다. 이밖에도 미진한 점은 수없이 많겠지만, 결여가 결여로 느껴지는 것은 채워지기 위함이라고 믿고, 이때까지의 글쓰기에서 살펴보지 못한 점들은 앞으로의 작업을 통해 보충할 수 있기를 기대한다.

책 제목에 대해 짧게나마 언급할 필요가 있겠다. '인문학으로 사회변혁을 말하다'는 '인문학적 입장에 서서 사회변혁을 말하다'로 들릴 것 같기도 하다. 하지만 사회변혁을 말하는 것이 인문학적 입장을 고수하기 때문은 아님을 밝히고 싶다. 사실 나는 주 전공인 영문학과 문학에 대해서와 마찬가지로 인문학과 그 전통에 대해서도 비판적인 입장을 취해왔다고 할 수 있는데, 그것은 세간에서 말하는 '인문학의 위기'가 발생한 데에는 학문과 교육을 시장논리에 종속시킨 신자유주의적 지배가 강화된 점이 작용한 것도 있지만, 그런 위기를 자초한 데는 인문학자들의 책임 또한 크다고 생각했기 때문이다. '인문학으로 사회변혁을 말하다'는 그래서 인문학이 사회변혁의 열쇠라는 의미에서 선택한 제목이라기보다는, 인문학을 논의 대상으로 여겨서, 또는 인문학의 문제 상황을 화두로 삼아서 사회변혁을 말한다는 의미가 오히려 더 크다고 할 수 있다. 나는 인문학이 사회변혁에 기여해야 하고 또 할 수 있다고 믿지만, 그렇게 하려면 인문학 자체도 변혁되어야만 할 것이다. '인문학으로 사회변혁을 말하다'는 따라서 한편으로는 인문학의 상황과 처지를 통해 사회변혁을 말하고, 다른 한편으로 사회변혁을 말하기 위해서는 인문학의 변혁이 필요하며, 또 다른 한편으로 변혁된 인문학으로 사회변혁을 말할 필요가 있다는 다중적 의미를 갖는다고 할 수 있다. 내가 인문학을 시학이나 발명학으로 보고, GNR 혁명과 같은 과학기술의 새로운 전개와 함께 나타날 인문학의 변화된 위상을 생각해본 것도 인문학은 스스로 변혁됨으로써만 사회변혁에 기여할 수 있다고 믿기 때문이다.

여기 실린 19편의 글은 그동안의 지식생산 활동에 대한 요약 결산이긴 하지만 내가 쓴 글 전체를 대변하는 것은 아니다. 한 권으로 선집을 꾸리려다 보니 넣고 싶었지만 빼야 했던 글도 없지 않았다. 하지만 그래도 이런 선집을 꾸려 자신의 글쓰기 작업을 정리할 수 있는 기회를 갖게 되어 개인적으로 소회가 깊다. 부족한 글들을 감히 묶어내니 독자들의 많은 질정을 고대한다.

2016년 1월 17일 강내희

차례

제 1 부

사회미학과 문화사회

1.

의림과 시적 정의,
또는 사회미학과 코뮌주의

1. 의림 전통

어릴 적 고향마을 어귀에는 아름드리 소나무가 두 줄로 듬성듬성 서있었다. 이제는 겨우 서너 그루만 남아 초라한 모습으로 바뀌었으나 이전에는 한 서른 그루쯤이 서늘한 그늘을 만들곤 하여 여름이면 그 아래서 놀던 기억이 난다. 이곳의 명칭은 '숲'이었다. 동네 대부분이 산으로 에워싸인 곳에서 나무 서른 그루 남짓한 곳을 가리켜 숲이라 부른 까닭을 안 것은 **의림**(義林) 전통을 알게 된 이후이다.[1]

경남 함양군 안의의 상림, 남해군 삼동면 물건리의 방조어부림, 전남 담양군의 관방제림은 널리 알려진 인공림이다. 이 가운데 상림은 신라시대 최치원이 함양태수로 있을 때 조림했다고 전해지며, 인공림으로서는 국내에서 가장 오래된 것으로 알려져 있다. 그동안 아랫부분은 없어지고 폭 200

---

[1] 필자는 2005년 5월 건축가 정기용 선생을 통해서 처음으로 '의림'의 존재에 대해 알게 되었으나, 아직 의림 전통과 관련한 문헌이나 그에 대한 구체적인 연구를 접하지는 못 하였다. 이 글에서 제출하는 의림에 대한 논의는 필자가 '의림'이 지녔음직한 개념에 대해 생각한 것에 기초하고 있다.

미터 길이 1.5킬로미터의 윗부분만 남았는데 원래는 홍수 피해를 막고자 조성되었다고 한다. 함양의 상림은 공공의 이익을 위해 만든 숲이었던 것이다. 남해 물건리의 방조어부림 역시 공공적 목적을 지녔던 것으로 짐작된다. 이곳은 300년쯤 전에 조성된 방풍림으로 바람 피해가 많은 남해 바닷가 마을들을 지켜주는 방조림(防潮林)에 더하여 어부림(魚付林) 역할까지 하며, 죽방멸치로 유명하다. 담양의 관방제림도 인조 26년(1648년) 성이성(成以性)이 담양부사로 있을 때 담양천 범람을 막기 위해 조성되었다고 하니 역시 인근 주민에게 도움을 주는 것이 목적이었다. 이들 인공림은 공공적 이로움을 가진 것 이외에 경치도 빼어난 곳으로 알려져 있다. 상림은 2만여 그루 나무가 원시림을 이룬 가운데 산책하기에 안성맞춤이고, 방조어부림은 바닷가 아름다운 풍경을 만들어내며, 담양천변에 2킬로미터에 걸쳐 조성된 관방제림 역시 뛰어난 풍광을 자랑한다.

세 곳은 모두 아름다운 숲이지만 '의림'이기도 하다. 이들 숲을 의림으로 볼 수 있는 것은 모두 **정의의 실천** 공간이기 때문이다. 태풍과 홍수, 파랑 등은 전쟁과 전염병을 빼놓고는 전근대 사회의 공동체적 삶을 가장 크게 위협한 재난이었을 것이다. 의림을 조성한 것은 자연재해를 막는 묘책이었으며, 그 결과는 이로움과 아름다움이었다. 곳에 따라 재해의 원인과 여건이 달랐으니 그에 대처하는 의림의 모습도 다양했다. 고향마을 '숲'이 작고 엉성했던 것은 뒤와 좌우가 낮은 산들로 감싸인 덕분에 풍우 걱정이 없는 산골인지라 간혹 다가오는 태풍에 대비하여 간단하게 마을 어귀만 막으면 되었기 때문일 것이다. 상림, 방조어부림, 관방제림은 나름의 이유로 유명해졌지만 내 고향마을에서 보이듯 한국에는 비슷한 숲이 많이 조성되었던 것으로 보인다.[2]

2_ 인터넷으로 검색해보면 전국 곳곳에, 특히 해안가에 방풍림이 많은 것을 확인할 수 있다. 전남 완도의 보길도 예송리 해변의 상록수림, 청산면 여서도의 방풍림, 전남 고흥군 남양면 월정리의 해안 방풍림, 경남 거제시 연초면 한내리의 모감주 나무군은 일부 예에 불과하다. 송림이 조성된 해수욕장이 특히 많다. 경남 남해군 남면 월포리, 상주면 상주리, 전남 고흥군 남열리, 완도군 보길도 중리, 전북 부안군 변산면 운산리, 충남

의림 전통은 재난에 대한 **문화적** 접근에 해당한다. 문화는 이때 인간이 자연에 대해 자신의 자유 공간을 개척하려는 태도나 모습을 드러낸다. 폭우로 들판이 쑥대밭으로 바뀌는 것을 그냥 두지 않고 제방을 쌓고 물길을 내어 농사를 지으려는 것이, 자연의 힘을 제어하며 삶의 터전을 만들어내려는 것이 인간의 모습이다. 문화는 천재지변 자체를 막지는 못해도 그 폐해를 최소화하는 지혜의 발휘인 것이다. 이런 문화는 공동체를 위한 마음, 공공에 대한 존중에서 비롯되니 정의의 실천이 아닐 수 없다. 정의는 여기서 자연의 재난으로부터 뭇사람의 생명을 구하고 공생의 터전을 마련하는 것으로 나타난다.

오늘 근대화된 시대에도 재해와 재난은 일상적이다. 현대사회는 재난을 구조적으로 내장한 **위험사회**의 특징을 가진 때문이다.[3] 위험사회는 근대에 발전한 과학기술이 자본주의 축적 구조와 맞물려 산업적 기술로 전환되는 과정에서 발생한 수많은 부작용이 자아낸, 위기에 처한 오늘 세계의 모습이다. 위험사회에서는 자연재해와는 별도로 인재에 의한 사건사고, 위해, 재난, 질병 등이 대량으로 생산된다. 2003년 태풍 매미가 불어닥쳤을 때 보존이 잘 된 방조어부림과 송림이 있던 남해군 삼동면 물건리와 상주면 상주리와는 달리 상주면 금전 마을과 거제시 연초면 한내리의 경우 주택이 침수되거나 파괴되는 등 큰 피해를 입은 적이 있다. 당시의 재난은 자연재해로만 빚어졌다기보다는 인재의 성격이 짙었다. 금전 마을의 경우 태풍 내습 10년 전에, 한내리는 30년 전에 중소기업 등이 들어서면서 방풍림을 없애버렸거나 크게 훼손했던 것이다.[4] 게릴라성 폭우, 태풍, 홍수 등 자연재

태안군 서산면 학암포 등에 소재한 셀 수 없을 만큼 많은 해수욕장에 송림이 조성되어 있다. 해수욕장과 송림의 친연관계는 송정해수욕장(松亭海水浴場)이란 명칭이 부산 해운대의 송정해수욕장, 남해 미조면의 송정해수욕장, 강원도 강릉의 송정해수욕장 등 적어도 세 곳의 이름으로 쓰이는 데서도 확인된다.

3_ 위험사회에 대해서는 울리히 벡, 『위험사회—새로운 근대(성)를 향하여』, 홍성태 역, 새물결, 1997 참고

4_ 강정훈, 「조상이 물려준 방풍림의 교훈」, 『동아일보』, 2003. 9. 19, 18:32.

해가 근래에 들어와서 빈발하는 것이 산업화와 개발 등으로 인한 환경파괴의 결과이고 이 파괴가 자본주의 축적 구조와 긴밀하게 연계되어 있음을 부인할 수 없다면, 오늘의 재난 다수는 구조적인 것으로 이해해야 하지 않을까? 그리고 이런 점은 위험사회일수록 재난 관리로서의 **의림 조성**이 사회적으로 더욱 절실하게 요청된다는 말이 아닐까?

위험사회가 만들어내는 재난 문제를 사고하기 위해 '의림'의 관점을 제시하는 것은 오늘의 사회 문제를 문화적 관점에서 살펴보고 대응하는 것이 필요하다는 인식 때문이다. 사회적 재난의 관리나 예방은 인간이 인간으로 살기 위해서는 필수적이라는 점에서 인간의 유적 과제이고, 그런 점에서 사회적이고 공공적인 성격을 띠며, 따라서 정의의 실천이라 할 수 있다. 정의의 실현에는 다수 인간에게 위해를 가하는 자연적이거나 사회적인 재난에 대한 대응이 포함되지 않을 수가 없는데, 문제는 이 재난이 늘 불균등하고 불평등하게 배분된다는 점이다. 이는 재난의 관리가 정의의 실천 문제임을, 정치적인 성격을 띰을 말해준다. 정의는 그래서 통상 정치의 영역에 고유한 문제로 인식되지만, 여기서 '의림' 전통과 연관하여 그 문제를 생각해 보는 것은 정의 실현은 삶의 방식을 바꾸는 일이라는 점에서 동시에 **문화적**이기도 함을 강조하기 위함이다. 아름다운 세계를 꿈꿀 수 없다면 누가 의림을 조성하겠는가. 태풍이 몰아치면 춤추는 나뭇가지로 그 파괴적 힘을 순화시켜 사람 사는 마을만큼은 부드럽게 타고 넘어가도록 하는 것이 방풍림이다. 마을 밖 방풍림은 앞에서 다가드는 태풍의 피해를 막아주기도 하지만 뒷산에서 흘러내리는 물, 생명의 원천을 머금는 역할도 한다. 의림은 이처럼 자연의 파괴적 힘을 생명을 키우는 힘으로 전환시킨다. 의림의 조성은 그래서 옳은 일임과 동시에 아름다운 일이다. 자연을 통제하면서도 맹목적 개발이나 산업화와는 달리 자연을 가꾸고 그를 통해 인간적 자유의 공간을 주조해내는 과정이라는 점에서 그것은 문화적이다.

위험사회에서도 여전히 의림이 다양한 형태로 필요하다면 이제 우리는 새로운 사회적 실천을 추구해야 하지 않을까? 위험사회 극복을 위해 사회적 실천을 새롭게 해야 한다고 보는 것은 그 사회를 만들어내는 노동사회와 이 사회를 강요하는 자본주의 사회의 지양을 위해서는 사회변혁의 구상에 문화적 관점을 제대로 반영하는 것이 절실하다고 느끼기 때문이다.[5] 이 글에서 나는 이 새로운 사회적 실천은 사회운동의 문화적 재구조화를 요구한다고 보고 이때 **사회미학**의 관점이 특히 중요함을 강조하고자 한다.[6]

'사회미학'은 여기서 미학의 **사회화**를 지향하는 미학의 한 유형으로 이해된다. '사회미학'이란 용어가 널리 통용되고 있는 것은 아니다. 미학을 감성적 인식의 문제로 보고, 감성적 인식은 개인적 차원에서만 이루어진다고 보는 관점이 지배적인 탓일 것이다. 이런 경향은 그동안 개인주의 미학이 미학적 상상력과 실천을 지배해온 것과 무관하지 않다. 미학적 실천을 구성하는 감성을 개인의 문제로만 간주하는 개인주의 미학의 사례는 엘리트주의적인 '작가주의' 경향을 드러내며 작품을 작가의 개인 소유로 만든 혐의를 지울 수 없는 **모더니즘 미학**과 자본주의적 상품생산에 복무하면서 소비적 개인주의를 조장하는 **상품미학**에서 대표적으로 볼 수 있다. 물론 상품미학과 모더니즘 미학은 지향이 꼭 같다거나, 오늘날 지배적인 자본주의적 생산에 대해서 비슷한 태도를 취한다는 말은 아니다. 상품미학이 상품의 소비 촉진을 위해 복무한다면 모더니즘은 작품의 상품화에 저항하는 경향이 있다. 그러나 양자의 공통점은 개인주의적 경향에서만 그치는 것이 아니라 자본주의와의 궁극적 관계에서도 엿보인다. 상품미학이 자본주의적 상품관계에 종속되어 있다는 점은 구태여 강조할 필요가 없겠지만, 일견 상품관계에 대해 비판적인 모더니즘에 대해서도 상품관계를 비판하는 것 같기는 하지만 일체의 사회적 관계로부터 거리를 두려는 태도 때문에 상품

5_ 위험사회와 노동사회의 관계와 양자의 결합을 극복하기 위한 문화적 관점의 필요성에 대해서는 강내희, 「위험사회, 노동사회, 문화사회」, 『한국의 문화변동과 문화정치— 문화사회를 위한 비판적 문화연구』, 문화과학사, 2003, 357-84 참조.

6_ 사회운동의 문화적 재구조화에 대해서는 『문화/과학』 43호('한국경제, 문화로 넘다'), 44호('한국정치의 문화적 재구조화'), 45호('한국 사회 및 운동의 문화적 대안')의 특집 글들을 참조.

관계를 결국 외면하고 만다는 점에서 자본주의에 대한 승인을 내포한다는 평가가 가능하다. 반면에 사회미학은 의림 전통이 보여주듯 공공적 성격을 띤 미학적 실천으로서 **자본주의 극복**을 위한 변혁운동에 기여할 수 있는 가능성을 가지지 않았는가 싶다. 오늘 사회미학이 요청되는 것은 자본주의 사회, 특히 신자유주의적 자본축적 전략의 극복을 위한 사회운동에 새로운 미학적 또는 문화적 관점의 정의 실천이 요구된다고 보기 때문이다.

2. 상품미학의 지배

자본주의 사회의 지배적 미학은 상품미학이다. 자본주의 사회가 상품의 생산과 소비를 통해 재생산되고 있고, 이 과정에서 상품미학이 주되게 작동하기 때문에 생긴 현상일 것이다. 볼프강 하우크에 따르면 '상품미학은 "생산의 상품형태로부터 유래하면서, 교환가치로부터 기능적으로 결정된 사물적인 현상들과 그에 의해 조건 지어진 감성적인 주관·객관 관계들의 복합"이다.[7] 여기서 상품미학의 기능은 "자본주의 사회에서 개인들을 소비 자본주의의 라이프스타일에 통합하기 위하여 그들의 가치, 인식, 소비 행태를 만들어" 내는 데 있는 것으로 이해된다.[8] 상품미학이 이런 역할을 하게 되는 것은 상품에 대한 가상을 주조하기 때문이다. 가상의 주조, 그것은 판매와 소비 대상인 상품에 대해 **사용가치**를 약속하는 것으로 이루어진다. 이 약속은 상품의 (교환)가치를 올리기 위함이지만 실제로는 실현될 수가 없다. 문제의 약속은 상품의 외관을 통해 이루어지는데 "외관은 그것이 실제로 지킬 수 있는 것보다 훨씬 더 많은 것을 약속"하기 때문이다.[9] 오늘날

7_ 볼프강 F. 하우크, 『상품미학비판』, 김문환 역, 이론과실천, 1991, 16.

8_ John Harms and Douglas Kellner, "Toward A Critical Theory of Advertising." http://www.uta.edu/huma/illuminations/kell6.htm (연도 미상.)

9_ 하우크, 앞의 책, 84.

이 상품미학은 광고, 디자인, 포장, 마케팅, 전시 등을 통해서, 다시 말해 소비자본주의 사회의 외관상의 특징을 규정하는 다양한 상품 소비 촉진 메커니즘을 통해 그 모습을 드러내고 있다.

상품미학의 지배는 자본주의 재생산을 위해 필수적으로 요구되는 **유효수요**의 창출과 그에 따라 나타나는 제반 문화적 양상들과 무관하지 않다. 역사적으로 보면 유효수요가 체계적으로 창출된 것은 자본주의적 대량생산 방식인 포드주의체제를 가동하기 위함이었다. 포드주의가 처음 도입된 것은 헨리 포드가 어셈블리라인을 통해 자동차를 대량으로 생산하기 시작한 20세기 초였으나, 그것이 지배적 생산방식으로 안착하는 데에는 짧지 않은 시간이 걸렸다. 데이비드 하비는 그 이유를 두 가지 장애물에서 찾는다. 우선 포드주의에 적합한 새로운 유형의 노동자들을 쉬 확보할 수 없었다는 것이 문제였다. "새로운 생산체계는 노동자를 단순한 반복 작업"에 얽어매면서도 "노동자들에게 생산의 계획, 속도, 일정 짜기에 대해서는 거의 아무런 통제권도 주지 않았"기 때문에 노동자들의 안정적 확보가 어려웠던 것이다.[10] 다른 한 장애물은 1930년대에 도래한 대공황으로 말미암아 유효수요의 대대적 부족이 발생한 데서 찾을 수 있다.[11] 포드주의는 소비용품의 대량생산을 전제하는 생산방식인데, 공황 상태에서는 생산력이 아무리 높아도 생산물에 대한 충분한 수요가 생겨나지 못한다는 문제가 발생한 것이다. 미국에서 이 위기를 극복하기 위해 나온 것이 루스벨트 대통령이 시행한 뉴딜정책으로, 위축된 유효수요를 다시 늘리고 새로 창출하기 위한 이 조치는 상당한 성공을 거둔다. 하지만 미국과 다른 선진자본주의 국가들

10_ 데이비드 하비, 『포스트모더니티의 조건』, 구동회·박영민 역, 한울, 1994, 171. 그람시는 『옥중수고』에서 '아메리카니즘과 포드주의'를 "전례 없는 속도로 역사상 비길 데 없는 목적의식을 가지고 새로운 유형의 노동자, 새로운 유형의 인간을 만들려는 지금까지 최대의 집단적 노력"이라고 보고, 포드주의가 보여준 새로운 노동 방식들은 "특정한 삶과 사유의 양식, 삶을 느끼는 특정한 양식과 불가분하다"고 한다(같은 책, 169에서 재인용).

11_ 같은 책, 172.

에서 포드주의가 지배적 생산체계로 정착된 것은 1945년 이후, 다시 말해 2차 세계대전을 치르는 과정에서 생산력의 증가와 함께 새로운 노동자와 소비자를 확보한 미국이 세계 헤게모니 국가로 부상하고 마셜플랜 등을 통해 서유럽에 자신과 유사한 소비자본주의를 발전시키기 시작한 이후의 일이다.

포드주의의 정착을 위해 적합한 계급관계 상태와 충분한 유효수요가 만들어져야 한다는 것은 이 단계의 자본주의 사회가 **소비사회**의 성격을 띠어야 한다는 말이기도 하다. 포드주의는 기본적으로 대량생산체제로서 소비재도 양산한다. 이는 자본축적을 위해 노동과 자본과 국가의 협력, 특히 노자간의 타협—자본의 노동에 대한 양보와 노동의 자본에 대한 양보—이 가능한 조건을 만들기 위함이다. 포드주의는 노동자들을 자본주의적 생산과정에 참여시키기 위해 임금인상 등 일면 노동자계급의 요구를 수용하지만 그렇게 이월된 자본을 회수하고자 노동자들을 소비자로 전환시킬 목적으로 소비재를 대량 생산하는 것이다. 이 맥락에서 상품미학의 중요성이 부각된다. 상품미학은 "개인들을 소비자본주의의 라이프스타일에 통합하기 위하여 그들의 가치, 인식, 소비 행태를 만들어"냄으로써 유효수요의 창출과 포드주의에 필요한 노동하면서 소비하는 새로운 인간형을 형성하는 데 효과적이었던 것이다. 20세기 초 포드주의가 도입된 이래, 2차 세계대전 이후 포드주의가 주요 자본주의 국가들의 생산방식으로 정착된 이래, 상품미학은 자본주의적 감수성, 라이프스타일의 재생산에 계속 중요한 역할을 해왔다. 이런 흐름은 1970년대 이후 자본주의 축적전략이 포드주의적 타협을 가능케 한 수정자유주의에서 대중에 대한 더 노골적인 착취를 지향하는 신자유주의로 전환된 이후에도 사라지지 않았다. 유효수요의 창출과 이를 위해 가동되는 상품미학이 신자유주의적 축적전략에 의해서 더 정교해졌다는 것은 자본주의 사회가 갈수록 사회적 양극화를 심화시키면서도 여전히 소비자본주의의 경향을 띠고 이 과정에서 대중을 부채경제로 몰아갈 정도로 **착취적 소비**를 진작시키는 각종 광고, 디자인, 포장, 마케팅, 전시

기술이 발전되고 있는 데서 확인되고 있다.[12]

상품미학이 지배하는 것은 이제는 한국도 예외가 아니다. 한국 자본주의는 대략 1990년대 초에 이르러 본격적 소비자본주의의 모습을 드러내기 시작했다. 미국 등 선진자본주의 국가들과는 시기와 방식을 달리해서 이때 (유사)포드주의적 타협 국면이 형성됨으로써 생긴 현상이고, 1980년대 후반에 사회운동 특히 노동운동의 급상승에 직면한 지배블록 내부에서 권위주의에서 자유주의 세력으로의 권력 이동이 일어나고 후자에 의한 신자유주의 정책 관리가 이루어져 각종 자유화, 시장화 조치가 도입된 결과이기도 하다. 1990년대에 들어와서 한국은 영화, 텔레비전드라마, 대중음악, 비디오게임, 애니메이션 등 대중매체를 기반으로 한 대중문화 중심의 문화산업이 급성장하게 되었는데, 이 과정에서 상품미학이 유효수요 창출의 주된 수단으로 작용한다.

그전까지 한국 문화지형에서 지배적 위상을 차지했던 것은 고급문화, 특히 모더니즘 미학에 근거한 형식주의 예술이었다. 여기서 모더니즘은 "순수 자유와 근본적 자율성의 관념들"에 바탕을 둔 예술을 지지하는 '가치중립적' 미학, "자신을 가치의 주된 원천"으로 보는 미학을 가리킨다.[13] 한국에서 예술의 자율성을 내세우는 미학적 태도의 지배적 위치는 사회운동이 고조되었던 1980년대까지도 이어져 왔던 것으로 보인다. 특히 대학을 기반으로 한 고급문화 분야에서 모더니즘의 경향적 지배는 분명한 사실이었다. 당시 대부분의 고급문화는 "캠퍼스 안으로까지 경찰이 진입하고 강의실이 최루탄 연기로 뒤덮일 때조차도 문화의 '절대적 자율성'이라는 이데올로기를 고수"했던 것이다.[14] 그러나 엄밀하게 보면 모더니즘의 헤게모니

12_ 강내희, 「문화와 시장— 신자유주의 시대의 한국문화」, 중앙대독어독문학과·한독문화연구소 주최 중앙게르마니아 100회 기념 대토론회 자료집, 2007. 10. 5.

13_ Suzi Gablick, "Connective Aesthetics: Art after Individualism," in Suzanne Lacy, ed., *Mapping the Terrain: New Genre Public Art* (Seattle, Washington: Bay Press, 1995), 80; 한국어판: 수잔 레이시 편, 『새로운 장르 공공미술: 지형그리기』, 이영욱·김인규 역, 문화과학사, 2010.

는 1980년대에 이미 위기에 처했던 것인지 모른다. 1980년대 초 신자유주의 정책의 도입으로 문화적 **자유화** 조치가 취해지며 문화의 **상품화**가 진행됨으로써 모더니즘 미학에 입각한 예술생산의 사회적 기반이 축소되고 **순수 예술의 위기**가 시작된 터였기 때문이다. 당시는 오후 다섯 시만 되면 국기 하강 의식을 거행하며 행인들에게 국기에 대한 경례를 강요하면서도 다른 한편으로는 대중문화의 상품화를 조장하는 스크린, 스포츠, 섹스를 중심으로 한 '3S정책'을 시행하던 때였다.[15] 이런 정책에 의한 문화 자유화로 인해 대중의 일상적 삶이 갈수록 상업문화에 의해 지배된 것은 모더니즘 미학에 대한 큰 도전이었다. 문화지형이 상품논리에 더 큰 지배를 받게 되면 모더니즘이 소중히 여기는 자율적 예술은 영향력이 줄어들 수밖에 없다. 1980년대 모더니즘 미학의 지배가 고급문화에 국한되었던 것은 이런 점을 배경으로 한다. 고급문화는 미술관, 박물관, 그리고 특히 대학과 같은 문화제도에 기반을 두고 있는데 당시 이들 제도는 아직은 상품문화의 영향권에서 상대적으로 자유로웠다.

1990년대에 들어오면서 이런 상황은 바뀌게 된다. 자유주의 세력에 의한 신자유주의 관리체제가 정착함에 따라서 시장 자유화 조치가 확산되고 문화의 **시장화**가 더욱 광범위하게 이루어진 때문이다. 시장화의 여파는 이제 대학과 화랑, 평단 등 고급문화 부문에까지 미치기 시작한다. 이런 경향은 김영삼, 김대중, 노무현 정권으로 이어지는 과정에 IMF 위기를 맞으며 신자유주의가 더욱 강화됨에 따라서 국가의 문화정책이 단순한 지원—물론 미흡하기 이를 데 없었고 그마저 통제를 목적으로 하던—에서 **생산적** 지원으로, 다시 말해 지원 대상자가 지원을 받으면 그에 상응하는 효과를 내도록, 생산성을 높이도록 요구하는 방식으로 바뀐 것과 궤를 함께 했다. 기본적으

14_ 강내희, 「신자유주의 시대 문화지형의 변동과 문화운동—역사와 과제」, 『마르크스주의 연구』 제4권 제1호, 2007, 292.

15_ 전두환 정권의 문화적 자유화 정책에 대해서는 강내희, 같은 글, 283-85와 「문화와 시장— 신자유주의 시대의 한국문화」 참고

로 문화와 예술에 대한 경제적 관점이 문화정책을 지배하면서 등장한 이 결과는 문화의 **산업화**를 촉진시키고 서울의 세종문화회관과 같은 주요 공공문화 기반시설에 대해 자립 경영의 시장논리를 도입하는 조치 등으로 나타났다. 대학과 같은 안정된 제도적 기반 위에서 수용되던 고급문화가 지난 10년 남짓한 기간에 상품의 부가가치를 높이기 위한 '콘텐츠화'를 생존전략으로 강구하게 된 것도 같은 과정이다. 문화의 시장화와 이 과정에서의 문화산업의 확대, 그리고 고급문화의 상대적 위상 추락은 국내 문화지형에서 모더니즘의 미학적 영향력이 축소되고 상품미학의 영향력이 강화되었음을 보여준다.

모더니즘 미학의 후퇴는 1980년대 예술운동 진영에서 이론적 헤게모니를 행사하던 **리얼리즘의 퇴조**를 통해서도 확인되는 듯하다. 리얼리즘은 1980년대에는 사회적 영향력이 가장 큰 문예이론이었으나, 1990년대에 접어들어서는 자유화 정책으로 자본주의적 대중문화가 문화지형을 지배함에 따라 급격한 위상 추락을 겪었다. 새로운 문화지형에서 본격 예술의 권위가 크게 위축되자 예술의 진정성을 추구하며 사회적 발언을 시도한 미학이론의 영향력도 축소된 결과일 것이다. 이 시기에 이르러 한국의 리얼리즘은 1980년대까지 자신이 주된 비판 대상으로 삼던 모더니즘과의 '해후'를 시도하는데, 이후 한류와 같은 상업화된 대중문화가 급성장한 가운데 고급문화는 더욱 위력을 잃은 데서 볼 수 있듯이 '적과의 동침'을 감행하며 자신의 영향력을 지키려 한 리얼리즘의 몸짓이 성공한 것 같지는 않다.[16]

16_ 여기서 리얼리즘의 퇴조를 모더니즘의 그것과 궤를 함께 한다고 보는 것은, 국내에서 리얼리즘은 모더니즘의 극복을 위한 미학적 대안으로 등장한 역사적 사실에도 불구하고 모더니즘적 경향 일반과 얼마나 근본적으로 달랐는지 의문이 들기 때문이다. 혹시 리얼리즘은 모더니즘의 대당이었거나 심지어는 그 한 판본이었던 것은 아닐까? 한국에서 리얼리즘은 예술의 사회적 참여를 주장하며 등장했고, 그런 점에서 진보적 문예이론으로서의 자기정체성을 가지고 있었음이 분명하다. 1980년대 전두환 정권에 대해 모더니즘 진영이 명시적 지지를 보내지는 않더라도 주로 방관으로 일관한 반면, 리얼리즘 진영의 경우 나중에 민예총이나 민족작가회의 등으로 결집된 다양한 문예활동을 통해 전두환 정권과 적대적 관계를 맺었고, 이 과정에서 상당수 작가, 화가, 연행가가 투옥까지 된 사실로 미루어 볼 때 리얼리즘의 진보성을 의심할 수는

오늘 상품미학의 지배는 무엇보다 일상적 삶의 **심미화**가 두드러진 데서 찾아볼 수 있다. "예술과 삶 일반의 경계 흐려짐, 그리고 소위 '고상한' 문화와 대중문화의 융합"을 가리키는 이 과정을 통해 "예술은 자신의 아우라를 잃고 무엇이든 될 수 있고 어디서나 나타날 수 있"게 되었으며, 그 결과 "대량 생산된 대상들을 예술로 간주하는 것이 가능해졌다." 일상적 삶의 심미화로 인해 일어난 또 다른 변화는 사람들이 "라이프스타일의 주조 또는 '디자인'을 통해 자신을 실현하는 것의 중요성"을 느끼게 되었다는 것, 즉 "삶의 예술로의 전환"이 이루어진 것이다. 이것은 "삶이 예술작품이어야 한다"고 본 "과거 아방가르드가 제출한 급진적 모토가 일상적 삶 자체의 주류이자 일부가 되었음"을 의미한다.17 물론 '심미화'가 상품미학만의 고유한 현상인 것은 아니다. 인간 능력의 감성적 측면을 다루는 것이 미학이라면 미학적 차원은 인간적 삶에 공통적이며, 따라서 상품미학이 만연하기 전에도 심미적 경험은 가능했다.18 하지만 미학적 인식이나 경험의 모종의 체계적 확대로, 다시 말해 일상적 삶의 주조에서 심미적 체험을 민감하게 고려하는 국면의 형성으로 이해한다면, 심미화를 상품생산의 일정한 단계에 이르러 나타나는 현상으로 보는 것도 과히 틀린 말은 아닐 것이다.

오늘 심미화는 무엇보다 상품의 심미화로 나타나며 이것은 소비자본주의의 구축 또는 심화 발전에 따른 결과이다. 상품의 심미화는 "때로는 대상들의 부차적 가치라 일컬어지던 것을 위해 대상들의 기능적 가치의 평가절하"가 이루어지는 것을 가리킨다. "원래 대부분의 대상들은 그 실질적 용도,

---

없을 것이다. 리얼리즘은 따라서 가치중립적이고 형식주의적인 미학적 입장을 견지한 국내 모더니즘 조류와는 분명히 구분되어야 하겠지만, 예술의 진정성을 강조하고 대상으로서의 작품 중심의 미학을 추구한 점에서는 모더니즘 일반의 전통에서 크게 벗어났던 것 같지 않다. 리얼리즘을 모더니즘의 한 예로 보는 관점에 대해서는 Catherine Belsey, *Critical Practice* (London: Methuen, 1980) 참고

17_ Markus Degerman, "Research as Aesthetics." http://www.chtodelat.org/index.php?option=com_content&task=view&id=371

18_ Ben Highmore, "Unmanageable Remainders: Cultural Studies as Social Aesthetics." 참고. http://www. sussex.ac.uk/sccs/1-3-1.html (October 2007.)

유용성에 따라서 평가가 이루어졌으나" 이 평가는 상징적이거나 미학적 기능에 의거하여 이루어지는 경향이 있다.[19] 갈수록 더 많은 대상들이 상품으로 전환되고 있는 오늘, 이는 대상들이 광고, 디자인, 포장, 마케팅, 전시 등 외면을 규정하는 기술들을 가동하는 상품미학의 지배 속에 들어가 있다는 말로 이해된다.

3. 모더니즘 미학과 사회미학

상품미학이 상품의 매력을 만들어냄으로써 사람들의 가치, 인식, 행동 방식을 바꾸고 그들을 자본주의적 라이프스타일에 통합시키는 중요한 기제라면, 오늘 이 미학이 지배적 위상을 누리고 있다는 것은 현단계에서 자본주의가 재생산되는 데 미학이 중요한 기능을 하고 있다는 말일 것이다. 자본주의를 지양해야 한다는 관점에서 본다면 이런 사실은 오늘의 변혁운동, 다시 말해 대안사회를 지향하는 운동은 자본주의의 미학적 재생산에 주목하고, **대안적 미학**의 실천을 구상할 필요가 있음을 말해주는 것이 아닐까? 자본주의의 미학적 재생산이 중대한 문제라고 보는 것은 자본주의가 그 재생산을 위해 심미적이고 감성적인 투자를 한다는 사실을 중시하는 관점이며, 그에 따라서 심미적이고 감성적인 차원의 대안적 실천을 변혁운동의 과제로서 제시하려는 관점이기도 하다.

상품미학의 일상 지배는 대중을 소비자본주의에의 포획으로 이끈다. 물론 대중이 수동적으로 소비자본주의에 포획되기만 하느냐는 의문을 제기할 수도 있다. 장 보드리야르에 의하면 대중은 상품미학의 환상에 의해, 상품의 이데올로기적 효과에 의해 기만당해서라기보다는, 상품을 자신을 차별화하며 드러내는 기호로 보기 때문에 상품 소비에 몰입한다.

19_ Degerman, op. cit.

이 경우 자본주의가 재생산되는 것은 대중이 속고 있기 때문이 아니라 원하기 때문인 것으로 간주된다.[20] 그러나 대중이 속아서 그러든 원해서 그러든 상품 소비의 지속과 증대가 이루어지는 것은 자본주의 재생산에 효율적이며, 재화와 서비스의 상품화가 갈수록 심화되면 대중이 대안적 삶을 추구하는 데 방해가 된다고 할 수 있다. 오늘 대중이 **소비자본주의**에 포획되어 있다는 사실 자체, 그에 따라 대중의 상품에의 종속이 갈수록 확대됨으로써 자본주의의 지양이 지연되고 있다는 사실을 부정할 수는 없다고 본다.

자본주의 재생산에 이처럼 미학적 요인이 작용한다는 것은 변혁 운동의 의제 설정에서 문화적 관점, 특히 대안 미학의 관점이 전제되어야 함을 의미하며, 앞에서 의림 전통을 언급한 것도 상품미학의 지배로부터 벗어나려면 그와 비슷한 미학적 실천이 오늘 요구된다는 믿음 때문이었다. 의림의 조성은 물론 모더니즘 미학과는 구분되는 사회미학적 실천에 속한다. 모더니즘 미학은 자본주의 사회의 **미학적** 재생산의 주요 기제로서의 상품미학에 대해 비판적이라는 점에서 사회미학과 공통점이 전혀 없는 것은 아니다. 모더니즘 미학이 작품의 자율성을 추구한 것은 작품이 상품으로 유통되는 것을 방지하기 위함인 것으로 이해된다. 모더니즘 작품의 악명 높은 난해함도 작품에 대한 손쉬운 해석과 안이한 소비를 막기 위한 미학적 장치로 해석될 여지가 적지 않고, 시장에서의 작품의 원활한 유통 또는 상품으로의 전락을 예방하려는 **반시장적** 의미도 없지 않다. 모더니즘의 반시장적 태도, 반자본주의적 경향은 예술가를 사회와 절연시키려는 데서도 두드러지게 나타난다.

20_ 보드리야르에 따르면, "개인들은 상품들을 사회적 위신, 지위, 성공의 기호로 보고 찾는다…상품은 체계 속의 개인의 신분을 가리키는 기호로 사용되는 위계적으로 조직된 재화와 서비스 체계를 형성한다…소비자들은 특정한 자동차, 의복, 그리고 다른 재화가 소비의 위계 속에서 상대적 위상을 의미하도록 만드는 소비 코드에 대한 감을 가지고 있다. 이리하여 특정한 대상들은 더 높은 품위를 의미하고 욕망되며 따라서 특정한 사회적 만족을 제공한다." Harms and Kellner, op. cit.

예술가는 누구에 대해서도 책임지지 않는다. 그의 사회적 역할은 반사회적이다. 그의 유일한 책임은 자신이 하는 작업에 대한 태도 속에 있다. 그 어떤 공중과의 소통도 없다. 예술가는 어떤 질문도 할 수 없고, 아무런 주장도 하지 않는다. 그는 어떤 정보도 제공하지 않으며 그의 작품은 사용될 수가 없다. 중요한 것은 최종 결과물, 내 경우는 그림이다.[21]

바셀리츠가 여기서 보여주고 있는 것은 세계와의 철저한 **소통 거부**이다. 예술가가 자신과 사회와 공중의 철저한 유리를 주장하고, 자기 작업의 최종 결과물로서의 작품에 대해서만 관심을 가진다면 이 작품의 상품으로서의 성격은 분명한 듯하다. 상품이 시장에서의 유통을 전제하고 만들어진다면 세계와의 소통을 거부하는 작품이 상품적 성격을 띠기는 어렵지 않겠는가.

　문제는 이런 모더니즘적 태도는 예술의 상품으로의 전락만이 아니라 삶 자체마저 거부한다는 점이다. 거기에는 삶은 소름이 끼칠 따름이며, 예술 속에 살 때에만 그런 혐오스런 삶을 회피할 수 있다고 믿고, 예술가는 세계 로부터의 절대적 독립을 유지해야만 완벽해질 수 있다고 보는 예술지상주 의의 완고한 태도가 자리잡고 있다.[22] 의림 전통과는 완전히 다른, 철저하 게 개인적, 아니 사적인 미학적 태도라 하겠다. 자본주의적 상품관계 재생 산 전략의 일환인 상품미학의 극복이 필요하다고 보면서도, 정작 이 미학에 비판적인 모더니즘을 대안으로 삼을 수 없는 것은 이런 점 때문이다.

　그러나 유감스럽게도 현재 상품미학의 지배를 비판하는 미학적 태도를 놓고 볼 때, 모더니즘 미학—여기에는 리얼리즘이 대당으로 포함된다—이

21_ 1983년 런던의 화이트채플 아트 갤러리에서 열린 자신의 전시회 카탈로그에 실린 게오르그 바셀리츠의 발언. Suzi Gablik, op. cit., 77에서 재인용.

22_ 이런 미학적 입장에 대해 수지 개블릭은 '나쁜 모더니즘'이라는 명칭을 붙인다(ibid., 78). 모더니즘 전통이 모두 이런 경향을 띤다고 할 수는 없다. 만약 주 16)에서 언급한 것처럼 리얼리즘을 모더니즘 일반의 한 조류로 볼 수 있다면 모더니즘에는 사회적 발언을 하려는 욕구가 강한 전통이 들어 있다고 할 수 있을 것이다. 이런 점은 특히 아방가르드 전통에 강하게 나타난다. 아방가르드는 모더니즘에 대한 내재적 비판을 가한 미학적 실천 사례로서 삶과 예술의 경계를 없애야 한다는 입장을 가지고 있었다.

외의 다른 전략을 보기 어려운 것도 사실이다. 국내에서 모더니즘 미학은 이제 그 영향력이 크게 줄어들었으나, 상품미학이 지배하는 오늘의 일상적 삶의 모습, 그 심미화 경향의 비판과 극복을 위한 다른 유형의 미학적 실천이 쉬 눈에 띄는 것도 아니다. 이런 점은 1990년대 이후 전통적 문화운동이 크게 위축된 가운데 새로운 문화운동이 등장하긴 했지만, 후자의 전통에서는 미학적 관심이 상대적으로 낮았던 것과도 관련이 있을 듯싶다.[23] 공공미술운동, 스쾃운동 등의 사례가 보여주듯이 새로운 형태의 미학적 실천 사례가 최근에 전혀 없었던 것은 아니다. 그러나 새로운 실천들은 아직은 뚜렷한 모습을 드러내지 못하는 것 같고, 예술가 대중의 관심을 끌만큼 미학이론을 중심으로 한 담론 지형을 형성한 운동으로까지 조직되어 있지 않다. 이 글에서 사회미학을 새로운 미학적 실천의 방향으로 제시하려는 것은 상품미학이 지배하고 있는 가운데 아직 그에 대응할 **미학적 전략**이 부재한 상황을 극복할 필요가 있다고 보기 때문이다.

사회미학은 어떻게 현재의 지배적인 상업적 개인주의 미학에 대한 대안이 될 수 있는가? 개인주의 미학의 대안으로 서려면 사회미학은 미학의 **사회화**가 가능함을 보여줘야 할 것이다. 과연 미학의 사회화는 가능한 것일까? 미학은 감성적 인식의 학문이고, 감성적 인식은 주관적이며, 개인적인 차원에서 이루어지는 일이 아닌가? 사회미학을 개인주의 미학의 극복을 위한 대안으로 삼으려면 미학의 사회화가 가능한 **근거**를 발견해야 한다. 우리는 그 가능성을 칸트에게서 찾을 수 있을 것 같다.

칸트에 따르면 미학은 취미에 대한 판단에 근거하며, 취미는 기본적으로

23_ 새로운 문화운동을 실천하고 있는 문화연대의 경우 문화적 관점의 사회운동을 지향하며 문화적 공공성을 지키고 문화적 권리를 신장하는 운동을 전개하고 있지만 미학적 실천에 대한 관심은 상대적으로 낮은 편이라고 할 수 있다. 물론 '오아시스 프로젝트'라는 새로운 미학적 실천에 공동으로 참여한 적이 없지는 않지만 유사한 운동을 지속적으로 전개하지는 못했다. 다른 한편 민예총이나 작가회의 등 1980년대 문화예술운동의 성과가 모여 만들어진 조직들도 있지만 거기 속한 다수 예술인들은 리얼리스트임을 생각할 때 리얼리즘을 포괄하는 모더니즘 일반의 퇴조와 함께 그 영향력은 크게 줄어들었다고 봐야 한다. 김강, 『스쾃—삶과 예술의 실험실』, 문화과학사, 2008 참고

주관적이다. 그에게 "취미판단은…논리적이 아니라 미감적"—지금까지 우리가 쓴 표현에 따르면 심미적—이며, "미감적이라 함은 그 규정 근거가 주관적일 수밖에 없는 판단임을 의미한다."[24] 표상들이 지시하는 것 가운데 쾌 불쾌의 감정을 가리키는 것만은 객관적일 수가 없는데 이는 쾌 불쾌에 대한 언급에 의해서는 객체의 어떤 것도 지시되지 않고 표상에 의해 촉발되는 대로 주체 속에 **감정**이 생길 뿐이기 때문이다. 문제는 과연 이처럼 주관적인 취미가 어떻게 소통이 가능하고 사람들이 그것을 공유할 수 있는가 하는 것이다.

취미판단의 특징은 주관적이면서도 보편적으로 소통이 가능하다는 데 있다. 주관적인 취미판단의 보편적 소통은 어떻게 가능한가? 취미판단의 대상인 미가 "일체의 관심을 떠난 만족의 대상"이기 때문이다. 일체의 관심을 떠난 만족이란 여기서 "주관의 어떤 경향성" 즉 관심에 기인하지 않은 만족으로서, 그 대상은 "모든 사람들에게 대하여 만족의 근거를 내포하고 있지 않으면 안" 되는 것으로 상정될 수 있고, 그런 점에서 개인이 "자기의 주관만이 근거하고 있는 개인적 조건들을 만족의 근거라고 생각할 수 없" 는 대상이다. 이때 만족은 "다른 모든 사람들에게 있어서도 전제될 수 있는 것에 기초를 둔 것"으로 이해된다.(67) 물론 이 만족은 여전히 주관적일 수밖에 없다. 취미판단은 "객체의 개념에 기초를 두고 있지 않"기 때문이며, 따라서 보편적이라 하더라도 그것의 "보편성이란 전혀 논리적인 것이 아니라 미감적인 것"이고, 이 보편성은 "판단의 객관적 양을 내포하고 있는 것이 아니라 주관적 양만을 내포"하기 때문이다.(71) 여기서 미학적 취미판단은 **주관적으로 보편적인 소통 가능성**을 가진다는 결론이 도출되는데, 이러한 사실은 감성적 인식의 대상인 미가 사적인 차원을 넘어서서 사회적으로 판단될 수 있음을 말해준다. 칸트는 여기서 미학을 사적인 문제로 간주한 모더니즘 전통과는 전적으로 다른 관점을 제공하고 있다.

24_ I. 칸트, 『판단력비판』, 이석윤 역, 박영사, 1974, 57. 앞으로 이 책에서의 인용은 본문의 괄호 속에 그 쪽수를 표시한다.

칸트가 미학을 사회적 문제로 봤다는 점은 취미판단을 "누구에게나 동의를 요구"할 수 있는 판단으로 보는 데서 더욱 분명하게 드러난다. "우리가 다른 모든 사람들의 동의를 구하여 마지않는 것은, 우리가 그러한 동의에 대한, 모든 사람에게 공통적인 근거를 가지고 있기 때문이다."(100) 이 공통적인 근거가 '공통감의 이념'인데, 취미판단에서 작용하는 공통감은 또 다른 공통감인 공통적 오성과는 구분된다는 점을 눈여겨볼 필요가 있다. 그것은 취미판단의 경우 오성과는 달리 개념에 의거하지 않고 감정에 의거하기 때문이다. 누구에게나 동의를 구할 수 있는 취미판단이 성립하려면 취미판단을 구성하는 감정이 보편적 전달가능성을 가져야 하는데 이 가능성 자체가 공통감을 전제한다는 것이 칸트의 설명이다. 어떤 것을 아름답다고 언명하는 취미판단은 우리의 감정에 기초를 두고 있지만, 우리는 "이 감정을 사적 감정으로서가 아니라 하나의 공통적 감정으로서 [판단의] 기초에 두고" 있다는 것이다.(102) 칸트에 따르면 이런 **공통감**이 전제될 경우 취미판단에서 요구되는 보편적 동의의 필연성은 더 이상 주관적 필연성이 아니라 객관적 필연성으로 표상된다. 공통감이라는 "규범을 전제할 때에만 우리는 그 규범에 합치되는 판단과 그 판단에 표현되는, 어떤 객체에 관한, 만족을 모든 사람에게 대한 규칙으로 삼을 수 있는 권리"를 갖게 된다. "왜냐하면 물론 이 원리는 단지 주관적인 것에 지나지 않지만, 그러나 주관적-보편적 원리(모든 사람들에 필연적인 이념)로서 상정된 것인 만큼, 여러 판단자들의 일치에 관해서는, 우리가 [그들의 판단을] 이 원리 아래 올바로 포섭했다고 확신만 한다면, 이 원리는 객관적 원리와 같이 보편적 동의를 요구할 수가 있을 것이기 때문이다."(103) 이렇게 보면 공통감은 사람들이 서로 공유하는 공통의 감정이다. 심미적 판단으로서의 취미가 이런 능력이라는 것은 그것이 "전인간이성에 자기의 판단을 견주어 보고, 또 그렇게 함으로써…다른 모든 사람들의 표상방식을 사고 가운데에서 (선천적으로) 고려하는 하나의 판정능력"임을 의미한다.(169)

이상 간단하게 살펴본 취미판단에 대한 칸트의 논의에서 미학의 사회화를 지향하는 사회미학의 성립 논거를 찾을 수 있을 것 같다. 오늘 상품미학이 미학의 지배적 유형으로 작동하고 있는 가운데 모더니즘이 그에 저항하는 미학적 실천으로 제시되기도 하지만 위에서 살펴본 대로 모더니즘은 삶 자체를 끔찍한 것으로 보고, 자본주의적 삶에 대한 저항을 그 삶으로부터 유리된 예술에서 찾으려는 경향을 드러낸다. 세계로부터의 절대적 독립을 추구한다는 점에서 모더니즘 미학은 사회적이라기보다는 개인적 또는 사적인 경향을 가지고 있으며, 따라서 거기서는 주관적이라고 하더라도 공통감에 기반을 둔 취미판단을 기대하기는 어렵다. 반면에 칸트가 제시한 취미판단 또는 심미적 판단력은 주관에서 출발하면서도 **보편적 소통가능성**을 가진 인간적 능력으로 제시되고 있다. 그에게 판단력은 "전인간이성에 자기의 판단을 비춰보고…주관적인 사적 조건들로 말미암아 그 판단에 해로운 영향을 줄는지도 모르는 착각을 벗어나기 위해서, 자기의 반성작용에 있어서 다른 모든 사람들의 표방방식을 사고 가운데에서 (선천적으로) 고려하는 판정능력"인 것이다.(169) 기본적으로 이런 취미판단에 근거한 것이라면 미학은 모더니즘이 제시하고 있는 것과는 달리 근본적으로 **사회적인 지향성**을 가지고 있다고 해야 한다. 의림의 예가 보여주는 정의의 구현으로서의 미학적 실천은 예외가 아니라 미학이 지닌 근본성향인 셈이다.

4. 시적 정의

상품미학의 극복을 위해 지향해야 할 사회미학은 어떻게 구성되는 것일까? 이 질문과 관련하여 사회미학은 **시적 정의**(poetic justice)의 실천을 위한 강령적 성격을 지닌 미학적 접근임을 강조하고 싶다. 미학은 기본적으로 사회적임을 칸트의 논의를 통해 알아봤지만, 미학적 실천이 사회적 공공성의 구현 노력과 무관하지 않다는 것은 예술적 세계의 구성 방식, 예술이 구성하는 허구적 세계에서 시적 정의가 실현되는 방식을 통해서도 확인할 수 있다. '시적 정의'는 권선징악 또는 인과응보의 허구적 실현을 일컫는 용어이다. 정의의 실현은 사회적 당위의 범주에 속하고, 그런 점에서 인간 관계에 필수적이라 상정되어 그에 대한 사회적 요구가 제기되곤 하지만 현실에서는 대체로 '아직은 아님'의 모습을 취하곤 한다. '시적 정의'가 성립하는 것은 아리스토텔레스가 『시학』에서 지적한 대로 원리를 제시하는 철학과 사실을 다루는 역사와는 달리 문학, 예술은 '개연성'의 영역이기 때문이다. 권선징악의 원리는 철학적으로는 요청될 수 있을는지 몰라도 역사 속에서는 그 실현을 확인하기 어렵다. 시적 정의가 가능한 것은 문학적, 나아가서 예술적 허구의 세계에서는 인과응보 또는 권선징악이 그럴 법하게 제시될 수 있기 때문이다.

'시적 정의'란 허구적으로 구현되는 정의라는 점에 주목할 필요가 있다. 서양 전통에서 '시'는 '만들다', '제작하다'의 의미를 지닌 그리스어 동사 'poiein'에서 유래하는데, 이런 측면에서 보면 시적 정의는 '만들어낸', '꾸며 낸', 다시 말해 '허구적으로 주조된' 정의이다. 정의의 실현은 역사적 현실에서는 쉽게 이루어지지 않는다. 권선징악과 인과응보는 사람들이 바라마지 않을지언정 역사적 현실로 구현되는 것을 확인하기는 어려운 일인 것이다. 이것은 정의가 원망(願望)의 형태로 존재하며, 이차원(異次元)에 해당하는 시적인 세계, 문학적이고 예술적인 허구의 세계를 그 존재조건으로 삼는다는 말이기도 하다.[25]

이와 같은 시적 정의는 칸트가 말한 '규제적 이념'과 일견 비슷해 보인다. 칸트에게 영혼, 신, 세계와 같은 이념은 경험적으로 확인되는 대상이라기보다는 비명시적이며 발견적인 개념이다. 그것은 대상이 어떻게 구성되어 있는지가 아니라, 우리의 경험 대상들이 어떻게 구성되어 있고 서로 연결되어

25_ 시적 정의와 의림, 공공영역의 관계에 대한 필자의 논의는 안삼환 외, 『인문학 활용 국가발전전략 수립 연구』, 경제·인문사회연구회 인문정책연구총서 2005-02, 2005, 110-22에 좀 더 자세하게 실려 있다.

있는지 우리가 어떻게 탐구해야 하는지 보여준다. '규제적 이념'은 이런 점에서 현실에서 실현되지는 않더라도 인간의 이상적 필요에 따라서 목적론적으로 요청되는 이념이다. 시적 정의도 현실에서는 구현되기 어려운 윤리적 질서를 허구적으로 구현한다는 점에서 규제적 이념에 가깝다고 볼 수 있다. 그런데 시적 정의는 허구적이기는 하지만 소설 등 실재하는 예술의 세계에서 구체적으로 실현될 수도 있다는 점에서 목적론적 요청과는 구분되는 측면도 없지 않다. 무수히 많은 민담, 소설, 서사시 등이 보여주듯 문학적 허구에서는 시적 정의가 빈번하고 구체적으로 나타난다. 게다가 시적 정의는 허구의 세계에서만이 아니라 현실에서도 **구체화될 수 있는** 가능성이 있다.

의림 전통을 시적 정의의 현실적 구현태로 볼 수 있지 않을까? 애초에 시적 정의를 허구적 정의로, 또는 규제적 이념에 가까운 것으로 규정한 것은 그것이 현실에서는 구현하기 힘든 정의를 허구와 상상 속에서 구현한다고 본 때문이다. '시'의 한 의미에 꾸며냄, 주조의 의미가 있다는 것은 시와 문학, 나아가서 예술의 세계는 현실에서 흔히 불가능한 정의의 실현을 가능케 한다는 말이기도 하다. 그런데 의림의 조성을 시작(詩作)과 유사한 실천으로 본다면 의림은 시적 정의를 허구적으로만 구현한 것으로 그치지 않는다. 그것은 실물로 존재하며 그런 점에서 시적 정의가 **현실에서 구현된** 사례에 속하는 것이다.

앞서 언급한 것처럼 위험사회의 극복을 위해 '의림'의 조성이 여전히 필요하다면, 사회미학의 실천이 요구되는 것이 아닐까? 물론 오늘 우리에게 필요한 의림은 현재 삶의 조건에 따라서 새로운 모습이기도 해야 할 것이다. 아무리 한옥 전통이 좋다고 해도 오늘의 모든 가옥을 한옥으로 꾸밀수는 없는 법이다. 그래도 의림의 전통에서 배울 점이 있다면 그것이 공공적 목적으로 조성되었으며, 그 결과 아름다움을 겸비했다는 데 있지 않을까한다. 그런데 이런 점은 의림에서 시적 정의가 현실화되었다는 점과 무관하지 않아 보인다. 시적 정의는 정의를 다룬다는 점에서 공공적이며, 시적이라는 점에서 미학적이다. 의림 전통이 오늘 요구되는 사회미학의 전례를 이루는 것도 바로 이런 점 때문일 것이다. 의림은 시적 정의가 현실에서 그것도 공적인 차원에서 구현될 수 있음을 보여준다는 점에서 미학적 실천의 사회화를 보여주는 중요한 사례이다.

중요한 것은 의림 전통, 사회미학에서는 현실 속에서 늘 불가능하다고 여겨지던 정의의 실천이 **실현 가능한 것**으로 간주된다는 사실이다. 이는 오늘 현실에서 시를 쓸 수 있는 영역은 공공의 영역이기 때문인 것으로 보인다. 시장에서는 모두들 사적 이익을 취하기 위하여 혈안이 되어 싸우지만 공공영역에서는 많은 사람들이 공공의 이득을 위해 의를 실천하는 아름다운 사람이 되곤 한다. 그것은 현실세계에서는 이 영역이 바로 소설과도 같은 공간, '**현실의 시**'를 쓸 수 있는 공간인 때문이 아닐까?

'현실의 시'는 상상력에 의해 즉 허구적으로 구성되었지만 구체적으로 존재하는 장소의 성격을 갖는다. 의림 또한 그와 같은 곳이다. 의림은 칸트가 말한 숭고미를 느낄 수 있는 지점으로 보인다.

높이 솟아 방금이라도 내려앉을듯한 험한 절벽, 번개와 우뢰를 품고 유유히 다가오는 하늘 높이 피어오른 먹구름, 온통 파괴력을 자랑하는 화산, 황폐를 남기고 지나가는 태풍, 파도가 치솟는 끝없는 대양, 힘차게 흘러내리는 높은 폭포와 같은 것들은 우리들의 저항하는 능력을 그러한 것들이 가지는 위력과 비교해서 보잘 것 없이 작은 것으로 만들고 만다. 그러나 우리가 안전한 곳에 있기만 한다면, 그 광경은 두려우면 두려울수록 더욱 우리의 마음을 끄는 것이 될 뿐이다. 그리하여 우리가 이러한 대상들을 거리낌 없이 숭고하다고 부르는 것은, 그 대상들이 정신력을 일상적인 범용 이상으로 높여주며, 또 우리의 내부에 전혀 다른 종류의 저항능력이 있어서, 그러한 저항능력이 우리에게 자연의 외견상의 절대력에 도전할 수 있는 용기를 일으켜 준다는 것을 알려주기 때문이다.[26]

26_ I. 칸트, 앞의 책, 128-29. 이 책으로부터의 인용은 다시 본문에 그 인용 쪽수를 표시한다.

의림으로서의 방풍림, 방조림은 인간의 저항 능력을 왜소하게 만드는 절벽, 번개와 우뢰, 먹구름, 화산, 태풍, 파도와 대양, 폭포 등을 면전에 두고 만든 "안전한 곳"에 해당할 것이다. 절벽과 우뢰, 태풍과 파도 등이 언뜻 끝없는 자연의 위세를 드러낸다면 "안전한 곳"으로서의 의림은 인간의 보잘 것 없음을 보여주는 징표이다. 인간은 거기서 두려움에 떨며 웅크리고 있는 모습으로 드러난다. 그러나 칸트는 인간은 그 "안전한 곳"을 확보할 수 있는 덕분에 자연 대상들을 숭고하다고 여길 수 있다고 본다. 그에 따르면 "숭고성은 자연의 사물 가운데 있는 것이 아니라, 오직 우리의 심의 가운데" 있다.(132) 숭고미가 자연 자체가 아니라 우리의 심의 속에 있다고 하면서 왜 자연의 숭고함을 인정하는가? 그것은 자연의 위세가 인간의 마음속에 있는 어떤 **위대함**을 감지하게 하는 계기가 되기 때문이다. 자연 대상들이 "우리의 내부에 전혀 다른 종류의 저항능력이 있어서, 그러한 저항능력이 우리에게 자연의 외견상의 절대력에 도전할 수 있는 용기를 일으켜" 준다는 것이다.

"우리가 마련한 안전한 곳"은 자연의 위력 앞에서 아무리 "보잘 것 없이 작은 것"으로 보인다 할지라도 인간적 위대함을 드러내는 지점이라고 할 수 있다. 상림, 방조어부림, 관방제림, 그리고 내 고향마을의 작은 숲을 포함하여 전국의 의림들은 자연의 위력에 맞설 수 있는 터전, 자연의 광경이 "두려우면 두려울수록 더욱 우리의 마음을 끄는 것"으로 보게 하는 **인간적 공간**이다.(128-29) 이때 자연은 물론 숭고하다고 간주된다. 하지만 더 중요한 것은 아마도 "안전한 곳" 즉 "우리가 우리 내부에 있는 자연보다 우월하며, 따라서 우리의 외부의 자연(그것이 우리에게 영향을 미치는 한에 있어서)보다 우월하다는 것을 의식할 수 있는" 지점일 것이다.(132) 자연을 숭고하다고 하는 것은 자연 자체가 숭고하다기보다는 자연의 위력으로 우리의 마음이 촉발되어 우리가 내부의 자연과 외부의 자연에 대해 우월한 인간적인 힘들을 느낄 수 있다는 것을 의미한다. 의림은 바로 이런 힘들이 발휘된 곳, 숭고해 보이는 자연을 앞에 두고 인간이 자신의 위대함을 증명하는 곳인 셈이다.

5. 상품미학을 넘어 사회미학으로

의림을 현실화된 허구로 본다면, 그것은 시적 정의의 현실적 실현의 한 모습으로 이해될 수 있을 것 같다. 그리고 그것은 사회미학의 실천 사례이기도 하다. 전통적으로 한국에서 이 실천은 전국에 수많은 방풍림이 있는 것을 보면 아주 빈번하게 일어났음이 분명하다. 의림은 자연의 위대함이나 파괴력에 맞서서 마련한 인간적 여유를 보여주는 문화의 공간이다. 이 공간이 공동체를 위해 존재했다는 것이 중요하다. 예컨대 정자(亭子)가 주변 자연 풍경을 향유할 독점적 권리를 그 소유자에게 배타적으로 줬다면, 방풍림과 방조림은 함께 조성한 마을의 구성원 전체에게 혜택을 제공했다고 할 수 있다. 의림은 이런 점에서 사회미학의 모델로 간주되며, 상품미학에서처럼 상품화되어 사적 소유가 된 것도, 모더니즘 미학에서처럼 사회로부터 극단적으로 단절된 것도 아닌 방식으로 사람들의 심미적 활동이 이루어질 수 있는 가능성을 보여준다.

그런데 사회미학이 지향하는 바, 그것을 구성하는 원리는 무엇일까? 다시 말해 어떤 미학적 실천들이 사회미학을 구성하는 것일까? 이런 질문과 관련하여 사회미학은 미학의 사회화를 목표로 한다는 것을 다시 유념할 필요가 있을 것 같다. 미학의 사회화는 심미적 경험의 **공유**를, 아름다움에 대한 취미판단의 **소통가능성**을 바탕으로 이루어져야 할 것이다. 우리는 이런 요청이 합당함을, 심미적 판단은 주관적 감정에 근거한다고 할지라도 이 감정을 "사적인 감정이 아니라 공통적 감정으로" 여기며, 따라서 보편적 소통가능성을 전제한다는 칸트의 논의를 통해 이미 살펴본 바 있다.(102) 이처럼 미학적 판단, 심미적 경험의 사회화가 합당한 논거에 의해 성립함을 인정할 수 있다면 이제 그 사회화는 구체적으로 어떤 형태를 띠는지 생각할 필요가 있을텐데, 지금까지 살펴본 의림의 전통은 그것은 공공성의 지향으로 나타남을 말해준 듯하다. **공공성의 원칙**, 그것이 사회미학을 구성하는 원리적 요건의 하나인 셈인데, 여기서는 이 원리가 특히 **오늘의** 사회미학구성에 중요함을 확인하고 싶다. 지금은 더 이상 역사적 의림의 시대가 아니라 자본주의적 근대, 그것도 **신자유주의적** 축적전략이 가동되고 있는 국면이다. 이는 사회미학이 오늘의 국면에 걸맞은 모습을 띠어야 함을, 의림도 이제는 새로운 모습을 갖추어야 함을, 그리고 사회미학이 지향할 공공성도 오늘의 정세와 국면에 따라 새롭게 해석되어야 함을 의미한다.

사회미학의 구성과 관련하여 지금 공공성 문제를 특별히 고려해야 하는 것은 신자유주의 시대에는 사회적 공공성이 어느 때보다 더 집중적이고 체계적으로 파괴되고 있기 때문이다. 여기서 파괴 사례들을 상론할 수는 없지만 미학의 영역이라고 해서 그 파괴로부터 예외일 수 없음을 확인하고자 한다. 신자유주의가 모든 것의 상품화를 조장한다는 것은 1970년대 말에 그것이 도입된 이후 한국사회가 갈수록 자유화와 시장화를 강화해온 데서 분명히 드러나고 있다. 상품화 경향이 만연한 것은 문화와 예술에서도 마찬가지이다. 문화에서의 상품화는 삶의 방식에 대한 사적인 관리가 만연하는 것으로 나타난다. 신자유주의는 삶의 다양성이나 여유로움, 행동과 의사결정의 자율성, 생태환경 등 인간적 존엄을 위해 사회적으로 보살피고 가꾸어야 할 유적 가치들을 사적 이해를 위한 독점의 대상으로 만드는 것이다. 지금 공공성을 주요한 한 요인으로 한 사회미학의 구성이 필요한 것은 이와 같은 신자유주의적 상황을 타파해야 할 것이기 때문이다.

사회미학이 상품미학을 극복해야 할 대상으로 삼는 것도 같은 맥락이다. 상품미학은 상품의 사용가치에 대한 실현 불가능한 약속을 통해 개인들로 하여금 상품에 매료되도록 함으로써 자본주의의 재생산에 기여한다. 상품미학의 이런 역할은 신자유주의 국면에서 특히 문제가 되는 것 같다. 문제의 심각성은 오늘은 상품화가 거의 직접적이고 노골적인 착취의 형태를 띤다는 사실에서도 나온다. 신자유주의 하에서 일상적 삶이 상품 소비 중심으로 전개되는 것은 포드주의적 타협을 허용한 수정자유주의에서와는 의미가 다르다.[27] 민영화와 구조조정의 확대, 비정규직의 급증, 그에 따른 사회적 양극화의 심화와 빈곤의 확산이 벌어지는 상황에서 상품 소비가 증가

하는 것은 유효수요의 확보일는지 모르나 대중에 대한 착취가 일어난다는 말이기도 하다. 최근에 신용카드를 사용한 수백만 명의 개인들이 부채에 허덕이는 것이 상품 구매를 거의 강제적으로 당한 결과가 아니겠는가. 오늘 자본주의가 디자인, 스타일, 이미지, 광고, 포장, 연예산업, 대중매체 등을 중심으로 한 삶의 외관 생산 즉 상품미학에 거의 편집증적으로 투자하는 이유는 개인 주체들을 상품 소비를 통해서만 자아를 확인하는, 소유개인주의에 포획된 존재로 만들기 위함일 것이다.

공공성 이외에도 사회미학이 지향하거나 고려할 원칙들은 많을 것이다. 사회미학은 집단적인 **공동작업**을 그 실천 방식에 있어서 하나의 원칙으로 삼아야 할 것 같다. 세계로부터의 절연을 선언하고 사회와의 관계를 거부하는 모더니즘 미학의 한계에 대해서는 이미 언급한 바 있다. 모더니즘의 한계를 극복하려면 사회미학은 심미적 경험의 공유 가능성을 인정한 가운데 미학적 실천에서도 새로운 소통방식을 고안해내고, 작가/기획자/연행자와 독자/청중/관중이 작품의 창작과 관리 과정에 **민주적 참여** 기회를 가질 수 있는 방안을 마련해야 하지 않을까? 미학적 실천이 민주적으로 이루어지려면 사회미학은 무엇보다 작품이 만들어지는 과정에 참여하는 기획자, 재정 조달자, 위탁자, 작가, 자문인, 수요자, 고객, 청중, 독자 등 다양한 주체들 간의 **상호관계**가 중요한 문제임을 인식할 필요가 있을 것이다. 사회미학적 실천이 공공성을 띠어야 하고, 공공성이 민주주의의 문제임을 생각하면 그 실천에 참여하는 주체들 간의 관계가 중요하다는 것은 당연한 일이다.

'민주적 관계'의 문제는 사회미학적 실천의 결과물이 지닌 성격과도 관련이 있는 것 같다. 사회미학 '작품'의 경우 모더니즘 미학, 나아가서 상품미학의 최종 결과물과는 다른 성격을 지닌다. 모더니즘 미학과 상품미학에서 작품은 그 규모에 관계없이 주로 단일한 대상으로서 존재하며, 기념비적

27_ 한국에서 포드주의적 타협은 1990년대에 짧게 그것도 유사적 형태로 이루어졌을 뿐이다. 이에 대해서는 강내희, 「신자유주의 시대 문화지형의 변동과 문화운동」, 289-90 참고

성격을 갖는다. 이때 작품은 미술관의 실내든 아니면 조각공원과 같은 옥외든 전시품으로서의 성격을 갖고 정태적 존재, 관조적 감상의 대상이 된다. 자신의 작품이 이런 성격을 갖는다면 사회미학은 성립할 수가 없을 것이다. 의림 조성이나 스쾃운동, (새 장르) 공공미술운동의 사례들을 놓고 보면,[28] 사회미학의 '작품'은 **지속적 작업**의 성격이 강하고, 그 최종 결과물은 따로 분리되어 아무 데나 이동할 수 있는 불변의 대상이 아닌 **과정**의 성격을 갖는다. 이런 점 때문에 사회미학의 결과물은 계속되는 관리를 요청하며, 또 이런 점 때문에 그것을 만든 '작가'의 손을 떠난 뒤에도 그 존속을 위해서 관중이나 독자 또는 고객의 관심과 보살핌의 대상이 되어야 한다. 의림이 의림으로 남으려면 죽어가는 나무가 생기면 다시 새 나무를 심는 등 그것을 존속시키는 작업이 애초에 그것을 조성한 작업만큼이나 필수적이다. 이렇게 보면 내 고향마을의 숲이, 그리고 고향마을 자체가 퇴락한 것은 이 존속을 위한 장치 또는 노력이 사라진 결과이다.

사회미학적 결과물은 **맥락적** 존재로 기능하며 **실물**로서의 성격이 강할 수밖에 없다. 상림, 방조어부림, 관방제림 등은 특정한 장소에 조성되어 있으며, 그런 점 때문에 구체적인 시공간의 맥락을 갖는다. 이들 숲은 지역성을 지닌 현장들로 존재하며 그런 점에서 다른 종류의 심미적 대상들, 예컨대 바셀리츠가 추구한 '반사회적' 작품과는 구분된다. 모더니스트에게서 작품은 현실과 절연된 독자성을 지향한다는 점에서 스스로 허구적 세계임을 내세우는 경향이 강하다. 이때 그림, 시, 소설, 영화 등이 구성하는 작품 세계는 이차원(異次元) 또는 '가능세계'에 속하며,[29] 그런 점에서 시와 소설의 텍스트, 그림과 영화의 화면을 구성하는 매체, 즉 예술작품의 재료가 속해 있는 것과는 다른 세계에서 구성된다. 반면에 사회미학적 실천을 통해 구성되는 '이차원'의 세계는 그 자체로 현실 세계를 구성한다는 특징을 갖

28_ '새 장르 공공미술'에 대해서는 Suzanne Lacy, ed., *Mapping the Terrain*에 실린 글들 참고.
29_ 가능세계는 텍스트를 통해 구성되는 이야기의 세계를 일컫는다. 김운찬, 『현대기호학과 문화분석』, 열린책들, 2005, 153-54.

는다. 이는 사회미학의 결과물은 통상적인 예술작품이 오브제 형태로 성립하는 것과는 달리 실천, 제도, 과정, 또는 복합체 등의 말이 어울리는 좀더 복잡한 형태가 된다는 점과 무관하지 않을 것이다. 의림은 미술관이나 박물관 등에서 전시되는 예술작품과는 달리 현장 자체와 분리되어 있지 않다. 이런 점은 사회미학적 실천을 지향하는 많은 공공미술 '작품'의 경우도 마찬가지이다. 사회미학적 작품이 실물로서의 성격을 갖는다는 것은 그것이 구체적인 시공간 속에 배치되어야 한다는 특징, **현장성** 또는 **지역성**을 가져야 한다는 점과 관련되어 있다. 현장성의 특징을 갖는 한 사회미학은 구체적인 실천으로 나타나야 한다.

이상 언급한 원칙들 또는 지향점들 이외에도 사회미학을 구성하는 원리들은 많을 것이다. 그러나 여기서 우리가 특히 강조하고 싶은 것은 사회미학은 미학의 사회화를 지향한다는 점, 그에 따라서 그 미학적 실천이 구체적인 삶의 현장에서 다양한 참여 주체들 간의 관계를 통해 이루어지며, 현장이 지닌 시공간 맥락에 따라 발생하는 다양한 과정에 개입하는 지속적 작업들을 요구하고, 특정한 개인의 사적 관심을 넘어선 공동체적 운명과 연결되어 있다는 점이다. 여기서 현장은 칸트가 말한 '안전한 곳'인 바, 이런 지점을 확보하는 것은 아무리 초라해 보여도 여전히 자연의 숭고함을 능가하는 인간적 승리에 해당한다.

6. 결어

상품미학에 반대하는 길이 사회미학만은 아닐 것이다. 앞에서 본 대로 모더니즘 미학 또한 상품미학에 저항적인 측면이 없지 않다. 그러나 우리가 상품미학을 넘어서는 길을 모더니즘에서 찾으려 하지 않는 것은 후자는 여전히 개인주의에서 벗어나지 못하고 미학적 공공성을 외면한다고 판단하기 때문이다. 모더니즘 미학은 예술과 사회의 단절을 전제하고 있는 까닭에 설령 신자유주의가 조장하는 상품미학에 저항한다고 하더라도 그 저항은 기본적으로 한계가 있을 수밖에 없다. 반면에 사회미학은 그 실천이 공공적 성격을 띠는 한 신자유주의에 대한 유력한 미학적 저항력을 지니고 있다. 사회미학이 미학의 사회화를 지향한다는 것은 일상적 삶 속에 깃들은 심미적 경험들, 개인들의 취미판단들을 사적인 세계에 감금하지 않고 소통 가능한 경험과 판단으로, 공통감의 문제로 인식한다는 말이다. 이때 심미적 경험은 사유되거나 독점되기만 하지 않고 공유되는 것으로 상정되는데, 이런 관점에서 구성되는 사회의 미학적 모습은 상품미학이나 모더니즘 미학의 그것과는 달라야 한다.

그런데 우리는 더 나아가 사회미학에서 신자유주의에 저항하는 입장 이상의 어떤 것을 찾아야 하지 않을까? 물론 사회미학은 공공성을 지향한다는 점에서 신자유주의가 자행하는 공공성 파괴에 저항해야 할 것이며, 새로운 의림을 건설하고자 하는 그것의 미학적 실천에는 공공성 수호가 과제로 포함되지 않을 수 없다. 그러나 신자유주의에 대한 저항은 자본주의 자체에 대한 저항으로까지 발전해야 한다. 사회미학이 노동사회가 야기하는 위험사회의 극복을 위해 제기되는 미학적 전략이라면, 신자유주의를 넘어 **자본주의 이후**까지 상상하는 것이 필요하다. 물론 오늘의 자본주의는 신자유주의 전략을 펼치고 있지만, 신자유주의에 대한 반대만으로 자본주의 극복이 담보되지 않는 것은 신자유주의에 대한 대안이 또 다른 자본주의로의 전환으로 이어질 수도 있기 때문이다. 사회미학이 공공성 쟁취 투쟁을 신자유주의에 대한 반대운동의 시야 너머로 확대해야 할 이유가 여기에 있다. 사회미학이 추구하는 공공성은 이런 점에서 자본주의에 여전히 포박된, 자본주의에의 포섭을 목적으로 한 대중에 대한 배려로서의 공공성이 아니라 자본주의 자체를 넘어서는 대안적 사회의 기반으로 작용해야 한다.

물론 사회미학은 공공적 미학이다. 그러나 공공성을 지향한다고 해서 사회미학이 집단주의만을 고집할 수는 없다는 점도 강조해야 한다. 우리는 모더니즘 미학은 사적 세계에 갇혀 있으므로 수용할 수 없다고 말했다. 그런데 사회미학이 이런 한계를 극복한다는 명분을 내세워 모더니즘 미학이 중시하는 '개인'의 취향까지 말살할 수는 없을 것이다. 사회미학은 공통감만 전제하는 것이 아니라 심미적 경험의 주관성까지 전제해야 할 것이기 때문이다. 아니 공통감이 성립하려면 주관성이 먼저 전제되지 않으면 안 된다. 심미적 경험과 미학적 실천은 창조적 성격을 띠며, 그런 점에서 개인의 자유로운 창의성이 발휘되도록 보장되어야 한다. 사회미학은 이런 점에서 미학적 실천의 코뮌주의를 지향할 필요가 있을 것 같다. 코뮌 또는 공동체에서 공통성은 일괴암적으로 구성되는 것이 아니라 특이성들의 모임으로서 그 다양성을 기반으로 하여 이루어지며, 다양성은 개별성들을 전제한다.[30] 코뮌을 구성하기 위해 다양한 상상력을 지닌 자유로운 개인들이 참여할 수 있어야 한다면 미학적 실천에서도 마찬가지이다. 맑스에 따르면 코뮌주의 사회에서 삶은 각자의 필요에 따라 이루어진다. 이 글의 입장에서 보자면 각자의 취향에 따라 사는 것이 서로 조화를 이룬 사회가 사회미학적 실천의 결과여야 할 것이다.(2008)

30_ 강내희, 「코뮌주의와 문화사회」, 『문화/과학』 50호, 2007년 여름, 69-71.

2.

노동거부의 사상:

진보를 위한 하나의 전망

1.

여름 내내 일한 개미는 추운 겨울에도 생존을 보장받고, 놀고 지내던 베짱이는 굶어죽고 만다고 가르치는 개미와 베짱이 우화의 문제점 가운데 하나는 그 교훈이 너무 명백하다는 것일 게다. 필연성, 결핍, 난관이 지배하는 세계에서 살아남으려면 궂은 날에 대비해야 한다는 저축의 논리, 사람은 모름지기 부지런해야 한다는 노동의 윤리를 담은 이야기만큼 진부하게 들리는 것도 없지 않은가. 그 진부한 우화가 요즘 들어 전에 없는 설득력과 호소력을 얻고 있다. 경제위기 때문이다. '단군 이래 최대의 호황'이 지속되던 기간 동안 '베짱이 삶'이 만연하여 오늘의 경제위기를 초래했다는 지적이 득세하면서 개미만이 삶의 모델인 양 치부하는 경향이 커지고 있다. 한동안 지속되던 호황 속에서 허우대만 키운 생활양식을 삶의 원래 모습인 것처럼 굴던 언론은 'IMF 위기'가 전개되자 언제 자신이 소비문화를 부추겼느냐는 듯 이제는 소비를 죄악시하고, 여가와 놀이를 문제의 근원으로 지목한다. 언론과 '국민의 정부'가 주도하는 사회운동의 기조도 하나같이 노동에 대한 강조다. '다시 뛰는 한국인', '제2의 건국' 등의 구호에 깔린 생각은

"일하라, 열심히 일하라, 더 열심히 일하라"이다.

개미의 교훈을 이처럼 수용하는 것은 그러나 과연 바람직한가? 노동의 윤리를 또다시 강조하는 것이 위기 극복의 방안인가? 노동이 언제나 미덕으로 치부되었던 것은 아니다. 비자본주의 사회에서 노동이 찬양받지 못하였다는 데 대해 폴 라파르그는 다음과 같이 말한다. "한참 전성기를 구가할 때의 그리스인들도 철저하게 노동을 경멸했다. 노동은 오직 노예들만이 하는 일이었다…고대 철학자들은 노동에 대한 경멸을 가르치며 노동은 자유인을 타락시킬 뿐이라고 설파했으며, 시인들은 신들이 보내준 선물인 게으름을 찬미했다."[1] '경제적 이성'에 대한 체계적 비판을 수행한 앙드레 고르 역시 모든 전근대 사회에서 노동을 수행하는 사람들이 별로 좋은 평가를 받지 못하고 오히려 열등한 존재로 간주되기도 했음을 지적한다. 그에 따르면, 노동하는 사람이 '열등하다'는 인식은 그가 인간적 영역이 아닌 자연의 영역에 귀속하고 있고, 자연이 부과하는 필연성의 법칙에 얽매여 있음으로써 인간적 자유를 누리지 못한다고 보는 데서 나왔다.[2] 사회에 따라 이처럼 노동을 비천한 것으로 본 경우가 있었다는 사실은 노동을 미덕으로 치부하는 일이 특정한 사회구도에서 나오는 현상일 것임을 말해준다. 노동의 윤리 혹은 그 신성화는 노동을 사회적 의무로 만들 필요가 있을 때, 그리고 다수 인간에게 노동 의무를 부과하는 사회적 지배가 이루어질 때 생긴다. 부지런한 개미에 대한 찬양은 자본주의 체제에서 이루어졌다.

자본주의와는 다른 종류의 사회, 임금노동이 지배하지 않는 사회를 꿈꾸는 사람들 사이에서는 그래서 개미와 베짱이 우화의 새로운 판본이 만들어질 수 있다. 최근에 들은 한 판본에 따르면 승자는 베짱이란다. 개미는 노역에 시달려 그만 허리 디스크에 걸린 반면, 베짱이는 최신곡이 떠서 잘 나가

1_ 폴 라파르그, 『게으를 수 있는 권리』, 조형준 역, 새물결, 1997, 47.

2_ André Gorz, *Critique of Economic Reason*, tr. Gillian Handyside and Chris Turner (London; New York: Verso, 1989), 14. 이 책의 마지막 장은 「노동사회에서 '문화사회'로의 이행―노동시간의 단축―쟁점과 정책」이라는 제목으로 번역되어 이병천·박형준 공편, 『후기자본주의와 사회운동의 전망』, 의암, 1993, 364-404에 실려 있다.

는 중이라나. 또 다른 판본에서 베짱이는 겨울 동안 따뜻한 방에서 심심해하는 다른 곤충들에게 여름 동안 보고 들은 자신의 경험으로 특강을 베풀며 삶을 즐기고 있는 것으로 그려진다. 이들 판본에서 비쳐지는 삶은 결핍, 희소성으로 특징지어지는 자연의 필연성에 의해서 강요되지 않는 것으로, 자연은 결핍이 아닌 풍요의 기반이라고 설정된다. 노동은 여기서 인간에게 부과된 유일한 삶의 형태가 아니다. 베짱이의 생존은 개미와는 다른 삶의 형태가 가능함을 보여준다. 그러나 새 판본을 처음 듣고 사람들이 대개 웃음 섞인 반신반의의 반응을 보이는 데서 짐작할 수 있듯이 베짱이의 삶은 여전히 사회적 모델이 되지 못했다. "아니 놀고만 먹다니, 어떻게 그럴 수 있어?" 노동에서 면제된 삶에 대한 꿈에는 이처럼 언제나 의문이 뒤따른다. 하지만 이런 의문에 사로잡혀 노동의 종교를 계속 신봉해야 할 것인가? 노동을 찬양하거나 신성하게 여기는 노동윤리보다는 노동거부의 태도가 오히려 인간사회에 더 합당하다고 할 수는 없는가?

2.

노동거부의 사상은 라파르그에 의해 "게으를 수 있는 권리"라는 형태로 1세기 전에 제출된 바 있지만 알다시피 노동을 거부할 수 있다는 생각은 근대사회의 지배적 통념이 되지는 못하였다. 지난 100여 년간 노동해방을 위한 노력이 지속되는 동안 노동해방 사상이 노동거부 사상으로 이해되는 경우도 드물었다. 20세기에 접어들면서 사회주의 혁명이 빈번하게 일어나고 또 상당수 성공을 거두게 된 과정에서도 이는 마찬가지였다. 노동해방을 외치며 혁명을 성공시킨 현존사회주의 사회도 기존의 자본주의 국가들과 다를 바 없는 생산주의 모델에 의해 사회를 구축하고자 했고, 노동가치론, 노동의 인간학과 같은 노동윤리를 지지하는 이론과 사상으로 노동자계급을 '지도'한 것이다.

노동거부 사상이 전적으로 무시되었다는 말은 아니다. 노동거부의 태도는 노동시간을 단축하려는 시도에 반영되어 나타났고, 이 노력은 맑스가 노동일 단축을 노동운동의 중요한 조건으로 내건 19세기 중엽으로 거슬러 올라간다. "맑스는 과학에 의한 자연 지배로 개인들은 자신의 노동 내부에서 모든 역능들을 발전시키고, 개인의 이 귀중하디 귀중한 계발 덕택에 개성의 자유로운 자기실현이 하나의 욕구가 되고, 그 욕구의 만족은 사회적 필요노동 감축의 일반화 덕분에 노동 외부에서 추구되고 공급될 것이라고 예측했다."3 노동운동이 시작되면서 노동시간 단축을 위한 노력과 투쟁도 지속적으로 이루어졌다. 엥겔스가 『영국노동자계급의 상태』에서, 그리고 맑스가 『자본』 1권의 「노동일」 장에서 보고한 주 72시간 또는 그 이상의 노동시간을 강요하던 관행이 많이 사라진 것은 그 결과다.4 20세기 초 유럽에서는 연간 약 3,200시간, 즉 주당 62시간 가까이 노동을 했지만,5 현재 선진 자본주의 국가에서는 주 40시간 노동이 보통이고, 형편이 더 나은 국가에서는 주 35시간을 실시하는 곳도 있으며,6 특히 독일의 경우는 지난 10월의 선거(1998년)에서 주 30시간을 공약으로 내세운 사민당이 집권함으

3_ Ibid., 91-92.

4_ 참고로 19세기의 영국의 노동법을 살펴보자. "현재(1867년)까지 실시되고 있는 1850년의 공장법은 하루 평균 10시간의 노동을 규정하고 있다. 즉, 주초의 5일 동안은 아침 6시부터 저녁 6시까지 12시간인데, 그 중에는 아침식사에 반 시간, 점심식사에 한 시간이 포함되어 있으므로 노동시간은 10시간 반이다. 그리고 토요일에는 아침 6시부터 오후 2시까지의 8시간인데 그 중에는 아침식사를 위한 반 시간이 포함되어 있다. 따라서 1주에 60노동시간인데, 주초의 5일간은 10시간 반씩이고, 토요일은 7시간 반이다." (『자본론 I』(상), 김수행 역, 비봉, 1991, 303. 공장법에서는 주당 60시간을 규정해 놓았지만 현실은 물론 법과는 완전히 달랐다. 착취에 대한 법적 제한이 없는 부문들이 많아서, 심한 경우 7세의 어린이에게 15시간의 노동이 부과되기도 했기 때문이다(309).

5_ 고르, 「노동사회에서 '문화사회'로의 이행」, 401.

6_ 폭스바겐 등 독일의 일부 산업현장에서는 주 35시간 노동이 실시되고 있고, 프랑스 경우는 2000년부터 20인 이상 노동자를 둔 현장에서 35시간 노동을 하기로 예정되어 있다. 프랑스와 독일을 중심으로 한 서구의 노동시간 단축운동을 살펴보려면, 이은숙, 「노동시간단축과 생활임금보장 투쟁의 현재적 의의」, 『경제위기와 신자유주의, 그리고 노동운동』(한국노동이론정책연구소 창립 3주년 기념 심포지엄 자료집), 1998, 26-48을 참조하라.

로써 노동시간의 획기적인 단축이 이루어질 것으로 보인다.

그러나 의미 있는 수준으로 노동시간 단축을 보편화하는 일은 아직 요원하다. 주 40시간 미만의 노동시간도 유럽의 일부 국가에서만 실시되고 있고, 주 30시간으로의 노동시간 단축은 아직은 요구나 약속의 형태로 제시될 뿐 구현되지 못하고 있다. 장기 호황을 맞고 있는 미국에서도 일자리(job)를 축소하는 대신 노동(work)을 강화하는 경향이 늘어나 고용상태에 있는 사람의 경우 오히려 노동시간이 늘어나는 현상까지 생기는 중이다.[7] 제3세계는 상황이 더 열악하다. 서구의 여러 나라들이 그래도 어쨌든 노동시간 단축을 시도하고 있는 것과는 반대로 제3세계에서는 여성노동과 아동노동이 늘어났으며, 노동시간도 연장된 것이다. 주당 노동시간이 법정으로 44시간, 실질적으로는 48시간인 우리 사회 역시 의미 있는 수준의 노동시간 단축은 요원한 사회적 목표다.

노동시간의 단축이 부분적으로 불균등하게밖에는 이뤄지지 않은 것은 어떤 이유 때문일까? 여러 가지 이유가 있겠지만 핵심적인 것은 노동자의 시간을 착취해야만 이윤을 축적할 수 있는 자본이 노동시간의 단축 요구를 철저하게 그리고 효과적으로 거부하고 있는 데 반해, 노동은 시간단축 투쟁을 제대로 조직해내지 못하고 있기 때문이다. 이태리 자본가단체(콘핀두스트리아)의 대표는 35시간 노동시간이 달성되려면 80년에서 100년이 걸릴 것이라고 했다고 하는데, 단기간 안에는 노동시간의 단축을 허용하지 않겠다는 자본의 태도가 담겨 있는 발언이라고 한다.[8] 한국에서도 마찬가지다. 최근 국내에서도 현대자동차, 만도기계 등 자동차산업 분야 노동자가 주 35-38시간으로 노동시간을 줄여달라고 요구했으나, 사용자 측의 거부로 관

7_ 미국은 1983년 이후 노동시간이 오히려 연장되고 있어서 "현재 추세가 지속되면 평균 노동자는 일주일에 60시간 일년에 50주를 일할 수도 있다"고 한다. Stanley Aronowitz, Dawn Esposito, William DiFazio, and Magaret Yard, "The Post-Work Manifesto," in Stanley Aronowitz and Jonathan Cutler, eds., *Post-Work: The Wages of Cybernation* (New York: Routledge, 1998), 64.

8_ 이은숙, 앞의 글, 17-18.

철되지 않았다. 자본 쪽에서 보면 노동시간 단축 요구는 자본의 이익과 정면으로 대치되는 요구다. 임금삭감을 감수하는 조건으로 노동시간 단축을 요구해도 자본은 듣지 않으며, 당장 다른 자본과의 경쟁을 눈앞에 둔 개별 자본의 입장으로 보면 듣기도 어렵다. 자본은 그래서 경쟁조건의 개선을 위해 인건비 삭감 또는 실질적 인건비 삭감 효력이 있는 노동시간 연장을 꾀한다. 사실 인건비가 전체 생산비용에서 차지하는 비율은 얼마 되지 않지만 개별 자본은 지대나 금리를 경쟁의 고정적 조건으로, 인건비는 가변적이라고 보고 인건비 삭감을 통해 경쟁력을 강화하려는 경향이 크다.[9] 노동시간 역시 경쟁력 강화에 중요한 변수다. 노동시간이야말로 잉여가치를 생산하는 데 핵심적인 조건이기 때문이다. 자본은 당연히 노동시간 연장에 눈독을 들이고, 노동시간 단축을 위해 임금 삭감을 감수하겠다는 제의에 대해서도 단호히 거절한다.

경쟁논리는 국가적 차원에서도 작용한다. 극심한 국제경쟁에 놓인 개별 국민국가의 입장에서 보면 노동시간 단축, 나아가 노동거부는 선뜻 수용할 수 없는 정책이요 태도다. 그 동안 우리 사회가 노동을 당연한 사회적 의무로 간주하고, 노동윤리를 거스르는 일체의 노동관을 억압해온 것도 따지고 보면, 경제개발을 사회 존립의 유일한 목표처럼 삼고 경제 규모의 증대를 사회발전과 거의 동일한 것으로 간주해온 결과요, 국가경쟁력 강화라는 구호가 효과적으로 작용한 결과다. 혹시 누군가가 "그동안 실컷 일했으니, 이제 좀 쉬자, 푹 놀아보자"고 한다면 어떻게 될까? 당장 조국의 부흥을 바라지 않느냐고, 겨레의 삶을 윤택케 하지 말자는 것이냐는 힐책이 뒤따를 것이다. 잘 살자는데 웬 딴지요 잔소리인가라는 말이렷다. 노동시간 단축과 노동거부는 개별 단위 노동현장이나 일국 수준에서 일어나기 어려운 운동임을 여기서 확인할 수 있다.

노동거부가 사회적 요구로 일어나지 않는 것이 자본 및 국가의 거부와

9_ 같은 글, 22.

저항 때문만은 아니다. 아니 노동자 자신이 노동거부를 선뜻 수용하지 못하는 점이 더 크게 작용한다고 봐야 할지 모른다. 노동을 당연시하고, 노동을 신성시하는 태도, 즉 노동윤리 혹은 노동종교는 노동자계급을 포함한 대중의 의식 속에, 아니 그들의 신체에 습속으로 각인이 되어 있다. 라파르그는 "단지 불행할 수 있는 권리만을 의미할 뿐인 '일할 권리'가 아니라 누구든 하루 세 시간 이상을 일할 수 없도록 금지하는 철의 법칙을 주조하기 위해 봉기해야 할 것이다. 그러면 대지는, 기쁨으로 전율하는 이 오래된 대지는 안에서 펄펄 살아 뜀뛰는 새로운 우주를 느낄 수 있을 것이다. 하지만 도대체 어떻게 하면 자본주의 윤리에 의해 타락한 프롤레타리아들에게 이처럼 진짜 사나이다운 결심을 하도록 할 수 있을까" 하고 묻고 있다.[10] 노동윤리에 젖어든 프롤레타리아는 '일할 권리'로서 노동권을 주장하며 일거리를 요구한다. 지금과 같은 준공황 시기, 기업들이 도산하고 실업자가 양산되는 시기에는 이런 요구가 더욱 절실하게 들리는 것도 사실이다. 실업으로 인한 소득 감소로 생존의 위협, 굶주림에 대한 공포가 커져가고 있는 상황인 만큼, 노동에 대한 욕구는 더 커질 수밖에 없다. 일할 수 있는 기회를 달라는 소리가 그래서 천지사방에 메아리친다. 하지만 노동권을 주장하는 것만이 능사일까? 경제위기를 극복하는 방안으로 더 열심히 일해야 한다는 정부와 기업, 그리고 언론의 외침에 공명하는 것이 노동의 올바른 태도일까?

3.

최근 국내에서는 노동거부와 관련하여 새로운 요구가 일어나고 있다. 노동운동 진영 일부에서 '임금삭감 없는 노동시간 단축'을 요구사항으로

10_ 라파르그, 앞의 책, 94.

내놓고 있는 것이다. 노동시간을 단축하라는 요구, 그것도 임금삭감 없는 단축을 요구하는 것은 의미가 커 보인다. 노동시간의 단축을 요구하는 것은 더 많이 일하라는 구호와는 상치되기 때문이다. 더 오래 더 많이 일해야 한다는 논리가 득세하고 있는 시점에 노동시간을 단축하자는 것은 완전히 다른 유형의 구호 같기도 하다. 드디어 우리 사회에도 노동거부가 노동운동의 새로운 전략으로 등장한 것일까? 그런 것 같지는 않다. 급증하고 있는 실업자 문제에 대한 해결책으로 제시되고 있다는 점에서 '임금삭감 없는 노동시간 단축' 요구는 일자리 나눠 갖기라는 성격이 더 크다. 이은숙에 따르면 "'임금삭감 없는 노동시간 단축' 요구투쟁은, 실업문제(상대적 과잉인구 문제)의 장기적이고 구조적인 해결 전망을 담고 있다. 여기에는 크게 두 가지 내용이 포함된다. 하나는 구조적 실업의 해소, 다른 하나는 불완전 취업자 해소를 통해 고용불안정성을 해소하는 것이다."[11] 이 관점에서 가장 큰 사회적 문제로 인식되는 것은 실업이요, 고용의 감소 혹은 불안정성이다. '임금삭감 없는 노동시간 단축'은 그런 점에서 노동할 권리에 대한 요구 투쟁인 것이지 노동을 거부하자는 것은 아니다. "노동자에겐 일할 권리가 있다, 일할 기회를 달라"라는 예의 구호만이 들리고 있는 것이다. 이러한 태도는 현재 국내 노동운동 진영의 보편적인 태도로 보인다. 정리해고로 직장에서 내몰리고 있는 노동자들은 말할 것이 없고 노조지도자, 노동운동 활동가, 진보적 지식인 들 대부분이 노동자계급의 생존권 투쟁의 차원에서 노동권을 지켜야 한다고 믿고 있는 것이다.

그런데 '임금삭감 없는 노동시간 단축'에는 노동권에 대한 주장만이 아니라 노동거부권에 대한 주장도 함께 포함되어 있다고 이해할 수는 없을까? 그 요구는 노동과 임금의 관계를 자본과는 완전히 다른 관점에서 사고할 수 있게 해주고 있다. 노동자들이 파업을 단행할 때 자본은 곧잘 '무노동 무임금'을 내세우며 일하지 않는 사람은 먹을 것도 없다는 논리를 제출한

11_ 이은숙, 앞의 글, 16.

다. 반면에 노동계가 들고 나온 요구는 노동은 덜하게 하되 먹을 것은 이전처럼 달라는 것이다. '임금삭감 없는 노동시간 단축' 주장에는 노동시간을 줄여도 생활임금을 보장해 달라고 함으로써 적어도 부분적으로는 노동거부를 당연시하는 태도를 포함하고 있다. 노동시간을 단축하자고 하면 당장 임금을 삭감해야 한다고 하거나, 노동측이 임금삭감을 감수하겠으니 노동시간을 단축하자고 해도 거부하는 자본이 이런 요구를 수용할 리는 물론 만무하다. 하지만 반면에 노동 쪽에서 보면 소득이 보장된 가운데 노동시간을 단축하는 것은 자본과의 투쟁 과정에서 꼭 실현시켜야 할 목표다. 관건은 자본이 문제의 요구를 수용할 것인가가 아니라 노동이 그 요구를 얼마나 강력하게 제출할 수 있느냐다. '임금삭감 없는 노동시간 단축'을 노동권만이 아닌, 노동거부권의 관점에서 볼 필요도 있다고 생각하는 것은 이 맥락에서다.

이와 관련하여 노동자가 원래부터 노동윤리를 간직했던가 하고 반문할 필요가 있다. 노동윤리는 강제된 것이지 노동자가 원래부터 가졌던 태도는 아니다. 노동에 대한 의무를 느끼게 할 필요가 생긴 것은 노동자가 원래 노동을 자연스런 것으로 생각하지 않았기 때문이다. 노동자가 작업 도중 틈만 나면 태업을 하고 게으름 핀다며, 노동자의 '게으름'을 도덕적으로 비난하는 것은 노동력을 착취하고자 노동자에게 노동윤리를 각인하기 위한 자본의 책략이다.[12] 노동자의 기본 성향은 노동을 회피하고 거부하는 것이다. 이를 부끄러워할 하등의 이유가 없다. 오히려 노동거부는 노동자에게 주어진 권리요, 무기다. 노동자에 권력이 있다면 그것은 노동을 거부할 수 있다는 점에 근거한다고 할 수 있다. 이 점은 조직된 노동운동이 가장 큰 힘을 발휘할 때가 총파업 시기라는 사실, 노동자들이 투쟁과정에서 대대적인 노동거부를 조직해내는 순간이라는 사실로써 증명된다. 자본의 이해는 노동자로부터 가능한 한 많은 노동량을 뽑아내는 것으로 성취된다. 자본가

12_ 고르는 그의 『경제적 이성 비판』(*Critique of Economic Reason*)에서 노동은 문자 그대로 창조되었다고 강조하고 있다. Gorz, op. cit., 13-22 참조.

가 가장 큰 타격을 받는 것은 노동자가 임금을 얻고자 노동력 판매에 연연하지 않을 때, 고용상태에서도 태업이나 파업을 감행할 때, 즉 노동자가 노동을 거부할 때다.

목표는 노동해방이다. 통상적인 '노동권' 개념은 노동해방을 노동과정 내부에서의 해방으로 이해하도록 강제한다. 하지만 노동해방은 노동으로부터의 해방이기도 하다. 노동거부와 함께 사고되지 않을 때 노동해방은 노동으로부터의 해방이라는 차원에서 추구되지 못하고 노동 내에서의 해방으로만 인식될 가능성이 크다. 앞서 인용한 맑스의 견해 역시 노동자가 "자신의 노동 내부에서 모든 역능을 발전시"킴으로써 "개인의 귀중한 계발"을 이룬 덕택에, 즉 노동시간 이후에 비로소 "개성의 자유로운 자기실현"에 대한 욕구가 생길 것으로 보고 있다. 노동 내 해방이 먼저요, 노동으로부터의 해방은 나중이라는 말이다. 하지만 노동으로부터의 해방을 후차적인 것으로 규정하게 되면, 노동거부는 생각하기 어려워진다. 노동거부권은 그렇다면 노동권에 종속되는 것인가? 노동거부를 그 자체로 중요한 권리로 인정할 수는 없는가? 노동 내 해방과 노동으로부터의 해방에 순차를 두는 것은 노동거부에 대한 회의가 여전히 달라붙어 있다. 하지만 노동거부가 전제되지 않는다면 노동 내 해방이 노동으로부터의 해방으로 전환되어야 할 까닭이 별로 없다. 노동 내 해방이 우선이라는 발상에서 해방은 노동의 전면화를 통해서만 이루어진다는 결론으로 귀결되기 쉽다. 끝없는 노동으로부터 벗어날 길은 여전히 멀기만 할 뿐이다.

노동거부에 대한 회의에는 나름대로 납득할 부분이 없는 것은 아니다. 거기에는 노동을 전적으로 거부한 삶은 유지될 수 없다는 냉혹한 현실논리가 작용한다. 베짱이만 사는 사회, 모든 구성원이 아무런 노동도 하지 않고 살 수 있는 사회는 없다. 내가 본 문제의 우화 한 판본에는 베짱이가 서리 온 풀숲을 배회하고 있는 장면이 있다. 여름내 일벌레 개미를 업신여기며 놀았던 베짱이에게는 이제 갈 데가 없다. 급기야 눈까지 내리자 낙엽을 이불 삼아 추위를 피하려 하나 어찌할거나, 얼어 죽고 만다. 베짱이의 치명적인 실수는 자연이 늘 풍요하지만은 않다는 사실을, 겨울이 오면 먹을 양식이 사라진다는 사실을 망각한 데 있다. 우리는 자연의 필연성을 거역할 수 없으며, 그 필연성의 세계 안에서 일정한 자유의 공간을 빌려 쓰고 있을 뿐이다. 노동거부 주장을 선뜻 수용할 수 없는 것도 우리 모두가 필연성의 세계를 벗어난 완전한 자유의 세계에 사는 것처럼 굴어서는 추위와 굶주림에 죽고 마는 베짱이 신세가 될 것이 분명하기 때문이다. 사실 노동거부를 노동의 전면적 거부로 이해할 수는 없다. 자연의 필연성이 지배하는 한 사회적으로 필요한 노동은 존재할 수밖에 없으며, 그런 노동이 있는 한 사회 구성원은 그 노동에 참여할 의무를 나눠 가진다. 이 의무의 수행을 통해 개인은 사회에 대해 일정한 권리를 행사할 수 있다. 사회의 조직, 사회의 조직 과정에서 등장하는 의사결정에 참여할 권리는 사회적 노동에 대한 의무와 함께 나온다. 이런 권리 중 하나가 일정한 기간 동안 사회적 필요노동으로부터 해방되어 자신의 고유한 삶을 영위할 권리다. 사람들이 노동을 거부하고, 노동의 고역으로부터 자유로울 수 있는 이 기간이 얼마나 되느냐가 곧 그 사회가 자연의 필연성 법칙으로부터 벗어나 인간 고유의 자유를 누리는 정도에 대한 척도가 될 것이다.

노동거부권과 노동권은 따라서 서로 결합될 때만 의미를 지닌다. 생산 없는 노동거부를 고집하는 사회는 베짱이처럼 생존의 위협에 처하게 될 것이다. 그렇다고 노동거부권 없는 노동권만 주장할 경우 남는 것은 끝없는 노동일뿐이며, 그렇게 될 경우 인간에게는 노동 이외의 해방은 없다. 노동 거부권이 노동권에 의해서 통제되어야 하듯이 노동권 역시 노동거부권에 의해서 조절될 필요가 있다. 임금삭감 없는 노동시간 단축은 이런 점에서 핵심적인 요구사항이다. 대중 대부분이 임금노동을 통해 소득을 보장받고 있다는 점에서 그 요구는 노동하는 대중 전체에 해당된다. 대중에게 필요한 것은 노동할 권리와 노동을 거부할 권리를 동시에 충족하는 것이다. 이를 충족하는 것은 바로 소득보장과 함께 노동시간을 단축하는 것밖에는 없어 보인다.

4.

옛날 초등학교 교과서에서 읽은 개미와 베짱이 우화의 다른 한 판본에서 베짱이는 겨울에 살아남기는 하지만 개미가 선심을 베풀었기 때문인 것으로 설명된다. 결핍이 지배하는 자연의 필연성 세계에서 비참한 최후를 맞는 결말에 비한다면 이 판본이 설정한 베짱이의 운명은 그리 나쁜 편이 아니다. 그렇다고 만족할 만한 해결책도 아니다. 베짱이는 생명을 유지하는 대신 규휼의 대상으로 전락하고 말았다. 그의 생존은 자신의 능력에 따른 성취가 되지 못하고 개미의 호의에 전적으로 의존해 있다. 개미가 비축해둔 식량을 나눠주지 않으면 베짱이는 굶어죽을 수밖에 없다. 베짱이는 사회에 대한 권리 행사도 제대로 할 수 없다. 식량생산에 기여하지 못했기 때문이다. 의무 불이행으로 권리를 박탈당한 베짱이는 사회적으로 불필요한 잉여적 존재일 뿐이다. 그런 만큼 주변화될 수밖에 없으며, 자신의 존엄을 지킬수도 없다.

베짱이를 살려놓기는 하지만 사회적으로 불필요한 존재로 만드는 이 사회적 모델을 우리는 사민주의적 복지국가로 인식한다. 사민주의 복지사회는 겨우 생존만 보장받는 신세로 전락한 잉여인구를 양산하였다. 1970년대 중반 이후 포드주의적 축적체제가 위기를 맞아 포스트포드주의적 축적체제로 전환하면서 자본이 복지제도를 맹공하는 신자유주의적 공세를 취할수 있었던 것도 이런 비생산적 잉여인구가 사회에 실제로 많았고, 그들의 잉여성이 사회적 지지를 받을 수 없었기 때문이기도 하다. 신자유주의적 '개혁'은 물론 사태를 악화시켰을 뿐이다. 복지제도가 사회적 나태를 부추기며 거대한 관료화를 조장하여 자발적인 기업가정신을 말살한다며 공공부문을 민영화하는 데 앞장선 결과, 축적 조건 개선을 위해 노동의 유연화를 추진하고, 사회적 안전망의 해체와 함께 잉여인구의 양산을 야기했다. 특히 포드주의 생산양식의 해체로 과거 자신의 노동을 통해 사회적 부를 축적해주던 핵심 노동자들도 노동유연화 대상이 되어 핵심과 주변부 노동자로 양분되어 버렸고, 이에 따라 일자리에 대한 불안은 더욱 늘어나게 되었다. 노동이 특권이 된 사회가 온 것이다. 복지를 그런 대로 구축하기는 하지만 다수 인구의 자율적 삶을 허용하지 않는 포드주의적 축적체제도, 복지해체를 통해 더 많은 인구의 주변화를 초래하고 소수 인구에게만 노동권을 부여하는 포스트포드주의 축적체제도 아닌 다른 유형의 사회적 형태가 필요하다.

새로운 사회형태는 어떠해야 할까? 지금처럼 장시간 노동에 찌든 사회가 되어서는 곤란하다. 소득이 없어서 겨우 연명만 하는 사람들이 득실거리는 사회, 사회적 필요노동을 일방적으로 특정한 계급에게 부과하는 사회여서도 안 된다. 이윤축적이 유일한 사회적 목표가 되어 과잉생산이 생산의 법칙이 되고 과잉축적으로 불황과 공황을 체제 내 현상으로 만드는 사회, 그리하여 갈수록 삶을 이윤추구의 경제활동에 옭아매고 향유의 대상인 자연마저 상품으로 환원하고 마는 사회는 더구나 아니다. 삶이 자본주의적 생산에 의해서 전일화되는 사회가 아니라 비자본주의적 삶의 형태가 가능하고, 사회적 생산이 이윤의 축적만을 위해 종사하지 않는 사회라야 한다. 삶이 자연의 필연성에 의해서 일방적으로 지배되는 것을 막기 위해 사회적으로 필요한 노동은 물론 지속해야 할 것이다. 그러나 그와 같은 노동은 최소화되어 개인들이 자유로운 자기실현을 할 수 있어야 하겠다. 강제된 노동의 외부에서 자율적인 삶을 조직할 수 있는 기회가 많아져야겠다. 얼핏 들어서는 유토피아 같지만 사실 인류는 이미 이런 사회를 실현할 수 있는 조건을 갖추고 있다. 끝없는 노동을 더 이상 하지 않아도 충분한 생산력 수준에 도달했기 때문이다. 그런 점에서 여기서 말하는 노동거부권은 배부른 소리만이 아니며, 노동시간 단축 요구도 현단계 노동의 조건과 결부해서 매우 시의적절하다. 노동은 지금 종말을 고하고 있거나 아니면 급격하게 그 사회적 필요성이 감소하고 있는 중이다.[13] 컴퓨터화로 작업의 자동화가 가능해짐

13_ 고르는 독일의 통계를 인용한다. "1955년부터 1985년 사이 서독의 GNP는 3.02배 증가하였고 같은 기간 연노동량은 27%가 감소하였다. 1982년부터 1986년까지 노동량은

으로써 인간노동이 기계에 의해 대체되는 '노동의 종말'이 사회적 경향으로 나타난 것이다. 노동의 종말 자체가 나쁜 것일 수는 없다. 인간이 힘든 노동의 고역에서 해방되는 가능성을 더 많이 제공해줄 수도 있기 때문이다.

그러나 알다시피 노동의 종말은 정리해고제 등의 도입으로 '일자리 제거'라는 형태로 왜곡되어 나타나면서 실직과 노동강도 강화로 귀결되었다. 과학기술 발전으로 획기적인 노동 감소가 가능해졌지만 증진된 생산력이 오히려 노동자 감축으로 이어지는 신자유주의적 축적전략이 가동되었기 때문이다. 신자유주의가 지배하는 국면에서 자동화의 증가는 더 많은 사람들로부터 노동할 수 있는 기회를 박탈하는 것으로 나타났고, 노동하는 권리가 특권으로 비치는 경우마저 생겨났다. 동료의 해고가 늘어나는 상황에서 어렵사리 노동할 권리를 부여받은 사람들은 노동의 양이 늘어나고 강도가 높아져도 감내하지 않을 수 없다. 결국 노동할 기회를 부여받은 사람들은 장시간 노동에 시달리게 되고, 노동할 기회를 잃은 다른 많은 사람들은 소득이 적어 허덕인다. 생산의 과잉 속에서, 소수를 위한 축적의 과잉 속에서 경제는 불황이고 사람들은 미래에 대한 불안에 떨고 있다. 일자리 제거를 막고 아울러 삶의 질 저하를 막기 위해서는 임금삭감 없는 노동시간 단축이 꼭 필요하다.

5.

무엇보다도 노동시간의 단축, 그것도 의미 있을 만큼 충분한 단축이 핵심이 아닐까 싶다. 노동시간 단축의 목적은 사회적으로 필요한 노동의 양을 최소화하고, 필요노동을 사회적으로 공정하게 배분하였을 때 남게 되는 가

1조 시간이 약간 넘게, 즉 완전고용 일자리 60만에 해당하는 정도로 감소했다. 1984년부터 1986년까지 3억5천만 시간, 즉 20만명의 일자리 20만의 노동량 감소에도 불구하고 고용인구의 수는 20만명이 늘었다. 이 현역노동자수 증가는 집단적으로 동의한 노동시간 감축과 부분고용 일자리 수의 증가에 기인한다." Gorz, op. cit., 9.

처분 시간을 늘리자는 데 있기도 하지만, 또한 개인들이 자신의 삶을 조직하는 데 필요한 자유시간을 최대한 확보하는 데 있다. 현재 우리가 지키고 있는 장시간 노동 조건 속에서 개인들이 의미 있는 삶을 영위하는 것은 불가능하다. 장시간 노동은 자본주의가 강요하는 삶에 바로 부합되는 노동 형태로서, 장시간 노동의 보편화는 인간의 삶을 자본주의적 생산양식에 순기능을 하도록 하는 중요한 지배전략이다. 사실 오늘 대부분 사람들의 삶은 노동시간의 연장으로 인하여 시간기근에 빠져 있다. 24시간 편의점 등 밤을 지새우는 유통업이 번성하고 있는 최근의 변화는 우리가 늘 시간기근에 사로잡혀 있음을 보여준다. 각종 형태의 속도위반, 사회적 급행료 내기, 심지어는 청량음료의 급증까지도 우리 사회가 속도중독증, 조급증, 조갈증에 걸려있다는 증거다. 시간이 전면적으로 부족한 사회에서는 한꺼번에 여러 일들을 처리해야 하는 동시다역 현상이 늘어난다. 이는 노동의 종말이 일자리의 제거로 전환됨으로써 생겨나는 현상으로 하나의 일자리 노동으로 가족을 꾸리며 생활하던 사람들이 2개, 3개의 일자리에서 노동을 해야 하기 때문이다.[14] 이로 인해 사람들은 현재의 삶에 대해 아무리 깊은 불만을 지니고 있다고 하더라도 대안적인 삶을 꾸릴 수 있는 여유를 가질 수 없다. 지금 상황에서 사람들에게 여유가 있다면 그것은 소비문화라는 형태를 띨 뿐이다. 소비문화는 노동으로 지친 사람들이 겨우 마련한 여가시간마저도 자본의 이윤축적을 위해 아까운 시간마저 바치게 하는 자본주의적 지배기제다. 인간의 삶을 생산하고 소비하는 데 얽매이게 한다는 점에서 소비문화는 임금노동의 굴레를 지키는 데 큰 몫을 하고, 사람들로부터 창조적 삶을 허용할 대안문화를 추구할 시간과 마음의 여유를 빼앗는다.

14_ 미국의 민주당 정치인들은 클린턴이 집권한 이후 100만개의 새 일자리가 만들어졌다고 자랑스럽게 말한다고 한다. 그에 대한 유권자의 반응은 "그래 나도 그 중에 3개나 얻었지"라는 냉소라는 것이 아로노비츠의 전언이다(Aronowitz, "The Last Good Job in America," in Aronowitz and Cutler, eds., *Post-Work*, 213). 며칠 전 배달된 대학 관련 신문은 최근의 대학생은 몸이 열 개라도 모자라는 소위 "문어발족"이 되어가고 있다고 전하고 있다(『대학문화신문』, 1998. 10. 29).

시간이 없으면 자본주의와 맞서 싸울 수 없다. 시간이 없는 사람은 대안적인 사고도 하지 못하며, 대안적 삶을 추구할 수가 없다. 오늘 우리의 삶이 자본주의 공리계에 전반적으로 예속되어 있는 것은 시간기근의 확장과 연계되어 있으며, 자본주의적 주체화과정 또한 거의 대부분 시간기근을 모티프로 삼아 작동한다. 예컨대 소비문화는 대중의 시간기근증에 대한 당의정이다. 고등학교 학생들로 하여금 대학입시를 위해 새벽부터 밤늦게까지 학습에 매달리게 하는 것도 따지고 보면 자본주의 사회에 만연한 시간기근에 대한 훈련과정이라 할 수 있다. 사회 전반에 걸쳐 노동윤리의 강조가 체계화되어 있는 것 역시 시간기근을 당연하게 여기게 하는 이데올로기 작업에 속할 것이다. 하지만 이런 식의 주체화 작업이 효력을 발휘하는 한 자본주의 공리계를 무너뜨릴 방법은 없다. 우리가 바라는 것조차 오히려 우리의 지배에 대한 욕망으로 전환되기 마련이고, 이 욕망 속에 추구하는 대안들은 끝내 지배적 공리계를 벗어나지 못한다. 오늘 진보는 이처럼 사회적으로 생산된 필연성의 구도를 깨치는 것, 그래서 그 필연성을 넘어서는 새로운 가능성들을 추구하는 것일 게다. 이 새로운 흐름을 찾고, 그 흐름이 다른 흐름들과 접속하게 만드는 일이 오늘의 진보적 활동일 것이다. 이 활동을 위한 필수적인 조건의 하나가 노동시간 단축이다.

노동시간 단축이 핵심적인 것은 그것을 통해 자유시간을 확보해야만 비자본주의적 삶의 형태를 추구할 수 있기 때문이다. 비자본주의적 삶의 형태, 그것은 이윤축적 기계의 부속품이 되는 과정에서 시간기근에 빠지게 되어 겪는 자본주의적 전일적 삶과는 다른, 복수적인 삶일 것이다. 이를 위해서는 의미 있는 수준의 노동시간 단축이 이루어져야 한다. '의미 있는' 수준이 되려면 노동시간이 어느 정도 단축되어야 할까? 정확하게 산정하기 어렵지만 고르의 경우는 연 1000시간 정도로 잡고 있다. 이런 정도면 일주일에 20시간 미만만 노동을 하면 된다. 8시간 노동일을 기준으로 할 때 월, 화요일 이틀에 16시간, 수요일 4시간만 일하면 된다. 주 40시간으로 계산할 경우 1000시간은 25주간 노동으로 계산된다. "1년에 천 시간은 일주일에

2일의 작업, 한 달에 10일의 작업, 3개월에 4주의 작업, 2주일에 1주일의 작업, 2개월에 1개월의 작업, 혹은 1년에 6개월의 작업 등등으로 수행할 수" 있다.[15] 이처럼 연 1000시간 혹은 그보다 더 짧은 노동시간을 가질 수 있게 될 때 우리의 삶은 얼마나 근본적으로 바뀌겠는가! 아이 기르기, 아픈 사람 돌보기, 부모 모시기, 옛 친구 만나기, 이웃돕기 등 인간적 활동들이 획기적으로 달라질 것이다. 그뿐만 아니다. 자원봉사를 비롯하여, 각종 사회운동, 환경보호 등의 조건들도 근본적으로 달라진다. 개인의 자아실현도 차원을 달리할 수 있다. "만일 노동자들이 더 긴 시간(몇 주나 혹은 몇 개월)을 한꺼번에 쓸 수 있다면 노동자들은 교육을 받거나, 일정한 구상을 실현할 수도 있을 것이다."[16] 예술가는 1주일에 이틀만 일하고 나머지 시간은 창작활동에 전념할 수 있게 된다. 제2의 인생, 제3의 인생을 설계하는 것도 충분히 가능하다. 이런 삶의 조건이 실현되면 지금 우리가 당연하게 여기는 시간기근과 전일적 삶은 더 이상 인간적인 삶의 형태로 여겨지지 않을 것이다.

하지만 지금 인간 대다수의 삶은 소수자들의 지배와 이윤을 남기기 위한 수단으로 전락하였고, 사람들은 겨우 연명하기 위해 뼈 빠지게 노동을 해야만 한다. 신자유주의 공세 속에서 세계는 빈익빈부익부 현상이 갈수록 심각해지는 소위 20 대 80 사회로 바뀌고 있다. 사실 사람들은 시간기근에 빠져 있기만 한 것이 아니다. 시간기근에 사로잡힌 사람도 많지만 남아도는 시간을 주체하지 못하는 사람도 늘어나고 있다. 정리해고를 당하여 타의로 '자유시간'을 부과 받은 사람들의 경우는 노동시간 단축의 효과와는 정반대되는 현상으로 남아도는 시간을 적극적으로 사용할 수 없는 처지에 빠진다. 우리 사회의 특징인 사회적 안전망 부재로 인해 실직은 거의 필연적으로 소득의 감소나 소멸로 이어지기 때문이다. 사민주의적 사회에서처럼 복지제도가 그런 대로 가동되고 있는 데서도 사회적 필요노동에서 제외된 인구에게 주어진 자유시간은 자율적 삶으로 이어지기 힘들다. 사회복지가 거의

15_ 고르, 「노동사회에서 '문화사회'로의 이행」, 401.
16_ 같은 글, 381.

전무한 한국 상황에서 자유시간은 부랑의 삶으로 빠질 확률이 더 높다. 소득에 대한 사회적 보장이 없는 상황에서 자유시간의 증대는 오히려 삶에 대한 의욕 상실, 인간적 위엄의 포기로까지 이어진다. 노동시간 단축이 정리해고가 아닌 형태로, 그리고 소득이 보장되는 가운데 이루어지는 것이 중요한 것은 그 때문이다.

이때 당장 떠오르는 질문 중 하나는 일정한 소득보장과 함께 노동시간을 단축하는 것이 어떻게 가능한가라는 것이다. 그러잖아도 가뜩이나 공황성 경제위기를 겪고 있는 처지에, 기업과 은행의 빚이 천정부지인 상황에서 노동시간도 단축하고 소득도 보장하라는 것은 그야말로 비현실적인 요구일 뿐이라는 지적이 나올 법도 하다. 하지만 나는 지금 이 요구가 당장 실현 가능한 것이라거나 혹은 이런저런 방식으로 하면 충분히 가능하다는 말을 하려는 게 아니다. 물론 예컨대 최근 미국에서 연간 소득보장과 함께 주 30시간으로 노동시간을 단축하자는 제안을 내놓으면서 이를 위해 소요되는 재원은 국방비 삭감, 기업체의 탈세 방지 등을 통하여 충당할 수 있다는 견해를 내놓고 있는 사람들이 있다는 점을 참조할 수는 있을 것 같다.[17] 한국에서도 국방비 삭감은 오래 전부터 과제가 되고 있으며, 재벌의 세금 탈루를 막거나 진보진영이 오래 전부터 주장한 재벌해체를 실현하게 되면 상당한 재원을 확보할 수 있을 것이다. 제레미 리프킨이 『노동의 종말』에서 말하고 있는 제3부문의 활성화도 생각해봄 직하며, 기 아즈나르가 말한 제2의 수표를 도입하는 것도 고려해봄 직하다.[18] 하지만 노동시간 단축과

17_ Lynn Chancer, "Benefitting From Pragmatic Vision, Part I: The Case for Guaranteed Income in Principle," in Aronowitz and Cutler, eds., op. cit., 120-22.

18_ "제3부문"에 대해서는 제레미 리프킨의 『노동의 종말』(이영호 역, 민음사, 1996)을, "제2의 수표"에 대해서는 앙드레 고르의 「노동사회에서 '문화사회'로의 이행」을 참조하라. "제2의 수표"는 노동자들이 과거와 같은 속도로 일하지 않는 시간에 대한 보상이다. 그것은 노동시간이 단축되어 기업이 돈을 적게 지불하게 되는 데 대한 안전장치와 같다. "경제가 점점 더 자동화됨에 따라서 노동이 더 이상 유일한 부의 주요원천이 아니고, 또한 노동시간이 그것의 측정기준이 아니게 되면서, 제2의 수표가 장차 가장 중요한 소득의 원천으로 되는 경향이 등장하게 될 것이다"(고르, 389). 리프킨과 고르

소득보장 제안에 반론을 제기하거나 의문을 품는 쪽에서는 자본주의적 경제로 전환한 이후 최대의 경제위기를 겪고 있는 한국의 상황은 1990년대 들어와서 계속 호경기를 맞고 있는 미국과는 경우가 완전히 다르며, 복지사회 구도가 그런 대로 정착된 서구와도 완전히 다르다고 지적할 것이다. 이 지적은 사실 맞으며, 어떤 방식으로 재원을 마련하고 어떻게 해야 두 마리 토끼를 잡을 수 있을지 그 실현 방안을 마련하기는 힘들다. 그러나 여기서는 어떤 방법으로 노동시간 단축과 소득보장을 동시에 추진하는 재원을 얻느냐라는 문제보다는 얼마나 많은 사람들이 그런 삶의 방식을 강렬하게 원하느냐라는 문제를 더 중시하고 싶다. 국방비 삭감이나 재벌의 탈세 방지만 하더라도 그 방법을 몰라서 못 한다기보다는 그런 조치를 취할 현실적인 힘이 우리 사회에 없기 때문이라고 봐야 할 것이다. 문제는 대중의 욕망이요, 그런 욕망과 결부된 현실적 힘이다. 따라서 오히려 대중의 힘과 욕망을 기르기 위한 방법이 무엇일지 생각해보는 것이 더 낫겠다고 본다.

문제의 핵심은 노동시간을 단축하고 자유시간을 확보하는 것이다. 물론 여기에는 악순환이 작용함을 잊어서는 안 되겠다. 자유시간을 확보하려면 노동시간을 단축해야 하고, 노동시간을 단축하려면 현재의 노동 대 자본 간 계급투쟁을 노동자계급에게 유리한 방향으로 이끌어야 하고, 또 이를 위해서는 투쟁을 위한 물적 조건인 자유시간이 미리 주어져야 한다. 당위적으로는 노동시간의 단축과 자유시간의 확보가 동시에 실현되어야 하지만 현실에서 보면 어느 것도 주어져 있지 않기 때문에 둘 다 실현해야 할 목표일 뿐이다. 게다가 임금 혹은 소득 문제까지 끼어들면 자유시간 확보의 실현은 더욱 난감해진다. 이런 악순환을 풀 수 있는 해법 하나는 앞서 말한 노동거부의 사상이 아닐까 싶다. 자본주의적 전일적 사회, 자본주의 체제 안에서 '사회적으로 유익한' 생산에 종사하는 것을 자신의 본분으로 삼는 한

의 견해를 수용하여 한국에서의 대안적 삶 구축 문제를 논의하고 있는 심광현의 「사회적 경제와 '문화사회'로의 이행에 관하여」(『문화/과학』 15호, 1998년 가을, 59-91)도 참고하기 바란다.

노동자는 노동으로부터의 해방을 실현할 수 없다. 노동시간 단축을 실현하려면 노동을 거부할 수 있어야 하고 이를 위해서는 자유시간에 대한 강렬한 욕구가 전제되지 않으면 안 된다. 이 욕구는 어디에서 오는가?

6.

바로 이 지점에서 문화운동이 사회의 진보운동에서 중요하다는 사실이 드러난다고 본다. 노동거부의 경향은 임금노동과는 다른 형태의 삶에 대한 욕구에서, 노동의 멍에에서 벗어난 자유시간을 갈망하는 욕구에서 나올텐데, 이 욕구는 문화적 삶에서 생산되기 때문이다. 문화운동은 문화적 삶을 주조하는 노력, 혹은 최근 언급되고 있는 '문화적 사회'를 구축하는 노력으로서 삶의 새로운 형태를 형성하는 것을 그 과제로 가진다. 그것은 문채와 문양의 새로운 변형, 행동양식의 새로운 개발, 문채와 문형과 색채와 음색, 냄새, 풍미 등에 대한 감수성의 계발이나 실험 등을 둘러싼 표현의 욕망을 통제, 절제 혹은 해방하는 일, 쾌락을 통제하거나 분출시키는 일, 자유로운 행동을 강화하는 일 등 인간 오관의 작용을 통한 감각적 경험의 문제들과도 연결되어 있다. 이들 감각적 경험을 단순화하는 것을 타기시한다는 점에서 문화운동은 금욕주의, 경건주의, 엄숙주의와 비판적 거리를 두며, 아울러 쾌락주의, 선정주의도 받아들이지 않는다. 핵심은 다양한 형태의 욕망들의 흐름이고, 이 흐름들을 고정시키지 않는 것이다. 따라서 문화운동은 표현의 욕구가 최대한 발휘되게 하고, 그와 함께 단순화되고 전일화된 자본주의적 삶의 해체를 지향하고, 삶의 복수적 형태가 생기도록 하는 과제를 가진다.

문화적 삶, 혹은 문화의 시간은 자유시간과 함께 올 수밖에 없다. 이 시간은 상품생산의 시간, 또는 사회적으로 필요한 노동시간과는 분리된 시간이며, 노동으로의 복귀를 위해 노동으로 피폐해진 개인의 신체를 복구하거나 노동과정에서 쌓인 스트레스를 푸는 데 활용되는 여가시간과도 질적으로 다른 시간이다. 오늘 우리 사회의 여가시간의 대부분은 자본주의 소비문화에 의해 관리되는 시간으로서 장시간 지속되는 노동시간으로 하루 중 얼마 되지 않는 자투리 시간이기 십상인지라 여가시간은 의미 있는 문화적 활동을 할 수 있는 여유를 제공할 만큼 충분하지 못하다. 노동거부로 확보된 자유시간에 하는 활동은 이런 전일적 자본주의적 삶과는 질적으로 다른 삶이어야 하고 그럴 때에만 사실 노동거부를 촉발할 수 있는 매력을 지닐 수 있을 것이다. 그런 활동, 그런 활동으로 성취되는 삶은 어떤 것이고, 새롭게 요청되는 활동은 무엇일까? 물론 삶의 복수화를 가능케 하는 활동, 자본주의적 전일화에 귀속되지 않고 오히려 거기서 탈주하게 하는 활동이다. 하지만 이런 활동을 어떻게 구체화할 것인가가 문제다. 여기서 문화적 기획의 중요성이 떠오른다.

우선 생각할 수 있는 것은 기존의 예술적 실천을 모방하는 일일 것이다. 시를 짓고, 소설을 쓰고, 음악을 배우는 일 따위 말이다. 예술은 전통적으로 구상과 실행 혹은 정신노동과 신체노동이 통합된 실천을 포함하고 있다는 점에서 파편화되고 부문화된 자본주의적 노동과는 다른 인간 활동 유형으로 간주되어 왔다. 이런 실천의 가능성이 자유시간의 확보로 확장되는 것은 분명히 바람직한 일일 것임을 부정하지는 않지만 문화적 실천이 이런 전통적 예술장르에 국한되는 것은 아니라고 본다. 오히려 앞에서 말한 감각적 경험 일체와 관련된 다양한 실험들이 가능하다는 점을 강조할 필요가 있다. 문화적 삶은 예술을 포함한 자발적 활동 일체와 연결되어 있다고 봐야 할 것이다. 문화가 인간의 신체가 지닌 지적, 감성적, 윤리적 능력들의 계발과 그 능력들의 사회적 배치, 관리 등과 관련이 있다면, 문화적 삶은 이런 사회적 실천을 둘러싼 일체의 활동을 포함하며, 따라서 예술에만 국한되지 않는 훨씬 더 포괄적인 실천들을 포함한다고 할 수 있다.[19] 예컨대 문화적 실천은 교육과 노동, 환경 등 다양한 부문과도 연결되어 있고, 계급, 성, 욕망,

---

19_ 이 점에 대해서는 강내희, 「IMF의 신자유주의 공세와 문화변동─문화정치를 구상하며」, 『경제와 사회』 38호, 1998년 여름, 94-95를 참조할 것.

민족 등 다양한 사회적 쟁점들과 연결되어 있고, 이들 부문 및 쟁점들에 깃든 상징적 차원과 이들 상징적 차원의 표현과 관련된 욕망의 배치 문제와 연결되어 있다. 문화적 창조성은 예술의 창작에서만 발휘되는 것이 아니라 인간이 자신의 환경 속에서 새로운 행동의 가능성을 발견하고, 새로이 접하는 사물을 인식하고, 당면한 문제나 과제를 풀 때 발휘되는 능력이다. 이런 능력은 삶의 곳곳에서 발휘되어야 하고 또 발휘되고 있다. 이렇게 이해되는 창조성은 인간이 소리를 듣고, 색채를 인지하고, 두뇌를 사용하고, 신체를 움직이며, 감정을 발현하는 과정에서 나타나는 이미지, 소리, 색채, 동작, 꼴, 형태들의 부분적, 임시적 배합의 가능성들을 일정한 계열로 나타낼 수 있는 능력과 연결되어 있다. 이 맥락에서 인간은 생명을 가지고 있는 한 자기조직적 능력을 발휘하고, 이 자기조직의 수준과 범위에 따라서 쾌감과 불쾌감 등을 느끼며, 단속적으로 혹은 지속적으로 새로운 배합들을 시도하고 실험하는 존재로 이해된다. 문화적 실천들은 인간의 자기 만들기 혹은 자기조직을 위한 시도이다. 이들 실천은 복잡할 수밖에 없을 것인 만큼, 스스로 만든 인간의 모습은 단일적이기보다는 오히려 복합적 구성물과도 같을 것이며, 주체를 구성하는 요소들의 변동에 따른, 혹은 요소들의 배열 차이에 따른 정체성의 횡단 양상을 드러낼 것이다. 한 주체 형태에서 다른 주체되기를 겪는 이런 과정을 통하여 인간은 자신이 진정 살아있음을 확인하고 새로운 삶을 추구해나갈 수 있다.

문화운동은 이런 관점에서 볼 때 매우 중요한 운동적 과제를 안고 있다. 방금 말한 '문화적' 삶이 얼마나 매력적인가, 그런 삶을 사는 이에게는 얼마나 많은 희열이 주어지는가, 그리고 (아직 그런 삶을 사는 사람들이 거의 없다는 점 때문에) 문화적 삶이 새로운 삶의 모델로서 얼마나 강력하게 제시될 수 있는가에 따라서 노동거부권을 행사하려는 사람들이 얼마나 많이 생기느냐가 결정될 것이기 때문이다. 노동거부를 유도한다는 점에서 문화운동은 반자본주의적이다.[20] 문화운동 혹은 문화정치는 노동윤리가 강조하는 저축의 사상에 강한 거부감을 가지고 있다. 문화정치는 노동시간을 단축하고 자유시간을 늘리는 것을 당연한 일로 여긴다. 그것은 삶을 단 한 번밖에 없는 기회로 보고 지나간 것은 영원히 지나간 것으로 보며 따라서 삶의 유예와 연기는 불가능하다고 본다. 노동하는 대중이 미래 대비를 위해 오늘을 희생하는 것을 당연한 의무로만 여긴다면 이런 문화적 태도는 기대하기는 어렵다. 삶의 영위와 완성을 미래에 두지 않고 현재에 두고, 해방을 늦추는 것이 아니라 해방을 지금 여기에 실현하려고 함으로써 문화운동은 노동운동과 접속을 시도한다. 접속의 고리는 욕망 혹은 욕망의 정치다. 욕망의 정치는 지금 여기서의 문제를 중시하기 때문에 미래를 예약하는 정치, 금욕이나 절제를 강조하는 정치가 아니다. 그것은 노동의 윤리가 강조하는 삶의 유예를 거부한다.

7.

널리 알려진 대로 베짱이의 모토는 놀자는 것이다. 이런 모토를 표방하게 되면 물론 강력한 제동이 걸린다. 노동의 윤리를 내세우며 나서는 세력은 자본이나 국가만이 아니다. 노동에 대한 의무감은 노동운동세력 내부, 우리들 자신의 심리, 신체에도 깊숙이 혹은 전면적으로 자리잡고 있다. 그것은 지난 수백 년간 자본주의가 발전해오면서 만들어진 습속이요, 무의식이다. 이 무의식은 생산성의 논리에 따라 작용한다. 개미의 생산성! 이 생산

20_ 문화운동이 반자본주의적임은 많은 사람들이 지적한 바 있다. 예컨대 라이언은 다음과 같이 말한다. "하위문화적 직업이 없는 이유는 노동 규율을 요구하는 자본주의 문화로서는 대규모 단위로 젊은이들이 화가, 음악가, 댄서나 무위도식자가 되게 놔둘 수 없기 때문이다. …자본주의는 일상적 미학이나 유희를 위해 노동규율을 거부하는, 하위문화 무대에서 획득가능한 자유가 대규모로 획득될 수 있다면 살아남을 수 없다. 이처럼 하위문화의 스타일들은 가상적 해결책에 그치기보다는 잠재력을 표상하고, 어떤 가능성을 예시하는 것으로 볼 수 있다. 이들은 문화생산이 가지는 창조력을 예증하고 있으며, 노동규율의 논리가 아니라 문화 형식의 창조적인 유희인 수사가 사회적 삶의 물질성을 형성하는 세계에 대한 윤곽을 그려 보여 주고 있다." Michael Ryan, *Politics and Culture: Working Hypotheses for a Post-Revolutionary Society* (Baltimore: Johns Hopkins University Press, 1989), 20.

성은 자연의 필연성에 대한 합리적 인식에 기반하고 있다는 것을 명분으로 내세우지만 실제로는 그 필연성의 무시 속에 구성된다. 근대적 노동과 생산은 산업화라는 흰개미 집을 만들면서 자연을 초토화하였다. 자연을 극복하기 위해 만든 인공의 집에서 만든 또 다른 자연은 사실 자연의 파괴 위에서 건립되는 만큼 개미의 작업은 뮌하우젠(Munchausen) 남작의 허공 오르기와 같은 것이다. 수렁을 건너던 이 남작은 공중에서 떨어져 수렁에 빠지는 것을 막고자 자기의 머리카락을 위로 잡아끈다. 그의 추락은 그가 한 발이 더 아래로 떨어지기 전에 다른 발을 좀 더 위로 내딛는 '위업'에 의해 방지된다. 이 허풍의 요지는 모든 일이 공중에서 일어난다는 사실에 있다. 개미의 생산은 어떤 면에서 이런 허풍과 같은 것이 아닐까? 자연을 파괴하며 자연을 극복하고자 하는 것은 바로 이런 작업이 아니겠는가.

개미라고 즐거움이 없겠느냐고 할 수도 있을 것이다. 일중독증자는 일에서 재미를 찾을 수 있지 않느냐는 말이다. 개미가 느끼든 일중독자가 느끼든 일의 쾌락, 노동의 쾌락을 부정하자는 것은 아니다. 포스트포드주의 생산양식에서 등장하는 노동관이 여기서 부각된다. 기계화된 노동, 즉 노동의 파편화 속에서 부속품의 위치에 속하게 된 포드주의적 노동과 비교할 때 부품들의 연관관계를 따지고 기획할 수 있는 포스트포드주의 노동은 훨씬 더 높은 수준의 자기조직화를 이룬 것임에 틀림없다. 그만큼 성취도와 만족도도 클 것이다. 하지만 여기에는 중요한 단서가 붙는다. 이 포스트포드주의적 개미는 예외적인 존재일 뿐이고 개미군단의 다수는 사라지고 말았다는 점 말이다. 누군가가 더 많이 일하기 위해서, 더 효율적으로 일하기 위해서, 더 많은 생산을 위하여 수많은 노동자들이 일자리에서 내몰린다. 노동은 여기서 특권이요, 해방은 노동 안에만 있는 것으로 인식된다. 그러나 노동 바깥에서 해방을 찾는 사람에게 이 인식은 강요될 수 없다. 노동을 거부함으로써, 노동시간의 단축을 통해, 사회적으로 필요한 노동의 최소화를 통해, 자유시간의 최대한 확장을 통해 삶의 새로운 의미를 찾을 때다.(1998)

3.

누가 음란을 두려워하랴*

    이 글은『문화/과학』편집위원회가 28호 특집 주제로 잡은 '영화'와 관련
하여 최근 자주 사회적 논란을 빚고 있는 '표현의 자유' 문제를 좀 더 근본적
인 차원에서 점검할 필요를 느껴서 가진 네 번의 토론 내용을 정리한 것이
다. 원래는 제목을 '한국영화(산업)와 표현의 자유' 정도로 하여 여기서 정리
한 것보다는 좀 더 포괄적인 내용을 담고자 했으나 논의 과정에서 음란물
문제 쪽으로 초점이 모아졌다. 표현의 자유 문제를 음란물 중심으로 생각하
게 된 것은 최근 한국영화에서 성표현의 문제가 자주 쟁점으로 부각된 때문
이기도 하지만, 성, 성욕, 성애와 이것들의 표출, 표현 문제야말로 오늘날
'사회 진보'를 사고함에 있어서 핵심적인 쟁점이라는 사실을 논의 과정에서
확인한 때문이기도 하다.

1. 사상의 통제에서 표현의 통제로?

    『문화/과학』은 최근 인구통제와 관련하여 중대한 변화가 일어난 것으로

---

* 이 글은『문화/과학』편집위원회가 4차례에 걸쳐 가진 토론을 채록하여 이동연, 심광현
  등의 도움을 받아 필자가 최종 정리한 것이다.

판단한다. 그동안 한국에서 주로 통제를 받아온 것은 아무래도 사상의 자유였다고 할 수 있을 것이다. 일제의 지배에서 벗어난 뒤로도 우리 사회가 동서냉전과 좌우대립의 세계질서 속에서 남북분단의 불운을 겪게 된 탓이다. 하지만 사회변혁운동이 거세게 몰아치던 1980년대와 비교하면 이데올로기 문제가 사회적 쟁점이 되거나 진보 혹은 좌경 사상으로 체포, 입건, 구금되는 경우는 많이 줄어든 것이 사실이다. 물론 그동안 사람들을 옥죄어온 국가보안법이 진보세력의 줄기찬 철폐 요구에도 불구하고 그대로 온존해 있고, 아직도 가끔 조직 사건이 불거지는 것을 보면 사상의 통제가 완전히 사라진 것은 아니다. 하지만 가끔 일어나는 조직 사건도 주로 북한 관련 사건으로 축소되고 있고, 맑스주의 논의도 대부분 자유가 허용되고 있는 것 등을 미루어보면 사상 통제는 과거에 비해 비중이 작아진 반면 표현 문제는 갈수록 더 큰 사회적 의미를 지니는 것처럼 보인다.

표현의 자유와 관련해서 최근에 일어난 변화로 주목할 것 가운데 하나는 1997년 7월 1일 청소년보호법(이하 청보법)이 1961년에 제정된 미성년자보호법을 대체해서 신종 검열법으로 통과되었다는 사실이다. 미성년자보호법과 청소년보호법의 가장 큰 차이는 전자가 표현물, 특히 이념물이나 음란물에 대해 사전 검열을 했다면, 후자는 주로 음란물에 대한 사후검열을 한다는 점이다. 또한 청보법은 과거의 국가 검열기구로 악명이 높던 '공연윤리위원회'(이하 공륜)가 1996년 헌법재판소로부터 사전심의에 대한 위헌 판결을 받고 해체되는 과정에서, 한편으로는 영화등급을 전담하는 영상물등급위원회를 설치하고, 다른 한편으로는 과거 공륜의 검열 역할을 광범위하게 수행할 수 있는 청소년보호위원회(이하 청보위)를 설치할 근거를 제공한 법이다.[1] 우리는 이런 법의 제정에는 중요한 정세상의 변화가

1_ 현재 각종 공연, 매체에 대한 심의기관 중에서 '간행물윤리위원회'만이 그 설치근거를 '청소년보호법'에 두고 있다. 알다시피, 간행물윤리위원회는 문화관광부에 소속되어 있었지만, 청소년보호위원회가 문광부에서 국무총리실로 이관되면서 법적 근거에서는 국무총리실 관할 법인 '청소년보호법'(국회에서는 정무위원회 소속)의 영향을 받지만 예산상으로는 문화관광부 예산을 쓰는 이중적인 성격을 가지고 있다.

작용한 것으로 본다. 공륜과 청보위는 둘 다 표현의 자유를 제약하기 위한 조직이지만, 통제의 초점에서 차이가 난다. 박정희 시대의 공보처에 의해 만들어진 공륜이 '불온사상'의 표현을 탄압하는 데 주된 목적이 있었다면, 청보위는 그런 사상의 문제보다는 표현상의 문제, 특히 음란폭력의 표현에 통제의 관심을 집중한다. 청보법 제정이 중요한 변화를 시사해준다는 것은 이때를 전후하여 표현의 자유와 관련된 사건들, 특히 음란물의 제작과 배포를 문제 삼아 갖가지 시비를 걸어오는 사례가 늘어난 데서 확인할 수 있다.

지난 몇 년 동안 사회적 논란을 빚은 표현물은 대개가 '음란성' 때문이라 해도 과언이 아니다. 기억나는 것들만 언급하면, 소설가 마광수가 『가자 장미 여관으로』를 집필한 이유로 법정 구속 및 교수직 박탈을 당했고, 장정일은 『내게 거짓말을 해봐』로 인해 재판을 받아 실형을 살았고, 『천국의 신화』 소년판으로 만화가 이현세가 기소되어 벌금형을 선고받았으며, 청소년들이 직접 제작, 실연한 청소년 포르노 <빨간마후라>가 큰 사회적 논란을 일으켰고, 영화 <노랑머리>가 파격적 성행위 장면을 이유로 등급보류를 받았다. 최근의 음란물 정세와 관련하여 주목할 점은 스포츠신문 등 대중매체의 선정성을 비판해온 일부 시민단체들이 <음란폭력성매체조장대책협의회>(이하 음대협)라는 것을 만들어 대대적인 음란물 '소탕작전'을 벌이기 시작했다는 사실이다. 음대협은 한동안 장선우 감독의 <거짓말>을 공격 대상으로 삼았는데, 등급심의를 받을 때부터 극장개봉을 반대하더니 일부 장면의 삭제 및 모자이크 처리를 거쳐 영화가 개봉되자 검찰에 제작사와 극장주를 고발하는 집요함을 보였다. 청보법이 시행되면서 대중음악에 대한 시비도 잇따랐다. 사회비판적인 욕설과 선정적인 가사를 사용했다고 조피디, 김진표, 싸이의 앨범들이 청소년유해매체 판정을 받았고, 올 여름에도 박진영의 앨범 <게임>에 나오는 성적 표현이 청소년에게 유해한지 여부를 놓고 보수적인 기독교 단체와 문화예술단체 사이에 치열한 논쟁이 벌어졌다. 음란은 지금도 문제이다. 교사 화가 김인규가 부인과 함께 찍은 나체사진 작품으로 '청소년성보호에관한법률' 위반으로 검찰에 고발을 당해 재판을 받고 있는 중인 것이다.

2. 1997년—분수령

여기서 주목할 점은 이들 사건이 대개 청보법이 통과된 1997년을 전후로 일어났다는 것이다. 왜 하필 1997년인가? 알다시피 1997년은 사상 초유의 노동자 총파업이 있었으며, 외환위기가 닥쳐 국제통화기금(IMF)에 구제금융을 신청한 '국난'이 일어난 해임을 상기해야 한다. 1997년은 김영삼 정권이 안기부법과 함께 노동관계법을 개악시켜 통과시킨 데 분노한 노동자들이 일으킨 사상 초유의 총파업으로 시작되었다. 1996년 OECD에 가입한 것을 치적으로 삼고, '단군 이래 최대 호황'을 자랑하던 김영삼 정권의 위세는 이 총파업으로 여지없이 무너졌으며, WTO 출범과 OECD 가입으로 시장개방 압박을 받아 어려워진 경쟁조건을 개선한다며 정리해고 등 노동유연화 정책을 도입하려던 자본과 국가는 노동자의 총공세 앞에 당황할 수밖에 없었다. 수세에 처한 총자본과 국가에게 외환위기와 'IMF 사태'는 어쩌면 반가운 손님이었는지도 모른다. '국가 도산의 위기'를 내세우며 노동자들을 위협하여 노동유연화 정책을 다시 밀어붙일 수 있는 국면 전환용 카드가 생긴 것이다.

하지만 우리의 관심은 왜 이 시점에 표현의 자유와 관련한 사건들, 특히 성적 표현을 둘러싼 사건이 문제가 되었는가 하는 점이다. 이 무렵에 문화 생산물의 성적 표현의 음란성을 문제삼는 일이 자주 생기고, 과거에 비해 이런 문제제기가 사법 처리로 이어지는 경향도 높아졌다. 물론 성표현 문제 때문에 실제 사법 처벌을 받은 경우가 꼭 많았던 것은 아니다. 쟁점으로 떠오른 사안들 가운데 유죄 판결을 받은 경우는 마광수, 장정일 등 소수에 불과했고, <노랑머리>, <거짓말> 등의 경우 무난하게 극장 상영을 마칠 수가 있었으며,『천국의 신화』도 결국 무죄를 선고받았고, 독립영화계 출신인 이지상 감독의 <둘 하나 섹스>의 경우에는 상영보류 결정을 받고 난 후, 곧바로 제작자가 위헌소송을 해 헌법재판소로부터 등급보류가 현행 헌법에 위반된다는 판결을 받아내기도 했다. 하지만 그래도 주목해야 할 점은 사법기관의 최종 판결과는 별도로 표현 문제가 사회적 입장 대립을 드러내는 전선을 형성하는 경우가 부쩍 늘어났으며, 이에 따라 표현의 자유를 둘러싼 논쟁이 사회적 관심사로 떠올랐다는 사실이다. 지금은 따라서 진보진영 내부에서 사회변혁의 노선을 둘러싸고 첨예한 사상논쟁이 벌어지고, 다른 한편 진보세력과 이들의 사상을 불온시한 국가권력 및 보수세력 사이에 일어난 저항과 탄압이 전선을 형성하던 1980년대 말 혹은 1990년대 초까지의 상황과는 아주 다르다. 어떤 정세가 형성되었기에 90년대 중반 이후에는 이처럼 음란물을 중심으로 한 표현 문제가 주요 쟁점으로 떠오른 것일까?

다시 1997년을 전후한 시점을 살필 필요가 있다. 이 시점과 그 이전의 차이는 1980년대 말 이후에 만들어진 사회변동에 대한 평가 또는 의식 수준에서의 차이가 아닐까 싶다. 알다시피 1980년대 말, 1990년대 초에 이르러 '혁명의 80년대'는 크게 후퇴를 겪게 된다. 현실사회주의의 약화 및 붕괴, 1987년 이후 형식적 민주주의의 도입과 함께 일어난 운동권의 이탈현상 속에서 진보세력은 전망을 상실하였다. 게다가 1986-88년의 '3저 호황'이 끝나고, 1988년 올림픽대회를 치른 뒤 한국 자본주의는 과잉생산 문제를 겪으면서 소비자본주의를 급속도로 강화했다. 1987년의 6월 항쟁으로 분출된 민주주의에 대한 요구를 지배블록이 관리하기 위해 대중매체, 대중문화 및 문화산업을 확대하기 시작한 것도 이때다. 1990년대 초 포스트모더니즘 담론, 신세대담론, 문화담론 등이 확산된 데에는 이런 급작스런 사회적, 문화적 변동 속에 생겨난 일종의 인식론적 혼란이 작용했는지도 모른다. 이 과정에서 80년대의 변혁운동 세대가 지니고 있던 '혁명적 금욕주의' 대신 '욕망의 표현'이라는 신세대의 새로운 태도가 나타난 것도 사실이다. 하지만 이 중대한 변화는 당시 형성되고 있던 소비문화에 신세대가 소비자로 편입되는 과정이기도 했고, 이 점은 90년대 세대가 지닌 탈정치 성향이 증명한다. 따라서 1990년대 초반은 1980년대에 분출한 이데올로기적, 사상적 도전이 일정하게 후퇴하는 가운데, '욕망'이 새로운 사회적 요구로서 등장했지만 이 욕망이 잠시 소비자본주의 시장에 견인되어 제어되고 있던 시점이라고 하겠다. 그러나 1997년의 급박한 상황은 시장에 의한 욕망 관리가 순탄치 않음을 상기시켰다. 현실사회주의의 붕괴, 변혁운동의 퇴조, 소비자본주의의 강화, 신세대의 등장, 대중매체-대중문화-문화산업의 확산이라는 새로운 지형 속에서, 이데올로기의 중요성은 과거에 비해 훨씬 약화되었고, 대신 욕망이 새로운 사회적 요구로 등장하게 되었는데, 1997년을 기점으로 해서 이 욕망의 분출이 이제 더 이상 시장에 의해 통제되기 어려운 어떤 구조적 변화가 생겨나지 않았나 싶다. 1990년대 후반 이후 표현의 자유 문제가 자꾸 불거지고 있는 것은 이미 커져버린 욕망에 대한 요구가 시장의 충족 범위를 넘지 않도록 해야 하는 상황이 생긴 때문이 아닐까? 욕망을 분출하고 표현하려는 요구와 그에 대한 통제 사이에 대립과 갈등이 빈번해진 때문이 아닐까? 이에 더하여 1997년이 분수령이 된 것은 노동자 총파업과 IMF 사태로 세력들간의 입장 차이가 더 선명하게 부각되었기 때문일 것이다.

3. 신자유주의 정세와 욕망전선

사회적 대립과 갈등, 적대가 부각된 것은 이 시점에 신자유주의의 정세가 좀 더 분명해진 것과도 밀접한 관련을 맺는다. 사회운동단체, 지식인사회 등이 1980년대 말 이후 발생한 여러 사회적 문제들을 '신자유주의' 문제로 인식하기 시작한 것은 1990년대 중반 이후였던 것 같다. 김영삼 정권 시기 우루과이라운드가 체결되고 WTO가 출범하고, 한국이 1996년 OECD

에 가입하면서 세계화, 개방화, 정보화, 지방화 등의 구호가 남발될 때 이 일련의 흐름을 신자유주의로 파악하여 대처하려는 노력은 그렇게 많지 않았다. 신자유주의가 문제라는 인식은 1996년 말의 노동관계법 통과에 대해 노동계가 총파업으로 맞서면서 국제연대가 활발해지는 과정에서 좀 더 명확해진 것 같으며, 신자유주의에 관한 진보진영의 연구와 분석이 본격적으로 시작된 것도 1997년을 거치면서다.[2] 표현의 자유와 관련하여 국내 문화운동 단체, 사회운동 단체들이 모여 신자유주의 정세 속에서 표현의 자유 문제를 점검한 것도 이때였다.[3]

신자유주의 국면에서는 왜 사상이나 이데올로기보다 표현이나 욕망이 특별히 문제가 되는 것일까? 1980년대 말 이후 한국사회는 이데올로기적으로는 덜 위험하지만 욕망 통제의 관점에서 보면 더 위험한 주체형태가 대거 등장한 것이 아닐까라는 가설을 세워볼 수 있다. 이 시기에 성년이 되기 시작한 신세대는 1970년대 후반에 태어나 소비자본주의가 강화되는 시점에 10대 말을 보낸 탓에 '혁명의 80년대'에 참여한 '386세대'에 비하면 절제와 금욕보다는 쾌락과 욕망을 훨씬 더 적극적으로 추구하는 경향을 가지고 있다. 386세대가 사회주의 이데올로기를 수용하면서 사회변혁을 위한 헌신에 골몰했다면 이 신세대는 이데올로기보다는 자신의 욕망 실현에 더 열중하는 태도를 보인다. 욕망은 이데올로기, 사상에 비해 표층 표현의 문제와 더 긴밀한 관련을 맺고 있다. '멋대로 하자'는 신세대가 랩, 레게, 힙합 문화에 심취하며 박자, 리듬, 의상, 스타일 등에 관심을 가진 것도 그들의 욕망이 표현 층위에서 물질성을 드러내는 것을 보여준다. 물론 그렇다고 80년대

2_ 이 작업은 당시 '민주와진보를위한지식인연대'라는 이름으로 활동하던 지금의 사회진 보연대가 주최한 강좌의 형식을 빌어 처음 본격적으로 이루어졌다. 이 강좌에서 사용된 강의록은 『자본의 세계화와 신자유주의』(문화과학사, 1998)로 출간되었다.

3_ 민주화를위한전국교수협의회, 민주와진보를위한지식인연대, 민주사회를위한변호사모임, 한국민족예술인총연합 등이 1997년 9월 10일 기독교회관에서 '우리사회 표현의 자유는 있는가'라는 주제로 문화예술 검열 철폐를 위한 토론회를 가진 바 있다. 강내희, 「표현의 자유 탄압과 신자유주의」, 『우리사회 표현의 자유는 있는가』 자료집, 1997, 6-20(강내희, 『신자유주의와 문화』, 문화과학사, 2000 수록) 참고

운동권 문화가 나름의 표현방식이 없었다는 것은 아니다. 하지만 그때 표현은 내용의 종속물에 가까웠던 반면, 90년대 신세대 문화는 스타일의 기호적 측면을 특히 강조하는 등 표층 표현의 전략을 구사한다. 물론 여기에는 소비자본주의의 강화를 통해 청소년을 소비자로 포섭하려는 문화시장의 유혹이 작용했지만, 새로운 세대가 특히 자신의 욕망 표현을 중시한다는 점이 고려되었을 것이다. 문제는 한국사회로서는 처음으로 포드주의적 대중소비가 가능하게 되었던 90년대 전반과는 달리 90년대 후반에 들어 본격화된 신자유주의 국면에서는 이런 욕망이 제대로 충족되기 어렵다는 것이다. 신자유주의는 기본적으로 노동자를 중심으로 한 민중과 대중을 더욱더 착취하려는 전략이다. 이윤의 증대와 착취의 효율화에 도움이 되는 선에서는 신세대, 나아가 대중 일반의 욕망을 부풀리겠지만 이 욕망이 감당하기 어려워질 때는 그에 대한 부담을 느낄 수밖에 없다.

여기서 신자유주의의 문화적 모순이 발생한다. 신자유주의는 자본축적을 위해 상상할 수 있는 모든 수단을 활용한다. 교육, 환경, 교도, 의료 등의 분야에 시장논리를 도입하는 것이나, 문화산업을 확대하고, 소비자본주의를 강화하는 것은 그 때문이다. 문제는 이때 대중의 욕망이 더욱 확대되고 욕망 충족에 대한 요구도 더 커질 수밖에 없다는 것이다. 이것은 중대한 모순이 아닐 수 없다. 갈수록 착취의 강도를 높이기 때문에 더 많은 사람들을 빈곤과 궁핍의 나락으로 몰아넣으면서 문화시장 안에서는 욕망의 소비자를 만들어야 하는 것이다.

『문화/과학』은 음란물을 둘러싼 표현의 자유 문제가 중요한 사회적 쟁점으로 떠오른 것은 바로 이런 상황 때문이라고 본다. 신자유주의 세력은 이데올로기 전선에서는 이미 승리를 확인하고 욕망 전선에서 공세를 취한다. 이데올로기 전선에서의 '승리'는 신자유주의가 세계적으로 등장한 1980년대에 자본주의와 대립해오던 현실사회주의가 이미 위기에 빠져 더 이상 경쟁 상대가 되지 않았다는 말이다. 이데올로기 전선에서 대립 구도를 격화시킬 필요가 없게 되자, 이제 가상의 적은 신자유주의 정책으로 양산된 사회의 주변으로 내몰린 사람들과 그들이 야기할 것 같은 새로운 문제들로 바뀌었다. 이 과정에서 신자유주의는 신보수주의와 연대를 하게 된다. 미국의 경우 신자유주의가 본격화한 1980년대에 가족의 소중함, 신앙심, 개인적 책무, 성적 순결, 의지 등 '미국적 가치'를 강조하는 경향이 두드러졌다. 신자유주의의 정치적, 경제적 공세로 일어난 대량 실업과 소득 감소, 삶의 질 저하, 그에 따른 비인간적 삶의 확산 등 갈수록 늘어나는 첨예한 사회적 문제들을 개인의 도덕적 책임 문제로 호도하기 위함이었다. 신보수주의 혹은 문화적 보수주의는 사회적 실패를 개인의 책임으로, 게이나 레즈비언 등의 성 정체성을 도덕적 타락으로 몰아붙였으며, 이로 인해 1989-91년 사이에 대규모 '문화전쟁'이 전개되었다. 오늘 한국에서도 비슷한 상황이 전개되는 것이 아닐까? 음란물을 중심으로 한 표현의 자유가 사회적 쟁점이 된 가운데, 신자유주의와 신보수주의가 표현의 자유를 추구하려는 세력을 압박해 들어오고 있는 것이다.

4. 누가 음란물을 반대하는가

오늘 한국에서는 표현의 자유와 관련하여 어떤 세력 구도가 형성되어 있는 것일까? 크게 보면 진보와 보수가 대결하겠지만 진보세력이든 보수세력이든 각자 안에도 다양한 견해의 스펙트럼이 있는 것 같다. 이는 표현의 자유 문제를 둘러싸고 입장과 논의의 지형이 복잡하다는 것인데, 우리는 이 복잡성을 충분히 인식할 때 비로소 표현의 자유 신장에 앞장설 '진보의 연대'를 위한 지반을 제대로 구축할 수 있을 것이라고 믿고 있다. 여기서 '지형의 복잡성'은 진보든 보수든 단일한 모습을 갖추고 있지 않다는 말이다. 우선 진보진영을 생각해 보자. 노동, 생태환경, 문화, 여성 부문의 다양한 운동세력은 서로 혹은 내부에서 다양한 입장의 분할선에 따라 표현의 자유, 특히 음란물을 대하는 태도가 달라 보인다. 2000년 초 장선우의 <거

짓말>을 음대협이 음란물이라며 고발하여 검찰 조사가 진행되었을 때 여러 단체들이 보여준 반응들을 보면 확인할 수 있는 바이다. 당시 사회진보연대와 같은 민중운동 좌파 세력은 즉각 검찰 조사를 표현의 자유에 대한 국가권력의 탄압으로 보고 반대한 반면, 과거 정치적 개혁에서는 동반자였던 여성단체나 학부모단체 등은 음대협과 입장을 같이 하는 편이 많았다. 문화운동 영역에서도 문화개혁을위한시민연대(문화연대)나 영화인회의 등이 '표현의 자유 수호'를 주장하며 음대협의 고발 행위와 국가의 개입을 비판했지만, 1980년대 진보적 문화운동을 주도해온 한국민족예술인총연합이나 민족문학작가회의는 즉각 개입하지 않거나 유보적인 태도를 취하는 의외의 반응을 보였으며, 그 중에는 공개적으로 <거짓말>을 퇴폐적이라고 비판하는 신문 기고를 하는 사례까지 있었다. 이런 다양한 반응을 보며 우리는 진보라는 것이 결코 일괴암으로 이해될 성질의 것이 아니라는 점을 명확하게 깨닫게 되고, 표현의 자유, 특히 음란폭력물, 그 중에서도 음란물에 대한 반응에서는 과거 식의 진보라는 관점으로는 포괄되지 않는, 서로 다를 뿐만 아니라 대립되는 입장들이 있음을 확인하게 된다. 이런 차이는 표현의 자유를 옹호해야 한다는 일반원칙에는 동의하면서도 음란물에 대해서는 별도의 입장을 갖기 때문에 생길 것이다.

『문화/과학』의 입장은 표현의 자유를 옹호한다면 당연히 음란물의 제작과 유포도 기본적 권리로 인정해야 하고 법적으로도 허용해야 한다는 것이다. 하지만 우리의 입장을 펼치기 이전에 음란물에 반대하는 이유를 좀 더 상세하게 이해할 필요가 있다. 지금까지 음란 표현에 반대해온 개인이나 단체는 작가 이호철과 같이 과거에 넓은 의미의 진보적 예술인으로 통하던 예술인, 전 청소년보호위원장 강지원 검사나 김성희 현 청소년보호위원회 위원장과 같은 국가권력에 소속된 관료들, 손봉호 서울대 교수나 권장희 기독교윤리실천운동 사무처장 같은 보수적 도덕주의자, 양혜경, 최영애 등 여성단체 인사들, 그리고 참교육학부모회와 같은 학부모 단체 등 다양한 계열이 서로 충돌하고 있다. 이제 계열들의 입장과 그에 대한 우리의 입장을 생각해 보고자 한다.

첫 번째 계열로 손봉호나 권장희와 같은 특정한 종교적 입장에 서있는 보수적 도덕주의자의 경우는 음란물을 원천적으로 거부하는 정서를 드러내고 있다. 일종의 보수적 시민운동의 형태로서 이들의 음란물 반대운동은 80년대 초 스포츠신문의 선정성 반대운동의 경력에서 알 수 있듯이 이미 상당한 역사와 경험을 가지고 있다. 특이한 것은 최근 기윤실의 음란물 반대운동이 문화소비자운동의 형태를 띠고 있다는 점이다. 이들은 자신들의 음란물 반대운동이 특정 종교의 입장을 강변하는 것이 아님을 부각시키기 위해 청소년보호라는 명분을 가지고, 문화소비자운동이란 새로운 이름을 사용하기 시작했다. 음란물에 대한 반대를 종교 대 대중문화라는 이분법에서 보지 않고, 대중문화 내의 문제로 삽입시키려는 기윤실의 문화소비자운동은 최근 청소년들의 일탈현상이 사회적 문제로 부각되면서, 실제로 일반 학부모로부터 상당한 호응을 이끌어내기도 했다. 그러나 이러한 문화소비자운동은 소비자의 대상을 크게 한정하거나, 적어도 청소년을 주체가 아닌 객체로 대상화하고, 소비자의 볼 권리를 제한하고자 한다는 점에서 일종의 윤리적 정화운동의 성격을 가진다고 하겠다. 한편으로 이 문화소비자운동은 겉으로 드러나 있지 않지만, 90년대 후반부터 본격화하기 시작한 보수적인 개신교도들의 대중문화에 대한 집단적 반격 중 비교적 세련된 전략 형태로 볼 수 있고, 대중문화의 시대적 영향력에 대한 종교적 위기감을 타개하기 위한 적극적인 전략으로 해석할 수 있다.[4]

4_ 청보법이 제정된 1997년을 기점으로 기독교 사상에 바탕을 둔 대중문화비판이 개신교 내에서 광범위하게 진행되고 있음을 알 수 있다. 기윤실 소속 회원들이 주축이 된 『대중문화, 더 이상 침묵할 수 없다』(강영안 외, 예영코뮤니케이션, 1998)를 비롯해 『기독교와 대중문화』(박종균, 대한기독교서회, 1999), 『대중문화, 최후의 유혹』(심상언, 낮은울타리, 1998), 『대중문화도 거룩해 질 수 있는가』(방선기, 예영커뮤니케이션, 1999), 『사탄은 마침내 대중문화를?』(심상언, 낮은울타리, 1999) 등의 책이 출간되었는데, 대부분의 책이 선정적이고 폭력적인 경향을 수반한 현대 대중문화를 '사탄의 문화'로 결론 짓고 있다. 이는 1990년대 한국에서 대중문화의 급격한 성장이 교회 성장 과정에서 청소년들과 교회의 관계에 부정적인 영향을 끼치고 있다고 여기는 위기감을 반영한 것으로 보인다.

종교적 도덕주의자들의 음란물 혐오증은 기본적으로 타자에 대한 절대적인 이해 부족에 기인한다. 이들은 음란물과 음란표현 행위를 모두 청소년을 미끼로 한 작가, 혹은 업주들의 상업적 이기심의 산물로 환원하려는 경향이 강하다. 이는 자연스럽게 음란물이 청소년들에게 미치는 악영향을 과대 포장하여, 사회적으로 공포심을 조장하고 확산시키는 전술로 이행된다. 이들은 또한 다른 사람들의 성적 취향에 대해 자신의 도덕적 잣대를 들이대며 간섭하려 든다. 음란물을 도덕적으로 매도하는 이런 사람들과의 연대의 가능성은 희박하다고 해야 할 것이다. 오히려 이들의 종교적 도덕주의에 기반을 둔 음란물 혐오증은 타인의 성적 표현행위를 일방적으로 매도하는 문화파시즘적 경향까지 드러내며, 이는 결국 사회적 억압을 조장하는 태도이자 인류의 평화와 진보에 어긋나는 입장임을 명시적으로 공격할 필요가 있다고 본다.

두 번째 계열로 강지원이나 김성희 등으로 대변되는 검찰이나 청소년보호위원회 관료들과, 나아가서 온라인상에서 표현의 자유를 크게 위축시킬 우려가 있는 인터넷내용등급제 도입에 결정적 역할을 한 '정보통신윤리위원회'(이하 정통윤) 관료들의 경우가 있다. 이들의 경우는 강력한 국가기구의 힘을 활용하기 때문에 주로 도덕적 캠페인에 의존하는 첫 번째 계열에 비해 현실적으로 매우 큰 영향력을 행사하고 있다고 봐야 할 것이다. 보수적 시민단체들이 음란물에 대해 법적 고발, 고소 등의 조치를 취하면 청보위나, 정통윤이 기다렸다는 듯이 이를 수용하는 것을 보면 첫 번째 계열과 두 번째 계열은 도덕적-제도적 짝패 관계를 이루고 있다 해도 과언이 아니다. 실제로 1997년 청보위와 1996년 정통윤이 만들어질 당시 첫 번째 계열에 속한 인사들의 주도적인 참여가 있었고, 지금도 이들의 개입이 큰 영향력을 행사하고 있다.

그러나 두 계열이 서로 비슷한 도덕성을 드러내지만, 음란물을 관리하는 방식에 있어서는 차이가 나타난다. 청보위나 정통윤은 손봉호나 권장희 식의 청소년보호론 캠페인 입장을 수용하는 것을 보면 후자와의 도덕적 유대감을 가지고 있음이 분명하지만, 이를 공개적으로 드러내는 것을 꺼려하고, 다만 자신들이 장악한 제도의 합리화를 위해 후자의 입장을 활용하고 있다. 따라서 앞서 언급한 도덕적-제도적 짝패 관계는 겉으로보다는 암묵적으로 드러난다고 해야 한다. 청보위나 정통윤 관료들은 검열과 심의의 관료적 전문성을 내세우며, 청소년보호는 유해매체 식별과 그것과의 격리라고 하는 기술적 제도적 접근에 의해 실현이 가능하다고 믿는 사람들로 보인다. 예컨대 정통윤이 음란물차단소프트웨어 프로그램의 '기술적' 정확성에 대한 깊은 신뢰 혹은 집착을 드러내는 것은 이 때문이다. 여기에는 물론 감성적, 문화적 맥락이 제도적, 기술적 여과장치로 인해 얼마나 왜곡될 수 있는지에 대한 성찰이 빠져 있다. 이들은 첫 번째 계열의 인사들과는 달리 음란물을 놓고 감정적인 성토 발언을 하지 않는다. 대신 음란물에 대한 사회적 합의를 얻기 위해서는 심의와 조사라는 제도적 단계를 거쳐야 한다는 것을 강조할 뿐이다. 집약하자면 청보위와 정통윤 관료들은 음란물이 미칠 사회적 문제를 지적하면서 그것을 사회적으로 관리하겠다는 관료적 입장을 보이는 것이다. 이런 집단에 대해서는 어떤 대응을 해야 할까? 실질적으로는 큰 영향력을 가지고 있기 때문에 감시와 비판을 소홀히 해서는 안될 것이다. 하지만 동시에 이들이 국면에 따라서 자신의 입장을 바꿀 수가 있으며, 사회적 권력관계의 변화에 따라 다른 진보적 성향을 지닌 개인들에 의해 교체될 수도 있다는 점을 생각하면, 이들을 비판하는 것 못지않게 우리의 영향력을 키우기 위한 노력이 중요하다고 본다. 여기에는 음란물과 관련된 개방적이고 진보적인 여론과 담론정세를 만들어내는 노력이 포함될 것이다.

세 번째 계열은 <사랑의 전화>, <한국성폭력상담소> 소속의 양혜경, 최영애 등으로 대변되는 여성 개인 혹은 단체들의 경우이다. 여성단체들마다 입장 차이는 있겠지만, 이들이 대체로 지적하는 것은 음란물이 여성문제에 미칠 수 있는 영향에 관한 것이다. 한국의 대표적인 여성단체인 <여성민우회>나 <한국여성단체연합>도 표현의 자유 수호 운동이나, 인터넷내용등급제 폐지 운동에 대체로 부정적이거나 미온적인 태도를 보이고 있다. 이들이 음란 표현물 제작과 유통을 반대하는 것은 음란물이 사회에 버젓이 유통될 경우 여성들이 성적 폭력에 노출되며, 그로 인해 실질적인 피해를 입는다는 이유 때문이다. 우리는 여성들이 음란물에 대해 거부감을 드러내는 것에 대해 먼저 이해의 태도를 취할 필요가 있다고 본다. 현재 포르노그래피의 대부분은 남성의 이성애적 성애를 중심으로 한 성행위를 묘사하고 있는 것이 사실이며, 가부장적 지배 속에서 포르노가 남성에 의한 여성의 성폭행, 성추행을 촉발할 수 있는 환경상의 계기를 제공하는 것도 사실이다. 『문화/과학』은 이런 환경 때문에 여성의 인권이 짓밟히는 것을 당연히 반대한다. 하지만 동시에 우리는 남성중심의 성문화 비판이 성애 자체에 대한 거부로 이어질 필요는 없다고 생각한다. 왜곡된 남성의 성 지배를 반대하기 위해 남성 자체의 성애와 여성 자신의 성애를 무시해서는 안될 것이다. 이런 점에서 우리는 여성들이 "'여성비하적' 표현의 문제 때문에 성적 표현물을 무조건 억압하는 보수주의적 세력과 연대하는 일은 장기적으로 여성주의적 표현의 가능성을 스스로 제한하는 일"이라는 입장에 동의한다. 포르노 혹은 음란물은 남성과 여성이 모두 가진 성욕과 성애를 적극적으로 표현하는 매체이며, 인간의 성욕과 성애는 사회적으로 금지하거나 회피해야 할 것이라기보다는 존재론적 차원에서 인간 존재의 외침을 드러내는 중요한 방식의 하나라고 보아야 한다. "성적으로 노골적이지만 대안적인 여성주의적 시각과 의제를 다룬 표현물, 이성애, 동성애, 여성, 성적 소수자의 쾌락을 위한 그러나 성차별적이지 않은 포르노, 그리고 좀 더 '기이'하고 '변태적'인 성적 행위까지를 능동적으로 행하는 여성 주체적 표현물까지 꿈꾸고 상상하고 만들어내야 한다."[5] 여성적 음란의 자유가 남성적 음란의 자유만큼이나 인정받아야 하고 보호받아야 한다면 <거짓말> 사태와 관련하여 여성단체들이 음란물을 거부한 태도는 여성 자신의 욕망마저 외면한

5_ 권은선, 「표현의 자유와 여성주의적 시각」, 월간 『문화연대』, 2001년 11월호

것으로 보인다. 지금까지 여성단체들의 운동들은 주로 여성차별을 철폐하는 운동에 주력한 반면 여성 자신의 성적 욕망의 확대에 대해서는 뚜렷한 입장이나 정책을 가지지 못하고 있는 실정이다. 현재 여성단체들에게 성차별과 성적 욕망을 구별하고 후자의 영역을 확대하는 운동은 앞으로 논쟁적인 사안이 될 것이며, 이 과정에서 표현의 자유 수호 운동과의 연대가 중요한 과제가 될 것이다.

네 번째 계열로, 학부모단체들의 입장을 살펴보자. 표현의 자유 옹호를 주요 목적의 하나로 삼아 활동을 벌여온 <청소년보호법폐지와표현의자유수호를위한공동대책위>(이하 청보법폐지공대위)에 참여해오던 <인간교육실현을위한학부모연대>(이하 학부모연대)가 최근 이 공대위로부터 공식 탈퇴를 선언했다. 학부모연대가 당초 청보법폐지공대위에 참여한 것은 기윤실과 같은 규제방식의 사회캠페인보다는 청소년들의 입장에서 문제를 해결하는 적극적 문화교육이 더 필요하다는 입장 때문이었는데, 청보법폐지공대위가 올 여름 박진영의 앨범 <게임>을 옹호하는 과정에서 이견이 생긴 것이다. 박진영의 앨범은 자녀 교육에 부적절한 연애관과 성담론을 담고 있기 때문에 지지할 수 없다는 것이 학부모연대 일반 회원들의 정서였다고 한다. 표현의 자유를 원칙적으로, 아니 적극적으로 지지하는 경우라도 성표현이 논란이 되는 실제 사건 속에서는 이견이 생긴다고 위에서 지적한 것은 사실 이런 사례를 염두에 둔 것이지만, 학부모연대의 청보법폐지공대위 탈퇴는 음란물 표현의 자유가 얼마나 많은 오해를 극복하고 난관을 거쳐가야 하는지를 단적으로 보여준다. '청소년 보호' 이전에 청소년의 인권을 보장하고, 복지를 확대해야 한다는 입장을 가진 이 단체도 결국 청소년을 보호해야 한다는 '학부모'의 관점을 넘어서지 못한 것이다. 하지만 우리는 이 단체의 공대위 탈퇴 역시 깊이 이해할 필요가 있다고 본다. 문화적 관점에서는 상대적으로 진보적인 이 단체의 최종 태도를 보면, 음란물 표현 지지는 우리 사회 성의식 일반에 비춰볼 때 너무 급진적으로 보임이 분명하다. 그렇다면『문화/과학』과 같이 음란물에 대해 개방적 입장을 가진 개인과 단체는 어떤 태도를 취해야 할까? 음란 표현의 자유에 대한 지지를 얻으려면, 음란물이 청소년에게 끼칠 영향력에 대해 학부모가 지닌 거부감이나 공포감을 근거 없는 반응으로 치부할 수는 없다. 그보다는 그 이유를 이해하려는 노력이 선행되어야 한다고 본다. 학부모들의 반응은 '내 아이'의 포르노 접촉이 가져올 영향과 결과에 대한 우려임이 분명하다. 이 우려를 표현의 자유 확대의 요구로 전환시킬 수는 없을까? 이 질문과 관련해서는 아래에서 따로 생각해보기로 하겠다.

마지막 계열로는 예술적 가치 때문에 음란물을 비판하고 음란 표현의 자유에 적극 나서지 않거나 비판하는 경우가 있다. 영화 <거짓말>에 대해 예술적 가치가 없는 음란물이라며 신문기고를 통해 비판을 가한 소설가 이호철이 그 대표적 경우이며, 민예총이나 작가회의에 속한 상당수 작가들이 비슷한 생각을 가진 것으로 여겨진다. 이 입장에는 음란물과 예술작품은 같지 않다는 판단이 작용하거나, 음란성을 띤 것이라도 고도의 예술적 승화가 이루어졌다면 모르되 그렇지 않다면 표현의 자유로 보호받을 대상이 아니라는 생각이 들어 있다. 우리도 예술적 가치를 중시하며 작품을 수준 높은 것으로 만드는 노력은 중요한 예술적 의무라고 생각한다. 하지만 예술적 가치가 없는 음란물은 만들면 안 되는 것인가? 음란물의 제작과 유통은 표현의 자유와는 관계가 없는 것인가? 이와 관련해서도 아래에서 우리의 입장을 밝힐 것이다.

지금까지 음란 표현과 관련하여 다섯 가지 정도의 입장을 살펴보았다. 우리는 여기서 세 가지 쟁점을 추출해 보고자 한다. 첫째, 음란물을 만드는 것은 오늘의 진보와 어떤 관계가 있는가 하는 문제이다. 이와 관련해서는 과거 진보를 표방하던 예술인 혹은 예술단체가 음란물에 대해 드러내는 혐오의 태도가 지닌 정치적 의미를 살피는 것이 필요하다고 본다. 둘째, 아이들의 음란물 접촉에 대한 학부모들의 우려를 어떻게 이해할 것인가라는 점이 있다. 이 쟁점은 성의 자유에 관련된 것이며, 올바른 해결책은 성복지라는 새로운 관점의 사회복지를 전제해야 나온다는 것이 우리의 입장이다. 셋째, 음란물에 대한 공포 또는 혐오를 어떻게 이해해야 할 것인가라는 문제가 있다. 보수주의는 음란물을, 혹은 성적으로 명백한 표현을 혐오하거나 공포로 여긴다. 이것을 어떻게 이해할 것인가? 이제 이런 문제들을 차례로 살펴보자.

5. 신자유주의와 문화보수주의의 협력

<거짓말> 사태와 관련하여 이호철과 같은 문인 개인, 민예총이나 작가회의 같은 예술단체가 보여준 음란물에 대한 거부 반응을 어떻게 이해해야 할까? 이들은 <거짓말>은 예술성이 없는 음란물이기 때문에 표현의 자유 차원에서 변호를 받을 필요가 없다고 하는 셈이지만, 우리는 음란물도 표현물인 이상 표현의 자유에 의해 보호받아야 한다는 입장이다. 그렇다면 음란물이 넘쳐나도 좋단 말이냐는 것은 본질을 흐리는 문제제기일 뿐이다. 음란물의 제작과 유통을 법적으로 허용하는 것과 그것의 사회적 관리는 별도의 문제이고, 표현의 자유에 의해 음란물 제작과 유통을 허용하더라도 그 관리는 사회적으로 다시 결정해야 하는 것이다.[6] 우리의 이런 입장은 <거짓말>을 음란물이라며 예술적 창작의 보호 대상이 아니라고 하는 쪽은 물론이고, 이 영화를 음란물로 몰아붙이는 보수적 시민단체들의 비난을 피해 어쨌거나 극장상영을 성사시켜 이윤을 내고자 베를린 영화제에서의 본선 진출을 이유로 문제의 영화가 높은 예술성을 가진 작품이라고 주장한 영화제작사와도 다르다. 우리는 <거짓말>이 음란물이라 하더라도 그것이 허구적 표현물인 한 제작과 유통이 허용되어야 한다고 보며, 음란물을 불법으로 규정하고 있는 현행법이 오히려 문제라고 보는 것이다. 문제의 핵심은 어떤 작품이 예술작품인가 아닌가가 아니라 음란물의 제작과 유통은 불법

6_ 음란물의 '사회적 관리'에 대해서는 강내희, 「<거짓말> 사태가 제기한 문제들— 예술의 음란성 논란과 음란물의 사회적 관리」, 『문화/과학』 21호, 2000년 봄, 159-79 참조

인가 아닌가라는 것이다. 음란물의 제작을 불법으로 해놓은 현행 형법은 표현의 자유를 보장하고 있는 헌법을 위배하는 것이 아닌가?

여기서 표현물의 예술성을 중시하면서 음란성에 대해서는 반대하는 입장이 어떤 정세적 효과를 야기할 것인지 살필 필요가 있다. 이런 입장을 취하는 이호철이나, 비슷한 입장을 가진 것으로 보이는 민예총과 작가회의는 넓은 의미의 진보 세력에 속한다. 『문화/과학』은 오늘 시점에 진보가 어떤 의미를 가지는지 더 깊이 알기 위해서는 '음란성'을 둘러싼 입장을 따질 필요가 있다고 본다. 현단계에서 진보세력이 싸워야 할 가장 중요한 대상은 무엇보다도 신자유주의다. 이 신자유주의와 관련해서 음란 표현물을 비난하는 것이 어떤 의미를 지니는지 생각해봐야 한다.

앞서 말한 대로 신자유주의는 신보수주의와 협력 관계에 있다. 양자가 협력 '관계'에 있다는 것은 둘이 똑같지는 않다는 말이다. 신자유주의가 선호하는 주체의 형태와 신보수주의가 선호하는 주체의 형태도 다르다. 미국에서 신자유주의 정세가 형성되던 시기인 1980년대에 등장한 신자유주의적 인간형은 당시 급증하던 기업합병에 참여하면서 고임금을 받던 경영학 석사 출신을 포함한 '여피들'(yuppies)이었다. 이들은 도시에서 소비생활을 즐기며 새로운 문화소비자로 부상하면서 미국의 '전통'과 '가족적 가치', 신앙심 등을 귀하게 여기던 신보수주의자들과는 다른 개인적 성향을 드러냈다. 1990년대 이후 한국에서도 신자유주의가 득세하면서 새로운 주체(형태)들이 만들어졌다. 구조조정, 정리해고의 희생자보다는 오히려 그 과정을 기획하고 더 적은 노동자로 수익을 올리는 기업 모델을 개발하는 고급인력, 평생고용의 안정적 직업이 갈수록 귀한 시대에 빈번한 직업 전환에 적응할 수 있는 다기능 혹은 이전가능 기능 소유자 등이 그런 주체들이며, 여기에는 신자유주의 정책을 밀어붙인 김대중 정권이 새로운 유형의 지식인이라며 선전한 '신지식인'도 포함된다. 하지만 이미 언급했듯이 신자유주의 정세는 생산성과 경쟁력을 가진 이런 유형들보다는 실패자, 희생자를 더 많이 양산해내는 법이다. 구조조정을 당해 일자리에서 쫓겨난 사람들과 그

가족, 지금까지 문화시장에서 욕망의 소비자로서 역할을 해왔지만 주머니 사정이 나빠진 청소년, 주부는 이제 갈수록 '생산적 소비'에 참여할 수가 없다. 미국에서처럼 이들은 사회 주변으로, 마약, 매춘, 범죄 등으로 내몰리기 쉽다.

신자유주의와 신보수주의가 협력을 한다는 것은 이들 신자유주의의 희생자들이 살아가는 삶의 방식을 신보수주의가 도덕적으로 공격함으로써 신자유주의의 허물을 덮고 책임을 면하게 해주는 역할을 하기 때문이다. 도덕적 보수주의가 사회적, 정치적 문제를 개인 도덕의 문제로 환원한다면 문화적 보수주의는 예술적 가치를 내세우며 음란성, 퇴폐성, 폭력성을 담은 문화적 표현물을 비난한다. 하지만 음란성, 퇴폐성, 폭력성을 묘사하지 않고 어떻게 그것들을 실질적으로 양산해내는 신자유주의를 공격할 수 있을까? 지금은 신자유주의의 정치공세와 경제정책으로 엄청난 사회적 불평등이 생겨나고 있고, 당연히 사회적 불만도 높아지고 있는 국면이다. 음란과 폭력의 표현을 비난하는 것은 이런 불만을 잠재우려는 노력, '성공시대'를 구가하는 '신지식인'의 변명이 아닐까? 마약, 폭력은 물론이고 이성애적 성애와는 다른 성애 표현을 죄악시하고, 자유로운 성적 표현을 방종으로 모는 것은 계속 주변으로 내몰리는 사람들을 문화적으로 통제하려는 것이 아닌가? 『문화/과학』은 굳이 비난받을 음란성이 있다면 이런 통제가 지닌 음란성이라고 본다. 오늘 진보를 자처하는 사람이라면 음란을 비난할 것이 아니라 그런 존재론적 외침을 만들어내게 하는 신자유주의에 반대해야 한다.

6. 성복지를 위하여

앞에서 아이들의 음란물 접촉에 대한 학부모들의 우려와 관련하여 이 우려를 표현의 자유 확대의 요구로 전환시킬 수는 없을까 하는 질문을 제기했었다. 우리는 이 질문과 관련하여 학부모 가운데 아이들의 공부는 우리가 관리하겠으니 성표현 부분만큼은 국가가 대신 책임져달라는 사람이 제법 많다는 사실을 중시한다. 공교육이 철저하게 무너져버린 한국사회에서 학부모는 지금 국가 대신 자녀들의 교육을 책임지고 있다. 개별 학부모가 교육내용에 대한 전문성을 갖출 수는 없겠기 때문에 자녀들의 교육내용을 일일이 챙기지는 못한다 하더라도 교육비만큼은 학부모가 거의 다 부담하지 않는가. 하지만 자녀의 성욕에 관한 한 한국 학부모는 완전히 무장해제된 상태이며, 이 결과 거의 공포 상태에 놓인 것으로 보인다. 이런 처지의 학부모가 청소년의 성문제에 대한 '국가 개입'을 요청하는 이유는 무엇일까? 자신들은 대처방안이 없으니 국가가 제도적으로 책임을 져달라는 것 같아서 일면 학부모로서의 책임을 회피하는 듯해 보이기도 하지만 이 요청은 상당히 진보적인 문제제기를 담고 있다는 것이 우리의 판단이다. 여기서 질문은 청소년이나 청년들에 대한 사회적 관리를 누가 책임질 것인가라는 것이다. 혹시 학부모들은 자신도 모르게 아이들의 복지, 특히 성복지 문제를 제기한 것은 아닐까?

일단 학부모의 문제제기가 명확하게 설정되거나 표현되고 있는 것은 아니라는 점을 인정할 필요가 있다. 오늘 학부모들은 왕성해지는 청소년의 성적 활동에 대해 큰 부담과 두려움을 가지고 있는 것으로 보인다. 옛날에는 그래도 성행위의 사회적 규범들이 있었는데, 지금은 그렇지 않다는 것이 어른들의 걱정이다. 이런 생각에는 최근 갑작스럽게 확산된 인터넷 등 신종 매체에 대한 정보 및 이해 부족도 작용하는 것 같다. 많은 학부모는 이들 매체가 음란 매체라는 확신에 차있다. 청소년 음란물 접촉에 대한 학부모의 거부는 이 점에서 학부모 자신의 문제인지 모른다. 국가더러 청소년 성문제를 책임지라는 것도 따라서 성인으로서 충분한 성지식을 갖추고 있지 못하는 학부모가 자신이 모르는 것을 아이들이 접촉하는 것에 대한 공포감 때문인지 모른다. 하지만 그렇다고 이것을 단순히 무지에 의한 공포로만 여겨서는 안될 것 같다. 학부모의 공포는 나름의 정확한 지식에 기반을 두고 있다. 조숙한 성활동이 아직도 혼전 순결이 강조되는 이데올로기적 조건에서 자녀의 인생에 불리하게 작용할 것임을 학부모는 너무나 잘 안다. 더 실질적인 문제도 있다. 한국에서는 청소년 성활동을 지원하거나 보호하는 사회적 제도가 전혀 없으며, 이런 조건에서 자유로운 성활동은 곧장 자녀의 손해로 이어진다. 단적으로 한국에는 미혼모가 아이를 키울 수 있는 지원 대책이 전혀 없지 않은가.

그렇다면 학부모의 문제제기가 지닌 의미는 사실 우리 사회에 성복지가 전혀 마련되어 있지 않다는 점을 지적한 셈이다. 성욕은 우리가 인간 존재로서 가지고 있는 기본적 역능이며, 어떤 경우에도 부정할 수 없는 인간 에너지의 원천이다. 성욕은 어린아이에게도 있다지만 대개 사춘기인 10대 초중반에 분출할 정도로 활발해진다. 성욕을 무조건 방출할 경우 개인의 삶을 통제할 수 없는 어려움도 있으므로 성욕을 무조건 표출하는 것만이 능사는 아니겠으나 지금 한국처럼 10대 말은 물론이고 20대 후반에 이르기까지 성욕을 부모의 관리 하에 두는 것은 매우 예외적인 일로 이해해야 한다. 셰익스피어의 희곡에서 로미오와 사랑에 빠지는 줄리엣의 나이는 겨우 열넷이고, 『춘향전』에서 춘향이와 이도령의 사랑놀이는 둘이 '이팔청춘' 열여섯 살 때 벌어진다. 이런 조숙한 성활동을 문학작품에만 나오는 현상으로 볼 것은 아니다. 지금 자녀들의 성활동을 공포에 차서 보는 부모들의 부모들 시대에도 10대에 결혼을 시키는 조혼 관행이 있었고, "업어서 신랑을 키웠다"는 옛말에서 보듯 이성애의 능력이 생기기도 전에 결혼을 시키는 경우도 적지 않았다. 역사적으로 볼 때 지금처럼 20대 후반에 가서야 겨우 결혼 등을 통해 안정적인 섹스 파트너를 찾게 하는 것은 자본주의의 형성과 함께 노동력에 관한 통제를 하게 되면서, 대중교육이 점차 대학교육에까지 확산되면서 생겨난 역사적 현상이다.

하지만 자본주의 사회라고 모두 한국처럼 청소년의 성문제를 부모에게만 일임하는 것은 아니다. 영국이나 프랑스, 독일, 미국, 스웨덴, 노르웨이, 일본 등의 경우 국민국가 차원의 노동력 확보를 위해 한편으로는 학비 지원을 하면서 다른 한편으로는 젊은이가 10대 말이 되면 부모로부터 독립할 수 있도록 주택은 아니더라도 주거 자금은 지원하고 있다. 이 지원은 한편으로 보면 사회복지의 일환이지만 우리는 이 사회복지에 젊은 세대의 성복지도 포함되어 있다는 사실을 강조하고 싶다. 지금 한국에는 노래방 수보다더 많은 2만 5천여 개가 넘는 러브호텔이 성업이다. 러브호텔이 이렇게 많은 것은 성욕의 관점에서 보면 인간이 지닌 기본 성욕은 어떤 형태로든분출될 수밖에 없음을, 그리고 사실 어떤 방식으로든 성표현이 일어나고있음을 증명하는 것이 아닐까? 한국에서 젊은 남녀가 연애를 할 때 영화관이든 러브호텔이든 밖으로 나도는 것은 한국적 핵가족 제도에서 젊은이들이 정식 결혼으로 분가하기까지는 부모 슬하에서, 정확히 말해 부모 소유의주택에서 거주할 수밖에 없기 때문이다.

이렇게 본다면 성행위와 성표현의 자유에 대해 학부모나 다른 사람들이갖는 두려움은 성적 복지를 포함한 사회복지가 한국에 제대로 마련되어있지 않기 때문으로 보인다. 만혼이 정상인 상황에서 성적 에너지를 표출할수 있는 정상적 통로가 없을 경우 성표현은 비정상적인 통로를 갖게 된다.한국에는 러브호텔 이외에 엄청난 규모의 유흥업과 매춘이 성업중이다. 학부모는 자녀의 성표현의 자유가 바로 유흥가와 매춘소굴로 이어질지 모른다는 두려움이 있을 것이며, 유감스럽게도 이런 두려움이 현실로 나타나는경우도 없지 않다. 그러나 그것은 애당초 성행위와 성표현의 자유가 위축되었기 때문에 생기는 것이며, 특히 성복지로서의 사회복지가 보장되고 있지않기 때문에 생겼다고 해야 한다. 학부모가 자녀의 성관리 문제를 국가가책임을 지면 좋겠다는 것은 사회가 복지를 제대로 하라는 요구로 받아들여야 하지 않을까?

7. 음란물공포증, 무엇이 문제인가?

다른 한편 우리는 포르노 등 음란물에 대한 혐오가 지닌 문제점도 지적하고자 한다. 표현의 자유에 대해 유보적 입장을 지닌 학부모단체나 여성단체는 음란물의 단속은 성폭행 등의 문제를 예방하는 효과가 있다고 주장한다. 이 예방의 논리는 실제로 성추행이나 성폭행이 빈번한 현 상황에 대한 우려의 표현으로서 이해할 구석이 없지는 않으나 방금 말한 복지의 문제를 간과하고 있으며, 지나치게 소극적인 주장이라고 할 수 있다. 혹시 이 예방 담론이야말로 성 공포증, 혹은 성도착을 드러내는 것은 아닐까. "성은 건강하고 아름다워야 한다"고 한다. 이런 구호로 구성애라는 청소년 성 전문가가 스타로 떴다. 언뜻 들으면 타당한 말 같지만, '아우성'(아름다운 우리 아이들의 성)의 논리는 성도착을 죄악시하면서 여전히 성을 위생, 예방, 안전, 치안의 범주 속으로 포획하려 든다. 이런 관점에서는 포르노에 탐닉하고, 음란물을 만드는 일은 당연히 성도착으로 보일 것이다. <거짓말>을 둘러싼 논쟁에서 이 영화를 음란물로 보는 관점에도 이런 성도착 공포가 작용하는 것 같다. 그러나 이런 공포야말로 편집증(paranoia)이 아닐까? 성을 건강하고 아름다운 것(즉 깨끗하고 질서 잡힌 특정 형상)으로만 보려는 것이야말로 생명이 넘치는 성 다양성의 미학을 선병질로 만드는 것은 아닐까?

　<거짓말>을 음란물로 보는 것은 음란물공포증(porno-phobia)을 드러내는 것이며, 이런 태도는 이질적인 것, 더러운 것, 추한 것, 위험한 것에 대한 공포나 혐오와 통한다. 포르노공포증은 타자공포증이며, 우상공포증이다. 그것은 타자를 거부한다는 점에서 자아 중심적이며, 동일성의 원리에 포박되어 있는 심리상태이다. 포르노공포증이 성의 미학을 선병질로 만든다는 것은 이런 이유 때문이다. 선병질의 인간은 자신의 신체에 이질적인 것들이 틈입하는 것을 참아낼 능력이 없는 허약한 체질의 인간이다. 사실 건강한 신체라야 내부에 더러운 것, 위험한 것, 추한 것, 악취나는 것, 불쾌한 것을 속에 포함하거나 참아내는 능력을 가질 것이다. 자신의 깨끗한 피만 허용하고, 콧물, 침, 고름, 오줌, 똥, 땀, 정액, 비듬, 때 등의 영락물(零落物, the abject)을 한사코 신체 밖으로 내치기만 할 것인가? 영락의 존재는 '우리'에게, 동

일성의 원리에 포괄되지 않는 존재이다. 사회적으로 볼 때 영락의 존재들은 외국인 노동자, 나라를 잃어 떠도는 사람들, 부랑자처럼 정처를 잃은 사람들인 경우가 많다. 이들은 한국에서 한국말을 잘 하지 못하는 사람, 한국의 문화적 코드에 따라 잘 움직이지 못하는 사람, 한국의 역사와 전통에 대한 이해가 일천한 사람, 혹은 한국의 정통 혹은 지배 문화에 귀속하지 못하는 사람, '정상적' 삶을 오히려 거부하는 사람, 사회규범에 맞지 않는 행동을 하는 사람이다. 이들은 사회의 '사이에 낀' 존재, 지배사회에 틈입한 존재로 보이며, 따라서 쉽게 배척과 업신여김과 증오의 대상이 된다. 하지만 이런 존재와의 공존을 거부할 때 그 사회는 편협한 자기중심적 사회, 파시즘이 횡행하는 사회가 된다. 한 사회에 사회생태적 차원이 있다면 서로 차이를 지닌 영락의 존재들, 서로가 서로에게 타자인 존재들을 더 많이 포괄할 수 있을 때가 더 바람직한 상태일 것이다.

미학적으로 볼 때 영락의 존재를 타자로, 자신에게 속하지 않고 속해서는 안 되는 존재로 규정하는 것은 동일성의 논리 안에 포박되어 있는 옹졸한 선병질의 미학이다. 더러움, 못생김, 위험함 등을 배척하는 것은 숭고미를 외면하는 것이다. 숭고의 상태는 상상까지 초월하는 상태이다. 작든 크든 현기증을 일으킬 정도의 크기, 비위를 뒤집는 역겨움, 눈을 뜨고 보지 못할 정도의 더럽고 추한 모습들과 직면하려는 자세, 통념을 깨는 개념적 실험 등이 숭고미를 찾는 노력이다. 알다시피 현대예술의 기획은 이런 숭고의 미학을 예술 속으로 가지고 들어와서 기존 예술 개념을 뛰어넘으려는 실험이자 노력이었다. 변기를 예술이라 명명하며 제도예술의 예술 개념을 깨부순 뒤샹의 실험 같은 것이 없었다면 현대예술의 역사가 어떻게 가능했겠는가? 음란물은 예술이 아니라는 견해는 예술 안에 예술이 다룰 수 없는, 예술을 초과하는 것은 들여놓지 않으려는 선병질의 미학을 추종하는 것과 다를 바 없다. 그러나 숭고의 미학을 금지한 예술활동이 어떻게 상상을 초월하는 감동을 만들어낼 수 있겠는가? 음란 표현을 배척함으로써 한국의 미학은 숭고미를 아예 사라지게 할 것인가?

8. 음란은 숭고하다!

표현의 자유와 관련하여 진보의 상을 새롭게 만들 필요가 있다. 현재
국면에서 표현의 자유를 강조하는 것은 사상의 정치에서 표현의 정치, 성의
정치로 전선을 옮기자는 주장은 아니다. 사상 대 표현, 이데올로기 대 욕망
의 대당을 말하는 것도 아니다. 문제는 표현으로 사상을 대체하는 데 있지
않고, 사상을 성화된(sexualized) 사상으로, 탈육(脫肉)과 탈성(脫性)의 사상이
아니라 신체와 성욕을 가진 사상으로 전환하는 데 있다. 우리는 부르주아
질서에 의해 관리되는 일탈을 수용하자는 소극적 주장을 하는 것도 아니다.
안전장치를 만들자는 것도 아니다. 그보다는 '우리'를 새롭게 만들자는 제
안이다. '우리'는 '내'가 버텨내기 어려운 '남'과 공존할 수 있을 때 가능한
정체성이다. 이때의 아름다움은 나만 허용할 수 있는 것으로 구성되지 않는
다. 이 미학은 안전한 아름다움의 미학이 아니라 위험한 미학, 숭고의 미학
이어야 한다. '우리'의 사상은 이때 불온한 것들만이 아니라 음란한 욕망의
표현도 담지 않으면 안 된다. 표현도 '심오한' 사상을 담아낼 수 있어야 하겠
지만 이때 이 심오한 사상은 욕망과 신체에서 나온 성화된 사상일 것이다.

이제 진보를 새롭게 규정하자. 문화적 진보를 외치며 정치적 진보를 외
면하는 것을 용납해서도 안되겠지만 정치적으로는 민주주의를 주장하면서
문화적으로 보수적 태도를 취하는 것도 용납해선 안 된다. 예술적 가치를
말하며 숭고미를 축출하려는 보수적 태도도 용납할 수 없다. 음란물을 저질
로 보는 것은 대중을 저질로 만들어 거세하려는 신자유주의 세력과 협력하
는 것임을 인식하자. 더러움에 대한 혐오를 드러내는 각종 청결주의는 경계
의 불분명함을 참지 못하는 편집증이며, 바흐친이 말한 웃음의 여유를 상실
한 생명혐오 증상이다. 정치적 보수도 보수이지만 문화적 보수도 보수라는
점을 잊어선 안 된다. 우리는 문화에서 진보란 예술적 가치를 주장하는 것
만이 아니라 표현의 가능성을 끊임없이 확장하는 노력이기도 하고, 이를
위해 표현의 실험을 추구하는 것이기도 하다고 믿고 있다. 사회 진보에 대

해서도 마찬가지이다. 이제 사회복지만이 아니라 성의 자유 실현을 위해 복지 개념을 확장해야 한다. 청소년도 자율적 성 권리가 있고, 여성도 자신의 성애를 추구할 권리가 있음을 인정해야 한다. 표현의 자유에 음란물 제작의 권리가 포함되어야 하는 것은 이런 이유 때문이다. 기이하고 음란한 표현을 허용하라! 성행위에는 (절대적) 도착이 없다. 표현에도 (절대적) 도착은 없다. 음란은 오히려 숭고하다. 우리 속에 내재한 타자성을 현기증 나게 일깨우지 않는가. (2001)

제 2 부

신자유주의 일상과 사회변혁

4.

일상의 금융화와 리듬 변화

—문화정치경제학적 분석과 전망

1. 금융화와 일상의 '문화정치경제'

지난 15년가량 한국사회에서 개인들의 일상생활을 가장 강력하게 지배하고, 삶의 리듬을 가장 근본적으로 변화시킨 요인 하나를 꼽으라면, 신자유주의적 금융화가 최우선 순위에 들지 않을까 싶다. 물론 일상에 영향을 미치는 요인들은 금융화 이외에도 많을 것이다. 기술 발달, 새로운 매체 등장, 도시화와 거주환경 변화, 노동시장 변동, 신세대 등장, 소비생활의 중요성 증가 등이 머리에 떠오른다. 하지만 최근에 들어와 일상의 모습을 규정하고 있는 가장 강력한 요인을 금융화에서 찾아야 한다고 보는 것은 자본주의 사회의 각종 물질대사를 지배하고, 그에 따라 일상과 그 리듬을 주조하는 주된 힘은 무엇보다도 축적의 동학일 것이기 때문이다. 오늘날 이 축적을 주도하는 것은 누가 보더라도 금융화다.

세계 자본주의가 금융화를 핵심적인 축적전략을 채택한 지는 이제 40여 년에 이른다. 20세기 중반 이후 현재까지 자본주의 헤게모니 국가로 군림해 온 미국에서 금융화가 신자유주의 축적체제의 일환으로 도입되기 시작한 것이 1970년대, 본격화하기 시작한 것이 1980년대, 그리고 대중화 단계에 이른 것이 1990년대다. 금융화는 미국이나 다른 선진 자본주의 국가들에만 국한되어 나타난 경향인 것도 아니다. 신자유주의 축적체제의 구축 및 그와 연동된 금융화의 추진과 전개를 놓고 보면 한때 '주변부 자본주의' 또는 '제3세계' 국가로 간주되던 한국도 헤게모니 국가인 미국과 그리 큰 시차를 드러내지 않는다. 한국의 금융화 흐름은 박정희, 전두환 정권에 의해 신자유주의 정책이 도입되기 시작한 1970년대 말, 1980년대 초부터 정책적으로 추진되기 시작해, 자유주의 헤게모니를 구축한 '87년 민주화 체제' 하에서 WTO, OECD 가입 등을 명분으로 민중진영의 저항을 물리치며 본격적으로 추진되던 중, 1997년의 외환위기와 IMF 관리체제 가동을 계기로 불가역적인 강화의 길을 걸어왔다. 2010년대 중반에 이른 지금 금융화는 명실공히 세계화를 달성한 것으로 보인다. 금융화는 G20, OECD 국가들을 위시한 지구 위 대부분 나라의 경제적 질서, 나아가 그와 연동된 정치적 문화적 질서를 일관되게—물론 개별 국가의 사회 조건들로 인한 차이는 있겠지만—지배하고 있는 것이다. 1997~98년에 한국을 포함한 동아시아를 휩쓴 금융위기, 2007~08년의 미국 발 금융위기, 그리고 2010년 이후의 유로존 위기가 세계경제를 강타한 것이나, 최근 '브릭스' 등 신흥경제 국가들이 미국이 채택한 '양적 완화'의 영향을 크게 받고 있는 것이 그런 증거다.

이 글에서 주목하려는 것은 금융화가 축적의 핵심 전략으로 작동하게 되면, 일상과 그 리듬은 어떻게 조직되고, 그런 변화는 자본주의적 지배에 대한 대중의 태도에 어떤 영향을 미칠까 하는 문제다. 이런 문제의식에는 금융화로 인해 주조되는 일상과 그 리듬이 자본주의적 삶의 변혁 측면에서 중대한 함의를 지니리라는 생각이 작용한다. 일상의 리듬은 통상 사회적인 의제와는 무관한 것으로 간주된다. 그것은 리듬이 시간과 공간, 그리고 에너지의 사용으로 이루어진다는 점에서,[1] 자연적인 현상으로만 느껴지기 때문이기도 할 것이다. 하지만 여기서 금융화와 일상 리듬의 관계를 살펴보고

1_ Henri Lefebvre, *Rhythmanalysis: Space, Time and Everyday Life*, tr. Stuart Elden and Gerald Moore (London and New York: Continuum, 2004), 15.

자 하는 것은 오늘날 일상의 조직이 금융화와 무관하지 않고, 일상의 리듬 또한 현단계 자본주의의 지배적 축적전략에 의해 주조되는 측면이 적지 않을 것으로 여겨지기 때문이다. 이런 생각은 또한 일상의 금융화에 천착하고 그 리듬의 사회적 함의를 살펴보는 일, 나아가서 일상과 그 리듬의 새로운 주조를 기획하는 일이 자본주의 비판과 극복을 위해 결코 생략할 수 없는 과제라는 관점에 근거하고 있기도 하다.

금융화로 인해 한국에서 일상의 리듬이 어떤 양상을 띠게 되었는지 알아보려면, 최근 금융화가 우리 사회에서 어떻게 전개되었는지 살펴봐야 하고, 이를 위해서는 여기서 말하는 금융화란 것이 구체적으로 어떤 현상을 가리키는지 규정하고 넘어갈 필요가 있다. '금융화'는 다양하게 정의될 수 있겠지만, 나는 그것을 '문화정치경제'의 문제설정에 의거해 이해하고자 한다. '문화정치경제'란 사회적 실천을 구성하는 주요 층위 또는 심급을 문화와 정치와 경제로 보고, 이들 심급을 상호관련 속에 작동하는 복잡한 전체로 파악하려는 관점이다.[2] 이 복잡한 전체는 크게 보면 토대와 상부구조의 두 심급으로, 또는 상부구조가 상이한 두 심급을 갖는다는 점으로 보면 세 심급으로 구성된다. 물론 이때 토대를 구성하는 것은 경제 심급이고, 상부구조를 구성하는 것은 정치와 문화 두 심급이다.[3] 사회가 토대와 상부구조라는 상이한 층위로 이루어져 있다는 생각은 사회를 하나의 건축물로 간주하는 것으로, 알다시피 맑스주의 전통에서 나왔다. 맑스주의가 채택한 '사회=건물'이라는 상상 혹은 '지형학적 은유'는 경제와 정치와 문화가 맺고 있는

2_ '문화정치경제의 문제설정'에 대해서는 강내희, 『신자유주의 금융화와 문화정치경제』, 문화과학사, 2014, 15-40을 참조할 것.

3_ 상부구조에 속한 정치와 문화의 차이는 전자가 '억압적 국가기구'의 장악과 활용 중심으로 작동한다면, 후자는 '이데올로기 국가기구'를 통해 작동한다는 데 있다. 알튀세르에 따르면 억압적 국가기구는 폭력 위주로, 이데올로기 국가기구는 이데올로기 위주로 작용한다. 그리고 이데올로기 국가기구는 교회, 노조, 학교, 가정, 매체, 정당 등의 복수 형태를 띠지만, 억압적 국가기구는 최종적으로 국가권력을 중심으로 작동한다는 점에서 단수적이라는 특징이 있다. Louis Althusser, "Ideology and Ideological State Apparatuses (Notes towards an Investigation)," in *On Ideology* (London: Verso, 2008), 18.

상호 관계에 관심을 돌리는 효과가 크며,[4] 부르주아 관념론이 채택한 사회에 대한 상상과는 대비된다. 후자가 문화와 정치와 경제 세 층위를 각기 따로 자율성을 누리며 작동하는 것으로 설명함으로써 사회적 인과관계의 비판적 이해를 봉쇄했다면, 맑스주의는 사회를 토대와 상부구조로 구성된다고 인식함으로써 사회적 실천들 간에 중대한 결정 관계가 작동한다는 점을 중시하는 것이다. 하지만 맑스주의가 사회를 이해한 방식에도 문제가 없지는 않았다. 경제와 정치와 문화 간에 인과성이 작동한다고 보고 그것들 간에 결정 관계를 설정해 사회를 관계론적 측면에서 살피고자 한 점에서는 사회적 인과성의 총체적인 비판적 이해에 크게 기여했다고 하겠지만, 맑스주의 전통은 이 과정에서 너무 경직된 관점을 취해 토대란 '결정하는 것', 상부구조란 '결정되는 것'으로 규정해 토대-상부구조론을 단순결정론으로 축소해버렸다는 지적도 받는다. 여기서 경제와 정치와 문화를 '복잡한 전체'로서 파악하려는 것은 토대를 구성하는 경제와 상부구조를 구성하는 문화 및 정치 사이, 또 상부구조 내의 상이한 두 심급을 구성하는 문화와 정치 사이에 일어나는 '결정'은 일방적이라기보다는 복잡한 상호작용 양상을 띤 과정으로 이해하려는 것으로서, 전통적인 토대-상부구조론을 수용하되 그것을 '단순결정론'으로 축소하지는 않으려는 시도에 해당한다. 이처럼 수정된 사회적 실천 심급론을 수용할 경우, 토대와 상부구조 사이에 결정 관계가 작동함을 인정하더라도 상부구조는 토대로부터 일정하게 상대적인 자율성을 누린다고 간주되어, 토대의 영향을 일방적으로 받기만 하는 것이 아니라 그 나름의 영향력을 토대에 행사하는 것으로 이해될 수 있다.[5]

4_ '지형학적 은유'는 알튀세르의 표현이다. "모든 사회의 구조를 위에 상부구조 두 층이 서있는 하나의 토대(하부구조)를 지닌 건물로 나타내는 이런 표상이 하나의 은유, 엄밀하게 말해 공간적 은유 즉 지형학적(topique) 은유임을 확인하기는 어렵지 않다." ibid., 8.
5_ 문화정치경제를 '인수분해' 하면 한편으로는 문화와 정치와 경제 등으로, 다른 한편으로는 문화정치와 정치경제, 문화경제 등으로, 또 다른 한편으로는 문화적 정치경제, 정치적 문화경제, 경제적 문화정치 등으로 나눌 수 있겠지만, 이들 층위들 간의 복잡한 관계에 대한 논의는 여기서 생략한다. 나는 『신자유주의 금융화와 문화정치경제』에서 문화정치경제를 이런 식으로 분해해 금융화 현상을 논의한 바 있다.

이와 같은 문화정치경제적 관점의 채택은 금융화를 이해하는 데 어떤 함의를 지니는 것일까? 금융화를 문화정치경제의 문제설정에 의거해 이해한다는 것은 그것이 경제적 사안으로만 그치지 않는다는 것, 즉 정치적 사안이기도 하고 문화적 사안이기도 함을 전제하는 것이다. 금융화를 경제적 실천의 문제로만 여길 경우 금융화가 문화와 정치의 차원에서 작동해 만들어내는 사회적 효과를 도외시할 우려가 있고, 금융화를 총체적인 시각에서 보고자 경제와 문화와 정치의 관계라는 측면에서 본다고 하더라도 '토대와 상부구조의 단순결정론'을 통해 그렇게 할 경우, 정치적 층위와 문화적 층위에서 작동하는 금융화 과정은 경제적 층위에서 나타나는 금융화 과정을 수동적으로 반영하기만 하는 것으로 이해될 공산이 크다. 여기서는 그래서 문화정치경제의 문제설정을 채택해 금융화는 경제적 실천이기만 한 것이 아니라, 문화적 실천이자 정치적 실천이기도 함을, 나아가서 일상에서 작동하는 금융화 역시 그와 같은 복잡한 사회적 과정임을 강조하고자 한다. 물론 그렇다고 금융화가 경제적 차원의 문제임을 부정하자는 것은 아니다. 하지만 금융화가 일차적으로는 경제적 문제이며 따라서 경제적 문제로서 변별성을 지님을 인정한다고 하더라도, 거기에는 언제나 정치적 차원 및 문화적 차원이 함께 작동한다는 사실을 잊으면 곤란하다는 것이 이 글의 취지다.

일상과 그 리듬의 금융화도 같은 방식으로 이해할 수 있을 것 같다. 일상의 리듬은 시간과 공간, 에너지의 사용으로 이루어진다는 점에서 자연적인 흐름을 따를 수밖에 없지만, 오늘날 그것은 금융화와 긴밀하게 연동되어 있고 금융화 시대 특유의 사회적 과정으로 나타난다는 것 또한 부정할 수 없다. 일상과 그 리듬이 사회적 현상이라는 것은 거기에도 문화정치경제의 여러 층위 또는 심급이 따로 또는 상호관련 속에서 작동할 것이며, 따라서 그 흐름 즉 리듬이 주조되는 방식도 이들 심급의 상호 작용과 무관하지 않을 것임을 말해준다. 이 말은 일상의 리듬에도 정치적, 경제적, 문화적 차원이 있고, 이 사실이 자본주의의 재생산 또는 변혁과 관련해 중대한 함의를 지닌다는 것이다. 일상이 이처럼 사회적으로 구성되는 것이라면 그것을 새롭게 기획할 가능성도 기대할 수 있게 된다. 그리고 오늘날 '금융화한 일상'이 나타났다는 것은 이런 기획 과정에서 중요하게 고려할 점이 무엇인지 말해주는 측면이 있다. '금융화한 일상'이 자본주의 사회 분석 과정에서 중요한 대상으로 떠오르고, 금융화가 일상을 주조하는 방식에 주의를 기울일 수 있게 되면, 일상과 금융화의 관계를 재조정할 수 있는 방안을 탐구할 필요도 커진다. 이런 점에 주목하는 것은 물론 일상과 그 리듬이 자본주의적 지배체계의 재생산에서 중대한 역할을 한다고 보기 때문이다. 자본주의 체계는 재생산되지 않으면 장기적으로 지속되지 못할 것이나,[6] 이 글의 맥락에서 나는 이 재생산을 위해서는 일상이 핵심적 역할을 하며, 오늘날은 금융화가 이 일상의 주조에 특히 중대한 역할을 한다는 데 주목하고자 한다. 금융화한 일상과 그 리듬을 분석해 그 작동방식을 파악할 필요가 있는 것은 오늘날 일상이 보여주는 리듬이 자본주의적 지배의 재생산과 그 변혁과 불가분의 관계를 맺고 있기 때문이다. 이 글은 바로 이런 문제의식의 소산이다.

2. 금융화의 문화정치경제

문화정치경제의 관점에서 보면 경제이론에서 제시되는 금융화의 정의도 새롭게 이해할 여지가 생긴다. 경제학적 측면에서 금융화는 통상 자본축적, 가치 즉 부의 생산에서 "금융시장과 금융제도 중요성의 뚜렷한 증가"와 "금융 흐름의 양, 속도, 복잡성, 연결성의 극적 증가"와 관련되어 있다.[7] 신

6_ 맑스는 1868년에 쿠겔만에게 보낸 편지에서 다음과 같이 말한 바 있다. "사회구성체는 생산을 하면서 동시에 생산조건을 재생산하지 않는다면 1년만 지나도 살아남지 못하리라는 사실을 어린아이도 안다." 루이 알튀세르, 『재생산에 대하여』, 김웅권 역, 동문선, 2007, 91.

7_ Tayyab Mahmud, "Debt and Discipline: Neoliberal Political Economy and the Working Classes,"

자유주의 시대 자본주의 사회의 경제적 층위에서 이런 변화가 생긴 것은 무엇보다 자본 운동 가운데 이자 낳는 자본의 활동이 강화된 결과다. 오늘날은 그래서 자본축적의 주된 경향을 생산과 유통에서 작용하는 자본의 활동에서 후자의 중요성이 과거에 비해 상대적으로 크게 강화된 것으로 보는 견해가 만연해 있다. 몇몇 예를 들어보면, 금융화는 "축적의 제도적 법적 맥락과 함께 생산력과 생산관계에서 일어나는 변화로부터 야기되는 생산과 유통 간의 균형에 변동이 생기는 것,"[8] "투자가 생산영역에서 유통 영역으로 이동"하는 경향,[9] "국내 및 국제 경제활동에서 금융적 동기, 금융 시장, 금융행위자, 금융기관의 역할 증대,"[10] "금융 및 금융 공학의 권력 증가와 체계화,"[11] "경제적 활동 일반이 이자 낳는 자본의 논리와 요구에 종속되는 것,"[12] "이윤이 교역과 상품 생산보다는 금융적 경로를 통해 누적되는 축적형태"[13] 등으로 규정된다. 보다시피 이들 견해는 대부분 금융화를 경제적 사안인 것으로 이해하고 있다.

금융화가 경제적 측면에서 과연 사실인지 먼저 살펴보자.[14] 크립너가 살펴본 바에 따르면, 미국의 경우 GDP 대비 산업 분야별 지분은 제조업 부문이 1950년대 초 32퍼센트 수준에서 2001년에는 16퍼센트 수준으로 줄어들고, 서비스 부문은 10퍼센트 수준에서 24퍼센트로, 금융·보험·부동산 부

Kentucky Law Journal, Vol. 101, No. 1 (2013), 474-75.

8_ Costas Lapavitsas, "Financialization, or the Search for Profits in the Sphere of Circulation," Research on Money and Finance Discussion Paper No. 10 (2009), 13.

9_ Gilad Isaacs, "Contemporary Financialization: A Marxian Analysis," *Journal of Political Inquiry*, Issue 4 (Spring 2011), 16. Available at: http://www.jpinyu.com/_uploads/2/5/7/5/25757258/contemporary-financialization-a-marxian-analysis.pdf

10_ Gerald A. Epstein, "Introduction: Financialization and the World Economy," in Epstein, ed., *Financialization and the World Economy* (Cheltenham: Edward Elgar, 2005), 3.

11_ Robin Blackburn, "Finance and the fourth dimension," *New Left Review* 39 (2006), 39.

12_ Ben Fine, "Locating financialization," *Historical Materialism* 18(2) (2010), 99.

13_ Greta R. Krippner, "The financialization of the American economy," *Socio-Economic Review*, Vol. 3, No. 2 (May 2005), 174.

14_ 아래 세 문단의 내용은 강내희, 『신자유주의 금융화와 문화정치경제』, 134-36에서 가져와서 고친 것이다.

문은 12퍼센트에서 25퍼센트로 늘어났다. 산업별 기업 이윤의 변동을 놓고 보면, 제조업 부문 이윤 비중은 1950년에 거의 50퍼센트에 이르렀으나 2001년에는 10퍼센트로 축소하고, 서비스 부문은 2-3퍼센트 수준에서 큰 변동이 없는 반면, 금융·보험·부동산 부문은 1950년도에 약 10퍼센트 수준이던 것이 2001년에는 45퍼센트 수준으로 크게 증가한 모습을 보였다.[15] 이런 통계는 미국경제가 말 그대로 금융화를 겪었음을 말해준다.

물론 미국만이 금융화를 겪은 것은 아니다. 아싸의 조사에 따르면, 1970년 금융 부문에서 부가가치의 20퍼센트 이상이 나오는 OECD 회원국은 프랑스(20.6퍼센트)와 멕시코(23.2퍼센트)뿐이었으나, 2008년에는 금융지분이 20퍼센트가 넘는 나라가 34개 회원국 가운데 28개국이었고, 15개국은 그 지분이 25퍼센트가 넘었다. 이 목록의 최상위를 차지한 것은 이스라엘, 프랑스, 미국, 영국, 오스트레일리아, 뉴질랜드 등으로 이들 국가의 금융 부문 발생 부가가치는 30퍼센트를 넘어섰으며, 한국을 포함한 11개 국가는 2008년에 이르러 금융 부문 지분이 과거의 두 배 이상 늘어났다.[16] 금융화의 심화는 전체 고용에서 금융 부문이 차지하는 비중 증가를 통해서도 확인된다. 1970-94년 사이에 금융부문에 노동력의 10퍼센트 이상이 종사하는 나라는 한 곳도 없었으며, 5퍼센트 이상 되는 나라가 아이슬란드(1991년 9.6퍼센트), 뉴질랜드(1986년 8.6퍼센트), 벨기에(1988년 7.9퍼센트), 독일(1991년 7.5퍼센트), 오스트레일리아(1970년 7.1퍼센트) 5개국이었을 뿐이다. 그러나 2008년에 이르게 되면, 금융 부문 취업률이 10퍼센트를 넘는 OECD 회원국이 23개국으로 늘어나게 된다. 이들 가운데 금융 부문 취업 15퍼센트가 넘는 나라는 스위스, 미국, 이스라엘, 스웨덴, 네덜란드, 오스트레일리아, 캐나다 등 7개국이었고, 금융화의 심화가 크게 이루어진 나라는 핀란드, 폴란드, 일본, 이태리, 스페인, 룩셈부르크, 한국 등으로 핀란드와 폴란드의 증가율

15_ Krippner, op. cit., 178-81.

16_ Jacob Assa, , "Financialization and Its Consequences: the OECD Experience," *Finance Research*, Vol. 1, No. 1 (January 2012), 36.

은 4배, 일본은 5배, 이태리는 6배, 스페인과 룩셈부르크, 한국은 9배였다.[17]

한국의 경우 'IMF 위기' 이후 급격한 금융화를 겪었는데, 이 결과 "한국 경제의 전체 영업 이익에서 금융회사가 차지하는 몫"은 "위기 이전의 15퍼센트 이하에서 위기 이후 연평균 30퍼센트의 수준까지" 올라갔다.[18] 한국에서 경제의 금융화는 주식, 채권, 파생상품, 기획금융(PF), 자산담보부증권(ABS), 주택저당담보부증권(MBS), 자산담보부기업어음(ABCP), 주택저당담보부다계층증권(CMO), 부채담보부증권(CDO), 신용부도스와프(CDS) 등 사람들이 거래할 수 있는 금융상품이 대거 보급된 데서도 볼 수 있다. 이들 상품의 거래가 확산된 것, 그리고 그와 함께 주택을 중심으로 하는 부동산 투기와 매매가 일상사가 된 것도 금융화의 징표라고 할 수 있을 것이다. 2000년대에 들어와서 상당 기간 부동산시장이 활황을 이루고 투기에 가까운 부동산 매매가 일어난 것은 부동산시장이 '금융적 매개'(financial mediation)의 확산을 통해 금융시장과 긴밀하게 연결됨으로써 생겨난 일이기도 하다.[19]

문화정치경제의 관점은 이상 언급한 변화가 최근 경제적 심급을 중심으로 일어났음을 부정하지는 않지만, 이 변화가 반드시 정치적, 문화적 심급의 상응하는 변화에 의해 촉발되기도 함을 강조한다. 다시 말해 금융화를 사회적 실천의 경제적 심급에서 발생한 중대한 변화로 인정하면서도, 이 변화를 자본의 독자적 힘 또는 시장논리에 의해 일어나는 것으로만 보지는 않는 것이다. 한국의 경우 금융화가 진전된 것은 무엇보다도 1990년대 말에 형성된 정세, 즉 당시 외환위기로 인해 한국경제가 구제금융과 긴축을 필요로 한다는 것을 빌미로, 1980년대 말 이후 어렵사리 상승해온 노동자 권력

17_ Ibid.

18_ 지주형, 『한국 신자유주의의 기원과 형성』, 책세상, 2011, 351.

19_ 부동산시장의 '금융적 매개'는 신자유주의 금융화의 한 현상이다. 전통적으로 금융적 매개를 주관한 주체는 "예금을 기금으로 삼아 대출업을 하던 은행에 국한되었으나, 신자유주의 시대에 들어와서는 주요 공공 연기금이나 보험회사, 집합투자기구, 금융 자문사 및 대행사 등이 주요 참여자로 부상하는 괄목할 변화가 생겨났다. 새로운 금융적 매개 행위가 성행함으로써 일어난 일의 하나는 부동산시장과 금융시장이 연계된 것이다." 강내희, 앞의 책, 386.

을 위축시킬 수 있는 상황이 전개되고, 이로 인해 자본과 노동, 국가의 관계를 규정하는 정치경제가 새롭게 작동하게 됨으로써 일어난 결과이기도 하다. 자본주의 사회에서 국가는 기본적으로 총자본의 수호자 역할을 하기 마련이지만, 특정 시기 사회적 역관계에 따라서는 노동을 보호하는 복지국가가 되기도, 노동을 공격하는 경찰국가가 되기도 하며 상반된 모습을 취한다. 2차 세계대전 이후 미국 등 선진자본주의 국가들에서 수정자유주의 축적체제가 구축되어,[20] 노동자계급에 대한 자본의 일정한 양보가 이루어진 것은 당시 세계자본주의를 위협하는 현실사회주의 국가들이 건재해 자본과 국가가 노동과 일정한 타협을 할 필요가 있었기 때문이다. 하지만 1970년대부터 신자유주의 시대가 열리며 금융화와 더불어 노동유연화, 구조조정, 민영화, 복지해체, 세계화 등이 새로운 축적전략으로 등장한 것은 1960년대 후반부터 자본주의 황금시대가 종결되어 축적 조건이 열악해짐에 따라 '동의에 의한 지배' 즉 헤게모니 전략을 구사하기 어려워졌기 때문이다.[21] 그때부터 자본은 노동과의 타협 대신 노동에 대한 배제 전략을 선택했고, 현실사회주의가 붕괴되는 1980년대 후반부터는 노동에 대한 공격을 더욱 강화했다. 1990년대 말 이후 한국에서 금융화가 급속도로 강화된 것도 노동에 대한 공격이 더욱 심화되고 본격화한 사례다. 한국사회는 이때부터 노동자들로 하여금 자신의 복지와 보장을 위해 임금, 저축, 연금 등에 의존하기보다는 갈수록 부채와 투자에 더 의존해 해결하도록 만들기 시작한다. 이것은 복지가 이제 사회가 보장하는 노동자의 권리나 혜택이기 이전

20_ '수정자유주의'는 포드주의, 사민주의, 착근자유주의 등으로도 불린다. 여기서 '수정자유주의'를 사용하는 것은 용어상 그것이 한편으로는 19세기의 고전적 자유주의, 다른 한편으로는 20세기 후반 이후의 '신자유주의'와 두드러진 대비 효과를 드러낸다고 보기 때문이다.

21_ '자본주의 황금시대'는 1945년 이후 1960년대 말까지를 가리킨다. 이 시기는 아리기(Giovanni Arrighi)가 말한 '실물 팽창'의 시기로, 자본주의적 상품 생산이 순조롭게 이루어져 경제가 실질적으로 성장한 시기다. 조반니 아리기, 『장기 20세기-화폐, 권력, 그리고 우리 시대의 기원』, 백승욱 역, 그린비, 2008; Isaacs, op. cit.; John Bellamy Foster, "The Financialization of Capital and the Crisis," *Monthly Review* (April 2008), 9.

에 책임이 되었다는 말이다.[22] 바로 이 지점에서 금융화가 정치적 실천으로 작동한다고 볼 수 있다. 1990년대 말에서 2000년대 초에 이르는 시기 김대중 정권은 강력한 금융자유화 정책을 통해 다양한 금융상품을 도입하며 거래의 제도화를 꾀했고, 이들 상품의 거래를 활성화하기 위해 주식시장과 부동산시장을 활성화했으며, 시장 유동성의 증대를 위해 부채의 자산화를 꾀했고, 이를 위해 금리를 대폭 인하하기 시작했다. 물론 이런 조치는 모두 '경제정책'으로 포장되었지만 대부분 금융자본의 이익을 도모한 것이었다는 점에서, 그리고 무엇보다 노동자계급에 대한 공격의 일환으로 이루어졌다는 점에서 사회적 권력관계를 반영한 것이었다. 당시 경제정책이 강한 정치적 성격을 가졌다고 봐야 하는 것은 그것이 한국사회의 주요 주체들 간—노동, 국가, 자본—의 권력관계를 재편하는 과정이기도 했기 때문이다.

금리인하와 함께 나타난 사회적 지표들 가운데 가계부채의 지속적이고 급속한 증가, 저축률 하락, 자살률 증가 등이 눈길을 끈다. 가계부채는 김영삼 정권 말기인 1997년 말 211조원, 김대중 정권 말기인 2002년 말 465조원, 노무현 정권 말기인 2007년 말 630조원, 이명박 정권 말기인 2012년 말 959조원이었고,[23] GDP는 1997년 563조원, 2002년 720조원, 2007년 975조원, 2012년 1,273조원이었다.[24] 1997~12년 15년 사이만 놓고 보면, GDP는 약 2.26배 증가한 반면, 가계부채는 약 4.54배가 증가한 것이다. 비슷한 시기 국가부채의 증가폭은 훨씬 더 크다. 2013년 9월 기획재정부가 내놓은 예산안에 따르면, 2014년 정부부채 규모는 515조2,000억원으로 이 규모는 1997년(60조3,000억원)보다 8.54배나 증가한 것이다.[25] 이런 점은 15년 남짓한

22_ 이 시기에 '복지'(welfare)가 '노동복지'(workfare)로 전환되기 시작한 것이 단적인 예다.
23_ 이 수치는 한국은행의 공식 집계에 따른 것이다. 하지만 NGO 등의 부채까지 포함하는 국제기준에 따를 경우 부채규모는 더 크게 늘어날 수 있다. 실제로 국제기준에 의한 2011년 말 가계부채는 1,103조원이었다. 한국투자증권, 「가계부채 진단과 영향 점검」, 2012. 10. 15. http://equity.co.kr/upfile/issue/2012/10/13/1350132931348.pdf
2014년 3/4분기 현재 한국은행이 발표한 가계부채가 1,060조원이었음을 고려하면, 국제기준에 의거한 2014년 가계부채 규모는 1,200조원을 훨씬 상회할 것으로 추정된다.
24_ 이 통계는 각종 신문보도를 참고하여 종합한 것이다.

기간 한국은 국가 차원이나 가계 차원에서 어마어마한 부채 증가를 겪었음을 보여준다. 자살률도 세계 최고 수준으로 올라갔다.[26] 1997년에 인구 10만 명당 13명이던 것이 2002년 22.7명, 2007년 24.8명, 2012년 29.1명으로 늘어난 것이다. 이런 지표들을 도표로 만든 것이 <표 1>이다.

<표 1> 1997~2014년 주요 경제지표

연도 분류	GDP	가계부채	정부부채	저축률	자살률 (10만명당)	금리
1997년	563조원	211조원	60조원	15%	13명	20%
2002년	720조원	465조원	134조원	2%	22.7명	4%
2007년	975조원	630조원	299조원	3.7%	24.8명	-
2012년	1,273조원	959조원	446조원	2.8%	29.1명	2.75%
2014년	1,428조원(2013년)	1,060조원	515조원	2%	-	2%*

주: -는 자료를 확보하지 못한 항목이며 *는 추정치임

위의 표에 제시된 지표들을 비교해 보면 지난 15년 사이에 한국은 금리가 크게 낮아지며 금융화가 급속도로 진행되었고, 그와 함께 1990년대 후반까지만 하더라도 세계 최고 수준이던 저축은 바닥 수준으로 떨어진[27] 반면,

---

25_ 『아시아경제』, 2013. 9. 27.
  "금융감독원 거시감독국이 작성한 '유로존 위기의 시사점과 교훈' 보고서에 따르면 우리나라의 GDP대비 국가 총부채(정부·기업·가계) 비율은 2007년 202%로 처음 200%를 넘어선 뒤 올해[2012년] 6월말에는 234%까지 높아졌다"(「"한국 총부채 GDP 234%…가계부채 증가속도 너무 빠르다"」, 『중앙일보』, 2012. 11. 27). 영국계 은행 스탠다드차타드(SC)에 따르면 한국의 국가 총부채는 2012년 "9월 말 기준 GDP의 232%며, 오는 2015년에는 255%로 빠르게 증가할 것으로 전망"된다(「한국 총부채 위험수위. 2015년엔 GDP의 2.5배」, 『헤럴드경제』, 2013. 7. 15). 참고로 2010년 국가부채로 위기에 빠진 그리스의 경우 당시 총부채가 GDP 대비 2.6배였는데, 한국도 이미 비등한 수준에 도달한 셈이다. "한국의 총 부채가 지난해 말 4500조원을 넘어선 것으로 나타났다. 2년 전과 비교해 10% 이상 급증한 수치다. 특히 국가부채와 가계부채가 이 기간 각각 13.9%, 11.5% 늘었다. 자영업자의 경우 부채 증가율이 23.6%에 달했다. 12일 기획재정부가…제출한 자료에 따르면 한국의 총 부채는 2013년 말 기준 4507조2000억원으로 집계됐다"(「한국 총 부채 4500조 넘었다」, 『한국경제』, 2014. 12. 12).
26_ 세계에서 자살률이 가장 높은 나라는 리투아니아다. 한국은 OECD 국가 가운데 자살률이 가장 높다.

부채와 자살률은 함께 크게 늘어났음을 확인할 수 있다. 여기서 기억할 점은 이런 변화는 그냥 일어나는 것도, 시장조건 변화에 의해서만 일어나는 것도 아니라는 것, 그보다는 총체적인 사회적 역관계 특히 생산관계에 의해 야기되고 관리된다는 사실이다. 사람들로 하여금 저축보다는 부채에 의존하게 만드는 것은 물론 경제적 심급에서의 변화와 관련되어 있지만, 이 변화는 또한 새로운 사회적 권력관계의 형성 즉 정치적 조건의 재구축을 필요로 한다. 1997년 외환위기 직후 수년 간 한국에서 거대한 노동투쟁이 전개된 것은, 그리고 그 과정에서 수많은 노동자들이 구속된 것은 당시 정치적 조건이 재구축되는 과정에서 발생한 계급투쟁의 양상이라고 할 수 있다.[28]

금융화가 경제적 차원, 정치적 차원에서 추진되기 위해서는 그에 적합한 문화적 조건도 마련되어야 한다. 사회적 실천의 경제적 차원에서 사회적 가치 또는 부가 생산되고, 정치적 차원에서 권력관계 형성을 둘러싼 갈등과 투쟁이 전개된다면, 문화적 차원에서 이루어지는 것은 의미의 생산이다.[29] 의미는 이때 서로 비교되고 교환되는 '경제적 가치'와는 구분되는 가치, '그 자체로 목적인 것' 또는 '실존적으로 중요한 것'으로서, 통상 언어나 기호,

---

27_ 2000년대에 들어와서 한국의 저축률은 OECD 국가 최하위 수준으로 떨어졌다. 1998년에는 저축률이 21.6퍼센트로 세계 최고 수준이었으나 2010년에는 2.8퍼센트까지 떨어져 OECD 평균인 7.1퍼센트를 한참 밑돈 것이다. 한국보다 저축률이 낮은 OECD 나라는 일본, 호주, 체코, 덴마크밖에 없다. 저축률에 영향을 미치는 요인들로는 사회복지, 금리, 임금 등이 있다. 이은미·문외솔·손민중, 「가계저축률 하락 원인 진단과 과제」, 『CEO Information』 제806호, 삼성경제연구소, 2011, 1.

28_ 노동자 구속자 수는 노태우 정권에서 연평균 395명이었다가 김영삼 정권에서는 126명으로 줄었으나, 김대중 정권에서는 178명으로 늘어났고, 노무현 정권에서는 더 늘어나 연평균 217명이었다(「전국장기투쟁현장 '애끓는 투쟁, 폭발직전'」, 『노동과 세계』, 2006. 3. 23). '민주화 정부' 하에서 노동자 구속자 수가 늘어난 것은 이 시기 노동에 대한 공격이 더욱 격화했다는 말일 것이다.

29_ "아주 대략적으로 말해, 경제적인 것에 대해 말할 때 우리는 사람들이 물질적 재화를 생산하고 교환하고 소비하는 실천관행에 관심을 기울이고, 정치적인 것을 토론할 때는 사회에서 권력을 집중시키고 배분하고 배치하는 관행을 염두에 두며, 문화를 말할 때는 사람들이 서로 소통함으로써 개별적으로나 집단적으로 자신들의 삶을 유의미하게 만드는 방식을 염두에 둔다." John Tomlinson, *Globalization and Culture* (Cambridge, UK: Polity Press, 1999), 18.

이미지, 상징 등으로 표현되며 사람들 사이에 소통될 수 있다. 금융화를 위한 문화적 조건은 이렇게 보면 그에 적합한 의미생산 체계가 형성되어 사람들이 금융활동을 의미와 가치 있는 것, 중요하고 당연한 것으로 여기게 됨으로써 마련된다고 하겠다. 이런 분위기 형성에 크게 기여한 요인으로 1990년대부터 영향력을 미친 일련의 담론들을 꼽을 수 있다. 이 무렵 한국 사회에는 지식기반 담론, 경영 담론, 경력개발 담론, 자기개발 담론, 역량 담론 등을 통해 개인들의 자기계발을 촉구하는 담론 지형이 형성되기 시작했다. 비슷한 시기 시테크 담론, 재테크 담론이 확산된 것 역시 같은 맥락의 일로서, 이런 변화로 사람들은 '자산 형성 활동에 더욱 몰두하게 된 것으로 보인다. 1990년대의 경영담론을 통해 특히 '생애능력'의 중요성이 강조되었음을 기억할 필요가 있다. "생애능력이란 언표는 '핵심역량'(core competence), '역량'(competence/capability), '인재', '고용 가능성/평생직업능력'(employability), '경력개발 등 능력을 가리키는 숱한 다른 담론들과 '상호담론성'을 형성한다."[30] 이런 상호담론성의 형성으로 생긴 중요한 변화 하나가 개인들의 능력이 '역량'으로, 역량이 '자산으로 간주된 것이다. 이때부터 노동하는 주체에게 요구된 것은 연공서열이 아니라 개별 역량이었고, 이것의 육성과 관리 즉 자신의 자산을 증식시키는 일은 주체 개인의 책임이 되었다.

2001년 12월 BC카드사는 탤런트 김정은을 내세워 "부자 되세요! BC로 사세요!" 하고 사람들을 꼬드기는 TV 광고로 공전의 효과를 거둔 바 있다. 신용카드로 사는 것이 부자 되는 일이라는 것은 신용카드를 돈처럼 쓸 수 있다는 말, 신용을 담보로 해 현금을 융통할 수 있다는 말이다. 여기서 도덕관념 등 때문에 전통적으로 금기시되어온 '부자 되라'는 말을 당시 공개적으로 버젓이 할 수 있게 만든 인식 기제는 무엇이었을까 하는 의문이 든다. 이 맥락에서 환기하고 싶은 것이 부채도 자산으로 간주된 현상이다. '부채의 자산화'란 자신의 소득이나 재산이 아닌 것, 자기 자본이 아닌 것을 자기

30_ 서동진, 『자유의 의지 자기계발의 의지—신자유주의 한국사회에 자기계발하는 주체의 탄생』, 돌베개, 2009, 110.

자본처럼 굴릴 수 있게 하는 일을 말한다. 신용카드로 현금을 융통해 쓰는 것도 같은 일이다. 카드로 살며 부자 되라는 말은 부채를 자산으로 간주하라는 말과 다르지 않다. 당시 이런 말이 통용될 수 있었던 것은 1990년대 말부터 다수의 금융상품들이 개발되고, 이들 상품의 거래 확산을 돕는 금리 인하 같은 정책적 결정—경제 활성화를 이유로 내세웠지만 당시의 사회적 권력관계 즉 정치적 여건을 반영하기도 한—이 이루어진 때문임을 부정하긴 어렵다.[31] 하지만 그런 점 못지않게 그때 이미 새로운 경제적 상상이 부채의 자산화를 위한 문화적 조건으로 작용하고 있었음을 인식하는 것도 중요하다.[32]

여기서 말하는 '새로운 경제적 상상'은 신자유주의적인 성격을 띤 것으로, 신용카드로 사는 것이 부자 되는 일임을 당연하게 여기는 것이기도 하다. 그런 상상은 물론 당시 다양한 형태의 금융상품을 도입한 시장질서, 이 질서를 지원한 금리 인하 등 금융화 정책을 전제하겠지만, 동시에 이제 자산은 임금 소득과 저축, 연금, 재산만이 아니라 차입과 부채도 포함한다는 관념과도 통할 것이다. 이런 생각은 사람들이 자기책임화의 담론에 깊숙이 포획된 1990년대부터 이미 작동해 왔다고 봐야 한다. 앞서 언급한 대로 1990년대 초에는 시장에서 경영담론 등을 통해 노동하는 주체들의 자기책임화가 주로 강조되고, 1990년대 중반에는 교육담론을 통해 청소년을 '자율적 선택자'로 전환시키는 시도가 이루어졌다면, 1990년대 말에 이르러서는 국민 개인을 '신지식인'으로 양성하려는 시도가 이루어졌다.[33] 이 과정은 시장과 국가

31_ 여기서 '정책적 결정'은 정치적 세력관계의 투쟁 결과가 반영된 것임을 기억하자.
32_ 밥 제숍에 따르면 "하나의 경제적 상상은 하나의 기호질서 즉 특정한 장르들, 담론들, 양식들의 편제이고, 어떤 주어진 사회적 현장, 제도적 질서 또는 더 광의의 사회구성체에서 일어나는 사회적 실천망에 속한 기호적 계기를 이룬다. 따라서 경제적 상상은 경제와 경제외적 존재조건에 대한 특수한 개념화를 중심으로 다양한 장르들, 담론들, 그리고 양식들을 (재)절합시킨다." Bob Jessop and Stijn Oosterlynck, "Cultural political economy: On making the cultural turn without falling into soft economic sociology," *Geoforum*, Vol. 39, No. 3 (2008), 1158.
33_ '자율적 선택자' 양성을 겨냥한 교육담론, '신지식인 담론'에 대해서는 강내희, 앞의 책, 8장 4절 참조

영역에서 일어난 일이지만, 모두 새로운 주체형성 전략이었다는 점에서 중대한 문화적 효과를 발휘하기도 했다. 2000년대 들어와 부채의 자산화가 사람들에게 당연하게 받아들여진 것은 그렇다면, 이미 자기책임화를 강조하는 강력한 담론 지형이 형성된 가운데 1997년 외환위기를 계기로 금융화를 위한 정치경제적 기제가 더욱 강력하게 작동한 결과라고 할 수 있다.

이상 소략하게 살펴본 것처럼, 2000년대에 들어와서 확연해진 일상의 금융화는 당지 한국의 문화정치경제가 '복잡한 전체'로서 만들어낸 문화적 실천, 정치적 실천, 경제적 실천이 상호작용하며 형성한 일종의 복잡계적 창발 현상인 것으로 보인다. 사람들이 엄청난 규모의 부채를 짊어지게 된 것은 그들의 삶이 금융화의 영향권에 포획된 결과로서 경제적 조건 변화의 결과임이 분명하지만, 이는 정치적이고 문화적인 변화를 반영하는 현상이기도 하다. 이자율이 인하되고 가계부채와 국가부채가 늘어나면서 저축률이 하락하고 자살률이 증가한 현상들은 사람들의 일상을 새롭게 한 중대한 변화가 아닐 수 없다. 문화정치경제의 문제설정은 이런 변화들이 서로 연동되어 있음을 강조하는 관점이다.[34] 이제 이런 인식을 토대로 하여 금융화 흐름 속에서 일상의 모습이 어떻게 바뀌었는지 살펴보고자 한다.

3. 부채 증가, 위험 관리, 미래 할인

금융화의 지배를 받게 될 경우 대중이 영위하는 일상생활은 어떤 두드러진 특징을 갖게 되는가? 최근 접한 한 칼럼에 의하면, "일상생활의 금융화란 집주인이 당신 문을 두드리는 것 같은 평범한 일도 이제는 수천 마일 떨어

34_ 그렇더라도 경제가 토대로서 상부구조를 '궁극적으로' 결정한다는 사실에는 변함이 없다. 예컨대 한국에서 금융화가 진행되기 위해 '자산'을 중시하는 담론지형이 형성될 필요가 있었다는 것은 문화정치경제의 구성에서 경제가 최종심급에서 지배적 역할을 한다는 점을 보여준다.

진 수천 투자자와 연루되어 그들이 모두 그 주인으로 하여금 더 많은 이윤을 추출할 것을 촉구함을 의미한다."[35] 일상의 수많은 일들이 이처럼 생면부지 내외국인의 투자행위와 연계되어 있다면, 오늘날 우리 삶은 금융에 의해 송두리째 지배되고 있는 셈이다. 사실 금융은 전문가의 사안, 아니 전문가조차 제대로 알지 못할 정도로 복잡한 사안인 탓에,[36] 금융거래를 지원하는 신용체계의 작동 원리를 일반인이 이해하는 것은 결코 쉬운 일이 아니다.[37] 그러나 일상의 금융화가 운위된다는 것은 이제 금융이 민주화했다는 말이기도 하다. '금융의 민주화'는 전에는 사회 엘리트의 특권으로 치부되던 금융에의 접근이 이제는 소수민족, 여성, 빈민 등 그동안 금융제도의 외면을 당하던 사람들에게도 허용됨을 가리킨다.[38]

신용체계를 이용한 금융활동은 이제 한국에서도 일상사가 되었다. 단적인 예로 신용카드 발급이 폭발적으로 늘어난 것을 들 수 있다. 신용카드는 1970년대 말부터 시중은행이 도입하면서 일반인들이 사용하기 시작했으나, 1983년 말의 가입자 수가 83만명 정도에 불과했다는 사실이 보여주듯,[39] 80년대 초까지는 그 사용이 제한되어 있었다. 하지만 1990년대 이후 신용카

35_ Samuel Oakfield, "Wall Street sets its sights on renters," *The Final Call*, 2014. 6. 18.

36_ 레오 파니치에 따르면, "신용체계는 엄청나게 복잡하며, 거기서 거래하는 사람들은 우리 대부분은 이해하지 못하는 고도로 복잡한 대수학, 그들 가운데서도 완전히 이해하는 사람이 드문 대수학을 기반으로 움직인다. 그 체계에 속한 어느 누구도 특정 시점에 특정 증서를 누가 보유하고 있는지 완전히 알진 못한다"(Leo Panitch, "The Financial Crisis and American Power: An Interview with Leo Panitch," *The Bullet* 186, 16 Feb, 2009. www.socialistproject.ca/bullet/bullet186.html). 2007-08년 미국에서 발생한 비우량담보대출위기로 촉발된 금융위기를 일으킨 신용부도스와프(CDS)의 경우 그 설계가 극도로 복잡하고, 거래 역시 금융당국의 통제가 닿지 않은 장외거래 형태를 띠었던 것으로 알려졌다.

37_ 빌 모러에 따르면, 금융파생상품의 경우 많은 사람들에게 아직 그 비밀이 제대로 풀리지 않았고, 심지어 내부를 들여다본 적도 없는 '블랙박스'로 남아있다. Bill Maurer, "Repressed futures: financial derivatives' theological unconscious," *Economy and Science*, Vol. 31, No. 1 (2002), 19.

38_ 2007년 미국에서 비우량주택담보대출 위기가 발생한 것은 이 민주화가 어떤 결과를 초래하는지 보여주고 있다.

39_ 「편리하면서도 불편한 '제3의 돈' 백과 '신용카드'의 현주소」, 『동아일보』, 1984. 3. 8.

드 발급매수는 급증하게 된다. 1989년 7월 500만장, 1990년 10월 1,000만장,[40] 1995년 12월 2,784만장,[41] 2000년 8월 4,500만장으로 늘어나다가, 2000년대에 들어와서는 폭발적인 증가 속도를 보이며 2002년 12월에는 1억 480만장으로 1억장을 초과하게 되는 것이다.[42] 이후 2003년 '카드대란'을 겪고 발급매수가 감소하는 등 부침을 보였지만, 신용카드 발급매수는 2013년 1.4분기에 1억 1,500만장 수준으로,[43] 인구 5,000만 1인당 2장이 넘고, 전체경제활동인구 2,500만 1인당 4.6장에 이르렀다. 1990년대 이후 신용카드 발급매수의 급속한 증가, 특히 2000년대 초의 폭발적 증가는 금융자유화로 이 시기 대중의 금융활동이 급속도로 빈번해진 것과 궤를 함께 한다.

신용카드 사용자 수의 급증만이 금융활동의 활성화를 보여주는 것은 아니다. 한국거래소가 조사한 바로는 2013년 한국인 주식투자자수는 전년대비 6만명이 증가해 총 508만명으로, "경제활동인구의 19.5% 수준, 총 인구의 10% 수준"에 이른다.[44] 주식뿐만 아니다. 2000년대 초에 이르면 주식이외에도 펀드, 파생상품, 기획금융, 증권, 채권 등 사람들이 거래할 수 있는 금융상품들이 아주 많아졌다. 한국투자자보호재단이 2011년 10월부터 11월까지 3주간 서울과 수도권, 6대 광역시에 사는 만 25-64세 2,576명을 대상으로 조사해 발표한 바에 따르면, 51퍼센트가 펀드에 투자하고 있었다.[45] 이 수치는 계좌수가 인구 4,926만명의 절반이고 경제활동인구와 맞먹는 2,444만개였던 2008년 9월 말보다는 줄어든 것이긴 하나 여전히 높은 편이다.[46] 파생상품의 경우 투자자 수를 확인할 수 있는 통계를 나는 아직 찾지

40_ 「신용카드 발급 1천만매 돌파」, 『매일경제』, 1990. 10. 24.
41_ 「작년 카드 현금서비스금액 1인당 평균 81만원」, 연합뉴스, 1996. 3. 4.
42_ 「카드사 작년 하반기 대폭 적자」, 『머니투데이』, 2003. 2. 24.
43_ 「만들고 버리고…줄지않는 지갑속 카드」, 뉴스토마토, 2013. 7. 19. 2003년에 '카드대란'이 발생한 것은 2000년대 초부터 카드발급 매수가 인구수를 초과하며 급증한 것과 무관하지 않을 것이다.
44_ 「증시 침체…주식투자자수 '정체'」, 『뉴스토마토』, 2014. 6. 10.
45_ 「올해 펀드투자 늘렸는데…"39%는 손실"」, 연합뉴스, 2011. 11. 28.
46_ 장영희, 「대한민국 펀드에는 곡소리가 넘쳐난다」, 『시사IN』, 2008. 11. 24.

못했지만, 2010년대에 들어와서 장내거래의 경우 세계 최대 규모가 되었다는 사실로써 이 금융상품 또한 중요한 관심 금융상품이 되었을 것임을 짐작할 수 있다. 금융감독원에 따르면 2010년 파생상품의 명목거래액은 장내거래 5경 2,672조원, 장외거래 1경 4,059조원으로 모두 6경 6,731조원이나 된다.[47] 기획금융(PF) 투자자도 정확한 통계가 없으나, 공모형 기획금융의 규모가 2010년 120조원, 2011년 100조원에 이르렀고,[48] 상당기간 'PF 열풍'이 운위될 정도였으니, 그 투자자 수 또한 상당했을 것이 분명하다. 이런 점은 근래에 들어와 한국인 다수가 금융거래에 몰두하기 시작했다는 말로서, 앞에서 살펴본 최근의 급속한 부채 증가와 깊은 관련이 있을 것이다.

나이스평가정보의 보고에 따르면, 2014년 6월 말 현재 국내 은행권의 차주(借主)는 1,050만 8,000명, 이들의 부채합계는 487조 7,000억원으로, 가계대출 잔액을 차주 수로 나눈 1인당 부채액은 2010년 4,261만원에서 2012년 4,471만원, 2013년 4,598만원, 2014년 6월 말 4,641만원으로 계속 늘어났다.[49] 은행권만이 아니라 제2금융권 등에서 발생하는 부채까지 포함한다면 총 부채규모는 훨씬 더 클텐데, 국제기준으로 계산한 가계부채의 규모는 2011년 말에 이미 1,103조원에 달했다.[50] 이것은 인구를 5,000만명으로 잡을 경우 1인당 2,200만원이 넘고, 경제활동인구 2,500만명 1인당 4,400만원이 넘는 액수이고, 2012년 말 전국의 가구 수(1,806만)를 기준으로 계산해 보면,[51] 가구당 6,100만원에 해당한다. 물론 부채가 없는 가구도 있을 터이니, 실제 부채를 짊어진 가구의 부채 규모는 훨씬 더 클 것이다.

금융화와 더불어 즉 신용카드 사용빈도가 높아지고, 주식, 펀드, 파생상

47_ 「지난해 국내 파생상품 거래 6경6731조원…급증」, 『머니투데이』, 2011. 4. 14.
48_ 「대출확대·공모형PF 지원 등 부동산 활성화 대책 나온다」, 『파이낸셜뉴스』, 2011. 11. 20.
49_ 「은행권 대출자 1,050만명 넘어…역대 최고 수준」, 『서울경제』, 2014. 12. 15.
50_ 「가계부채 진단과 영향 점검」, 한국투자증권, 2012. 10. 15, 7 (http://equity.co.kr/upfile/issue/2012/10/13/1350132931348.pdf). 국제기준을 따를 경우 비영리 민간단체도 포함시켜서 개인 부문 금융부채를 산정하게 되어 있다.
51_ 「주택보급률 102.9%…상승률 8년새 최저」, 『아시아경제』, 2014. 2. 13.

품, 기획금융 등 금융상품의 거래빈도가 높아진 결과 사람들이 이처럼 엄청난 규모의 부채를 짊어지게 되면, 그들의 일상은 어떻게 바뀔 것인가? 부채규모가 커졌다는 것은 "대출을 통해 수입보다 많은 지출을 가능케 하는" '부채경제'가 형성되었다는 말이다.[52] '카드로 살며 부자 되라'는 권유에 따라 부채를 자산화한 사람들이 많아진 것은 임금이나 저축, 재산 등을 통해들어오는 소득보다 써야 할 돈이 더 많게 만든, 즉 빚지고 살아갈 수밖에 없게끔 만든 경제 질서다. 일상의 금융화는 그렇다면 부채에 짓눌리는 삶의전개라고 봐야 한다. 사실 수많은 사람들이 오늘날 빚쟁이가 되어, 전전긍긍하는 삶을 살고 있다.

빚진 존재는 죄지은 존재이기도 하다. 독일어 'Schuld'가 보여주듯이 빚과 죄의식은 같은 말로 표현되기도 한다. 영어의 'debt'는 라틴어 'debere'의 과거분사형에서 유래한 단어로, 누구로부터 무엇을 가져왔다는 것을 의미하며, 따라서 돌려줘야 하는 것을 가리킨다. 남한테서 빌려온 탓에 갚아야 하는빚 문제를 해결하는 것이 금융이다. 금융의 영어 'finance'에는 '종결'을 의미하는 어간 'fin'이 있다. 종결짓기, 마무리하기가 돈거래 다시 말해 금융이란형태를 띠게 된 것은 사람들 사이에 일어난 분쟁이나 빚 등의 문제를 돈을주고 해결하는 관행에서 비롯되었다. 빚과 죄의식의 관계도 여기서 나왔을가능성이 높다. 누구에게 잘못을 저지르거나 남의 물건을 훔치거나 빌려왔으면 반드시 그에 상응하는 대가를 치르게 한 데서 빚은 갚아야 할 것을아직 갚지 못한 것이 되고, 따라서 부담, 죄의식으로 작용하게 되었을 것이다. 빚이 엄청난 심리적 압박으로 작용한다는 우울한 징표가 최근 한국에서나타난 자살률 급증 현상이다. 한국에서 자살률이 상승하기 시작한 것은2000년대에 들어선 뒤로서 가계부채 등이 급증하기 시작한 시기와 정확하게 일치한다. 부채 증가와 자살률 증가 사이에 긴밀한 관계가 있다는 것은2007년 금융위기 이후 미국, 유럽, 캐나다 등 경제적 타격을 받은 나라들에

52_ 홍석만·송명관, 『부채 전쟁—세계 경제 위기의 진실, 누가 이 빚을 갚을 것인가』, 나름북스, 2013, 34.

서 자살률이 크게 증가했다는 사실에 의해서도 입증되고 있다.[53]

일상은 물론 산 자 위주로 영위된다. 빚을 지고 있더라도 대부분은 생명을 부지하고 살아가야 하지 않는가. 하지만 빚을 짊어진 삶은 빚으로 인해 그 모습이 바뀔 수밖에 없다. 빚은 한편으로는 사람들에게 죄의식 같은 부담으로 작용하여 목숨을 앗아가기도 하지만, 다른 한편으로는 사람들을 그 자장 안에 가둬놓고 안절부절 못하게 만든다. 오늘날 삶의 모습이 유난히 부산스럽고 번잡한 것은 한국사회가 개인, 가구, 국가 가릴 것 없이 사상 최대의 빚을 짊어지고 있는 것과 무관하지 않다. 빚진 삶은 금융적 삶이고, 금융적 삶은 위험을 일상화하는 변동성 높고 유동적인 삶이다. 금융화는 랜디 마틴의 말대로 "삶의 모든 영역에 회계 및 위험 관리에의 지향을 주입해 넣는다."[54]

자본주의 체제 하에서도 수정자유주의 시대의 삶은 비교적 안정적이었던 편이다.[55] 안정된 일자리와 임금 소득을 기반으로 하는 저축과 연금, 복지 등의 '보험'을 통해 사람들이 삶의 위험에 대한 보장을 받을 수 있었기 때문이다. 하지만 1970년대 이후 신자유주의적 질서가 수립되고 금융화가 지배하게 되면서 대중의 삶은 갈수록 불안정해지게 된다. 노동에 대한 공격

53_ Hunter Stuart, "Great Recession Linked To 10,000 Suicides," *The Huffington Post*, June 13, 2014.

54_ Randy Martin, *Financialization of Everyday Life* (Philadelphia: Temple University Press 2002), 43.

55_ 자본주의 하에서 "모든 견고한 것은 사라진다"는 점에서(Karl Marx, Frederick Engels, *Manifesto of the Communist Party*, in Karl Marx and Frederick Engels, *Collected Works*, vol. 6 [Moscow: Progress Publishers, 1984], 487), 수정자유주의 시대 또한 자본주의의 한 단계인 한에서는 변동성으로부터 자유롭다고 하기는 어렵다. 예컨대 포드주의 체제 하미국에서 국가 주도의 대규모 사업 진행 등 유효수요 창출을 위한 파괴적 창조 행위가 빈번했던 것도 변동성의 한 양상일 것이다. 당시 삶이 안정적이었다는 것은 따라서 신자유주의 시대와 비교했을 때 그렇다는 말일 뿐이다. 한국의 경우는 수정자유주의가 제대로 작동하지 않았다는 지적도 가능하다. 선진자본주의 국가들에서 수정자유주의가 지배하는 동안 제3세계의 일부 국가들에서는 발전주의 또는 개발독재가 작동했다. 수정자유주의 하에서는 일정한 복지와 사회적 보장이 제공되었지만, 발전주의 하에서는 노동에 대한 탄압이 드셌다. 하지만 이런 차이에도 불구하고 발전주의 국면 하에서는 수정주의 하에서처럼 대중의 삶이 노동, 임금, 그리고 이에 기반을 둔 삶이 보험과 보장을 중심으로 영위되었다고 할 수 있다.

증가와 복지 축소로 인해 대중은 노동과 임금, 저축과 연금, 복지에 기반을 둔 소득만으로 살기 어려워져 금융거래에서 나오는 이득을 얻기 위한 노력을 경주해야만 했다.[56] 앞서 확인한 대로 한국에서는 2000년대에 들어와 대중의 금융거래 참여가 크게 늘어났는데, 오늘날 대중적 삶이 유동성의 모습을 띠게 된 것은 금융화와 더불어 사람들이 대거 투자자로 전환되고, 보험과 보장을 통한 삶의 위험 '회피'보다는 위험 '관리'를 새로운 삶의 방식으로 채택한 결과일 것이다.

투자자 정체성을 갖게 된 사람들은 무엇보다도 '위험관리자'가 된다. 브레턴우즈 체제 붕괴 이후 새로운 금융질서가 형성됨에 따라 환율과 이자율, 그리고 이것들과 연동된 각종 재화 가치가 예측하기 어려운 변동을 보이게 되며 나타난 것이 위험 관리의 필요성 증가다. 이런 변화가 처음 나타난 곳은 1970년대 초 파생상품과 기획금융을 금융상품으로 새로 도입하고,[57] 부동산의 금융적 매개 즉 부동산시장과 금융시장의 긴밀한 결합을 가능케 한 미국이다.[58] 금융적 매개의 확산은 ABS, MBS, ABCP, CMO, CDO, CDS,

---

56_ 신자유주의 금융화의 지배를 받게 되면 연금도 모습이 바뀐다. 수정자유주의 시대 미국 노동자들이 노후의 재정 안전을 위해 가입한 연금은 주로 '확정급부형연금'(defined-benefit pension plan)이었으나, 신자유주의 시대에는 '확정갹출형연금'(defined-contribution pension plan)에 가입하는 경우가 많아졌다. 한국에서 최근 공무원연금을 개혁하려는 것은 확정갹출형연금과 비슷한 상품을 도입하자는 것, 즉 연금시장을 민영화하자는 것과 같다.

57_ 파생상품의 역사는 수천 년이 넘지만 금융파생상품이 등장한 것은 1970년대 초가 처음이고(강내희, 앞의 책, 199-203), 기획금융이 새로이 활발하게 추진되기 시작한 것도 비슷한 시점이다(같은 책, 268). 금융파생상품이 한국에 도입된 것은 부산에 거래소가 개설된 1995년으로, 기획금융 제도도 같은 해에 처음 도입되었다.

58_ 미국에서 부동산의 금융적 매개는 1960년대 말부터 패니메이(Fannie Mae), 지니메이(Ginnie Mae), 프레디 맥(Freddie Mac) 등이 담보대출 유동화 영업을 할 수 있게 된 것을 가리킨다. 유동화는 대부자가 담보대출 풀을 모아 담보대출이 보증하는 채권을 발행함으로써 이루어진다. 이들 채권은 원금 및 이자의 적시 상환에 대한 보증을 통해 투자자에게 판매된다. FCIC(Financial Crisis Inquiry Commission), "The Financial Crisis Inquiry Report: The Final Report of National Commission on the Causes of the Financial and Economic Crisis in the United States," 2011, 39. http://www.gpo.gov/fdsys/pkg/GPO-FCIC/pdf/GPO-FCIC.pdf

뮤추얼펀드, 사모펀드, 리츠 등 부동산 관련 새로운 금융상품의 거래 확산으로 이어졌는바, 한국에서도 이미 언급한 대로 1990년대 이후에 이들 금융상품의 제도적 도입이 이루어짐으로써, 빈번한 투자 행위에 참여하며 위험을 관리하는 투자자 인구가 크게 늘어났다.

금융상품 거래는 기본적으로 이자 낳는 자본의 거래로 이자 수취를 목적으로 일어나며, 그런 점에서 미래할인 행위다.[59] 미래에 이자를 받기 위해 돈을 대부해주는 것은 위험을 감수하는 일이라 할 수 있는데, 이때 '위험'은 이자에 의해 상쇄된다. 이자로 산정되는 위험은 불확실성의 새로운 모습이기도 하다. 전통적으로 불확실성은 미래의 사안으로 사람으로서는 알 수 없는, 신의 영역에 속하는 것으로 이해되었다.[60] 이슬람권에서는 그래서 돈을 빌리는 사람이나 빌려주는 사람이나 모두 알라의 관할 아래 있는 미래의 불확실성에 동등하게 노출되어야 한다는 이유로 이자 수취를 금하는 샤리아 금융을 따르도록 하고 있다.[61] 그러나 예컨대 오늘날 거래되는 금융파생상품 규모가 세계적으로 1,000조 달러가 넘는다는 것은 이자를 받을 목적으로, 변동환율로 인해 생긴 상이한 통화시장 간의 환율 차이를 노려, 또는 미래의 화폐가치를 예측해 차액가치를 얻기 위해 투자하는 일이 극도로 빈번해졌음을 말해준다. 단순 평균해도 가구당 6,000만원이 넘는 한국의

59_ 1년 기한으로 오늘 100원을 빌려주고 5퍼센트의 이자를 받는 것은 1년 후 100원의 가치가 지금의 100원보다 가치가 작다고 여기는 것이므로 미래가치를 할인하는 것과 같다.

60_ 프랭크 나이트가 지적한 바 있듯이, 위험과 불확실성은 개념이 서로 다르다. 전자는 측정 가능하나, 후자는 불가능하다. Frank H. Knight, *Risk, Uncertainty and Profit* (Boston and New York: Houghton Mifflin, 1921); Richard N. Langlois, Metin M. Cosgel, "Frank Knight on Risk, Uncertainty, and the Firm: A New Interpretation," *Economic Inquiry*, Vol. XXXI, (1993), 457에서 재인용.

61_ 코란에서 화폐의 시간-가치(이자)인 리바(riba)를 금한 이유는 다음과 같다. "리바는 대부자로 하여금 사업 시도에 결부된 위험으로부터 자신을 보호하도록 해주면서, 대출자는 사업 실패와 체납 위험에 노출시킨다. 리바를 없애는 것은 대부자가 위험을 면제받으며 축적을 하지 못하도록 하고, 그를 다른 모든 사람과 함께 하느님이 인간으로 하여금 그 속에서 살게 만든 불확실성 세계로 던져 넣는다." Maurer, "Repressed futures: financial derivatives' theological unconscious," 36.

가계부채 규모도 이런 투자 행위가 이제 일상생활에까지 영향을 미치고 있다는 증거다. 엄청난 규모의 부채가 발생한 것은 거대한 대출이 있었다는 것, 대출이 많아졌다는 것은 다양한 투자 행위가 일어난다는 것, 그리고 투자 행위가 빈번해진다는 것은 위험의 관리가 일상화했다는 말인 것이다.

4. 금융화와 일상의 리듬 변화

미래의 불확실성을 놓고 위험을 감수하는 투자가 빈번해짐에 따라 부채가 늘고, 이 부채 관리를 위해 다시 위험 관리에 매진하게 되면 일상은 아무리 줄여 말해도 정신없이 바빠지게 마련이다. 이런 변화의 주요 원인은 삶전반에서의 '변동성' 증가에서 찾아야 한다. 이제는 비전문가까지 대거 금융상품 거래에 참여하게 된 것은 브레턴우즈 체제의 붕괴 이후 빈번해진 환율 및 이자율의 변동, 나아가 다른 형태의 다양한 변동에 대처해야 할 필요가 개인들에게 생긴 탓이다. 변동성에 대한 대처는 유동성 확보를 위한 노력으로 이어졌고, 이 과정에서 각종 재화의 성격 변화가 일어났다. 골동품, 예술작품, 주택 등은 과거에는 그 사용가치로 인해 소유 대상으로 '재산'의 의미가 컸으나, 지금은 쉽게 유동화할 수 있는 '자산'이 되었다.[62] 자산의 유동화는 개인들이 할부나 대출 방식으로 냉장고, 자동차, 주택 등 고가 상품을 구입하며 짊어지는 부채가 채권이 되고, 이들 채권이 다시 증권으로 바뀌는 '증권화'에 의해 더욱 강화된다. 넓은 의미의 유동화 경향은 개인의 능력을 자산으로 만드는 데서도 나타나고 있다.[63] 기업에서 '균형성과표'

62_ 오늘날 예술에 대한 "투자 게임은 예술이 소비상품보다는 금융자산으로 간주되며 중대한 변화를 겪고 있다. 예술시장 투기자들은 최근 미술품 구입 및 판매를 위한 헤지펀드와 사모펀드를 조직했다. 이들 펀드는 금융자본주의의 원리를 예술에까지 확장한다"(Mark C. Taylor "Financialization of Art," *Capitalism and Society*, Vol. 6, Issue 2, Article 3, [2011], 12). 주택의 경우 구입비용을 대출해준 은행은 대출담보를 채권으로 전환하여 일반 투자자에게 판매할 수 있다는 점에서 주택을 유동자산으로 활용하는 셈이다.

(BSC)가 널리 사용되고 있는 것이 좋은 예다. 이런 능력 측정 기술이 널리 적용되기 시작하면, "지식과 학습, 감정적인 상호작용, 몰입과 헌신 등" "기존에는 경제적인 행위로 가치를 평가하지 않았던 다양한 사회적 삶"이 이제는 기업 자산으로 간주된다.[64] '균형성과표'는 금융자산을 관리하는 포트폴리오가 기업의 관리회계용으로 변형된 형태라고 할 수 있다.[65] 포트폴리오 작성은 개인들의 역능 관리를 위해서도 이용된다. 오늘날 입시나 취업을 위해 자신의 경험, 성적, 능력 등을 '깜냥'(specs) 형태로 축적하고 있는 젊은 세대의 관행이 좋은 예라고 하겠다.[66]

　자산의 유동화로 자산 가치의 변동과 연동된 위험 관리가 일상사가 되면, 삶의 신진대사와 리듬은 더욱 급박해질 수밖에 없다. 금융화가 사회적 속도를 증가시키는 것은 앞서 언급한 '미래할인' 행위가 광범위하게 확산된 때문이다. 미래할인은 미래 시간을 현재 공간에 끌어들이는 행위에 속한다. 할인은 여기서 이자율 적용을 뜻하는데, 이는 대출로 발생하게 될 위험을 확률적으로 계산해 사전에 예방하는 조치이기도 하다. 위험의 확률적 산정은 불확실성 문제에 대한 새로운 대응으로서, 시간의 경과를 통해서만 그 진실을 알 수 있는 문제를 공간의 위치 문제로 이해하는 방식에 해당한다.[67]

63_ 여기서 말하는 '자산화'는 엄밀히 말해 유동자산화, 혹은 자산의 유동화에 해당한다.
64_ 서동진, 앞의 책, 198.
65_ 관리회계는 회계학적 계산이 조직관리에 활용되는 경우라고 할 수 있다.
66_ 한겨레신문의 보도에 따르면 대한민국은 '스펙 공화국'이다. 「스펙에 목매는 대한민국」, 『한겨레』, 2009. 12. 22.
67_ 케인스의 제자 조앤 로빈슨은 확률에 입각한 파생상품 거래를 계산 문제로만 간주하는 유효시장이론은 경제학의 평행이론에 해당한다고 보고, 이 이론은 "시간에서 일어나는 과정을 설명하는 데 공간에 기초한 은유를 사용"한다고 비판했다. Joan Robinson, "Lecture delivered at Oxford by a Cambridge economist"(1953), in Robinson, *Collected Economic Papers*, vol. 4 (Oxford: Blackwell, 1973), 255; Maurer, "Repressed futures: financial derivatives' theological unconscious," 27에서 재인용. 금융화 논리가 시간의 공간화라는 것은 옵션가 격측정이론인 블랙-숄즈(Black-Sholes) 모델의 작동방식에서도 볼 수 있다. 블랙-숄즈 모델은 '무작위과정을 다루는 편미분방정식'을 활용하며(Maurer, "Repressed futures: financial derivatives' theological unconscious," 21), '효율적 시장' 가설에 따라 옵션상품의 수익유형을 '무작위행보'로 파악한다. 도널드 매킨지에 따르면 이것은 옵션의 가격변동을 입자물리학이 다루는 브라운운동과 유사하게 파악하는 셈이다. Donald Mackenzie,

금융화로 인해 생활리듬이 급박해지는 이유는 측정 불가능한 미래의 불확실성을 확률적 계산이 가능한 위험(risk)으로 간주함에 따라 미래를 할인하는 행위가 급증하기 때문이다. 계산 가능한 위험이 되면, 불확실성과 미래는 가능한 한 피해야 할 사안이라기보다는 기꺼이 모험할 대상이자 공간으로 바뀐다. 금융화와 함께 빈발하는 환율 변동, 이자율 변동, 그리고 이것들과 연동된 각종 재화의 가치 변동이 이윤 취득의 기회로 간주되는 것이다. 오늘날 일상이 부산함과 급박함으로 가득 차 있는 것은 이런 점에서 현재 시점의 공간을 확장해 미래에 일어날 일들을 그 속에 '구겨 넣어' 생긴 모습이라고 할 수 있다. 미래할인은 '현재의 확장'으로서, 이것을 추동하는 것은 위험을 확률적으로 계산하는 관행이 확산됨에 따라 늘어나는 각종 상품 거래다. 이 거래는 위험 또는 미래 가치를 겨냥하지만, 그것이 발생하는 시점은 언제나 현재 시점이 된다. 위험은 늘 "미래의 수사학"을 구사하지만 이렇게 보면 "실제로는 현재를 목적으로" 하고 있으며, "어떤 미래가 획득 가능하다는 약속에 대한 가격 설정 수단"인 것이다.[68] 여기서 가격을 설정하는 과정이 바로 할인, 다시 말해 "미래에 일어날 금융 흐름의 현재가치를 계산하게 해주는 절차"다.[69]

일상의 리듬이 과거와 크게 달라진 것은 그렇다면 금융화가 도입되어 심화된 결과라고 할 수 있다. 이자율 적용 즉 미래할인 관행이 확산된 것은 위험 관리의 필요성이 늘어난 때문이고, 위험 관리가 중요해진 것은 삶의

"Physics and Finance: S-Term and Modern Finance as a Topic for Science Studies," in Ash Amin and Nigel Thrift, eds., *The Blackwell Cultural Economy Reader* (Malden, MA and Oxford, UK: Blackwell Publishing, 2004), 104-5.

68_ Martin, op. cit., 104-5. "경제학자들은 위험을 측정 가능한 발생 확률로 정의하지만 불확실성은 측정이 불가능하다. 이 구분은 개념적으로는 유지하기 어려울지 모르지만, 측정 행위, 그리고 측정 결과를 가격의 기초로 삼는 데서 나오는 효과는 그와 같은 개념적 세부 차이를 고려할 가치가 없도록 만든다. 예측과 예견은 맞지 않을 수도 있지만, 정량화할 수 있어야 하는 것이다." ibid., 104-5.

69_ Cédric Philibert, "Discounting the Future," in David J. Pannell, Steven G. M. Schilizzi, eds., *Economics and the Future: Time and Discounting in Private and Public Decision Making* (Cheltenham, UK: Edward Elgar, 2006), 138.

각종 변동성 증가와 이에 대한 대비로 자산 유동화가 빈번해졌기 때문인데, 이 모든 것은 금융화와 연동된 일들이다. 근래에 삶의 리듬이 급박해진 것 또한 금융화의 효과에 해당한다. 리듬의 가속화는 금융화로 인해 사회적 속도증가 기제가 광범위하게 작동해 생긴 결과인 것이다. 최근에 들어와서 적시생산, 수평적 생산, 재택근무, 다품종소량생산, 자동화, 주 7일 24시간 서비스, 인터넷 주문, 대리운전이나 퀵서비스, 패션 및 디자인 혁신 등 상품의 생산과 유통, 소비 흐름에서 가속화 경향이 눈에 띄게 심화되었다. 이런 가속화 현상은 모두 자본의 회전기간 단축을 위한 것으로서, 이 경향은 금융화로 인해 최근에는 더욱 두드러진 모습을 띠고 있다. 금융화는 물질대사를 지배하는 자본의 운동 가운데 M-M' 순환을 강화함으로써 미래할인 관행을 확산시키고, 그와 연동된 각종 사회적 속도를 가속시킴으로써 삶의 속도와 리듬도 가속시킨다.

일상의 리듬과 속도는 그렇다면 구체적으로 어떻게 변했는가? 금융화의 지배를 받아 일상의 리듬이 급박해진 것을 보여주는 좋은 예를 대중문화 영역에서 새로운 '속도 장르들'이 출현한 데서 찾을 수 있다. 1990년대 중반 이후 한국 대중문화 영역에서 두드러진 경향은 시각적 요소가 특히 강조되고 있다는 것이다. 트렌디드라마의 출현과 댄스음악의 부상이 그런 점을 잘 보여주는 것 같다. 트렌디드라마의 특징은 "역동적인 장면 전환"에 의해 빠른 템포를 표현하는 것으로, 이런 효과는 "시각적으로 세분된 시퀀스와 가벼운 카메라 터치를 사용해 등장인물들의 움직임과 감정을 잡아냄으로써" 만들어 진다.[70] 클로즈업을 통해 세밀한 감정 표현을 표현하고, 시퀀스와 장면을 빠른 속도로 바꾸게 되면 변화 감각도 자연히 커질 것이다. 다른 한편 서태지와 아이들의 부상 이후 한국 대중음악에서 지배적 위상을 차지해온 댄스음악은 시각적으로는 급격한 몸놀림을 보여주고 청각적으로는 힙합과 랩의 영향을 받아 비트를 유난히 강조한다. 댄스음악은 시각적으로는 가수들의 외모나

70_ Koich Iwabuchi, *Feeling Asian Modernities: Transnational Consumption of Japanese TV Dramas* (Hong Kong: Hong Kong University Press, 2004), 267.

몸놀림에 집중케 하고, 청각적으로는 타격음, 단절음을 많이 사용해 대중의 감각을 시청각적으로 강타하는 경향이 있다.[71] 이런 특징들을 지닌 트렌디드 라마와 댄스음악이 오늘날 대중문화의 주요 장르로 등장한 것이 사회적 물질 대사의 속도 증가와 무관할 수 없다면, '감각에 대한 전면적 공격'이 속도증가 기제의 사회적 만연에 대한 대응으로 나타났다고 이해할 수 있겠다.

이런 현상은 탄도학의 대중문화 지배에 해당한다. 발터 벤야민에 따르면 문화영역에서 탄도학적 접근을 처음 구사한 것은 "관객을 총탄처럼 가격하고, 관객에게 발생해 촉각적 성질을 획득"한 다다이즘 예술작품이지만, 탄도학에 대한 대중적 수요를 충족시킨 것은 영화다.[72] 벤야민은 영화와 그림을 대비하며 후자는 연상과 명상에 기반을 둔 예술의 수동적 소비를 조장하는 반면, 전자는 산만함을 불러일으키면서도 비판적 분석을 가능케 한다고 봤다. 영화의 산만함은 스크린 위로 끊임없이 새로운 이미지가 흘러내려 관객의 집중을 방해하는 데서, 영화의 재현방식이 관객의 감각에 대한 '총격'으로 이루어져 생긴다. 이 총격이 현대인을 교육시키는 효과를 갖는다는 것이 벤야민의 생각이었다.

영화는 오늘날 사람들에게 닥쳐오는 삶에 대한 위협 증가에 상응하는 예술 형태다. 인류가 충격 효과를 접할 필요가 있다는 것은 인류를 위협하는 위험에 적응한다는 것이다. 영화는 통각기제의 근본적 변화—사적인 실존 범위에서는 대도시 교통에서 행인 각자가, 역사적인 범위에서는 오늘날 시민 각자가 경험하는 변화—에 상응한다.[73]

71_ 댄스음악의 이런 모습은 정좌 자세로 멜리스마를 강조해 소리의 미세한 흐름에 집중케 하는 전통 가곡은 물론이고, 꺾기 창법을 통한 음색의 변화를 강조하며 무대에서 큰 움직임을 드러내지는 않는 판소리와 트로트, 또 서정성 깊은 멜로디를 강조하는 발라드와도 크게 다르다.

72_ Walter Benjamin, "The Work of Art in the Age of Mechanical Reproduction," in *Illuminations*, tr. Harry Zohn (New York: Schocken Books, 1969), 238.

73_ Benjamin, *Walter Benjamin: Selected Writings*, Vol. 4, Howard Eil and Michael W. Jennings, eds. (Cambridge, MA: Belknap Press, 2006), 281.

사람들이 영화를 통해 충격 효과에 노출됨으로써 삶의 위험에 적응한다는 말은 영화가 "도시생활에서의 탄도학적 '훈련', 충격을 통한 '인간 감각기관' 교육을 구성한다"는 말과 같다.[74]

벤야민은 영화가 새로운 대중적 감각구성 기제로 작용한다는 것을 지적했지만, 오늘날 사람들의 감각을 향해 '충격'을 가하는 대중적 매체는 영화에만 국한되는 것이 아니다. 영화의 경험은 다른 예술의 그것에 비해서는 대중적임이 분명하나 영화관이란 분리된 공간에서 이루어진다는 점에서 그래도 제한된 별세계 경험이라면, 오늘날 '탄도학적 훈련'은 그런 한계마저 넘어서는 일상적 현상에 속한다. 감각 교육이 진정한 의미로 일상화한 것은 '화면'의 보편화로 탄도학적 충격의 전면화가 이루어졌기 때문이다. 20세기 초의 영화 화면과 20세기 중반의 TV 화면이 극장과 안방이라는, 대중의 접근이 가능하기는 해도 특정한 시간에만 그런 접근이 가능한 공간에서 펼쳐졌다면, 20세기 말에 새로 등장한 화면은 이런 한계를 뛰어넘어 모든 시공간에서 펼쳐진다는 특징을 갖는다. 화면은 디지털기술을 기반으로 이동식으로 바뀌었고, 이로 인해 사람들은 광섬유 케이블로 서로 연결된 기지국을 통해 전송된 정보를 스마트폰처럼 신체의 일부가 된 화면으로 전달받을 수 있게 되었다. 시공간의 구애를 별로 받지 않는 이런 화면 접속은 PC, CCTV, 스마트폰과 같은 새로운 '빛-기계들'로 가능해졌다.[75]

빛-기계들은 광섬유 케이블이라는 기반시설을 금융거래 기기들과 공유한다. 광섬유는 정보를 빛의 속도로 전달하는 최첨단 물질로서 다양한 시공간 리듬을 규정하는 중요한 '물적' 기반이다. 속도나 리듬, 또는 시공간 변화

74_ Diarmuid Costello, "Aura, Face, Photography: Re-reading Benjamin Today," in Andrew Benjamin, ed., *Walter Benjamin and Art* (London: Continuum, 2005), 175.

75_ 2014년 현재 한국 가구의 개인컴퓨터 보급률은 78.2퍼센트이고 스마트폰은 84.1퍼센트에 이른다(「스마트폰 보유율, PC 첫 추월」, 『동아일보』, 2014. 12. 12). 스마트폰 보유율은 직장인의 경우 94퍼센트(「한국인 스마트폰 없이 못살아…보유율 세계 최고」, 연합뉴스, 2014. 11. 17), 20대의 경우 96.2퍼센트(「20대 스마트폰 보유율 96.2%…67.3%는 "없으면 안돼"」, 연합뉴스, 2014. 7. 3) 수준에 이른다.

는 인간적, 사회적, 비-인간적 차원으로 전개되는데,[76] 이들 차원은 광섬유의 광범위한 사용과 함께 이제 근본적인 변화를 겪은 듯싶다. 비-인간적 차원에서 광섬유는 우주에서 가장 빠른 빛을 전달하는 물질로 작용하지만, 그것의 빛 전달 작용은 금융 거래나 정보 검색을 가능케 해 한편으로 사회적 관계를 구축하는 데, 다른 한편으로 사람들의 감수성을 변화시키는 데 중대한 작용을 하고 있다. 광섬유의 광범위한 사용은, 오늘날 도시경관을 지배하는 초고층건물의 인텔리전트 빌딩화를 가능케 하고 백만분의 1초밖에 되지 않는 시간차를 활용해 환율이나 이자율 차액을 겨냥한 금융상품의 초단타매매를 가능케 하는 초고성능 컴퓨터의 물적 기반인 것이다.[77] 물론 초단타매매는 특수한 전문 집단의 예외적 활동이라 하겠지만, 초고속 정보교환은 미국의 CNN이나 한국의 YTN 채널 화면 하단에 지속적으로 금융관련 정보를 보여주는 등의 방식으로 일상화되어 있다. 금융상품 투자자가 대략 1,000만명은 될 것 같고,[78] 은행부채를 짊어진 가구가 1,000만이 넘는

76_ 여기서 말하는 '인간적', '사회적', '비-인간적' 차원은 알프레드 젤(Alfred Gell, *The Anthropology of Time: Cultural Constructions of Temporal Maps and Images* [Oxford: Berg, 1992])이 제시한 시간 개념화를 원용한 것이다. 로라 베어에 따르면, "젤의 이상적 유형에서 시간은 세 형태, 즉 아인슈타인의 물리학에서 추적되는 비-인간적 시공간 현상, 사회적인 시간 틀, 그리고 개인적 시간 경험으로 존재한다." Laura Bear, "Doubt, conflict, mediation: the anthropology of modern time," *Journal of the Royal Anthropological Institute*, 20 (S1), (2014), 15.

77_ "초단타매매란 100만분의 1초와 같은 극단적으로 짧은 시간동안 매수와 매도를 반복하는 거래방식으로 각각의 차이 자체는 매우 작지만 워낙 많은 양을 매매하다보니 결국 큰 수익을 만들어내는 방법이다. 초고속 통신망과 고성능 컴퓨터를 전략적으로 배치하고 알고리듬을 통해 투자하는데, 2010년에는 시장에 극단적인 쏠림을 유발해 다우존스지수가 순식간에 1000포인트 가량 떨어지는 '플래시 크래시'를 일으키기도 했다." 「약탈적 초단타매매 계속 용납할 것인가」, 『경향신문』, 2014. 5. 23.

78_ 2009년 현재 신용평가기관인 한국신용정보의 데이터베이스에 등록된 금융거래 인구는 3,743만명이었다(「금융위기 이후 예상과 달리 호전된 개인신용등급」, 『조선일보』, 2009. 10. 5). 이 가운데 주식이나 파생상품, 기획금융, 부동산 등에 투자하는 인구는 정확하게 파악되지는 않지만 1,000만명은 넘지 않을까 싶다. "한국거래소에 따르면 작년 주식투자자 인구는 502만명으로 2011년 528만명 대비 5.1%포인트 감소했다"(「작년 주식투자 인구 7년 만에 감소」, 『아주경제』, 2013. 7. 22). 2011년 11월 한국투자자보호재단이 서울과 수도권, 6대 광역시에 사는 만 25-64세 2576명을 대상으로 조사한

다는 사실을 고려하면, 한국에서도 이런 정보에 관심을 기울이는 사람들이 넘친다고 봐야 한다. 오늘날 24시간 TV에서 제공되는 금융시장 정보 흐름은 그래서 "세계적 신체(global body)의 심전계"가 되었고,[79] "금융은 일종의 인간 조건 바로미터 같은 것"이 되었다.[80] 금융 정보가 인류의 안녕, 복지, 경제적 능력 등을 가늠하는 역할을 하게 되면, 일상의 맥박과 고동 역시 금융에 의해 측정될 수밖에 없다. 이런 맥박과 고동을 느끼는 것은 개인들의 신체, 특히 감각일 것이다. 이것은 금융화로 인해 새로운 감각기관이 형성되고, 금융화가 주조하는 삶의 속도에 우리의 감각기관이 종속된다는 의미다.

금융화가 삶의 속도를 가속시키는 이유의 하나는 갈수록 많은 사람들로 하여금 광의의 '차액거래'(arbitrage)에 종사하도록 만들기 때문이다. 차액거래는 시장 간에 존재하는 가격 차이를 겨냥해 수익을 내는 거래로서, 주식이나 환율이 100만분의 1초간에 드러내는 등락을 대상으로 이루어지기 때문에 초단타매매를 주요 형태로 삼는다. 차액거래에는 대규모 차입이 동반되기 마련이다. 미세한 가격 차이를 통해 큰 이익을 얻어내려면, 차액거래는 거래의 '승수효과'를 높여야 하고, 이를 위해 투자 금액을 대규모화해야 하는 것이다.[81] 고성능컴퓨터를 활용하는 알고리즘 매매를 실행하는 차액

결과, 전체 조사대상자의 51.3%가 펀드에 투자하는 것으로 나타났다. 조사대상자 중 펀드투자자 비중은 2009년 49.4%, 2010년 47.4%로 감소했다가 2011년 다시 50% 위로 올라섰다(「올해 펀드투자 늘렸는데…"39%는 손실"」, 연합뉴스, 2011. 11. 28). 주식과 펀드 이외에 다른 금융상품이 있고, 또 부동산의 경우도 자산으로 ABS, MBS 등의 금융상품에 의해 매개된다는 점을 고려할 때 국내 투자자 수를 1,000만명 정도로 추산해도 큰 무리는 없을 것이다.

79_ Martin, "The Twin Towers of Financialization: Entanglements of Political and Cultural Economies," *The Global South*, 3(1), (2009), 118.

80_ Richard Glover, "The Financialization of Social Life & the Socialization of Finance," 2010, 3. http://richardrglover.files.wordpress.com/2011/03/financialization-of-social-life-and-the-socialization-of-finance-2010.pdf

81_ 차액거래에 동원되는 차입의 규모가 엄청나다는 것은 노벨경제학상 수상자들이 세워 주로 차액거래에 전념한 롱텀캐피탈매니지먼트가 1998년 러시아 루블화 폭락의 여파로 파산했을 때 연루된 금액이 세계 금융위기를 초래할 정도였다는 점이 말해준다.

거래의 주체는 고가 기기를 갖춘 대형 펀드회사에 국한되겠지만, 광의의 차액거래 관행은 이제 보편화했다고 봐야 한다. 위험으로서의 자산 관리에 갈수록 몰두하는 많은 사람들이 보유 자산의 가격 등락에 민감하게 대응하며 매순간 최대의 수익을 얻고자 혈안인 것이다. 기업에서 '균형성과표' 적용 대상이 되거나 취업을 위해 각종 자격증을 따야 하는 사람들도 자산 관리자라는 점에서 차액거래에 종사하는 셈이다. 차액거래가 광범위하게 이루어지는 시점에 각종 단기실적주의가 확산되고 있는 것은 따라서 우연일 수가 없다.

　　단타매매, 단기실적주의 현상은 이제 회사와 같이 이윤 창출을 목적으로 하는 조직들에만 국한되어 나타나지 않는다. 부동산 시장에서 금융적 매개가 보편화하면서, 누구나 관심을 갖는 주택 매입도 갈수록 장기 거주보다는 단기 자산증식을 위한 수단이 되었다. 상품의 수명 역시 '계획된 진부화'를 통해 엄청나게 짧아졌다. 오늘날 많은 사람들이 자신의 '인적 자본'을 높이고자 각종 자격증 취득에 분주하지만, 노동유연화와 함께 구조조정이 빈발하면서 종신 직장을 구하기는 갈수록 어려워졌다. 일자리 수명의 단축은 연예인의 인기가 '15분의 명성'으로 끝나는 것과 공명을 이룬다. 리처드 마르스든에 따르면 오늘날은 그래서 자본의 회전기간 단축에 필요한 유연적 생산의 조직과 밀접하게 관련되어 있는 "취향을 조정할 수 있는 즉시성, 일회성, 일시성의 미학"이 지배하고 있다.[82] 이런 일시성의 미학을 포함한 '일회용 사회'의 여러 경향들을 우리는 금융화의 효과로 볼 수 있을 것이다. 회전기간 단축은 자본의 기본적인 축적전략이지만, 단기실적주의가 부쩍 강화되는 이유는 자본의 축적방식이 생산과정을 우회하는 M-M' 운동의 강화를 통해 일어나기 때문이다. 이 모든 것은 물론 속도증가 기제가 전사회적으로 작동하고 있고, 삶의 리듬이 엄청난 수준으로 급박해졌다는 징표다.

82_ Richard Marsden, *The Nature of Capital: Marx after Foucault* (London: Routledge, 1999), 10.

5. 금융화 극복의 전제

삶의 리듬이 극도로 빨라지면서 우리의 인지에도 변화가 온 것 같다. 인간의 인지 능력은 감각, 지각, 경험적 인식, 개념적 인식 등 다양한 층위로 구성되어 있다. 하지만 금융화와 더불어 거래의 현재화를 강화하는 대규모 미래 할인이 빈발하면서, 오늘날은 이들 능력 가운데 개념적 인식보다는 감각과 지각의 전면화가 두드러진 것으로, 다시 말해 경험적 인식과 개념적 인식과 같은 고차적 의식보다는 하급 의식이 주로 강화하는 것으로 보인다. 감각기관의 교육을 위한 탄도학적 훈련이 영화만이 아니라 일상생활 곳곳에서 이루어지고 있는 것도 그런 한 예다. 탄도학적 훈련의 전면화는 우리의 인지 능력 대부분이 이제 '기억된 현재'에 포획된다는 말과 같다. '기억된 현재'는 제럴드 에델만(Gerald Edelman)에 따르면 기억이나 개념, 상상, 언어 등의 활용 능력이 있는 '고차적 의식'이 결여된 동물의 '일차적 의식' 형태에 해당한다.[83] 하지만 오늘날 일상적으로 탄도학적 훈련을 받고 있다는 것은 우리로 하여금 동물적 의식 수준에 머물게 하는, 즉 기억할 수 있는 현재에 대한 심상 정도밖에 갖지 못하는 의식 또는 인지 상태로부터 우리가 벗어나지 못하도록 하는 사회적 기제가 광범위하게 작동한다는 것이다. 감각에 얽매여 살아간다는 것은 삶에 대한 단기 또는 초단기 전망에 얽매여 산다는 것과 다르지 않고, 우리의 인지가 감각과 지각 수준을 벗어나지 못한다는 것은 우리가 삶의 장기적 전망을 제대로 갖추지 않고 살아간다는 것과 다르지 않다.

감각과 지각을 갖는다는 것 자체를 문제로 여길 일은 물론 아니다. 인간의 인지는 동물의 그것과는 달리 기억과 개념, 상상 등의 고차적 의식을 갖는다는 특징이 있지만, 생명의 역사 과정에서 형성된 신경세포가 보유한 감각과 지각 능력을 그 기반으로 한다. 인간의 고차 의식은 일차 의식과 신경세포 회로에 의해 연결되어 있고, 전자의 경우 인지의 하향 작용, 후자

83_ 제럴드 에델만, 『신경과학과 마음의 세계』(제2판), 황희숙 역, 범양사, 2006.

는 상향 작용을 일으키는 것이다.[84] 하지만 지금처럼 감각과 지각 능력이 유난히 강화되어 일차 의식은 왕성하게 작용하는 반면, 개념이나 상상 등 고차 의식 수준 인지작용에 기반을 둔 장기적 전망 능력은 반대로 둔화한다면, 즉 "고차의식이 마비되고 1차 의식만이 활성화되는 형국"이 지배한다면, 인간의 역능 체계는 부조화를 일으키지 않을 수 없다.[85] 금융화로 인해 증가하는 위험에 대응하기 위해 100만 분의 1초 간격으로 금융상품 가격을 계산할 수 있는 초고성능 컴퓨터를 동원하는 일은 한편으로는 고도의 인지 능력을 동원하는 것이기도 하지만, 다른 한편으로는 우리의 일상적 거래 행위가 신경세포의 무의식적 반응 속도를 닮아간다는 말과 같다. 오늘날 자산 증식에 몰두하며 단기실적주의에 빠져든 사람들이 얼마나 많은가. 하지만 그와 함께 인지 활동을 주로 감각적 인지 영역에 종속시키게 됨으로써 인간적 삶에 필수적인 장기적 전망을 위한 개념적 인식 발달을 위한 노력은 등한시하고 있는 것도 사실이다.

사람들로 하여금 감각적, 지각적 인지와 단기실적주의에 빠져들게 하는 것은 무엇보다도 자본의 회전기간을 더욱 단축시키며 속도증가 기제의 가속 작동을 촉구하는 금융화다. 갈수록 많은 사람들이 위험으로서의 각종 자산—주식이나 펀드, 파생상품 같은 금융상품이나 부동산, 자격증, 외모, 부채 등—관리에 몰두하면 할수록, 초 단위나 분 단위 간격으로 바뀌는 감각과 지각에의 의존은 더 깊어지고, 삶은 더욱 분주해진다. 삶의 리듬 교란은 지금 세계에서 한국이 가장 심각한 상황이다. 오늘날 한국인의 수면 시간은 OECD 국가 가운데 가장 짧은 축에 속하고,[86] 노동시간은 최장을 자랑한다.[87] 하지만 그

84_ 심광현, 「인지과학과 스토리텔링: 이야기하기의 존재론과 인식론을 중심으로」, 『제11회 중앙대 대학원 영어영문학과 학술대회 자료집』, 2014, 23.

85_ 같은 글, 26.

86_ 2014년 7월 OECD 발표에 따르면 한국인의 평균 수면시간은 7시간 49분으로, 조사대상 OECD 18개국 중 최하위로 나타났다. 수면 시간이 가장 긴 나라는 8시간 50분을 자는 것으로 나타난 프랑스이며, 이어 미국(8시간 38분), 스페인(8시간 34분), 뉴질랜드(8시간 32분) 순이다. 「한국인 평균 수면시간 7시간 49분, OECD 18개국 중 최하위 "긴 근무시간이 원인"」, 『아시아투데이』, 2014. 7. 24.

때문에 아드레날린이 과다 분비되고 스트레스도 급격히 증가한 듯, 자살률은 세계 최고 수준이다. 금융화와 함께 M-M' 운동이 강화되면서 자본의 회전기간이 극도로 단축되고, 각종 속도증가 기제가 난폭하게 작동함에 따라 온갖 위험이 증가해, 삶의 리듬이 심각한 난조에 빠진 결과가 아닐 수 없다.

앙리 르페브르에 따르면 일상의 리듬은 단일하게 작동하는 것이 아니라 언제나 복수의 형태 즉 '다(多)리듬'(polyrhythmia)으로 존재한다. 예컨대 속도증가 기제가 사회 전반에서 강력하게 작동하더라도, 유기농산물로 만드는 슬로푸드를 찾는 사람들의 식생활과 그 리듬은 패스트푸드 섭취에 익숙한 사람들의 그것과는 다를 것이고, 출생이나 생일, 결혼, 질병, 부모상 등 가족 간에 챙겨야 할 대소사의 리듬, 전통적 명절의 리듬은 자본주의적 생산에서 행해지는 노동의 리듬이나 금융상품 거래의 리듬, 특히 다가오는 이자 지불 및 원금 상환을 위해 동분서주해야 하는 삶의 리듬과는 다를 수밖에 없다. 하지만 다리듬 상황에서도 리듬 간의 경향적 지배가 생겨나기 마련이다. 이 경향은 상반된 두 방향 중 어느 한 방향으로 우세해지는데, 르페브르에 따르면 리듬들 관계를 충돌과 불화가 지배하게 되면 '난(亂)리듬'(arrhythmia)이, 건강한 신체에서처럼 복수의 리듬이 서로 조화를 이루면 '정(整)리듬'(eurhythmia)이 우세하게 된다.[88] 자본주의 사회에서 지배적 형태로 작용하는 것은 말할 것도 없이 전자다. 특히 금융화로 인해 속도증가 기제가 역사상 가장 강력하게 작동하고 있는 오늘날 일상의 리듬은 더 극심한 난리듬 형태를 띠고 있다고 봐야 한다.

사태가 여기에 이르렀으니 어떻게 해야 할 것인가. 삶의 리듬 난조를 초래한 병인을 찾아내 도려내야 한다는 생각을 품음직도 하다. 2011년 '월

87_ OECD 조사에 따르면 2013년 한국인의 평균 노동시간은 2,163시간으로 OECD 34개 회원국 중 멕시코(2,237시간)에 이어 2위를 차지했다. OECD 평균은 1,770시간이다(연합뉴스, 2014. 8. 25). 노동시간이 가장 짧은 네덜란드(1,380시간)와 비교하면 한국의 노동시간은 연 783시간이 더 긴데, 이는 8시간 노동일 기준 98일에 해당한다. 2013년에 한국인은 네덜란드인보다 석 달 더 넘게 노동을 한 셈이다.

88_ Lefebvre, *Rhythmanalysis: Space, Time and Everyday Life*, 16.

가점령 운동'은 인구의 '1퍼센트', 특히 금융세력을 공격의 표적으로 삼았다는 점에서 시위자 다수가 난리듬의 원인 제공자를 금융화로 생각한 사례에 속한다. 신자유주의 체제에서는 금융화가 핵심적인 축적전략으로 작용하고, 이 전략을 금융세력이 주도한다는 점, 그리고 금융화와 더불어 속도증가 기제가 광범위하게 작동하고 그와 함께 감각과 지각이라는 단기적 인지능력의 중요성이 강화됨으로써 난리듬이 주조를 이루는 일상이 펼쳐진다고 보면, 사람들이 그런 반응을 보인 것은 납득되는 측면이 충분히 있다. 하지만 금융화와 난리듬의 관계를 일방적인 인과관계인 것으로만 이해하는 것은 경제와 정치와 문화의 관계를 단순결정론에 의거해 이해하는 것과 크게 다르지 않다. 경제가 '최종심급'으로서 상부구조에 속하는 정치와 문화에 '결정력'을 발휘한다고 하더라도, 상부구조가 언제나 이미 상대적 자율성을 가지고 토대에 대해 일정한 작용을 할 수 있듯이, 일상의 리듬 또한 금융화에 대해 적잖은 힘을 행사한다고 봐야 할 것이다.

일상의 리듬이 금융화로 인해 더 극심한 난리듬으로 치닫게 될 뿐만 아니라, 반대로 금융화가 일상 리듬의 영향을 받는다는 것은 두 흐름이 상호 전제의 관계에 놓여있음을 말해준다. 즉 한편으로 오늘날 일상을 지배하는 리듬과 감각이 금융화를 전제로 한다면, 다른 한편 역사상 가장 강력한 속도증가 기제를 작동시키는 금융화는 그것대로 오늘날의 지배적 감각과 리듬을 동시에 전제로 하는 것이다. 여기서 '전제'는 경제적 과정으로서의 금융화와 구체적 삶으로서의 일상이 상호 발제(發製)하는 관계에 놓여있음을 의미한다고 이해될 필요가 있다. '발제적(enactive) 인지과학'의 관점에서 보면, 한 유기체의 인지작용은 외부의 객관적 현실에 대한 표상이라기보다는 그것이 속한 환경과의 상호작용을 통해 만들어낸 역동적 자기생성 현상이다.[89] 이런 관점을 수용할 경우, 금융화는 객관적으로 존재하는 외부의 힘

89_ 인지과학의 발제적 관점은 움베르토 마뚜라나·프란스시코 바렐라, 『앎의 나무—인간 인지능력의 생물학적 뿌리』, 최호영 역, 갈무리, 2007; 프란스시코 바렐라·에반 톰슨·엘리노어 로쉬, 『몸의 인지과학』, 석봉래 역, 김영사, 2013; Evan Thompson, *Mind*

인 것만이 아니라, 우리의 감각과 습속에 의해 그렇게 구성된 삶의 환경이기도 한 것으로 이해된다.[90] 그리고 일상의 지배적 리듬과 감각 양상 등 오늘날 우리가 드러내는 구체적 삶의 형태는 또 그것대로 금융화를 환경으로 삼고, 이 환경과 구조적으로 접속하면서 그 과정에서 발생하는 섭동에 따라 유발되는 일종의 유기체적 구조변화에 해당한다고 할 수 있다.

금융화와 오늘날 지배적인 리듬 형태로서의 난리듬이 이처럼 상호 발제 관계에 있다면, 자본주의의 현단계 축적 즉 신자유주의적 축적의 가장 강력한 전략으로 작동하는 금융화에 대응할 때도 우리는 이런 점을 고려해야 하지 않을까. 금융화가 단순인과론에 의거해 상정되는 원인으로서 우리의 일상을 지배하는 외부의 객관적이고 기계적인 힘에 불과하다기보다는 우리의 삶 속에 이미 전제되어 있는 것이라면, 금융화 극복을 위해 해야 할 일 가운데 우리 자신의 삶에 대한 성찰이 빠질 수가 없다. 금융화가 구성된 환경이기도 하다는 것은 그것이 우리 삶의 방식에 의해 당연한 것으로 전제되어 있다는 말, 우리 자신이 금융적 주체로 전환되어 있다는 말이기도 하다. 이렇게 이해할 때, 금융화는 우리로 하여금 빚진 존재가 되도록 강제하는 외부의 힘임과 동시에, 우리 자신의 삶의 방식, 즉 갈수록 감각에 의존하며 난리듬을 타고 가는 우리 자신의 행동거지로 인해 초래되는 상황이기도 하다. 금융화는 그렇다면 '저들의 것'일 뿐만 아니라 '우리의 것'이기도 한 셈이다. 금융화가 '우리의' 금융화라는 것은 한국의 경우 금융상품 투자자 수가 1,000만 정도로 추산되고, 은행권 부채를 짊어진 가구가 1,000만이 넘는다는 사실이 말해준다. 이렇게 많은 수의 사람들이 강제적으로 금융 거래에 참여하고, 강제적으로 부채를 늘리기 위해 대출을 했다고 할 수는 없다.

금융화 시대 사회적 신진대사의 가속화와 함께 급격하게 변화하는 감각

---

in Life: Biology, Phenomenology, and the Sciences of Mind (Cambridge, MA & London: The Belknap Press of Harvard University Press, 2007) 등을 참조할 것.

90_ '구성'은 이때 현상학적 의미로 이해된다. 톰슨에 따르면, "전문적인 현상학적 의미로 '구성하다'는 '자각으로 가져오다', '제시하다', '드러내다'를 의미한다. 마음은 사물들을 자각으로 가져온다. 그것은 세계를 드러내고 제시한다." Thompson, op. cit., 15.

과 난리듬이 지배하고 있는 상황의 극복을 위해 새로운 삶의 리듬을 구축해야 한다면, 우리 외부에 있는 자본주의만 저지하면 된다는 생각, '적은 저 앞의 은행가들'뿐이라고 여기는 생각은 따라서 일면적인 상황 인식일 것 같다. 오늘날 자본주의적 축적에 금융화가 핵심적 역할을 하게 된 것은 '금융의 민주화'가 이루어졌다는 것, 다시 말해 더 많은 사람들이 금융화 과정에 참여하게 되었다는 것, 노동자들까지도 화폐자본가로 행세하게 되었다는 말이다. 문제는 '노동자의 화폐자본가화'는 노동자로 하여금 자신의 계급 이익에 반하는 행동을 하도록 만든다는 것이다. 하비가 지적하듯이, 자신의 "저축들이 자본으로 동원될 경우, 노동자들은 또한 이자를 받"지만, 이 결과 "노동자들은 그들을 착취하는 바로 그 체제의 유지와 강한 이해관계를 가지"게 된다.[91] 금융화는 이런 점에서 노동하는 주체인 우리가 우리 자신의 적이 되는 과정에 해당한다. 2007년 미국의 비우량주택담보대출 위기, 최근 한국의 깡통주택 속출 사태가 보여주듯이, 이 과정에서 많은 사람들이 수탈당하는 것은 분명한 사실이지만,[92] 대출과정에 자발적으로 참여했다는 점에서, 수탈당한 사람들은 그저 속기만 한 것이 아니라 자기-수탈에 참여한 셈이기도 하다. 이처럼 많은 측면에서 금융화 과정에 자발적으로 참여하고 있다면, 그로 인해 수탈을 당하고 고통을 받는다 하더라도 그것은 적어도 일면 우리 자신의 실천 결과라 하겠으며, 따라서 금융화의 극복을 위한 실천은 우리 자신의 실천을 바꿔내는 실천과 이어질 필요가 있다. 다시 말해 금융화와 연동된 것과는 다른 방식의 삶을 살고 다른 감각과 다른 리듬을 추구할 필요가 있는 것이다. 이것은 우리가 감각과 리듬이 주조해내는 일상의 결에 대해서도 과거와는 다른 강도의 관심과 주의를 기울여야한다는 말이기도 하다.

91_ 데이비드 하비, 『자본의 한계—공간의 정치경제학』, 최병두 역, 한울, 1995, 352.

92_ 라파비차스는 비우량주택담보대출 위기가 과거 주택담보대출을 받을 수 없었던 가난한 흑인, 히스패닉, 여성들이 대출을 받게 됨으로써 일어났다고 보고, 이들이 결국 집을 빼앗기고 만 것을 두고 금융적 수탈로 규정한 바 있다(Lapavitsas, "Financialization, or the Search for Profits in the Sphere of Circulation").

6. 결론

정리듬 회복을 위해서는 금융화의 지양이 무엇보다도 필수적이라 할 수 있다. 난리듬을 야기하는 결정적인 사회적 동력은 각종 속도증가 기제이지만, 오늘날 이들 기제의 작동을 가장 강력하게 지배하고 있는 것은 자본의 회전기간을 과거 어느 때보다 더 짧게 단축시키고 있는 M-M' 운동 즉 금융화 경향이다. 이처럼 금융화가 사회적 리듬을 결정하는 가장 중대한 요인이라면, 우리를 옥죄고 있는 난리듬을 극복하고 새로운 정리듬을 구축하려는 과정에서 금융화를 저지하려는 노력은 결코 생략될 수가 없으며 오히려 중심적 위치를 차지해야 한다. 금융화는 오늘날 자본의 회전기간 단축과 그에 따른 사회적 물질대사 가속화에서 가장 중요한 역할을 맡고 있기 때문이다.

하지만 이 글을 통해 주목하려 했던 것이 우리의 일상이 금융화로 인해 어지러운 난리듬의 지배 하에 들어가게 되었다는 점만은 아니었다. 문화정치경제의 문제설정에 따르면, 금융화는 그 운동 과정이 경제에서 출발해 정치와 문화로 나아가기만 하는 것이 아니라, 문화와 정치에서 경제로 향해 나아가는 과정, 다시 말해 상호결정의 과정으로 구성된다. 이런 측면에서 보면 금융화는 '최종적'으로는 반드시 경제적이지만, 또한 언제나 이미 정치적이고 문화적인 셈이다. 이것은 금융화가 정치와 경제와 문화가 서로 교직되어 만들어지는 우리의 사회적 실천망 곳곳에 스며들어 있는 어떤 것이라는 것, 금융화란 '저들의 것'일 뿐만 아니라 '우리의 것'이기도 하다는 것을 말해준다. 사실 우리는 일상에서 자연스럽게 갖는다고 여기는 감각과 지각의 수준에서까지 금융화를 사회적으로 실천하고 있다.

이런 점에서 이 글에서 톺아본, '일상의 금융화와 리듬 변화'라고 하는 오늘날 새롭게 부상한 사회적 현상 및 경향에 주목하는 일이 결코 한갓진 일만은 아니다. 금융화가 일상을 지배하고, 일상의 미시적 실천이 금융화를 추동하며, 나아가 이 과정에서 새로운 인지적 습속이 형성되어 사람들이 금융적 주체로 전환된다는 것은 신자유주의 시대 자본주의의 지배가 얼마나 전면적이고 근본적이며 치밀한 것인지 보여준다. 이 지배의 올가미에서 벗어나는 것은 따라서 결코 쉬운 일이 아니겠지만, 새로운 삶을 추구하려는 세력이라면 당연히 이 올가미가 작동하는 방식을 제대로 이해할 필요가 있다. 이런 이해는 물론 미시적인 수준의 이해에 속하지만, 그렇다고 결여해서는 안 될 종류이기도 하다. 사회처럼 복잡한 체계에서는 어느 작은 부위에서 일어나는 변이일지라도 큰 변화를 일으킬 수 있다. 기계는 정밀할수록 작은 부품의 고장으로 전체 체계가 오작동으로 나아갈 수 있는 법, 오늘날 작동하는 자본주의적 사회 기계에서 감각과 지각에서의 새로운 변화가 가져올 수 있는 진폭이 의외로 클 수도 있다. 일상의 금융화와 리듬 분석은 그런 점에서 우리로 하여금 작지만 의미 있는 새로운 실천의 장을 확보할 것을 권유하는 것으로 보인다.(2015)

5.

1987년 체제 이후 한국에서의
신자유주의 지배와 문화지형 변동

오늘날 한국사회를 지배하고 있는 정치체제는 1987년의 개헌을 통해 제도화된 것으로 통상 '1987년 체제', '민주화 체제', 또는 '1987년 민주화 체제' 등으로 불린다. 이 글의 목적은 이 체제가 한국사회를 어떻게 변화시켰고 이 과정에서 문화지형은 어떤 변동을 거치게 되었는지 살펴보려는 것이다.

1987년 체제(이하 87년 체제)가 민주화 체제라고 불리는 데에는 그로 인해 1961년부터 4반세기 넘게 지속되던 군부 권위주의의 지배가 종식되고 한국사회에 민주주의가 구현되고 있다는 인식이 반영되어 있다. 하지만 민주화 체제라는 통념과는 달리 87년 체제는 오히려 그동안 민주주의를 배반하는 각종 정책을 펼쳐왔다고 봐야 한다. 이는 이 체제가 자본의 자유를 최대한 보장하기 위해 민중과 소수자의 권익을 짓밟는 신자유주의 전략을 사회운영의 원리로 삼은 결과다. 이 글에서 나는 87년 체제가 어떻게 신자유주의를 수용하게 되었는지 알아보고, 그로 인해 어떤 문제가 생겼는지 이 체제 하에서 일어난 문화지형 변동을 중심으로 살펴본 뒤, 마지막으로 87년 체제를 넘어서서 나아갈 방향을 생각해 보고자 한다.

1. 87년 '민주화' 체제

87년 체제가 80년대에 더욱 활발해진 민주화운동이 쟁취해낸 성과라는 점은 누구도 부인하기 어렵다. 80년대 중엽을 지나는 시점 군부 권위주의 세력에 대한 민주화세력의 압박은 최고조에 달해 있었다. 당시 전두환 정권이 수세에 몰린 것은 1986년 6월에 일어난 '성고문 사건', 1987년 1월 '박종철고문치사 사건'으로 말미암아 도덕성과 정치적 지도력에서 치명타를 입었기 때문이다. 민주화세력이 이런 정세를 활용하여 개헌을 요구하며 나서자, 전두환은 1987년 4월 13일 호헌조치를 취하며 강경한 태도를 취하지만, 오히려 더 큰 반발만 불러일으켰을 뿐이다. 각 대학 교수들의 호헌반대 성명이 이어지고, 학생들이 거리시위에 나서고 급기야 화이트컬러 노동자들까지 시위에 가담하게 되는 것이다. 사태는 연세대학생 이한열이 호헌반대 시위 중 최루탄에 맞아 사망한 사건으로 인해 더욱 걷잡을 수 없이 확대되어, 그의 장례식이 치러지던 6월 10일에는 드디어 100만 군중이 거리항쟁에 나서게 된다. 당시 군부 권위주의 세력이 '6.29 선언'을 통해 반대세력의 개헌 요구에 동의한 것은 따라서 '작전상 후퇴'가 불가피했기 때문일 것이다.

민주화운동의 승리는 그러나 이후 개헌 과정을 통한 새로운 정치체제 성립으로 이어지면서 의미를 크게 잃는다. 박정희 정권 이래 한국사회를 지배해온 권위주의 세력의 약화를 가져왔다는 점에서, 87년 체제 성립의 의미가 없었던 것은 아니다. 그러나 그것은 당연히 청산했어야 할 권위주의 세력의 정치적 생명을 연장시켜준 '협약에 의한 민주화'(democratization by pact)에 불과했다. 남미 국가들에서 드러나듯이 협약민주주의는 기존 지배세력이 지닌 "보수적 편향을 정치체(polity) 안에 제도화하여 정치적, 사회적, 경제적 민주주의로의 전진을 봉쇄할 수 있는 새로운 현상태(status quo)를 만들어낸다."[1] 87년 체제는 '덜된 민주주의'(democracy manqué)였고, 자유주

1_ Terry L. Karl, "Petroleum and Political Pacts: The Transition to Democracy in Venezuela," in Guillermo O'Donnell, Philippe Schmitter and Laurence Whitehead, eds., *Transitions from*

의자들이 사회적 권력을 독점하게 만들었다는 점에서, '자유주의 독재체제'라고 부를 만한 것이었다. 87년 체제가 자유주의 독재였다는 것은 무엇보다 사회주의 세력은 거기서 정치적 권리를 거의 누리지 못하고 배제되었다는 말이다. 이것은 1987년 개헌 당시의 협약이 80년대 민주화운동을 주도했던 학생운동권, 통일세력, 나아가서 노동자계급의 참여는 철저히 배제한 가운데, 전두환, 노태우 등 군부 권위주의 세력과 김영삼, 김대중, 김종필 등 당시 야당 정치인 간의 타협을 통해 이루어져서 생긴 결과다.[2]

87년 체제가 '민주화 체제'로 불리곤 하는 것은 군부 주도 권위주의 체제에 비해 더 많은 자유와 권리를 허용했다는 인식 때문일 것이다. 사실 새로운 체제가 성립한 뒤로 상당한 민주화가 이루어졌음을 부정하긴 어렵다. 이제 국민이 직접선거를 통해 대통령을 뽑게 되고, 지방자치제도가 복원되고, 국가인권위원회가 설치된 것 등은 민주주의와 인권의 진전임이 분명하다. 현 이명박 정부의 경우 권위주의적 행태를 너무 자주 드러내어 대중의 공분을 사고 있지만, 그래도 과거 전두환, 박정희 시대와 비교하면 자유주의적 색채를 훨씬 더 많이 띠고 있는 것이 사실이다. 그러나 이런 발전과 성과가 87년 체제가 갖는 한계나 문제점까지 감추게 해주지는 않는다. 무엇보다 큰 문제는 87년 체제가 전두환 시대에 영향력을 넓혀가던 신자유주의를 계속하여 한국사회의 운영 원리로 삼았다는 것이다. 신자유주의는 오늘의 자유주의로서 자본주의적 축적전략 가운데서도 가장 가혹한 형태라고 할 수 있다. 세계자본주의가 신자유주의 전략을 구사하기 시작한 것은 70년대 이후다. 당시 축적 위기가 심화되자 세계자본주의는 그 전까지 케인스주의, 복지국가 노선 등을 통해 사회적 부의 하향 이동을 허용해오던 수정자유주의 전략을 수정하고 자본의 "계급권력 회복"을 도모하는데,[3] 이것이

Authoritarian Rule: Latin America (Baltimore: Johns Hopkins University Press, 1986), 198.

2_ Kwang-Yeong Shin, "The Dilemmas of Korea's New Democracy in an Age of Neoliberal Globalization," a not yet published article.

3_ "계급권력의 회복"이라는 표현은 뒤메닐(Gérard Duménil)과 레비(Dominique Lévy)의 것이다. David Harvey, *A Brief History of Neoliberalism* (Oxford: Oxford University Press 2005),

신자유주의 전략이다. 신자유주의는 자본의 계급권력 회복 기획인 만큼 실시되는 곳마다 사회적 부를 자본으로 집중시키기 때문에, 반민중적일 수밖에 없다. 87년 체제가 이런 신자유주의를 계속 사회운영 원리로 채택한 것은 당시 전개되고 있던 민주화운동의 바람을 저버린 처사에 해당한다.

87년 체제는 한편에서 보면 군부 권위주의 세력이 자유주의 세력의 정치활동을 허용하여 이들에 정권 창출 가능성을 부여하고, 다른 한편 자유주의 세력이 군부 권위주의 세력에게 정치적 생명을 연장해주는 방식으로 이루어졌다. 이런 일이 가능했던 것은 자유주의 세력이 민주화운동 진영에서 헤게모니를 행사할 수 있었기 때문이다. 당시 운동권은 민족해방(national liberation, NL) 진영과 민중민주(proletarian democracy, PD) 진영으로 양분되어 있었고, 더 큰 대중성은 전자에게 있었다. 정치권의 자유주의자들이 권위주의 세력과 타협할 수 있었던 것은 그들이 운동권의 지지를 받을 수 있었기 때문이기도 하다. 당시 NL은 이미 이북에 정통성을 지닌 정부가 있기 때문에 남한에서의 독자적 민주정부 구성은 부차적 과제라고 생각하고 김대중에 대한 '비판적 지지' 입장을 드러냈고, 이런 입장에 반대한 세력은 거꾸로 김영삼 지지로 돌아선 경우가 많다. 이런 내부 분열로 인해 운동권은 개헌이 이루어지고 정치 일정이 잡히자, 김대중 지지와 김영삼 지지로 분열되었고, 자유주의에의 투항을 거부한 세력은 1987년 대통령 선거에서 진보진영 독자후보 노선을 주장하지만 소수가 되고 만다. 87년 체제가 신자유주의 정책을 펼치게 된 것은 거기서 자유주의 헤게모니가 성립된 때문이지만, 이를 허용한 책임은 운동권에도 있었다고 봐야 한다.

2. 1987년 체제 하의 신자유주의 지배

'민주화 체제'라면 민중에 의한, 민중을 위한 사회운영을 해야 한다. 그러

16에서 재인용.

나 87년 체제 수립 이후 한국사회는 경제적으로는 계속 성장했지만, 사회적 불평등은 심화되었고, 생태환경은 급격히 파괴되었으며, 소수자와 민중의 제반 권리는 유린되기 일쑤였다. 이것은 무엇보다도 '민주화'를 지향한다는 체제가 신자유주의를 사회운영의 기본 원리로 계속 수용하여 강화한 결과다. 한국에서 신자유주의는 박정희 정권 말인 1979년 4월에 처음 도입되었으나, 박정희가 그해 10월 피살된 탓에 전두환 정권에 들어와서야 본격적으로 수용된다. 전두환의 경제수석 김재익 지휘 하에 80년대 초부터 시행한 주요 경제정책은 90년대 초에 이르러 '워싱턴 컨센서스'라는 이름으로 세계화되는 신자유주의 정책을 선취한 내용이었다.[4] 1987년에 군부 권위주의 체제를 대체하며 새로운 체제가 민주화를 표방하며 들어섰을 때, 사람들은 사회정책 노선이 근본적으로 바뀌리라고 기대했다. 그러나 87년 체제는 이런 기대를 저버리고 신자유주의를 더욱 강화시킨다. 노동유연화, 민영화와 공적 영역 축소, 시장 개방과 세계화 등 자본의 자유 확대를 위한 제반 정책과 조치를 과거 권위주의 시절보다 훨씬 더 광범위하게 추진한 것이다.

87년 체제가 성립되는 과정에는 '보이지 않는 손'이 작용한 측면도 없지 않다. 물론 표면상으로 권위주의 체제 해체와 민주화를 요구한 것은 한국의 국민대중이다. 하지만 자본 역시 복잡한 계산법에 따라 비슷한 희망을 가졌던 것 같다. 80년대 후반이 되면 전두환 정권은 비록 신자유주의 정책을 펼쳐준다고는 해도 자본에게도 부담스런 존재였을 것이다. 전두환은 쿠데타로 정권을 잡은 뒤, 1980년 5월 광주민중항쟁을 야기해 수천 명을 학살한 '살인마' 이미지에서 벗어날 수 없었다.[5] 80년대 내내 전두환 정권에 대한

4_ Chung H, L. 2004. "Institutional Reform in Japan and Korea: Why the Difference?" http://swopec.hhs.se/eijswp/papers/eijswp0204.pdf. 당시 정책을 신자유주의적라고 규정하는 것은 '아방 라 레트르'(avant la lettre) 식의 명명이다. 한국에서는 90년대 중반까지 '신자유주의'라는 용어가 거의 사용되지 않았기 때문이다. 그러나 전두환 정권에서 시행한 정책이 '워싱턴컨센서스' 내용과 거의 일치했다는 점은 신자유주의가 80년대 초부터 이미 수용되었음을 말해준다.

5_ 광주항쟁 사망자 수는 정확하게 집계되지는 않았지만, 5.18 민주유공자유족회는 당시 사망자수가 총 606명에 이른다고 주장한다. 이 가운데 항쟁 당시 사망자수가 165명이

대중 저항이 지속된 것은 그 때문이지만, 이런 상황은 자본에게도 고비용으로 비쳤을 가능성이 높다. 87년 체제 성립은 이렇게 보면 민주화운동의 성과인 것만이 아니라, 80년대 중반에 이르러 3저 호황 등에 힘입어 크게 성장한 한국자본주의가 신자유주의를 더 원활하게 관리해줄 새로운 정치질서가 필요해서 허용된 결과이기도 하다.

87년 체제의 업적이 절차적 민주주의 도입에 그친 것은 이처럼 그것이 지배질서의 자기 조정을 위해 요청된 체제였다는 점과 무관하지 않을 것이다. 박정희, 전두환 시절 통일주체국민회의를 통해 대통령이 간접적으로 선출되던 데서 20세 이상 국민이 유권자가 되어 정례적으로 선거를 하고, 지방자치제도가 복원된 것 등은 물론 중요한 정치적 진전이다. 그러나 이런 형식적 민주주의를 별도로 치면 실질적 민주주의는 '민주화 체제' 하에서 오히려 후퇴한 측면이 크다. 무엇보다도 노동자계급에 대한 탄압이 그치지 않았다. 놀라운 사실은 민주정부로 알려진 김대중 정부와 노무현 정부도 노동자 탄압에서는 권위주의 세력과 별 차이가 없었다는 것이다. 김대중 정부 하 구속노동자 수는 892명으로 김영삼 정부 하의 632명보다 훨씬 많았고, 노무현 정부에서는 1,052명에 이르렀다.[6] 물론 이 숫자는 노태우 정부 하의 1,973명보다는 작은 것이지만,[7] 그런 사실이 김대중, 노무현의 '민주정부'가 노동자 탄압을 중단했음을 증명하지는 않는다. 87년 체제에서 처음 출범한 노태우 정부(1988. 3~1993. 2)가 신자유주의 정책을 계속 펼친 것은 노태우가 전두환의 간택을 받아 여당 대통령 후보가 되어 당선된 때문이라고 해석할 수 있다. 김영삼 정부(1993. 3~1998. 2)가 신자유주의 정책을 이어간 것 역시 김영삼이 여당 대통령 후보가 되고자 3당 합당을 하며 자신의

며, 행방불명이 65명, 부상당한 후 사망한 시민은 376명이다. 「5.18 광주민중항쟁의 '아픈 통계!」, <아이뉴스>, 2007. 5. 18.

6_ 이대근, 「민주파여, 이명박을 악마화하지 말라」, <레디앙>, 2009. 11. 6. 여기 언급된 구속자 수치는 구속노동자후원회가 파악한 것이다.

7_ 노태우 정부에서 구속노동자 수가 가장 많았던 것은 민주노조 건설 운동의 활성화로 노동자 투쟁이 빈번했던 점과 무관하지 않다.

민주화운동 전력을 배반했다는 점에서 수긍이 간다. 그러나 민주정부임을 자칭한 김대중, 노무현 정부까지 노동탄압의 신자유주의 정책을 펼친 것은 무엇 때문이었을까?

김대중 정부의 경우 신자유주의 정책을 펼친 것은 출범 직전에 닥친 외환위기로 인한 어쩔 수 없는 선택이었다는 견해도 있다. 물론 김대중 정부가 구제금융을 받기 위해 IMF가 요구하는 신자유주의 정책을 펼칠 수밖에 없었던 측면을 부정하긴 어렵다. 하지만 김대중과 그의 후임 노무현이 신자유주의 정책을 포기하지 않은 것은 그들이 자본주의를 수호하는 자유주의자였기 때문이라고 봐야 한다. 자유주의자가 신자유주의를 자신의 정책 노선으로 삼는 것은 당연한 일이다. 신자유주의는 오늘의 자유주의이고, 자유주의는 부르주아 이데올로기로서 자본의 자유를 우선적으로 배려한다. 김대중, 노무현 정부는 '민주정부'임을 자칭했고 지금도 자유주의 우호 세력에 의해 그렇다고 인정받고 있지만, 사회정책에서 잔존 권위주의 세력과 하등의 근본적 변별성을 보여주지 못했다. 자유주의 세력은 자신들이 자유주의자라서 민주주의자라고 하지만 자유주의자로 자처하는 것은 권위주의 세력도 마찬가지다. 군부 권위주의 세력은 박정희 이래 자신들이 자유민주주의의 수호자로서 공산주의로부터 한국을 지켜내고 있다고 항상 주장해 왔다. 물론 이명박 정권에 의해 검찰조사 압박을 받고 있던 노무현이 자살 항의를 감행한 사건이 보여주듯 두 세력 간에는 목숨을 건 투쟁이 있는 것도 사실이다. 하지만 자본의 이익을 위해 신자유주의를 강화하고 한국 민주주의를 제한한 점에서 둘은 닮은꼴이었고, 양자의 투쟁은 신자유주의 관리를 누가 하느냐를 놓고 벌인 경쟁이었을 뿐이다.

87년 체제의 '민주화'는 그래서 '자유화'였고, 이것의 현실태는 '신자유주의화'였다. 87년 체제가 전두환 정권이 실시해온 신자유주의 정책을 그대로 수용하고 더욱 확산 강화해간 것은 그 때문이다. 물론 전두환 정권 시절 신자유주의 관리는 군부 권위주의 세력에게 맡겨졌다면, 87년 체제에서는 자유주의 세력에게도 관리 기회가 주어졌다는 차이는 있다. 그러나 자유주의 세력이 권위주의 세력과 '경쟁을 통한 동거'에 들어가며 민주화 세력으로 분장된 바람에 한국에서 민주주의는 권위주의와 자유주의의 합작에 의해 찬탈되었고, 이것이 한국에서 자유주의 헤게모니를 형성하는 원인이 된다.[8] 하지만 이로 인해 두 세력이 서로 대변한다고 주장하는 자유주의적 민주주의와는 다른 민주주의, '혁명의 80년대'에 많은 사람들이 목숨 걸고 추구했던 근본적 민주주의, 예컨대 80년대에 한국사회에서 처음 자생적으로 성장한 맑스주의가 제시하는 민주주의의 길은 봉쇄되고 말았다.

3. 87년 체제 초기의 한국문화 지형

문화는 어떤 사회에서든 다양성을 드러내기 마련이므로 지형학적으로 파악할 필요가 있다. 지형은 복잡하게 구성되고, 일정한 지속성을 가지면서도 변화의 여지를 갖는다. 지형 구성 측면에서 볼 때 87년 체제 이후 한국문화는 전두환 시절보다 단순해진 점이 없지 않다. 이런 판단은 80년대 후반, 특히 90년대 초에 들어오면서 한국문화가 이전보다 자본주의적 성격은 크게 강화된 반면 대안문화 성격은 약화되었다는 데 근거한다. 전두환 시절 한국문화는 전반적으로 매우 역동적인 모습이었다. 한편으로는 정권이 문화 자유화 정책을 강력하게 추진하면서 문화를 전략적으로 시장화하여 상품으로 전환시키는 시도가 이루어지고, 다른 한편으로 70년대 초에 나타나

8_ 87년 체제는 자유주의 헤게모니 하에서 권위주의 세력과 자유주의 세력이 양분되어 경쟁을 하고 있었다고 볼 수 있다. 이 말은 방금 언급한 자유주의 세력이 더 큰 영향력을 가졌다는 것은 아니다. 지난 다섯 번의 대통령 선거에서 권위주의 세력이 세 번 승리한 데서 볼 수 있듯이 권위주의 세력의 정치적 위력은 여전히 막강하다. 하지만 권위주의 세력도 광의의 자유주의 세력에 속한다고 봐야 한다. 그것은 이들이 자유주의자로 자처하고 있기 때문이기도 하다. 다만 이들은 자유주의라고 해도 보수/수구적 자유주의 또는 자유주의 우파에 해당하고, 김대중, 노무현 등 오늘날 민주당 세력은 개혁적 자유주의 또는 자유주의 좌파에 해당한다고 할 수 있을 것이다. 다만 여기서는 자유주의 우파가 과거 군부독재 세력의 후예라는 점을 강조하기 위해 '권위주의' 용어를 계속 사용한다.

서 80년대에 이르러 사회운동과 접속하며 급성장한 비자본주의적 대안문화가 강력한 목소리를 내게 되면서 문화지형 전체가 두 흐름의 충돌로 크게 요동쳤던 것이다.

전두환의 문화정책은 쿠데타에 의한 정권 탈취와 광주 학살 전력으로 인한 정당성 결여를 정치적 탄압으로 모면하는 과정에서 만들어진 억압적 사회분위기를 유화하려는 것 이상의 목적을 가졌던 것 같다. 전두환 정권은 박정희 시대의 국민 동원과 감시 목적의 문화정책을 전략적으로 수정한다. 박정희 시대 문화는 국가의 경제발전에 복무하는 정치의 '시녀'가 되어 국민을 생산적 주체로 동원하는 것을 주된 역할로 삼고 있었다고 할 수 있다. 장발, 왜풍, 퇴폐풍조 단속 등에서 단적으로 드러나듯, 당시 문화는 박정희의 짧은 머리처럼 단정한 모습을 갖춰야만 했다. 반면에 전두환은 미군정 하에서 시작되어 37년 가까이 시행되어온 야간통행금지를 해제하고, 일제 강점기 이후 한국 중등학생의 불변 소원이던 두발자유화, 교복자유화를 실시한다. 언뜻 보면 국민의 기본권을 신장시켜준 셈이다. 그러나 이들 조치는 당시 함께 실시된 '3-S 정책'과 같은 맥락에서 해석되어야 한다. 여기서 '3-S'라 함은 섹스, 스크린, 스포츠를 가리키는데, 1980년 전두환 정권은 박정희가 에너지 절약을 이유로 금지시켜온 컬러 TV 방송을 시작해 한국인의 색채 감각을 흑백 위주에서 벗어나게 하는 데 기여했고, 프로야구(1982), 프로씨름(1983), 프로축구(1983)를 출범시켜 스포츠의 상업화를 추진했으며, 나아가서 에로물 제작 허용과 상영을 허용해 매체 및 유흥 산업의 성장을 도모했다. 한국사회의 대중문화는 이리하여 80년대 초부터 급속도로 자본주의적인 성격을 띠게 되는데, 전두환의 이런 문화 자유화 정책은 문화의 상품화를 겨냥한 치밀한 신자유주의적 계산에 따른 것으로 보이기 때문에 '전략적'이라고 평가할 수 있다.[9]

80년대는 그러나 혁명의 10년이기도 했다. 한편으로 정권이 문화 자유화

9_ 강내희, 「신자유주의 시대 문화지형의 변동과 문화운동— 역사와 과제」, 『마르크스주의 연구』 제4권 제1호, 2007 참조.

와 상업화를 추진했지만 동시에 이 지배전략은 3민(민족, 민주, 민중)운동의 고양 속에 활발하게 전개되고 있던 대안문화 운동의 거센 도전을 받았다. 당시 대학생들이 오늘날까지 '386세대' 정체성을 유지하고 있는 것도 80년 대 대학캠퍼스가 거대한 해방공간을 구축하고 있었던 점과 무관하지 않을 것이다.[10] 80년대 대학생의 운동권 비율을 정확하게 산출해내기는 어렵지 만 학생운동이 사회운동의 헤게모니를 장악했고, 각 대학 총학생회가 예외 없이 운동권 장악 하에 놓여있었다는 사실로 미루어볼 때 그 비율은 상당히 높았을 것으로 판단된다.[11] 사회운동의 활성화, 특히 대학생운동의 고양 속 에 비자본주의적 문화를 추구하는 움직임이 급상승한 것도 80년대다. 1987 년에 서울 중앙대학에 자리를 잡아 강의를 시작한 나의 경우 90년대 초까지 는 학교 교정에서 꽹과리 소리를 늘 듣곤 했고, 도서관 뒤에 있는 '해방광장' 에서 마당극 공연을 보는 일도 흔했다. 당시 마당극은 자유주의적 부르주아 문화가 정형화한 연극 형식을 거부하고 한국의 민중 전통에서 모형을 찾아 복원한 것으로 서구 근대극을 대체했다는 의미가 컸다. 80년대 말 대학에 이런 민중해방 문화가 범람한 것은 당연히 이전에 문화운동이 대안문화 구 축 노력을 계속해온 결과로서 '운동권문화'가 형성되어 있어서 가능한 일이 었다. 이 문화는 인근 식당, 술집 등 대학 교정 바깥으로까지 퍼져서 90년대 초까지도 학생들이 모인 곳에는 어디든 운동가 소리가 끊이지 않았다.

이런 상황을 레이먼드 윌리엄스가 제시한 '잔존문화', '부상(浮上)문화', '지배문화'의 관계에서 본다면,[12] 당시 문화지형은 전통 민중문화가 잔존문 화로 밀려나다가 문화운동과 접속하면서 부상문화로 변신하여 대안문화의

10_ 386 세대는 요즘도 중요한 정치상황이 있으면 집단적 행동을 하곤 한다. 이 세대는 2008년 봄 촛불 시위에도 자녀들을 대동하고 대거 참여했다.

11_ 80년대에 학생운동이 급성장한 데에는 전두환 정권의 대학정책도 작용했다. 한국은 이때 인구정책의 일환으로 대학교육 대중화를 추진하여 대학생 수를 급증시킨다. 사 회운동에서 대학생 헤게모니가 형성된 데에는 이런 요인도 작용했을 것이다. 학생운 동 참여율이 높았던 4년제 대학생의 경우 1980년 약 40만 명에서 1988년 100만 명으로 늘어난다.

12_ Raymond Williams, *Problems in Materialism and Culture: Selected Essays* (London: Verso, 1980).

가능성을 제시하고 있었고, 부르주아 모더니즘이 대학제도를 중심으로 지배문화의 위치를 차지하고 있는 가운데 상업적 자본주의 문화가 또 다른 부상문화로 떠올라 대중문화의 장을 점령하기 시작했던 것으로 보인다. 당시 지배문화는 넓은 의미의 모더니즘이었지만 그 영향력은 대학을 포함한 고급예술 및 학문 관리 공간에 국한되었고, 일상생활이나 거리를 지배한 것은 상업적 대중문화와 운동권문화였다. 80년대 문화지형이 역동적이고 유동적이었던 것은 자본주의적 상업문화가 지배문화의 자리를 놓고 모더니즘 문화를 위협하고 있는 가운데 운동권 문화도 대안문화로서의 가능성을 강력하게 제출하고 있었기 때문이다.

80년대 한국문화의 이런 모습은 박정희 시대 문화지형이 변형된 형태다. 박정희 정권은 70년대 초부터 산업화를 본격적으로 시작하여 '새마을운동'을 통해 농촌 합리화와 도시화를 추진한다. 하지만 이로 인해 농촌공동화가 발생하면서 과거 농촌을 중심으로 자생하던 한국의 전통 민중문화는 대거 해체되며 잔존문화로 전락하기 시작했다. 다른 한편 당시 부상문화는 팝송 등 60년대 서구의 반문화 영향을 일정하게 받아 새로 등장한 도시청년문화로 구성되었다고 할 수 있다. 하지만 이 문화도 정치권력의 견제를 받기는 마찬가지였는데 이유는 박정희가 내린 국민동원령을 잘 따르지 않는다는 데 있었다. 국민을 산업 역군으로 동원하고자 '새마을노래'까지 작곡하여 보급했던 박정희에게 '고래사냥' 등 청년문화가 생산한 노래는 퇴폐적으로만 보였던 것이다.[13] 80년대에 들어오면 70년대 부상문화는 새로운 부상문화인 운동권문화에 밀려나게 된다. 70년대 대학가 축제를 지배하던 '쌍쌍파티'가 80년대에는 대동제로 바뀐 것이 단적인 예다. 전두환 정권, 그리고 노태우 정권 시기까지 한국 문화지형에서는 운동권문화가 이처럼 중요한 역할을 하고 있었다.

87년 체제 성립으로 일어난 문화지형 상의 변화는 무엇일까? 방금 80년

13_ 70년대 서울 거리에서는 젊은이들이 경찰에게 잡혀 강제 삭발을 당하는 모습이 종종 연출되었다.

대 후반 문화지형을 80년대 전체 문화지형의 일환으로 설명했던 것은 당장은 큰 변화가 없었기 때문이다. 1987년에 새 체제가 수립되었지만 오히려 6월 항쟁을 통하여 사회운동이 더욱 활성화되고 사회변혁이 금방 달성될 것만 같은 분위기가 조성되면서 대안문화운동은 더 큰 힘을 갖게 된다. 87년 체제가 들어서긴 했어도 첫 번째 대통령이 전두환의 후계자 노태우였기 때문에 그의 정권이 전두환의 권위주의 체제와 구별이 되지 않았던 점도 운동 강도가 줄어들지 않은 이유다.

운동이 거세졌다고 해서 지배전략이 중단된 것은 물론 아니다. 노태우 정권 하에서 추진된 정책 가운데 문화적으로 함의가 가장 컸던 것은 언론을 포함한 매체시장 자유화일 것이다. 전두환 정권 하에서 언론은 『말』지 사건이 보여주고 있듯이 신문기사, 라디오, 텔레비전에서 쓰이는 표현 하나하나까지도 철저한 통제 대상이었다.[14] 『조선일보』, 『중앙일보』, 『동아일보』 등 어용신문들 외에는 언론시장 진출을 막기 위한 각종 규제 등 진입 장벽도 높았다. 하지만 1987년 이후에는 이 시장도 자유화되어 1988년에는 민주화 운동세력이 힘을 합쳐서 『한겨레』 신문을 창간할 수 있었고, 그밖에 『문화일보』, 『세계일보』, 『국민일보』 등 전국일간지가 등장했으며 지방에서도 대도시를 중심으로 일간지가 우후죽순처럼 창간되었다.[15] 신문 지면도 박정희 시절 8면, 전두환 시절까지 16면이던 것이 24면, 32면으로 크게 늘어났으며, 1993년부터는 케이블 텔레비전이 보급되고, 지금은 세계 최고 수준 서비스망을 지닌 인터넷의 대중적 사용도 1994년부터 본격적으로 이루어진다. 한국에서 90년대를 흔히 '문화의 시대'라고 부른 것도 대중매체가 그 때부터 광범위하게 퍼졌던 사정과 무관하지 않다.

14_ '『말』지 사건은 월간 『말』지가 1986년 9월 당시 권위주의 정권이 '보도지침'이라는 명목으로 언론을 통제하고 있다는 사실을 폭로하여 발행인과 기자 등이 구속된 사건을 가리킨다.

15_ 80년대 민주화운동의 발원지 광주가 좋은 예다. 이곳은 인구 80만 정도의 도시이지만 2008년 현재 일간지가 무려 17개에 이른다. 「3개 일간지 창간, 광주지역 17개 신문 '춘추전국시대'」, <오마이뉴스>, 2008. 9. 30.

90년대 초반은 '욕망'이 새로운 진보적 의제로 제출된 시점이기도 하다. 80년대 진보학계를 풍미한 것은 정치경제학적 논의, 특히 사회구성체 논쟁이었다. 이 논쟁은 90년대 초까지도 왕성하게 진행되었으나 80년대 운동이 소멸하면서 바로 사라져버렸다.[16] 그 대신 문화이론이 새로운 지식 모형으로 등장하고,[17] 이 과정에서 이데올로기 문제보다는 욕망 문제가 더 많은 관심을 끄는 경향이 드러났다. 미메시스라는 그룹이 『신세대 네 멋대로 해라』라는 책을 통해 운동권 문화의 금욕주의를 거부할 것을 주장하여 상당한 충격파를 불러일으킨 것이 한 예다. 물론 이런 흐름은 사회변동을 반영하는 것으로 특히 1986-88년 3저 호황 이후 한국자본주의가 축적 조건 개선을 위해 소비자본주의를 강화한 것과 무관하지 않다. 당시 지적 논의나 문화적 활동이 정치경제학적 '내용'보다는 욕망이나 정체성 '표현'을 중시하는 쪽으로 바뀌기 시작한 것도 같은 영향일 것이다. 표현 문제를 전면에 내세우는 이런 형세는 문예이론도 리얼리즘 일변도로 전개되면서 정치경제학적 내용이 문화적 표현을 압도하던 80년대와는 크게 다른 것이었다. 90년대 초부터 성정치, 페미니즘 등 정체성의 정치를 주장하는 이론적 관심이 급증한 것, 증면된 지면에서 문화평론이 쏟아지면서 이전 같으면 입에 담지도 않았을 '소비의 미덕' 논의가 생겨난 것, 또 80년대 운동권 학생들의 금욕주의와 달리 자신들의 라이프스타일과 욕망을 솔직하게 표출하는 '오렌지 족'과 같은 신세대 주체성이 등장한 것 등이 새로운 형세의 예증이다.

이런 변화는 90년대에 들어와서 새로운 지배문화가 형성된 흐름과 맞물

16_ 80년대 운동의 후퇴는 첫째, 한국 자본주의의 발전과 노동운동 진전으로 90년대 초부터 노동, 자본, 국가 간에 포드주의적 타협이 어느 정도 이루어지고, 둘째 1989년 소련의 붕괴로 80년대 운동권의 상상계(the imaginary)를 구성하던 사회주의 전망이 사라지고, 셋째 1987년 체제가 '민주화' 체제로 제시되면서 운동권이 대거 제도권으로 들어간 것 등의 요인과 연관되어 있다.

17_ 80년대까지 한국에 소개된 진보적 이론은 주로 소련에서 나온 교과서 유형의 정통 맑스주의 이론이었으나, 90년대 초부터 알튀세르의 저작이 번역되어 소개된 뒤 바로 푸코, 들뢰즈, 보드리야르 등 후기구조주의자들 소개와 저작 번역이 대대적으로 이루어졌다.

려 있었던 것으로 보인다. 당시는 비판적 사회과학, 해방적 문예이론이 퇴조하고, '문학의 위기'가 운위되는 가운데 상업적 대중문화가 명실공히 지배문화로 자리를 잡기 시작한 때다. 이전의 지배문화는 대중성은 적더라도 대학과 출판사, 박물관, 미술관 등 문화제도의 지원을 받아 관리되고 육성되던 넓은 의미의 부르주아 모더니즘이었다.[18] 영화나 대중가요의 경우 이미 오래 전부터 문학보다 훨씬 더 큰 대중성을 확보하고 있었지만, 대학의 연구나 교육 과정에서는 물론이고 대중매체인 신문에서도 영화나 대중가요 등 대중문화가 심각한 논의 대상이 되는 일은 드물었다. 하지만 대중매체의 확산이 이루어진 90년대 초에 이르면 문화적 양질전화 현상이 일어나기라도 한 듯, 자본주의적 대중문화가 지배문화의 위상을 갖게 된다. 새로운 문화지형이 형성된 것이다.

90년대 문화지형 변화는 광범위하게 이루어졌다. 자본주의적 대중문화가 급성장하자 90년대 초까지도 왕성하던 운동권문화가 급속도로 위축하면서 잔존문화로 전락했다. 1991년의 '강경대 사건'이 전환점으로 작용했던 것 같다.[19] 1992년 서태지와 아이들이 '난 알아요'를 들고 출현하자 대학 주변에서도 운동가를 부르는 학생 수가 급감하게 된다. 과거 지배문화를 구성하던 모더니즘 예술도 더 이상 권위를 갖지 못하게 된 것은 마찬가지다. 80년대에는 적대적 관계이던, 문학이론계의 리얼리즘파와 모더니즘파가 90년대 초에 '문학의 진정성'을 공통 가치로 인정하면서 화해를 시도한 것도 밀려드는 자본주의 대중문화 위력 앞에 공멸의 위기를 느껴서 일어난 일이었다. 하지만 예술과 학문을 중심으로 하는 고급문화는 그동안 자신이

18_ 이때 모더니즘에는 리얼리즘도 포함된다. 이 모더니즘에는 근대적 예술과 학문 일체가 포함된다고 할 수 있다. 대학제도가 모더니즘 보호와 관리의 핵심 물적 기반이었음은 두말할 필요가 없다.

19_ 강경대 사건은 1991년 4월 26일 서울의 명지대 학생 강경대가 시위 도중 경찰 백골단에 집단구타당한 끝에 사망하여 발생하여 두 달 가량 당시 한국사회를 뒤집어 놓은 일련의 사건들을 가리킨다. 이 사태가 진행되는 동안 분신, 투신, 의문사 등으로 13명이 사망했다.

지배문화로 군림하는 데 핵심 역할을 해주던 대학제도마저 신자유주의 개혁의 대상으로 전락함에 따라서, 이제 자구책 찾기가 갈수록 어려워졌다. 1995년 김영삼 정부 대통령산하 교육개혁위원회가 초법적인 권위를 행사하며 만들어낸 교육개혁안이 문화지형에 미친 파장은 아무리 강조해도 지나치지 않을 것이다. 대학생운동이 마지막 불꽃을 피운 1996년 연세대 사태 한 해 전에 발표된 이른바 5.31 교육개혁안은 기본적으로 교육을 공급자 중심에서 소비자 중심으로 전환시키고 대학에서도 기존의 교육, 학문 제도를 대거 해체해버리는 가공할 힘을 발휘했다. 이로 인해 고급문화의 근간을 이루는 학문과 예술은 시장에서의 부가가치 생산 여하에 의해 가치를 판정받는 상태로 내몰리게 된다.[20]

고급문화가 지배문화의 위상을 상실하고 잔존문화로 전락하게 되자 자본주의적 대중문화가 지배문화로 등장하고 비자본주의적 문화는 급속도로 위축된 것이 90년대 초중반의 상황이다. 80년대를 강타한 운동권문화도 이 과정에서 대안문화로서의 잠재력을 상실하게 되고, 노동조합 등 아직 전투적 투쟁이 진행되고 있는 곳에서만 생명력을 유지하게 된다. 물론 90년대에도 새로운 부상문화가 없지는 않았다. 그것은 '하위문화'라는 이름이 적합한 문화 형태로서 80년대 운동노선을 지배하던 민족해방, 계급해방의 정치 대신 당시 새롭게 등장한 '정체성의 정치'와 일정한 관련을 맺고 있었다. 여성, 동성애자 등 소수자 정체성을 표현하는 이들 새로운 문화는 그러나 대안문화 성격을 갖는다 하더라도 과거 운동권문화만큼 지배문화를 위태롭게 할 위력을 가진 것은 아니었다. 90년대가 지나면서 문화운동 역시 급격하게 힘을 잃고, 자본주의 문화가 한국사회를 지배하는 흐름이 만들어진 것이다.[21] 90년대 초에 비판적 문화연구가 80년대 문예이론의 전통을 비판

20_ 교육개혁안이 실시되기 시작하면서 일어난 변화 하나가 역사학과나 철학과 등 기존의 분과학문 중심학과를 유지하기 어려운 대학들이 이들 학과 이름을 다른 것으로 바꾸면서 '문화'자를 넣는 일이 많아졌다는 것이다. 이때 문화는 상품논리와 거리를 두던 기존 문화와는 물론 다른 개념이었다.

21_ 80년대 운동에서 문화운동은 언제라도 정치적 명령에 부응해야 하는 '5분 대기조'였다.

하며 문화운동의 새로운 진보적 이론 흐름으로 등장하지만, 이미 진행된 운동의 후퇴를 저지할 만큼 큰 영향력을 발휘하지는 못했다. 90년대는 그리하여 한국 사회운동의 전반적 후퇴 속에 문화운동도 크게 위축된 10년이었고, 문화지형도 이때부터는 소비자본주의가 추동하는 자본주의적 대중문화가 지배하는 구도로 바뀌게 된다.

4. 1997년 이후의 문화지형

87년 체제가 본격 작동되기 시작한 90년대 초에 이르러 한국의 문화지형에서 지배문화와 대중문화 모두를 자본주의적 상업문화가 지배하게 된 것은 당연히 신자유주의화가 더욱 진전된 결과다. 위에서 살펴본 대로 이 과정을 관리해온 정치세력은 협약 덕분에 수명이 연장된 권위주의 세력 또는 수구보수의 자유주의 우파와 이들과 경쟁한 개혁적 자유주의 좌파였다. 87년 체제가 전두환 정권 시기와 근본적 단절을 이루지 못한 것은 이 때문이기도 했다. 물론 아무런 변화가 없었다는 말은 아니다. 전두환 시절은 국가가 자본의 상위에 있었다. 국제그룹이 전두환의 명령으로 해체된 것이 단적인 증거다.[22] 하지만 1987년 이후 자본에 대한 이런 관권 개입은 점점 드물어지며, 90년대를 거쳐서 00년대에 들어오게 되면 자본권력이 국가권력보다 더 막강해진다.[23] 이것은 전두환 정권까지는 국가자본주의 성격이 강하

당시 사회운동 진영에서 드러난 정치와 문화의 이런 관계는 지배체제 내의 정치와 문화의 관계(문화는 정치의 시녀)를 되풀이한 것으로 1991년 강경대 정국에서도 그대로 나타났다. 예술과 문화의 이런 정치 종속이 강경대 정국 이후 예술가 다수가 문화운동판을 떠난 중요한 이유로 꼽힌다.

22_ 80년대 10대 재벌그룹에 속하던 국제그룹은 양정모 회장이 폭설로 인해 전두환이 소집한 회의에 늦게 참석한 것이 눈 밖에 나서 해체당했다고 전해진다.

23_ 노무현 정부 시기에는 한국을 '삼성공화국'으로 비하해서 부르는 일이 많았다. 삼성경제연구소는 김영삼 정부 시절 '국제화' 논거를 제시하고, 김대중 정부 시절 정책 입안에도 기초 논리를 제공했다고 알려져 있다.

던 한국자본주의가 80년대 말부터 사적 자본주의 성격을 더 많이 갖게 된 결과로서, 87년 체제가 신자유주의를 더욱 강화시켰다는 말이기도 하다.

1997년 외환위기가 닥침에 따라서 한국의 신자유주의 운영은 새로운 전기를 맞게 된다. 한국은 1986년에 시작한 우루과이라운드에 참여하면서 세계화 흐름에 동참해 왔고, 김영삼 정부의 경우 세계화를 국가 슬로건으로 채택하며 강력하게 진행했지만, 1997년 외환위기는 이 세계화 정책을 더 이상 한국정부가 통제할 수 없게끔 만들었다. 국제통화기금(IMF)의 구제금융을 받아야 하는 처지가 되면서 한국정부도 신자유주의 정책을 펼칠 때 IMF의 지시에 따라야 했던 것이다. 이런 변화는 문화지형 형성에도 새로운 조건으로 작용했던 것으로 보인다. 무엇보다도 이제 상당히 큰 규모로 성장한 문화시장에 대한 개방 압박이 거세졌다. 1999년 김대중 정부가 미국과 양자간투자협정(BIT)을 체결하고자 했을 때 미국은 영화시장 개방을 협상 개시의 조건으로 요구하고 나섰고, 같은 시기 일본 역시 대중문화시장 개방을 요구하고 나섰다. 이런 흐름은 노무현 정권 하에서는 2003년 국제무역기구(WTO) 양허안 제출을 계기로 교육과 서비스 산업 등 문화와 밀접한 관련이 있는 부문들 개방 결정으로, 2006년에는 한국 영화산업에 큰 타격을 준 스크린쿼터제도 포기로 이어졌다. 극장들로 하여금 연 108일 이상 국내영화 상영을 의무화한 이 제도는 한국영화 발전의 밑거름이라고 인식되어 처음 김대중 정권이 BIT 체결을 위해 스크린쿼터제도를 포기하려 했을 때, 영화인들은 물론이고 사회운동 진영 전반이 힘을 합쳐서 지켜낸 적도 있었지만, 노무현 정권이 미국이 내건 한미FTA 협상 시작 조건을 수용함으로써 폐기되고 만다.

김대중 정부와 노무현 정부가 문화시장을 개방한 것은 외환위기 이후 외국자본으로부터의 압박이 거세져서 이루어진 것으로 이해할 수 있다. 하지만 김대중, 노무현도 노동을 탄압하긴 마찬가지였다고 했을 때 이미 지적한 것처럼, 그들이 문화시장 개방에 적극적이었던 것은 기본적으로 자본의 이익을 수호하는 자유주의자였기 때문이라고 봐야 한다. 미국과의 BIT 협상, FTA 협상 제안을 먼저 꺼낸 것은 미국 정부가 아니라 김대중, 노무현을 지도자로 둔 한국정부였다. '민주정부'의 자유주의자들은 자유무역협정 체결이 필요한 이유로 세계화가 대세이고, 이제는 모든 분야에서 '글로벌스탠더드'를 추구해야 한다는 점을 내세웠다. 하지만 그동안 글로벌스탠더드를 추구하며 세계화를 진척시킨 결과 한국의 수출입 규모는 크게 증대하고 경제성장도 이루어진 것이 사실이나, 이로 인한 혜택은 대기업만 누렸을 뿐 국민대중은 '고용 없는 성장'의 고통에서 벗어나지 못했다.[24]

김대중, 노무현 정권 하에서 문화운동이 복원된 것은 따라서 우연이 아니다. 90년대 초부터 사회운동 전반이 후퇴하고 문화운동 역시 소비자본주의의 상승에 별다른 대응을 하지 못하고 쇠잔해지고 있던 중 김대중 정권, 노무현 정권이 문화시장을 개방하고 나서자, 한국의 문화계는 이것을 생존권 문제로 인식하게 된다. 1999년 스크린쿼터 수호운동은 한국 문화계가 생존 투쟁을 전개한 중요한 계기였다. 이때 등장한 새로운 문화운동은 90년대 초에 등장한 비판적 문화연구 전통과 일정한 공명 관계를 이루며 진행되었고, 문예이론의 지도를 받고 있던 80년대 문화운동을 비판적으로 계승한 것이었다. 과거에는 문화운동이 작가, 시인, 화가, 평론가 등 전문가 중심의 활동으로 전개되었으나, 문화운동은 이제 문예운동의 틀을 벗어나 사람들의 일상적 생활양식을 실천 대상으로 삼고 문화제도, 정책, 관행 등을 변혁시키려 하며 시민운동, 사회운동의 모습을 띠기 시작했다. 이 새로운 문화운동을 이끈 주요 단체가 1999년에 출범한 문화연대다.[25] 문화연대는 문화

24_ 2007년 선거에서 개혁세력(자유주의 좌파)이 과거 수구보수세력(자유주의 우파)에게 패배하여 이명박 정권이 성립된 것은 '민주정부'가 10년 동안 신자유주의 정책을 펼치며 국민대중의 삶을 파탄으로 몰고간 데 대한 유권자의 심판으로 해석된다. 그렇다고 이명박 정권이 신자유주의 정책을 포기한 것은 아니다. 이정권은 출범 이후 오히려 더 강력한 신자유주의 정책을 펼쳐 집권 말기인 2011년 초 현재 국민대중의 삶을 더 심각한 상태로 몰아갔다는 비판을 받고 있다.

25_ 문화연대는 계간 『문화/과학』 편집 동인이 중심이 되어 조직되었다. 『문화/과학』 편집 위원 가운데 강내희, 심광현, 원용진, 이동연, 전규찬 등이 상임집행위원장, 정책위원장, 정책센터 소장, 미디어문화운동센터 소장, 문화사회연구소 소장, 공동대표 등을

적 효과를 만들어내는 정부 정책에 개입하고, 문화자본을 비판하고, 나아가서 표현의 자유를 주창하면서 문화변혁이 사회변혁의 유일한 목표는 아니더라도 생략할 수 없는 주요 목표임을 주장해 왔다. 문화연대가 한국 사회운동 역사에서 끼친 영향 가운데 으뜸으로 꼽을 것은 사회변혁에서 문화의 역할이 정치와 경제 못지않게 중요하다는 점을 사회운동계에 주지시킨 점일 것이다.[26]

그러나 문화운동이 1990년대 말 이후 새로 복원되고 과거에 비해 사회운동 내 그 위상이 높아졌다고는 해도, 자본주의 지배 하의 문화지형을 바꿀 정도로 성장하지는 못했다. 최근의 문화운동이 자본주의 상업문화와 경쟁하던 80년대 문화운동의 위상을 아직 회복하지 못한 것은 신자유주의 지배 하 한국사회가 자본주의적 성격을 더욱 강화했기 때문일 것이다. 무엇보다 사람들의 정체성이 바뀐 것으로 보인다. 90년대 말 이후 새로운, 즉 자본주의적 주체형성을 위한 지배적 문화전략이 가동된 결과다. 이 전략을 체계화한 것은 5.31 교육개혁안, 신지식인 담론, 성공신화 등의 전술을 활용한 김대중 정부였다.

5.31 교육개혁안은 1995년 5월 31일에 발표되었기 때문에 김대중 정권이 시작한 정책은 아니다. 하지만 김대중 정권은 이 개혁안을 더욱 체계화하여 자신의 것으로 만들었다. 앞에서도 언급한 것처럼 5.31 교육개혁안의 핵심은 교육을 공급자에서 소비자 중심으로 바꾼 것이었는데, 이것은 학생의 교육서비스 선택권을 향상시킨다는 외관을 띠었지만, 실제 목적은 교육 현장에 자본의 입장을 주입시키는 데 있었다. 대학에서 학생들의 교육선택권을 높인다며 분과학문 중심의 학과제 대신 학부제를 도입하고, 강의와 연구실적 등을 놓고 교수에 대한 업적평가를 실시하기 시작한 것이 단적인

말아왔다.

26_ 문화연대는 최근 들어와서 용산참사대책위 활동, 콜트콜텍노조 지원 활동, 희망버스 조직, 기륭전자와 쌍용자동차 노조 투쟁 지원에 나서서 사회운동의 문화적 접근 모형을 만들어가는 중이다.

예다. 이런 조치가 자본의 논리를 강화했다고 보는 것은 교수평가제도의 도입은 교수의 교육노동을 통제하고 그 강도를 강화하기 위함이고, 학부제 도입은 이전가능(transferable) 기술 및 지식 습득을 통해 학생들로 하여금 갈수록 불안정해지는 노동시장에 적응하도록 하기 위함이라고 판단되기 때문이다. 김대중이 이런 식의 신자유주의 교육제도 안착을 얼마나 중요하게 간주했는지는 임기 중간에 교육부장관을 부총리급으로 격상시킨 것으로 확인된다.

'신지식인 담론' 역시 김대중 정부가 심혈을 기울여 확산시키고자 한 것이었다. 이 담론에서 신지식인은 내용 중심의 지식을 생산한다고 하는 전통적인 지식인과는 달리 쓸모있는 지식을 생산하는 생산적 지식인을 가리킨다. 신지식인에게 핵심적인 지식 형태는 노하우였던 것이다. 김대중 정부는 이런 지식인을 발굴하여 신지식인 칭호를 부여하는 기구를 만들어 놓고, 코미디언 출신 영화제작자 심형래에게 제1호 신지식인 칭호를 부여하기도 했다.[27] 김대중 대통령은『매일경제신문』사장 장대환을 총리로 지명코자 하다가 부동산 투기 등에 따른 여론 악화로 실패한 적이 있는데, 당시 신지식인 담론 유포에 앞장선 매체가『매일경제신문』이었다.

끝으로 '성공신화'는 문화방송(MBC)이 1997년 11월부터 2001년 11월까지 주 1회씩 189회에 걸쳐 인기리에 방영한 프로그램인 <성공시대>와 관련이 있다. 당시는 외환위기로 구조조정이 대대적으로 벌어지고 있던 시기로 일자리에서 밀려난 사람들이 자의반타의반 창업을 할 수밖에 없었던 때다. 이런 시기에 <성공시대>는 매회 말 못할 고생 끝에 성공을 낚아채는 사람들의 모습을 보여줌으로써 한국인들로 하여금 경제위기에도 불구하고 꿋꿋이 자기의 온갖 창의성을 다 발휘할 것을 당부한 셈이다.

김대중 정부가 앞장서서 이런 식의 주체형성 전략을 펼친 이유는 사람들을 '신자유주의적 인간으로 만들어야 할 필요성을 느낀 데서 찾아야 하지

27_ 심형래는 최근 임금 체불, 사업 부도로 파산 상태에 놓여 재판을 받는 신세가 되었다.

않을까 싶다. 외환위기로 IMF 구제금융을 받게 되면서 한국사회는 IMF의 요구에 따라 긴축경제, 구조조정, 민영화 정책을 더욱 강력하게 추진했고, 이 과정에서 해고, 파산, 자살 사례가 급증했다.[28] 이런 사회적 위기 현상은 기본적으로 노동배제에 기인하며, 신자유주의적 자본축적 전략에 의해 착취와 수탈의 상대적 비중이 이전보다 후자 쪽으로 이동하여 생긴 것이다. 근래에 들어와서 수탈이 강화되고 있는 현상 하나로 부채경제 형성을 꼽을 수 있다. 자산 및 소득 유지, 소비 지속을 위해 사람들을 주로 부채에 의존토록 하는 것이 부채경제라고 할 수 있다면, 이것은 한국정부가 정책적으로 만들어낸 것이다. 90년대 말까지만 해도 한국인은 세계 최고 수준의 저축률을 자랑했지만, 00년대 이후부터는 저축보다는 대출을 급속도로 더 늘여가는 모습을 보여준다. 2001년 김대중 정부가 네 번이나 금리를 인하하여 4퍼센트대로 낮춘 뒤 이 기조가 계속되면서 한국인은 부채를 자산의 일환으로 간주하며 삶을 꾸려가는 모습을 드러냈다. 이때 신용카드 사용이 대거 늘어난 것도 같은 맥락에서 이해된다. 하지만 김대중 정부가 신용카드 발급 기준을 크게 낮춘 바람에 카드가 남발되어 노무현 정부(2003. 2~2008. 2) 초 4,800만 인구 가운데 400만 명 이상이 신용불량자로 전락한 '카드대란'이 빚어지기도 했다. 그러나 이런 부작용이 있어도 카드 사용 관행은 더욱 확대되었고, 부채에 대한 의존도 높아져만 갔다.[29] 이것은 이미 말한 대로 한국자본주의가 90년대부터 대중매체와 문화산업의 확산 등을 통해 소비자본주의를 강화하여 대부분 사람들에게는 자본주의적 소비 없는 삶이 더 불가능하도록 만들었고, 또 주식 투자, 부동산 투자 등 은행에서 빌린 돈을

28_ '2009년 OECD 통계연보'에 따르면 2007년 기준 한국인의 자살률은 인구 10만명 당 18.7명으로 OECD 평균 11.88명을 크게 앞지르며, 헝가리, 일본에 이어 3위다. 여자 자살률은 11.1명으로 OECD 평균 5.4명의 두 배를 훨씬 넘어 회원국 중 가장 높고, 남자는 28.1명으로 4위다. 「한국 자살률 OECD 3위」, 『한국일보』, 2009. 4. 7.

29_ 한국인 가계부채 규모는 김영삼 정부 말(1997년 초) 182조원에서 김대중 정부 말(2002년 말)에 439조원, 노무현 정권 말(2007년 말)에는 630조원에 이르렀다가, 이명박 정부 임기 1년을 남겨둔 2012년 4월 초 현재 1,000조원을 넘어섰다.

자기 자산인 것처럼 생각하게 만드는 각종 수탈 기법이 만들어낸 결과일 것이다. 한국의 주식투자자 수는 2010년에 479만 명으로, 전체 인구(4,887만 5,000명)의 9.8퍼센트, 경제활동인구(2,453만 8,000명)의 19.5퍼센트에 이르고,[30] 같은 해 한국의 부동산 시가총액은 4조 달러로 GDP의 5배에 이른다.[31]

김대중 정부 이후 한국의 지배블록이 자본주의적 주체형성 전략을 적극 구사했던 것은 이런 맥락에서 이해되어야 할 것 같다. 사람들에게 성공할 수 있다는 환상을 심어주고, 지식도 생산적으로 활용해야 한다고 하고, 교육도 소비주의 관점에서 해야 한다고 한 것은 모두 이런 상황에 적합한 주체를 형성하기 위함이었을 것이다. 00년대 들어서며 한국에서는 대학 홍보 광고가 등장한다. 이전에는 없던 일이지만 고등교육도 상품으로 전환되면서 각 대학이 자기 대학 이미지를 대중에게 각인시키기 위해 취한 조치일 것이다. 당시는 여성탤런트 김정은이 BC카드 광고에 등장하여 외친 "부자 되세요"가 대단한 주목을 끈 시점이기도 하다. 부자 되라는 말도 이전 같으면 함부로 할 수 없는 것이었는데 그런 말이 인기를 끈 것은 이제는 돈을 많이 버는 것이 인생목표라고 말해도 더 이상 부끄럽지 않게 되었음을 보여준다. 이런 정서는 당시 서점가에서 '재테크'를 주제로 한 책들이 쌓이기 시작한 것과도 무관하지 않을 것이다.

김영삼 정권이 출발한 1993년 삼성그룹 회장 이건희는 사원들에게 "자식과 마누라만 빼고 다 바꿔야 한다"며 변화를 요구하여 관심을 끈 적이 있다. 그의 이런 요구는 이후 삼성 직원들에게만이 아니라 한국사회 전반에서 새로운 인간 형상을 만들어내야 한다는 교시로 작용했다. 앞서 살펴본 대로 김영삼 정부가 교육개혁안을 수립하고, 김대중 정부 이후에는 신지식인 담론, 성공신화를 확산한 것 등은 자본주의적 주체형성 캠페인에 해당한다고

30_ 「지난해 주식투자자 479만명…5명 중 1명은 주식한다」, 『파이낸셜타임스』, 2011. 5. 16.
31_ 2010년 미국의 부동산 시가총액은 GDP의 1.23배, 일본의 그것은 2배다. 2007년 비우량 부동산담보대출 위기가 발생했을 때 미국의 부동산 시가총액은 GDP의 1.6배였고, 90년대 초 버블이 발생했을 때 일본의 그것은 4배였다고 추정된다.

할 수 있다. 사람들은 이제 바뀌어야 했다. 그 결과 오늘 한국인 다수는 '투기적 주체'가 되었다. 투기적 주체가 되는 방식은 여러 가지다. 우선 부동산과 주식에 투자하는 것을 생각해볼 수 있다. 위에서 살펴본 대로 한국인들은 은행으로부터 갈수록 많은 대출을 받아서 투기성 투자를 해왔다. 하지만 투기적 주체는 다시 생각해보면 자신을 투자의 대상으로 삼는 존재다. 그는 더 나은, 더 부유한, 더 성공한 자가 되고자 노력하기 때문에 끊임없이 자신에게 투자를 한다. 이것은 신자유주의 지배 하에서 개인들이 갈수록 사회가 해체되는 가운데 오직 자신만을 믿어야 하고 따라서 자신이 더 낫고 부유하고 성공한 사람이 되지 않으면 안 되기 때문에 생기는 현상이다. 최근에 들어와서 사람들이 최대한 많은 자격증을 따려고 급급한 것도 같은 맥락에서 이해할 수 있다. 오늘 한국인들, 특히 젊은이들은 해외연수를 떠나거나, 성형수술을 받아야 한다는 압박에 시달리고 있고, '깜냥 쌓기'에 열중이다.

현재 한국의 문화지형은 그렇다면 어떤 모습인 것일까? 지배문화는 당연히 자본주의 대중문화다. 한국의 대중문화는 정부의 문화산업 정책을 바탕으로 크게 성장하여 영화, 텔레비전 드라마, 대중음악, 비디오게임 등 다양한 형태로 구성되어 있고, 90년대 말부터 나타난 한류현상이 보여주듯이 동아시아는 물론이고 다른 대륙에서도 유통되고 있다. 이 지배문화는 물론 한국사회의 잠재력을 일면 반영하는 것이겠지만, 대체로 신자유주의적 주체를 호명하는 방식으로 표현되고 있기 때문에, 비자본주의적 전망을 담아내는 경우는 극히 드물다. 대중문화가 영화 등 표현매체 이외의 다른 수단을 통해서도 영위된다면, 여기서 지적하고 싶은 것은 시공간의 직조변화다. 한국사회는 그동안 '거대한 변환'을 통해서 시간을 영위하고 공간을 구성하는 방식도 근본적으로 바꿔냈으며, 이로 인해 사람들의 일상생활도 바뀌었다. 한국사회, 특히 서울과 같은 대도시는 지금 24시간 쉬지 않고 움직이는 거대한 자본축적 항공모함과도 같아진 것이다.[32]

자본주의 지배문화가 이처럼 가동되고 있는 상황에서 과거의 지배문화로 행세하던 본격예술, 고급문화는 이제는 대학에서 겨우 연명하고 있지만 대학마저 끊임없는 신자유주의 개혁 대상으로 전락하면서 생존도 어려운 지경이다.[33] 과거 운동권문화도 사정은 마찬가지다. 오늘 대학가에서는 <노동해방가>나 풍물패 소리를 듣기는 불가능해졌고, 그런 풍경을 보려면 노동조합 문화활동반이나 가끔 열리는 대중집회 장소를 찾아가야 한다. 전통 민중문화 역시 이제는 혼성모방 작품(pastiche)의 한 구성요소로 인용되는 정도일 뿐 운동권문화의 중요한 표현 층위를 이루던 과거의 모습이 아니다. 80년대에는 잔존문화인 민중문화가 운동권문화의 자원으로 활용되기도 했는데, 이제는 그런 자원도 갈수록 지배문화의 우산 속에서만 생존할 수 있는 것이다.

하지만 자본주의 대중문화의 압도적 지배력이 행사되는 가운데서도 이에 도전하는 시도가 전혀 없는 것은 아니다. 2008년 봄과 여름 서울에서 벌어진 촛불시위가 좋은 사례다. 당시 집회가 자주 벌어지던 광화문 세종로에는 지배문화의 추종자라고만 여겨졌던 사람들이 나타나서 기존의 집회문화에서는 보지 못한 새로운 저항의 모습을 보여줬다. 요리 정보 사이트('82cook닷컴'), 인테리어 정보 사이트('레몬테라스'), 성형수술 커뮤니티('쌍코'), 패션 커뮤니티('새틴', '소울드레서') 등 인터넷동호회 여성 회원들이 자신들의 정체성을 밝히며 시위에 나선 것이다.[34] 2011년 민주노총 김진숙

32_ 최근 한국사회의 시공간 변화에 대해서는 강내희, 「시간의 경제와 문화사회론」, 『마르크스주의연구』 24호, 2011년 겨울; 「미래할인의 관행과 일상문화의 변화」, 『경제와 사회』 92호, 2011년 겨울; 「기획금융의 부상과 한국의 새로운 도시경관」(한국경관학회 발표문), 2011년 10월; 「세계화시대 한국의 시공간 탈구— 기획금융의 문화정치적 함의」, 『아시아에서 "문화경제"와 "문화도시"』(제1회 문화연구국제학술대회 자료집), 2012. 2. 10; 「서울의 도시화와 문화경제— 동향과 문제」(중국 충칭대 발표문), 2012. 5. 참고

33_ 한국의 대학은 사립대학 비율이 73퍼센트가 될 정도로 비정상적인데, 최근에는 서울대학교가 법인화됨으로써 국립대마저도 민영화의 길을 가고 있는 중이다. 이로 인해 인문학 등 기초학문은 갈수록 생존이 어려워지고 있다.

34_ 강내희, 「촛불정국과 신자유주의— 한국 좌파의 과제와 선택」, 『문화/과학』 55호, 2008년 가을, 66-89.

지도위원이 해고자 복직을 요구하며 부산의 한진중공업 85호 크레인 위에서 목숨을 건 309일 고공농성을 하는 동안 진행된 '희망버스' 행진도 새로운 문화의 모습이었다. 몇년 전 같은 크레인에 올라가 농성을 벌인 노조 간부 2명이 결국 항의투신으로 목숨을 끊은 사례의 반복을 막고자 여섯 차례에 걸쳐 전국에서 수천, 수만 명이 김진숙에게 '소금꽃' 희망을 전해주고자 부산으로 모여든 것이 '희망버스' 대열이었다.[35] '희망버스 행진'은 한국의 시위문화를 크게 바꿔낸 것으로 평가된다. 문화제처럼 진행된 촛불집회처럼 '희망버스' 역시 집회를 문화행사 중심으로 치러냈다.[36] 물론 새로운 집회문화가 아직은 80년대처럼 대중화되지는 못했지만, 갈수록 늘어나는 투쟁현장을 중심으로 새롭게 발전하고 있는 것도 사실이다. 이밖에도 지배문화에 대응하여 새롭게 부상하는 문화는 독립영화나 청소년, 청년유니온, 기본소득운동 등으로 아직은 산발적이기는 하지만 다양한 형태로 나타나고 있다. 오늘 한국의 문화지형은 자본주의적 대중문화가 지배하고 있는 가운데 대중문화의 일부 요소들을 포함하여 다양한 형태의 문화적 표현이 각기 산발적으로 부상문화를 구성하면서 형성되고 있는 것이다.

5. 87년 체제를 넘어서

최근 한국에서는 '2013년 체제론'이 제출되어 세간의 관심을 끌고 있다.[37] 이 담론의 취지인즉슨 현 87년 체제는 문제가 있으니 새로운 체제를 만들자

35_ '소금꽃'은 노동자의 작업복에 땀이 배어 마른 모양을 가리키는 것으로, 김진숙은 『소금꽃 나무』(후마니타스, 2007)라는 책을 출간한 바 있다. 2011년 한국인들은 김진숙을 소금꽃으로 보고, 그를 한국사회의 희망으로 삼아 살려내기 위해 희망버스를 탔다.

36_ '희망버스'가 문화행사로서의 성격을 많이 가졌던 것은 그 기획을 최근 가장 괄목할 한국 시인으로 떠오른 송경동과 불안정노동철폐연대의 김혜진 대표, 문화연대 활동가 신유아 등이 진행해 왔다는 점과 무관하지 않다.

37_ '2013년 체제' 문제를 처음 꺼낸 이는 백낙청 전 서울대 교수다. 백 교수는 최근 『2013년 체제 만들기』(창비, 2012)라는 책을 펴내기도 했다.

는 것이다. 현 체제가 문제가 있다는 판단과 새로운 체제를 만들자는 제안은 한국의 진보를 바라는 사람 다수가 동의할 것이다. 13년 체제론의 핵심 주장은 1953년에 구축된 남북 분단체제를 넘어서서 평화체제를 구축하고 아울러 복지국가, 생태국가를 만들어야 한다는 것으로 이 역시 귀담아들을 측면이 없지 않다. 그렇기는 해도 13년 체제론에는 받아들이기 힘든 점도 없지 않은데, 논의 참여자 가운데 자본주의에 대한 근본적 비판과 진보적 변혁 입장을 지닌 사람이 눈에 띄지 않는다는 것이 마음에 걸린다.[38] 혁명적 관점을 지닌 논자가 참여하지 않는 이유를 짐작하기는 어렵지 않다. 분단체제의 극복과 평화체제의 수립, 그리고 복지국가와 생태사회의 건설이라는 의미 있는 목표를 제시하고는 있어도 13년 체제론은 오늘날 지배체제인 자본주의 극복이란 핵심 문제는 비껴간다고 여겼기 때문일 것이다.

13년 체제론은 87년 체제를 극복하자는 취지인 만큼 신자유주의를 비판하는 안목을 결여한 것은 아니다. 이 글에서도 강조한 것처럼 87년 체제는 기본적으로 신자유주의 체제이기 때문이다. 문제는 신자유주의를 어떻게 극복하느냐는 것이다. 이 점과 관련해서 13년 체제론은 복지국가 건설이라는 해답을 제시한다는 점에서 케인스주의를 대안으로 여기는 것으로 보인다. 그러나 케인스주의가 수정자유주의의 한 형태임을 생각하면, 13년 체제론은 신자유주의라는 한 유형의 자유주의 문제를 다른 유형의 자유주의로 극복하자는 입장이다. 분단체제인 53년 체제 극복과 평화체제 수립이라는

38_ 13년 체제 논의를 촉발시키는 데 핵심적 역할을 한 "'2013년 체제'를 향하여' 토론회 (프레스센터, 2011. 11. 25)의 참여자 면면을 보면 이 점이 잘 드러난다. 이날 토론회는 백낙청 교수가 사회를 맡고, 최근 민주당의 유력 대통령 후보로 떠오른 문재인 노무현재단이사장, 박영선 민주당 의원, 심상정 전 진보신당대표, 윤여준 평화재단 이사장이 토론자로 나와서 진행되었다. 이들 가운데 좌파 대표는 심상정, 우파 대표는 윤여준이다. 심상정은 한국 내 유력 진보세력의 자유주의 노선 선회로 간주되는 민주노동당의 국민참여당과의 합당 과정에 최근 합류했다. 아이러니하게도 이날 토론회에서 오늘 한국사회의 가장 중요한 문제는 신자유주의 지배임을 가장 많이 강조한 이는 참석자 가운데 가장 보수적이라는 윤여준이었다. 「2013년체제를 향하여— 라운드 토론(백낙청, 문재인, 박영선, 심상정, 윤여준)」 채록문 참고. http://www.socialdesign.kr/news/article View.html?idxno=6528(2012. 4. 5. 접속.)

문제도 같은 맥락에서 이해된다. 53년 체제 극복은 분단을 통해 민족상잔을 겪은 한국인들에게 중요한 과제임이 분명하다. 그러나 평화체제 수립은 남북통일에는 도움이 될지 몰라도, 신자유주의적 자본주의 극복과는 어떤 관련이 있는가 하는 문제는 더 규명되어야 한다. 한국의 민족해방론자들은 80년대부터 통일을 한국사회 지상과제로 삼아왔지만, 오늘 통일을 가장 절실하게 원하는 세력에는 북한을 착취와 수탈의 대상으로 삼고자 하는 자본도 포함됨을 기억할 필요도 있다.

내가 여기서 주장하고 싶은 것은 신자유주의 체제, 분단체제를 극복하려면 자유주의 자체, 그리고 자유주의를 축적전략으로 삼는 자본주의 자체를 극복해야 한다는 것이다. 과거 복지국가가 사회적 부를 일부 하향 이동시킨 점을 고려할 때 13년 체제가 채택한 것으로 보이는 케인스주의도 의미가 없지는 않다. 그러나 케인스주의는 '착근 자유주의'(embedded liberalism)로서 완전고용, 경제성장, 시민복지 등을 전제해야 하는데,39 오늘날 자본주의는 그런 양보를 해줄 수 있는 처지가 전혀 아니다. 2007-08년, 2011년 미국에서 일어난 비우량주택담보대출 위기, 금융위기, 소버린 쇼크, 그리고 2010년 이후 포르투갈, 이탈리아, 아일랜드, 영국, 그리스, 스페인 등 PIGS로 분류되는 유럽 국가들의 국가부채위기가 아직도 진행 중이기 때문이다. 이런 상황에서는 지배블록이 케인스주의를 채택하고 싶어도 할 수가 없다. 또 다른 자유주의로의 전환이 어려운 것은 현재 진행 중인 위기는 시작일 뿐이고, 20세기 초에 인류에게 밀어닥친 대공황과 맞먹거나 그보다 더 큰 규모의 특대공황이 지금 다가오고 있는지 모른다는 점 때문이기도 하다. 북아프리카, 중동, 유럽, 남미, 북미 등의 수많은 나라에서 2011년 거대한 항의운동이 일어나서 일부 나라에서는 아직도 진행 중인 것은 공황이 다가오고 있음을 직감한 민초가 "바람보다 먼저 일어선" 모습이 아닐까 싶기도 하다.40 사람

39_ Harvey, op. cit., 10.
40_ 1960년 4월 혁명 직전에 쓴 시 「풀」에서 김수영은 "풀이 눕는다./바람보다도 더 빨리 눕는다./바람보다도 더 빨리 울고/바람보다 먼저 일어난다."고 했다. 풀은 여기서 민초,

들은 이제 신자유주의 체제는 더 이상 수용할 수 없다고 말하기 시작했을 뿐만 아니라 문제의 핵심은 자본주의라는 인식까지 드러내고 있는 것으로 보인다.[41]

이런 인식에 근거하여, 80년대 사회운동을 통해 크게 부상했지만 87년 체제가 협약민주주의를 통해 억압해버린 비자유주의적 민주주의 즉 사회주의적 민주주의 관점을 새로 강화할 필요가 있음을 강조하고 싶다. 지난 4반세기 자유주의가 민주주의를 독점 관리해온 것을 봐온 한국인들은 자유민주주의가 민중의 삶과 문화를 어떻게 파괴하는지 충분히 알게 되었다. 문화는 상품으로 전락했고, 사람들은 투기적 개인으로 바뀌어 더 부유하고, 더 성공한 삶을 좇아 헤매는 동안 갈수록 더 많은 부채를 끌어안고 살아가는 신세다. 이런 삶이 진정한 자유와 행복을 가져오지 못할진대 이제는 사회 전체를 새롭게, 다시 말해 정치와 경제와 문화를 비자본주의적 형태로 전환시키는 것이 시급하다. 이리하여 등장하는 새로운 사회는 문화지형도 지금과는 달라야 하겠다. 오늘처럼 자본의 축적을 최대의 목적으로 삼는 자본주의적 삶의 방식이 아니라 "그 자체로 목적인 인간 역능의 발전"을 위한 활동이 중심이 되는 삶의 방식이 일상을 지배해야 하는 것이다.[42]

그런데 여기서 지적하고 싶은 것은 이런 문화를 가능하게 만드는 사회구성을 위해서는 자유주의의 속박에서 벗어나게 해줄 사회주의적 관점이 필수이지만, 이 사회주의도 근본적으로 쇄신되어야 할 것이라는 점이다. 특히 80년대 변혁세력이 수용한 사회주의에 대한 통념은 반드시 극복할 필요가 있다. 당시 수용된 사회주의는 소련과 동유럽의 현실사회주의를 모형으로 한 것으로서 오늘 변화된 한국사회로서는 받아들일 수 없는 사회운영 방식을 무비판적으로 지지하는 부분이 없지 않았다. 사회적 자원과 부의 사회화

민중을 가리키고 바람은 정세를 가리킨다.

41_ 2011년 항의운동의 의미에 대해서는 강내희, 「21세기 세계혁명 조짐으로서의 2011년 항의운동」, 『안과밖』 32호, 2012년 상반기 참조.

42_ Karl Marx, *Capital: A Critique of Political Economy*, Vol. III (Moscow: Foreign Languages Publishing House, 1962), 800.

를 국유화로만 이해하고 국가를 절대시하던 경향이 단적인 예다. 국유화를 사회화의 유일한 방식으로 이해하게 되면 과거 소련이 보여준 것처럼 인민의 사회적 과정 참여를 제한하고 관료제만 강화할 우려가 없지 않다. 지금 우리에게 필요한 사회주의가 새로운 사회주의가 되어야 하는 것은 자본주의를 넘어서는 데 도움은 되어야 하지만 과거의 사회주의처럼 인민을 동원 대상으로만 만들어서는 안 되기 때문이다.

새로운 사회주의의 필요성을 강조하는 것은 지금 어느 때보다 그에 대한 요청이 강렬하게 제기되고 있다고 보기 때문이다. 지금 세계 많은 나라들이 자본주의에 의존해서 사는 것이 점점 더 어려운 상황으로 들어가고 있다. 그동안 신자유주의의 전지구적 지배로 세계 인민의 삶이 피폐해진 가운데 지금은 신자유주의도 위기에 처하여 세계가 대공황 또는 특대공황으로 치닫고 있지만, 파산한 신자유주의를 대체할 새로운 자유주의 모형을 찾을 수 있는 가능성은 줄어들고 있다. 바야흐로 자본주의 축적순환 체계가 해체되고 있는 징후가 나타나고 있는 것이다. 월러스틴은 이런 상황이 평화롭게 진행되지 않을 우려가 크다는 것을 10여 년 전에 경고한 바 있다. 자본주의 이후는 '혼란, 무질서, 와해'가 지배하는 시대가 올 수 있다는 것이다.[43] 공황이 진행되면 사람들은 더 이상 기존의 자본주의적 방식으로 사는 것이 어려워지고 공포와 절망에 빠질 가능성이 높다. 그런 점에서 공황은 인류에게 거대한 위기의 시기이지만, 반면에 기존의 자본주의 체제에서는 외면했던 다른 종류 삶의 방식을 찾게 만드는 객관적 압박 요인으로 작용할 가능성도 있다. 지난해 항의운동이 시작된 것도 사람들이 자본주의 자체가 삶의 위기 원임을 깨닫기 시작하고, 새로운 삶의 방식을 찾기 시작했음을 보여준다.[44]

43_ 이매뉴얼 월러스틴, 『유토피스틱스, 또는 21세기의 역사적 선택들』, 백영경 역, 창작과 비평사, 1999, 92.

44_ 지난해 2011년 런던점령이 일어나고 있는 세인트폴 성당 광장에는 "자본주의가 위기다"(Capitalism Is Crisis)라는 구호가 펼쳐져 있었다. 이 구호는 "자본주의가 위기에 빠졌다"(Capitalism Is in Crisis)와는 의미가 크게 다르다. "자본주의가 위기"라는 구호의 의미를 그보다 더 자주 나온 "우리가 99퍼센트"라는 구호와 함께 생각해보면, 점령운동은

이것은 자본주의의 대안을 사람들이 찾기 시작했다는 징후일 수도 있다.

한국에서 이런 대안을 찾아야 한다면 문화지형도 바꿔낼 수 있어야만 한다. 문화가 사회적 의미를 생산하고, 삶의 방식을 결정하는 것이라면 문화지형을 새롭게 전환시킬 때 중요한 것은 그 '지배 내 구조'(structure in dominance)를 바꿔내는 일이다. 다시 말해 그동안 신자유주의 지배로 형성된 자본주의적 소비문화를 해체하고 비자본주의적 삶의 방식이 지배적 형태를 띨 수 있는 방향으로의 전환이 요청되는 것이다. 이때 중요하게 작용할 수 있는 것이 문화운동이라고 본다. 한국에서 문화운동이 다시 과거처럼 상승할 가능성이 있을까? 신자유주의가 거의 전면적 지배를 하고 있는 동안에도 상당히 다양한 부상문화가 등장하고 있는 것을 보면, 그리고 이들 문화가 비자본주의적 전망을 제시하고 있는 것을 보면 그럴 가능성이 전혀 없지는 않다. 하지만 이런 전망이 실현되려면 많은 조건이 충족되어야 한다. 무엇보다 중요한 것이 사회운동의 활성화다. 그리고 문화운동 또한 대안문화로서의 능력과 힘을 되찾아야만 한다.(2012)

자본주의가 인류의 절대 다수를 삶의 위기에 빠뜨린 장본인이고, 이제 우리 99퍼센트는 그런 자본주의를 거부한다는 선언으로 이해된다.

6.

신자유주의 반대운동,
어떻게 발전시킬 것인가?

1. FTA 국면과 한국의 미국화

숱한 논란을 불러일으키던 한국과 미국의 FTA 협상이 지난 4월 2일 타결되었다. 2006년 1월 한국 정부가 협상 개시 방침을 밝힌 지 1년여만의 일이다. 한국에서 무역협정 문제가 쟁점이 되어 사회적 대립을 불러일으킨 사례 가운데 한미FTA만큼 심각한 사태를 만들어낸 경우는 없었다. 2002년에 협상을 타결한 칠레와의 FTA도 반대운동을 불러일으키긴 했으나, 300여 사회운동단체가 범국민운동본부를 결성하며 저지에 나선 한미간 FTA의 경우와 비교하면 당시의 저항 수준은 그렇게 높지는 않았다. 반면에 한미FTA 협상은 정치적 명운을 건 노무현 정권과 그에 맞선 사회운동 세력간의 대립을 1년 넘게 지속시키며 사회 전체를 뒤흔들 정도였다. 한미FTA는 그만큼 중대한 내용과 의미를 가졌다는 말이다. 하지만 협상 타결로 한국사회는 이제 'FTA 국면'으로 접어들었다.[1] 협정의 공식 체결, 의회에서의 비준 과정 등이

1_ 일부에서는 '포스트-FTA'라는 표현을 쓰기도 하지만 한미FTA 협상이 타결되며 FTA 시대가 본격적으로 열린다는 점에서 현재 국면을 FTA '이후'의 그것으로 표현하는 것은 문제가 있다고 보기 때문에 여기서는 'FTA 국면'이라는 표현을 사용한다.

남아 있기는 하지만, 결정적 정세 전환이 없는 한 이 국면의 전개는 불가피한 것으로 보인다.

한미FTA의 체결은 그동안 한국사회를 지배해온 신자유주의 체제의 강화, 아니 전면화를 의미한다. 신자유주의는 1970년대 이후 세계 전역에서 채택된 자본의 축적전략이다. 그것은 19세기 말에 횡행한 고전적 자유주의가 20세기 초의 사회주의 혁명에 의해 위기에 처하게 되자 자본주의의 존속을 위해 도입된 '수정자유주의' 또는 케인스주의에 대한 재수정으로서 축적위기를 맞은 자본에 의한 권력 재탈환 운동의 의미를 갖는다. 신자유주의가 자본의 축적전략으로 채택된 국가들에서 예외 없이 사회적 양극화가 심화된 것은 자본과 노동의 타협이 이루어진 포드주의 축적 기간 동안에 하향 이동한 사회적 부를 신자유주의 전략이 상향 이동시킨 결과이다. 이런 작용을 하는 신자유주의는 오늘 세계적 지배력을 가지고 있다. 때로는 군부독재(칠레), 때로는 자유민주주의(미국, 영국), 때로는 사민주의(프랑스, 독일), 때로는 구 사회주의(러시아, 동유럽), 때로는 현 사회주의(중국) 등 다양한 정치체제들과 연합하며 많은 나라들의 사회운영 기조가 되었기 때문이다.

한국에 신자유주의가 처음 도입된 것은 박정희 정권 말기이다. 박정권이 그전까지 추진해온 발전주의 전략을 수정하며 1979년 4월 경제안정화종합시책을 시행한 것이 계기였다. 그러나 박정권의 경우 신자유주의 정책의 수용 여부를 둘러싸고 내부 갈등을 겪었다면, 박정권을 계승한 전두환 정권은 신자유주의 정책을 더욱 일관되게 수용하고 시행했다. 전두환 정권의 초기 김재익에 의해 수립된 경제정책 노선은 이미 케인스주의에서 신자유주의로의 정책 전환을 이룬 세계은행과 IMF가 권유한, 이후 '워싱턴 콘센서스'로 알려진 그것이었던 것이다. 이런 점은 한국에서 신자유주의는 칠레에서처럼 군부독재 하에서 수용되기 시작했음을 보여준다. 하지만 신자유주의를 강화하고 완성한 것은 '민주정권들'이었다. 신자유주의는 '87년 체제'가 성립된 이후, 특히 부르주아 민주주의 세력이 정권을 잡은 1990년대 초 이후 경제정책의 차원을 넘어서서 사회 전반에 그 영향력을 떨치기 시작했다. 이는 곧 '민주화 체제'가 한편으로는 군부독재의 종식을 가져왔지만 다른 한편으로는 신자유주의 정책의 원활한 가동을 위해 작용했다는 말이기도 하다. 1987년 체제 초기에 해당하고 아직 군부독재의 잔재가 많이 남아 있던 노태우 정권보다 김영삼 정권의 문민정부가 규제를 없애는 등 국가기구들을 개혁하고 훨씬 더 적극적으로 사회적 구조조정을 하기 시작한 것이 그 증거이다. 1987년 체제의 수립은 따라서 단순한 민주화 과정만은 아니었다. 그것은 신자유주의화라는 처음에는 뜻밖의, 그러나 이제 와서는 거의 필연적이라 싶은 부대효과를 대동하고 있었던 것이다.[2] '민주화에 의한 신자유주의화'는 물론 민주주의의 배반, 민주주의의 왜곡이었지만, 지난 20년 동안 이 과정이 사회를 지배함으로써 한국은 이제 신자유주의 체제 하에 놓이게 되었다.

한미FTA 협상 타결로 인한 'FTA 국면'의 조성은 기본적으로 이런 정세의 연장으로 이해되어야 하겠지만 한국 신자유주의의 성격을 좀 더 분명하게 만드는 계기가 될 듯싶다. 'FTA 국면' 조성은 한국사회에 **미국식 신자유주의**가 전면화함을 의미하기 때문이다. 미국식 신자유주의가 한국에 영향을 미친 것이 물론 어제오늘의 일은 아니다. 사실 4반세기 전인 1970년대 말 박정희 정권에 의해 신자유주의적 경제정책이 도입된 것도 미국에서 신자유주의가 새로운 축적전략으로 등장한 것과 무관하지 않다. 세계자본주의의 헤게모니 국가로서 미국은 1970년대 초부터 축적의 위기를 맞기 시작했고, 그 극복을 위해 신자유주의로의 전환을 시도했다. 달러화의 금태환 정책 포기(1971), 고정환율을 지지하던 브레튼우즈 체제의 파기(1973), 정부개입적 정책 기각과 국유 기업 및 공공서비스의 민영화 정책으로의 전환(1973) 등을 실시한 것이다.[3] 미국은 이 과정에서 과거 공산주의와의 대결을

2_ 신자유주의화가 민주화의 '필연적' 효과였다는 것은 이 민주화를 주도한 것이 부르주아 민주주의 세력이었다는 점과 무관하지 않다. 1987년 체제의 수립으로 정권을 잡게 된 이 세력은 권위주의의 한계로 인해 신자유주의 국가를 구축하는 것이 어려웠던 군부세력과는 달리 정치적 정당성을 가지고 신자유주의 국가를 구축하는 데 앞장설 수 있었다.
3_ 곽노완, 「정치경제학 비판과 21세기 금융공황: 자본주의의 한계와 21세기의 맑스」,

위해 보호무역을 허용해주던 한국에 대해서도 금융자율화나 개방화와 같은 신자유주의적 정책을 요구하기 시작했고, 이런 흐름은 1980년대 말 슈퍼 301조의 발동으로 더욱 강화되었다. 1990년대에 들어오면서 현실사회주의 붕괴로 세계질서가 재편되는 동안 미국은 더 노골적으로 세계 교역질서의 신자유주의적 재편을 시도한다. 미국이 처음 시도한 것은 세계자본주의가 1980년대 말부터 추진한 우루과이라운드에 따라 출범한 WTO 산하에서 MAI나 GATS, TRIPs, DDA 등 다자간 협정을 통해 자유무역을 강화하는 일이었다. 그러나 클린턴 행정부 시절 진행된 이 과정에서 프랑스를 중심으로 한 EU 국가와 개발도상국들의 반발로 자국에 일방적으로 유리한 협상이 어려워지자 미국은 부시행정부가 들어선 뒤 훨씬 더 노골적인 일방주의적 신자유주의를 추진하며 FTA를 그 무기로 채택했다. 한국정부가 이번에 미국과 FTA 협상을 타결한 것은 미국의 이 최근 흐름에 동조한 셈이다.

FTA 국면에서 예상되는 사회적 변화의 핵심은 '한국사회의 미국화'다. 한미FTA의 체결은 미국식 신자유주의의 한국사회에서의 전면화를, 즉 한국사회가 최근의 미국처럼 운영된다는 것을 의미한다. 그러나 이 미국화가 바람직하지 않다는 것이 문제다. FTA 찬성론자들이야 미국화를 당연히 '선진화'라 치부하겠지만 미국은 OECD 국가들 가운데 사회적 불평등이 가장 심각한 축에 속한다. 2005년 말 현재 3억의 인구 가운데 하루 7달러(한화 6,500원 정도)로 의식주를 해결해야 하는 인구가 6천만에 달할 정도로 문제가 심각하다. 한미FTA로 한국정부가 도입하려는 미국식 사회운영 기조가 지난 30년 넘게 작동해온 결과이다. 미국의 사회적 불평등은 소득 분포에서 확연하게 드러난다. 2004년 한 해에 미국 전체 인구가 이룬 소득 증가는 평균 6.8퍼센트였으나 그 대부분은 평균 4백90만 달러의 소득을 지닌 상위 0.1퍼센트 약 130,500가구(300,000명)에 집중되었다. 이들 가구의 소득 증가는 연 27.5퍼센트나 되었으나 같은 시기 최하위 20퍼센트에 해당하는 6,000만

『진보평론』 29호, 2006년 가을, 61-62.

명의 소득증가는 1.8퍼센트밖에는 되지 않았다. UC-버클리 대학 경제학자 엠마누엘 사에즈에 따르면 미국의 최상층 0.1퍼센트 30만명은 하위 40%에 해당하는 1억2천만명이 번 것보다 훨씬 더 많은 세금 이전 소득을 벌었다.[4]

이런 상황에 따라 미국은 현재 불평등 대우를 받는 하층계급, 특히 흑인들을 대거 감금하고 있다. 미법무부의 2005년 사법통계국의 발표에 따르면, 2005년 12월 현재 미국 내 수감인원은 2,193,798명, 집행유예 상태의 숫자는 4,100,000명, 가석방 상태는 800,000명이다. 수감인원, 집행유예, 가석방 상태의 인구를 모두 합친 710만명은 미국인 3억 가운데 감옥제도 관리 하의 인구가 2.36%라는 말이다. 수감인원 약 2백20만명은 인구 10만명 가운데 737명에 해당하며, 이 수치는 2004년의 725명, 1995년의 605명에서 증가한 것으로 이는 남성, 여성, 아동을 모두 포함한 미국인 136명 가운데 1명은 옥중에 있음을 보여준다.[5]

한국사회의 미국화가 어떤 상황을 초래할 것인지 알아보기 위해 미국 사회의 몇 가지 통계 지표들을 살펴봤다. 한미FTA의 체결로 'FTA 국면'이 전개되면 1997년을 고비로 강화된 신자유주의 정책들은 더 노골적인 미국식 신자유주의의 성격을 띠게 될 것이다. 그렇게 되면 이미 심화되고 있는 우리 사회의 불평등은 더욱 폭력적으로 나타날 수밖에 없다. 한국의 미국화 과정을 막아야 한다. 이 글에서는 이를 위해 필요한 것이 '신자유주의 반대' 운동이라고 보고 그것을 발전시킬 수 있는 방안을 모색하고자 한다.

2. 신자유주의와 한반도 정세

먼저 궁금한 것은 왜 한국의 지배정권이 '미국화'를 사회발전 전략으로

4_ Jerry White, "60 million Americans living on less than $7 a day: US income figures show staggering rise in social inequality," *World Socialist Web Site*, 12 December 2006.

5_ Tom Carter, "Massive US prison population continues to grow," *World Socialist Web Site*, 7 December 2006.

삼았느냐는 것이다. 일단 지난 4반세기가 넘는 기간에 한국사회가 신자유주의를 수용하고 급기야 그것을 지배적인 자본축적의 전략, 사회운영 노선으로 발전시킨 결과라고 할 수 있다. 신자유주의가 한국사회를 전면적으로 지배하기 시작한 것은 1997년의 외환위기를 계기로 IMF에 의해 집중공격을 받은 이후다. 한국의 민중세력은 1996년 말 김영삼 정권의 노동관계법 개악에 맞서서 총파업을 벌이며 김정권을 패퇴시켰으나 구제금융을 통한 IMF의 공격에 의해 무력해졌고, 김대중 정권의 경우 그전 정부가 신자유주의화를 독자적으로 추진하던 방식을 수정하고 IMF의 휘하에 들어감으로써 신자유주의 세계화의 흐름을 노골적으로 수용하기 시작했다. 이런 점 때문에 한국은 한미FTA 협상 이전에 이미 '과도한 신자유주의화' 단계에 접어들었으나, 노무현 정권은 그것도 부족한 듯 더 노골적으로 미국식 신자유주의의 도입과 전면화를 시도하고 있다.

한미간에 FTA가 체결되는 데에는 역사적 이유가 없지 않을 것이다. 이번 FTA는 두 나라 사이에 맺어진 자유무역 가운데서는 규모가 최대라고 한다. 적지 않은 나라들이 양국간 FTA를 체결해 왔지만 한국과 미국처럼 경제 규모가 큰 나라들 사이에 FTA를 맺는 경우는 거의 없다. FTA는 경제를 통합하는 효과가 있기 때문에 대규모 경제들 간에는 통합에 따르는 위험 부담이 크기 때문일 것이다. 알다시피 미국은 세계 최대 시장이고 한국도 GDP 규모가 세계 11위로서 경제적 위상이 만만치 않은 나라이다. 이처럼 큰 경제권 사이에는 FTA를 맺지 않는 전례를 깨고 이번에 한미FTA 협상이 타결된 까닭은 무엇인가? 물론 양국에 그럴만한 관계가 형성되어 있기 때문이다.

먼저 확인하고 넘어갈 점은 한국은 지난 반세기 넘게 한미일 삼각동맹에 속해 왔으며 미국의 동아시아 전략, 특히 러시아와 중국 봉쇄 전략을 위한 중요한 기지였고, 지금도 그러하다는 것이다. 이런 사실은 한국이 미국과는 특별 관계에 놓여 있음을 말해준다. 이번에 한미FTA 협상이 대부분 미국의 요구에 따라 이루어진 것도 이 특별 관계의 존재와 무관하지 않다. 한미일 삼각동맹에서 한국은 최하위 파트너에 속하고, 한국의 이런 열등한 위상을 전제로 한 한국과 미국의 특별 관계, 즉 한반도에서의 미국헤게모니가 관철되는 속에서 양국의 관계가 형성되어 있다는 사실은 이번 협상에서도 중요한 요인으로 작용했을 것이다. 남한의 지배블록이 이 헤게모니를 인정하고 그 우산 속에서 자신의 지위를 확보해 왔다는 사실을 구태여 확인할 필요가 있을까? 그러나 근래에 들어와서 문제가 되는 것은 이 인정이 남한 지배세력으로 하여금 미국 자본주의의 헤게모니가 오래 전부터 쇠퇴를 맞고 있다는 엄연한 사실을 자꾸만 외면하게 만든다는 점이다. 그것은 반민족, 반민중적 지배 보수세력의 정치적 한계가 빚어낸 '체계적 오인'에 가깝지만, 이들에게는 '한미 혈맹관계'에의 습관적 의존이라는 보신용 칼을 휘두를 수 있게 하는 안전장치이기도 하다. 이런 그들이 한미FTA협상에 적극 나선 것은 앞으로 북한을 남한 자본을 위한 '시초축적'의 곳으로 만들고 싶기 때문인 것으로 분석된다. 그러나 미국과의 특별 관계 속에서 남한의 국가는 미국의 동의 없이 남한 자본의 북한에서의 축적 기회를 기대할 수 없기 때문에 남한 자본의 북한 진출에 대한 협조나 양보를 기대하며 미국 자본에게 FTA라는 선물을 안겨줄 필요가 있었다. 이렇게 볼 때 한국의 지배블록은 미국 헤게모니가 계속될 것이라는 기대 또는 오산에 근거하여 한국의 민중을 미국 자본과 함께 지배하려는 속셈을 드러냈다 할 수 있다.

문제는 한미FTA 협상이 전제하고 있는 미국헤게모니가 쇠퇴하고 있다는 사실이다. 이 쇠퇴는 어제오늘의 일이 아니지 최근에 들어와서 더욱 분명하게 드러나고 있다. 그 징후는 미국이 국제서 유지를 위해 갈수록 일방주의에 의존하려드는 데서 잘 드러난다. 헤게모니를 관철시키던 1940년대 중반에서 1960년대 말까지 미국은 주요 본주의 국가들의 발전을 돕는 밑거름 역할을 했으나 1970년대 이후 미에 그런 기대를 하는 것은 점차 어려워지고 있다. 미국의 쇠퇴 기미는 에 들어와서 더 분명하다. 우선 국가재정 적자와 대외 무역수지 적자라는 쌍둥이 적자 문제가 심각하며, 대외부채도 급증하고 있다. 위에서 언급사회적 불평등의 심화와 더불어 사회적 공공성의 와해 정도가 심각한 에 이르렀다. 2005년의 허리 케인 카트리나 사태로 단적으로 드러났지만 자국 국민의 보호 능력도 거의 사라졌으며, 9.11 이후에는 '애국자 법' 제정 등을 통해 기본권을 박탈하는 등 인권에서의 후퇴 사례도 늘고 있다. 물론 미국은 군사적으로는 여전히 그 어느 나라도 범접할 수 없을 만큼 막강한 것이 사실이다. 그러나 아프가니스탄, 이라크, 레바논 전쟁 사례가 보여주듯 최근 자신의 대리인 또는 자신이 떠맡은 전쟁에서 미국이 제대로 승리한 적이 한 번도 없다는 점도 기억해야 한다. '안방'이라던 중남미에서 최근 좌파정권들이 계속 출범한 것도 미국의 헤게모니가 이처럼 제대로 작동되지 않은 데 따른 결과일 것이다. 문제는 이처럼 해체 조짐이 드러나고 있지만 미국의 헤게모니를 대체할 대안이 오늘의 세계체계 안에서 쉽게 눈에 띄지 않는다는 사실이다. 이 결과 오늘 세계는 극도로 불안정한 상황으로 치닫고 있다.

물론 중국의 부상을 말할 수도 있겠다. 중국은 지금 미국이 중동 전역을 적대적 지역으로 뜰고 남미에 대해서는 한눈팔고 있는 사이에 남미 여러 나라들과는 에너지협정을 맺기 시작했고, 아프리카 국가들과도 협력 관계를 강화함으로써 미국과는 대조를 이룬다. 미국의 경제가 위기에 처한 것과는 달리 중국의 경제는 계속 성장세를 구가하면서 그 위력을 더해가고 있기도 하다. 하지만 과연 중국이 미국을 대체하는 헤게모니 국가로 부상할는지는 미지수다. 국내에의 빈부 격차, 소수민족들의 불만, 노동조건의 악화, 에너지 부족, 공해 확산 등 폭탄과도 같은 사회적 문제들이 산적해 있기 때문이다. 이렇게 보면 으로 미국의 헤게모니는 계속 약화할 것 같고 중국의 부상은 예상되기는 하지만 어떻게 구체화될지는 예측하기 힘든 것이 오늘의 세계정세라고겠다. 하지만 그래도 분명한 사실은 중국과 미국의 경쟁 구도가 심화될 이라는 점, 이를 둘러싸고 중동과 남미, 러시아 등지의 에너지를 자국으로 끌어가려는 양국의 노력과 경쟁이 심화되리라는 점이다. 물론 우리로서 미국과 중국의 경쟁이라는 위험한 대결 구도가 한반도에서는 어떻게 펼 것인지도 걱정이다.

오늘의 신자유주의 지배세는 따라서 매우 복잡하다. 그것은 단순히 일국 수준에서 전개되는 지배전략도 아니고, 그렇다고 한국과 미국 양국의 문제로 국한되는 것만도 아닌, 한편으로는 한반도를 중심으로 한 동아시아에서 세계자본주의가 어떻게 축적 조건을 만들고자 하며 여기서 어떤 상황이 벌어질 것인가라는 문제, 다른 한편으로는 더 넓게 미국헤게모니의 쇠퇴와 중국의 부상이 세계적으로 어떤 대결구도를 빚어낼 것인가 하는 문제와 연결되어 있는 복잡하지만 외면해서는 안될 정세적 문제이다. 한반도를 중심으로 볼 때 이런 구도는 북한의 핵과 개방, 남북한의 경제협력 등의 문제들을 둘러싸고 중국과 미국의 복잡한 계산을 강요할 것이다. 남한의 자본과 국가가 이 과정에서 나름의 탈출구를 찾는 것은 당연한 일이다. 그런데 2005년 말 이후 한국의 국가는 '미국카드'를 거머쥔 것으로 보인다. 미국과 '전략유연성' 협상을 타결한 데 이어 이제는 FTA 협상까지 타결함으로써 중국보다는 미국과의 동맹을 선호함을 확실하게 보여준 것이다. 이는 한국은 앞으로 미국의 대 중국 우위가 지속되느냐 여부에 자신의 운명을 거는 신세가 되었다는 말이기도 하다.

미국과 중국의 헤게모니 경쟁, 그리고 이것이 축이 되어 형성될 세계체계의 동경(動徑)이 한반도라고 하는 지정학적 변곡점을 지나면서 전개될 변이들, 즉 한반도를 둘러싸고 벌어질 자본축적의 구체적 전략들은 당연히 복잡한 지형을 형성하고 다양한 적응과 저항의 양상들을 만들어내겠지만, 전반적으로 신자유주의 지형의 구도 자체를 바꾸지는 않을 것이다. 이런 점에서 한미FTA의 협상 타결과 양국 의회에서의 이 조약의 비준 또한 신자유주의의 새로운 지속을 위해 작용할 것으로 예상할 수 있다. 한국을 중심으로 볼 때 한미FTA의 체결은 신자유주의적 축적전략의 미국 중심적 관리에 한국 지배세력이 좀 더 분명한 동의를 한 것으로 판단된다.

3. 한국 진보운동의 지형

한국사회의 '미국화'를 겨냥한 한미FTA가 가동되면 한국사회는 미국식 신자유주의의 전면화를 겪게 될 것이고, 이 흐름은 미국헤게모니의 쇠퇴 속에 전개되는 한반도와 동북아, 그리고 세계 전체의 복잡한 세계체계 구도 속에 놓이게 될 것이다. 그러나 '미국화'와 신자유주의화는 한국에서의 새로운 자본주의의 전개이며, 이를 저지하지 못하면 지금까지와는 다른 강도의 사회적 불평등이 심화될 것으로 예상된다. 지난 1년 넘는 기간 한국의 진보세력은 신자유주의의 새로운 전개를 막고자 한미FTA 협상을 저지하고자 했으나 목표를 이루지 못하였다. 그러나 한국사회의 새로운 진보를 위해서 진보세력이 투쟁을 중단할 수는 없으며, 신자유주의 반대운동은 계속되어야 한다. 문제는 이 운동을 어떻게 발전시키느냐는 것이다. 이와 관련하여 중요한 것이 진보세력의 구성이다. 지금 이 세력은 어떻게 구성되어 있고, 앞으로 어떻게 구성되는 것이 바람직할까? 새로운 신자유주의 반대 전선을 구축하기 위해서는 진보세력의 새로운 구성이 요구될 것이며, 이 구성은 진보세력 내부의 다양한 갈래들이 신자유주의에 대해 어떤 태도를 취하느냐에 따라 그 모습이 결정될 것이다.

사실 진보세력은 단일하지 않으며 각 정파나 단체가 신자유주의에 대해서 가진 입장도 서로 다르다. 이런 점은 FTA 저지 투쟁을 벌이는 동안에 이미 확인된 바이기도 하다. 2006년 초 정부에 의한 한미FTA 협상 기도가 감지된 이후, 또 협상이 시작된 이후, 근래에 보기 드문 많은 숫자의 사회운동 단체들이 부문별 공동대책위원회를 구성하고 한미FTA저지범국민운동본부를 결성하여 공동투쟁을 전개했으나 각 단체와 세력이 투쟁에 참여하는 방식은 불균등한 모습 그것이었다. 저지운동에 나선 조직들의 서로 다른 여건도 감안해야 하겠지만 개별 조직의 대응을 보면 기본적으로 한미FTA가 각자에게 가져올 피해의 차이, 궁극적으로는 신자유주의, 나아가서 자본주의에 대해 어떤 태도를 갖느냐에 따라서 달랐다고 할 수 있다. 간단하게 이 대응 양상을 살펴보자.

대중조직 가운데 가장 강력하게 한미FTA에 반대한 것은 전농이었다. 이번 FTA가 효력을 발휘할 경우 가장 큰 타격이 예상되는 부문이 농업이라는 점에서 농민조직으로서는 당연한 태도였다고 하겠다. 이에 비해 민주노총이 보여준 모습은 실망 그것이었다. 궁극적으로 보면 한국의 민중 전체가 피해를 입을 것이 분명한 무역 협상을 놓고 가장 강력한 대중조직이 소극적인 자세로 임한 것은 한편으로는 민주노총을 구성하고 있는 노동자들이 대기업 노동자로서 자신들에게는 당장 피해가 오지 않을 것이라고 본 때문이기도 하겠지만, 다른 한편으로는 그 지도부마저도 FTA, 나아가서 신자유주의에 대한 경계와 비판적 의식, 그리고 그와 투쟁하려는 의지가 부족했기 때문으로 판단된다. 이런 태도는 오늘 민주노총이 비정규직 문제에 대해 거의 무관심으로 대하는 태도와도 일맥상통하며, 민주노총의 보수화를 보여준다.

민주노총이 상대적으로 소극적인 자세를 보인 데 비하면 진보운동의 우파인 민족주의 진영은 한미FTA 반대 투쟁에 예상외로 적극 가담한 편이다. 이런 태도는 두 가지 측면에서 이해된다. 첫째 그것은 지난 1년여의 FTA 협상 과정에서 미국이 자국에 유리한 협상 조건을 만드는 한 방편으로 사용한 '북한 카드'에 대한 민족주의적 대응이었다. FTA는 이때 미국의 침공으로 받아들여졌다. 둘째, 민족주의 진영은 노무현 정부가 주장한 것과는 정반대 입장에서 '국익'을 지키기 위하여 FTA에 반대했다. 민주노동당의 경우 협상의 초기 국면에서는 FTA 저지에 소극적이었으나 차츰 적극적으로 대응을 했고, 범국민대회에 대한 집회 허가가 나오지 않을 때 집회장소를 확보함으로써 집회를 할 수 있는 돌파구를 마련해주는 역할을 했다. 그러나 민주노동당은 한미FTA 찬반을 묻는 국민투표를 전술로 주장하는 등 기본적으로 선거주의 태도에 매몰된 모습을 드러냈고, 합법전술만 고집함으로써 대중을 선도하는 적극적 투쟁의 모습을 드러내지는 못하였다.

다른 한편 시민운동 조직은 대체로 범국본에 이름만 건 채 소극적으로 임했던 편이다. 참여연대의 경우 조직적 결합을 한 것은 사실이나 국회를 대상으로 한 로비를 통해서 투쟁을 전개하는 등 '시민단체다운' 한계 때문에 대중투쟁을 선도하는 모습은 없었다. 이와는 반대로 문화연대나 사회진보연대와 같은 좌파는 한미FTA는 물론이고 FTA 자체에 대한 반대입장을 분명히 하며 적극적인 투쟁을 벌였으나 소수로서의 한계를 극복하지는 못했다. 이런 점은 민교협과 교수노조, 학단협 등이 구성한 교수학술공대위와 같은 지식인 단체들로 구성된 단위들도 마찬가지이다.

한미FTA 저지 투쟁 과정에서 참여 조직들 간에 이처럼 상이한 대응 양상이 나온 것은 진보진영에 속하더라도 정치적 관점, 사태를 파악하는 방식, 중시하는 이해관계가 서로 다르고, 그런 조건에서 각기 유리한 운동 지형을 추구한 때문일 것이다. 그런데 '정치적 관점'의 차이는 한미FTA를 어떻게 이해하느냐에 따라 나온 것이지만, 좀 더 근본적으로는 각 진보 세력이 한국사회에서 구축된 지배체제, 특히 축적구도와 어떤 관계를 맺느냐, 나아가서 오늘날 세계 자본주의에 대해 어떤 입장을 취하느냐에 따라서 결정될 수밖에 없다. 무엇보다 중요한 것이 신자유주의, 나아가 자본주의에 대한 태도이다. 이 점을 강조하는 것은 앞으로 진보진영의 새로운 전선 구축은 한미FTA 저지 운동에서의 참여 방식을 결정지은 신자유주의에 대한 각 사회 세력이나 정치적 집단의 태도, 좀 더 근본적으로는 자본주의에 대한 태도에 의해 크게 영향을 받을 것이라고 보기 때문이다. 전선은 세력들의 배치와 분포를 통해 지형을 형성할 수밖에 없다. 이는 한국의 진보운동에 속한 세력들(과 보수세력이라도 진보운동과 관련을 맺고 있는 세력들)이 신자유주의와 자본주의에 대해 각기 어떤 태도를 갖느냐가 앞으로 형성될 진보운동 전선의 모습을 결정짓는 요인이 될 것임을 말해준다. 각 세력은 어떤 태도를 취하고 있는가?

먼저 자유주의자들이 있다. 이들은 한나라당과 민주당, 열린우리당, 나아가서 다수 시민운동 단체들에 널리 분포되어 있으며 기본적으로 한국사회의 지배블록을 형성한다. 이들 가운데 한나라당, 민주당은 진보세력이라고 보기 어렵고, 이는 열린우리당이나 최근에 거기서 이탈한 세력도 마찬가지다. 하지만 이들 다수가 개혁세력, 평화세력을 자임하고 있는데다가 일부 시민운동 진영의 지지를 받고 있는 점을 생각하면 앞으로 진보세력의 진로에 장애물로서 상당한 영향을 미칠 것으로 예상된다. 무엇보다 중요한 것이 신자유주의에 대한 그들의 태도다. 자유주의자들은 결코 신자유주의를 적대적으로 파악하지 않는다. 자유주의는 신자유주의를 낳은 사상적, 이념적 원천이며 오늘의 대표적인, 지배적인 자유주의자가 신자유주의이기 때문이다. 이번에 한미FTA를 지지한 한나라당, 민주당, 열린우리당 의원들은 말할 것도 없고 협상에 대한 반대를 표명하고 나선 열린우리당 의원들과 일부 시민운동 단체들은 자유주의자로 남는 한 앞으로 FTA 비준 과정이나 신자유주의 반대 투쟁에서 진보진영을 위해 기여하기보다는 걸림돌이 될 가능성이 높다. '자유주의자들'은 신자유주의적 자본주의에 대한 '절대적 지지'가 아니면 '비판적 지지'에 머문다.

둘째, 민족주의 진영의 경우 남북한의 통일을 가장 중요한 과제로 보기 때문에 한미FTA가 강화할 신자유주의와 자본주의 자체를 반대한다기보다는 그것이 민족통일에 어떤 여파를 일으킬 것인지에 더 주목할 것이다. 최근 방코델타아시아(BDA) 문제의 타결 조짐과 이에 따른 남북한 경제협력의 가능성은 이들로 하여금 한미FTA에 대해서, 그리고 신자유주의와 자본주의에 대해서 소극적인 태도를 취하게 하고 그렇게 할 공산이 크다. 위에서도 언급했지만 민족주의 진영은 이번 FTA 저지 투쟁에서 상당한 적극성을 드러냈다. 그러나 그것은 신자유주의 반대투쟁에 대한 적극성이라기보다는 진행중인 운동의 장악을 위한 적극성의 발현에 가까웠다. 하지만 그들은 민족의 이해관계를 가장 먼저 생각하긴 하지만 신자유주의가 초국적 자본의 이해를 위한 축적전략이라는 점에서 부분적으로는 신자유주의에 반대할 수밖에 없기 때문에 신자유주의 반대 전선의 일익을 담당할 수 있을 것이다.

셋째, 사민주의자들 또는 케인스주의자들이 있다. 이들의 입장은 19세기의 고전적 자유주의의 문제점을 수정하는 것이라는 점에서 '수정자유주의'다. 이들은 한편으로는 일부 자유주의자들과 유사한 점이 있지만 자유주의의 '수정'을 강조하는 한 노동에 대한 자본의 양보를 사회적으로 요구하고 사회적 공공성을 강화하려는 태도를 지닌다. 이를 위해 케인스주의자, 사민주의자는 자본의 자유를 통제할 수밖에 없기 때문에 자본의 자유를 강화하려는 신자유주의와는 상반된 입장을 취하게 된다. 이는 이들이 신자유주의 반대 전선의 중요한 원군이 될 수 있다는 말이기도 하다.

넷째, 비계급적 좌파를 생각할 수 있다. 한미FTA로 인해, 그리고 그로 인해 강화될 신자유주의로 인해 시장논리의 전면화가 이루어지고 모든 것이 상품화되면 사회적 공공성의 해체와 함께 생태계의 파괴, 나아가서 이로 인한 심각한 인권의 침해가 예상된다. 다시 말해 신자유주의적 사회운영 노선의 확대 적용은 계급, 성차, 성애, 생태, 평화, 인권 등 인간적 삶의 중요한 부분 전반에 걸쳐서 피해를 가져올 것이며, 이에 따라서 이런 기본 가치들과 사회적 쟁점들을 중시하는 다양한 주체들은 신자유주의 반대투쟁 전선을 형성하는 데 참여할 가능성이 크다.

끝으로 계급적 좌파가 있다. 여기서 '계급적 좌파'란 신자유주의 개혁을 현단계 자본주의의 지배 전략으로 파악하고 그에 저항할 뿐만 아니라 자본주의 자체까지도 넘어서려는 입장을 가리킨다. 이런 점에서 이 좌파는 신자유주의에는 반대하지만 과거의 수정자본주의로 돌아가려는, 자본주의에 대한 비판적 지지의 입장을 지닌 케인스주의나 사민주의와도 구분된다.

신자유주의 반대를 위한 전선을 형성할 수 있는 주체들을 설정하고 나면 이들의 관계를 어떻게 할 것인가라는 문제가 나올 것이다. 위에서 언급한 다섯 종류의 주체들은 신자유주의에 대해 각기 입장이 다르다. 신자유주의 반대 전선을 구축하려면 이들의 관계를 어떻게 설정하느냐가 관건이다. 이때 먼저 생각할 점은 신자유주의 반대를 어떻게 이해하느냐는 것이다. 신자유주의를 반대하는 것 못지않게 중요한 것이 어떻게, 왜 반대하느냐를 따지고 분명히 하는 일이다. 신자유주의를 반대하는 정도, 방식, 그리고 반대투쟁의 방식까지 고려해야 하는 것이다.

우선 신자유주의를 반대하되 그 반대하는 원칙을 자본주의의 극복에서 찾는 것이 중요하다고 본다. 신자유주의에 대한 반대를 표명하는 주체들은 다양하다. 민족주의자도 경우에 따라서는 신자유주의를 반대할 수 있고, 자유주의자도 '지나친 신자유주의'에 대해 반대할 수 있으며, 특히 사민주의와 케인스주의의 경우 거의 원칙적 수준에서 반대할 수 있을 것이다. 이런 점에서 신자유주의 반대 전선에는 계급적 좌파와 비계급적 좌파, 사민주의자, 민족주의자들, 심지어는 일부 자유주의자들도 참여할 수 있을 것으로 보인다. 그런데 이들의 전선 구축 방식, 새로운 전선에서의 세력들의 바람직한 분포와 배치를 생각해볼 수 있다면, 이들의 관계가 어떻게 설정되어야 할 것인지가 다시 문제가 된다.

바람직한 모습은 비계급적 좌파와 계급적 좌파의 연대와 동맹을 중심으로 이들의 헤게모니가 관철되는 가운데 사민주의자와 민족주의자의 참여가 이루어지는 신자유주의 반대 전선이 아닐까 한다. 이런 분포와 배치를 구상하는 데에는 이유가 있다. 다시 말하면 신자유주의는 현단계 자본축적을 위한 자본주의적 전략이다. 특정한 세력이 신자유주의에 대해 어떤 입장을 가질 것인가는 따라서 근본적으로 자본주의에 대해 어떤 태도를 갖느냐의 문제가 될 수밖에 없다. 신자유주의에 대한 반대와 자본주의에 대한 반대가 반드시 일치하진 않는다. 사민주의자나 민족주의자의 경우 신자유주의에 대해서는 반대 태도를 드러낸다고 하더라도 과연 자본주의를 극복하려는 의지가 있는지는 의문이다. 신자유주의 반대 전선에서 민족주의자와 사민주의자의 헤게모니가 관철될 경우 신자유주의 반대운동의 원칙과 목표가 훼손되지 않을까 하는 염려가 여기서 나온다. 비계급적 좌파와 계급적 좌파의 헤게모니 구축이 당장은 어렵더라도 신자유주의 극복을 자본주의 극복이라는 좀 더 근본적인 목표 속에서 설정할 필요가 있는 것은 그 때문이다.

비계급적 좌파와 계급적 좌파를 '진보적 좌파'라고 통칭할 수 있다면, 신자유주의 반대 전선에서 이 좌파의 헤게모니 구축이 중요한 과제로 떠오른다. 신자유주의는 자본주의의 축적전략의 하나이며, 자본주의가 지속하는 한 사회운영 기조로서 언제든지 수용될 가능성이 있다. 신자유주의를 근본적으로 극복하려면 자본주의 극복을 지향해야 하는 것은 후자가 전자의 근원이기 때문이다. 이런 점에서 신자유주의 반대 전선에서 진보적 좌파의 역할이 핵심적이다. 자본주의 자체를 문제로 삼는 입장이 신자유주의에 대한 반대를 이끌 수 있어야만 그 전선이 제대로 작동하지 않겠는가. 물론 진보적 좌파는 아직 소수다. 그러나 오늘날 좌파는 다양한 모습으로 존재하기도 한다. 과거에는 진보적 좌파가 계급적 좌파만을 포괄하는 것으로 간주되었으나 오늘 그 세력은 계급만이 아니라 성차, 성애, 생태, 평화, 인권 등 다양한 사회적 쟁점들을 중심으로 구성되고 있다. 이는 이들 비계급적 좌파들도 자본주의 체제 안에서 소수자, 희생자로 전락해 있기 때문이다. 그리고 오늘 자본주의가 신자유주의적으로 운영되면서 사회적 양극화를 심화시키고 사회적 자원(자본, 시간, 기회, 지식 등)의 소수로의 집중이 갈수록 심화되는 과정에서 좌파 또는 잠재적 좌파의 수는 늘어나고 있다. 이런 점을 감안하면 진보적 좌파가 그 힘을 성장시킬 가능성은 충분하다. 물론 이 성장을 이루려면 새로운 연대의 길을 찾아야 할 것이고, 이를 위해서는 그동안의 분열이나 상호 무관심 등의 문제를 해결해야 하겠지만 말이다.

4. '87년 체제'의 변혁적 해체

진보적 좌파가 신자유주의 반대 전선, 나아가서 진보진영에서 헤게모니를 구축한다는 것은 한국의 진보적 사회운동의 지형 변화를 의미할 것이다. 한국의 진보적 사회운동은 1980년대 이후 크게 성장했지만 그 잠재적 역량에 비한다면 영향력을 제대로 행사하지 못하였다. 이는 사회운동의 헤게모니를 진보적 좌파보다는 우파가, 아니 좀 더 분명히 말해 자유주의가 행사해온 것과 무관하지 않은 일이다. 자유주의 세력은 1987년 이후, 특히 김영삼 정권이 들어선 1993년 이후부터는 지배블록을 형성하였을 뿐만 아니라 범진보세력에도 큰 영향력을 행사해 왔다. 이는 진보운동의 대세를 이루는 민족주의와 시민운동 노선이 자유주의에 대해 제대로 된 비판적 태도를 지니지 못한 때문이기도 하다. 김영삼, 김대중, 노무현 정권으로 이어지는 과정에서 진보세력 내부의 주된 구성 성분인 민족주의와 시민운동 노선은 비판적 지지를 통해 자유주의의 정권 장악을 지원했으며, 이 과정에서 자유주의의 신자유주의로의 전환도 묵인하는 모습을 드러냈다. 그러나 이로 인해 강화된 신자유주의화로 인해 한국사회의 사회적 불평등이 심화되고, 자유주의자들이 내세우는 민주화 과정마저 후퇴한 점을 생각하면 자유주의에 대한 진보진영의 지지는 이제 반드시 철회될 필요가 있다. 이는 '87년 체제'에 대한 진보세력의 태도 변화가 필요하다는 말이기도 하다.

'87년 체제'는 1980년대 사회운동의 산물이다. 문제는 이 산물이 성과라기보다는 실망 그 자체였다는 데 있다. 당시 사회운동은 1970년대 식 민주화운동이 지닌 자유주의적 한계를 뛰어넘고 근본적 사회변혁의 전망까지 담아내며 '혁명의 시대'를 연출하고 있었다. 물론 이때 사회운동에 문제가 없었던 것은 아니다. 돌이켜보면 현실사회주의에 대한 과도한 기대, 지구적으로 작동하는 세계체계에 대한 이해 부족, 성장하는 한국자본주의에 대한 과학적 분석 결여 등 간과할 수 없는 문제들이 적지 않았다. 그러나 이런 한계에도 불구하고 80년대 사회운동이 지녔던 역동성, 특히 아래로부터의 변혁 요구는 그동안 사회운동을 지배해온 위로부터의 운동 관행을 반성케 하는 중요한 계기가 되었다. 당시를 '혁명의 시대'라고 부를 수 있는 것은 변혁에 대한 요구와 전망이 전례 없는 활력을 드러낸 시기였기 때문이다. 그러나 '87년 체제'는 1980년대를 타협과 배제의 시간으로 이동시켜 버린다. 운동의 주적이었던 군부독재 세력과 운동의 대변자를 자임한 자유주의 세력의 야합이 '아래로부터의 운동'을 억압하기 시작한 것이다.

'87년 체제'가 군사독재를 종식시키고 대중이 고대하던 민주주의를 얼마간 회복시킨 것은 사실이다. 지난 20년 사이에 우리 사회에서 정치적 민주주의가 발전한 점을 부정할 수는 없으며, 이는 '87년 체제'를 바탕으로 형식적 또는 절차적 민주주의가 도입된 결과이다. 체육관에서의 대통령 선출,

전임자에 의한 대통령 후보 선정 등은 덕분에 지나간 이야기가 되었다. 그러나 절차적 정치적 민주주의가 실질적 민주주의와 동일한 것은 아니다. 실질적 민주주의가 구현되려면 정치적 민주주의뿐만 아니라, 경제적 민주주의와 문화적 민주주의, 나아가서 사회적 민주주의가 고루 발전되어야 할 것이기 때문이다. '87년 체제'에서 한국은 정치적 민주주의의 측면에서는 일부 발전한 측면이 없지 않으나, 경제적 문화적 사회적 민주주의는 신자유주의의 강화와 더불어 오히려 후퇴했다.

진보세력은 이제 이 '87년 체제'를 극복하고 이를 위해서 그 권력 주체인 자유주의세력과의 협조나 지지의 관계를 단절할 필요가 있다. 지난 20년 '87년 체제' 하에서 한국사회는 국가와 자본과 사회(비자본 세력)의 관계를 새롭게 만들어냈다. 아래로부터의 민주주의가 억압된 가운데 진행된 이 과정은 자유주의적 정치개혁과 신자유주의적 경제개혁으로 점철되었으며, 이 결과 한국사회는 자유주의가 지배하는 사회로 전환되었다. 문제는 이로 인해 '사회'의 견제력이 크게 약해진 반면, 끝없는 증식과 축적을 위한 자본의 요구만 일방적으로 관철되며 자본의 자유가 극도로 신장된 가운데, 국가가 자신의 사회적 책임은 방기하면서 자본의 수호자로 둔갑했다는 것이다. 갈수록 사회적 배제와 양극화가 심화된 것은 그 결과이다. 이제 진보세력이 할 일은 '87년 체제'의 지배적 사회관계, 국가와 자본과 사회(비자본 세력) 세 주체의 역관계를 바꿔내는 일이다. 이 역관계는 신자유주의 경향에 의해서 특징지어지고 있으며, 이런 구도를 만들어낸 주범은 자유주의 세력, 또는 자유민주주의 세력이다. 이들은 1980년대 사회운동의 성과를 독식하며 세 차례나 '민주정부'의 주축이 되었으나 지난 20년 동안 한국사회에서의 신자유주의 강화를 주도해 왔다. 신자유주의와의 투쟁을 위해서는 이 세력과의 관계를 끊는 것이 무엇보다 중요하다.

물론 오늘 자유주의 세력의 위력, 그에 대한 지지는 만만치 않다. 범진보세력을 구성하는 시민운동 진영을 들여다보면 대부분이 노골적인 자유주의자는 아니더라도 자유주의에 대한 '비판적 지지' 세력이라고 해도 과언이 아닐 것이다. 그동안 이들은 70년대의 유신독재, 80년대 군부독재의 잔존 세력, 보수 우파들에 대해서는 선을 긋고 과거사 청산과 같은 과제들을 추진해 왔지만, '민주정부들'이 진행한 신자유주의적 정책들을 '개혁'으로 인정하며 지지하거나 인정하는 태도를 드러냄으로써 결국 한국의 신자유의화를 용인하고 지원하는 역할을 해왔다. 이런 흐름을 대변하고 있는 것이 2007년의 대선을 맞아서 다시 정치적 자유주의자들을 지지하기 위해 모인 '미래구상'과 같은 세력이다. 이들의 목표는 오직 반 한나라당 전선을 형성하는 데 있을 뿐 신자유주의 정책 노선을 집행하는 자유주의자들을 극복하려는 것은 아니다. 이는 그동안 신자유주의 정책을 펼친 열린우리당에서 나와서 통합신당을 만들고자 하는 세력도 마찬가지이다. 김근태, 천정배 의원 등은 때늦게 한미FTA에 반대하는 입장을 드러내기도 했지만, 한미 FTA 반대와 신자유주의 반대에는 차이가 있다. 신자유주의에 대한 근본적인 반대를 하려면 적어도 사민주의의 입장을 견지해야 하는데 한미FTA에 대해서는 그런 입장이 아니더라도 반대할 수 있기 때문이다. 진보세력은 이제 신자유주의 정책을 개혁으로 호도한 범자유주의 세력과는 선을 긋고 개혁에서 변혁으로 노선을 선회하는 것이 필요하다.

이 '변혁'은 그동안 '87년 체제'를 통해 한국사회를 신자유주의적으로 운영해온 자본주의 체제를 극복해야만 가능하다. 자유주의 세력이 장악해서 운영해온 '87년 체제'와 그것을 가동시킨 자본주의 체제의 극복을 위해서는 진보적 좌파가 핵심이 된 신자유주의 반대 세력이 실질적 민주주의를 위해 투쟁해야 한다. 실질적 민주주의는 '87년 체제'가 거의 유일한 성과로 내세울 수 있는 '형식적 민주주의'를 훨씬 넘어서는 진정한 민주주의를 일컫는다. 이 실질적 민주주의를 구현하기 위해 필요한 것이 신자유주의를 반대하는 일이다. 신자유주의는 87년 체제의 실질적 작동원리로 작용하면서 위로부터의 민주주의만 구현했을 뿐 아래로부터의 민주주의는 배제해 왔다. 그동안 한국사회가 비정규직을 양산하고, 집시법을 개악하고, 대중 통제 강화를 위한 주민등록법을 개정하고, '인터넷내용등급제'를 도입하고, 교사를 대상으로 한 교육행정정보시스템(NEIS) 도입을 시도하고, 국가기간산업의 민영화를 시도하고, 문화·교육·방송·보건의료 등 사회적 공공성을 아래에서 받쳐주는 기반들을 시장화한 것은 한미FTA 체결과도 무관하게 진행되어온 신자유주의 정책의 일환이었고, 이들 정책 도입과 실행을 주도한 것은 '87년 체제'의 지배권력을 장악한 김영삼 정권, 김대중 정권, 노무현 정권 즉 정치적 자유주의 세력이었다. 이들은 형식적 민주주의를 내세워 실질적 민주주의를 억압했으며, 중대한 사회적 결정을 하는 정치적 과정에서 대중, 특히 민중을 배제시켰고, 삶의 현장에서의 진정한 민주주의를 억압했다. 한미FTA 협상과정에서 주요 정보를 대중에게는 물론이고 국회의원들에게도 은폐한 것이 대표적인 사례다. 이는 오늘의 민주주의가 형식에만 그치며, 실질적 민주주의는 극소수의 특권층에게만 주어진다는 점을 말해준다. '87년 체제'가 구축된 뒤, 특히 1997년의 IMF 사태로 인해 신자유주의가 더욱 극성을 부리면서 사회적 불평등의 심화가 급진전된 것은 자본 중심의 '독점적 민주주의'가 횡행하고 대중의 실질적 민주주의는 압살된 데 따른 필연적 결과다. 실질적 민주주의의 구현을 위해서는 신자유주의를 반대하는 것이, 오늘의 신자유주의를 운영하는 자유주의를 반대하는 것이, 나아가 이 자유주의의 변종들을 통해 사회적 지배를 이루는 자본주의를 극복하는 것이 절대적이다.

5. 진보적 좌파의 세력화

신자유주의 반대운동을 발전시키려면 신자유주의 반대 전선의 형성과 이 전선에서의 진보적 좌파의 헤게모니 구축이 필요하며 이를 통해 그동안 자유주의와 신자유주의 헤게모니를 허용해온 '87년 체제'의 변혁적 해체가 필요하다는 점을 말하였다. 이 과정에서 언제나 확인해야 할 점은 진보적 좌파의 원칙과 입장일 것이다. 신자유주의와 그것을 축적전략으로 가동하는 자본주의에 대한 입장을 확실히 해두지 않는 한 신자유주의 반대 전선은 원칙 없는 세력들의 모임밖에 되지 않을 것이고, 늘 부동(浮動)할 것이기 때문이다. 아울러 좌파의 세력 구축도 필요하다. 사회운동에서의 좌파적 입장과 의제 확산을 위해서는 좌파적 원칙 못지않게 좌파의 세력이 성장해야 한다. 하지만 알다시피 오늘 진보적 좌파는 소수다. 이미 말한 대로 잠재적 좌파들은 많이 있으나 그들이 모두 좌파적 입장으로 운동에 참여하고 있는 것은 아니다.

창의성을 발휘하되 '유에서 유'로 나아가는 자세가 중요하다고 본다. 소수라도 이미 존재하는 좌파들이 서로 배려하고 연대하여 스스로 확대재생산하는 노력이 요구된다. 좌파는 유물론자이며 유물론자는 무로부터의 창조가 아니라 존재에서의 변화를 지향한다. 좌파의 세력 구축은 좌파 스스로 물적 기반을 확보하고 그것을 키워나감으로써 성공을 기대할 수 있다. 이는 좌파라고 생각하는 이들이 스스로 돕는 태도를 길러야 한다는 말이기도 하다. 흔히 좌파는 노동자, 농민, 빈민, 학생, 교수 대중들의 조직화에 기대를 건다. 좌파적 의제의 확산을 위해서는 그런 조직화는 필수적이다. 그러나 조직화를 위해서도 좌파들의 사전 결집이 중요하다. 대중의 조직화는 변혁의 필수적 경로라고 보지만 충분한 조건은 아니다. 최근 조직화된 민주노총이 보여주는 보수적 모습을 보더라도 그런 점은 분명하다. 조직된 대중은 중요한 역할을 할 수 있지만 그 운동 방향은 좌우 어느 한 쪽으로 정해진 것은 아니다. 대중운동의 진보성을 담보하려면 그 운동에 대한 좌파적 관점의 경향적 지배가 이루어져야 하고 이 경향의 강화는 진보적 좌파의 원칙이 얼마나 반영되느냐에 달렸다.

대중과 좌파의 분리를 문제로 보지 않기 때문에 이런 말을 하는 것은 아니다. 아래에서 말하겠지만 진보적 좌파는 대중과 제대로 만날 준비를 할 필요가 분명히 있다. 하지만 진보적 좌파의 힘은 스스로에서 나와야 하며 그런 점에서 좌파의 자구책이 요청된다는 점을 아울러 강조하고 싶다. 좌파의 자구책은 좌파의 확대재생산을 위한 물적 기반의 확보에서 나올 수밖에 없을 것이다. 그 물적 기반은 희생하는 동지들에 대한 지원을 포함하여 각종 재정 사업에의 적극 참여, 서로에게 시간 내기, 소속한 조직에 대한 헌신 등 다양한 형태로 구성되어 있다고 본다. 오늘 20주년을 기념하는 우리 민교협만 하더라도 회원 교수들의 이런 헌신을 전제하지 않을 수 없다. 하지만 여기서 굳이 진보적 좌파의 확대재생산을 위한 노력을 강조하는 것은 이 세력의 발전 없이는 우리 사회의 실질적 민주화나 자본주의 극복은 불가능하다고 보기 때문이다.

좌파의 물적 기반을 확보하려면 좌파 공동체, 코뮌의 형성이 필요할 것이다. 그동안 좌파는 자본주의 사회 안에 뿔뿔이 흩어져서 그 사회에 기생하는 방식으로 살아왔다고 해도 과언이 아니다. 그러나 신자유주의 국면에서 사회적 공공성이 갈수록 더 많이 해체되고 사회적 배제가 계속 일어나는 상황에서 자본주의 사회 안에서는 좌파가 지지하는 삶의 가치를 유지할 가능성은 훨씬 더 줄어들고 있다. 구조조정의 확산과 함께 비정규직이 양산되고, 공황의 조짐까지 보이는 가운데 대중의 삶이 더욱 어려워지고 있는 것이다. 삶의 터전이 갈수록 축소되는 것은 좌파들도 마찬가지다. 진보적 학자들이 일자리를 구할 수 없는 상황은 그 한 예다. 그러나 이런 상황일수록 호혜적 삶의 방식을 추구하여 연대를 통한 공동체의 형성 필요성과 가능성도 높다. 대안적 사회 건설에 대한 요구는 삶이 더 어려워질수록 커지기 때문이다.

진보적 좌파의 세력화를 위해서는 그 조직 문화도 바꿔야 한다. 2004년 탄핵국면에서 좌파진영은 나름대로 서로 연대하여 활동할 수 있는 계기를 마련했으나 내부의 상호비방으로 서로 불신하는 일이 벌어짐으로써 아무런 개입도 하지 못하고 말았다. 2006년 초 좌파는 다시 왕성한 활동을 할 수 있는 계기를 마련하였다. 범국민운동본부에서 가장 활발한 FTA 반대운동을 펼치는 활동가의 상당한 비율은 좌파들이었다고 해도 과언이 아니다. 그러나 한미FTA 저지 운동의 와중에서 민중연대를 '발전적으로' 해체하고 '한국진보연대'를 만들어낸 우파와는 달리 좌파는 조직적 발전을 이루지 못했다. 물론 내부에 '활동가네트워크'라든가 '진보전략회의'의 출범을 위한 논의와 움직임이 없었던 것은 아니다. 그러나 이들 조직은 아직 제대로 가동되고 있지 못하고 있고, 좌파 활동가들은 내부 교통조차 제대로 해내지 못하는 형편이다.

여기에는 여러 가지 이유가 있겠지만 좌파들이 "점증하는 과제에 비해 낙후된 형태의 각 단위의 조직운영의 관성으로 인해 야기되는 조직운영과 연대사업의 비효율성"을 안고 있다는 점이 한 중요한 문제로 작용한다. 진보적 좌파가 진보진영의 중핵으로서 역할을 하려면, 그리고 신자유주의 반대운동의 활성화에 기여하려면 현재의 분산된 방식의 활동과 그 한계를 극복할 수 있어야 한다. 좌파는 자신의 부족함과 한계를 인식하고는 있지만 이것을 조직적 문제로서, 좌파적 활동의 시 · 공간적 조직의 문제로서 인식하고 있지는 못하다. 이에 따라서 "새로운 이념 · 정책의 수립에 대한 필요성을 모두가 공유하고 있지만 각 단위가 당면한 사업들로 인해 함께 회의할 시간조차 낼 수 없고, 집중이 이루어지지 못하고" 있는 것이 좌파의 현실이다. "조직운영상의 혁신이 시급"하다. 여기서는 일단 "조직운영의 효율성을 제고하기 위한 전통적인 방법은 수직적 조직통합이지만 이는 복합성이 증대하는 오늘의 시점에서 제대로 작동하기 어려운 낡은 방식임, 따라서 각 단위의 상대적 자율성을 유지하면서도 연대의 효율성을 제고하기 위한 방법은 수평적 통섭의 복잡계적 조직혁신 방법임"을 주장하는 견해에 전적으로 동의한다는 말을 하고 싶다.[6]

오늘 좌파는 '분리 관리'되고 있다. 정파별로, 단체별로 분리된 상태는 1980년대처럼 좌파의 상승이 이루어지던 시기에는 가능하거나 용납될 수 있었으나 지금처럼 좌파의 퇴조가 대세인 시점에는 궤멸의 길이 되기 쉽다. 조직을 단일하게 통합하자는 것은 아니다. 그동안 좌파가 '분열'된 것은 과거 좌파의 지배적 '일괴암' 조직 구도의 문제점, 한계를 인식한 결과이기도

6_ 따옴표 한 부분은 진보전략회의에 제출한 심광현 교수의 미발표 글에서 인용한 것이다.

하다. 그러나 상명하달의 소통구조밖에 없던 과거의 단순형 조직처럼 오늘의 좌파 분산 구도 또한 문제인 것은 마찬가지이다. 좌파의 새로운 조직화가 필요하다. 단일 조직으로 만들자는 것은 아니나 서로 힘을 합치는 '네트워킹'을 잘 할 필요는 있다. 이 네트워킹을 가능하게 하기 위한 좌파의 조직에 대한 연구, 새로운 조직의 실험 등이 요청된다.

다른 한편 이런 기존의 좌파들만으로 새로운 사회를 만들 수 있다는 생각에서 벗어날 필요가 있다. 위에서 '비계급적 좌파'라는 표현을 사용했는데 이들의 경우 전통적인 좌파들과는 아주 다른 문화를 보여준다. 좌파의 세력화와 그 활동의 활성화를 위해서는 비계급적 좌파와 계급적 좌파가 연대할 수 있는 길, 서로 신뢰하고 상호 활동을 지지할 수 있는 방안을 찾아야 한다. 이미 말한 대로 신자유주의적 자본주의 상황에서는 극단적인 사회적 배제와 양극화가 일어나고 동시에 인권에 대한 심각한 침해가 발생하기 때문에 계급적 이해 이외에도 수많은 다른 인간적 가치와 이해관계가 훼손당한다. 이런 공통의 불이익을 극복하기 위해서는 다른 종류의 좌파들이 연대할 길을 찾는 것이 중요하다.

아울러 이 연대는 국내에서만이 아니라 국제적으로도 이루어질 필요가 있음도 강조하고 싶다. 미국헤게모니가 쇠퇴기로 접어든 시점에 신자유주의 세계화가 진행되고 있고, 이 흐름이 한미FTA와 같은 무역질서를 강요하면서 한국사회에 엄청난 사회적 '쓰나미'를 가져올 것이라 생각하면 대안적 세계화의 구상과 추진이 시급하게 요청된다. 헤게모니의 쇠퇴기에는 위험과 기회가 공존한다. 미국의 헤게모니가 쇠퇴하면서 미국의 일방주의가 기승을 부리고, 이에 따라서 전세계에 전쟁의 공포가 지배하며 한국에서는 미국 자본의 대대적 침략을 위한 한미FTA 협상이 타결되었다. 그러나 남미에서의 볼리바르 혁명, 나아가서 최근 8개국에서의 좌파 정권의 대거 등장은 신자유주의를 극복하고 새로운 사회주의를 건설하는 기회의 시점이 지금이라는 점도 말해준다. 한국에서도 신자유주의를 극복할 수 있는 가능성은 있다. 이를 위해서는 위에서 언급한 여러 가지 과제들이 잘 수행되어야 하겠지만 아울러 진보적 좌파를 중심으로 한 신자유주의 반대전선의 국제연대를 지금보다 훨씬 더 강력하게 구성할 필요가 있다고 본다. 좌파의 국제연대를 강화하는 작업은 국내 좌파가 잠재적으로는 다수라고 하더라도 현실적으로는 아직 소수임을 감안할 때에도 꼭 필요한 일이다

6. 진보적 의제의 대중화

진보적 좌파의 세력화의 궁극적 지향은 사실 진보적 의제의 대중화에 있다고 봐야 한다. 2006년 7월 12일 '한미FTA저지 2차 범국민대회'에 10만 명 가량의 군중이 모인 것을 제외하면 한미FTA 저지 범국본이 주최한 집회에 대중이 대규모로 호응한 적은 많지 않다. 이때 FTA에 대한 지지와 반대 여론은 일 대 일로 비등했는데 이후 FTA 반대 여론은 계속 밀리기 시작했고, 2007년 4월 2일 협상 타결이 발표된 뒤 여론은 협상에 대한 찬성이 50%가 넘고, 반대는 20%밖에는 되지 않는 수준이었다. 물론 협상 과정이 1년 가까이 진행되어 FTA를 둘러싼 논란에 대한 대중의 피로감이 누적된 속에 '협상 성과'에 대한 정부의 일방적 홍보와 의무 방기에 가까운 언론의 이에 대한 동조 등이 원인이기는 하나 FTA와 관련한 진보진영의 노력에 대해 대중들의 지지는 높지 않았던 것이 사실이다.

대중의 이런 태도는 신자유주의와의 투쟁에서도 나타나고 있다. 1997년 이후 한국사회는 신자유주의의 공세 속에서 사회적 불평등이 악화하고 노동자와 농민, 빈민, 여성, 학생, 공무원, 지식인 등 각종 사회적 주체들의 삶의 기반에 대한 대대적 해체가 이루어졌다. 노무현 정권에 들어와서도 집권당과 대통령에 대한 지지율이 바닥을 기는 것은 신자유주의 정책의 결과에 대한 대중의 불만이 만만치 않음을 보여준다. 그러나 이 과정에서 노무현 정권보다 더 보수적인 한나라당, 이명박, 박근혜 등에 대한 지지율이 급증한 것을 보면 이 불만이 진보세력에 대한 지지로 이어진 것은 아니

다. 신자유주의의 가장 큰 희생자들이 신자유주의에 저항하는 진보세력을 지지하지 않는 이 일을 어떻게 설명할 수 있는가?

물론 지금 대중은 신자유주의가 무엇인지, 그것을 반대하는 활동은 무엇이고 이 활동을 주도하는 세력이 누구인지, 그들이 어떻게 구성되어 있으며, 어떤 대안을 가지고 있는지 모른다고 할 수 있다. 대중의 이런 '무지'는 FTA 저지 투쟁 과정만 놓고 볼 때 홍보 수단에 대한 정부의 독점, FTA가 안고 있는 주요 문제들에 대한 언론의 외면과 호도 등에 의해, 그리고 신자유주의 반대 투쟁 일반에 있어서는 한나라당 대 우리당의 대립 구도까지만 허용할 수 있는 사회적 대결로 만드는, 언론, 학계, 경제계, 정치권 등 한국사회의 지배블록이 구사하는 자유주의적 전략에 의해 주조된다고 할 수 있다. 하지만 대중의 태도가 '무지'에서 나왔다고 보는 것은 대중의 욕망이나 대중의 이해관계 계산 능력을 무시하는 일이다. 대중은 다른 누가 아니라 '너와 나' 즉 '우리'이며, 대중이 하는 일은 우리가 일상적으로 하는 일로서 우리는 이 과정에서 누구에게도 속는다고 생각하지 않는다. 하지만 문제는 우리가 일상적으로 살아가면서 하는 일이 바로 신자유주의의 지배에 대한 지지로 이어진다는 데 있다.

신자유주의의 희생자들이 그 지지자들로 변신하는 메커니즘이 있을 것이다. 그것의 작동 방식을 분석하고 그것을 해체하는 방안의 마련이 시급하다. 여기서 이 메커니즘의 정체를 정확하게 밝히거나 그 정확한 해체 방안을 제시할 수는 없지만 문제의 메커니즘은 오늘 한국의 대중들이 살아가는 방식과 무관하지 않으리라고 본다. 한국인 대중이 신자유주의, 나아가서 자본주의적 삶의 방식에 얽매여 살아가는 가장 중요한 이유는 크게 3가지 투자 대상에 구속되어 있기 때문인 듯싶다. 부동산, 교육, 소비자본주의가 바로 그것이다. 오늘 한국사회를 사는 사람들은 상품의 소비와 부동산 및 교육에 대한 투자를 통해 자신의 정체성이나 안위를 확인하면서 살아간다. 물론 부동산, 교육, 소비자본주의 이외에 종교 활동 등을 꼽을 수 있을는지 모르나 대중의 종속을 통한 한국 자본주의의 재생산을 중심으로 생각하면

이 세 가지 투자 대상이 각기 그리고 상호 관련 속에 만들어내는 효과만큼 강력한 영향력을 가지고 개인들을 지배하는 것은 없다. 상식을 초월할 정도로 부동산 투기가 일고 있는 것은 부동산 투자를 통해 개인들이 스스로 자본축적의 기회를 잡을 수 있다고 굳게 믿기 때문이고, 자녀들의 사교육을 위해 부모들이 쓰는 돈이 매년 35조에 이른다는 것은 그만큼 교육을 통한 출세 또는 생존전략이 가장 유력하다고 믿기 때문이고, 소비자본주의가 창궐하는 것은 상품 소비 이외의 생활양식은 귀찮거나 바람직하지 않다는 생각이 그만큼 강하기 때문이다. 그러나 부동산 거품이 일수록, 사교육비 투자가 많아질수록, 소비자본주의가 강화될수록 한국자본주의는 더욱더 확고하게 재생산되고, 신자유주의 정세 또한 지속된다. 개별적으로 보면 부동산, 교육, 소비자본주의에의 투자는 개인들의 경제지출에서 거의 대부분을 차지할 정도로 비중이 높은데, 우리가 이런 지출과 투자를 하는 것은 각자 원해서, 그리고 바람직하다고 해서 하는 일이나 결과적으로 보면 신자유주의와 자본주의의 강화에 기여하는 셈이 되는 것이다.

내가 아는 한 진보운동 진영에서 부동산, 교육, 소비자본주의의 문제들을 개별적으로라도 제대로 다룬 적이 드물었으며, 특히 통합적으로 다룬 적은 한 번도 없었다. 이는 진보운동이 신자유주의적 지배 구도를 지속시키고 재생산하는 대중들의 관심과 투자가 일어나고 있는 곳이 어디인지 몰랐거나 알더라도 애써 피하며 그에 대한 개입 책임을 방기했다는 점을 보여준다. 진보전략의 난맥상이 아닐 수 없다. 진보운동은 바람직한 한국의 미래를 구상한다고 하면서도 그 미래를 구축하기 위해 대중에게 어떻게 다가갈지 몰랐거나 생각조차 하지 않았던 것은 아닐까? 이제 대중에게 다가가려면 진보진영으로서는 새로운 전략이 필요할 것 같다.

여기서 그 전략을 자본주의 재생산 과정에 개입하는 전략이라고 규정하고 싶다. 물론 기존의 전략, 예컨대 국가권력의 장악과 국가기능의 전환과 같은 기존의 전략을 포기하자는 것이 아니다. 그러나 국가권력 장악을 통한 변혁의 길을 걷기 위해서, 그런 기회를 얻기 위해서는 진보적 의제에 대한 대중의 지지가 필요하며, 이 지지를 얻기 위해서는 대중의 삶에 기여할 수 있어야 한다. 대중은 지금 자본주의 재생산 메커니즘 속에서 살아가고 있다. 삶의 거의 대부분이 부동산 투기와 교육비 지출, 소비자본주의에의 매몰로 이루어지고 있는 것이다. 이 자본주의 재생산 과정에 개입할 수 없으면 자본주의 극복을 위한 진보운동의 희망을 찾기 어렵다. 이것은 한국의 진보적 사회운동이 운동과제를 새롭게 설정할 필요가 있음을 말해준다. 기존의 운동과제를 폐기하자는 말은 물론 아니다. 계급, 민족, 성차, 성애, 생태, 인권, 평화 등의 쟁점은 여전히 중요하다. 그러나 이들 문제를 자본주의 극복이라는 목표와 새롭게 연결하여 운동을 전개하려면 대중의 실제 삶에 개입하고, 그 삶이 자본주의 체제의 재생산이 아니라 그 변혁에 기여하도록 하는 삶의 모습을 바꾸는 노력도 필수적이다.

7. 결어

신자유주의 반대운동은 다양한 형태로 전개되어야 할 것이다. 그러나 그것의 궁극적 목적은 자본주의적 삶의 지양에 있다고 본다. 이런 점에서 그 운동은 변혁운동이 되어야 한다. 변혁적 지향을 갖는다는 점에서 신자유주의 반대운동은 진보적 좌파의 세력화를 요구한다. 그동안 진보적 좌파는 한국의 사회운동에서 힘이 크게 위축되었으나 새로운 결집이 불가능한 것은 아니라고 본다. 진보적 좌파는 다수의 계급적, 비계급적 좌파를 포괄할 수 있기 때문이다. 문제는 좌파가 자신의 역량을 얼마나 강화하느냐는 것이고 진보적 의제를 어떻게 대중화할 수 있느냐는 것이다.(2007)

제 3 부

한국 근대성과 유령학

7.

종결어미 '-다'와
한국의 언어적 근대성

1.

오늘 '표준' 한국어의 가장 두드러진 특징 가운데 하나는 대부분 문장이 '-다'로 끝난다는 점일 것이다. 소설의 서술, 문학 혹은 예술 비평, 텍스트 분석, 일기와 같은 사적 기록, 수필, 시론, 신문의 논설과 보도, 법원판결, 사건 진술, 사실 묘사, 조사 및 연구의 보고, 이론적 논증, 학술토론 및 의견 교환, 공식성명, 방송보도, 공개토론 등 생각 가능한 거의 모든 근대적 언어 활동에 사용되는 한국어 문장들은 '-다'로 끝난다. '-다'의 이런 보편적 사용 은 일단 언어 내적인 현상이라 할 수 있다. 한국어 문장들은 의문형, 감탄형, 명령형, 청유형, 평서형 등 어떤 형태든 종결어미로 끝나게 되어있는데, '-다'는 이들 중 출현 빈도가 압도적으로 높은 평서형의 어미이다. 하지만 '-다'의 보편적 사용을 언어 내적 이유만으로 설명할 수는 없다. 평서형 어미에는 '-다' 이외에도 '-어', '-오', '-요', '-죠', '-라', '-네' 등의 어미들이 있고, 방언까지 감안한다면 훨씬 더 많은 형태가 있기 때문이다.

사실 오늘날 '-다'의 지배적 위치는 한국어의 '내재적' 특징 이외에 근대 한국사회가 '-다' 어미들을 체계화하여 표준 종결어미[1]로 채택하여 사람들로 하여금 의무적으로 사용케 한 결과이기도 하다. 한국에서는 지난 수십 년에 걸쳐 '-다'의 지배적 위치를 지키기 위한 사회적 장치들이 가동되어 왔다. 공개발언을 할 때 아동들에게 존대 평서형 '-ㅂ니다'를 쓰도록 하는 초등학교 규범이 한 대표적 예다. 이런 훈육은 최근 구어의 '-요' 강세 현상이 보여주듯이 그 강제성이 약화되고 있기는 하지만 아직도 공식 교육 과정 전반에 걸쳐 관철되고 있다. 한국에서 가장 먼저 근대적 규율체계를 도입한 군대가 '-다'의 의무적 사용을 위한 훈육 과정에 적극 참여해 왔다는 점도 특기할 만하다.[2] 징병제도에 의해 군 복무를 마쳐야 하는 한국 남성 상당수는 평서형 '-다'와 의문형 '-까'로 이루어지는 "다까체" 사용 규범을 어기면 기합을 받은 경험이 있을 정도이다. 오늘 '-다' 체계가 강의, 방송, 회의, 연설과 같은 공적 발언이나, 서술, 보도, 논증, 논평과 같은 여러 언어적 표현들의 규범이 된 것은 표준어 사용의 이런 규율화 및 제도화와 무관하지 않다. '-다'의 보편성은 따라서 역사적 구축의 결과이며, 그것의 지배적 위상은 지금까지의 모든 문장과 앞으로 나올 문장 거의 모두가 '-다'로 끝나고 있는 이 글에서도 여실히 드러난다.

놀라운 일이지만 '-다'가 이런 지위를 획득한 것은 사실 아주 최근의 일이다. '-다' 체계가 한국어에 등장한 것은 1세기도 되지 않는다. 한국어에 원래 '-다'가 없었다는 말은 아니다. '-다' 어미는 '훈민정음'이 창제된 15세기에 이미 '-도다', '-로다', '-니이다'처럼 감탄형이나 극존대체로 나타나고 있고, 16세기에 발행된 『동국신속삼강행실도』(東國新續三綱行實圖)와 18세기의 통역지침서인 『박통사』(朴通事)나 『노걸대』(老乞大) 같은 참고서류 등에서 '-ㅎ다'와 같은 현재형 하대체로, 그리고 19세기의 문헌들에도 현재형 '-흔다'나 '-ㅎ다로, 과거형 '-엇(앗)다'로 다양하게 나타난 적이 있다. 하지

1_ '-다'에는 원형의 '-다, 현재형의 '-(이)다', '-ㄴ다', 그리고 현재 진행형의 '-고 있다', 과거 형의 '-ㅆ다, 미래형의 '-ㄹ 것이다' 등 다양한 종결어미 형태가 포함된다. 이 글에서는 이들 형태들을 총괄하여 '-다' 체계나 '-다' 문체 또는 '종결어미 -다'라고 부르겠다.

2_ 남한에서의 종속적 "근대화"를 강력하게 추진한 것이 박정희의 군사 쿠데타였다는 점을 여기서 기억할 필요가 있다.

만 문어체에서 '-다' 종결형은 20세기 초 이전까지는 지배적 위치를 차지하지 못하였다. '-다' 체계가 문어체 문장에서 출현한 빈도는 '-이라', '-니라', '-노라', '-더라', '-지라' 등으로 이루어진 '-라' 체계에 비해 훨씬 낮았던 편이며, 이런 추세는 1910년대까지 계속된다.3 평서형에서 '-라' 체계가 완전히 후퇴하고 '-다' 체계가 지배하게 된 것은 1910년대 말에 나온 일부 근대소설이 처음이었다. 소설에서 지배적 위치를 차지한 '-다' 체계는 1920년대에 들어와서 평론, 논문, 사설 등으로 확산되다가 1920년대 말, 1930년대 초에 이르러 모든 근대적 담론에서 평서형 문장의 보편적 종결어미가 된다.

문장 종결어미 사용을 필수로 해놓은 근대 한국어에서 새로운 종결어미 체계가 구축되었다는 것은 언어생활에 있어서 중대한 사건이 아닐 수 없다. '-다' 체계의 구축은 한국의 언어적 근대성 형성에 핵심적 역할을 했으며, 그로 인해 한국인은 전에 없던 언어적 감수성을 갖게 되었고, 새로운 표현 영토를 얻게 되었다. 그것의 성립은 가라타니 고진이 오래 전에 언급한 '새로운 글'(文) 혹은 '또 하나의 글' 즉 일본에서 '풍경의 발견' 혹은 '내면의 발견'을 통한 '근대문학' 성립을 가능케 한 글쓰기와 유사한 효과를 만들어낸 것으로 보인다.4 여기서 나의 명제는 한국에서는 이 새로운 글이 '-다' 체계의 성립과 관련되어 있다는 것이다. 근대소설에서 나타난 '-다' 체계의 성립이 없었다면 비교, 논증, 주장, 설명, 해설, 토론, 묘사, 서술, 분석 등 오늘날 한국어로 이루어지는 다양한 표현양식들과 그것들을 사용하는 근대적 담론들은 불가능했을 것이다. 한국어는 '-다' 체계를 완성함으로써 문

3_ 예컨대 '근대적 매체'인 신문에서도 1910년대까지는 '-라'가 '-다'에 비해 훨씬 더 많이 사용되었다. 예컨대 1906년 『만세보』의 경우, 1호에서 7호까지, 23, 30, 31, 88, 200호 지면에 실린 기사 문장에 사용된 종결어미 약 800개 중 630개 정도가 '-라'로 끝나고 있었다. 사이구사 토시카츠(三枝壽勝), 「이중표기와 근대적 문체 형성─이인직 신문연재 『혈의 루』의 경우」, 『한국 근대문학에 나타난 일본체험』(한국문학연구학회 제54차 학술심포지엄 자료집, 2000 8. 19), 63.

4_ 가라타니 고진, 『일본근대문학의 기원』, 박유하 옮김, 민음사, 1997, 104, 155.

장 내부나 문장들 사이의 문법적 관계만이 아니라 논리적 구성 방식, 표현 방식을 바꿔냈고, 새로운 언어적 감각을 만들어냈으며, 이 결과 근대담론의 출현을 가능케 했다. '-다' 체계의 성립은 따라서 중대한 문화적 변동을 수반한, 그리고 아직도 그 효과가 지속되고 있는 일대 사건인 셈이다. 문체론적, 수사학적 변화도 동반한 이 사건은 새로운 권력관계와 이 관계의 새로운 지향을 만들어내는 과정이기도 했다. 종결형 '-다'가 지배적 위치를 가지게 됨으로써 전근대적 표현 방식들은 대거 소멸하고, 새로운 근대적 표현의 영토가 개척되었을 뿐만 아니라, 이 과정에서 발화위치, 담론적 실천에서의 주체위치가 새롭게 설정되었기 때문이다.

'-다' 체계가 일거에 지배적 위치를 차지한 것은 아니다. 그것의 지배가 가능하기 위해서는 전통적 언어생활과 문자문화의 후퇴, 새 종결어미 체계를 이용해서 근대적 담론을 생산하는 사회세력과 이들의 새로운 언어적 감수성을 허용하는 사회적 조건의 형성이 필요했다. 이 과정은 투쟁의 연속이었지만, 알다시피 싸움의 승자는 '-다' 문장들로 '자아', '사실', '논리', '객관성'과 같은 이제는 규범이 된 가치들을 구축하는 데 앞장선 근대 세력이다. 그런데 사카이가 말하듯 "근대성은 지리적, 문화적, 사회적 거리들에도 불구하고 많은 지역들, 사람들, 산업들, 정치체들이 서로 접촉하는 경우가 없으면 상상할 수 없다"[5]는 점에서, 근대성의 형성은 충격과 폭력을 동반하기 마련이다. 한국에서 언어적 근대성이 형성되기 시작한 시기 역시 "은자의 왕국" 조선이 제국주의에 의해 침탈당하고, 일본에 의해 식민지로 전락한 시기로서 이질적 문화들의 폭력적 접촉이 일어나던 시기였다. 그뿐만이 아니다. 한국의 언어 근대화 과정은 또한 전근대적 표현방식과 그것을 가능케 한 발화상황들을 배제하여 언중을 새롭게 형성하는 과정이자, 새롭게 형성된 표준적 표현체계로 다양한 '사투리 사용자들'을 소환하여 새로운 주체로 형성하는 이데올로기적, 훈육적 과정, 새로운 언어 능력을 갖춘 근

5_ 나오키 사카이, 「서문」, 『흔적』 1, 문화과학사, 2001, 9.

대인을 형성한 '원시적 축적' 과정이었다.

2.

종결형이 '-다' 중심으로 정리되기까지 한국에서는 약 4반세기에 걸친 문자사용상의 변동이 있었다. 이 변화는 19세기 말에 나타나기 시작했으며, 그 계기는 1894년에 실시된 갑오개혁에서 공문서 작성을 국문으로 할 것과 등용고시 과목에 국문을 포함할 것 등이 법제화하면서 주어졌다. 국문에 의한 공문서 작성은 한반도 거주자들의 언어생활, 특히 문자문화에 일대 변혁이 일어났음을 의미한다. "국문"이란 표현 자체가 지각변동을 예고한 것이었다. 그것은 이전에 '자'(字) 혹은 '문자'(文字), '진서'(眞書)로, 즉 보편적 문자로 이해되던 중국 글자에 비해 지방어, 여성용으로 취급되던 '언문', '반절', '암클' 등을 대체한 표현이다. '국문'의 등장으로 '진서'는 상대화되었고, '한문'이라 불리게 되었다. '진서'를 '한문'이라 규정한 것은 그것이 실은 외국 문자임을 확인한 문화적 각성이 생겼다는 말이기도 하다. 언문-진서의 대립구조는 이제 국문-한문의 그것으로 전환했고, 국문의 위상이 따라서 강화됨으로써 어문정책의 독립이 가능해졌다.

국어에 대한 한국인의 자각이 이전에 전혀 없었던 것은 아니다. 15세기 말 훈민정음을 창제한 것 자체가 '국지어음'과 중국어가 서로 다른 언어에 속함을 의식한 결과이다. 국문이 이전에 쓰이지 않았던 것도 아니다. 훈민정음 창제 이후 언해작업이 활발하게 이루어졌고, 여성이 쓴 서간문은 대부분이 '언문'으로 쓰였으며, 시조나 가사, 소설과 같은 문학적 표현에서도 국문 사용이 오히려 규범이었다. 그러나 사용 용례가 언해, 서간문, 소설 등의 글쓰기에 국한된 데서 알 수 있듯이 국문은 문자문화의 중심 위치를 차지하지 못했다. 언해는 백성 교화를 위해 '진서'를 '언문'으로 번역한 것일 뿐이고, 서간문은 사사로운 소통에 한정되었으며, '소설'은 표현 그대로 정전에 비해 하찮은 것이었다. '언문', '암클', '반절' 등도 자국 글자를 지칭하기에는 너무 폄하적인 표현이며, 현재 국문의 보편적 이름으로 쓰이는 '한글'은 1910년대까지는 나타나지 않았다.[6] 문자생활에서 국문의 주변적, 부차적 지위는 19세기 말까지 한국 지식인이 예외 없이 한문으로 지적 활동을 하고 한문을 공적 담론의 유일한 수단으로 삼았었다는 사실로 증명된다.

언문의 국문화와 진서의 한문화, 즉 공식 문서의 표기에 자국 문자가 사용된다는 것이 문화적으로 얼마나 큰 의미를 가지는지는 새삼 강조할 필요가 없을 것이다. 무엇보다 글쓰기가 자연어로서의 한국어와 부합하는 언문일치가 가능해졌다. 이는 지식인의 한문 집필 관행이 역사상 처음으로 사라지기 시작했다는 말이기도 하다. 물론 한문이 일거에 사라진 것은 아니다. "법률 칙령은 모두 국문으로 본을 삼되, 한문을 부역(附譯)하거나 국한문을 혼용할 수 있다"고 했기 때문이다.[7] 이 결과 국한문혼용에서는 순 한문에 가까운 표현이 등장하기도 하였다. 국문 사용에 반발하는 사람도 있었다. "국문을 쓰고 청국 글을 폐하는 것은 옳지 못하"다고, "국문을 쓰는 일은 사람을 변하여 짐승을 만드는 것"이라고 주장한 학부대신 신기선이 대표적인 예이다.[8] 그러나 공식 문건을 국문으로 표기하기 시작하면서 문자문화의 지형에서 한문의 위상은 갈수록 낮아진다. 시론(時論) 『매천야록』을 남기고 한일합병(1910)에 항거하여 자결한 황현의 경우처럼 한문으로 저술하는 지식인이 전혀 없었던 것은 아니었으나, 한문학자 출신이지만 항일 민족주의 지식인으로 발전하며 국한문혼용으로 저술활동을 한 신채호와 같은 사례가 대세가 되었다. 1920년대에 이르게 되면 한문에만 의존하는 유생들은 지식인 계급에도 끼지 못하는 신세가 된다.[9]

6_ '한글'은 오늘 한글 자모를 나타내는 말로 사용되고 있지만 1913년에 처음으로 사용된 표현이다. '한글'은 대한제국에도 사용된 한민족의 '한'을, 그리고 크다는 의미의 '한' 등을 생각하여 새로이 지은 말로 알려져 있다.
7_ 이응호, 『개화기의 한글 운동사』, 성청사, 1975, 118에서 인용.
8_ 같은 책, 247.
9_ 유선영(柳善榮), 「한국 대중문화의 근대적 구성과정에 대한 연구—조선후기에서 일제

공적 담론에서의 국문 채택으로 가능해진 언문일치는 획기적인 의미를 지닌다. 언문일치는 물론 구어체와 문어체의 일치를 의미하는 것은 아니다. 말을 하는 것과 글을 쓰는 것은 서로 다른 일이다. 언문일치는 가라타니가 일본의 맥락에서 언급한 것처럼 한자 폐지를 전제한다.[10] 언뜻 생각하면 한국에서 (그리고 사실 일본에서도) 한자를 병기하는 관습이 지속되었다는 점을 생각하면 이는 쉽게 이해되지 않는 말일 수도 있다. 그러나 한자를 한문, 즉 문장 차원에서 놓고 생각하면 이야기는 달라진다. 갑오개혁의 문화적 혁명성은 국문을 공적 담론을 위한 글로 격상시킨 데 있다. 이로 인해 한문은 급격하게 중요성을 상실하고 만다. 한문 퇴조는 19세기 말 이후 문자생활의 방향을 놓고 벌어진 논쟁이 국문전용과 국한문혼용 입장의 대립에 국한되는 데서 확인된다. 이 입장 차이는 처음에는 철저한 국문전용을 한 『독립신문』과 국한문혼용을 한 『황성신문』 사이에 나타났다. 『독립신문』은 "남녀 상하귀천이 모도 보게", 그리고 "알어보기 쉽도록" 하기 위해 국문을 띄어쓰기로 표기한 반면, 『황성신문』은 고종이 "부가적으로" 허용한 국한문 혼용을 표기의 원칙으로 삼았다. 이 두 신문의 대립은 비단 국문과 한문의 표기를 둘러싸고 일어난 것만은 아니다. 그것은 언어를 놓고 개화파와 보수파가 벌인 일종의 문화전쟁이었고 넓게 보면 한문 문화권인 대륙세력과 해양세력 간에 일어난 쟁투의 대리전 같은 양상을 띤다.[11] 이 전쟁은 중국과 러시아의 대륙세력에 비해 우위에 선 해양세력(일본과 나중에는 미국)을 모델로 근대화를 추진하려던 개화세력의 우세 속에 진행되었으나 쉽게 끝나지 않고 한글전용론 대 국한문혼용론의 대립으로 20세기 내내 이어졌으며, 지금도 계속되고 있다. 하지만 지금 시점에서 볼 때 이 논쟁의 더 큰 의미는 한문 퇴장이 기정사실이 되었다는 점이다. 언문일치로

시대까지를 중심으로」, 고려대신문방송학과 박사학위논문, 1992, 229.
10_ 가라타니 고진, 앞의 책, 62-77 참조.
11_ 이후 식민지 조선에서 나타난 식민지 근대적 삶의 방식에 대해 비판하던 사람들이 주로 전통적 지식인들이었다는 사실도 이와 관련이 있어 보인다.

글쓰기가 한국어에 기반을 두게 됨으로써 한문은 사용되더라도 공적 담론의 자리를 차지하지 못하게 되거나 기껏해야 문장이 아닌 문자 차원으로 그 역할이 축소되어 단어표기용 '한자'가 된 것이다.

한문 집필 중단은 중대한 문화적 선택이었지만 당시 정세가 지식인들에게 강요한 결과이기도 했다. 사실 변화된 문화 지형에서 한문 집필을 고집하는 것은 새롭게 형성되는 언중으로부터 유리되는 길, 즉 지식인으로서는 자신의 영향력을 포기하는 것과 같았다. 국문 등장은 들뢰즈와 가타리의 말을 빌자면 전근대적 표현 영토가 되돌릴 수 없는 방향으로 탈영토화하기 시작했음을 의미한다. 이 탈영토화는 한편으로 보면 중국으로부터 조선의 문화 독립을 의미하지만, 다른 한편에서 보면 조선사회 지배세력이 장악한 문화적 헤게모니가 와해되었다는 말이다. "국문을 쓰는 일은 사람을 짐승 만드는 일"이라고 한 신기선의 마음속에서 '사람'은 분명 엘리트였을 것이고, '짐승'은 일반 백성이었을 것이다. 그러나 이제 이 백성의 소리를 외면할 수 없는 국면이 벌어졌다. 19세기 말 한국의 기존질서는 급격한 해체 상황에 빠져든다. 조선왕조 지배세력은 농민혁명을 저지할 힘이 없었기 때문에 일본과 중국 군대를 불러들이는 처지였다. 국문을 공식적 표기 수단으로 결정한 개혁 조치도 실인즉 일본의 강요에 의한 것이었다. 국문표기정책을 포함한 다른 제반 개혁 조치들을 담은 당시의 칙령도 조선왕조가 원해서 발표한 것은 아니다. 일본이 강요한 개혁안을 윤허 받을 때 군국기무처 총재 김홍집이 고종에게 "500년 내려오던 묵은 제도를 신들의 손으로 바꾸고 보니, 황공함을 이기지 못하옵니다"고 하니, 동석했던 영부사(領府事) 김병시(金炳始)가 "상을 욕되게 하여 신들은 죽어 마땅하와 실로 통한이오이다" 하면서 눈물을 닦자, 임금과 모든 신하들도 눈물이 그득하였다고 한다.[12] 그러나 국문 채택은 조공을 바쳐오던 청을 굴복시킨 일본 제국주의 세력의 조선 강점 속에서 어쩔 수 없는 선택이기도 했다. 고종 자신이 먼저 모범을

12_ 이응호, 앞의 책, 102.

보이며 시작한 단발령 실시, 전통적 혹은 중국 중심 시간체계에서 벗어나게 한 태양력 도입 등 당시 국문 채택과 함께 일어난 조치들은 조선왕조가 그나마 자주적 근대화의 길을 확보하기 위한 안간힘이었다.

3.

국문 채택과 관련하여 주목할 점은 그 조치가 새로운 언중을 전제했다는 사실이다. 『황성신문』도 인정하듯이 국문은 한문에 비해 배워 익히기가 쉬웠으므로 접근성이 높았다.[13] '한문' 또는 '문자'가 소수 엘리트가 공적 담론장을 장악하는 수단으로 전용되었다면, '국문'은 대중에게 새로운 자기표현의 기회를 제공하는 문자였다. 하지만 동시에 국문표기정책은 조선의 지배세력이 새로운 언중을 소환하는 노력의 일환이기도 했다. 당시 조선왕조는 제국주의 세력에 포위되어 있었으며 난관을 뚫기 위해 민중을 동원해야 할 필요가 있었다. 문제는 민중 동원은 이 맥락에서 아주 모호한 의미를 지닌다는 점이다. 외세를 막으려면 민중에 의존해야 하는데, 동학혁명에서 보듯 이미 민중은 반봉건 운동을 시작한 터였다. 개혁과 함께 일어난 사회적 변화들 역시 구체제를 유지하려는 보수적 노력들을 약화시켰다.

갑오개혁이 실시된 1894년부터 일본에 의해 합방된 1910년에 이르는 약 16년 기간은 '애국계몽기'로 불린다. 이 시기 직전부터 한국인들은 대규모 이산을 겪게 된다. 봉건질서와 외세에 항거하여 동학혁명군, 의병이 되기 위해, 그리고 박해를 피하여 유랑민이 되어 수백만 명이 삶의 터전을 떠나고 있었던 것이다. 이산의 증가 과정에서는 바바가 지적한 것처럼 새로운 형태의 모임도 증가하는 법이다.[14] 이때 독립협회, 황국협회와 같은 결사체

13_ "半切字ᄂᆞᆫ더욱至易ᄒᆞ야비록提孩男女라도十日內에大綱을領會ᄒᆞ야十人에八九個가無識을 免ᄒᆞ난지라…半切字ᄂᆞᆫ天下各國에第一쉽고第一簡略혼文字라天下公論이반다시大韓半切 로文壇盟主를定ᄒᆞ리라ᄒᆞ노라." 이응호, 222쪽 재인용.

가 생기고 교회, 학교, 강연장, 다방, 카페와 같이 전통적 공간과는 다른 귀속 방식을 필요로 하는 공간들이 생겨났다. 당시 유례없이 토론회, 연설회가 많았던 것은, 그리고 "7세 어린아이에서부터 젊은 부인, 나무꾼 등 신분고하, 남녀노소를 막론하고 길거리 곳곳에서 공적 언술을 표현하는 것이 대유행이었"15던 것은 이들 새로운 모임과 공간에서 새로운 언중이 탄생했음을 말해준다. 국난을 맞게 되면서 말하고 글쓰는 일, 즉 공적인 발언이 중요해지고, 또 그런 발언 기회의 증대와 함께 공론장 참여가 크게 증가한 것이다. 여기에 당시 창간된 신문, 새로이 문을 연 학교와 예배당 등이 크게 기여했음은 물론이다.16 당시 언술행위의 중요성은 『독립신문』이 설립을 주도한 독립협회가 개최한 만민공동회 모임이 엄청난 파장을 일으킨 데서도 입증된다. 만민공동회 사건은 정부의 부패를 비판하고, 외국인에게 이권을 주는 것을 즉각 중단할 것과 외국의 간섭을 막고 자주적 국정을 시행할 것을 주장하며 1898년 서울의 종로에 서울시민 수천 명이 모여 벌인 최초의 가두시위이다.

이 지점에서 환기하고 싶은 것이 있다. 당시 백가쟁명 현상이 일어나고는 있었지만 전근대적 표현방식들이 일시에 사라진 것은 아니다. 『독립신문』이 국문전용과 띄어쓰기를 통해 『황성신문』보다 일반 대중이 훨씬 더 쉽게 접근할 수 있는 글쓰기를 시도했다는 것은 이미 언급한 바다. 국문표기는 한자를 표기하지 않는 것만이 아니라 한자에서 기원하는 용어나 표현을 덜 쓰는 효과도 있다는 점에서 한문투 글쓰기에서 벗어날 수 있는 방식임이 분명하다.17 하지만 이는 어디까지나 표기와 어휘상의 문제이지

14_ Homi K. Bhabha, "DessemiNation: time, narrative, and the margins of the modern nation," in Bhabha, ed., *Nation and Narration* (London and New York: Routledge, 1990), 291.

15_ 고미숙, 「계몽의 담론, 계몽의 수사학」, 『문화/과학』 23호, 2000년 가을, 206.

16_ "순검, 병정, 상인들 뿐 아니라 부녀자와 하인배들에 이르기까지 <제국신문>을 읽어 국제정세나 정치의 득실, 실업의 발전을 알게 되었다." 『박은식전집 中』, 단국대동양학연구소, 1975, 17; 한기형(韓基亨), 『한국근대소설사의 시각』, 소명출판사, 1999, 53에서 재인용.

17_ 당연한 말이지만, 한문투와 한문은 구분되어야 한다. 한문투는 한국어 문법 체계를

문장 수준으로 가면 이야기가 달라진다. 문장구조, 특히 종결어미 사용의 측면에서 보면 전근대적인 언해체를 그대로 쓰기는 『독립신문』도 『황성신문』과 크게 다르지 않았다. 이들 신문에 등장하는 문장들은 주로 '-이라', '-니라', '-더라', '-지라', '-로다', '-도다' 등으로 끝난다. 전근대적 언어감각을 지닌 종결어미를 여전히 사용하고 있었던 것이다. 이들 종결어미는 계몽, 훈육, 선언, 영탄, 교화의 태도를 드러내며, 전근대 시대에 형성된 위계적, 권위적 어감을 전달한다. 이중 '-로다'와 '-도다'는 '-다' 체계에 속하지만 신분을 드러내는 과시적 분위기 때문에 오늘날에는 쉽게 사용되기 어려운 종결형이다.

종결어미의 변화는 1900년대에 등장한 신소설에서 감지되기 시작한다.[18] 신소설은 현재형 '-다'인 '-ㄴ다' 사용 빈도를 높임으로써 묘사와 서술의 새로운 방식을 열었다. 현재형 '-ㄴ다'체는 전근대 소설에 많이 사용되던 '-더라' 등에 비해 서술되는 사건의 현장성을 부각하는 효과가 있다. '-더라'가 언급되는 사건이나 상황을 원경으로 배치하는 효과가 있다면 '-ㄴ다'는 전경화하는 경향이 있고, 이로 인해 소설에서 서술되는 사건의 현재 상황이 부각되는 것이다.[19] 하지만 그래도 신소설 역시 '-다' 체계보다는 '-라' 체계에 의해서 지배되는 경향이 컸다는 점에서 근대적 문체 혁명을 완전히 이룬 것은 아니다.[20] 한국어에서 언어적 근대성은 아래서 보겠지만 '-다' 체계의 성립과 그것의 지배적 위치 점유와 함께 구성된다. 이는 한문 배제로 인한

따른다는 점에서 한국어에 속한다.

18_ '신소설은 조선조의 전근대 소설이 시공간을 초월하는 이야기를 다루고 있는 데 비하여 당대의 이야기를 주로 다루며, 그 다루는 방식이 새롭다는 의미에서 붙여진 이름이며, '신소설'이 등장하면서 조선시대 소설은 '구소설'이 되었다.

19_ 이와 관련해서는 이인직의 『혈의 누』 두 번째 문장이 유명하다. "흔부인이나히 삼십이 될락말락ᄒ고 얼골은 분을ᄯ고넌드시 흰 얼골이ᄂᆞ인졍업시 ᄯᅥ겁게ᄂᆞ리 ᄭᅩ히는가을 볏에 얼골이익어서 션ᅌᅥᆼ두의빗이되고 거름거리는 허동지동ᄒᄂᆞᆫ듸 옷은흘러ᄂᆞ려서 젓가슴이다드러ᄂᆞ고 치마ᄭᅳ락은ᄉᆞ뎨질질ᄭᅥᆯ려서 거름을건ᄂᆞᆫ듸로 치마가발피니 그 부인은아무리 급흔거름거리를 ᄒᄃᆞ력도 멀리가지도 못ᄒ고 허동거리기만ᄒᆞ다." 여기서 신소설은 등장인물이 처한 상황을 바로 보여주고 있다.

20_ 앞의 주 3을 참조할 것.

언문일치만으로 한국어가 근대성을 획득하지 않았다는 주장이다. 내가 보기엔 국문 표기 언어정책 실시는 한국어 중심 문자문화의 지형을 형성하기는 했지만 근대한국어의 탄생은 아니었다. 당시 상황은 표기상의 변화로 언문일치가 이루어져 새로운 발언, 발화의 가능성이 높아진 가운데 '-라' 체계와 '-다' 체계가 함께 쓰이는 국면이었던 것이다.

　물론 언문일치의 의미가 크지 않다는 말은 아니다. 이 시기에 일어난 중요한 변화는 한문언중과 언문언중의 분리가 극복되고 한국어를 기반으로 전근대적인 '-라' 체계와 근대적이기는 하지만 아직 완전히 완성되지는 않은 '-다' 체계가 뒤섞여 사용될 수 있게 된 것으로 보인다. 애국계몽기 시기 이들 어미들의 혼용은 위에서 언급한 대중동원 문제와 연계하여 생각할 필요가 있을 것 같다. 이 기간 조선은 일제의 실질적 지배를 당하면서도 자주적 근대화를 달성해보려고 안간힘을 기울이고 있었다. 독립협회, 황국협회 등의 결사체, 학교나 교회, 강연장 등에서, 길거리에서, 혹은 만민공동회 경우처럼 대규모 군중대회에서 사람들이 토론과 연설에 열중했다 함은 이 과정에서 수많은 공론장이 형성되었음을 말해준다. '-라' 종결어미의 계속 사용은 이들 공론장에서 제기되는 과제가 서로 상대방을 이해시키고 납득시키거나 설득시키는 일이었다는 점을 생각하면 충분히 이해가 가는 대목이다. 임화가 지적한 바 있듯이 "아무리 새롭고 좋은 내용이라도 구소설의 양식을 표현형식으로 하지 아니했으면 그러한 전파력이 없었을 것"이다.[21] 애국계몽기 담론의 관건은 전파력, 설득력, 호소력 등을 확보하는 일이었다. 당시 언중은 전통적 삶의 터전, 신분, 지식체계, 관심사를 벗어나고 있었지만 완전히 새로운 언어표현을 습득한 것은 아니었다. 새로운 언중의 관심을 끌기 위한 노력도 필요했겠지만, 그렇다고 그들의 기존 언어 관행, 습속을 완전히 무시해서도 안 되었을 것이다. 임화의 지적은 언중의 관심을 끌기 위한 새로운 내용과 사실의 개진은 필요했으되 관심 표명 방식이 꼭

21_ 임화, 『신문학사』, 한길사, 1993, 166-67; 한기형, 앞의 책, 54 재인용.

전적으로 새로워야 하는 것은 아니었음을 시사한다. 무엇보다 중요했던 것은 어떻게 해야 더 많은 사람들이 국난 위기를 절감하고 외세를 물리쳐 독립을 이루는 데 참여하게 할 것인가, 어떻게 하면 근대국가를 형성할 것인가라는 문제였다. '-이라', '-니라', '-노라', '-지라' '-로다', '-도다' 등은 권위적으로 느껴지기는 하지만 아직도 옛날식 표현에 익숙한 언중에게 계몽의 당위를 선포하고 주장하기 위해 『독립신문』에 글을 쓴 지식인들이 여전히 필요로 했던 표현들이었을 것으로 짐작된다.

국문 채택으로 인한 언문일치와 함께 발언 기회를 갖게 된 언중에게 '-라' 계열의 종결어미 사용은 이들 표현이 발화자의 자기 과시적 태도를 드러낼 수도 있다는 점에서 유례없는 경험을 제공했을 수 있다. 복잡한 하대체와 존대체 체계를 갖추고 있는 한국어의 발화자는 피화자와 자신의 사회적 신분 차이에 따라 종결어미를 골라 사용할 수밖에 없는데, 국문 사용과 함께 공적 발언의 기회를 얻은 피지배 계층에게 '-라' 어미를 사용할 수 있다는 것은 엄청난 권능강화의 경험이었을 것이다. "7세 어린아이에서부터 젊은 부인, 나무꾼 등 신분고하, 남녀노소를 막론하고 길거리 곳곳에서 공적 언술을 표현하는 것이 대유행이었다"는 사실은 이런 맥락에서도 이해된다.

1900년대에 어미 사용상의 새로운 변화가 생긴 것도 사실이다. 이미 지적한 대로, 신소설에서 '-다', 특히 현재형 '-ㄴ다가 더 빈번하게 등장하기 시작하였고, '-라' 체계 내에서도 변화가 생겨났다. 이 두 번째 변화는 특히 신문 보도에서 두드러졌는데, 1920년대 후반에 한글 평서형이 '-다' 체계로 통일되기 전까지 한동안 '-라' 어미 가운데 '-더라'가 지배적 위치를 차지한 것이 그것이다. 이 종결형은 '-니라', '-노라', '-로다' 등에 비하면 "어떤 사건이나 이야기를 사실이라고 전달하는" 효과가 훨씬 더 크다.[22] '-더라' 체가 신문에서 자주 등장하게 된 것은 따라서 신문에서 사용되는 담론에서도

22_ 주 3에서 인용한 사이구사 토시카츠의 조사에 따르면 약 800개의 종결형 어미 중에서 '-라'로 끝나는 것이 약 630개, '-더라'가 그 중에서 530개 정도이다.

새로운 변화가 생겨났다는 것을, 특히 이른바 객관적 보도의 기준이 강조되기 시작한 징후로 보인다. 신문 보도에서 '-더라'의 빈번한 사용은 신문담론이 주장, 계몽, 훈시보다는 사실이나 현상의 객관적 보도나 묘사라고 하는 근대적 규범을 좇게 됨을 의미한다. 이는 1894년 이후부터 본격적으로 나타난 공론장에서의 자유 발언이 일제의 감시와 탄압에 의해 갈수록 더 어려워지는 상황과 무관하지 않을 것이다. 계몽담론의 특이점은 "구술문화에 기인한 역동적 변이능력"을 지녔다는 것, 그 "변이 안에서는 소위 문학적인 것과 비문학적인 것, 논설과 서사, 묘사와 서술 등이 다기하게 뒤섞이"는 것이었다.[23] 애국계몽기의 공론장에서 볼 수 있던 이런 표현상의 자유는 합방 이후 사라지기 시작한다. 객관성의 강조는 공론장에서의 풍자, 조롱과 같은 탈영토화된 언술행위들, 전근대적인 위계적 발언과 함께 공존하던 잉여적 표현들, 불안정성 등의 제거로 이어졌다. '-더라'의 지배적 위치는 이런 변화가 일어나는 과도기와 일치한다. 하지만 이 '-더라' 역시 얼마 되지 않아 지배적 지위를 잃게 된다. 식민치하인 1920년대에 이르러 '-다' 체계가 한국어 평서문 종결어미를 서서히 평정하기 시작했기 때문이다.

4.

통설에 따르면 '-다' 문체가 창안된 것은 1919년에 나온 김동인의 소설 『약한 자의 슬픔』이다.[24] 김동인은 문단 선배 이광수가 쓰던 것과는 질적으

23_ 고미숙, 앞의 글, 204, 207.

24_ 이는 사실이 아닌 것 같다. 내가 확인한 바로는 1918년 2월 『半島時論』에 실린 양건식(菊如 梁建植)의 「슬픈 모순」(슬흔 矛盾)도 '-다' 체계로만 서술되어 있다. 그러나 이 작품에서는 모든 종결어미가 '-다'로 처리되어 있으나 현재형 '-ㄴ다'가 중심이 된 듯한 느낌이 들어 김동인의 사용방식에 비하면 거칠고 서툴게 느껴진다. 이 작품은 1996년에 성균관대 도서관에서 한진일·최수일에 의해 처음 발견되었으며, 한기형, 앞의 책에 '부록 2'로 일부가 실려 있다.

로 다른 문체를 의식적으로 시도코자 했으며, 이는 이광수의 종결어미 사용에 대한 불만에서 비롯된 것임을 토로한 적이 있다. 김동인은, 구어체로 사용되기도 하지만 자기가 볼 때 "문어체 흔적"이 너무 많이 남아있는 '-더라', '-이라'와 같은 종결어미를 이광수가 서사체로 계속 사용하고 있다는 점을 문제로 삼았다. 이는 김동인이 문어체보다 구어체가 소설의 서사에 더 적합하다고 믿었음을 보여주는 대목이지만, 그의 말을 곧이곧대로 들을 일은 아닌 것 같다. 우선 구어체를 일상대화에 사용되는 말법이라 여긴다면, 그런 구어체를 서사용으로 쓰기란 사실상 불가능하다. 한국어에는 하대나 존대를 나타내는 어미들이 워낙 많아서 어느 것을 골라 써야 할지 당장 난감해진다. 구어체를 "다까체"처럼 표준화된 형태를 지칭하는 것으로 이해해도 문제는 남는다. 한편으로 표준화된 구어체가 과연 구어체인가 하는 질문이 생길 수가 있고, 다른 한편으로 김동인이 '-다'체를 도입했을 때 그런 구어체는 아직 없었음을 지적할 수 있다. 김동인이 문제로 여긴 것은 따라서 다른 데 있었던 것 같다. 그가 반대한 '-더라'나 '-이라' 등은 문어체에서 사라진 평서형 어미들이다. 그는 이들 문체가 자기의 새로운 소설에는 어울리지 않는 "전근대적" 어감을 가진 것으로 여긴 것이 아닐까? 이광수의 문체에 대한 김동인의 불만은 언어적 전근대성이 여전히 남아있다는 것이 아니었을까? 그의 「약한 자의 슬픔」에는 과연 지금은 전근대적이라 치부되는 '-라'체는 물론이고 이광수가 가끔 사용하던 '-로다'와 같은, 고티 나는 종결어미가 아예 사라지고 없다.

김동인이 근대적 언어감각 주형에 관심이 많았다는 것은 이광수가 자주 사용하던 '-한다', '-이라,' '-이다' 등의 현재형 어미에 분명한 반대 입장을 취하는 데서도 드러난다. 그가 현재시제에 반대한 것은, "근대인의 날카로운 심리와 정서를 표현할 수 없"고, "주체와 객체의 구별"을 명료하게 하지 못한다는 이유 때문이다.[25] 근대인의 감수성을 표현하기 위한 김동인의 해

25_ 김동인, 「조선근대소설고」, 전광용 편, 『韓國의 近代小說 1: 1906-1930』, 개정2판, 민음사, 1990, 292.

결책은 과거형 서사체를 사용하는 것이었다. 이 제안은 이광수가 과거형 서사법을 사용한 적이 없다고 전제하고 있는데, 다음 예문이 증명하듯 그렇지는 않다.

> 발서 십유년전의로다. 평안남도 안쥬읍에서 남으로 십여리 되는 동내에 박진사라는 사람이 잇섯다. 사십여년을 학쟈로 지내어 린급읍에 그 일홈을 모르는 사람이 업섯다. 원래 일가가 수십여호되고 량반이오 재산가로 고래로 안쥬일읍에 유세력쟈러니 신미란년에 역적의 혐의로 일문이 혹독한 참살을 당하고 이 박진사의 집만 살아남앗다. 하더니 거금 십오륙년전에 쳥국디방으로 유람을 갓다가 상해서 출판된 신셔적을 수십종 사가지고 돌아왓다. 이에 셔양의 스졍과 일본의 형편을 짐쟉하고 죠선도 이대로 가지못할줄을 알고 새로온 문명운동을 시작하려하엿다.[26]

이광수의 『무정』에서 인용한 이 구절은 첫 번째 문장만 제외하면 모든 문장이 과거형 '-다'로 서술되어 있다. 이런 사실을 두고서 왜 김동인은 이광수가 현재형 서사체에 매몰되어 있다고 문제삼은 것일까? 만약 이광수가 과거형 '-다'를 사용한 적이 있었음을 알고 있었다면 애써 외면한 셈이고, 아니면 선배의 용법이 근대적 감수성을 표현하기에는 아직도 부족하다고 본 때문일 것이다. 인용된 부분은 주인공 이형식이 여주인공 영채를 만나서 지난 세월을 회상하는 장면으로 여기서 언급되는 시점은 이야기의 현재 시점에 준해서 볼 때 분명한 과거, 즉 "십유년전"에 해당한다. 이런 시점을 가리키기 위하여 과거형 '-었(았)다'를 사용한 것은 너무 뻔한 선택인지도 모른다. 물론 과거형 '-다'를 선택한 사실 자체는, 신소설과 구소설에 자주 등장하고 또 이광수 자신도 가끔 사용하던 '-더라'에 비하면 "근대적" 어감을 만들어내는 것이 사실이다. 나중에 좀 더 자세히 살피겠지만 이 어감은

26_ 이광수, 『무정』, 전광용 편, 『한국의 근대소설 1, 1906-1930』, 민음사, 1985, 146-47.

'-었(았)다'가 서술자의 사적 세계를 드러내는 독백체를 구성하기 때문에 만들어진다. 하지만 이광수의 글 전체에서는 그와 같은 문체 효과가 별로 만들어지지 않는데, 주된 이유는 위의 인용 첫 문장에서 사용된 '-로다'와 같은 선언적 표현이 섞이곤 하기 때문이다. 소설을 계몽의 수단으로 여겼던 이광수의 문체에는 아직 애국계몽기의 불안정하고 역동적이며, 혼란스런 느낌이 남아있는 것이다.

김동인에게서 과거형 '-다'의 용법은 분명 다른 효과를 만들어낸다. 다음은 '과거형'과 '현재형'의 문체론적 차이를 드러내기 위해 김동인 자신이 직접 제시한 예문이다.

> 소름 돋을 때와 부채의 시원한 바람의 쾌미(快味)는 그에게 조름이 오게 하였다
> (한다). 그는 구름을 타고 하늘에 올라가는 맛으로 잠과 깨임의 가운데서 떠돌고
> 있었다(있다). 몇 시간이 지났는지 몰랐다(모른다). 무르녹이기만 하던 날은 소낙
> 비를 부어내린다. 그리 덥던 날은 비가 오면서는 서늘하여졌다(진다). 방안은 습
> 기로 찼다. 구팡에 내려져서 튀어나는 물방울들은 안개비와 같이 되면서 방안에
> 몰려 들어온다. 그는 눈을 번쩍 떴다(뜬다).[27]

이 인용문에서 '-다'는 '부어내린다', '서늘하여졌다', '찼다', '들어온다', '떴다'와 같이 현재형과 과거형이 뒤섞이는 방식으로 사용되고 있다. 김동인은 과거형 대신 현재형을 사용했다면 어떤 다른 효과가 있었을 것인지 묻는다. 현재형만 사용했을 경우 등장인물인 "주체와 사위(四圍)라는 객체의 혼동 무질서를 볼 수 있으나" 과거형을 쓸 경우 "완전한 합치적 구분을 볼 수 있다"는 것이 그의 자답이다.[28] 이에 대해 권보드래는 김동인이 "'하였다' 대신 '한다', '있었다' 대신 '있다'를 사용하면 독자는 계속 사건이 진

27_ 김동인, 「조선근대 소설고」, 『조선일보』, 1929. 7. 28-8. 16; 전광용 편, 『韓國의 近代小說 1: 1906-1930』, 292에서 재인용.
28_ 같은 책, 293.

행되는 현장에 붙박여 있게" 되는 반면, '-었(았)다'체는 "작중인물과 서술자, 작중인물과 독자 사이의 거리를 확보하는 데…한결 효과적이라고 보았던 것"이라 해석한다.29 과거형 '-다'는 "서술되는 사건의 시점과 서술의 시점"을 모두 전제함으로써 사건을 과거에 있었던 일로 보여주면서도 동시에 그것을 서술 속에서 경험하게 하여 사건이 "과거로서 현재 속에서 되살아나"게 하고 "입체적인 질감으로 살아날 수 있게" 하는 힘을 가진다는 것이다.30

김동인은 자신이 두 가지 혁신을 했노라고 자부했다. 첫째는 대명사 '그'를 도입했다는 것이고, 둘째는 "재래의 현재사"를 "완전히 과거사로" 바꾸었다는 것이다. "두 번째 혁신"에 대해 먼저 말하자면, 자신이 종래의 현재형을 '완전히' 과거형으로 바꿨다고 하는 김동인의 주장은 사실과 부합하지 않는다. 당장 인용문만 봐도 "부어내린다" "들어온다" 등이 눈에 띈다. 게다가 과거형 '-었다' 역시 위에서 본 대로 이광수가 사용한 적이 있고, 19세기 가사에도 이미 나타난 적이 있다.31 김동인은 과거형 '-다'를 처음으로 쓰지도, 또 과거형에만 의존해서 '-다' 문장들을 쓰지도 않았던 것이다.32 김동인이 한글 문체를 혁신시키지 않았다는 말이 아니다. 다만 김동인의 혁신은 다른 데서 찾아야 할 것 같다. 내 생각에 김동인이 문체상의 혁신을 할 수 있었던 것은 과거형 '-다'를 사용했기 때문만은 아니다. 그가 소설에 서술되는 사건을 "과거로서 현재 속에서 되살아나"게 할 수 있었던 것은 과거형을 다른 근대적 '-다' 어미들—'-로다'와 같은 전근대적 형태가 아닌 '-ㄴ다'나 '-이다'와 같은 새로운 형태들—과 함께 사용했기 때문, 다

29_ 권보드래, 『한국 근대소설의 기원』, 소명출판사, 2000, 253.

30_ 같은 책, 254.

31_ "온갓 스름 다 모히니 각식 풍류 드러왓다." 고미숙, 『18세기에서 20세기초 한국시가사의 구도』, 소명, 1998, 217 재인용; "남훈전 발근 달은 근정전의 비취엿다." 고미숙, 248 재인용.

32_ "과거형 '-다, 곧 '-었(았)다라는 종결어미는 일찍이 나타난 적이 없었다," '-었(았)다 체는 "김동인이 처녀작에서 처음 실험한 것이었다'고 한 권보드래의 말은 따라서 수정될 필요가 있다. 권보드래, 앞의 책, 253.

시 말해 '-다' 체계를 가동할 수 있었기 때문이다. '-다'는 이인직이 신소설을 쓰기 시작한 이후 소설 서사에서 그 사용 빈도가 높아졌고, 이광수의 『무정』에서는 지배적 위치까지 차지하게 되지만 김동인 이전까지는 이따금씩 '-라'와 함께 쓰이고 있었다. 김동인은 소설 서사에서 평서문을 쓸 때는 어떤 경우든 '-다' 종결형만을 사용했다는 점에서 그의 선배 작가들과 달랐다. 그는 '-라' 체계 문장을 철저히 제거함으로써 이후 한국어 평서문 문장이 '-다' 체계에 지배되는 길을 열었고, 한국어에 근대적인 언어 감각을 도입했다.

이와 관련된 것이 인칭대명사 '그'의 사용으로 생겨난 효과이다. 김동인은 영어 'He'와 'She'에 해당하는 것을 모두 '그'라고 통일하여 사용하였는데, 그 결정에 대해 "지금 생각하여도 장쾌하였다"고 자랑한 적이 있다.[33] 김동인에게서 '그'란 "실제로는 주인공만을 가리키는 독점적 대명사였고, 이 특징은 이후 한국 소설의 역사에서도 이어졌다." "3인칭 체계가 발달되지 않았던 한국어"에 '그'가 등장한 것은 한국 소설이 "'나'와 같은 무게로 작품 세계를 지배할 만한 존재를 탄생시킨" 사건으로, 즉 "제3의 인물에 '나'에 준하는 내면처럼 그려낼 수 있는 근거"를 만들어낸 것으로 이해된다.[34] 하지만 나로서는 이 '그'의 등장이 '-다' 체계의 성립과 함께 이루어졌다는 사실도 꼭 강조하고 싶다. '그'와 같은 새로운 인칭대명사로 인해 타자적 자아의 내면을 직조할 수 있게 되고, '-었다'와 같은 과거형 문체가 새로운 표현의 가능성을 갖추게 된 것은 '-다' 체계의 성립과 함께 가능해졌다고 보이기 때문이다. 새로운 대명사 '그'의 출현과 '-다' 체계의 성립이 동시에 일어났다는 사실은 결코 우연이 아니다. '-다' 체계의 성립으로 인해 한국의 문어체 문장들이 새로운 어감, 새로운 표현의 영토, 가라타니의 표현을 쓰자면 새로운 "풍경"을 만들어내기 때문이다. 이제 '-다' 체계로 인해 어떤 변화가 생기는지 살펴보자.

33_ 김동인, 앞의 글, 291.
34_ 권보드래, 앞의 책, 250.

5.

근대적 표현 영토에서 사라진 '-라' 체계는 한문문장에 덧붙여 사용되던 것이었다. 한문을 읽을 때 구결로 쓰던 것이 언해에 그대로 남은 것이기 때문이다. 이 '-라'의 소멸로 송서(誦書) 전통이 사라진다. 한문 읽기는 낭독으로 이루어지는 경우가 많았다. 사성(四聲)으로 발음해야 하던 옛 관습의 흔적일 수도 있고, 암기를 돕기 위해 리듬이 필요한 때문이었을 것 같기도 한데, 한문과 함께 사용되던 '-라'의 소멸로 한국어는 이제 이런 음악성 혹은 운율의 느낌을 크게 잃게 되었다. '-다'로 된 문어체는 '-라'와 '-다'의 혼용으로 된 문체에 비해 낭송보다는 묵독에 더 어울리게 된다. 이는 '-다' 문장들로 구성된 근대적 담론들이 발화자와 피화자간의 교감적(phatic) 관계보다는 내용 중심으로 이루어지는 것과 무관하지 않을 것이다. 묵독은 내용 확인 중심의 글 읽기이기 때문에 낭송보다 '-다' 문장에 더 어울렸을 것으로 짐작된다. 물론 '-다' 체계라고 해서 음악성이 아예 사라지는 것은 아니다. 문어체도 소리 내어 읽을 수가 있고, 그럴 경우 사람마다 다른 억양과 운율을 드러낼 수도 있다. 그러나 '-다' 문장들의 특징은 음성문자의 균질성을 가지고 있다는 점, 즉 음절들이 동일한 길이를 가지고 발화된다는 점이다. 이런 특징 때문에 근대 한국어 문장들은 음절들의 이질적 배치보다는 균질적 배치에 더 어울리며, 낭송보다는 묵독에 더 어울리게 된다. '-다'로 가능해진 근대 담론이 내용 전달에 어울리는 만큼 묵독은 그 내용을 가장 확실하게 확인할 수 있는 글 읽기가 되었다.

또 다른 변화는 '-다' 체계와 함께 한글의 문어체 문장이 좀 더 짧고 간결해졌다는 점이다. 이 점은 '-라'로 끝나는 문장들과 비교하면 분명히 드러난다. '-라'는 문장을 완성시키는 힘이 모자란다. '-라' 자신이 연결어미로도 사용될 수 있기 때문에 '-라' 문장은 수십 줄까지 늘어지는 만연체가 예사이다. '-라' 종결형을 사용하는 문장들은 그래서 5-6백자가 넘는 경우가 드물지 않은데, 반면에 '-다' 문장들은 3-40자 문장들이 흔하고,

길어도 150자를 넘는 일이 별로 없다.[35] '-다'와 함께 접속사가 사용되기
시작한 것은 이 점과 무관하지 않을 것이다. 접속사 사용이 새로 생긴
것은 문장들이 짧아지는 대신 문장들 간의 관계를 알게 하는 일이 중요해
졌기 때문일 것이다. '-다' 체계를 따르는 문장들의 출현과 함께 문장의
복문화가 이루어진 점도 같은 맥락에서 이해할 수 있을 것 같다. 과거에
잘 사용되지 않던 종속절이 자주 사용되었는데 이것은 발화위치에 대한
관심이 배제됨으로써 문장의 진술에 관심이 집중되고, 나아가서 문장 단
위들 간의 논리적 관계의 체계에 따른 문장 구성이 더 용이해졌기 때문
으로 보인다. 음악성의 축소,[36] 문장의 단축, 그리고 논리적 글쓰기 등은
'-다' 문장이 한문어투로부터, 그리고 언해문체로부터 벗어난 결과로 보
인다.[37]

　　하지만 '-다'체계로 생긴 근대 한국어의 가장 큰 특징은 무엇보다 문장을
단정적, 단언적 표현으로 만든다는 점이다. 이 사실은 '-다'가 '-라'와는 달
리 훈계적, 위계적인 어감을 주지 않고, 특히 발화자의 위치를 은폐하는
경향이 큰 점과 무관하지 않다. '-라' 체계에서는 '-더라'까지도 화자가 현
전한다는 느낌을 배제할 수가 없는 반면에 '-다'를 사용하면 필자-화자의
현전이 최소화되고 문장의 발화가 내용 중심으로 이루어진다는 느낌을 만
들어낸다. 이런 어감은 부분적으로는 '-다'가 계사의 역할을 깔끔하게 해내
어 문장을 명제처럼 만들어내기 때문에 생긴다. "그는 나쁜 사람이다"와

35_ '-다'를 사용한다고 즉각 모든 문장이 짧아지는 것은 아니다. 예컨대 1922년 『동아일보』
　　에 연재된 번역소설 「녀장부」의 경우 문장이 대부분 '-다'로 끝나지만 이전의 '-라'체
　　처럼 한없이 길다. '-다' 문장이 짧아지는 데에는 그것이 '근대적' 언어감각을 주형하
　　는 경우에 국한되는 것이 아닐까 싶다.
36_ '음악성의 축소'라는 표현은 오해의 소지가 있을 수도 있다. 여기서 음악성은 전통적
　　의미의 리듬감 등을 가리킬 뿐 음악성 그 자체는 아니다. 전통적 음악성이 축소된다고
　　해서 새로운 음악성이 나타나지 말라는 법은 없다.
37_ "조선 전통문화의 본질을 이루는 구두적 요소, 곧 말의 운율이 일제 말에 이르러 적어
　　도 근대적 교육을 받고 일본어 문화권에 의지해 있던 사람들에게는 사라지고 말았
　　음…" 유선영, 앞의 글, 351.

"나무는 식물이다"는 이 결과 표현 차원에서는 전혀 달라 보이지 않는다. 어떤 사람을 나쁜 사람이라고 단정하는 것은 거짓말을 하는 것일 수도 있고, 그 자체가 편견에 사로잡혀 있다는 증거일 수도 있지만, 표현상으로는 "나무는 식물이다"와 마찬가지로 명제적 진술처럼 읽혀지기 때문이다. '-다' 문장들이 우리를 묘사, 서술, 설명, 논증, 평가, 보도, 주장 등의 행위 자체보다는 그것들이 표현하는 세계 자체, 즉 사실, 현실, 진실, 내면, 내용 등과 대면하게 하는 것처럼 느껴지는 것은 화자 현전의 최소화와 함께 이 명제 효과 때문일 것이다.

'-다'의 효과는 발화된 문장의 내용을 사실인 것처럼 만드는 데, 묘사된 세계만을 의식하게 하는 데 있다. 다음은 1921년에 발표된 이기영의 「민촌」(民村)의 첫 문장이다.

> 태조봉골작이에서 나오는 물은 '향교말'을 안꼬돌다가 동구밖앞 버들숲 사이로 뚫고 흐르는데 동막골노 너머가는 실뱀같은 길이 개울건너 논뜻밧뚝 사이로 요리조리 꼬불거리며 산잔등으로 기여올너갔다.[38]

여기서 서술자가 부재하는 것은 아니다. "태조봉골작이" "향교말" "동구밖" "동막골"과 같은 표현들은 이들 장소에 익숙한 사람, 즉 이야기 공간에 존재하는 인물들과 함께 서술자만이 할 수 있는 것들이다. 따라서 우리는 서술자의 목소리를 듣고 있다. 하지만 서술자의 발화는 사실만을 말하거나 필요한 대상을 묘사하기 위한 최소한의 발화이다. 이 발화를 통해서 우리는 묘사된 세계를 직접 대면하게 된다. 태조봉의 산골짜기에서 물이 어떻게 흐르는지, 길은 어떻게 산 위로 나있는지 우리의 상상 속에서 직접 보게 되는 것이다. 이런 형상화는 물론 서술자의 발화로 인해 가능하지만 동시에 그것은 독자의 발화 때문에 생기는 효과이기도 하다. '-라'체를 썼더라면 더 분

38_ 이기영, 「민촌」, 『한국의 근대소설 1: 1906-1930』, 225.

명하게 느껴졌을 서술자의 존재는 이 과정에서 거의 사라지고 없다. 물론 서술자가 사라진 것은 아니다. 그러나 서술자는 자신의 발화를 통해 어떤 내면의 풍경을 만들어낸다. 독자는 묵독을 통해 그 사실을 확인한다. "태조 봉골작이" "향교말" "동막골" 등이 나타나는 이 풍경은 '-다'로 구축되는 내면세계에서만 구성될 수 있다.

'-다'가 만들어내는 이런 풍경의 효과는 허구적 서사에만 국한되지 않는다. 다음을 보자.

> 명일을 위한 금일의 운동은, 명일 ㅅ대문에 있는 것이다. 문학이, 이 운동에 참가하고 안하고 간에, 그 문학이 본래의 가치를 못 갖게 되는 이상에는, 우리는 질겨히 문학을 금일의 운동의 무기로 쓰고저 한다. 그럼으로 이 문학은 금일에만 한해서 유용한 것인 동시에 존재할 이유를 갖는다.[39]

1924년에 쓴 김기진의 이 논문은 애국계몽기의 논설들과는 완전히 다른 어감을 준다. 김기진의 문장은 '-다' 체계가 지배하여 매우 단정적이다. 여기에도 물론 '허구의 효과'가 작용하여 사실, 현실, 또는 진실과 직접 마주치고 있다는 느낌이 형성된다. 이런 사실은 "문학이 본래의 가치를 못 갖게" 된다는 김기진의 입장에 반대하는 경우에도 마찬가지이다. "문학이 본래의 가치를 못 갖게 된다"는 입장에 반대하는 것과 관계없이 이 문장은 발화되는 순간 기정사실로 전환되어 버린다. 그리고 읽고 나면 "문학이 본래의 가치를 못 갖고" 있다는 사실은 이미 단정된 상태에 놓이게 된다. 동화와 같은 담론에서 "거인은 나무처럼 키가 컸다"와 같은 문장을 읽는 것과 다를 바가 없는 것이다. 이런 표현은 게다가 "물은 수소 두 개와 산소 한 개로 이루어진다"와 같은 과학적 명제와도 흡사한 모양을 가지고 있다. 모두 '-다' 문장으로 이루어진 이들 명제들은 그 내용의 사실 여부와 관계없이 사

39_ 김기진, 「今日의 文學·明日의 文學」, 전광용 편, 앞의 책, 411.

실처럼 받아들여진다. '-다' 문장의 이런 단정 효과를 회피할 수 있는 길이 있을까? '-다' 문장 자체를 아예 읽지 않는 것 말고는 없을 것 같다. '-다' 문장으로 글을 쓴다는 것은 그것이 만드는 효과를 일단 수용하는 것이다. '-다' 문장들은 발화된 내용을 사실로 수용하게 만드는 효과를 가지고, 발화내용과 일종의 동시대화, 또는 공감을 일으키게 한다. 이 효과는 서사에서는 이야기세계와, 논문에서는 논증된 내용 또는 논리와, 신문보도에서는 보도내용의 사실성과의 동시대화를 만들어내고 그것들과 공감하게 하는 것이다.

이 동시대화를 통해 생기는 가장 중요한 효과는 '-다' 문장의 언중을 문장의 진술내용 차원으로 소환하고 참여시키는 것이 아닐까 싶다. '-다' 문장의 이런 소환은 매우 특이한 과정의 결과이다. 많은 사람들이 지적한 바 있듯이 '-다' 체계 성립에 획기적인 기여를 한 '-ㄴ다', '-하다', '-었(았)다' 등은 하대체 어미에 해당한다. 소설을 포함하여 평론, 논문, 신문 등에 사용되는 문장들이 독자 대중을 상정하고 있다는 점을 생각할 때 이 하대체 사용은 묘한 선택이 아닐 수 없다. 하지만 바로 여기에 '-다'에 의한 근대적 풍경 구성의 비밀이 있는 것 같다. '-다'가 근대적 어미체계로 성립될 수 있었던 것은 오직 "자기 자신에게 건네는 말투"가 될 수 있기 때문이었다.[40] '-다'가 '-라'와는 달리 서술자, 발화자의 현전이 최소화되어 있다는 것도 사실 따지고 보면 이 점을 가리키는 것이었던 셈이다. '-라'의 경우는 서술자나 발화자가 서술되는 이야기 차원과 구분되는 담화적 차원에 관심을 집중시키는 경향이 있다. 반면에 '-다'는 물론 담화적 차원이 전혀 없는 것은 아니지만 이야기와 분리되지 않고 그 이야기에 즉하는, 현전하는 서술자를 제시한다. 이 서술자가 나타나는 방식은 "자기 자신에게 건네는 말투"이기 때문에 훨씬 더 사적이다.

이런 사적인 표현이 그런데 어떻게 언중, 즉 불특정 다수가 쉽게 동화할

40_ 권보드래, 앞의 책, 249. 그리고 이 점은 가라타니가 말한 "고백의 제도"에 해당할 것이다(가라타니, 『일본 근대소설의 기원』, 103-29).

수 있는 발화 방식이 될 수 있었을까? 위에서 언급한 근대적 3인칭 대명사 '그'와 연관하여 생각해볼 필요가 있다. '그'의 등장은 "제3의 인물에 '나'에 준하는 내면"을 부여할 수 있는 길이 열렸음을 의미한다. '그'는 김동인의 소설에서 '-다'로만 된 평서형 문장들과 함께 쓰임으로써 전적으로 새로운, 즉 근대적 풍경의 일부가 된다. '그'는 이제 '나'의 언급, 관찰 등의 대상만이 아니라 '나'처럼 자신의 내면을 드러낼 수 있는 존재가 되는 것이다. '-다' 문장이 여기서 중요한 것은 독백처럼 읽힐 수 있기 때문이다. 위에서 '-다' 문장들은 주로 묵독으로 읽힌다는 점을 지적하였다. '-다'체 문장을 묵독으로 읽는 독자는 소리 내지 않는 자신의 목소리로 그것을 읽으며, 이때 그가 읽은 문장은 그 자신의 발화로 전환된다. '-다'가 지닌 소환 효과는 바로 이 자기 목소리에 귀를 기울이는 데서 생기며, '-다' 문장이 동의의 효과, 동일시효과를 내는 것도 이런 점에 크게 의존하는 것으로 보인다. 불특정 다수가, '-다'가 만들어내는 단정, '-다'에 의해 펼쳐지는 '내면' 혹은 '진실'의 세계에 참여하는 것은 따라서 강요가 아니라 자율적이다. '-다' 문장이 이데올로기적 동일시를 만들어내는 데 효율적인 장치가 된다면 바로 이런 이유 때문일 것이다. '-다'가 근대적 언어적 감각을 만들어내는 것도 바로 이런 이유 때문으로 보인다.

6.

'-다' 문체는 1910년대 말 이후 서사 담론에서 지배적 위치를 차지한 이후 1920년대에 다른 담론들로 확산되었다. '-다' 문장들을 다른 근대담론들로 확산시킨 가장 중요한 통로는 신문이었다. 근대 초기의 대부분 소설은 신문에 연재되었는데, 소설의 서사체가 한국어 평서문의 모델이 된 것도 이 점과 무관하지 않다. 다음은 『동아일보』가 창간 다음날인 1920년 4월 2일부터 연재하기 시작한 민우보의 「부평초」 시작 부분이다.

나는 아홉살이되도록 우리어머니가 기신줄로알엇다 내가울면 그사람이곳엽흐로와서 내눈물이말을째까지 안츄스르며 달내여쥬엇다 나는언제던지 입맛츄지 안코 잠들어본적이 업스며 쏘 동지섯달설한풍에 눈보라나횟부릴째에는 그사람은 나를그품에안고 실인발을 녹여쥬면서 자쟝노리를들니여쥬엇다 그노리의사연은지금도내귀에 남어잇다.[41]

이 소설을 인용하는 것은 신문에서 소설이 지닌 독특한 위치를 음미해보기 위함이다. 당시 신문에는 소설 말고 '-다' 체계를 이처럼 일관되게 사용하는 담론은 없었다. 『동아일보』 창간호 논설에는 여전히 '-로다', '-도다', '-지어다', '-니라', '-노라' 등이 사용되고 있었고, 보도문에는 '-더라'가 지배적이었으며, 이런 사정은 다른 칼럼, 지면에서도 마찬가지였다. 따라서 이 소설의 문체가 '-다'로 통일되어 있다는 것은 그 자체로 '근대적'으로 보이는, 새롭게 보이는 효과를 만들어냈을 것이다. 이 효과는 특정한 "배치의 효과"로서 논설, 잡보, 관보, 기고문, 광고문 등 신문의 다른 담론들과는 달리 유독 소설만이 '-다' 문체를 사용한 결과이다. 당시 언중에게 이 서사체는 얼마나 새롭고 특이했을까! 이와 관련하여 당시 이런 근대소설이 삽화와 함께 연재되었다는 점도 고려할 필요가 있다. 이들 삽화는 전근대 시각적 재현물에서는 좀체 볼 수 없는 근거리에, 낮은 목소리로 대화할 수 있을 정도로 가까운 거리에 인물을 배치하고 있다.[42] 이런 배치는 인물을 당시 광고에 나오는 구두 등 양품들처럼 등장인물 혹은 독자의 사적 세계의 관심사로 만드는 효과를 가진다. 신문에 소설이 배치된 이후 '-다' 체계의 지배적 위치는 갈수록 확고해진다. 이미 1920년대 초에 신문 상재 평론, 학술 논문에 등장하고, 1920년대 중반에 이르면 논설에, 1920년대 말에는 보도에도 채택되기 시작하는 것이다. 신문은 한국의 근대적 표현 영토를 개발한

41_ 민우보, 「부평쵸」(浮萍草), 『동아일보』, 1920. 4. 2, 4면.
42_ 강내희, 「근대성의 '충격'과 한국 근대성 논의의 문제」, 『문화/과학』 25호, 2001년 봄, 203-19.

소설을 연재함으로써 다른 근대적 담론들로 '-다' 체계가 퍼지는 데 핵심적 역할을 했다.

'-다' 체계의 '근대성'은 그것의 낯설음이기도 하다. 기존의 어투가 지속되는 가운데 '-다'는 매우 이국적일 수밖에 없다. 이와 관련, '-다' 체계를 완성한 김동인이 아주 어렸을 적에 일본 유학을 하였으며, 첫 단편의 구상을 일본어로 하였고, 먼저 일본어로 써놓은 것을 한국어로 번역하였다는 점을 꼭 언급해야 한다. 아울러 한국어 '-다'가 일본어 '-だ'와 같은 음가를 가지며 비슷하게 사용되고 있다는 점도 지적해야 한다. 종결어미 '-다'를 현대적으로 사용하기 시작한 신소설 작가 이인직의 경우도 역시 일본어를 숙지한 사람이다. 이미 언급한 대로 전근대 한국어에도 다양한 형태의 종결어미 '-다'가 있었다는 점, 그리고 두 언어가 같은 우랄 알타이어에 속한다는 점을 생각할 때, 신소설 이후 사용된 '-다' 종결형 자체가 일본어에서 도입한 것이라고 할 수는 없다. 하지만 '-다' 체계의 형성이 일본어를 습득한 소설가들에 의해서 이루어졌다는 사실은 한국어 '-다'와 일본어 '-다'가 매우 긴밀하게 연계되어 있었을 것임을 짐작하게 한다. 이 새로운 언어적 습관에 대해서 한국의 언중이 어떤 반응을 보였는지 아직 알지 못한다. 하지만 그것이 새롭다는 것, 이 새로운 표현방식이 주로 새로운 것을 다루는 신문에 오랫동안 배치되어 있는 동안 소설 이외의 다른 담론들에서도 채택되기 시작했다는 점을 주목할 필요는 있을 것 같다.

그러나 신문 매체가 아무리 중요하더라도 '-다' 체계의 확산이 단순히 신문에 의해 이루어졌다고 한다면 매체결정론적인 생각일 것이다. '-다' 체계가 확산되기 위해서는 대중매체 이외의 다른 근대적 조건들도 없어서는 안 되었다. 무엇보다 먼저 새로운 언중 구성의 문제가 있다. 이와 관련 위에서 언급한, '-다'가 '하대체'라는 사실을 다시 살필 필요가 있다. 한국어는 복잡하고 미묘한 방식으로 존대와 하대를 나타내는 표현 체계를 갖춘 언어이다. 다수 언중이 읽는 신문 담론에서 하대체를 사용한 것은 이런 맥락에서 보면 여간 실험적인 언어사용이 아니다. '-다'체로 된 소설 서사가 얼마나 도발적으로 들렸을 것인지 짐작하려면, 당시 신문지면에 선언적, 권위적, 초월적이며, 봉건적인 태도를 드러내는 다른 어미들도 함께 배치되어 있는 그림을 상상하면 된다. 따라서 떠오르는 질문은, 도대체 어떤 언중이 이런 말법을 용인할 수 있었을까 하는 것이다. 전통적 신분이나 성별에 따른 차별화를 벗어난 언중이라야 그럴 수 있지 않을까? 이때는 하층 신분 사람들이 '-노라', '-니라' 등의 권위적 표현을 사용할 수 있게 됨으로써 권능강화를 경험했던 때와는 또 다른 방식의 표현가능성이 만들어진 것으로 보인다. '-다' 문장들이 하대체이면서 동시에 자기 자신에게 하는 표현이라는 사실이 중요하다. '-다' 문장들은 사적인 표현을 통해 공적인 발언을 하는 발화 효과를 가지고 있다. '-다' 문체는 풍경 혹은 내면을 묘사하되 자기 자신에게 하는 발화 형태를 띰으로써 화자와 피화자가 서로 말을 주고받는다는 느낌을 줄인다. 불특정 다수가 읽는 신문에 공개해 놓아도 독자로 하여금 하대체가 자신에게로 향한다는 느낌이 들지 않게 하는 것이다. 이 경우 독자는 독자대로 묵독을 통해 자신의 죽은 목소리로 '-다' 문장들을 발화함으로써 풍경과 내면에 직접 참여하게 된다.

이런 새로운 언중이 형성된 것은 당시가 식민지 상황이었다는 점과 무관하지 않을 것이다. 지배적 일본의 식민지배가 기존의 사회적 신분 체계를 철저하게 허물어뜨렸다는 것을 새삼스레 강조할 필요는 없다. 하지만 '-다' 체계에 의한 한글 평서문의 지배가 기존의 사회적 차별화 해체를 전제한다는 사실은 부정하기 어렵다. 소설 서사를 위해 처음 등장한 '-다' 체계는 다른 담론들로 확산되어 갔다. '-다' 문장 평서문으로 구성되는 이들 담론들의 특징은 모두 근대적 지식, 직업, 태도, 재현 등과 관련되어 있다는 점이다. '-다' 문체의 또 다른 특징은 전언적 과정보다는 서술되는 내용, 묘사되는 세계, 지식의 대상 영역 자체와 대면하는 것처럼 만든다는 점이다. 이런 느낌은 물론 서사에 의해서 만들어지는 허구적 효과이지만, '-다'가 독백체 문체라는 점에 의해 강화된다. 허구적으로 만들어진 세계가 사실적으로, 현실감을 가지고 다가오는 것이다. 이때 중요한 것은 허구적 세계 자체, 그것의 현실성 자체이다. 이 현실성의 형성과 전통적 신분질서에서 벗어난 언중이 '-다'체가 일관되게 근대적 담론에서 채택되는 조건이 아닐까 싶다. 소설 이후 '-다' 체계를 수용하기 시작한 담론들은 과학적 분석, 학술적 연구와 보고, 평론, 논설 등이다. 이들 담론의 생산자는 식민지 근대성이 형성되는 과정에서 새롭게 배출된 전문가들이었다. 소설가, 의사, 평론가, 학자 등은 이제 새로운 근대적 지식의 배치 속에서 '사실' '진실' '현실' 자체에 근거하고, 논리적 정당성에 기반을 둔 발화 행위를 하는 사람들로 인식된다. 신문 기자들이 비교적 늦게 이들에 합류한 것은 이미 말한 대로 '-더라'체에 사실 보도 기능이 있었기 때문이기도 하고, 다른 한편에서 보면 신문 발간을 둘러싸고 애국계몽적 관습이 비교적 오래 남았기 때문으로 보인다.[43]

나는 여기서 '-다' 체계가 근대한국어에서 지배적 위치를 차지하게 됨으로써 한국어 사용자가 과거에 비해 훨씬 더 나은 표현의 가능성을 획득했다고 말하려는 것은 아니다. 다만 '-다' 체계로 특정한 유형의 표현 가능성이 열렸다고 할 수는 있을 것이다. '-다' 체계 확립 과정은 부분적으로는 '-다'가 '-라'의 일부 형태가 지녔던 표현력을 자신의 것으로 만드는 것이었다. 예컨대 '-(이)라'와 '니라'는 '-(이)다'로 바뀌고, '-더라'가 사라지면서 '-라(고) 한다'가 사용되는 것이 그런 예이다. '-다' 체계 안에서도 변화가 이루어졌다. 하대체인 '-ㄴ다', '-하다', '-이다', '-었(았)다'가 자주 사용되면서 '-도다'나 '-로다'와 같은 과거의 감탄형, 선언적 표현은 사라지고, 대신 감탄 어투를 살려야 할 경우에는 '-구나'로 전환되고, 평서문으로 바꿀 때는 '-이다'나 '-ㄴ다'로 바뀌었다. 자주 쓰지 않던 '-다'의 과거형인 '-ㅆ다'가 자주 사용되기 시작한 것도 '-다' 체계의 표현 가능성을 풍부하게 하는 데

43_ 애국계몽시대의 말걸기 방식이 신문 보도에 오래 남은 이유는 그것이 어떤 공론장으로서의 역할을 하였기 때문이 아닐까 싶다. 이 맥락에서 1930년대까지도 "훌륭한 기자는 지사적 열정과 통찰력, 주의 주장, 문장력을 가진 자였으며, 기사도 정의적이어야 좋은 기사라고 평가되었"다는 사실을 상기할 필요가 있다. 유선영, 앞의 글, 307.

중요한 역할을 했다. 과거에는 사용하지 않던 표현인 미래형 '-ㄹ 것이다'와 과거분사형 '-ㅆ었다'가 이후에 개발된 것도 '-다'가 이처럼 지배적 위치를 차지하면서 가능해진 것임에 분명하다. 이로써 근대한국어는 '-다' 체계만으로도 완벽하게 평서문 문장들을 생성할 수 있게 되었다.

7.

가라타니에 따르면 "풍경이란 하나의 인식틀이며, 일단 풍경이 생기면 곧 그 기원은 은폐된다."[44] 그는 이 말을 통해 일본의 문학비평가 혹은 이론가들이 근대문학의 풍경 속에 빠져 그 풍경의 역사성을 인식하지 못한다는 비판을 하고 있다. 그런데 '기원의 은폐'는 기원의 자동적 은폐는 아닐 것이다. 어떤 지속적인 작업이 없다면 기원의 은폐도 불가능하다는 말이다. 가라타니는 물론 풍경 속에 있을 때 풍경에서 벗어나려 하는 경우는 드물다는 말을 하려 한 것이었다. 그는 근대에 속하면서도 속하지 않은, 한문학자이자 영문학자였던 소설가 소세키가 그런 드문 예라고 본다. 근대 속에 있으면서 근대를 벗어나려고 한 것은 근대에 대한 불만 때문일 것이다. 지금은 소세키의 시대와는 달리 근대 후기에 속하지만, '-다' 체계를 사용하는 오늘의 한국인 가운데 유사한 불만을 느끼는 사람들은 적지 않다. 여기에는 최근 전자통신상의 언어사용을 통해 새로운 언어관행을 만들어내고 있는, 단어를 축약하고, 이모티콘(emoticon)을 사용하고 '-다' 어미 사용을 기피하며 종결어미 사용도 하지 않는 신세대가 포함된다. 이런 반응은 근대 한국어의 지배적 특징들에 반발하는 세대가 등장했다는 것을 의미한다. 물론 이들이 근대 한국어에 불만을 표시한 최초의 사례는 아니다. 시인 김지하도 한글문장을 가리켜 '냉동문체'라고 불평한 적이 있다.[45]

44_ 가라타니 고진, 『일본 근대문학의 기원』, 32.
45_ 이 말은 김지하가 황석영의 소설 문체에 대해 한 말이다.

'-다' 체계의 문제 하나는 문장에 폐쇄성을 부여한다는 것이다. '-다'를 사용한 문장들이 주는 주된 느낌의 하나는 완결성이다. 한글 문장에서 '-다'는 문장이 끝났다는, 바로 즉시 마침표가 찍힌다는 신호이다. '-다'로 이루어지는 근대의 한글 문장은 그래서 이처럼 완결된 여러 문장들을 가진다. 이 문장들은 물론 서로 연관되어 있지만 개별적으로 하나의 폐쇄영역을 이룬다. '-다' 문장이 다른 문장과 고립되어 독자적으로 설 수 있는 것처럼 보이는 것은 이 결과이다. 접속사가 필요하고, 지시사 또는 인칭대명사가 필요한 것도 그 때문이다. '-다'는 문장을 폐쇄영역으로 만들 뿐만 아니라 문장을 응결시키고 고정시킨다. '-다'로 끝난 문장을 읽을 때에는 강조나 억양 변화를 하기가 쉽지 않으며, 모든 문장 단위들이 건조하게 느껴진다. 이는 '-다'를 사용하는 문장들이 단정적 공식 담론으로 응고되기 때문이다. 김지하 같은 시인들만 한글의 이런 딱딱함, 즉 냉동문체에 불만을 품은 것은 아니다. 학술적, 소통적, 창조적, 비평적, 사법적 글쓰기의 대부분이 표준화, 정형화되어 어떤 '견고한 요새'처럼 구축되어 있는 것을 불만으로 여기는 사람도 있다.[46] 이 견고성, 냉동성은 공식적 한글 문장의 딱딱함, 견고함, 정형성을 만들어내는 한글 문장의 종결어미 체계 때문에 비롯되지 않았을까?

'-다'의 딱딱함은 사실 구어체로부터의 철저한 단절에서 비롯된다. 김동인은 "아직 많이 남아있던 문어체 문장은 우리의 손으로 마침내 완전히 구어체로 변하였다"고 말했지만,[47] 그중 일부('-ㅆ다', '-한다')가 구어의 하대체에서 출발한 사실이 있기는 하지만, 사실 '-다' 문체는 구어체와는 거리가 멀다. '-다' 체계는 새로운 문어체이며, 한국어 문장을 새로운 방식으로 직조하고 문장 요소들을 새롭게 배치하게 하는 틀이다.[48] 그것은 한 문장을

46_ 고미숙, 앞의 글, 203.

47_ 김동인, 앞의 글, 291.

48_ "근대회화에서 '깊이감'은 균질 공간 속에서 하나의 중심적 소실점에 대응하는 사물의 배치에 의해 출현했다. '심층' 역시 '현실' 또는 '지각'에 근거해 존재하는 것이 아니라 하나의 원근법적 '작도법'에 의해 존재하게 된 상태이다. 심층이란 하위구조를 말한다.

다른 문장과 구분시키고, 양자의 관계를 설정하기 위해 접속사를 사용하고, 개별 문장 내부에서는 문장 요소들의 논리적 관계에 따라서 종속의 양상을 만들어내게 하여 문장 작성에서 더 치밀한 계산을 요하게 만든다. 아무리 짧은 문장이라도 '-다'를 사용하면 다른 종결어미 문장을 사용하는 것과는 완전히 다른 어감이 생기게 되는 것은 이 때문이다. 예컨대 "그녀는 아름답다"와 같은 문장은 문어체로는 매우 흔하게 접할 수 있지만 구체적 대화에서는 거의 나오지 않는다. 따라서 이 문장은 "우와, 예쁘네!"와 같은 표현이지닌 교감이나 정서를 드러내기 어렵다. 이 말은 '-다' 문장들이 어떤 교감과 정서도 소통할 수 없다는 말은 아니다. 아무런 극적 효과를 만들어내지 못한다는 말도 아니다. 예컨대 영상 다큐멘터리에 자주 활용되는 '-다' 문장 서사체는 화면에 등장하는 사건, 풍경, 인간들을 그 내부에서 보여주는 효과를, 그것들이 만들어낸 극적 세계 내부로 시청자를 끌고 들어가는 효과를 가지고 있다. '-다' 문장도 서술자에 따라서, 그리고 서술의 목적에 따라서 다양한 정동을 실어 나를 수가 있다는 증거이다.

내가 강조하고 싶은 것은 '-다'로 인해 발견되는 풍경은 끊임없이 자연스러운 것으로 만들어져야 한다는 점이다. 이 과정은 이미 이 글 초두에서 시사한 대로 역사적으로 구축되는 훈육 과정이다. 이 과정은, 근대성의 구축이 자연적이 아니라 역사적이라는 점에서, 그리고 대개 이 과정이 이질적세력들과의 접촉과 그것이 초래하는 충격을 통과한다는 점에서 현실 속에서 반복되어야 한다. 이는 곧 풍경이 풍경임을 은폐할 수 있기 위해서는 풍경의 효과를 계속 만들어내어야 한다는 것이다. 그렇다면 풍경의 발견은 풍경의 반복에 의해 보장되는 셈이다. 어쩌면 이것이 근대가 지속되는 한, 그 근대에 대한 저항이 이어지는 이유가 아닐까? 팍스 아메리카나와 같은 근대적 세계체제가 지속되는 동안 그에 대한 저항이 반미 데모의 형태든, 국제무역센터 사건과 같은 테러의 형태로든 그치지 않듯이 말이다. 근대에

즉 상하의 원근법이 심층을 존재하게 만든다." 가라타니, 앞의 책, 188.

귀속된다는 것은 근대에 계속 소환된다는 것 이상이 아니다. 이 소환은 근대적 주체 소환 과정일 것이다. 이 소환은 물론 일상적이고 평상적인 것이지만 가끔 특기할 일화들을 제공하기도 한다.

나는 지금도 초등학교 3학년이던 1960년 3월 초에 받은 야외 수업 한 장면을 잊지 못한다. 그 날 수업 내용은 같은 달 중순에 치를 대통령 선거에 관한 것이었는데, 어느 순간 긴장된 분위기가 만들어졌다. 선생님이 누가 당선되어야 하는지 질문을 한 것이다. 지명을 당하면 어쩌나, 모두 고개를 숙이고 있는데, 기어코 내 이름이 불리고 말았다. 이미 귀에 못이 박히도록 들어온 터라 "대통령은 이승만 박사, 부통령은 이기붕 선생이 되셔야 합니다"라는 '정답'을 몰랐던 것은 아니다. 문제는 내가 그 말을 해야 한다는 것이었다. 40년도 더 지난 지금도 가슴이 콩당거리는 것을 느끼며 상기된 얼굴로 답변을 했던 그 순간이 잊히지 않는다. 사실 내가 한국의 언어적 근대성 형성을 '-다' 체계와 연관해서 살펴본 것도 당시 느꼈던 그 공포 분위기와 무관하지 않을 것이다. 당시 나는 이승만의 장기집권에 불만을 토로하는 사람들 속에서 살고 있었기 때문에 '정답'은 내 속마음과는 거리가 있었다. 하지만 그때 느낀 공포가 그 정답 내용 때문에 생긴 것만은 아니다. 더 큰 문제는 언어였다. 나는 아직 제대로 배우지 못한 매우 이질적인 언어, 즉 표준어를 사용해야만 그 정답을 제대로 제출할 수 있다는 사실 때문에 당황했던 것이다. 내 경험은 사회규범에 관한 정답들을 표준어로 표현해야 하는 사람이 어떤 과정을 겪고 있는지 단적으로 보여준다. 어떤 단어를 사용하고 특정한 형식의 문장을 사용한다는 것은 신체적, 정신적 능력이자 고문이라는 부르디외의 지적은 결코 과장이 아닌 것 같다.

'-다' 문장을 발화할 때 불만스럽게 느껴지는 것은 그것이 특정한 내용의 지식을 습득하고, 특정한 규범에 따라 행동하고 말하게 하는 어떤 사회적 배치에서만 쓰이기 때문이다. 물론 나는 다른 많은 한국인들과 같이 이런 배치에 익숙해지는 성장 과정을, 즉 "다까체"를 사용해야 하는 공식 교육과정, 군복무를 마치면서, 아직 경상도 사투리의 억양이 남아 있기는 하지만 이제는 대부분 평서문을 '-다'로 쓰고 말하는 능력을 갖춘 근대 한국인이 되었다. '-다'를 사용한 문장을 쓸 수 있다는 것, '-다'로 끝나는 문장을 발화할 수 있다는 것은 특정한 권력을 행사할 수 있다는 것, 특정한 권력 게임에 참여할 수 있다는 것을 의미한다. 그것은 방송에서 일기 예보나 뉴스 보도를 할 수 있다는 것, 교과서를 집필하고, 강의를 하며, 청강도 할 수 있다는 것, 소설이나 시를 쓰고 비평과 독서를 할 수 있다는 것, 보고서를 작성할 수 있다는 것, 논문을 작성할 수 있다는 것, 그리고 이 모든 담론을 읽을 수 있다는 것 등을 의미한다. 이것들은 내가 어떤 사실을 사실로 단정할 수 있으며, 그것도 전문적 확신을 가지고 단정할 수 있다는 말이다. 그러나 이런 근대인으로 형성됨으로써 나라는 주체는 더 행복해졌을까? 이 주체는 표현의 가능성을 더 많이 획득한 것일까? 이런 주체가 가라타니가 지적하듯 풍경을 발견하고 내면을 형성하는 능력 등 다양한 능력을 얻은 것은 사실이다. 진술, 논증, 분석, 서술 등을 하는 능력은 중요한 능력임에 분명하다. 하지만 '-다' 문장의 의무적 사용은 나에게는 끊임없는 불만이기도 하다. '-다' 문장을 사용할 때 나는 새로 열린 근대적 시공간과 그것 때문에 버려야 하는 전근대적 시공간 사이에 어정쩡하게 놓여 있으며, 앞으로 내가 열어야 할 표현의 영토에 채 다가가지 못한다는 느낌을 지울 수 없다. '-다'가 만들어내는 한국의 언어적 근대성은 내게 새로운 표현 가능성을 가져온 것이 사실이지만 동시에 그것은 많은 다른 가능성들을 폐쇄해버렸다. 지금 내가 아직 경상도 억양을 가진 채로 표준한국어를 사용하는 대열에 끼게 되었다는 것은 내가 어떤 언어적, 문화적 소환을 겪었는지 보여준다. 나의 언어적 근대성 형성은 그러나 엄청난 충격의 연속이었으며, 훈육의 연속이었다. (2008)

8.

흉내내기와 차이 만들기
—신식민지 지식인을 위한 유령학

1. '신식민지 지식인'

이 글의 제목에 들어 있는 '신식민지'는 나의 이론적, 정치적 입장을 드러내기 위해, 여기에 제출하는 관점과 견해가 남한에서 진행되고 있는 지식의 정치에 의해 영향을 받고 있다는 점을 처음부터 분명히 하기 위해 의식적으로 선택한 말이다. 물론 이론적 정치적 입장이 특정한 한 사회에 속한다는 사실로부터 자동적으로 도출된다고 할 수는 없다. 정치적, 이론적 주체위치란 다양한 형태의 지적 투쟁을 통하여 어렵게 구성되거나 쟁취되는 것일 테니까 말이다. 하지만 그래도 '신식민지 지식인'임을 밝히는 것은 논쟁적인 한 이론 지형에 개입하기 위한 거점을 확보하기 위함이다. 문제의 이론 지형은 '탈식민화' 문제로 인해 형성되고 있으며, 최근에 탈식민주의 담론이 중요한 학술 논쟁의 장으로 등장한 사실과 무관하지 않다. 나는 '신식민지인'의 입장에서 탈식민화 문제를 살필 필요가 있다고 본다. 오늘날 주된 이론적 논쟁은 이론 생산의 중심부로 군림하는 서구의 메트로폴리탄 센터에 몰려 있다. 제3세계 출신 지식인들을 포함한 많은 탈식민주의 이론가들까지도 서구를 이론 생산의 본거지로 삼고 있는 것이 현실이 아닌가. 신식민지인이라는 나의 고백은 그렇다면 이와는 다른 각도에서, 즉 나름대로 남한의 사회적 실천에 관심을 가진 사람으로서 갖게 되는 시각에서 탈식민화 담론을 점검하고 심문하려는 시도의 출발인 셈이다.[1]

1993년에 발표한 한 글에서 최정무는 남한의 탈식민화 담론을 심문할 필요성을 제기한 바 있다. 그녀는 "탈식민화 담론은… 탈식민지 시대에 더욱더 시의성이 있다"고 인정하고, "식민강국의 제국주의 헤게모니에 대한 민중운동의 비판"을 지지하지만 운동권의 담론 전략에 대해서는 의혹의 눈길을 보낸다.[2] 그녀가 문제로 삼는 것은 1980년대 초 이후 운동권의 비판적 지식인들이 채택해온 '대변' 전략이다. 지식인들은 스스로 민중의 대변자라고 생각할지 모르지만 "헤게모니의 작용이 대변의 구조 속에, 특히 민중을 구현한다는 자기-포기 속에 은폐될 수 있다"는 점에서 이런 생각은 심각한 문제를 안고 있었다.[3] 지식인이 민중을 이상화한 것은 '자기이익'을 지키는 데 목적이 있었던 것이다. 1989년의 소련 붕괴 이후 많은 민중 지식인들이 운동권을 떠나 정부의 직책을 떠맡기 시작한 점을 생각하면 이 분석은 정확해 보인다. 물론 1993년 이후 한국정부가 박정희, 전두환, 노태우의 군사정권에 맞서 싸운 자칭 민주투사 김영삼, 김대중의 통제 하에 있었다는 점에서 지식인들에게 핑계거리가 없었던 것은 아니다. 그러나 일단 권력을 잡고 난 후 두 김씨는 군사정권 방식은 아니었다 하더라도 계속하여 비민주적, 반민중적 정책들을 집행한 점에서 그들의 선임자들과 크게 다르지 않았다.

1_ 여기서 "탈식민화"(decolonization)는 "탈식민주의 담론"(discourse of postcolonialism)에 자주 등장하는 "탈식민"(postcolonial)과는 다른 의미망에 속하는 용어로 사용한다. "탈식민화" 관점의 선택은 1980년대 중반 이후 남한에서 사회변혁 전략을 둘러싸고 발생한 이른바 "사회구성체 논쟁" 과정에서 남한 사회의 "탈식민성"이 아니라, "(신)식민지성" 여부가 쟁점으로 떠올랐다는 사실과 무관하지 않다. 이 글에서 "탈식민"은 역사적 시기를 가리키는 말로, 즉 (신)식민지 상황에서 벗어난 역사적 단계를 가리키는 말로 사용되는 반면, "탈식민화"는 (신)식민지 상황에서 탈피하려는 기획이나 운동을 가리킨다.

2_ Chungmoo Choi, "The Discourse of Decolonization and Popular Memory: South Korea," *Positions: east asia cultures critique*, vol. 1, no.1 (Spring 1993), 96.

3_ Ibid., 98.

이런 민간정부에 지식인들이 참여한 것은 그래서 개인적 이익을 추구하기 위해 운동을 배반한 것과 진배없다는 것이 최정무의 생각이다. 나 역시 이 배반은 민중을 대변하고자 하는 지식인의 경향과 무관하지 않다고 본다. 대변의 태도는 지식인으로 하여금 운동의 대변자가 되게 하지만, 지식인들 자신의 담론적 실천과 계산도 분석과 심문의 대상이라는 점을 간과하는 경향이 있다.

탈식민화 담론에 대한 최정무의 비판적 평가에 동의하면서도 다른 방식의 심문도 가능하다고 본다. 나로서는 남한의 탈식민화 담론 전체를 문제삼기보다는, 탈식민화 문제를 둘러싼 논쟁 내부에 발화위치를 두는 위험도 감수하고 싶다. 최정무의 탈식민화 담론 비판이 민중운동에 대한 깊은 관심에서 나오는 것은 사실이지만, 그 발화위치는 불가피하게 남한 외부에 있다. 서구의 이론생산 중심지에서 활동하게 되면 남한 현장의 탈식민화 담론과 실천에 내재하는 노선 차이나 갈등을 놓고 입장을 취하기가 쉽지 않을 것이다.

반면에 자신의 이론-실천적 입장이 "정치적 그리고 다른 실질적 결과들"[4]을 낳기를 바라는 입장에서 보면 남한의 탈식민화 담론을 뭉뚱그려 비판하는 것보다는 그 속에도 서로 다른 계산과 전략들이 경쟁하고 있는 것으로 파악하는 것이 더 중요해진다. 운동 내부에는 상이한 이론적, 실천적 관행과 연대의 틀이 형성되어 있고, 운동의 전략 및 노선과 관련된 많은 사상논쟁이 일어나고 있다. 이런 사실은 탈식민화 담론에 의한 민중의 대변 여부만이 문제가 아니라 탈식민화 운동 내부에서 생기는 노선들의 차이,

---

4_ "정치적인 그리고 다른 실질적 결과들"이라는 말은 자신들을 "탈식민지 지식인"으로 규정하는 스피박에게 라시미 바트나가르(Rashmi Bhatnagar)와 라제쉬와리 순데르 라잔(Rajeshwari Sunder Rajan)이 하는 말이다. "어쩌면 당신과 우리들의 거리 및 친근의 관계는 우리가 쓰고 가르치는 것이 우리에게는 당신에게 갖는 결과 혹은 결과들의 부재와는 다른 의미에서 정치적인 그리고 다른 실질적 결과들을 갖는다는 것일 겁니다." Gayatri Chakravorty Spivak, *The Postcolonial Critic: Interviews, Strategies, Dialogues*, ed. Sarah Harasym (New York: Routledge, 1990), 68.

혹은 탈식민화를 위한 구체적인 투쟁 방식을 놓고 생기는 입장 차이 역시 문제임을 말해준다. '신식민지 지식인'임을 표방하는 것은 따라서 오늘 제3세계 사회에서 억압과 탄압을 받고 있는 민중과 이들 민중과 연대하고자 하는 비판적 지식인의 관계를 중시하는 대변자의 입장에 서기 위한 것만은 아니다. 물론 탈식민화가 제3세계의 중요한 사회적 목표임을 부정할 수 없다면 민중과 그들의 운동을 대변하는 노력을 포기하는 것이 능사는 아니다. 스피박이 지적한 대로 대변을 필요로 하는 이해관계의 문제는 욕망과 권력의 자기 충족적 실천에 의해서도 사라지지 않는다.5 하지만 그렇다고 민중운동에 참여하는 지식인의 역할이 대변자로만 국한되지는 않을 것이다. 지식인의 담론생산은 현단계의 지배적 정세에서 대립하고 있는 세력들의 이해관계를 대변하기 위함만이 아니라 지식인으로서 개입을 시도하는 것이기도 하다. 이 개입은 알튀세르가 강조한 바 있듯이 다른 실천과 구별되는 이론적 실천이며, 지식인이 이 실천을 할 수 있는 것은 다른 사회구성원과는 다른 역능들을 가지고 있다는 점, 즉 이론적 입장을 생산하는 노동의 전문가라는 점 때문이다.6 이런 이론적 실천은 '대변자'라는 이미지가 시사하는 것보다는 훨씬 더 구체적이고(embodied) 적극적인 개입을 지식인에게 요구한다. 이론적으로나 정치적으로 중대한 하나의 논쟁적 공간에서 입지를 마련하려면 지식인은 그래서 민중운동에 몸을 던져야만, 그 외부에서

5_ 스피박은 푸코(Michel Foucault)와 들뢰즈(Gilles Deleuze)가 피억압자들을 "권력과 욕망의 주체"로 설정하고 "피억압자들도 지식이 있고 스스로 말할 수 있다"며 대변의 전략을 부정하는 데 대해 비판적 입장을 취한다. Guyatri Spivak, "Can the Subaltern Speak?", in Patrick Williams and Laura Chrisman, eds., *Colonial Discourse and Postcolonial Theory* (New York: Columbia University Press, 1994), 66-111.

6_ "나는 이론이란 말로 그 자체 특정한 인간 사회의 사회적 실천이라는 복잡한 통일체에 속하는 한 종별적 실천 형태를 가리킬 것이다. 이론적 실천은 실천의 일반적 규정에 속한다. 그것은 다른 실천들— '경험적'이든, '기술적'이든, 혹은 '이데올로기적'이든—에 의해 주어지는 원료(표상들, 개념들, 사실들)를 대상으로 삼아 작업한다. 가장 일반적인 형태에서 보면 이론적 실천은 과학적인 이론적 실천만이 아니라 전과학적 이론적 실천, 즉 '이데올로기적' 이론적 실천(과학의 전사를 구성하는 '지식' 형태들과 그것들의 '철학들')도 포함한다." Louis Althusser, *For Marx*, tr. Ben Brewster (London: Verso, 1977), 167.

관찰하기보다는 그 내부에 들어가 모험을 감행해야만 한다.

이 글이 기여하고자 하는 이론 전선은 이중적이다. 오늘 국제적 혹은 민족/국가 횡단적 차원에서 형성되고 있는 탈식민화 담론과 한국사회에서 구성되고 있는 탈식민화 담론이 그 두 전선이다. 첫 번째 전선에서의 개입은 나의 발화위치가 남한사회라는 데서, 남한 내 정치적 이론적 실천에 참여하고 있다는 데서 그 방식이나 방향이 규정된다. 남한사회의 구체적인 현실을 기반으로 발언한다는 사실로 인해 어떤 이론적인 특권을 부여받는 것은 물론 아닐 터이나, 군이 내 발화위치가 남한임을 밝히는 것은 서구의 메트로폴리탄 센터에서 탈식민주의 담론을 생산하는 논자들과는 다른 방식으로 탈식민화 문제를 고려하는 방식도 있겠다고 보기 때문이다. 하지만 내가 더 중요하게 생각하는 것은 두 번째 전선에서의 개입 문제, 즉 남한 내부에서 탈식민화 담론이 펼치는 이론적 지형에 어떻게 개입할 것인가라는 문제이다. 나는 이 지형에 개입하기 위해 식민지 잔재 청산이라는 문제를 다루려고 한다. 오늘 남한 사회에서 잔재 청산의 문제는 탈식민화를 과제로 삼은 많은 사람들이 계속 부딪치고 있는 아마 가장 심각한 문제라 할 수 있을텐데,7 이 글은 신식민지론의 관점을 취함으로써 식민지 잔재 청산을 둘러싼 탈식민화 작업이 그동안 외면해온 쟁점들을 제기하려는 목적을 가지고 있다.

신식민지론의 입장을 취하는 것은 당연히 오늘 한국사회의 중요한 운동 과제가 무엇인지에 대한 특정한 판단을 전제한다. '신식민지'라는 표현은 한편으로는 오늘 한국사회가 일제에 의해 식민지배를 받고 있던 상황과는

7_ 2년 전 최대의 민족반역자로 손꼽히는 이완용의 작위 토지 상속권을 그 자손이 주장하였으나 현행법으로는 국가가 이를 거부할 방법이 없어서 반민족자와 그 후손에게 불법으로 획득한 재산의 소유를 금지하게 하기 위해 수십 명의 국회의원들이 의원 입법에 착수하는 소동이 벌어진 적이 있지만, 이 법률은 아직 제정되지 않았다. 다른 한편 남한에서 거의 유일하게 친일파의 과거 행적을 파헤치기 위한 체계적 노력을 하고 있는 <민족문제연구소>는 최근 『친일인명사전』을 편찬하기 위해 소요되는 기금을 마련하기 위해 전국 교수들을 대상으로 서명 작업에 들어가 10,000명 이상으로부터 지지를 받은 바 있다.

다른 형태의 지배가 일어나고 있다는 입장을 담고 있다. 오늘 한국사회에는 매우 활력 있는 경제가 작용하고 있으며 발달한 자본주의가 가동되고 있고, 독점자본의 지배체제가 구축되어 있다. '식민지'는 이처럼 발전된 사회의 모습을 충분히 반영하기 어려운 표현이다. 물론 지금도 식민지 잔재가 맹위를 떨치고 있어서 식민지 상황에서 완전히 벗어났다고 할 수는 없지만, 남한은 독점자본의 성장과 함께 적어도 1980년대 말 이후는 소비자본주의가 고도로 발달한 사회가 된 것도 사실이며, '아(亞)제국주의'라는 말까지 들을 정도이다. 그렇다고 남한이 탈식민지라고 할 수 있을까? 남한은 식민지 과거의 외상을 극복하지 못하였으며, 식민지 잔재의 청산이 여전히 미완의 기획으로 남아 있는 사회이다. 남한은 아직 완전히 해방을 이루지도 못했다. 1945년의 해방 이후에도 남한은 외국 군대에 점령당해 있는 처지다. 물론 미군의 주둔은 남북한의 적대관계 때문에 어쩔 수 없다고 할 수도 있을지 모르지만 이 사실 자체가 한국이 완전한 독립을 이루지 못했다는 징표이다. 남한은 고유한 통치장치를 가지고 있지만 그 주권은 제한되어 있다. 한국의 사법기관이 미군에 의해 한국인에게 저질러진 범죄들에 대한 관할권을 가질 수 없는 것이 그 단적인 예이다.

최근 남한은 더 심각한 종속에 빠져들었다. 1997년 외환부족으로 인해 유발된 경제위기를 맞아 국제통화기금(IMF)의 구제금융을 받기 위해 전 사회의 신자유주의적 구조조정을 실시할 수밖에 없었기 때문이다. IMF와 초국적 금융자본이 한국경제에 더 큰 영향력을 행사하게 될 것이니 이번 경제위기가 남한의 경제적, 정치적 자주성에 손상을 줄 것이라는 점은 의심의 여지가 없다. 남한을 탈식민지로 규정하는 것은 따라서 오늘의 국제적 상황에 대한 "시기상조성 자축적" 판단을 유포시키는 일이고,[8] "결국 전지구적 자본주의를 재건설하려는 신식민주의적 구조를 은폐하는 것일 따름"이다.[9]

8_ Anne McClintock, "The Angel of Progress: Pitfalls of the Term 'Post-colonialism'," in Patrick Williams and Laura Chrisman, eds., *Colonial Discourse and Post-colonial Theory: A Reader* (New York: Columbia University Press, 1994), 294.

이 말은 탈식민지론의 문제의식이 전적으로 부당하다는 것은 물론 아니다. 탈식민지론을 비판한다고 해서 "탈식민주의 연구가 지금까지 해온 엄청난 기여"를 부인하는 것도 아니며, 탈식민주의 논의에 큰 빚을 지고 있다는 것 또한 부정하지 않는다.[10] 그럼에도 불구하고 '탈식민지성' 대신 '신식민지성'을 남한의 성격으로 보려고 하는 것은 남한은 지금도 식민지 과거와 신식민지 현재가 뒤엉켜 만들어내는 갈등과 모순을 가지고 있으며 이런 점 때문에 탈식민화가 요청되는 사회라는 점을 강조해야 한다고 보기 때문이다.

남한 민중이 식민지 잔재와 신식민지 상황에 의해서만 고통받고 있는 것은 아니다. 한국은 식민 지배의 후유증으로 세계의 대민족 중 이제는 유일하게 분단 상태에 놓여 있기 때문에 민족해방의 과제를 안고 있고, 남한의 경우 세계자본주의 체제에의 편입으로 인해 생겨난 계급모순을 극복하기 위한 노동해방의 과제를 안고 있지만, 이들 두 문제들 이외에도 세계의 다른 많은 나라들이 겪고 있는 문제들, 즉 성적, 세대적, 지역적, 종족적, 생태적 갈등들과 모순들을 안고 있다. '신식민지'를 오늘 남한의 상황을 묘사하는 용어로 채택하는 것은 이들 문제를 외면하기 위함이 아니라 일단은 탈식민화 담론을 양분하고 있어 보이는 식민지론과 탈식민지론에 개입하기 위해서, 그 두 입장과는 다른 입론을 세울 필요가 있다고 보기 때문이다. '신식민지'는 이 글에서 식민지 잔재와 탈식민지적이라 흔히 간주되기도 하는 새로운 사회적 쟁점들이 맺고 있는 연관의 성격을 규정하는 용어, 오늘 남한 사회가 안고 있는 민족, 계급, 지역 등 전통적인 사회적 문제들과 성, 성욕, 환경, 세대와 같은 새로운 사회적 문제들이 상호 관련을 맺고 있는 양상을 규정하는 말로 사용된다.

9_ 첸콰신, 「아직은 탈식민지 시대가 아니다」, 『현대사상』 4, 1997년 겨울, 138; Chen Kuang Hsing, "Not Yet the Post-Colonial Era," *Cultural Studies*, vol. 10, no. 1 (1996).

10_ 같은 글, 145. 나의 논의가 탈식민주의 논의에 많은 빚을 지고 있다는 점은 스피박, 바바 등을 자주 인용하는 데서 드러난다고 할 수 있다.

2. 탈식민화의 아포리아 또는 적과의 동침

탈식민화를 과제로 삼은 지식인이 직면하게 될 난관은 무엇일까? 탈식민화는 신식민지인이 자신이 빠져든 식민지 잔재를 청산하고, 그 잔재의 작용으로 생겨나는 삶의 질곡에서 벗어나고, 식민지 과거가 지연시키는 역사적 진전을 이룩하는 일이다. 탈식민화는 당연히 근대적 세계체제가 제3세계에 강요한 질서와는 다른 질서, 어쩌면 '반질서'나 '대항질서'라는 말이 더 어울릴 대안적 삶을 지향한다. 서구 중심의 근대적 세계체계와 그것의 지배장치들이 더 이상 이전처럼 작동하지 않도록 그 기능들을 전환하고 그 결과 지배로부터의 탈피가 일어나는 새로운 효과들이 만들어지도록 장치들과 그 안에 놓인 '기계들'을 재배치하여 새로운 세계질서─또는 더 이상 '질서'라는 말이 필요없는 삶의 방식─를 구성하는 동력을 만들어야 하는 것이다. 이 과정에서 신식민지 지식인은 식민지 잔재 청산이라고 하는 과제를 안게 되지만, 이 청산 작업은 잔재의 제거를 목표로 하면서도 바로 그 잔재에 의존해야 하는 난관에 놓이게 된다.

탈식민화 작업은 '탈탈신비화'이다. 탈식민화가 지양하고자 하는 식민화 과정은 거기에 강제적으로 편입된 수많은 공동체, 종족, 민족, 인종의 근대화요, 계몽이요, '과학' 세계로의 진입이라는 점에서 탈주술(disenchantment)이며, 따라서 탈신비화 과정이다. 식민지 주체는 근대화 과정에서 미신, 유사과학, 신비감(mystique) 등에 지배되고 있다는 진단을 식민권력으로부터 받기 마련인 자신의 전통적 삶으로부터 벗어날 것을, 서구적 근대가 대변하는 과학적 이성이 지배하는 새로운 담론적 공간으로 진입할 것을 요구받는다. 탈식민화 전략은 이 탈신비화에 대한 비판적 독해라는 점에서, 탈신비화 담론의 통제로부터 벗어나기를 지향한다는 점에서 탈탈신비화이다. 이 탈탈신비화가 아포리아라는 것은 탈탈신비화는 자신이 극복하고자 하는 바로 그것─탈신비화, 서구화, 근대화, 혹은 식민화─에 의존할 수밖에 없다는 말이다. 신식민지 지식인이 추구하는 탈탈신비화 혹은 탈식민화는 비판적인 지적 기획으로서 서구적 계몽주의를 비판하지만 바로 그 과정에서 계몽 또는 근대성의 기획을 외면할 수 없다. 계몽의 빛에는 어떤 어둠이 들어 있다. 이때 '어둠'으로 규정되는 것은 계몽이 만들어낸 신화적 공간이며, 비서구에서 '서구의 유혹'이 작동하여 만들어내는 '빛의 어둠', 즉 과학주의, 합리주의라는 또 다른 미신이다. 탈탈신비화는 그래서 '동양적 신비', '역사적 지체', '아시아적 생산양식' 등의 이름으로 비서구를 규정한, 서구적 계몽과 근대화가 만들어낸 과학 또는 지식 체계로부터 벗어나는 일이다. 서구적 태양-신화의 포획으로부터의 탈주라는 점에서 탈탈신비화는 또 다른 의미의 탈신비화인데, 그러나 이 노력은 거의 예외 없이 식민화 과정에서 이루어진 계몽적 탈신비화라는 기반 위에 형성된 이론적, 실천적 역량에 의존하지 않을 수 없다.

신식민지 지식인이 식민지 잔재를 청산하고자 하면서 그 잔재에 의존하지 않으면 안되는 것은 그가 청산하고자 하는 식민지 잔재가 보편주의의 틀로 작용하고 있기 때문이다. 극복하고자 하는 대상이 보편주의로 작용하고 있는 한 그 틀에서 벗어난 채로 그것을 비판하고 극복하기란 불가능하다. 이 글이 시도하는 탈식민화 작업만 하더라도 그렇다. 내 개인적인 (신)식민지 주체화 과정에서 습득한 개념들, 이론들, 비판 방식들을 가동하지 않고 어떻게 그 작업이 가능하겠는가? 신식민지 지식인이 식민종주국이 생산한 제국주의/보편주의 이론에 의존해야 하는 것은 그래서 셰익스피어의 『템페스트』에서 칼리반이 미란다로부터 배운 언어를 사용하는 것과 유사하다. 물론 칼리반은 이 언어를 저주라는 다른 용도로 사용하지만, 문제는 그 저주마저 지배자의 언어에 의존해야 하는 데 있다. "네가 나한테 언어를 가르쳐 주었지. 그 덕에 내가 얻은 건, 어떻게 저주할지를 안다는 거야. 날 더러 네 언어를 배우게 했으니 염병이나 걸려라."[11] 피식민지인이 식민주의자의 언어나 지식 체계를 수용하는 것은 칼리반처럼 오늘 거의 모든 비서구

11_ William Shakespeare, *The Tempest*, ed. Frank Kermode (London: Methuen, 1954), I, ii, 365-67.

사회가 서구 제국주의의 지배를 받은 적이 있고 또 그 지배의 효과에서 벗어나지 못하기 때문이지만, 이 지배가 보편적인 만큼 서구 지식에 대한 비서구의 의존 또한 보편적 현상이 아닐까?

서구 보편주의에 대한 비서구의 의존은 신식민지 지식인에게서도 확인된다. 신식민지 지식인은 식민화와 함께 진행된 탈신비화의 결과 철저하게 강압적인 식민지 주체화 과정을 겪은 존재이다. 이 과정은 주체형성 장의 변화와 궤를 함께 하며, 전통적 지식체계와 그 생산양식의 해체, 새로운 지식생산 양식의 도입을 포함하고 있었다. 전통사회의 엘리트가 수학했던 유학은 신식학문에 의해 밀려나기 시작했고, 중심적인 교육의 장이었던 가정도 신식학교에 의해서 그 중요성을 상실하기 시작했다. 물론 이런 경향은 조선이 일본에 의해 합병된 1910년 이전부터 나타났다고 할 수 있다. 일본의 영향권 속에서 대한제국의 학부가 추진한 "신식교육(근대교육)에 대한 두려움과 불신" 때문에 조선민중은 전통적 교육을 억제하고 "신식교육을 중심으로 가르치는 근대적인 학교는 일본의 침략 의도가 그대로 관철되는 곳"으로 생각하기도 하였지만, 1905년 이후 교육운동이 본격적으로 일어난 것을 보면 "(신식)교육을 통한 국민의 계몽이야말로 민족이 당한 곤란을 극복하는 길"이라는 의식이 지식인들 사이에 널리 퍼졌음을 알 수 있다.[12] 그러나 일제에 의해 추진된 교육정책 및 다른 주체화 과정들은 조선인에 의한 조선인의 '계몽'과는 전적으로 다른 의미를 가진다. 일본은 근대화 과정에서 '조선인'을 새로운 주체, 근대적 주체로 주조해냈지만, 이 주조가 식민지 규율권력의 행사 속에 이루어졌기 때문에 조선인이 근대적 주체가 되는 길은 동시에 피식민지인이 되는 길이었다. 일본은 '내선일체', 즉 내지인 일본과 조선이 한 몸임을 내세웠지만, 이것이 조선과 일본의 동등화가 아니라 일본에 대한 조선의 종속화를 의미하는 것임은 두말 할 필요가 없다. 내선일체는 전통적 지식체계의 해체와 일본식 지식체계의 도입을, 조선

12_ 홍일표, 「주체형성의 장의 변화: 가족에서 학교로」, 김진균·정근식 편저, 『근대주체와 식민지 규율권력』, 문화과학사, 1997, 292-95.

인의 일본인화를 위한 조선어 사용의 금지 등을 의미할 뿐이었다. 일제 하 한국인들은 일반적 병영체제 상황에 놓였고, 사회적 장치들의 거의 모든 수준에서, 예컨대 병영, 학교, 가정 등 거의 모든 곳에서 새로운 이데올로기와 습속들을 부여받았다. 물론 대부분의 사회적 장치들은 일제가 장악하고 있었기 때문에 근대적 주체화 과정을 통해 한국인들이 획득한 습속들은 식민지적이다. 예컨대 일제 하 학생들은 근대적 교육제도를 통해 일본 제국주의에 복무하는 국민, 즉 (황)국(신)민이라는 '하위주체'로 양성되었다.[13] 식민지 주체화 과정은 해방 이전 한국사회 도처에서, 복장체계, 법률체계, 검열관행, 주거방식, 행정체계 등 다양한 분야에서 이루어졌고, 그 잔재는 지금 남한에서 잔존하는 행정, 지식, 언어, 예술, 기술 등 분야에서 다양한 형태로 남아 있다.

해방 이후에도 식민화 과정은 사라지지 않았다. 일제지배를 종식시킨 해방의 '은인' 미국이 북한의 공산주의 세력에 맞서는 반공체제를 구축하기 위해 남한을 신식민지로 만들었기 때문이다. 미군정 하 해방정국에서 주체화 과정은 새롭게 진행된다. 미군정은 국립서울대안(국대안)을 만들어 교육체계를 미국화하기 시작하였고, 이 결과 미국유학은 남한에서 새로운 엘리트가 되는 지름길이 되었다.[14] 미국은 지식생산에서만 모델이 된 것이 아니다. 미국의 지배력이 드러나면서 남한대중에게 미국은 피할 수 없는 삶의

13_ "1937년 중국을 침략하면서 일본은 본격적인 황국신민화정책을 실시하였다. 이를 위하여 이른바 2차계획을 수립하여, 교육령을 개정하고 군사훈련과 규율을 강화하기 시작하였다. 교육실제화정책이 보통학교 교육기회의 확대와 동시에 노동훈련을 통한 황국신민화였다면, 2차계획은 지원병제 실시를 위한 것으로 군사적 규율을 내면화하는 데 중점이 두어졌다. 이에 따라 일제는 1938년에 소학교 규정을 개정하여 노동훈련과 군사훈련을 통일시켰다." 김진균·정근식·강이수, 「일제하 보통학교와 규율」, 『근대주체와 식민지 규율권력』, 107.

14_ "국대안"은 1946년 미군정청에 의해 입안되어 수많은 교수와 학생의 저항에도 불구하고 결국은 국립서울대를 탄생시켜 신생 대한민국 대학체계의 근간이 되었다. 국립서울대는 경성대학(일제하 경성제국대)을 중심으로 관립 전문학교들을 결집시켜 만든 종합대학교 체계였다. 오늘 남한의 다수 대학들이 종합대학 모습을 갖게 된 가장 큰 원인도 이 국대안에 있다. 서울대학교 교수민주화운동 50년사발간위원회, 『서울대학교 교수민주화운동 50년사』, 1997, 6-16 참조

모델이 되었다. 1950년대 중반 서울 용산의 미8군 클럽에서 활동한 국내 음악인들은 일본의 엔가를 모방한 기존의 트로트 풍 대중가요와는 다른 미국식 대중음악을 소개하기 시작했고, 할리우드 영화를 관람한 수많은 사람들에게도 미국적 삶은 바람직한 근대적 삶의 표징으로 나타났다. 한국적 삶의 미국화는 1961년 쿠데타로 정권을 잡은 박정희가 미국 이외 지역의 자본주의화를 위해 로스토(Walter W. Rostow)가 입안한 근대화 전략을 '경제 개발 5개년 계획'이라는 형태로 수용하면서 더 본격화되었다. 박정희는 남한의 자본주의화에 필요한 노동력을 형성하기 위한 도시화를 추진하였는데, 전통적인 농촌사회를 파괴하는 데 주요한 역할을 한 '새마을운동'이 1971년부터 추진된 것도 그 일환이다. 도시화는 새로운 주거생활을 도입했고, 사람들은 1970년대 초 한 일간지에 연재되기 시작한 만화 연재물 <블론디>와 같은 미국의 문화산물을 보며 미국적 삶을 모방하기 시작하였다. 외부는 인터내셔널 스타일을 따르고 있었지만 그 내부에는 연탄아궁이가 달린 전통적인 부엌을 가지고 있었던, 이때부터 건설되기 시작한 아파트형 주택이 이 모방의 현실이었다. 하지만 텔레비전 수상기 보급의 확산으로 미국의 대중문화가 '물밀듯' 밀려오기 시작한 이 시기 이후, '미국화' 대세를 되돌리기는 불가능해졌다. 오늘 남한의 지식인 언어와 지식 생산물만이 아니라 대중음악, 영상산업 등 많은 문화적 활동과 제품들이 미제 상표를 달고 있거나 미국적으로 보이고자 하는 것은 이 결과이다.

이런 사실들을 언급하는 것은 식민지 시절에는 일본이 한국을 지배했고, 신식민지 시절에는 미국이 남한에 강력한 영향력을 행사해오고 있다는 점을 말하려는 것만은 아니다. 그보다는 오늘 탈식민화를 바라는 신식민지 지식인의 객관적 처지를 곱씹어 보기 위함이고, 아울러 식민지, 신식민지 시대에 주체화 과정을 겪은 신식민지 지식인은 탈식민화 작업에 종사하는 바로 그 와중에도, 물론 강제된 것이기는 하지만 '적과 동침하는' 처지임을 잊지 않기 위함이다. 신식민지 상황에서 식민지 시대는 과거라는 점에서 '지나갔지만', 즉 지금 사라지고 없지만, 식민지 지배의 효과가 사라진 것은 아니라는 점에서 여전히 '남아 있다.' 식민지 잔재가 유산으로 남아 있다는 이 사실, 그 유산의 물질성과 그것의 필연성을 부정할 길이 있을까? 신식민지 사회에서 식민지 잔재는 어떨 때는 아주 노골적으로, 어떨 때는 정체를 밝히지 않고 나타나지만 온갖 층위나 분야에서 다양하게 나타나기 때문에 신식민지인의 습속을 구성한다고 할 수 있다. 식민지 잔재가 이처럼 신식민지인의 신체에 각인되어 그의 내면을 구성하고 있다면 신식민지인은 모두 적어도 얼마만큼은 '민족 배반자'라고 해야 할지도 모른다. 일본과 미국에 의한 주체화 과정을 겪은 결과 남한인들은 적어도 조금씩은 일본화, 미국화했기 때문이다.

잔재는 흔적이다. 이 흔적은 퍼어스(C. S Peirce)가 '지표적'(indexical)이라 부른 기호의 층위에 속한다. "지표는 자신이 나타내는 대상에 의해 실제로 영향을 받기 때문에 그 대상을 지시하는 기호이다…대상에 의해서 영향을 받는 한 지표는 반드시 그 대상과 공통되는 질을 약간 갖고 있는데, 지표가 대상을 지시하는 것은 이들과 관련해서이다."[15] 지표는 상징과 도상과 달리 기호의 신체적, 물리적 차원을 가리키는 측면이 강하다. 연기나 족적과 같은 지표는 십자가와 같은 상징이나 그림과 같은 도상과는 달리 그 원본에 대해 물리적 세계에서 연결되어 있고, 인과론적인 연관을 맺고 있다. 연기는 불이 났다는 것을, 족적은 누군가가 바닷가를 걸었다는 것을 말해주는 것이다. 지표로서 잔재-기호는 병참적 능력을 갖춘 제국주의 세력의 세계 침범이라는 역사적 사건의 결과물이다. 오늘 남한에 서구 보편주의의 잔재-기호들이 널리 퍼져 있다는 것은 따라서 한국이 어느 한때 서양 또는 그와 유사한 세력인 일본과 실제로 조우한 적이 있음을 말해준다. 오늘 남아 있는 무수한 이 잔재-기호들은 물론 이 조우가 일어났을 때 한국에 들어온 산물들의 잔존물들로써만 채워지지는 않는다. 거기에는 서구 중심적인 자본주의 세계 체계에 편입되어 구성한 생산양식의 가동으로 남한이 이제

15_ C. S. Peirce, *Philosophical Writings of Peirce*, ed. Justus Buchler (New York: Dover Publications, 1955), 102.

만들어낼 수 있게 된 각종 제품과 상품들도 포함된다. 미군정이 부분적으로 수정했지만 그래도 남아있는 일제의 식민지 교육과정이 재생산되면서 형성된 학생주체들 또는 지식인 군상들도 포함되며, 일제식 병영적 사회질서가 일본군 장교 출신 박정희의 집권 18년과 그의 뒤를 이은 전두환과 노태우의 군사정권 기간 동안은 물론이고 지금까지도 작동하면서 만들어내고 있는 여러 인물 유형들—특히 친일이든 반공이든 생존을 위한 처세술을 터득한 자들만이 권력과 이권을 얻게 됨으로써 나타나는 군상들—도 포함된다. 신식민지 국가독점자본주의 사회체제, 그와 연동되어 있는 이데올로기 국가장치들, 그리고 성적, 성욕적, 세대적, 지역적 관계들을 규정하는 미시적인 권력 기계들도 마찬가지다. 이 모든 것은 상징적 체계나 도상적 기호라기보다는 물리적으로 작동하는 '기계들'이라고 할 수 있다. 이들 잔재-기호, 혹은 지표들은 족적이나 흔적이 물리적인 것처럼 물리적이고, 톱니바퀴가 기계인 것처럼 기계적이다. 지표가 이처럼 부정하기 어려운 물질성을 가지고 있다는 것은 무엇을 말해주는가? 잔재-기호를 흔적 차원에서, 즉 그 물질성에 주목하여 다룰 것을 요구하고, 기호를 보는 새로운 방식을 채택할 것을 요구하는 듯싶다. 잔재는 기호라는 측면에서 우리에게 그 원본에 대한 관심과 집착을 불러일으키는 것이 사실이지만 흔적, 잔재-기호, 지표로만 남아 있다는 점에서 원본과 흔적의 관계를 도치된 인과론의 관점에서 보도록 요구한다. 잔재-기호는 사라진 원본을 사고하기 위해 통과해야 할 유일한 관문이며, '원본'보다 먼저 통과해야 할 관문이다.

이는 잔재-기호가 데리다의 최근 표현을 사용하자면 '유령적'이기 때문이다. 유령은 '다시 온 것', 즉 어떤 존재의 죽음 이후에 온 것, 원본이 사라지고 난 이후에 나타나는 흔적이다.[16] 그런 점에서 유령은 남은 것, 즉 잔재인데, 이 잔재는 또 그것대로 유령적이기 때문에 유령의 출몰 방식을 따른다. 유령은 일단 나타나기 시작하면 그 출입을 마음대로 하여 언제 어디서

16_ Jacques Derrida, *Specters of Marx: The State of the Debt, the Work of Mourning, & the New International*, tr. Peggy Kamuf (London: Routledge, 1994).

나, '여기든 어디든'(hic et ubique) 나타나는 특징을 가지고 있다.[17] 오늘 남한 사회의 식민지 잔재도 언제 어디서나 출몰하는 유령처럼 편재하는데, 식민지 잔재의 이 편재성은 유령의 병참술적 능력에서 나온다고 봐야 할 것이다. 이 능력은 세계지배 과정에서 서구가 이끌고 다니던 군함이나 상선, 거기에 실려 있던 대포, 양물(洋物), 박래품 등의 위력과 매력이 증명한 바이다. 식민지 잔재, 식민지과거의 혼적을 청산하는 과제를 떠안은 신식민지 지식인은 이처럼 자유자재로 출몰하며, 병참술을 갖추어 세계 도처를 횡단하는 '보편적' 위력을 갖춘 유령과 대면하는 셈이 된다. 유령과 대면하기, 그것은 매우 어려운 과제이지만 지식인이 피할 수 없는 과제이다. 신식민지 지식인이 잔재-유령을 대면하는 일은 식민지 과거의 혼적을 통과하는 일이다. 그런데 그 혼적을 통과하지 않으면 안된다는 것, 그 족적을 다시 밟고 가야 하는 것은 그(녀)가 뒤늦게 온 존재, 서구 보편주의와 계몽주의의 탈신비화에 빚진 존재이기 때문이 아닐까? 신식민지 지식인의 이 빚짐은 그(녀)의 탈식민화 작업이 식민지 잔재에 의존하지 않으면 안 된다는 데서 나오며, 그(녀)의 존재론적 한계이자 특징이다. 그(녀)의 탈식민화가 이 아포리아, 혹은 적과의 동침을 우회할 수 있을까? 아포리아를 인정하고, 그 속에서 살아가는 것이 그(녀)에게 주어진 유일한 선택이 아닐까? 그(녀)가 어떤 새로운 것을 탄생시킬 가능성을 안게 되는 유일한 조건, 괴롭지만 새로운 출발을 위해 살아내야만 하는 조건으로서 말이다.

3. 축귀

문제의 아포리아를 인정하는 일은 물론 쉽지 않다. 더군다나 함께 해야

17_ William Shakespeare, *Hamlet, Prince of Denmark*, ed. Philip Edwards (Cambridge: Cambridge University Press, 1985), I. v. 156. 데리다는 햄릿에 나오는 이 표현을 유령의 출몰 방식과 연관지어 자주 인용한다.

할 유령이 '철천지원수'로 인식될 때, '조국강산'을 유린하고 민족정기와 자존심을 짓밟은 존재로 이해될 때는 더욱 그러하다. 일제는 백두대간 산봉우리 곳곳에 쇠말뚝을 박아 조선의 기맥을 막았으며, 조선왕조의 정궁이 선음혈 자리 바로 앞에 총독부 건물을 세움으로써 조선에 대한 '상징적 강간'을 자행하지 않았던가?[18] 이 질책을 쉽게 무시할 수 없다면 유령-잔재를 청산하자는 주장은 당연한 것으로 받아들여질텐데, 나는 잔재의 청산이 필요하다는 입장에는 물론 동의하지만 그래도 청산에는 여러 방식이 있기 때문에 이중 어떤 방식을 선택하느냐는 여전히 관건이라고 본다. 첫째, 친일파 또는 반민족 세력이 성공적으로 해오는 방식으로 잔재의 청산을 그 존속으로 대체하는 방식이 있다. 적어도 해방 이후 남한에서는 실질적으로는 친일세력일지라도 식민지 잔재의 청산을 반대할 수 없었기 때문에 청산은 남한 내 모든 세력의 명시적 목표가 되어 왔다. 이에 따라 일제의 식민지 규율권력 장치를 존속시키고자 하는 세력까지도 명분상 잔재 청산에 동의하지 않을 수 없었다. 하지만 이들이 내세워온 청산 방식은 망각의 방식, 즉 '과거의 아픈 상처'를 가능한 한 빨리 잊자는 것이다. 명분은 민족의 화해와 화합이 우선이라는 것이었지만, 이는 일제 잔재 청산이 과거 반민족 행위의 폭로로, 현재의 기득권 상실로 확산되는 것을 막기 위함이다. 청산의 요구가 곧잘 민족의 분열을 획책하는 기도로 변조되고, 탄압의 대상이 되는 것은 그 때문이다. 과거 그 사주가 친일 행각을 벌인 『조선일보』와 같은 신문사가 지금도 막강한 권력을 휘두르면서 식민지 청산을 요구하는 진보적 인사들을 북한을 지지하는 좌경용공세력으로 몰아붙이는 것이 대표적인 예이다. 둘째, 그 어떤 잔재의 존속도 인정하지 않으려는 태도, 잔재라면 어떤 방식으로든 모두 제거하거나 쫓아내려는 축귀의 태도가 있다. 주로 민족주의자들이 견지하는 이런 태도에서 잔재-유령은 외부에서 온 침략자

18_ 일본에 의한 조선의 상징적 강간에 대해서는 최정무의 "Sorcery and Modernity," in Proceedings of '97 Kwangju Biennale International Academic Symposium: Unmapping the Earth, October 30 to 31, 1997, 3.1-3.17를 참조하라.

의 흔적이고, 잔재-기호는 한민족의 정기를 보존하려면 잔존을 허용해서는 안되는, 민족문화와 결코 뒤섞여서는 안되는 이물질 또는 불순물로 표상된다. 잔재-유령을 외부적인 존재로 표상하면 그것의 청산은 '진짜 우리'라는 가상적 자아를 형성하는 부수적 효과를 낳는다. 진정한 자아의 복원을 위해 민족정기를 회복해야 한다고 하는 이 입장에서 보면 식민지 잔재-기호들은 제거 대상일 뿐이다. 셋째, 청산 작업을 잔재의 견뎌내기로 하려는 전략이 있을 수 있다고 본다. 내가 선택하는 전략이 바로 이 세 번째이지만 이 전략에 대해 말하기 전에 축귀 전략의 문제점을 따지고 싶다.

'축귀'는 다양한 형태와 차원에서 발견되는데 흔히 외국 것 일체에 대한 거부, 반발 또는 혐오감 표현의 형태를 띠고 나타난다. 1999년 4월에 열린 세계 청소년 축구대회에서 일본팀이 결승에 진출한 것을 두고 통신상에서 한국의 대중이 보인 반응이 한 예이다. 식민지 경험에 대해 거의 알지 못하는 10대들까지 포함하여 한국인들의 주된 반응은 일본팀의 결승 진출이 실력보다는 운수 덕택이라는 것이었다. 전 식민종주국의 축구 능력을 부정하고 있는 이런 반응은 지난 수년 간 한국의 출판계에 등장한, 일본을 다룬 몇몇 책에 대해 대중이 보인 관심과 맥을 함께 하고 있다. 김진명의 소설 『무궁화꽃이 피었습니다』에서 일본에 대한 국수주의적 증오는 그 극에 달한 모습을 보인다. 1999년 겨울 일본과 한국 사이에 전쟁이 일어나자 밀리고 있던 한국측은 결국 비밀리에 개발한 핵무기를 사용하여 "동경으로부터 정남방 백킬로미터 지점에 있는 무인도 미쿠라지마에 정확히 명중"시킨다. 핵탄두는 "일본의 심장부 동경"이 아닌 무인도 미쿠라지마에 떨어지지만, 이는 실수가 아니라 한국이 그동안 일본으로부터 당한 "고통과 슬픔을 가슴 속에 깊이 묻은 채 원수의 심장을 비껴 겨드랑이 밑에 비수를 찔러넣은" 것으로 설명된다.[19] 일본은 배울 것도 미래도 없다는 주장을 펼친 전여옥의

19_ 김진명, 『무궁화꽃이 피었습니다 3』, 해냄, 1993, 281-82. 3부작으로 된 이 소설은 300만 부 이상이 팔린 것으로 알려진, 남한의 독서시장에서는 유례를 찾기 힘든 베스트셀러였다.

에세이집 『일본은 없다』도 비슷한 방식으로 베스트셀러가 된 것으로 보인다. 저자는 자신의 책의 속편에서 "도저히 일본을 일본인을 용서할 수 없어 나는 쓰기로 했다"고 말하고 있는데,[20] 관심을 기울여야 할 것은 식민종주국 일본을 깎아내리는 작업이 남한 대중으로부터 엄청난 호응을 받고 있다는 점이다. 과거 식민 지배자의 능력을 부정해야만 직성이 풀리는 듯한 이런 태도는 외국 것 일체를 거부하려는 태도와 연결되어 있으며, 한국적인 것에 대한 근거없는 맹신과도 연결되어 있다. 김영삼의 '문민정부'가 본격적으로 추진한 세계화 정책이 진행되는 사이 "가장 한국적인 것이 세계적이다"라는 구호가 난무한 것도 같은 맥락이다. 지식인 사회라고 예외가 아니다. 학술회의 석상에서 "언제 외국산 이론 수입상 노릇을 그만 두고 '순수한 우리 이론'을 만들 것인가"라는 힐난과 질타를 수시로 듣는 사람이 나만은 아닐 것이다. 일본 혹은 서구-타자를 거부하는 이런 전통은 물론 오랜 역사를 가지고 있다. 한국의 19세기 역사는 '서양귀신'을 내쫓으려는 계속되는 시도들로 점철되어 있었다고 해도 과언이 아니다. 지금은 '천주교 박해'로 불리는 19세기 초의 서학 배척의 움직임들, 통상을 강요하며 양요를 일으킨 미국·프랑스와의 전투, 계속 이어지는 서양의 침투에 맞선 대원군 이하응의 쇄국정책, 최익현이 주도한 척사위정 운동, 서학에 맞선 동학의 대두와 동학을 지지한 농민들의 봉기, 일제 침략에 저항한 의병운동 등이 그런 시도들이다. 이 일련의 과정에서 한국을 침범한 '악귀들'은 서양과 그 서양을 대신한 일본이다. 이들 서양귀신은 과거 타자의 명칭이었던 '이적'(夷狄)을 좇아 '양이'(洋夷)와 '소이'(小夷)로 불리기도 했지만 '금수'(禽獸)나 '양귀'(洋鬼) 또는 '귀축'(鬼畜)으로도 불렸다.

오늘 자주 볼 수 있는, 일본과 서구를 부정하고 '순수하게 한국적인 것'을 회복하려는 태도에는 이 유서 깊은 축귀 전통이 지속되고 있는 것 같다. 축귀는 환자의 몸 밖으로 귀신을, 잔재-유령을 쫓아내는 일이다. 이런 태도

20_ 전여옥, 『일본은 없다 2』, 지식공작소, 1995, 7. 이 책은 2012년 대법원에서 저자가 타인의 취재내용을 무단으로 이용했다는 판결을 받았음을 밝혀둔다.

는 그러나 잔재가 형성되기 전, 식민화에 의해서 민족정기가 훼손당하기 전 민족의 원상태, 또는 기원으로의 복귀를 갈구하면서, 잔재-기호를 우회한 채 역사적 현재에 마술적으로 참여하기를 바라는 비역사적 태도이다. 여기에는 타자와의 대칭적 대립, 마니교적인 선-악 대립의 관념이, 타자를 주변화하고 악마화하는 축귀 대상으로 여기는 자아 중심적 태도가 깃들어 있다. 축귀의 입장은 접신 또는 '유령과 함께 함'을 용납할 수 없는 상태로 보고, 접신 상태를 내 몸 안에 결코 들어와서는 안될 이물질 또는 악마적 요소가 들어온 것으로 이해한다. 접신은 그래서 치유해야 할 질병이 든 것으로, 시달림의 상태로 인식되고 한시 바삐 병인(病因) 제거가 요청되는 상태로 제시된다. 남한과 같이 제국주의 침략을 받은 사회에서 이런 축귀 태도가 광범위하게 퍼지는 데에는 물론 이유가 있다. 19세기 말 서구와 일본이 한국에 등장한 것은 명백하게 침략을 목적으로 한 것이었다. 식민 종주국이었던 일본 축구팀의 능력을 무조건 부인하고 보는 태도나 서구산 이론에 대해 냉소적인 불신을 드러내는 것은 신식민지인들이 자본주의 세계체계 속에서 갖게 되는 하위주체의 위상과 무관하지 않다. 신식민지 사회에서 서구화를 추구하는 세력은 대체로 반민중적이다. 서구화의 정도가 지배권력에 얼마나 접근하고 있느냐를 보여주는 척도가 되어 있는 사회에서, "서구 문화를 특권화하는 근대화 논리"를 채택한 사회에서 서구이론을 근거로 사회를 설명하는 것이 민중을 위한 지식생산일 수는 없을 것이기 때문이다.[21]

그러나 과연 축귀는 실현될 수 있는가? 19세기 중반에 나온 축귀론의 하나인 척사위정론은 화이론(華夷論)을 주장하여 조선을 '소중화'(小中華)로 규정하였다. "명이 오랑캐 청에 멸망함으로써 이미 중화의 명맥이 끊기었으며 이로 말미암아 문명의 중심이 중국으로부터 조선으로 옮겨졌다고 본"

21_ Chungmoo Choi, "The Discourse of Decolonization and Popular Memory," 82-83. 최정무는 한국에서는 영어 능력과 세계 역사, 즉 서구 문명에 대한 지식을 습득하는 것이 계몽의 징표일 뿐만 아니라 부르디외가 이해한 '상징적 자본'을 갖는 일이라고 지적한다.

이 입론은 "이 지상에 살아남은 중화는 오직 소중화인 조선뿐이었으며 조선의 멸망은 이 지상의 유일한 문명국이 그 자취를 감추는" 일로 인식하였다.[22] 조선이 중화(中華)를 대체하고, 도를 구현하는 유일한 사회라는 이런 관점에서 보면 외부 세력은 진정한 문명을 대변하는 유교적 질서를 위협하는 악귀일 뿐이다. 악귀가 축귀 대상이 되는 것은 당연하지만, 문제는 이런 인식은 당시 국제 정세에 대한 완전한 무지에 근거하고 있었다는 것이다. 그뿐만 아니다. 척사위정을 주장하던 이들이 의병활동의 주축이 되었지만 이들 중 상당수는 동학혁명군의 진압에 참여했다는 보고가 있는데, 이것이 사실이라면 반외세만이 아니라 반민중적 태도도 19세기 중반부터 나온 척사위정 흐름과 20세기 초에 나타난 의병 활동을 잇는 흐름이라고 할 수 있으며, 이런 점을 생각하면 축귀는 내부 문제를 외부로 돌리는 태도이다.[23] 조선이 '소중화'를 구현하고 있다고 믿은 유학자들의 의식에는 조선사회 내부에 신분 차별, 농민 착취, 여성 차별 등 산적한 문제들과 억압적 질서가 있었다는 점에 대한 인식이 거의 없었다. 이런 상황에서 '서양귀신'의 출몰은 당시 조선이 세상이 어떻게 돌아가고 있는지 모르고 있었음을 말해주는 전령이 나타난 것과 다를 바 없지 않을까? 조선의 문제가 외부로부터 왔다는 것만을 말하는 것이 아니라 조선 사회 내부에 문제가 있었다는 것을, "시대가 어긋나 있다"는 것을 말해준 것은 아닐까?[24] "서양귀신"은 느닷없이 출몰하였지만, 그 유령적 모습은 당시 역사의 실재(the Real)가 조선의 표상체계에 의해 제대로 담기지 못하게 되면서 그중 일부가 삐져나오면서 만든 형상이었던 셈이며, 그런 점에서 서양귀신의 출현은 역사적 필연이었다.[25]

22_ 박성수, 「의병전쟁」, 이가원 외 편, 『한국학연구입문』, 지식산업사, 1981, 421.

23_ 의병 활동에서 죽은 200만명이 동학혁명으로 죽은 50만명을 훨씬 넘는다는 점을 생각할 때 척사위정이 꼭 반민중적이었다고 할 수 없다는 견해도 있다.

24_ Shakespeare, *Hamlet*, Act I. sc. v. l. 189. 데리다는 햄릿에 나오는 이 표현을 그의 『맑스의 유령들』에서 반복하여 인용하고 있다.

25_ "현실은 절대로 직접적으로는 '그 자산'이 아니다. 현실은 그것의 불완전하고 실패한

물론 역사적 필연이라고 해서 유령의 출몰이 바람직한 현상이라고 할 수는 없다. 유령은 그것을 대면해야 하는 사람들에게는 언제나 골칫거리이다.[26] 그러나 유령이 골칫거리가 되는 방식은 나타나는 유령이 어떤 유령인가에 따라 다르며, 바로 그런 점 때문에 식민지 잔재-유령들은 데리다가 다룬 "맑스의 유령들"과는 구분해서 생각할 필요가 있다. 데리다는 맑스주의에 대한 그의 지연된 연구에서 맑스주의의 죽음이 공식적으로 선포된 지금 시점이야말로 어떤 특정한 맑스주의가 필요한 시점이며, "맑스 없이는 미래가 없다"고 말하고 있다.[27] 여기서 미래는 기약할 수 없는 약속, 특히 민주주의의 약속으로 보인다. 민주주의는 데리다에 따르면 실패, 부적합, 분열, 이탈(disadjustment), 어긋남(being out of joint) 등의 상황에서만 생겨나는 약속이다. 그것은 '다가올 민주주의'(democracy to come)의 형태를 띠는 것이지 현재가 된 미래, 즉 미래 현재에서의 미래 민주주의가 아니다.[28] 데리다가 말하는 민주주의는 그래서 선험적으로 규정된 그 어떤 유토피아에 의해서도 규정되지 않는, 아직 그 의미를 알 수 없는 미래상인 것으로 보인다. 하지만 맑스의 유령은 다가올 민주주의의 전령과 같기 때문에 바람직한 어떤 것으로 인식되고 있다는 점을 부인할 수는 없다. 내가 다루고 있는 잔재-유령은 이 민주주의를 오지 못하게 하는 요인으로 작용한다는 점에서 맑스의 유령과는 다르다. 잔재-유령을 다루는 방식은 따라서 달라야 한다. 여기서 관건은 역사의 강은 어떻게 흐르는가라는 문제이다. 역사의 강의 흐름은 단일한가? 제3세계의 잔재-유령 처치법은 반드시 서구적 유령학

상징화를 통해서만 그 자신을 제출하며, 유령적 환영들은 현실과 실재를 구분하는 바로 이 틈새에 나타나고, 그런 이유 때문에 현실은 (상징적) 허구의 성격을 가진다. 유령은 (상징적으로 구조화한) 현실을 벗어나는 것에 신체를 제공한다." Slavoj Žižek, "Introduction: The Spectre of Ideology," in Žižek, ed., *Mapping Ideology* (London: Verso, 1994), 21.

26_ 유령과의 대면은 데리다에 따르면 "면갑효과"(the visor effect) 때문에 언제나 문제적이다. "면갑효과"는 "우리는 우리를 보는 자를 보지 못 한다"는 사실 때문에 생긴다. Derrida, *Specters of Marx*, 7.

27_ Ibid., 13.

28_ Ibid., 64.

으로 수렴되어야 하는가? 신식민지 지식인을 위한 유령학은 유럽 지식인이 구축하는 유령학을 흉내내지만 동시에 후자와 차이를 만들어내야 할 것이다. 이 차이 만들기에 대해서는 아래에서 좀 더 자세하게 언급하기로 하고 여기서는 계속해서 축귀의 문제를 따지고자 한다.

축귀론에서 귀신 또는 유령은 들어와서는 안 되는 존재, 들어오면 해코지밖에는 하지 않는 것으로 인식된다. 일제의 조선 식민화를 한국이 바람직한 역사 발전을 이룰 수 있는 기회를 박탈한 것으로 인식하는 '식민지수탈론' 역시 그런 입장이다. 해방 이후 한국의 진보적 역사학계에서 자주 등장하고 있는 이 입장은 한국이 일제 지배 하에 들어감으로써 수탈을 당했으며, 이로써 정상적인 근대화를 이룩하지 못했다고 본다. 이 수탈론은 변혁운동의 열기가 치솟던 1980년대 중반 남한의 사회 성격을 놓고 벌어진 사회구성체 논쟁이 진행되는 과정에서 이 글 첫 머리에서 '식민지론'이라 분류한 관점의 일환으로 등장한 '식민지반봉건론' 혹은 '식민지반자본주의론'과 이론적 유사성을 가진다. 수탈론이 일제의 지배로 식민지 기간 동안 한국의 자본주의화는 전혀 이루어지지 않았다고 본다면, 식민지반자본주의론 역시 남한 사회는 미제국주의의 지배 하에 놓여 있기 때문에 자본주의화가 별로 이루어지지 않았다는 입장이다. 과연 남한 사회에 자본주의화가 이루어지지 않았는가? 관건이 되는 문제는 식민지 사회에서 근대화 혹은 자본주의화는 일어날 수 없는가, 일어난다면 어떻게 일어나는가라는 것일 게다. 맑스의 '본원적 축적' 개념이 이 맥락에서 유용하다. 폭력적 착취와 수탈이 진행되어도 자본의 축적이 이루어질 수 있다는 점을 설명해주고 있기 때문이다. 앞서 언급한 대로 식민지 규율 권력은 식민지 주체화 과정을 제도화하였으며, 이 결과 '근대적' 주체들이 형성되었다. 이런 사실은 식민지 상황에서도 근대화가 진행될 수 있음을 말해주는 것이 아닐까?

이런 설명에 대한 오해가 있을지도 모르겠다. 식민지 사회의 근대화 가능성을 인정하는 것을 두고 최근에 들어와 식민지 시대의 근대화 문제를 놓고 '수탈론'과 논쟁을 벌이고 있는 '중진자본주의론'을 지지한다는 의혹을 품을 수도 있겠기 때문이다. 중진자본주의론에 따르면 한국사회는 식민지 시대에도 자본축적과 근대화를 이루었고, 지금도 발전의 방향으로 나아가고 있다.[29] 그러나 수탈론을 깔고 있는 식민지반자본주의론과 근대화론을 지지하는 중진자본주의론은 모두 나로서는 수용하고 싶지 않은 전제를 안고 있어 보인다. 수탈론이 일제 강점으로 인해 한국의 자본주의화 과정이 결정적인 타격을 입었다는 주장이라면, 근대화론은 일제 기간 동안에도 한국은 불만족스러우나마 자본주의화와 근대화를 진척시킬 수 있었다고 본다는 점에서 두 관점은 서로 대립하는 것 같다. 하지만 이 대립은 근본적으로 동일한 전제 위에 서있다. 수탈론은 자본주의로의 합류 기회를 상실한 것을 문제로 삼고 있고, 근대화론은 식민화를 통해 자본주의의 큰 길로 합류하기 위한 축적이 이루어졌다고 인정하고 있다는 점에서 두 입장 모두 세계 자본주의에의 합류가 바람직하다고 전제하고 있는 것이다. 나는 식민지 시대에 근대화가 이루어졌다는 것을 인정하지만 '근대화'를 역사적 사실로 인정하는 것과 그것을 바람직하다고 보는 것은 서로 다르다는 관점을 취한다. 근대성을 바람직한 것으로 보기보다는 근대성 자체를 극복해야 할 문제로 봐야 한다고 믿기 때문이다.

(신)식민지에서 이루어지는 근대화와 자본축적은 문제가 산적한 사회적 변동이다. 푸코가 원형감옥 안에서의 죄수 길들이기에 대한 분석에서 보여준 대로 권력은 주체가 길들여지는 만큼 능력이 주어지는 방식으로 작용한다. 판옵티콘의 기계적 장치는 "감금된 자가 스스로 그 유지자가 되는 어떤 권력적 상황"을 만들어 내는 것이다.[30] 이 결과 나오는 것은 일종의 자기

29_ 중진자본주의론은 안병직이 주장하였다. 그에 따르면 "현실의 자본주의 세계경제에서는 선진자본주의, 중진자본주의 및 저개발국밖에 있을 수 없"(291)으며, 한국자본주의는 이중 중진자본주의에 속한다. 그는 "한국자본주의는 선진자본주의와는 상이한 발전의 길을 따라 전개된 20세기 후반기의 새로운 세계사적 현상"(288)이라며, "한국자본주의의 독자적 발전"을 위한 "국내적 조건"은 "식민지체제나 종속체제하에서 형성되었다"(303)고 본다. "식민지체제도 인류사의 보편적 발전과정 중의 하나의 현상에 불과"(304)하다는 것이다. 안병직, 「중진자본주의로서의 한국경제」, 박현채·조희연 편, 『한국사회구성체논쟁 III: 논쟁의 90년대적 지평과 쟁점』, 죽산, 1991, 286-304.

감시 또는 권력의 내면화이다. 이 자기 감시의 효과는 모순적이다. 학생이나 병사들처럼 감금된 자는 감시를 통해 자신을 점검하고 훈육하는 능력을 기르지만 이 능력은 판옵티콘 장치의 가동에 활용된다는 점에서 자기 능력의 배양을 통해 지배기계의 부속품이 된다. (신)식민지 주체화도 이와 비슷하다. (신)식민지 지배 기계의 가동 속에서 (신)식민지인은 근대화를 위한 능력들을 획득하지만 아울러 이 능력들은 그(녀)의 지배 기계에의 종속화에 기여한다. 하지만 비서구 사회, 제3세계의 주체화 과정에는 서구적 권력행사와 주체화에서는 주된 문제가 되지 않는 서구화라는 문제가 개재한다. 식민 종주국의 주체들이 식민지 주체들의 식민화를 바탕으로 주체화 과정을 겪는다면, 식민지 주체들은 서구화를 통한 주변화 과정을 겪는다. 이 결과는 국제적 분업 체제요, 제3세계인들의 하위주체로서의 재생산이다. 따라서 식민지 사회에서 근대화는 수탈과 함께 일어난다. 하위주체로 재생산됨으로써 제3세계인은 자신의 수탈에 참여하고, 이 수탈의 물적 기반으로서 착취 장치들이 형성된다. 수탈을 통한 자본의 형성이 노동자계급의 형성을 요청하고, 또 자본과 노동의 이 결합을 가능하게 하기 위한 사회적 장치들의 가동이 행정력, 관리력의 증가를 가져오는 이런 현상을 우리는 (신)식민지적 근대화 양상으로 파악할 수 있다.

한국에서 축귀는 해방 이후 일제 잔재의 청산 작업과 함께 속개되었다. 이 작업은 해방 직후 남한에서 '반민족특위'를 구성함으로써 본격화되었지만 친일세력과 손을 잡고 북한의 공산주의 세력과 맞서려던 이승만정권에 의해 중단되었다. 반민특위의 해산은 당시로서는 일제 잔재 청산을 할 수 있었던 유일한 사회적 기구가 해체된 것으로 받아들여지고 있다. 특위 해산 이후 청산은 늘 탈식민화의 명시적 목표로 설정되어 있기는 했지만 결코 제대로 수행되지 않았다. 축귀를 목표로 하는 탈식민화 담론의 특징은 그래서 계속 반복된다는 것이다. '민족반역자들'—일본 경찰의 앞잡이들, 독립운

30_ 미셸 푸코, 『감시와 처벌』, 오생근 역, 나남출판사, 1994, 297.

동가의 밀고자들, '천황의 은혜'에 보답해야 한다며 조선 젊은이들의 대동아 전쟁 참전을 독려한 지식인 유명인사들, 『조선일보』, 『동아일보』 등 반민족 행위를 한 언론 등—에 대한 처벌이 거의 이루어지지 않았고, 친일파와 그 후손들이 지배 권력을 장악하고 있는데 어떻게 청산이 중단될 수 있겠는가? 잔재는 이런 점에서도 '유령'이다. "유령은 결코 죽지 않는다."[31] 죽지 않고 사라지지 않는 잔재-유령은 출몰하며, 그 모습을 빈번하게 드러낸다. 그러나 이 결과 축귀의 주문이 반복되는 가운데 정작 치러내야 할 일은 생략되고 만다. 모든 청산 또는 죽음에 반드시 수반되어야 하는 애도 과정이 그것이다. 잔재와 그 기능의 소멸과 해체, 즉 잔재의 '죽음'을 위해서는 애도 과정을 거칠 필요가 있다. 애도는 장례를 온당하게 치르기 위해, 사자를 제대로 매장하기 위해, 그(녀)의 주검을 모시고 죽음을 느끼는 절차이다. 애도 속에서 사자는 사자로서 취급되며, 사자로서 매장된다. 죽은 자를 위한 애도는 그(녀)를 산 채로 매장하는 실수를 범하지 않기 위해 필요하다. 축귀에 급급한 태도는 그러나 잔재를 잔재로 인정하지 않고, 잔재와의 교섭을 회피하는 태도, 즉 아포리아를 외면하는 태도이다.

4. 사건의 사고

식민주의와 제국주의 잔재 청산에 복무하는 신식민지 지식인은 진짜 문제를 맞게 된다. 이 문제는 그(녀)가 잔재를 청산하려는 바로 그 행위 속에서 그 잔재들을 가지고 작업을 해야 한다는 사실에서 비롯된다. 이것은 지식인에게는 만만치 않은 난관이다. 과거 청산을 위해 일을 하기는 해야 하는데 자신이 어떤 방식으로든 제국주의/식민주의 유령들에 의해 홀려 있는 것이다. 잔재-유령들에 의해 계속 괴롭힘을 당하는 신식민지 지식인은 따

31_ Derrida, op. cit., 99.

흉내내기와 차이 만들기—신식민지 지식인을 위한 유령학 255

라서 논리적으로나 경험적으로 해결되지 않는 아포리아에 직면한다. 이 아포리아에 대한 대응은 어떠해야 하는가? 회피가 가능한가? 그것을 안전한 어떤 곳에 가두어 놓고 보지 않거나 인정하지 않을 수 있는가? 이들 유령들의 필연성을 무시하면 할수록 그들의 출몰에 의해 더 속박될 수밖에 없을 것 같다. 예컨대 한국의 민족주의자들은 민족정기를 회복하기 위하여 과거 청산의 필요성에 대해 매우 단호한 태도를 취하지만 청산 작업을 하기 위해서라도 그 잔재에 의존할 수밖에 없다. 물론 이 '적과의 동침'을 인정하는 경우는 드물며 그 결과 그들은 거의 언제나 자신들의 목표를 달성하지 못한다. 무엇이든 그것의 물질성을 인정하지 않고서는 제거할 수 없기 때문이다.

1995년 8월 15일 광복 50주년을 맞아 총독부 건물을 해체한 과정에서 일어난 일들을 살펴보면 유령학적 문제들을 검토하지 않고 진행되는 청산의 문제점들이 좀 더 명확하게 파악된다. '역사 바로 세우기'를 표방한 '문민정부'에 의해 결정된 이 해체를 기념하기 위해 성대한 의식이 치러지고 마침내 그 거대한 건물의 중앙 꼭대기에 있던 상징 돔이 철거되었을 때 일제 잔재 청산이 이루어지고 있다는 점을 의심하는 사람은 별로 많지 않았을 것이다. 이 철거는 일제가 남긴 지배의 한 족적이자 상징적으로 매우 중요한 건물 하나를 없애는 일이었기 때문에 많은 민족주의자들에게 과거 청산을 위한 노력으로, 그리고 민족정기를 회복하는 일로 받아들여졌다. 1996년 말에 총독부 건물은 완전히 철거되었고, 그 자리에는 지금 조선 왕조 주궁인 근정전 앞에 있다가 총독부 건물 때문에 해체되었던 홍례문(弘禮門)이 복원되고 있는 중이다. 구총독부 건물의 해체와 홍례문의 복원, 이 두 행사는 얼핏 보면 식민지 잔재 청산의 역사에서 새로운 시작을 알리는 징표처럼 보인다. 해체-복원은 청산 사건을 다루는 영화에서의 한 장면처럼 식민지 잔재가 잔존하던 역사의 한 계열이 잔재가 청산된 다른 한 계열로 전환되는 것과 같은 효과를 만들어낸다. 일본의 조선 지배를 위해 세운 건물이 지상에서 사라지고 같은 자리에 홍례문이 들어섬으로써 대표적인 식민지 잔재를 청산하지 못하고 잔존시키면서 정부청사, 국립박물관 등으로 써야 했던 해방 이후 한 시간대가 종식된 것처럼, 마침내 민족정기를 회복한 새로운 시간대가 열린 것처럼 보인다.

그러나 의미가 아무리 크다고는 해도 건물 하나의 해체로 역사적 시간대의 전환이 일어난다고 보는 것은 그야말로 환상일 것이다. 사실 환상은 없었다. 건물의 해체로 인하여 일제 잔재가 청산되리라고 믿은 사람이 얼마나 있었겠는가? 화려한 해체식이 거행된 것은 사실이다. 총독부 건물의 중앙 돔이 철거되던 순간 박수갈채가 나왔던 것도 사실이다. 진수식, 졸업식, 결혼식처럼 이 해체식에서도 많은 의미 부여와 각오, 맹세, 약속 등이 이루어졌다. "이로써 식민지 과거의 종식과 새로운 역사의 시작을 선언하노라"와 같은 수행문에 걸맞은 사건, 새로운 시작을 가능케 하는 사건은 그러나 일어나지 않았다. 해체? 청산의 의미라면 그것은 극히 부분적이었을 뿐이다. 복원? 물론 원상태로 돌아가기란 없다. 경복궁의 복원은 과거의 '일관성', 즉 이제는 사라지고 없는 화이론의 세계를 복원하는 것은 아니기 때문이다.[32] 해체-복원의 장면 연출에도 불구하고 새로운 일관성의 구도가 만들어진 것도 아니다. 해체-복원의 장면은 수많은 다른 식민지 잔재가 여전히 남아 있는 신식민지적인 일관성 구도 속에 잠깐 삽입되었을 뿐이고 환영효과를 만들어냈을 뿐이다.

이 효과는 바바가 '수행문'과 구분하여 '훈시적 차원'(the pedagogic)이라 부른 것을 전경화하는 데 있다. 해체-복원의 수행문은 어떤 가상적 체험에 대한 약속을 만들어낸다. 민족정기의 회복과 같은 약속이 그것이다. 그러나 이 훈시적 내용과 수행문 사이에는 커다란 심연이 있으며,[33] 이 결과 해체-

---

32_ 들뢰즈와 가타리에 따르면 "일관성"은 "이질적 요소들의 결합"이다. "일관성의 문제는 영토적 배치가 성분들과 결합하는 방식과 관련된다…. 이질성들이 한 배치 또는 간배치들(interassemblages) 안에서 서로 결합되는 순간부터 공존 혹은 계기의 견지에서, 그리고 두 가지 모두 동시적으로 일관성의 문제가 제기된다." Gilles Deleuze and Félix Guattari, *A Thousand Plateaus: Capitalism and Schizophrenia*, tr. Brian Massumi (Minneapolis: University of Minnesota Press, 1987), 327.

복원은 명시적으로 언명된 것과는 다른 장소에서 그 물질적 효과를 만들어낸다. 물론 이 특정한 수행문의 발화에서 복원은 총독부 건물이 서있던 바로 그 자리에서 일어났다. 같은 자리에 경복궁의 옛 건물들이 들어서고 있는 것이다. 그러나 이 과정에서 청산 행위 이전과 질적으로 다른 의미 있는 변화—이를테면 획기적인 새로운 권력 배분—가 일어난 것은 아니다. 반대 의견도 있었지만 당시 문민정부의 수장인 김영삼은 총독부 건물 철거 및 경복궁 복원을 최종 결정하였다. 이 결정은 노태우의 군사정권에 가담하여 적잖이 퇴색한 자신의 정통성을 회복하기 위해 김영삼이 진행한 '역사 바로 세우기'라는 정치적 작전의 일환이었다. 이 작전은 전두환과 노태우로 하여금 각기 사형 및 무기징역을 선고받게 하는 등 처음에는 제법 진지하게 진행되었다. 그러나 오래지 않아 이런 조치가 결국은 정치적 연기였음이 밝혀졌다. 김영삼이 대통령직에서 물러나기 전에 두 사람 모두 감옥에서 풀려난 것이다. 이것은 훈시적 차원에서 약속된 역사의 새로운 시작이 계속 연기되고 있다는 말일 것이다. 청산과 복원이 질적으로 다른 두 시간대를 가로지르는 탈영토화가 아니라 동일한 계열, 동일한 배치, 동일한 일관성 안에서 벌어지는 재영토화일 뿐임을 말해주고 있는 것이다.

무슨 일이 일어난 것일까? 무언가 획기적인 것이 일어날 것 같았는데, 그런 일은 실현되지 않았다. 경복궁이 허물어지고 총독부 건물이 들어섰다가 다시 허물어진 바로 그 터에 어떤 근본적인 문제가 도사리고 있었던 것이 아닐까? 변화가 일어났어야 하는 그곳에 변화가 일어나지 않았다고 한다면 그 터전에서 어떤 일이, 사건이 발생한 것임에 분명하다. 사건? '사

33_ 이와 관련해서는 바바의 다음을 참고하기 바란다. "일상생활의 토막들, 조각들, 파편들은 서사적 수행의 행동 자체가 더 많은 민족 주체들을 호명하는 동안 일관된 민족 문화의 기호들로 반복적으로 바뀌어야 한다. 서사로서의 민족 생산에는 훈시적 차원의 연속주의적, 축적적 시간대와 수행적인 것의 반복적이고 회귀적인 전략 사이에 분열이 있다. 근대사회의 개념적 모호성이 민족 쓰기 지점이 되는 것은 이 분열 과정을 통해서이다." Homi K. Bhabha, *The Location of Culture* (London: Routledge, 1994), 145-46.

건'은 여기서 어울리는 표현이 아니다. 지금 문제가 되고 있는 것은 일어났어야 하지만 일어나지 않은 것, 즉 비사건이기 때문이다. 사건이 비사건으로 전환한 것은 무엇을 말해주는가? 여기서 문제가 되는 것은 아마 어떤 사고, 즉 '사건의 사고'가 아닐까? 일어났어야 할 사건, 즉 새로운 계열의 출범이 취소된 것은 역사의 진전이 불발했음을 의미하며, 사건이 사고를 당했다는 말이다. 사건의 사고로 '일어난' 것은 무엇일까? 잔재의 사라짐, 그 흔적의 소멸이 아니고 무엇이겠는가. '사라짐'이라는 표현은 설명을 요한다. 여기서 '사라짐'은 총독부 건물의 해체와 같은 것을 의미하지 않는다. 물론 그 건물의 사라짐은 어떤 중요한 식민지 흔적의 사라짐으로 이해될 수 있다. 하지만 이 사라짐은 어떤 착시 현상이다. 식민지 잔재는 여전히 넘쳐나고 있지 않은가? 이들 잔재가 '사라진다' 할 때 우리는 따라서 그것들이 어떻게 사라지는지 살펴볼 필요가 있다. 아마 이들 식민지 잔재는 실제로 사라지지 않고 사라지는지 모른다. 이 경우 '잔재와 흔적의 사라짐'은 잔재와 흔적이 청산되었다거나, 우리가 식민지 과거를 극복하는 데 성공했다는 것이 아니라 그것들의 물질성에 대한 우리의 인식이 어찌된 셈인지 실종되었다는 것을 의미한다. 이 '사라짐'을 통해 사라졌다는 것은 따라서 사실 사라질 수가 없다. 이런 유령 같은 현상이 생겨나는 것은 이들 잔재와 흔적이 우리에게는 기호이기 때문이다. 그것들이 상징으로 인식되는 한, 잔재와 흔적은 언제나 사라지지 않고 사라질 수 있다. 그러나 이때 사라지는 것, 시야에서 없어지는 것은 물질성을 지닌 지표로서의 기호이다. 기호의 이 지표적 측면을 제대로 다루지 않으면 우리는 식민지 잔재와 흔적의 유령 같은 사라짐을 방지할 수 없을 것이다.

문제의 식민지 잔재는 그 표면에 관심을 집중시키는 '사물'이라는 점을 주시할 필요가 있을 것 같다. 흔적으로서의 잔재-기호는 그 물질성이 부정되거나 은폐되어 있지 않은 매우 명백한 어떤 것이다. 예컨대 총독부 건물은 언제나 볼 수 있게끔 서있었다. 그러나 잔재-기호의 이 노출성 또는 명백성은 기호의 상징적 측면이 잔재-기호의 전체를 표상하기 시작하는 순간, 총독부 건물이 식민지 과거의 모든 잔재들을 상징하는 순간 사라지게 된다. 왜 잔재-기호는 총독부 건물이 과거 잔재를 표상하는 바로 그 순간 사라지는 것일까? 그 건물의 해체 때 비춘 빛이 워낙 강렬하기 때문이 아닐까? 해체 장면을 비추는 광학기계들의 번쩍임, '광복' 50주년 축제의 화려함,[34] 8월의 강렬한 햇살이 워낙 짙은 '빛의 어둠'을 만들어낸 때문 아니겠는가. 빛의 어둠 속에서 잔재는 사라지고 말았다. 하지만 자신의 해체 순간에 사라질 수 있는 마술을 지녔기 때문에 잔재는 다시 나타난다. 이전과 다를 바 없이, 동일한 일관성 속에서, 일제 협력자들과 이들을 비호하는 세력들이 장악하고 있는 권력 구도 속에서 말이다. 잔재의 청산과 민족정기의 복원 사이에 일어난 비사건적 사건은 바로 이 소멸과 나타남이다.

하지만 비사건이라고 해서 아무 일도 일어나지 않는 것은 아니다. 다만 조용히, 시선을 끌지 않고 진행되고 있을 뿐이다. 총독부 건물 해체의 팡파르 뒤에 대중의 시선을 끌지 않고 많은 결정들이 이루어졌다. 총독부 건물이 한동안 중앙박물관 기능을 해왔기 때문에 그 해체는 새로운 박물관 건물을 짓는 계기가 되었고, 총독부 건물이 헐린 자리 위에 옛 궁궐 건물들을 복원하는 계기가 되었다. 그런데 이상하게도, 아니 실인즉 당연하게, 총독부 건물의 해체를 둘러싼 논쟁이 거의 국민적인 수준이라 할 만큼 큰 관심을 끌었던 반면, 새 박물관의 건립이나 옛 궁궐의 복원은 세간의 관심을 별로 끌지 못하였다. 해체의 문제는 쉽게 하나의 사건으로, 하나의 역사적 시기로부터의 획기적 단절로 인식될 수 있었으나, 건립과 복원의 경우는 정상적 절차의 일환으로만 여겨진 것이다. 중요한 정책적 선택, 결정, 조치들이 취해졌으나 "정상적 절차"였기 때문에 대중적 토론이 필요 없었다. 이 과정에서 공공건물의 해체, 건축, 복원과 관련된 정책 결정들, 그리고

34_ 광복이 "빛의 되찾음"이라는 의미를 가지는 것은 이 맥락에서 매우 시사적이다. 광복의 의미를 이렇게 되찾음, 복원의 수사학에 가두는 것은 되찾은 빛 속에 필연적으로 들어 있게 되는 어둠, 광복의 태양이 강요하는 눈먼 상태라는 문제를 사고할 수 없게 만든다.

정치적, 경제적, 문화적 이해관계 및 권력의 배분과 관련된 발화행위는 어떤 심각한 논쟁도 유발하지 않았다.

만약 이들 발화행위들에 주의를 기울인다면 해체-복원이 새로운 역사적 시대를 초래한다는 주장에 대해 다른 시각을 가질 수 있을 것이다. 탈식민화 담론의 내용에 들어 있는 주장은 이제 예상했던 만큼 중요하지 않다. 더 중요한 것은 다른 종류의 사건, 즉 그와 같은 주장을 하는 행위 자체이다. 우리가 관심을 기울여야 할 것은 그렇다면 특정한 주체위치를 지닌 개인과 집단이 취하게 되는 현실정치적 움직임들, 수들이다. 이제 중요한 것은 문제의 건물 해체가 이뤄낸 상징적 질서의 새로운 구성만이 아니라 그 해체로 인해 한국 내 상당수 건축가들, 개발업자들, 문화전문가들이 쉽게 오지 않는 활동의 기회를 제공받았다는 점과 같은 현실적인 일들이다.

5. 분쇄와 기능전환

역사의 새로운 시작을 위해서는 잔재 청산의 전략을 바꾸어야 한다. 내가 제안하는 전략은 위에서 청산의 세 번째 방식이라고 말한 "견뎌내기"이다. 이 전략은 식민지 잔재의 위상을 제대로 파악할 때, 잔재를 흔적으로 인식할 때 가능하다. 잔재를 이렇게 보자는 것은 잔재가 표면적 성격을 가지고 있음을 중시하자는 것이다. 우리가 잔재를 보면서도 보지 못하는 것은 잔재를 '깊이', '속', '비밀'의 관점에서 이해하기 때문에, 그것을 어떤 심원한 곳에서만 찾으려고 하기 때문이다. 잔재는 이 경우 숨어 있는 어떤 것으로 여겨지고, 잔재를 잔존시키는 세력은 음흉한 의도를 품은 음모 집단으로 이해된다. 그러나 잔재는 흔적인 만큼 결코 숨어 있기만 하는 것이 아니라 오히려 드러나 있고, 가시성의 체계에 속하며, '정상적인 절차'에 의해 작동한다. 탈식민화를 부르짖는 민족주의 담론이 잔재 청산에 성공할 수 없는 것은 이 '정상성'에 대한 대책이 없기 때문이 아닐까? 총독부 건물과 같은 잔재를 해체하는 일로 잔재 청산이 이루어지지 않는 것은 그런 해체 전략이 개입하는 지점이 잔재가 출몰하는 지점과 어긋나기 때문이다. 민족주의적 탈식민화 담론은 잔재 청산을 위해 해체-복원을 수행하지만 정상적 절차로 이루어지는 현실적 결정들과 수들에는 접근하지 못하기 때문이다.

이제 문제가 되는 것은 민족주의 혹은 식민지론이 사태를 모른다, 전략을 잘못 세웠다라는 것만이 아니라 그것이 실제로 수행하는 기능이다. 식민지론을 채택한 탈식민화 담론은 그 훈시적 차원으로 관심을 끌어들이고자 한다. 하지만 담론이 모두 그렇듯이 이것이 바로 탈식민화 담론이 하는 일이요, 작업이다. 식민지론 전략에는 '의도'와 '기능' 사이의 탈구가 있다. 이 탈구는 담론의 '이야기'(story)와 '담화'(discourse), 또는 '언표'(statement)와 '발화'(enunciation) 사이에서 일어난다.[35] 식민지론을 수용하는 민족주의자는 청산 작업을 이야기 줄거리 차원에서 가능한 것으로 이해하는 것처럼 보인다. 그러나 담론, 그것도 논쟁적 담론을 생산하는 한, 민족주의자도 다른 논자들처럼 발화 주체가 되는 것을 피할 수 없다. 민족주의자가 발화 주체로서의 자신의 행위를 은폐하고 관심을 줄거리 차원에 쏠리게 한다면, 수행문의 발화 과정에서 자신이 취하는 움직임 또는 수를 은폐하는 것이 된다. 청산의 문제를 제대로 따지려면 발화 주체의 입장과 그와 관련된 여러 현상과 문제점을 분석하는 것이 따라서 핵심적이다.

줄거리 주체가 아닌 발화 주체의 위치를 주목함으로써 얻게 되는 효과는 무엇인가? 민족주의를 그 줄거리 차원과 발화 차원의 차이라는 관점에서 볼 수 있게 되고, 발화적 차원에서, 또는 수행문의 차원에서 민족주의자의 계급적, 성적, 지역적, 종족적, 성욕적, 세대적 입장을 분석할 수 있게 된다. 민족주의가 말하는 내용이 문제가 아니라, 어떤 사건을 일으키고 있는가를

35_ "이야기"와 "담화"의 구분은 방브니스트(Emil Benveniste)가 말하는 histoire와 discours에 해당한다. Jonathan Culler, *Structuralist Poetics: Structrualism, Linguistics, and the Study of Literature* (Ithaca, NY: Cornell University Press, 1975), 197-99. "언표"와 "발화"의 구분은 푸코의 것이다. Foucault, *Archaeology of Knowledge*, tr. A. M. Sheridan Smith (New York: Harper Torchbooks, 1972).

따짐으로써 민족주의의 실제 위상과 기능을 가늠할 수 있다. 이제 등장하는 것은 '담론'이라는 층위이며, 중요한 것은 이 담론에 속하는 '언표들'이 어떻게 배치되어 있는가라는 것이다.[36] 이는 곧 '줄거리'보다는 '담론'의 관점에서 민족주의를 관찰해야 한다는 것을, 그 담론의 발화위치를, 그 언표들의 출현 조건을 살피는 위상학적 분석이 필요함을 의미한다.[37] 하나의 언표는 푸코가 분석한 대로 '문서고'에 배치되어 있으며, 문서고 안에 분산되어 있는 다른 언표들과의 거리, 그 출현 빈도 혹은 희박성 등에 의해 그것이 속하는 구성체가 결정된다. 어떤 담론 구성체에 속하느냐에 따라서, 어떤 발화 주체에 의해서 발화되느냐에 따라서, 즉 그것의 위상에 따라서 언표의 의미와 기능도 달라진다. '출현' 또는 '위상'이라는 개념에 설득력이 있다면, 이는 언표가 그 자체로 중립적이지 않으며 그 출현의 조건과 관계없이 독립된 의미를 가지지 않는다는 점을 말해준다.

36_ "언표는 차라리 '사물'도, '사실'도, '현실'도, '존재들'도 아닌 가능성의 법칙들, 존재의 규칙들— 그곳에서 이름지어지고, 지시되고 또는 기술된 대상들에 대한, 그곳에서 긍정되거나 부정된 관계들에 대한— 로 구성된 하나의 '좌표계'(referential)에 연관된다. 언표의 좌표계는 언표 자체에 의해 작동되는 개인들이나 대상들, 사물의 상태들이나 관계들의 장소, 조건, 출현의 장, 분화의 심급을 형성하는 것이다. 그것은 어구에 그 의미를 주는, 명제에 그 진리를 주는 존재의 출현과 제한의 가능성들의 정의한다." 미셸 푸코, 『지식의 고고학』, 이정우 역, 민음사, 1992, 134-35. 푸코적 의미에서 '담론'은 '언표들의 집합'이다.

37_ "19세기 정신병리학적 담론은 특권적인 대상들에 의해서가 아니라 사실 고도로 분산된 대상들을 그것이 구성하는 방식에 의해 특징지어진다. 이 구성체는 출현의, 제한의, 특이화의 심급들 사이에 수립되는 관계들의 집합에 의해 가능해진다. 그렇다면 하나의 담론구성체는 (적어도 그 대상과 관련되는 한) 그런 집합을 수립할 수 있을 때, 어떤 특정한 담론 대상이든 그런 집합 속에서 자신의 출현 장소와 법칙을 어떻게 찾아내는지를 보여줄 수 있을 때, 그 집합이 동시적으로 또는 계기적으로, 그 자체 수정될 필요 없이, 서로 배타적인 대상들의 원인이 된다는 것을 보여줄 수 있을 때 정의된다고 할 수 있다." Foucault, *The Archaeology of Knowledge*, 44. 들뢰즈는 그의 푸코 연구에서 푸코의 담론 개념을 '위상학'의 관점에서 볼 필요가 있음을 지적한 바 있다. "하나의 언표는 항상 그것에 상응하는 공간 안에서 분포되는 특이성들의 방사를 드러낸다. 이러한 공간의 형성물과 변형물들은 그 자체가 창조, 시원, 정초 등의 용어로는 적절하게 표현할 수 없는, 위상학적인 문제를 제기한다." 질 들뢰즈, 『들뢰즈의 푸코』, 권영숙·조형근 역, 새길, 1995, 22-23; Gilles Deleuze, *Foucault*, tr. Seán Hand (Minneapolis: The University of Minnesota Press, 1988), 3.

민족주의자는 민족이 다양한 정체성들을 포괄하고 있다고 본다는 점에서 통합주의자이지만, 그의 통합은 차이들을 무시한 통합이다. 그—민족주의자는 남성인 경우가 매우 흔하다—는 '우리 것', '고유 전통', '민족정기'를 부르짖는다는 점에서 결백주의자이나, 자신의 발화위치 또는 행위가 계급적, 성적, 지역적 정체성들의 복잡한 결합에 의해 '오염되어' 있다는 사실을 곧잘 외면한다. 자신의 몸에 어떤 이물질도 있어서는 안 된다는 것이 민족주의자의 훈시적 차원의 입장이며, 그런 점 때문에 민족주의자는 민족정기의 회복을, 민족의 통일을, 과거 영광의 복원을, 민족의 순수성을 주장하지만 이때 만들어지는 '민족'이라는 가상을 통해 민족 문제가 계급, 성, 지역, 인종, 국적, 성욕, 세대, 환경 등의 문제와 얽혀 있다는 점을, 그리고 이 얽힘의 민족화를 자신이 진행하고 있다는 점을 은폐할 공산이 크다. 담론과 언표의 관점에서 이제 중시해야 할 사실은 그래서 '청산'을 부르짖는 수행문의 실질적 기능과 작용, 효과가 실인즉 신식민지 상황 내부에서의 주체위치의 설정이라는 점, 그리고 이 설정을 통하여 신식민지 상황에 개입하고 상황을 자신에게 유리하게 전유하는 데 있다는 점이다. 탈식민화 담론에서 식민지론을 채택하게 될 경우 신식민지 상황에서 적은 일본이나 미국과 같은 외부 세력이 아니면 내부의 민족배반자이다. 이런 식의 이해는 전적으로 틀리지는 않다고 하더라도 우리 모두가 조금씩은 민족의 배반자라는 사실, 신식민지 상황에서는 누구나 식민지 잔재에 보편적으로 의존하는 상태에 놓여 있다는 사실을 외면한 것이다. 잔재가 우리의 무의식이고 습속이라면 그것은 순수한 민족을 더럽히는 악령, 민족의 외부에서 오는 침략자만은 아니다. 잔재를 둘러싸고 적대가 생겨난다면 그 적대는 민족 바깥에만 있지 않고 민족 내부의 다양한 발화위치들 간의 갈등과 모순에서 나온다. 여기서 '적'은 어느 한 세력과 고정되어 동일시되기보다는 민족의 현실적 구성 과정에서 발생하는 계급적, 성적, 성욕적, 지역적, 종족적 모순들이 빚어내는 복잡한 전선들에서 유동적으로 구성되는 정체성을 갖는다. 민족 자체도 여성, 계급, 세대, 성욕, 지역, 인종 등에 의해서 횡단되는 세력장일 뿐 단일한 공동체는 아니다. 민족이 단일한 공동체가 아니라 내부가 분열되어 있다는 사실을 부정하는 것은 민족은 자신을 횡단하는 다양한 세력들을 대변한다는 가상에서 비롯되는 입장이지만, 대변은 보수적 기획이다. 물론 민족주의가 반제국주의 전선 형성에 기여하는 만큼 민족주의 노선을 가리켜 전적으로 보수적이라 규정할 수는 없다. 그러나 민족주의는 공동의 적이 사라지면 언제라도 보수화되어 민족부르주아지의 지배이데올로기가 될 가능성을 안고 있다. 신식민지 상황에서 성장하는 민족자본 또한 제국주의 세력과 타협하기 마련이고, 다양한 민중 구성원들의 이익과 위배되는 짓도 서슴없이 한다는 것은 남한에서 성장한 자본이 외국 독점자본의 협력자가 되어 내국 시장을 유린하는 행동양식을 쉽게 버리지 않는다는 점에서도 확인된다.

혹시 식민지론의 주된 논지인 민족주의적 관점만을 문제 삼을 뿐 탈식민지론에 대해서는 왜 별다른 비판을 하지 않느냐고 할지 모르지만, 후자의 탈식민화 전략에 문제점이 없다고 보는 것은 물론 아니다. 탈식민지론은 식민지 잔재를 더 이상 문제로 보지 않으려는 입장이라는 점에서 청산이 완료되었다고 보거나 청산을 포기한 셈인데, 이런 입장은 탈식민주의 담론에 알게 모르게 내포되어 있기도 하지만 한국 정부가 취하는 대 일본 외교 노선과 같은 현실정치 차원에서도 나타나고 있다. 김대중 대통령은 1998년 10월에 일본을 방문한 자리에서 식민지 과거를 더 이상 문제삼지 않는다는 입장을 표명하여 그의 전임자가 '과거' 문제로 한일관계를 껄끄럽게 만든 것과는 대조를 보였다. 자신의 집권으로 군부독재를 종식시키고 군사 정권이 계승해온 식민지 잔재의 청산도 이루어졌다는 왕년의 '민주 투사'의 자긍심이 이런 '대승적' 태도를 갖게 한 계기가 되었는지는 모르지만 위안부 사건 등 청산되지 않은 과거가 존속하고 있는 상황에서 "과거가 더 이상 문제가 되지 않는다"는 언명은 빈사에 그칠 뿐이다. 과거뿐만 아니라 현재까지 잊으려는 김대중의 태도는 그가 취하고 있는 주요 정책 노선과 맞물려 있는 것으로 봐야 할 것 같다. 김대중 대통령은 남한이 국제통화기금(IMF)

의 구제금융을 받게 된 것을 계기로 영미식 신자유주의 정책을 수용하여 IMF에 저항한 말레이시아의 마하티르 수상과는 대조를 이루었다. 신자유주의 정책이 남한에서 수용되기 시작한 것은 1993년 김영삼 정권이 출범한 뒤부터이지만, 본격적으로 펼쳐진 것은 김대중 정권의 출범과 함께 IMF의 구제금융 체제가 가동된 것과 시기를 함께 한다. 제3세계 사회에서 신자유주의를 채택한다는 것은 무엇을 말해주는가? 신자유주의 정책을 채택한 서구 국가들을 보면 '20대 80 사회'로의 전환이 일어나고 있다.[38] 이런 추세는 '제3의 길'과 같은 수정 노선을 받아들인 경우에도 마찬가지여서 서구사회의 특징이던 '복지 자본주의'는 이제 '정글 자본주의'로 전환되었다. 한 번도 제대로 된 복지제도를 가진 적이 없는 남한에서 이런 신자유주의 정책을 채택한 것은 새로운 종속과 지배의 전략이 펼쳐진다는 말이다. 거기에는 오늘 남한 민중이 겪고 있는 신식민지적 상황을 외면하고 마치 식민지 잔재가 존속하고 있는 상황과는 질적으로 다른 사회가 일어났다는 착각, 즉 탈식민지라는 새로운 상황이 전개되고 있다는 착각을 만들어내는 일도 포함된다. 탈식민지적 문제의식은 식민지 과거와 신식민지 현재에 의해서 구성되고 있는 문제들을 외면한다는 점에서 신자유주의 정책에 순응하는 측면이 있어 보인다.

식민지 잔재의 유령적 성격을 강조하고, 잔재 청산의 상이한 전략들을 언급하는 것은 식민지론과 탈식민지론과 구분되는 전략을 취하자는 것이다. 식민지론자가 자신의 욕망이나 희망과는 무관하게 제대로 된 청산의 전략을 그려내지 못한다면, 탈식민지론자는 청산되지도 않은 과거 청산이 완료되었다고 공표하는 셈이다. 과거 청산의 길은 잔재의 현실성을 인정할

38_ "지난 80년대부터 유럽에 널리 퍼졌던 '3분의 2의 사회'가 아니라 '20 대 80의 사회' (또는 5분의 1 사회), 사회복지와 사회적 지위가 1 대 4의 비율로 배분되어야만 하는 그런 사회가 오고 있는 것이다. 이 '20 대 80의 사회'에서는 사회로부터 배척된 80%의 사람들이 약간의 오락물과 먹거리에 만족하며 조용히 살아야만 한다." 한스 피터 마르틴·하랄드 슈만, 『세계화의 덫—민주주의와 삶의 질에 대한 공격』, 강수돌 역, 영림카디널, 1997, 28.

때, 잔재가 혼적의 형태로 잔존함을 인정할 때, 그리하여 우리가 혼적을 자신의 습속으로 가지고 있음을 인정할 때 비로소 찾을 수 있다. 반세기 이상 분단의 고통을 살아온 한국인들에게는 여전히 민족해방의 과제가 남아있다는 점에서 탈식민지론의 입장에는 문제가 있다고 본다. 하지만 민족해방이나 통일을 주된 과제로 삼는 민족주의자의 입장을 심문하는 일도 필요하다. '민족'을 '소수자'로 이해하지 않는 한, '민족해방'은 진보적 기획을 구성하기 어렵다.[39] 제국주의적 지배가 계속되는 한, 과거 식민 지배를 받았던 많은 제3세계 사회들이 신식민지적 상황에 빠져 있는 한, '민족' 개념은 제국주의적 자본주의의 공리계가 지배하는 세계에서 비판적 기능을 할 수 있다. 그러나 '다수자'로 개념화될 경우, 많은 제3세계 사회에서 민족 부르주아지가 지배 세력으로 성장하는 사실이 보여주듯 '민족'은 즉각 내부 식민화의 주된 요인이 된다.[40] 민족 개념의 이런 불안정성을 염두에 둔다면, 탈식민화 담론의 발화위치를 규명하고 담론적 언표들과 그 기능들의 출현 양식을 검토하는 일이 필요하다. 유령학적 접근은 그런 일을 하는 한 방식이다.

　유령은 골칫거리다. 한번 나타나면 사라지지도 않고, 쫓아내기도 어렵다. 유령학은 이 점에 주목한다. 축귀를 하기 위해서라도 유령이 보일 필요가

39_ 들뢰즈와 가타리에 따르면 "소수자는 반드시 수의 작음에 의해 정의되기보다는 생성이나 변동의 선에 의해서, 다른 말로 하자면 잉여적 다수자를 구성하는 이런저런 공리와 소수자를 분리하는 간격에 의해서 정의된다. 이렇게 이해하면 '소수자'는 변화, 차이 만들기의 가능성을 의미하는 반면 '다수자'는 모든 사람과 사물을 그 시야와 권력 안에 포획하려는 규정적 틀이 된다." Deleuze and Guattari, *A Thousand Plateuas*, 469.

40_ 첸쾅신의 다음 말을 들어보자. "민족주의적 에너지가 해방적 정치 의식 및 사회 세력과 결합되지 않은 채 공통의 적(식민지배자)이 사라진다면 가장 많은 자원을 가지고 있는 집단인 민족 부르주아지가 선두적 위치를 점하게 될 것이다. 국가기구 장악을 둘러싼 투쟁에서 민족 부르주아들은 새로운 국가 건설이라는 이름 아래 이전의 식민 지배 국가와 긴밀히 협력해 식민지를 신식민지로 만들고 내부 식민화에 착수할 것이며 노동계급, 농민, 토착민, 여성들을 억압할 것이다. 더 나쁘게는 부르주아지들간의 내부 투쟁에서 승리하기 위해 이들은 기존의 인종적/문화적 차이를 악용해 인종 갈등을 만들어낼 것이고, 이것은 이후에도 계속 인종 갈등과 인종 청소 및 전쟁을 낳을 것이다." 첸쾅신, 앞의 글, 156.

있다. 사람들은 이 점을 애써 부정하지만, 유령학은 축귀의 전제는 유령과의 동거라는 사실을, 잔재-유령의 청산을 위해서는 잔재-유령이 지금 우리와 함께 있음을 인정한다. 데리다도 그래서 "유령과 **함께** 사는 것을 배울" 것을 제안한다.[41] 유령과 함께 사는 것은 유령을 견뎌내는 것이다. 이 방식은 청산에 대한 축귀론적 접근과는 다르다. 견뎌낸다는 것은 유령을 퇴치하는 것이라기보다는 그들이 야기하는 시달림을 버텨낸다는 것이다. 견뎌내기는 유령이 일단 출현하고 나면 피할 수 없는 조건이다. 그것은 유령을 제대로 다루기 위한 전제이기도 하다. 견뎌내지 않고서 어떻게 유령을 다룰 수 있겠는가?

그런데 유령을 견뎌낸다는 것은 유령을 용인하는 것일까? 잔재-유령을 견뎌낸다는 것을 유령의 존재를 방치하는 것으로, 유령의 영속을 용인하는 것으로 이해할 수는 없다. 식민지 잔재를 견뎌내야 한다는 말은 총독부 건물을 허물지 않고 그 자리에 존속시키자는 말, 친일파 단죄를 포기하자는 말, 반민족특위가 하려던 작업은 무의미하다는 말과는 다르다. 잔재 견뎌내기는 잔재-유령이 지닌 물질성인 흔적을 흔적으로 인정함으로써 '사건의 사고', 즉 흔적의 소멸을 방지하는 데 목적이 있다. 잔재-유령은 현실로서 존재한다. 이 현실을 부정한 채 유령을 다룰 수 있는 방식은 없다. 따라서 유령을 다룬다는 것은 유령을 방치하는 것과는 다르다. 신식민지 지식인이, 유령과 함께 사는 법을 배우라는 데리다의 충고를 다른 각도에서 해석할 필요가 있는 것은 이 때문이다. 근대화라는 목표를 제시하며 다가온 서양의 유령, 식민화를 강요한 일제의 유령은 맑스의 유령과는 구분되어야 한다. 서구 근대성에 합류하는 것이 제3세계의 지향점이 아니라면, 자본주의 체제로의 편입이 인류의 목표가 아니라면, 이 유령과의 동거를 당연시할 수는 없다. 유령과 함께 사는 법을 익히자는 것은 유령을 다루는 법을 익히자는 것이지, 외면하자는 것이 아니다.

41_ Derrida, op. cit., xviii. 강조는 원저자의 것임.

유령을 '견뎌낸다'는 말은 그렇다면 조심스럽게 이해될 필요가 있다. 잔재-유령이 흔적이라는 것은 이미 언급한 대로 그것이 지표적 기호라는 말이다. 나는 이 지표적 기호를 들뢰즈가 말한 '시뮬라크르'로 파악할 수 있지 않겠는가 싶다. 들뢰즈에 따르면 '시뮬라크르'는 심층에서 나오는 소리들, 냄새들, 맛들, 온도들 등 방출물들(emissions)과는 달리 시각적 결정들, 형태들, 색깔들 등처럼 표면에 속한다.[42] "표면은 의미(sense)의 위치"(104)이고, 의미는 사건과 동일하다. "사건은 그것을 만들어내고 그것이 현실화하는 사태들의 상태들에서 풀려나 그 상태들과 구분되는 한 의미 자체이다."(211) 사건과 의미가 발생하는 곳은 표면이라는 점에서, "사건의 본질은 순수한 표면 효과의 본질"(182)이라는 점에서 시뮬라크르는 사건이 발생하는 지점이며, 지표-기호 즉 잔재-유령 역시 사건의 사고가 발생하는 지점 또는 차원이라는 점에서 시뮬라크르이다. '유령 견뎌내기'가 소극적이 아니라 적극적 의미를 지닌다면 바로 이런 점 때문이 아닐까? 잔재-유령이 시뮬라크르로 파악될 때 유령 견뎌내기는 어떤 '진짜' 사건을 일으키기 위해 필요한 과정이 된다. 유령을 견뎌내야 한다는 것은 이제 유령이 쉽게 없어지지 않는다는 사실의 인정만이 아니다. 그것과 함께 지내는 법을 배우는 일만도 아니다. 식민지 잔재 유령을 견뎌내는 일이 필요한 것은 잔재-유령의 차원이 사건의 발생이 가능한 시뮬라크르의 그것과 일치하기 때문이다. 식민지 잔재를 흔적 또는 잔재-기호로 봐야 한다는 말은 바로 그 지점에서, 즉 표면 층위 또는 발화 층위에서 역사가 진전을 이루거나 후퇴한다고 보기 때문에 하는 말이다.

축귀와 구분되는 견뎌내기 전략의 관점에서 잔재-흔적을 다루는 방식에는 세 가지가 있어 보인다. 첫 번째 방식은 흔적을 모시는 것이다. '흔적 모시기'는 친일파, 민족배반자가 하는 일이기도 하지만 남한인 모두 얼마간 민족 배반자임을 생각하면, 우리 모두에게 해당하는 말이다. 우리는 탈식민

42_ Deleuze, *The Logic of Sense*, tr. Mark Lester with Charles Stivale (New York: Columbia University Press, 1990), 273. 앞으로 이 책에서의 인용은 본문에 그 쪽수를 표시한다.

화 혹은 탈탈신비화에 깃든 탈신비의 요소들이나, 서구화의 산물이라는 측면이 강하여 비판의 대상이 되어야 하기는 하지만 비판적 지적 작업에 필수적인 보편주의를 완전히 버릴 수는 없다. '철학', '문학', '문화', '과학'과 같은 용어들과 개념들도 일제의 식민 지배 하에서 한국인들이 수용하게 된 것이지만 사용을 중단하고 새로운 '국산' 용어들을 만들어낸다는 것은 사실 불가능한 일이다. 물론 이 모시기는 문제를 안고 있다. 모신다는 것은 일제가 만든 산물들을 개별적으로 수용하는 것만이 아니라 그것들이 사용되는 환경을, 출현하는 제의(ritual)를 존속시키고 따라서 그들 용어들의 '아우라'를 존속시킨다는 것이다.[43] 이 아우라의 존속은 '빛의 어둠'과 계몽의 비이성이 제의 참여자를 지배하게 하는 것이고 잔재 청산을 불가능하게 만든다. 흔적들의 모시기는 부분적으로 인정할 수밖에 없는 견뎌내기의 방식이지만 아우라 존속은 허용할 수 없다. 두 번째 방식은 '흔적의 분쇄'이다. 친일파들의 권력 장악, 그들의 기득권 유지를 위해 아직도 가동되고 있는 장치들은 이 방식으로 없애야 한다고 본다. 국가보안법, 고문, 검열 등 일제 시절에 시작되어 지금도 지속되고 있는 악법과 악습들은 분쇄해야 한다. 나는 이 분쇄 전략은 벤야민이 브레히트한테서 빌려온 '기능전환' 전략과 결합될 필요가 있다고 본다.[44]

견뎌내기의 세 번째 방식인 기능전환은 학술용어들과 같은 일제 잔재들을 그 출현 양식대로 모시는 것이 아니라 그것들의 위상과 기능을 바꿔 용도를 전환하는 것이다. 모시기를 인정하는 것은 식민 지배를 받은 결과 한국인 모두가 유령에 의해 시달림을 받게 되었다는 것을, 또 잔재의 오염에서 자유롭지 못하다는 것을 인정하는 것이지만 분쇄와 기능전환의 결합

43_ 벤야민에 따르면 "그 아우리와 관련하여 예술작품의 존재는 그것의 제의적 기능과 결코 완전히 분리되어 있지 않다. 다시 말해 '진정한' 예술작품의 특이한 가치는 그 기반을 제의에, 그것의 원래 사용가치 위치에 둔다." Walter Benjamin, *Illuminations*, ed. Hannah Arendt (New York: Schocken Books, 1969), 223-24.

44_ Benjamin, *Reflections: Essays, Aphorisms, Autobiographical Writings*, tr. Edmund Jephocott (New York: Harcourt Brace Jonvanovich, 1979), 228.

이 청산의 전략이라고 하는 것은 잔재들을 방치할 것이 아니라 일부는 총독부 건물처럼 분쇄하여 없애고 일부는 그 기능을 탈식민화에 유용하게 바꾸는 것이 동시적으로 필요하다고 보기 때문이다. 식민 잔재를 잔존시키는 사회적 장치들, 상징적 기호들, 욕망의 기계들은 어떤 것들은 깨부수고, 어떤 것들은 새롭게 배치해야 한다. 이런 점에서 잔재들은 역사의 진전이라는 사건을 일으키기 위해, 역사의 새로운 집을 짓는 데 필요하거나 필요하지 않은 '벽돌들'이다. 옛집에서 나온 벽돌들은 쓸모가 없으면 부서버리고 쓸모가 있으면 새 집에 새롭게 배치된다. 잔재들을 흔적으로, 시뮬라크르로, 즉 물질성을 가진 것으로 보자고 하는 것은 탈식민화 과정에서 그것들을 벽돌, 즉 건축 자재로 사용하자는 것이다.

6. 흉내내기와 차이 만들기

신식민지 지식인은 잔재-기호와의 '동거'를 통해 새로운 역사의 진전을 꾀하려고 하지만 그 동거는 언제나 불안정하며 그 결과에 대한 예측 또한 아주 어렵다. 유령-잔재의 출몰을 겪고, 그것이 야기하는 시달림을 견뎌내어야 하며, 이 견뎌냄 속에서 일부 잔재 벽돌들은 깨부수고 일부는 새롭게 배치해야 하는데 여기에는 복잡한 계산이 요청된다. 신식민지 지식인은 잔재들의 분쇄와 기능전환을 위해 어떤 태도를 취해야 하는가? 지금까지 신식민지 지식인이 잔재의 유령적 성격을 제대로 파악할 필요가 있다는 것을 강조해 왔지만 동시에 그(녀)의 유령학은 자신의 발화위치에 의해서 크게 규정될 수밖에 없다는 점도 지적하였다. 이 발화위치의 특징은 '뒤늦음'이 아닐까 싶다. 뒤늦은 자에게 가해지는 형벌의 하나는 흉내내기이다. 흉내내기는 식민지 경험으로 인해 들어온 지배자-타자의 삶의 방식을 흉내내는 것이고, 이 흉내내기가 가능한 것은 우리가 이미 지배자-타자가 수행한 주체화 과정을 겪었기 때문이다. 이 주체화는 더러운 주체되기, 타락한 주체되기, 배반자 되기, 뒤섞인 주체되기, 즉 잡종 되기 등 '바람직하지 않은' 형태를 띠기 십상이다. 그러나 이 잡종 되기는 다양한 정체성들의 횡단하기, 가로지르기라는 점에서 민족주의자의 결백주의와도 다르고 식민지근대화론의 합류주의와도 다른 새로운 어떤 진전을 위한 토대가 된다. 신식민지 지식인은 '뒤진 자'라는 사실 때문에 흉내내기를 해야 하지만 또 바로 그런 이유 때문에 앞선 자와 다른 꿈을 꾸어야 하는 의무와 기회가 주어진다. 흉내내기를 통해 단순한 반복만 일어나는 것은 아니다. 흉내낸 것은 흉내낸 것인 한에 있어서 원본과 동일한 것이 될 수 없다. 모든 흉내내기는 반드시 불완전하며, 보충적이며, 따라서 차이를 만들어낼 가능성을 가진다. 아마 이런 점 때문에 새로운 시작은 늘 마지막 순간에 가능한 것인지도 모른다. '마지막'은 들뢰즈와 가타리에 따르면 끝에서 두 번째이다. 이 마지막은 '문턱'과는 다르다. 문턱에 들어서면 하나의 배치는 다른 배치로 통과되는 과정에 들게 된다. 새로운 계열이 형성되기 이전, 즉 마지막 순간에 한 발을 내딛는 모험을 통해 주체는 타자되기를 시도하게 된다. 흉내내기는 앞선 자와 뒤쳐진 자의 순서가 정해진 하나의 질서 또는 시간대에서 벌어지는 게임이라는 점에서 그 순간은 이 질서 혹은 시간대의 마지막이지만 그 마지막 순간을 지나 '문턱'에 이르러 차이를 만들어내는 지점이다.[45]

흉내내기가 이처럼 차이를 만들어낼 수 있는 것은 '말뚝이 효과'를 가지고 있기 때문이다. 마당극에서 인식론적으로, 윤리-정치적으로 가장 큰 의미를 지니는 것은 흔히 어릿광대짓이라 부르는 것이다. 어릿광대 즉 말뚝이는 양반과 함께 하면서 함께 하지 않는다. 말뚝이가 가장 잘하는 일은 흉내내기요, 모방이다. 양반이 담뱃대를 물고 거들먹거리며 나아가면 말뚝이는 바로 그 뒤를 따른다. 그리고 터져 나오는 관중의 폭소 이 폭소와 그것이 보여주는 인식론적 의미는 두 연기자의 닮음과 차이에 의해 촉발되고, 그중 상당 부분은 말뚝이와 관중의 어떤 인식과 세계관, 또는 상황의 공유에 근

45_ Deleuze and Guattari, *A Thousand Plateaus*, 437-38.

거한다. 이 공유를 이상화할 필요는 없다. 말뚝이는 언제라도 관중으로부터 구박과 면박과 구타를 받을 수 있다는 점에서 그 공유는 늘 불안정한 상태에 놓여 있다. 중요한 점은 폭소 즉 관중의 윤리-정치적 인식이 흉내내기가 진행중인 상황에서, 말뚝이의 (양반) 닮으려 하기와 (양반과) 달라 보이기가 한꺼번에 일어날 때 생겨난다는 점이다. 민중 전통에 깊이 뿌리박고 있는 이 흉내내기의 미학은 신식민지 상황에서도 자주 등장하는데, 그것은 말뚝이의 모습을 생각하면 '뒤따르기'라는 말이 적합해 보이는 형태로 나타난다. 이 뒤따르기는 어떤 역사적 동시대가 지닌 비동시대성 때문에, "시대가 어긋나 있다"는 사실 때문에 발생한다. 시대가 어긋나 있는 것은 세상이 뒤죽박죽이 되어 있다는 말, 사회적 질서가 뒤흔들리고 있다는 말이다. 자신의 사회에서 시대에 뒤떨어진 것을 경험하는 신식민지 지식인은 자신의 사회 안에 남의 현재가 자신의 미래로 들어와 있는 것을 경험한다. 흉내내기가 그(녀)의 정체성 형성의 주요 방식이 되고 있는 것도 바로 이런 뒤죽박죽 상황 때문이다. 신식민지 지식인은 자신의 사회에서 자기보다 먼저 온 자가 있다는 것을, 이미 앞선 자들이 있음을 인정해야 하는 전도된 상황에 처해 있다.

그러나 신식민지는 뒤죽박죽이기 때문에 새롭게 시작할 가능성을 제공한다. 이 시작은 뒤죽박죽 상황에서 뒤따르는 자가 벌이는 특이한 몸짓, 즉 흉내내기 때문에 가능하다. 이 몸짓의 요령은 뒤에 와서 다르게 가는 것이다. 말뚝이처럼, 신식민지 지식인의 역할은 마당극에 등장하는 인물들의 위치들 사이에 편차를 만들어내는 것이다.[46] 말뚝이는 공연이 일어나는 마당에서 인물들의 움직임에 변화를 일으키는 존재이며, 그는 마당 안에 있기만 함으로써 이 일을 해낸다. 이때 새롭게 설정되는 관계들의 양상은

46_ "인물위치"(Figurenposition)는 바이만에 따르면 "배우의 무대 위 위치, 그 위치와 연관된 대사, 행위 그리고 양식화 정도"이다. Robert Weimann, *Shakespeare and the Popular Tradition in the Theater: Studies in the Social Dimension of Dramatic Form and Function*, tr. Robert Schwartz (Baltimore: The Johns Hopkins University Press, 1978), 224.

관중의 웃음, 바흐친이 가장 잘 이해한 카니발적 웃음의 세계 안에 놓이며, 그 웃음의 반향 안에서 비선형적으로 그 방향을 정하게 된다.[47]

물론 흉내내기에 함정이 없는 것은 아니다. 흉내내기에는 두 가지 양태가 존재하는 것으로 보인다. 하나는 앞선 자를 모델로 삼아 따라가는 것이고, 다른 하나는 그를 패러디하고 비판하기 위해서 따라가는 것이다. 전자의 경우 하는 일은 모델의 복제 또는 본류에의 '합류하기'이다. 오늘 신식민지 사회에서 문제가 되고 있는 것은 무엇보다도 이런 합류 태도가 아닐까 싶다. 합류는 흔히 근대화라는 구호 아래 신식민지에서 (신)식민 모국의 모델을 따르려는 전략이지만 신식민지 사회에서 이 전략은 늘 실패할 수밖에 없다. 합류를 고집할 경우 (신)식민 지배자와 피식민자 사이에는 최정무가 벤야민의 표현을 빌어 '판타스마고리아'라고 부르는 현상이 생긴다. 판타스마고리아는 피식민자가 갖고 싶지만 갖지 못하는 '진열된 상품'이 순수한 환각이 될 때, 그래서 표상적, 상징적 가치만을 가질 때 생긴다.[48]

이 판타스마고리아는 보드리야르의 방식대로 이해한 시뮬라크르가 남한사회에 만연한 결과이고, 그 효과는 '사건의 사고'의 빈번한 발생이다. 그러나 시뮬라크르를 들뢰즈의 방식대로 이해할 수도 있다. 들뢰즈의 '시뮬라크르'는 흔적을 원본 부재 현상으로 보고 그와 같은 차원에서는 근본적인 변화가 일어날 수 없다고 보는 개념이 아니다. 그것은 오히려 흔적 자체의 변형이 사건이 될 수 있음을 말해준다. 흉내내는 사람은 뒤따르는 자이다. 뒤따르는 자는 앞선 자의 발자취를 따라간다. 따라간다는 점에서 그(녀)는 발자취를 결코 무화하거나 무시할 수 없다. 모든 뒤늦은 자들처럼 그(녀)는 앞선 자가 사라진 뒤에 남은 발자국의 물질성 속에서만 앞선 자를 유추하고 거기에 부재하는 원본에 어떤 '부차성'을 가미한다.[49] 이 부차성은 아마도

47_ Mikhail Bakhtin, *Rabelais and His World*, tr. Hélène Iswolsky (Cambridge, Mass.: M.I.T. Press, 1968).

48_ Chungmoo Choi, "Sorcery and Modernity," 3.13.

49_ 흉내내기는 바바가 말하는 '보충질문'과 같다. "원본 '뒤에, 또는 그것에 '덧붙여' 오는 것은 보충질문에 원래 요구 구조에 '부차성'이나 때늦음의 느낌을 도입하는 이점이

필시 앞선 자의 발자국을 따라가는 일이 거의 반드시 그 발자국을 지우며, 뭉개며 가는 일이기 때문에 생겨나는 효과일 것이다. 발자국을 따라가지만 뭉개면서 갈 수 있다는 것, 이것이 흉내내기가 원본과는 다른 효과를, 어떤 차이를 만들어낼 수 있는 가능성일 것이다. 이 뭉개기는 흉내내기처럼 신체의 참여를 전제로 한다. 발자국이 지표로서 물리적 존재인 한 그 발자국을 따라가고 뭉개는 일은 상징적 기호나 도상적 기호 차원에서는 일어날 수 없다. 말뚝이 역을 하는 배우는 마당을 비집고 다닌다. 그는 다른 배우들과, 관중들과 몸을 부딪치며 관중을 집적거리기도 하고 얼러터지기도 한다. 셰익스피어 극의 어릿광대도 몸을 내놓고 있기는 마찬가지다. 권력을 이양한 리어왕을 놀리는 바보도 그래서 리어로부터 "조심해, 이 놈아, 회초리가 있어"라는 말을 듣는다.[50] 바보의 어릿광대짓은 이때 켄트의 충성과 같이 목숨을 건 모험일 수 있다.

신식민지 지식인의 흉내내기에도 목숨을 건 싸움, 생존전략이 걸려 있다. 그러나 말뚝이의 싸움은 바보와 켄트와는 다른 종류의 모험이다. 후자가 리어의 권력을 유지시키기 위해 목숨을 걸고 리어에게 덤벼든다면 신식민지 지식인의 흉내내기에는 서구적 근대화, 자본주의 세계 질서와는 다른 세계를 만들기 위한 모험이 개재된다. 차이를 만들기 위한 이 모험에서 피지배자는 지배자의 것을 빌어서 혹은 지배자의 지배를 받으면서 지배자와는 다른 일을 하는 실험을 한다. 이 점과 관련해서 드 세르토는 지배문화의 수용이 반드시 지배의 관철일 수는 없다는 점을, 약자에게는 '소비의 전술'이 있음을, 즉 "약자가 강자를 활용하는 교묘한 방식"이 있음을 지적한 바 있다.[51] 식민지인 또는 피지배자는 지배자에게 속하는 것을 자기 방식대로

있다. 보충적 전략은 '덧' 보태기가 '합산될' 필요가 없으며 계산을 교란할 수 있음을 시사한다. 가셰가 간명하게 보여주었듯이 보충물들…은 기원에서의 마이너스를 보완하는 플러스들이다. 보충 전략은 복수들과 다원주의의 서사가 지닌 연속적 순차성을 복수들과 다원주의의 접합 양식을 근본적으로 바꿈으로써 중단시킨다." Bhabha, op. cit., 155.

50_ Shakeapeare, *King Lear*, ed. Kenneth Muir (London: Methuen, 1972), I, iv, 108.

사용하여 원래 것과는 아주 다른 의미와 용도를 만들어낸다는 것이다. 신식민지 지식인이 불가피하게 하게 되는 서구문화의 수용, 흉내내기는 그 용도에 의해서 의미가 결정된다. 차이를 만들어낼 때 흉내내기는 잔재를 전적으로 다른 용도로 사용하는 것이 된다. 그러나 이 쓰임새의 결정을 신식민지 지식인이 자율적이고 자발적으로 할 수 있다고 생각한다면 이는 환상일 것이다. 신식민지 지식인의 발화위치는 자동적으로 주어지지 않을 뿐더러 자발적으로 선택하기도 어렵다. 그(녀)의 발화위치는 반드시 현실적인 역관계 속에 놓여 있다는 점을, 발화위치란 발화를 가능케 하는 어떤 영토적 배치 때문에 만들어진다는 점을 잊어서는 안된다. 우리는 늘 서구적 발화위치가 있다는 것을, 그것도 늘 복수성의 성격을 가지고 있음을, 서구 속에서도 여러 발화위치가 있음을, 그리고 그것들의 비서구와의 관계는 다시 복수성을 지닌 비서구적 발화위치에 의해 수용되거나 되지 않거나 하며, 이 수용 과정 또한 복잡한 계산에 의해 측정되어야 한다는 점을 인식해야 한다. 이런 과정을 귀찮게 여기면 아마 우리는 바바가 말한 '선교사 체위'밖에는 얻지 못할 것이다.[52]

신식민지적 상황에서 벗어나기, 그것은 식민화 이전으로의 복귀도 제국적 지위로의 부상도 아닐 것이다. 불가피하게 민족통일을 통과하는 운동이겠지만, 그렇다고 민족국가의 완성이 그 탈주 운동의 유일한 목표는 아닐 것이다. '민족해방'이란 소수자적 관점에서만 유지될 수 있는 노선임을 생각할 때 민족의 통일은 신식민지적 상황, 세계자본주의의 틀에서 벗어나는 운동의 일환으로서만 의미를 지닐 뿐 그 이상은 아니다. 복귀도 합류도 아닌 길을 걸을 수 있는 가능성은 말뚝이의 몸짓에서 나오지 않을까? 그의

51_ Michel de Certeau, *The Practice of Everyday Life* (Los Angeles: University of California Press, 1984), xvii.

52_ "예컨대 식민적 인류학의 규범적 패러다임들과 오늘날 원조 및 개발 기관들의 담론 사이에는 유사성이 있다. '기술의 이전'은 권력의 이전이나, 자선을 통한 신식민지적 정치 통제의 배제의 결과를 낳지는 않았다. 유명한 선교사 체위만이 있을 뿐이다." Bhabha, op. cit., 242.

흉내내기는 인물들의 흐름에 변화를 주는 것이라는 점에서 단일한 목표를 가진다기보다는 순간순간 변화 만들기, 차이 만들기로 보이며, 이것은 편차의 구축과 그로 인한 전체(및 그 운동)의 변형/변환으로 이해되어야 할 것 같다. 이런 점에서 흉내내기는 역사적 현재의 개방이다. 이 개방은 잔재-유령들과 함께 함, 그것들을 견뎌냄으로써 가능하다. "유령들과 함께-함은 기억, 상속, 그리고 세대의 정치"이다. **"살아있는 현재의 자신과의 비동시성 없이, 현재를 몰래 흐트러지게 하는 것 없이, 여기 없는 사람들, 더 이상 없거나 아직 현존하고 살고 있지 않은 사람들에 대한 이 책임감과 그들과 관련된 정의에 대한 존중 없이"** 어떻게 새로운 미래에 대해 말할 수 있겠는가?[53] 신식민지 사회에서 이 '존중'은 말뚝이의 흉내내기의 형태를 띠어야만 한다. 말뚝이가 있음으로써 마당에는 새로운 이질적 시간의 구성 가능성이, 마당의 단일한 평면이 아니라 그 평면의 세계를 관통하여 단일한 평면의 세계에 이질적 외부를 끌어들이는 일이 가능해진다.

이런 관점에서 보면 오늘 지구화한 세계에서 이질적 미래의 가능성은 하위주체들의 흉내내기와 함께 가능하다고 할 수 있지 않을까? 이 흉내내기는 동일자의 반복과는 다른 의미를 지닌다. 신식민지 상황에서 탈식민화는 비서구의 본래적 자신으로의 복귀가 아니라 "살아있는 현재의 자신과의 비동시성"을 만드는 일이다. 이 현재가 지구화한 현재, 즉 서구화된 현재임을 생각할 때 이 작업이 서구화, 근대화로의 합류라는 형태를 띨 수 없다는 것은 당연하다. 과거로의 복귀도 강자 또는 다수자로의 합류도 아닌 새로운 길의 가능성은 있는가? 들뢰즈와 가타리의 말대로 탈주가 마지막에 일어난다고 한다면, 마지막은 늘 새로운 계열로 들어가기 위해 모험을 생각하는 순간이다. 이 순간은 하나의 배치가 아직 다른 배치로 바뀌지 않아서 기존 배치가 설정하고 있는 궁극적 목적의 통제력이 행사되고 있는 시점이지만, 다가올 민주주의를 향해 열려 있다. 이 열림은 마지막이 사건이 일어나는

53_ Derrida, op. cit., xix. 강조는 원저자의 것임.

시뮬라크르 형태를 띠기 때문이다. 마지막은 그것을 한 순간으로 가진 배치의 내부에 있지만 이미 외부를 향한다. 내부이면서 외부로 향한 이 지점은 시뮬라크르로서의 잔재-기호, 흔적의 지점이며, 잔재-유령의 존립 방식이라는 점에서 유령학의 영토 위에 서있다고 하겠다. 신식민지 지식인은 이 영토에서 흉내내기를 통해 역사의 새로운 시작을, 다가올 민주주의를 사유할 과제를 안고 있는 셈이다.(2000)

제 4 부

문학의 힘

9.

영문학의 연구와 버터 읽기

1. 한국의 영문학

영어는 오늘날 한국에서 호황을 누리고 있다. 영어는 지금 가장 중요한 국제언어, 누구나 배워야 될 언어이다. 영어가 강세이다 보니 영문학 역시 강세다. 영문학은 가장 강력한 서양문학, 가장 잘 나가는 외국문학, 아니 가장 거드름 많이 피우는 민족문학으로 군림한다. 다른 서양문학과 비교해 보면 영문학의 '우세'는 쉽게 드러난다. 외국 서적을 취급하는 서점에 들러 본 사람이라면 누구든 영문학 관계 서적이 다른 어떤 서양문학 서적보다 많다는 것을 바로 확인할 수 있다. 영어와 마찬가지로 영문학도 잘 팔린다는 말이다.

그러나 겉으로 드러난 영문학의 '호황'만 보고 영문학이 바람직한 내실을 가지고 있다고 말할 수는 없을 것 같다. 영문학의 호황은 허상일지도 모르기 때문이다. 사실 영문학은 서양문학 일반이 가진 문제를 그대로 답습하고 있다. 최근 발표한 「서양문학의 유혹」이란 글에서 김우창이 서양문학에 대하여 내린 진단은 그래서 영문학에도 그대로 적용될 것 같다. 김교수에 따르면 "오늘날 서양문학은 상당히 번성하고 있는 학문 분야"임에 틀림이 없지만 "다른 한편으로 서양문학의 상태가 표면적 번창에도 불구하고 반드시 만족할 만한 것이 아닌 것도 또 하나의 부정할 수 없는 사실"이다.[1] 영문학을 전공하는 입장에서 보면 이 지적은 특별한 의미를 갖는다. 한국에서 가장 잘 나가는 서양문학이 영문학이라는 점을 생각해볼 때 서양문학에 문제가 있다는 말은 영문학이야말로 문제를 가장 많이 지니고 있다는 말로 해석될 수 있기 때문이다.

서양문학은 서양문화의 산물이라는 점에서 그 문화의 특성이나 경향을 반영한다. 주지하는 사실이지만 서양문화는 오늘날 보편문화임을 자처하면서 군림하고 있다. 서양문학이 한국에서 번성하고 있는 것도 바로 그런 '보편성'의 단적인 예일 것이다. 그러나 김우창이 말하는 것처럼 서양문화가 자랑하는 "보편적 원리는 사실상 부분적이며 특수한 원리"이다. "그것이 보편적인 것으로 받아들여지는 것은 제국주의적 압력을 통해서"인 것이다.[2] 그런데 여기서 말하는 압력에는 억센 물리적인 힘만이 아니라 더 교묘하다고 할 수 있는 문화적 힘도 들어 있다. 서양의 특수한 삶의 방식이 세계인 모두가 따라야 하는 것으로 보이게 하려면 그것이 좋은 것이라는 인식, 즉 서양 위주의 문화의식도 작용해야 할 것이다. 이 인식이 사실에 근거하느냐 하지 않느냐는 그렇게 중요하지 않다. 다만 그것이 효력을 발휘하여 "특수한 원리"가 "보편적인 것"처럼 보이면 될 뿐이다. 이처럼 특수에서 보편으로의 전환을 일어나게 하는 것이 서양문화가 가진 문화적 전략이다.

이 글에서 나는 서양문화의 전략이 가진 구체적인 모습 몇 가지를 영문학과 관련하여 살펴보고자 한다. 논의를 영문학에 한정하려는 것은 나 자신 서양문학 전반에 대한 이해가 부족한 탓도 있지만, 영문학이 서양문학의 문제를 가장 첨예하게 드러낸다고 믿기 때문이다. 영문학의 문제는 사실 그것이 호황을 누리고 있다는 사실과 멀리 떨어져 있지 않다. 이 말은 국내 영문학계가 다른 서양문학과의 상대적인 우위에도 불구하고 아직도 문헌

1_ 김우창, 「서양문학의 유혹—문학읽기에 대한 한 반성」, 『외국문학』 8, 1986년 봄, 20, 21.
2_ 같은 글, 35.

의 빈곤이나, 교수의 부족, 연구비 지원 부족 등과 같은 '문제점들'을 산더미같이 안고 있다는 것과는 다른 말이다. 그것은 영문학이 성황리에 가르쳐지고 있다는 사실 자체가 문제가 될 수 있다는 말인 것이다.

우리는 대체로 두 가지 뜻으로 '영문학'이란 말을 쓴다. 첫째, 영문학은 영어로 쓴 작품을 말한다. 영어로 '쓴' 것만이 영문학이라고 하는 데에 문제가 없는 것은 아니나 영문학이 한국에서 다루어지고 있는 모습에 견주어 볼 때 그것을 영어로 쓴 문학이라고 해도 무리는 없을 것 같다. 둘째, 영문학은 영어로 쓰인 작품을 공부하고 연구하는 학문으로 이해된다. 오늘날 학문은 대학이 도맡아 하는 실정이므로 이 경우의 영문학은 대학에서 그것을 어떻게 가르치고 배우는가와 관련되어 있다. 다시 말해 일반적으로 영문학이라 일컫는 것은 영어로 쓴 작품과 그 작품을 대학과 같은 학문 전담기관에서 배우고 가르치는 학문 방식인 것이다.

이와 같이 대략적으로 본 영문학의 의미를 조금 더 세밀히 분석해 보면 '영어로 쓴 작품', 그리고 그런 작품을 배우고 가르치는 '학문'이라는, 가치 중립적인 것처럼 보이는 영문학의 정의는 몇 가지 중요한 사실을 간과하고 있음을 알게 된다. 한국에서 배우고 가르치는 영문학은 영어로 쓴 작품 전부가 아니다. 영어로 쓰였으되 어떤 특수한 전통에 들어가는 작품들만이 다루어진다. 그 단적인 예로 제3세계에 속하는 나라들에서 생산된 작품들은 거의 예외 없이 교과목으로 채택되지 않는다는 사실을 들 수 있다. 우리가 주로 대하는 영문학은 영국과 미국에서 영어로 쓴, 그것도 아주 소수의 작품뿐인 것이다. 영문학을 학문 체계로 볼 때도 사정은 마찬가지다. 학문으로서 우리가 수용하고 있는 영문학은 한국에서 독자적으로 발전시킨 것이라기보다는 영국과 미국에서 발전된 것을 거의 완제품으로 수입하여 쓰는 학문 체계다. 그래서 드문 경우를 빼고 한국의 영문학은 영미인이 쓴 작품에 '보물'처럼 담긴 의미를 찾고자 영미인이 마련해 놓은 관점과 방법을 그대로 사용하고 있는 무비판적 태도에 빠져 있다 해도 과언이 아니다.

2. 영문학의 공부와 연구

상식적으로 생각하여 영문학을 작품으로 볼 때 우리가 굳이 거기에 창조적으로 참여할 필요는 없을 것이다. 영어로 작품을 쓴다는 것은 우리에게는 남의 일이기 때문이다. 그런데 영문학을 학문의 측면에서 바라볼 때는 사정이 다르다. 이 점과 관련하여 생산과 소비 개념을 이용하는 것이 좋을 것 같다. 학문으로서 한국의 영문학은 원산지에서 온 상품의 소비 행위에 해당한다. 이렇게 생각하면 우리도 영문학에 참여할 수 있고 또 영문학의 '호황'이 말해주듯 적극 참여하고 있다. 그러나 과연 한국의 영문학은 '호황'이라는 말이 시사하고 있듯이 활성화되어 있는 것일까? 영문학을 과연 제대로 살피고, 따지고, 비판하고, 해석하고 있는 것일까? 이런 의문을 영문학의 '공부'와 '연구'라는 개념과 관련시켜 생각해 보자.

무엇을 공부하는 것과 연구하는 것 사이에는 큰 차이가 있다. 한 한글사전에서 '공부'는 "학문을 배움 또는 배운 것을 익힘"으로, '연구'는 "어떤 사물을 인식하거나 해명하기 위하여 과학적으로 분석 또는 공부함, 또는 그 일"로 정의되어 있다.[3] 이 정의에 의하면 공부와 연구는 서로 동떨어지거나 상반되지는 않으나 같지도 않다. 공부는 이미 체계가 잡힌 것을 배우고 익히는 것이고, 연구는 아직 해명되지 않은 미지의 대상을 알아내고자 그것을 분석하는 작업이다. 연구가 공부의 의미도 가지고 있다는 점에서 둘은 서로 관련이 있지만 연구는 공부를 '과학적'으로 수행한다는 전제를 하나 더 가지고 있다. 연구와 공부의 차이는 과학성이 있느냐 없느냐에 따라 정해진다 하겠다. 이때 과학성은 무엇을 뜻할까? 어떤 대상을 과학적으로 다룬다는 말은 인식에 있어 인식주체가 그 대상에 대하여 적절한 거리를 지킨다는 것이다. 대상과 주체 사이에 거리가 있어야만 대상을 제대로 볼 수 있고 인식하거나 해명할 수 있다. 연구는 대상과의 거리를

3_ 이응백·남광우, 『대국어사전』, 현문사, 1976.

통해 그것을 비판적으로 보려는 접근방식에 해당한다. 이에 비해 공부는 이미 체계가 잡힌 것을 배우는 것이므로 인식 대상을 비판적으로 보는 것은 일단 뒤로 미룬 대상 접근방식이다. 거기에는 그만큼 비판이 비집고 들어갈 틈이 작다. 공부는 어떤 가르침의 배움이다. 종교적 가르침의 경우 거부를 허용하지 않는다. 종교적 진리는 신자라면 마땅히 받아들여야 하는 것이고 어떤 우여곡절을 겪더라도 배우고 익혀야 하는 대상이다. 이 경우 진리와 그것을 받아들이려는 사람 사이의 거리는 멀면 멀수록 문제가 된다.

공부 아닌 연구를 생각할 수 없고 연구를 지향하지 않는 공부란 드물터이므로 영문학의 공부와 연구를 그 차이만 강조하여 따로 떼어서 생각하는 것은 지나친 일이라 할 수 있을 것이다. 그러나 공부와 연구가 학문을 하는 데 서로 다른 태도와 방식을 나타내는 것이라면 영문학에서 나타나는 양자의 차이를 알아보는 것도 중요하다. 우선 공부가 무비판적이라는 사실에 주목해야 한다. 무비판적인 공부가 영문학의 발생 연유, 그 맡은 역할 또는 의의 등을 철저히 따져드는 것을 기대할 수는 없을 것이다. 그보다는 그 대상에 몰입하고 그것을 수용하는 일에 더 열중할 것 같다. 연구의 측면에서 보면 이것은 자기가 하는 일의 의미가 무엇인지 알아내는 것을 포기하는 일이고 자신이 어떤 자리에 처해 있는지 되돌아보는 일을 게을리 하는 일이다. 대상에 몰입만 하는 공부와는 달리 연구는 대상뿐만 아니라 자신의 활동마저 비판적으로 볼 것을 지향한다. 그것은 연구가 자기 자신의 모습을 주시하고 자기의 위치나 상황을 알아내는 것을 그 대상의 분석만큼이나 중요시하기 때문이다.

'연구'가 이렇게 '공부'와 구별되고 보면 학문은 실천이 되지 않을 수 없다. 학문은 이제 대상을 인식하는 것으로만 만족하지 않고 인식행위 이상이 되어야 한다. 학문하는 태도에 이런 변화가 생기는 것은 연구가 자신이 처한 상황을 주시하는 학문 태도이기 때문이다. 공부의 경우 영문학이 어떤 상황 속에 진행되느냐는 크게 문제되지 않을지 모르나 연구의 눈으로 보면 결코 외면할 수 없는 문제이다. 어떤 상황에 있느냐가 영문학의 성격 자체를 바꾸기도 하고 그 존재방식을 규정하기도 할 것이기 때문이다. 한국의 영문학이 호황을 누리고 있다는 사실도 이런 맥락에서 이해할 수 있다. 19세기와 20세기에 영국과 미국이 세계질서의 주도권을 잡지 않았더라면 영문학이 아마 오늘만큼 성황을 이루는 서양문학으로 행세할 수는 없었을 것이다. 따라서 한국에서의 영문학 성황은 현존하는 국제질서를 전제한다 하겠다. 동시에 그것은 그 질서를 유지하는 데 기여하는 역할도 한다. 영국과 미국이 강대국이 되면서 가장 '중요한' 외국어, 외국문학이 된 영어와 영문학을 우리가 힘들여 배우고 공부하는 것은 그런 결과를 낳은 현존 세계질서를 유지하는 데 한 몫 거드는 일이기도 하기 때문이다. 영문학의 상황 전체가 이렇게 단순히 설명되는 것은 물론 아니리라. 그러나 한국의 영문학이 그런 역사적 역할을 가지고 있는 것이라면 그것은 삶의 현장에서 떨어진 상아탑 속의 학문만이 아니라 구체적인 삶의 한 양상이라는 것 역시 부정할 수 없다. 구체적인 삶이라는 데서 영문학은 하나의 행동이며, 실행이고, 실천이다.

영문학이 연구와 실천의 학문이 되기 위해서는 주체적이 될 필요가 있다. 연구와 실천은 어떤 적극성을 띤 행위이기 때문에 행위자인 주체를 필요로 한다. 이 말을 좀 더 구체적으로 하면 영문학은 이제 우리가 연구하는 것이므로 우리가 연구 주체가 되어야 한다는 것이다. 여기서 "한국에 있어서 세계의 중심지는 바로 한반도이어야"[4] 한다고 보는 제3세계적 관점이 그런 주체적 시각의 하나로 부상될 수 있다. 우리 자신이 중심이라는 생각은 잘못하면 우리만이 중심이라는 제국주의적 발상이 될 위험이 있다는 지적이 나올지 모른다. 그러나 제3세계적인 주체의식이 유아독존적인 중심사상 그 자체를 극복하는 것이라고 본다면 그것은 우리가 소홀히 할 수 없는 생각이다.

4_ 박태순, 「문화인식의 제3세계적 시각」, 『오늘의 책』 1, 1984년 봄, 22.

우리가 사는 시대는 아직도 제국주의 지배가 척결되지 않은 상태이다. 우리 자신 제국주의의 침략을 당했던 민족으로서 주체적인 시각을 가지고 그런 상황에 대처하는 것은 당연하고 시급하다. 영문학을 우리가 주체적으로 연구해야 한다는 것은 상식이겠지만,5 그것이 제국주의와 무슨 상관이 있느냐는 반문이 나올지 모른다. 그러나 그것은 나무만 보고 숲을 보지 않는 것이다. 세계 구석구석에서 다른 방식으로 경험되는 무수히 많은 상황들이 있지만 이것들은 보기만큼 서로 동떨어져 있기만 한 것은 아니다. 경험되는 상황의 모습은 각기 다르다 하더라도 그런 다양성의 이면에는 하나의 지배적 세계질서가 있고, 강대국 또는 '선진국'이 중추가 되어 움직이는 국제질서가 있기 때문이다. 이런 점에서 영문학의 연구에 있어서도 "지구를 셋으로 갈라놓기보다 하나로 묶어보는"6 제3세계적이며 주체적인 시각이 꼭 필요하다. 그러나 그 필요성을 인정하는 사람은 많아도 서양문화, 서양문학, 그리고 특히 영문학을 주체적으로 연구하는 작업이 왕성한 것 같지는 않다. "서양문학의 보편적 호소력이 어떻게 제국주의라는 외면에 관계되는가에 대해서는 연구가 없는 것으로 보인다"7는 김우창의 지적, 그리고 "주로 미국으로부터의 학문을 통해 우리가 그에 수용되어 있는 세계문화를 이제부터라도 우리의 주체적인 눈으로 새로 살펴볼 필요성에 대해 부인할 사람은 드물 것이라 생각되지만 그에 대해 구체적인 점검작업이 보편화되고 있는지는 의문"8이라는 박태순의 말은 유감스럽게도 정확한 진단이다.

5_ 이상섭의 「영문학 교육의 문제점」, 『영어영문학』 32, 1986년 여름, 269-95쪽에 따르면 국내 영문학교수의 26%가 "외국문학의 교육이 한국의 주체성"을 고려하여 이루어져야 한다는 데 "전적으로 찬동"하고 있다. 반면에 "학문의 보편성의 원칙에 비추어 반대"하는 사람은 39%이고, "학생, 교수, 교재, 시설 등 한국적 여건을 참작하는 것으로 족하다"고 믿는 사람의 수는 32%이다. 292 참조.

6_ 백낙청, 「제3세계의 문학을 보는 눈」, 백낙청·구중서 외, 『제3세계 문학론』, 한벗, 1982, 22.

7_ 김우창, 앞의 글, 36.

8_ 박태순, 앞의 글, 29.

3. 영문학의 버터 읽기

지금까지 영문학을 주체적으로 연구해야 하는 것은 그것이 제국주의 질서를 반영하는 서양문학의 일환이기 때문이라는 말을 했다. 하지만 여기서 논의의 초점은 영문학인 만큼 이제부터는 논의를 왜 각별히 영문학을 주체적으로 연구해야 할 필요가 있는지에 초점을 맞출 필요가 있겠다. 일단 나는 영문학이 다른 어떤 서양문학보다 더 깊이 제국주의와 연루되어 있다고 본다. 이 점은 이미 백낙청이 다른 맥락에서 관찰한 바 있다. 그에 따르면 영국과 미국은 세계 역사에 있어 독특한 경험을 한 나라들이다. 주지하는 바이지만 영국은 자본주의적 생산체제를 수용 내지 수립함에 있어서 어떤 혁명적인 위기도 겪지 않고 특유의 실용성을 발휘함으로써 세계 어느 나라보다 먼저 산업혁명을 이룩하는 등 역사적 발전의 선두주자였다. 그러나 바로 이 선진성 때문에 영국은 역설적으로 "보편성을 띤 시민의식"을 함양할 기회를 가질 수 없었다고도 볼 수 있다.[9] 헤겔의 '주인과 노예'의 변증법이 말해주듯 진정한 선진성을 얻으려면 후진적 상황을 먼저 경험해야 하는 것이 필요하다. 이 논리를 백낙청은 미국에 대하여도 적용하고 있다. 그래서 그는 "그 문화의 특이함이나 그 문학을 통해 표현된 희망과 고뇌의 독특함으로 말할 것 같으면—그리하여 그것을 보편적인 것으로 잘못 알아볼 때 우리 자신의 판단을 흐려놓을 위험으로 말할라 치면—영국의 경우보다 더하면 더했지 조금도 덜하지 않은 것이 미국의 문화요 문학이 아닐까 한다"고 한다.[10] 영국과 미국에 공통점이 있다면 그것은 두 나라가 20세기에 이르도록 패배를 몰랐으며, 심각한 내부의 갈등 없이 늘 앞서갔다는 역사적인 특혜를 누렸다는 점이다. 이런 점에서 영국문학과 미국문학을 통틀어 우리가 '영문학'이라고 부른다는 것은 그 연유야 무엇이건 간에 대

9_ 백낙청, 「시민문학론」, 『민족문학과 세계문학』, 창작과비평사, 1978, 28.
10_ 백낙청, 「영문학연구에서의 주체성 문제」, 『민족문학과 세계문학 II』, 창작과비평사, 1985, 164.

서양을 사이에 두고 생겨난 두 문학 전통에 어떤 특수한 공통점이 있다는 것을 지적하는 것이기도 하다. 이런 특수성이 영문학 자체에만 해당되고 서양문학 전반에는 해당되지 않는다고 말할 수 있는지 없는지에 대한 적절한 판단을 내릴 능력이 나에게는 없다. 에드워드 사이드가 그의 저서 『오리엔탈리즘』에서 말하는 것을 보면 영미문화의 특수성이 서양문화 전반에 적용될 수 있을 것 같기도 하다.[11] 또한 영미문화 자체에서도 공식문화와 비공식문화 등의 차이가 있을 것이므로 영문학 전체가 보편성을 얻을 수 없는 역사적 경험 위에 근거하고 있다고 단정할 수는 없다. 그러나 우리가 한국에서 받아들인 '영문학'이란 경전을 놓고 볼 때, 백낙청이 지적한 영문학의 '특수성'은 영문학을 전공하는 사람이라면 귀담아 들어야 할 충언이라고 본다.

우리가 참여하는 영문학에 "우리 자신의 판단력을 흐려놓을 위험"이 있다면 그 위험은 어떻게 피할 수 있는 것일까? 이 질문에 대한 답이 영문학의 주체적인 연구라는 것은 앞에서 언급한 바다. 그러나 영문학의 주체적인 연구라는 것이 어떤 모습으로 나타나는지 구체적인 예가 필요하다. 여기서 나는, 작품으로든 학문의 체계로든 영문학을 영미에서 수입할 때 우리가 하나의 독서행위에 참여한다는 사실에 주목하고자 한다. 영문학이 독서의 형태로 진행된다면 독서의 문제는 영문학의 주체적 연구에 있어서 초미의 관심사가 될 것이다. 이때 영문학 독서는 어떻게 진행되어야 하는 것일까? 영문학이 위에서 본대로 어떤 특수성 때문에 우리의 판단력을 흐리게 하는 무엇을 가지고 있다면 주체적인 독서는 그 위험에 대처하는 방식으로 진행되어야 함이 당연하다. 영문학이 어떤 억압의 무게를 가진다면 우리는 그것에 맞서야 한다. 이런 의미에서 영문학의 주체적 독서는 버텨 읽기의 모습으로 나타나야 한다고 볼 수 있을 것이다. '버텨 읽기'는 일종의 저항독서이다. 글이 어떤 억압의 체계를 가진다면 '버텨 읽는다'는 것은 그 억압에

11_ Edward Said, *Orientalism* (New York: Vintage Books, 1979).

저항하는 것이기 때문이다. 이런 점에서 버텨 읽기는 학문에 있어서 대상의 수용에만 몰두하는 '공부'의 방식과는 거리가 멀다. 공부의 태도는 공부하는 사람으로 하여금 자세를 낮추고 몸을 굽히게 하는 것이므로 '굽혀 읽기'의 독서방식을 택하게 한다. 버텨 읽기는 반면에 독서자의 태도를 당당하게 만들고 그로 하여금 주체적인 학문을 하게 하는 '연구'의 방식이다. 또한 그것은 읽는 대상이 그 나타난 모습과는 다른 면을 가지고 있음을 간파하고자 하므로 '깊이 읽는' 것이기도 하다. 완제품으로서의 영문학이 하나의 텍스트로서 우리에게 주어질 때 그것은 그 나름대로의 현실적 전략을 갖게 마련이다. 이 전략은 문학작품이나 그것을 해석하는 이론 속에 여간해서는 가려보기 힘든 모습으로 잠복해 있다. 버텨 읽기는 그러한 영문학의 전략을 밝혀내어 그 현실적 의미와 그것이 노리는 효과, 그리고 그 실천 방법을 드러내 보여줌으로써 영문학이 강요하는 가치체계나 세계관의 수용에만 급급한 굽혀 읽기가 얼마나 무의미한지 일깨우는 역할을 한다.

버텨 읽기는 문학에 있어서 재현 문제에 각별한 관심을 가지고 있다. 우리의 판단력을 흐리게 하는 일이 바로 재현에서 비롯되기 때문이다. 여기서 말하는 '재현'이란 우리가 흔히 '반영'이라고 부르는 것과 밀접한 관련을 가지면서도 그것과는 구분되어야 하는 개념이다. 반영이 문학작품의 세계와 작품 외적 세계의 상동관계를 강조하는 것이라면 재현은 양자간의 관계를 인정하면서 그 차이점도 강조하는 것이다. 반영과 재현의 관계를 철저히 따져 보는 일은 아주 중요하지만 이 글의 목적이 재현의 정의에 있지는 않으므로 그럴 여유는 없다. 여기서는 다만 재현이 독자적인 세계를 가지지만 그것이 존재한다는 사실 그 자체 때문에 현실세계에 영향을 미칠 수 있다[12]는 정도를 참고할 사전지식으로 삼고자 한다. 재현은 현실 속의 대상을 형상화함으로써 그 형상화된 대상을 현실과 분리시켜 어떤 독자적인 세계를 갖게 한다. 그러나 이 '독자적인 세계'는 현실을 완전히 떠날 수가

12_ Edward Said, *The World, the Text, and the Critic* (Cambridge, MA: Harvard University Press, 1983). 특히 제2장 참조

없다. 현실과 완전히 유리되어 버리면 그것은 세계로서의 모습을 잃을 것이며 나아가 그 독자성마저 의미 없는 것이 되고 말 것이다.

버텨 읽기가 재현에 대하여 관심을 가지는 것은 재현이 형상화하는 대상이 버텨 읽기의 주체인 경우가 많기 때문이다. 영문학에 있어서 재현의 주체는 영문학의 작품세계와 이론을 구축하는 영미인이고, 우리는 재현의 객체이다. 문제는 우리가 재현의 객체로서 형상화의 대상이 될 때 그 구체적인 모습이 어떠하며 그것이 어떤 현실적인 의미가 있는가 하는 것이다. 여기서 말하는 '우리'란 물론 넓은 의미를 갖는다. 한국인이 영문학에서 재현되는 경우는 흔하지 않다. 그러나 세계를 하나로 보는 시각을 가진다면 우리와 비슷한 처지에 있는 사람들, 즉 제3세계인을 포함하는 모든 피식민자, 피압박자를 우리라고 볼 수 있을 것이다. 이렇게 보면 '우리'는 영문학에 자주 등장한다고 할 수 있다. 아일랜드, 아랍, 북미대륙, 카리브해, 남아프리카, 인도 등—이 지역들은 영국 역사와 관련된 것이고 미국과 관련지으면 새로운 나라들이 추가될 것이다—우리와 같은 처지의 나라들이 영문학에서는 중요한 재현의 대상이 되어 있기 때문이다.

'우리'는 영문학에서 타자가 되어 있다. 영미인이 주체가 되는 영문학에서 '우리'가 '타자'로 형상화되어 있는 것은 당연한지 모른다. 그러나 재현이 '우리'를 형상화한다는 사실 자체는 '우리'가 '경험된' 대상이 되었다는 것을 말한다. 이 '경험'이 어떤 것이었나에 따라 '우리'의 모습도 바뀐다. 제국의 변방에 있는 사람인 '우리'는 타자로 파악되면서 중심부의 주체와 '다른' 존재로 정의된다. 이렇게 타자가 된 인간은 중심부의 주체와 '다른' 존재이므로 그 자신은 주체가 되지 못하는 것으로 인식된다. 버텨 읽기가 주체적인 독서행위인 것은 바로 이러한 타자화의 과정을 재현 속에서 들추어내어 변방인, 즉 제3세계인을 포함한 모든 비-주체를 그 자신의 주체로 회복시키는 일에 기여하기 때문이다. 이때 회복된 주체가 제국주의적 주체와 달라야 함은 말할 필요가 없다.

공부와 연구를 구분할 때에도 언급했지만 주체성의 회복이란 상황을 가진 현실적인 작업이다. 버텨 읽기는 따라서 재현이 어떤 현실논리에 의하여 실천되는가에 주목하지 않을 수 없다. 여기서는 이왕 영문학을 학문체계와 작품으로 구분하여 논의하고 있으므로 그 구분에 맞게 현실의 논리가 어떻게 영문학의 작품세계와 이론에 침윤되어 있는지 '버텨' 읽어보고자 한다. 먼저 밝혀야 할 것은 버텨 읽기의 대상이 개인의 힘으로는 감당할 엄두가 나지 않을 정도로 규모가 크기 때문에 여기서는 겨우 한두 가지 사례를 중심으로 논의를 진행할 수밖에 없다는 점이다. 먼저 영문학 작품 중에서 『로빈슨 크루소』를 버텨 읽기의 대상으로 삼아보겠다. 이 작품을 선택한 이유는 무엇보다 그것이 한국에서 널리 읽히는 것인데도 그것이 가진 문제점은 그다지 철저히 지적되고 있지 않는 것 같다는 생각 때문이다.[13] 『크루소』의 논의가 끝나면 조금 다른 맥락에서 영국과 미국에서 성립한 영문학의 학문으로서의 성격을 버텨 읽어 보려고 한다.

4. 『로빈슨 크루소』의 버텨 읽기

'로빈슨 크루소' 하면 생각나는 것들이 있다. 그 이름을 들으면 우리는 무인도를 연상하고 그 이름의 주인공이 무인도에서 '혼자' 수십 년을 살았다는 놀라운 사실을 생각한다. 또한 우리는 그가 앵무새를 길러 말을 가르치고 프라이데이란 '식인종'을 '구원'한 것을 기억한다. 이런 생각들을 거의 자동적으로 한다면 우리에게는 하나의 버릇이 고착되어 있는 셈이다. 그것은 크루소의 '신화'가 성취한 업적이다. 그 신화에 익숙해진 우리는 그것이 구축한 세계를 아주 자연스럽고 당연한 것으로 받아들인다. 생경한 하나의

13_ 국내의 영문학 관계의 대표격이라 할 『영어영문학』에 1986년 현재 『로빈슨 크루소』를 다룬 논문은 단 하나도 없다는 사실을 상기하기 바란다. 필자가 찾아 볼 수 있었던 『크루소』에 대한 국내의 논문은 김현의 「로빈슨 크루소의 변용에 대하여」(『외국문학』 2, 1984년 가을, 316-35)뿐이었다.

문화체제가 어떤 반복에 의해서, 즉 각종의 문화매체를 통하여 수없이 반복하여 들리고 보임으로써 우리의 일상경험의 한 부분이 되고 친밀하게 된 것이다. 이런 관점에서 크루소라는 허구적 인물은 그 재현의 세계를 넘어서 우리 현실 속에도 깊이 들어와 있다고 하겠다. 그러나 '크루소'의 신화가 현실세계 속에 고착되는 이면에는 복잡한 사정이 있다.

우선 크루소가 무인도에서 문명세계와는 절연되어 혼자 산다고 선뜻 믿는 데에는 문제가 있다. 크루소가 '문명의 나라' 영국과 신체적으로 절연되어 있는 것은 사실이다. 배가 난파하여 무인도에 간신히 상륙할 때 그가 완전히 혼자 몸인 것도 사실이다. 그러나 크루소는 난파한 배에서 총이며, 연장, 심지어는 술까지도 건져올 수가 있었다. 배에서 가져온 물건 때문에 그는 무인도에서 그런 대로 안락하게 살아가고 그의 환경을 바꾸어간다. 어떻게 보면 크루소는 유럽의 삶의 양식을 무인도에 이식하고 있는 일종의 실험실 과학자이다. 과학자가 그의 연구실에 혼자 있는 것이 결코 사회와의 완전한 절연이 아니듯이 크루소가 무인도에 있다는 것도 그가 그의 전통, 문명, 종교 등에서 벗어나는 것은 아닌 것이다. 이런 관찰이 어느 정도 정확하다면 우리는 크루소의 무인도는 문명세계와 절연된 것이 아니라 오히려 그것과 단단히 이어져 있다고 볼 수 있다.

크루소가 프라이데이를 구해준다는 것에도 복잡한 사정이 있다. 작품 안에서는 크루소가 프라이데이의 육체적, 정신적 구원자로 나온다. 그러나 자세히 살펴보면 크루소의 구원 행위는 서구 중심적이라는 것을 알 수 있다. 자기가 사는 무인도에 원주민들이 와서 식인행위를 하는 것을 알았을 때, 크루소는 아주 놀라고 그것을 가증스럽게 여겼지만 자기와는 관련이 없는 일이라고 생각한다. 그러나 그 원주민들이 자기가 무인도를 벗어나는 데 요긴한 수단이 될 수 있다는 생각을 하면서 그는 원주민 한 사람을 포획하려고 작정한다. 그래서 원주민을 안내원으로 만들어 "무얼 해야 할지, 식량을 구하려면 어디로 가야 할지, 또 안 잡아먹히려면 어디로 가서는 안되고, 어느 곳으로는 가볼 만하고, 무엇을 피해야 할지"[14] 알려고 하는 것이다.

무인도를 벗어나는 데 원주민을 이용할 수 있다는 것을 깨달으면서부터 크루소는 원주민이 식인 행위를 하는 것이 남의 일이 아니고 곧 자신의 일이라 생각한다. 식인종에게 끌려온 프라이데이의 목숨을 구한 다음 그를 기독교인으로 만들어 영혼의 '구원'을 하는 데에서도 이런 태도는 계속된다. 물론 크루소는 프라이데이가 기독교인이 되는 것을 원하지 않을지도 모른다는 생각은 하지 않는다. 자신이 "불쌍한 야만인의 영혼을 구하여 진정한 종교, 기독교의 교리를 참으로 알게 하는 신의 도구"(172)가 되었다고만 믿기 때문이다. 이 맥락에서 기억해야 할 것이 있다. 크루소는 무인도로 오기 전 무어인들에게 잡힌 적이 있다. 그때 그는 함께 도망쳐 나온 쥬리라는 아랍 소년을 어떤 스페인 선장에게 팔아버린다. 쥬리가 성인이 되고 또 기독교로 개종하면 해방시켜줄 것이라는 선장의 약속을 듣고서 말이다. 이때 쥬리는 자기를 노예로 부리려는 선장에게 "기꺼이 가겠다"(29)고 말하는 것으로 되어 있다. 프라이데이도 쥬리와 비슷하게 말을 한다. 더듬거리며 되지도 않는 영어를 하면서도 프라이데이는 "당신 좋은 일 많이 해…당신 야만 사람들 좋고 점잖고 온순한 사람들 되게 가르쳐"(176)라고 하는 것이다. 그것은 물론 크루소 자신이 듣고 싶어하는 말이다. 이런 점에서 크루소는 프라이데이의 목숨을 구할 때건 영혼을 구할 때건 자기중심적으로만 생각한다고 볼 수 있다.

크루소는 부모의 지극한 만류를 뿌리치고 고향을 떠나 많은 모험을 한 후 브라질에 정착하여 농장을 경영하던 중, 농장 일에 필요한 일손으로 아프리카의 흑인들을 잡아 쓰려고 항해에 나섰다가 그가 탄 배가 난파하여 무인도로 오게 된 인물이다. 크루소의 행적을 보면 그가 문명세계로부터 벗어나 차츰차츰 문명 이전의 세계로 들어감을 알 수 있다. 무인도에 닿은 이후의 크루소는 문명에서 자연으로 완전히 복귀하여 서구문학에 자주 등

14_ Daniel Defoe, *Robinson Crusoe: An Authoritative Text, Backgrounds and Sources, Criticism,* ed. Michael Shinagel (New York: Norton, 1975), 155. 이 텍스트에서의 인용은 앞으로 본문의 괄호 속에 그 쪽수만 표시한다.

장하는 '야생인'(Wild Man)과 같이 된다. 그런 점에서 크루소를 우리에게
가장 잘 알려진 서구의 '야생인'이라 할 타잔과 비교하면 몇 가지 재미있는
사실을 알 수 있다. 두 사람이 '야생인'으로 부각되는 것은 그들이 자연 속에
살기 때문으로 보이는 만큼 이 '자연'의 의미를 자세히 알아볼 필요가 있다.
그들의 자연은 특수한 자연이다. 그것은 한편으로는 문명세계와 대비되면
서 다른 한편으로는 문명세계의 대립물이라 할, 원주민사회와도 대비된다.
타잔은 백인세계 밖에 있지만 원주민과 함께 살지 않고 숲 속에서 '혼자
힘으로' 살아간다. 크루소도 철저히 백인사회와 절연되어 있으면서 적어도
프라이데이를 만날 때까지는 '혼자 힘으로' 살아가는 자연인으로 부각되어
있다. 그러나 타잔과 크루소는 모두 백인사회를 등진 것이 아니다. 앞에서
도 언급했지만 크루소는 유럽 문명과 단단히 매어져 있기 때문이다. 타잔의
경우도 백인은 혼자 떨어져 나와도 그 우월함을 보여준다는 백인 의식이
단적으로 표출된 예이다. 이런 '야생인'에게 있어서 자연은 그의 능력을 십
분 발휘할 수 있는 광장과도 같다. 자연은 그에게 있어 자기의 어떤 특징을
실현시킬 수 있는 환경이므로 자연에 '복귀'한다는 것은 자연 속에 묻혀
동화된다는 것이 아니라 자연을 자기 식으로 장악한다는 것이다.

크루소 중심의 자연에서 프라이데이 같은 원주민은 제외된다. 우리는
이것을 식인 행위와 관련하여 생각해볼 수 있다. 식인 행위는 크루소에게는
저주받아야 될 행위이다. 그것은 인간이 짐승으로 전락한 예인 것이다. 그
러나 '식인종'이라 불리던 종족들은 이제 다 절멸되었으므로 그들이 자신들
의 입장을 밝힐 수 있는 기회는 없어졌다. 어쩌면 자기들은 그런 저주받을
행위는 하지 않았다고 할지도 모르고 또 아렌스 같은 사람이 주장하는 대로
식인행위는 백인들이 지어낸 신화라고 할지도 모른다.[15] 설령 여러 자료가
전하는 대로 식인행위가 실제로 있었다고 해도 식인종 자신들이 그 행위에
대하여 내리는 해석은 상당히 다를 것이다. 또 크루소 자신이 망설이면서

15_ W. Arens, *The Man-Eating Myth: Anthropology & Anthropophagy* (Oxford: Oxford University
Press, 1979).

피력한 생각대로 '남의 일'—"저들끼리 저지르는 죄악에 관해서는 나는 아무 상관이 없다. 저들끼리 사는 종족이니 나는 모든 종족의 지배자이신 하느님의 주관에 맡기는 도리밖에 없다"(135)—을 유럽인이 가타부타할 것은 아닌 것이다. 그러나 크루소가 그러듯이 유럽인은 그 남의 일이 결코 남의 일로 끝나지 않는다고 보았기 때문에 식인행위를 '단죄'했다. 이때 우리가 눈여겨보아야 할 것은 '식인행위'란 하나의 인식체계가 되어 있으며, 그것은 사실에 입각한 것이건 아니면 신화이건 간에 '식인종'으로 정의된 종족의 정복에 이용된다는 사실이다. 실제 목표는 크루소의 식인 행위에 대한 태도 변화가 보여주듯이 자연의 자기중심적인 이용이다. 식인종은 개종, 개화하면 유럽인이 세계를 누비는 데 중요한 자산이 된다. 왜냐하면 프라이데이처럼 개화된 식인종은 그들의 세계가 문명세계에 편입되는 과정에서 도구로 이용될 수 있기 때문이다.

식인종이 '됨'으로써 원주민은 자연스럽게 도태나 학살의 대상이 된다. 크루소(또는 타잔)로 대변되는 유럽인 주체는 자연의 진정한 주인으로 등장한다. 그러나 우리는 크루소가 자연의 주인이 되는 것은 그가 자연을 독점하기 때문이라는 것을 알아야 한다. 크루소는 백인이라는 점에서 그가 작품 속에서 자기의 것이라고 주장하는 무인도의 손님이다. 그 무인도는 카리브 해안에 위치하고 있기 때문이다. 사실 그가 침입자라고 생각하는 식인원주민이야말로 그보다 더 많은 권리를 무인도에 가지고 있다 할 것이다. 그러나 재현의 세계 안에서는 이런 주객의 관계가 전도되어 있다. 크루소를 등장시키는 영국의 소설은 크루소를 무인도의 주인공이게끔 만든다. 그 이유는 크루소란 인물을 형상화하는 작가 다니엘 디포가 그의 작품 『로빈슨 크루소』에 드러난 경험을 '이야깃거리'로 만들려면 독자 고객이 읽을 만하게, 그것을 남의 이야기가 아닌 그가 속하는 사회의 이야기로 엮어야 하기 때문이다. 이 점을 좀 더 잘 이해하려면 어떤 사회에서 하나의 이야기가 성립하려면 반드시 그 사회가 그것이 이야기할 만한 가치가 있는 것이라고 보아야 한다는 헤이든 화이트의 지적을 상기하는 것이 좋겠다.[16] 여기서 주목해야 할 점은 크루소 이야기가 먼저 영국, 그리고 서구 사회 안에서 이야깃거리로 등장했다는 것이다. 무인도의 주인이 되고 프라이데이에게 자기를 '주인'이라 부르게 하며 자기의 이름이 '주인'이라고 말하는(161) 크루소의 이야기가 영국사회에서 당연히 이야깃거리였을 것임은 상상하기 어렵지 않다. 손님으로 등장되어야 할 크루소가 무인도의 합법적인 주인인 원주민의 자리를 차지하는 것으로 묘사된 것은 주객전도인데, 재현 상의 이 주객전도는 어떤 전략적 기능을 갖는다. 주객이 전도됨으로써 원주민이 현실적으로 원래 자리에서 쫓겨나는 것이 합리화되고 크루소, 즉 서구인이 '진정한' 주인인 양 무인도를 자기의 관할에 두고 자연을 자기 뜻대로 꾸려 나갈 수 있게 되기 때문이다.

이 주객전도의 의미를 좀 더 세밀히 알기 위하여 민담이 가진 이야기 구조에 대하여 알아볼 필요가 있다. 민담은 이야기 행위의 주체의 입장을 가장 잘 보여준다. 민담의 기본구조는 주인공의 임무수행이라고 볼 수 있다. 주인공이 어떤 가해자를 처벌하거나 어떤 물건을 획득하라는 임무를 받고 그것을 수행하면서 이야기는 전개되고 주인공은 반드시 임무수행에 성공한다. 주인공이 임무수행에 성공하지 못하면 그런 이야기는 이야깃거리가 되지 않을 것이다. 그런데 민담의 주인공은 능력이 있는 인물이기는 하지만 자기 임무를 혼자 힘으로 수행하지는 못한다. 그래서 반드시 어떤 안내자의 도움을 받거나 어떤 마술적인 힘을 빌려야만 한다. 사실 주인공으로 하여금 임무를 완수하게 하는 것은 이 '도우미'이다. 이렇게 보면 프레드릭 제임슨의 말처럼 이야기를 이야기답게 만드는 것은 '도우미'라고 볼 수 있다.17 그러나 이야깃거리를 만들어내는 데 핵심적인 역할을 하면서도 '도우미'는 이야기 속에서는 언제나 주인공의 후광 때문에 빛을 잃는다. 모든

16_ Hayden White, "The Value of Narrativity in the Representation of Reality," in W. J. T. Mitchell, ed., *On Narrative* (Chicago: University of Chicago Press, 1981), 12.

17_ Fredric Jameson, *The Prison-House of Language: A Critical Account of Structuralism and Russian Formalism* (Princeton: Princeton University Press, 1972), 67.

공적은 주인공이 독차지하는 것이다.

『로빈슨 크루소』에도 이러한 독점 현상이 있다. 크루소가 등장하는 세계는 식민사회라고 볼 수 있다. 여기서 크루소는 식민자로서—그는 그가 사는 무인도를 자기의 '왕국'으로 취급한다—주체가 되고 프라이데이 같은 원주민은 객체인 피식민자가 된다. 피식민자는 자기의 땅에서 객이 되고, 식민자는 남의 땅에서 주인이 되는 것이다. 이 과정에서 원주민은 식민자의 종노릇을 한다. 그러나 원주민이 종으로서 제공하는 노력은 언제나 크루소 같은 '주인공'의 공으로 돌려진다. 크루소는 이제 식민지를 프라이데이 자신보다 더 잘 파악하고 있는 것이다.[18] 이 과정에서 원주민은 역사의 뒤안길로 물러나 앉게 되고 식민자의 지배와 착취 대상으로 전락한다. 크루소의 이야기는 이처럼 영국인을 재현의 주체로 내세워 그가 하는 행위가 이야깃거리로 읽히는 사회가 유지되도록 공작하는 역사현실 안에서 그 현실의 주체가 하고 싶은 말을 반복하고 있다. 재현 주체는 현실의 주체이다. 그리고 그렇기 때문에 재현은 전략적인 의미를 지닐 수 있다. 현실사회의 불평등을 재생산하는 데 재현은 중요한 역할을 하고 있는 것이다.

재현이 가질 수 있는 전략은 이와 같은 독점화만이 아니다. 두 번째로 들 수 있는 전략은 '우화화'이다. 이것은 우리가 타자라고 부른 것과 주체에 어떤 일정한 의미를 부여하는 작업을 말한다. 이 전략은 독점과 밀접한 관련을 가지고 있다. 어쩌면 모든 독점화는 우화화와 더불어 일어난다고 할 수 있을 것이다. 식민자가 원주민의 역할을 독점할 때에는 반드시 합리화의

18_ 원래 원주민에게 속하던 자연환경을 원주민보다 더 잘 아는 크루소와 같은 인물형은 식민문화의 도처에 산재한다. 예를 들면, 미국 개척사의 신화적 존재들인 벤자민 처치, 다니엘 분, 버팔로 빌 등도 인디언보다 '신대륙'의 환경을 더 잘 아는 사람들이다. 이런 '개척자들의 부각은 유럽인들이 아무도 살지 않는 '처녀지'에서 새 국가를 건설했다는 하나의 신화를 창조하는 데 일익을 담당하고 있다. 리처드 슬로트킨(Richard Slotkin)의 *Regeneration through Violence: The Mythology of the American Frontier, 1600-1860* (Middletown, CT: Wesleyan University Press, 1973)와 프란시스 제닝스(Francis Jennings)의 *The Invasion of America: Indians, Colonialism and the Cant of Conquest* (Chapel Hill: U of North Carolina Press, 1975) 참조

단계가 있는데 바로 그 과정에서 타자(원주민)는 특정 의미를 부여받기 때문이다. 독점은 이처럼 우화화의 과정을 거치기는 하지만 그렇다고 독점을 우화화와 동일시할 수는 없다. 그것은 독점이 전체적인 서구와 비서구의 관계를 종결짓는 것이라면 우화화는 그 과정 또는 수단이다. 우화화는 크루소 이야기와 관련하여 볼 때 크루소와 원주민을 서로 구분하는 의미체계를 형성하는 과정에 해당한다. 크루소는 '무인도'를 합리적으로 경영하는 사람이다. 그는 자연을 노동의 대상으로 보면서 차근차근 정복해 나간다. 그는 무인도를 자신의 '왕국'으로 만들고 거기에 '성채'와 '시골 별장'과 '숲 속의 휴게소'를 마련한다. 미지의 세계(terra incognita)였던 무인도는 이제 크루소가 손바닥처럼 잘 아는 장소로 바뀌었고, 그 가운데 그는 성실하고 능력 있는 인물, 자연에 질서를 부여하는 자, 즉 신과 같은 존재가 된다. 프라이데이에게 이름을 주고 자기를 주인으로 부르게 하는 데서 우리는 크루소 자신이 그가 하는 일의 상징적인 의미를 알고 있음을 짐작할 수 있다. 반면에 원주민은 자연의 질서를 주관할 능력이 없는 자라는 부정적인 의미를 갖는다. 위에서 보았듯이 이런 의미를 갖게 되는 데에는 원주민이 식인행위를 한다는 인식이 결정적인 역할을 한다. 자기들끼리 죽이고 잡아먹는 짓이 짐승이나 할 자기파괴적인 야만행위라고 보는 크루소에게 원주민이 어떻게 인식될지는 쉽게 짐작이 간다. 자신이 어떤 '선'을 대변한다면 식인원주민은 그 선의 수행을 가로막는 '악'의 무리인 것이다. 여기서 우리는 악이 선의 길에 방해는 될지언정 그것을 허물어뜨릴 힘은 가지지 못한 것으로 파악되는 데에 주목해야 한다. 크루소에게는 원주민이 가지지 못한 것이 있다. 그것은 이따금 원주민의 신앙체계와는 차원이 다르다고 여겨지는 기독교로도 나타나지만, 그보다는 원주민에게 뇌성벽력을 안겨주는 총이다. 바로 그 총 때문에 크루소는 혼자서 수많은 원주민을 상대할 수 있는 것이다. "그 놈들은 벌거숭이에다 무장도 안한 놈들이니 내가 우세할 것은 틀림없다."(181) 우리는 크루소와 같은 인물을 서양문화 전반에서 흔히 볼 수 있다. 그야말로 손가락에 꼽을 정도의 병사들을 이끌고 멕시코나 잉카와 같은 대제국을 정복한 페르난도 코르테스나 프란시스코 피사로가 대표적인 예가 될 것이다. 우화화를 통하여 재현은 그 주체를 선의 상징으로 내세우면서 타자를 선한 주체가 요리할 수 있는 정도의 악으로 묘사할 뿐이다.

세 번째 전략으로서 재현이 가질 수 있는 것은 이미 다른 맥락에서 언급한 자연화이다. 자연화는 재현의 구축을 은폐하고 인조적 '자연성'을 갖게 하는 것이다. 크루소는 원주민사회를 정체가 잘 드러나지 않는 어둠의 세계로 보면서, 그런 세계에 압도당하지 않고 적절한 절차를 밟으며 차근차근 그 사회가 처음 지녔을 것이라 생각한 신비의 허상을 벗겨나간다. 조금 전까지 어둡게 느껴지던 것들을 민속, 전통, 미신 등의 범주로 분류하면서 차츰 그 '정체'를 밝히는 것이다. 이 결과 초자연적인 신화의 세계는 자연의 세계, 백인이 이성으로서 이해할 수 있는 세계로 된다. 물론 원주민의 세계에서 자연화한 세계는 단지 부분일 뿐 원주민의 전체 모습이 백인에게 이해되는 것은 아니다. 자연화는 원주민의 세계를 백인이 가진 사전의 어휘와 맞추어 보는 작업일 뿐인 것이다. 어쨌든 원주민을 백인이 가진 지식체계에 따라 분석하면 여태까지 신비롭고 마술적이라고만 믿었던 모든 현상이 자연스러운 현상의 일부로 파악된다. 그런데 원주민의 이러한 자연화는 백인 자신의 자연스럽지 않은 입장을 자연화하는 일과 동시에 진행된다. 이때 말하는 자연화란 백인이 원주민의 세계를 자기의 영역으로 만드는 독점화가 선과 악의 투쟁이란 우화적인 과정을 통하여 자연스레 생기는 결과로 처리하는 것이다. 자연스럽지 않은 역사의 진행을 자연스러운 것으로 할 수 있는 것은 자연을 각색하는 문화의 힘이다. 이러한 문화적인 현상으로서 자연화는 엄밀한 의미에서 보면 신화화이다. 프라이데이가 크루소를 주인으로 모시는 것이 자연스러운 것은 재현의 전략이 만들어낸 하나의 신화인 것이다. 이 신화는 롤랑 바르트가 말한 것처럼 역사 속에서 생산된 언어 형태로서 역사적인 의미를 갖는 것이지 결코 사물의 본질에서부터 도출된 것은 아니다.[19] 다시 말하면 사람들이 자연스러운 것으로 믿고 있지만 사실은 인간에 의하여 구축된 가치체계인 것이다. 그래서 신화는 "가치의 체계를 사실의 체계인 양 소비자의 의식에 주입"시켜 이념적인 동기에서 나온 것들을 자연스러운 것인 양 만드는 기능을 가진다.[20]

신화적 작업인 자연화는 또 다른 재현 전략인 '영속화'와 밀접한 관련이 있다. 영속화는 재현에서 구체화된 하나의 영상이 독점화, 우화화, 그리고 자연화의 과정을 거쳤을 때, 그것이 어떤 굳어진 형상, 즉 정형성을 갖도록 하는 일이다. 우리는 흔히 대중매체에서 특정 지방사투리를 쓰는 사람이 동일한 역할을 반복해서 맡는 것을 볼 수 있다. 하나의 영상이 정형화되어 반복되고 영속화되는 사례이다. 여기서 우리는 이 정형화된 영상, 영속화된 영상이 역사성을 파괴하는 '역사'를 가지고 있음에 주목해야 한다. 재현이 되어 정형성을 갖게 된 영상은 오랫동안 그 모습이 바뀌지 않는다. 가령 원주민이 재현을 통하여 '식인종'으로 형상화되면, 그 원주민상은 재현의 모습대로 고착되어 원주민 곧 식인종이란 등식이 생기는 것이다. 이렇게 되고 나면 원주민은 자신을 에워싼 재현의 껍데기를 벗을 때까지는 자신의 역사를 만들어갈 수가 없다. 알베르트 멤미가 분석해 보여주는 피식민자의 상도 이런 맥락에서 이해할 수 있을 것이다. 피식민자는 자기 스스로 역사를 만들어갈 기회를 박탈당했기 때문에 현실적으로 역사의 주체가 되어 있지 못하다. 그 결과 그는 영원히 남의 지배를 받아야 하는 사람으로 재현된다. 그래서 피식민자는 원래 피식민성을 가지고 있는 것으로 형상화되는 것이다.[21] 이런 피식민자상은 식민상황이 빚어낸 결과이면서 동시에 식민상황의 영속화에 기여한다. 즉 재현은 현실에 입각하여 그 형상화 작업을 하지만 형상화된 영상은 그것이 정형성을 갖게 되면서 이제는 오히려 현실 세계로 되돌아가 현실 세계의 유지에 한 몫을 담당하는 것이다.

19_ Rolands Barthes, *Mythologies*, tr. Annette Lavers (New York: Hill and Wang, 1972), 110.

20_ Frank Lentricchia, *After the New Criticism* (Chicago: U of Chicago P, 1980), 134.

21_ Albert Memmi, *The Colonizer and the Colonized*, tr. Howard Greenfeld (Boston: Beacon, 1967), 113.

『로빈슨 크루소』에서 재현은 이처럼 그 대상세계와 떼래야 뗄 수 없는 연관을 가지고 있다. 재현의 세계는 결코 현실과 동떨어진 세계가 아니다. 오히려 그것은 작품세계라는 그 나름의 독자적인 세계를 구축함으로써 현실에 더 깊은 영향을 미친다. 물론 작품세계는 신화와 허구로 만들어졌으므로 현실과 동일한 것은 아니다. 그렇지만 우리는 신화나 허구가 현실 속에서 소비될 때에만 효력을 발휘하며 그 존재를 인정받는다는 점을 잊지 않아야 한다. '크루소'라는 신화, '식인종'이라는 신화가 사실이냐 아니냐는 문제가 아니다. 신화는 그 세계관과 가치관을 소비자가 수용하기만 하면 효력을 발생하기 때문이다. 이 소비 과정에서 신화는 자신의 허구성, 즉 자신이 신화임을 은폐하여 스스로 자연스러운 것으로 내세우지 않으면 안 된다. 그렇지 않으면 신화는 꾸밈의 흔적이 드러나 해체되어버릴 것이다. 문학의 작품세계가 모두 이런 신화적인 성격을 가진다고 하면 지나친 단정일지 모른다. 신화가 그 꾸밈을 감추려든다면 문학은 그 허구성을 드러내고자 하기 때문이다. 그러나 문학도 자체의 허구성을 전면에 내세울 때 허구 자체의 사실성, 또는 물질성을 수립하려는 '축어적'(literal) 구축은 해야 한다.22 다시 말해 허구를 심각하게 받아들여 그것을 있는 그대로 인정해 주어야 한다는 전제가 필요한 것이다. 이 전제조건을 고려할 때 문학적 구축이 신화적 구축과 동떨어진 것 같지는 않다. 작품세계는 그 안에 신화적인 요소가 내재해 있기 때문에 독자적인 세계로 지탱되면서 또한 소비라는 형태로 현실적인 참여를 할 수 있는 것이다.

버텨 읽기는 재현세계가 가진 독자적인 요소, 하나의 작품이 가진 독특한 생김새, 그 생김새에 따라 각각 다르게 일어나는 형상화를 외면하지는 않는다. 그러나 버텨 읽기는 작품의 독자성이 현실 속의 독자성이라고 보기 때문에 재현의 현실적인 의미에 대하여 무엇보다 관심을 기울인다. 『로빈슨 크루소』의 분석에서 우리가 시도한 것도 바로 재현의 이러한 현실적인

22_ '축어적'이란 말은 프라이의 것이다. Northrop Frye, *Anatomy of Criticism: Four Essays* (Princeton: Princeton UP, 1957), 76-82.

의미를 찾아내려는 것이었다. 그 결과 우리는 '크루소'의 이름과 관련된 하나의 신화가 유럽인이 비-유럽인을 보는 관점, 영국인이 카리브해의 한 원주민과 그가 대변하는 사회를 보는 관점에 의해 영향을 받는 제국주의적 신화임을 보았고, 그 신화의 구체적인 의미를 읽어내기 위하여 재현이 어떤 방식으로 현실과 관계를 맺는지 살펴보았다. 우리가 살펴본 네 가지 전략들, 즉 독점화, 우화화, 자연화, 영속화 등은 그 관계의 구체적인 양상들이다. 이 네 전략이 재현이 가진 전략의 전부라고 말할 수는 없다. 『크루소』자체에서도 다른 전략들을 찾아볼 수 있을 것이고 다른 작품에서는 또 다른 전략들이 있을 것이다. 이 글에서는 다만 영문학 작품을 버텨 읽는 한 예를 제시하는 데에 목적이 있으므로 다른 전략들에 대한 고찰은 생략한다.

이제 『크루소』의 분석을 통해서 본 것과 같은 재현의 전략이 들어있는 문학작품을 분석하는 학문의 체계라 할 영문학에 대한 버텨 읽기를 해보고자 한다. 영문학이라는 학문에 대한 버텨 읽기가 조금이라도 만족스럽게 이루어지려면 그것은 작품의 재현 방식과 그 재현 방식을 읽는 방식을 관련시킬 수 있는 방향으로 전개되어야 할 것 같다. 그러나 여기서는 논의의 편의상 영문학의 작품체계와 학문체계의 관계보다는 영문학이란 학문 자체의 현실적인 성격만을 중심으로 이야기를 꾸려나가고자 한다. 우선 영국에서의 영문학의 발생과정과 그 역사적 의미를 살펴본다.

5. 영국의 영문학

거듭 하는 말이지만 한국의 영문학은 호황이다. 그러나 이 호황이 내실 있는 영문학 연구와는 상당한 거리가 있는 것이 사실이라면, 그것은 환각이기도 하다. 영문학을 둘러싼 환각에는 이 학문이 역사가 매우 오랜 것일 거라는 믿음도 들어 있지 않을까 한다. 하긴 영어 문화권에서 멀리 떨어진 한국에서도 지금 영문학과가 없는 대학이 없을 정도이니 영문학의 역사가 오래되었을 것이라고 믿는 것도 무리라고 할 수는 없을 것이다. 하지만 알고 보면 영문학은 본고장이라 할 영국에서도 역사가 매우 일천한 학문이다. 19세기 후반에 이르러서야 겨우 체계화되어 하나의 학문분야로 정립되기 시작한 것이다.[23]

19세기 후반에 영국에서 영문학이 학문으로서 때늦은 등장을 한 것은 그 무렵에 영문학 작품을 어떤 특정한 방법으로 읽어야 할 필요가 생겼기 때문이다. 당시 영국은 통치이데올로기의 견지에서 심각한 위기를 맞고 있었다. 밖으로는 제국주의 정책의 수행을 위해 수많은 군인이 필요했고 안으로는 산업혁명의 여파로 새로운 생산체제가 구축되어 많은 노동자가 필요했다. 말하자면 국가에 몸 바칠 민중이 있어야 했는데 이 민중은 그들대로 새로운 사회구조에 의해 자신들이 희생만 당한다고 보았으므로 계급적 갈등이 첨예화되고 있었던 것이다. 이러한 위기의식은 19세기 후반 영국의 가장 중요한 비평가라 할 매튜 아놀드의 『문화와 무질서』에 잘 반영되어 있다. 아놀드는 당대의 위기를 문화의 위기로 파악했고 문화를 보존하고 완성함으로써 영국이 겪고 있다고 본 무질서 상태를 벗어나야 한다고 주장했다. 그런데 이 '문화' 사업은 개인적인 차원에서 이루어질 수 있는 성질의 것이 아니었다. 문화가 지향하는 것은 어떤 극치의 상태인데 그것은 개인 혼자서 달성할 수 있는 것이 아니고 개인이 다른 사람과 협력하여야만 가능한 것이었다.[24] 아놀드가 국가의 질서를 잡는 일과 문화를 연결시켜 이야기한 것은 이런 까닭 때문이다. 이런 생각을 아놀드 혼자만 한 것이 아니라는 것을 우리는 영국 정부가 그의 『문화와 무질서』가 출판된 지 3년 만에 '포

23_ 사실 영문학을 대학에서 가르친 것은 19세기 초반부터였다. 런던의 유니버시티 칼리지에서 영어와 영문학을 1820년대부터 가르치기 시작했기 때문이다. Brian Doyle, "The hidden history of English studies," in Doyle, ed., *Re-Reading English* (London: Methuen, 1982), 26 참조. 그러나 이때의 영문학은 독자적인 학문이 아니라 영어학과 영문학이 함께 섞인 영어영문학이었다. 독자적인 학문으로서의 영문학은 19세기말부터 정립되기 시작했다.

24_ Matthew Arnold, *Culture and Anarchy*, ed. J. Dover Wilson (Cambridge: Cambridge University Press, 1932), 11.

스터 교육법'을 시행한 사실로 알 수 있다. 1870년에 실시된 이 법안은 초급 교육을 의무화한 것인데 그 결과 취학인구가 20년 동안에 125만에서 450만으로 늘어나는 등 대중교육에 있어 획기적인 전기를 마련했다.[25] 대중교육과 함께 아놀드가 생각한 그대로는 아닐지 몰라도 '문화'인구가 급격히 증가했다고 볼 수 있다. 교육을 받은 사람이 늘어난 만큼 문화 혹은 교양을 구비하는 조건을 갖춘 사람들이 늘어난 셈일 테니까 말이다.

이 맥락에서 영문학이 아주 중요한 역사적 기능을 담당한 것으로 보인다. 영국의 국민언어로서 영어는 대중교육의 주요 수단이었고 영어로 쓰인 글은 영국인이면 누구나 교양의 조건으로 읽어야 했기 때문이다. 그런데 영문학이 등장하면서 '교양'의 조건이 바뀐 것을 잊어서는 안 된다. 문화적인 소양, 즉 교양을 기르고자 영문학을 읽는다는 것은 그때까지 문화인이라고 자처하던 상류계층 사람들이 필수적으로 읽어야 했던 고전문학, 즉 희랍문학과 라틴문학 대신에 영문학을 읽는다는 말이기도 한 것이다. 그러므로 그때부터 교양이란 대중교육에서의 교양이었고 또 대중교육을 받아야 할 대중들에게 알맞은 수준의 교양이었던 셈이다. "이렇게 볼 때 학과목으로서의 '영문학'이 처음 제도화된 것은 종합대학들에서가 아니라 공업학교들, 근로자를 위한 대학들, 그리고 순회공개강좌들 등에서였다는 사실은 의미심장하다."[26] 옥스퍼드나 케임브리지와 같은 명문 종합대학교에 갈 수 없는 신분이 낮은 사람에게 먼저 영문학을 가르치기 시작한 것은 대중교육을 주관하던 사람들이 영문학이 중요한 교육적 기능을 할 수 있을 것이라 믿은 결과로 보인다. 19세기 중엽 영어 교사들에게 준 안내서를 보면 영문학은 "모든 계급들의 공감과 동포의식을 증진"[27]시키는 데 일조를 해야 한다고 되어 있다. 영문학이 그런 역할을 할 수 있다고 본 것은 계급간의 갈등을

25_ Terence Hawkes, "Swisser-Swatter: making a man of English letters," in John Drakakis, ed., *Alternative Shakespeares* (London: Methuen, 1985), 30.

26_ 테리 이글턴, 『문학이론입문』, 김명환 외 역, 창작과비평사, 1986, 39.

27_ 이글턴, 같은 책, 37쪽에서 재인용.

초월한 영국인 전체의 전통을 교육할 수 있다고 믿었기 때문이다. 영어는 영국인 전체의 언어이고 그것으로 쓴 글은 영국의 국가적 긍지를 "창조, 강화, 내지는 유지"하는 중요한 매개였던 것이다.[28]

영문학은 이처럼 국민교육에 있어 둘도 없이 중요한 도구였지만 그렇다고 모든 사람에게 좋은 대우를 받은 것은 아니다. 옥스퍼드와 케임브리지에서 영문학이 뒤늦게 학과목으로 선정되었다고 말했는데 그것은 어찌 보면 당연한 것인지도 모른다. 우리는 조선조에 한글이 언문이니 암클이니 하여 식자층의 외면을 받아온 사실을 자주 들어왔지만 영문학도 영국에서 그런 대접을 오래 받았던 것이다. 영문학 교수라는 정식 직함이 생긴 것은 1894년 옥스퍼드에서였는데 그때 최초의 영문학 교수가 된 월터 롤리도 영문학에 대하여 좋은 생각을 가지고 있지는 않았던 모양이다. 문학을 여자나 하는 짓이라 생각했고 영문학에 경멸감을 가졌다는 것이다.[29] 1917년 케임브리지에서 영문학을 학위과정으로 만들자는 제안이 왔을 때 옥스퍼드의 영문학 교수로서 롤리는 그 제안서를 볼 기회를 가졌으나 지지하지는 않았던 것으로 알려져 있다.[30] 영문학자였던 롤리의 태도가 이러했으니 영문학이 학문의 한 분야로 성립되면 자신의 지위가 위태롭다고 본 고전학자는 어떻게 생각했을는지는 짐작이 가고도 남는다. 테리 이글턴에 따르면 영문학이 명문대학에 발을 붙이기 위해서는 자신이 고전학인 양 처신해야 했으나 고전학자들은 그것을 탐탁지 않게 생각했다.[31] 결국 영문학이 고전학에 도전을 하고, 고전학은 또 그것대로 영문학에 반발하는 일이 벌어졌는데, 양자간의 이런 사이는 20세기에 들어와서도 오래 계속되었다.

1차 세계대전이 일어나면서 영문학에 대한 태도에 일대 전환이 일어났다. 영국이 독일과 전쟁을 하게 되었다는 것이 영문학에 대한 '애국적'인

28_ Hawkes, op. cit., 30.

29_ 이글턴, 앞의 책, 42.

30_ Francis Mulhern, *The Moment of 'Scrutiny'* (London: Verso, 1979), 21.

31_ 이글턴, 앞의 책, 42-43.

태도를 갖게 한 것이다. 롤리의 경우도 세계대전을 거치는 동안 자신이 영문학을 해야 하는 까닭을 분명히 알게 된 것 같다. 오랫동안 관망만 하던 미국이 참전을 선언하자 그가 환영 의사를 나타낸 것은 이제 독일어 대신 영어가 세계언어로서의 자리를 굳히게 되리라는 이유 때문이었다.[32] 독일과의 전쟁이 영문학의 발전사에 있어 중요한 의미가 지녔다는 것은 다른 맥락에서도 볼 수 있다. 당시 영국의 어문학계는 고전문학, 중세문학, 문헌학이 중요한 학문의 분야로 되어 있었다. 이런 분야에 비하면 영문학은 정립이 안된 상태였고 그 존립이 보장된 것도 아니었다. 학과 내의 헤게모니 문제로 볼 때 영문학이 어문학과에 설립되는 것은 기존학문으로 보면 하나의 도전이었고 특히 고전학과 문헌학으로부터 제동이 들어올 가능성이 많았다. 그런데 1차 세계대전으로 인해 독일적인 것은 모두 배척 대상이 되었기 때문에 독일의 영향을 받고 있는 문헌학은 말할 필요가 없고 고전학도 '애국적'인 학문에 함부로 반대할 수 없게 되었다. 프란시스 멀헌에 따르면 케임브리지에서 영문학과가 1917년에 생겨 날 수 있었던 데에는 영문학과를 신설하자는 사람들이 일을 잘해서라기보다는 이런 외부적인 상황의 덕이 컸다고 한다.[33]

이렇게 보면 영국이 19세기 말, 20세기 초에 국가적 위기에 처했을 때 그 위기 상황을 극복해 나가는 방편으로 '영국적인 것', '영국의 전통'이란 이데올로기를 내세워야 했을 때 영문학이 하나의 체계적 학문으로 그 모습을 드러냈음을 알 수 있다. '영국적인 것'이란 국가적 난관을 헤쳐 나가는 데 중요한 도움을 주는 개념이었고 그 개념을 구체적으로 강화하는 데 영문학이 핵심적인 역할을 한 것이다. 독자적인 학문으로 정립된 영문학이 영국의 전통을 수립하는 일에 적극적으로 참여한 것을 위에서 잠깐 언급한 케임브리지 영문학과의 예를 통하여 알 수 있다. 이 학과는 '케임브리지 영문학'이란 말을 가능케 할 정도로 영문학사에 하나의 분수령을 이루었으므로

32_ Hawkes, op. cit., 40.

33_ Mulhern, op. cit., 21.

거기서 영문학이 어떻게 이해되었나를 알아보는 것은 영국 영문학의 가장 대표적인 학문방식을 아는 길이 될 것이다.

'케임브리지 영문학'에 가장 영향을 많이 끼친 사람은 I.A. 리차즈와 F.R. 리비스이다. 리차즈는 문학의 이해가 엄밀해야 하며 영문학이 호사가들의 취미대상이 아니라 전문성을 띤 학문이 되어야 한다는 생각을 가졌던 사람이다.34 그래서 그는 영문학을 체계적으로 이해하는 데 노력했고 특히 문학작품을 어떻게 읽을 것인가에 대한 관심이 많았다. 그의 『실제 비평』과 『페이지를 어떻게 읽을 것인가』 같은 저서는 그런 관심이 구체적으로 나타난 예이다.35 문학을 과학적으로 파악하면서 리차즈는 또한 문학이 인간의 삶에 커다란 기여를 한다는 믿음을 가지기도 했다. 인간이 가진 불안정한 충동들을 조절하여 심리적인 평정을 찾게 해주는 힘을 문학이 가졌기 때문에 영문학은 시민의 개인적 성숙을 도울 수 있다고 생각한 것이다.36 그에게 영문학은 자체의 독자성을 가지고 있으면서 동시에 중요한 사회적 기능도 수행하는 중요한 문화적 성취로 이해되었던 셈이다. 리차즈는 자신의 비평활동이 "문명의 헝클어진 부분을 다시 짜는 베틀"의 역할을 하는 것이라 보았다.37

그러나 심리적인 평정을 가져다 줄 뿐인 문학이 어떻게 거대한 문명의 문제를 해결하는 방편이 되는지는 알 수 없는 일이다. 문명의 문제라면 사회 전반에 걸친 문제인데 사회적인 문제가 심리적인 평안을 얻는 것으로 해결될 것은 아닐 것이기 때문이다. 리차즈가 내세우는 '꼼꼼히 읽기'도 이런 맥락에서 보면 문제가 있다. 물론 『페이지를 어떻게 읽을 것인가』에 관심을 기울이고 글을 꼼꼼히 읽는 자체가 문제가 될 수는 없다. 그러나 꼼꼼

34_ Mulhern, 26. 이 뒤에서부터는 멀헌의 책에 의존한 바가 많다.

35_ I.A. Richards, *Practical Criticism: A Study of Literary Judgment* (London: Routledge & Kegan Paul, 1929); *How to Read a Page: A Course in Efficient Reading with an Introduction to 100 Great Words* (Boston: Beacon, 1959).

36_ Doyle, op. cit., 27, 31.

37_ Richards, *Principles of Literary Criticism* (London: Routledge & Kegan Paul, 1967), vii.

히 읽는 것이 이상적인 독서방식이 되고 책 속으로 모든 관심이 집중되고 나면 문명의 문제가 일어나는 현실은 관심 밖으로 나갈 것이다. 이렇게 현실을 배제해 놓은 후에 다시 책 속에서 그 현실의 해결점을 찾는다는 것은 모순으로 들린다. 이러한 리차즈의 문학이론이 '케임브리지 영문학' 형성에 큰 영향을 미쳤다는 데서 우리는 영국의 영문학을 주도한 케임브리지 학파의 성격을 어느 정도 짐작할 수 있다.

리비스를 리차즈와 같은 계열의 비평가로 놓는다는 것은 잘못된 일인지 모른다. 리비스의 석연치 않은 점을 공격한 이글턴을 비판하는 최근의 글을 보면 리비스는 한국에서 영문학 연구의 중요한 전범이 되고 있음을 알 수 있다.[38] 그러나 리비스의 이론에도 우리가 버려 읽을 구석은 남아 있지 않나 하는 것이 나의 판단이다. 일단 리비스에 이르면 영문학이 사회에 대한 관심을 표면적으로 나타낸다는 점만큼은 인정해야 할 것 같다. 그가 주도한 계간지 『검토』(Scrutiny)에 실린 논문들도 영문학에 관한 것이면서 동시에 동시대의 사회적 문제를 다룬 것이 허다하다. 리비스는 자신이 사는 시대가 현대문명이라는 병을 앓고 있는 것으로 보았는데 특히 그 병을 산업화나 기계화와 같은 비인간적 요소에 의하여 생긴 것으로 파악하고 있는 점이 주목할 만하다. 『대중문명과 소수문화』에서 그는 기계문명이 가져오는 평준화나 대중화의 문제를 해결하려면 문화를 회복해야 한다고 주장했다.[39] 이 문화의 회복은 언어를 통하여 이루어진다고 보았으므로 그에게 있어 문학의 의미는 아놀드나 리차즈에서처럼 크다고 할 수 있다. 그러나 문제는 그가 추구하는 소수문화가 이제는 지나가버린 과거의 것이라는 데 있다. 그가 이상화했던 문화와 그것이 보장해주던 삶과 현실은 17세기 이래로 사라진 것이다.

17세기는 리비스에 있어 아주 중요한 시기이다. 그것은 그가 볼 때 그 시대가 어떤 중요한 분수령을 이루는 시기였기 때문이다. 이와 관련하여

38_ 김명환, 「『문학이론입문』과 현대 문학이론의 전개」, 『현대문학이론입문』, 334-38 참조
39_ Mulhern, op. cit., 35-37.

리비스가 17세기의 대표적 시인으로 간주하는 존 던과 밀턴에 대하여 어떤 태도를 가졌는지 알아보는 것이 중요하다. 두 시인에 대한 그의 태도는 밀턴의 시를 배척하고 던의 시를 선호했다는 데서 엘리엇의 그것과 비슷하다. 널리 알려진 대로 엘리엇은 17세기에 '감수성의 분열'이 생겨 머리와 가슴, 이성과 감성, 또는 사고와 감각이 따로 노는 소망스럽지 못한 경향이 영시에 생겼다고 보고 그 대표적인 예를 밀턴에서 찾았다. 밀턴의 시는 청각에만 의존할 뿐 다른 감각들은 무시하며 더구나 생동감 나는 회화체의 영어를 쓰지 않는다는 것이다.[40] 리비스도 밀턴의 웅장한 문체가 영어를 가장 영어답게 구사한 셰익스피어의 언어 사용법에서 벗어난 현실감이 없는 언어라고 비판했고, 엘리엇처럼 밀턴보다는 던이 영어의 위대한 전통을 더 잘 이어 받았다고 본다.[41]

밀턴에 대한 이런 비판을 "본질적으로 시와 일상언어의 관계, 그리고 시인과 민중문화의 관계를 문제삼은 것"[42]으로 보면 엘리엇과 리비스는 문학이 현실과 유리되는 것을 반대했다고 볼 수 있다. 엘리엇은 문학과 현실의 유리를 '감수성의 분열'이라 불렀고 리비스는 그것을 문화의 붕괴로 파악했는지도 모른다. 그런데 이들이 선호한 던이 그들의 현실적인 문학관과는 달리 밀턴에 비하면 칩거의 시인이라 볼 수 있다는 것은 문제가 있는 것이 아닐까? 크리스토퍼 힐이 보여준 것처럼 밀턴은 어느 누구보다도 민중문화에 관심을 가졌던 혁명적인 청교도였다.[43] 그렇다고 그가 민중문화의 전적인 지지자라는 말은 아니나 적어도 '일상언어'를 시어로 사용한 던보다는 민중문화의 이해가 깊었던 것은 사실이다. 던의 '일상언어' 사용이 '리얼리즘의 승리'였다 하더라도 그의 시어와 현실관과의 관계는 문제로 남지 않을 수 없다.

40_ T. S. Eliot, *On Poetry and Poets* (New York: Farrar, Straus and Cudahy, 1957), 157, 161.

41_ F. R. Leavis, *Revaluation* (London: Chatto & Windus, 1962), 55.

42_ 백낙청, 「모더니즘에 관하여」, 『민족문학과 세계문학 II』, 424.

43_ Christopher Hill, *Milton and the English Revolution* (Harmondsworth: Penguin, 1979).

엘리엇을 따라 리비스가 현실을 중시하면서 밀턴 대신에 던이 대표하는 어떤 문화형태를 지향하는 것은 그것이 현대문명에 대항할 힘을 준다고 믿었기 때문이었다. 그 문화형태는 밀턴이 등장하기 전인 엘리자베스 여왕과 제임스 1세 시대의 것으로서 '유기적인 공동체'가 아직 존재할 수 있었던 때의 것이었다. 그러나 청교도 혁명이 일어나기 이전의 시대를 이후의 시대보다 더 나은 시대로 파악한다는 것은 역사의 진행이 퇴보만 가져온다고 믿는 것이다. 이런 태도는 역사의 발전을 맹신하는 단순한 낙관주의나 마찬가지로 곤란하다. 앞에서 리비스가 현대의 문제가 비인간적인 것에 의해 비롯된다고 말하는 것을 보았는데 바로 그 점이 밀턴과 던을 놓고 리비스가 내린 평가에 깃들은 근본적인 문화관이 아닐까 싶다. '기계'의 등장이 현대문명의 특징이고 그것이 문제를 제기하고 있는 것이 사실이지만 '기계'의 출현이 문제의 전부일 수는 없다. 기계는 기술의 문제이며 기술은 인간의 문제이다. 기계 자체의 문제가 확대되면 기계와 관련된 인간의 문제는 축소되어 이해된다. 리비스가 '유기적 공동체'에 향수를 느끼는 것은 따라서 기계로부터의 도피이면서 동시에 당시의 영국사회가 가지지 않을 수 없었던 인간적, 사회적인 억압의 장치들은 간과하는 것이기도 하다. 이렇게 보면 영국의 영문학이 정식 학문으로 정립되어 하나의 분과로 등장한 케임브리지에서 가장 영향력을 많이 발휘한 리비스에 의하여 정의된 '영국적인 것,' '영국의 전통'은 그 나름대로 문제가 있다고 하겠다.

리차즈와 리비스로써 '케임브리지 영문학'을 다 말할 수는 없고, 또 '케임브리지 영문학'만 갖고서 영국의 영문학을 다 말한다고 할 수도 없다. 여기서 다룬 것은 몇 가지 중요한 사례들일 뿐이다. 다만 이상 정리한 데서 드러난 것이 있다면 영문학의 전개에서 어떤 일관성을 확인할 수 있다는 점이다. 영문학은 자신의 '형성' 시기에 당대 삶에 대한 하나의 설명도구가 되었다. 계급적 갈등을 해소하려고 '위대한 영국' 전통을 강조했건, 전쟁이 일어났을 때 영국민의 애국적 태도를 고취시켰건, 아니면 현대의 비인간적 문명 대신 17세기 이전의 전통사회를 이상화했건 간에 영문학은 일관된 이데올로기적인 기능을 수행한 것이다. 이제 영국에서 미국으로 넘어가서 거기서는 영문학이 어떻게 이해되고 있는지 살펴보더라도 이런 사정은 크게 바뀔 것 같지 않다. 그러나 미국의 영문학에 대하여 몇 가지 문제점을 지적하면서 영국의 영문학을 말할 때처럼 영문학이 국가적 전통관의 수립에 어떤 관련이 있었나 하는 문제를 중심으로 논의를 진행시킬 필요는 없어 보인다. 대신 이제는 미국에서 최근 수립되고 있는 어떤 지배적 문학관이 가지고 있는 현실적 기능을 주시해 보고자 한다.

6. 미국의 영문학

미국 각 대학 영문학과 교수들이 개별적으로 어떤 문학관을 가지고 있는지 속속들이 알 수야 없겠지만 그들 다수가 문학을 문학으로만 보는 경향이 농후하다고 하면 그리 틀린 말은 아닐 것이다. 이런 경향은 미국의 제도권 학계 전반이 지닌 비사회성, 탈정치성과 궤를 함께 한다. 그러나 문학 분야에만 초점을 맞춰본다면 그것은 흔히 20세기 초반에 강력한 영향력을 행사하기 시작한 '신비평'이라 불리는 문학중심주의가 아직도 그 세력을 떨치고 있기 때문일 것이다. 노스롭 프라이의 『비평의 해부』(*Anatomy of Criticism*), 머레이 크리거의 『새로운 시 옹호자들』(*The New Apologists for Poetry*) 등 1950년대 말에 나온 주요 비평 저서들이 입증하듯 이 신비평은 물론 20세기 후반에 접어든 뒤로는 그 영향력을 많이 상실하였다.[44] 그러나 오늘날 미국 영문학계의 장년, 노장 교수 가운데 대부분은 '문학 외에 문학 없다'는 믿음을 아직도 간직하고 있다고 주장해도 그렇게 틀리진 않을 것이라는 점에서 신비평 전통은 여전하다고 해야 한다. 다음에서 보겠지만 이 신비평을 뛰어넘어 새로운 문학관을 정립하고자 한 '신비평 이후'의 비평들도 자신들이

44_ Lentricchia, op. cit., 3-4 참조.

극복하고자 한 이전의 전통들이 지녔던 문학중심주의를 버리지 못하기는 마찬가지가 아닌가 싶다.

문학을 전공하는 사람이 문학을 중요시하는 것이 이상한 일은 아닐 것이다. 그러나 문학중심주의가 문학 외적인 사회적 사정과 조건에서 유래한다면 그것은 충분히 버텨 읽을 거리가 된다. 우선 주목할 것이 문학 옹호론자의 대부분이 백인남자들이라는 사실이다. 왜 흑인, 라틴계, 인디언들은 영문학과 교수가 되기 힘들고 백인들 그것도 남자들만 선별되는 것일까? 흑인이나 인디언들은 원래부터 영문학 교수가 될 자질이 없어서? 물론 이 질문은 수사학적인 것이다. 미국의 사회구조를 조금만 이해하는 사람이라면, '문학 외에 문학 없다'고 믿는 백인 남성이 주로 영문학 교수가 된다는 사실은 인종간, 성별간, 계급간 불평등의 결과라는 것을 대번에 알 것이기 때문이다. 이런 배경 때문에 우리는 대부분의 문학교수가 백인 남성이라는 다분히 문학 외적인 사실이 그들이 주장하는 문학관과 무슨 상관관계가 있지는 않은지 궁금해진다.

이렇게 보는 것이 무리가 아니라는 것은 미국 내 영문학과의 교과내용을 재조정하려는 노력의 일환으로 『미국문학의 재구성』이란 책을 편찬한 폴 로터의 다음과 같은 말을 들으면 알 수 있다.

나는 지금 내가 타자를 치고 있는 곳 옆에 미국의 유명한 두 교육기관—하나는 캘리포니아에, 다른 하나는 오하이오에 있다—이 최근에 사용한 미국문학 강의 요강을 붙여 놓고 있다. 두 과목 다 개관용인데 하나는 '미국의 문학적 상상력', 다른 하나는 '미국문학에서 삶과 사상'이라 되어 있다. 한 과목은 한 학기에 서른 두 명의 작가를 다루고 거기에는 필립 프레노, 윌리엄 컬런 브라이언트, 워싱턴 어빙, 존 그린리프 휘티어, 존 크로 랜섬, 그리고 이즈라 파운드가 들어 있다. 에밀리 디킨슨에 관한 숙제 하나, 마리안 무어의 시 하나를 제외하면 모두 백인이고 남자들이다. 다른 과목은 두 학기용인데 서른 두 명의 백인 남성작가들과 에밀리 디킨슨을 다룬다.[45]

미국문학 강의를 이런 식으로 진행한다는 것은 미국문학을 어떤 특정한 시각에서 정의한 이후가 아니면 불가능할 것이다. 그 시각이 대학교수 대부분을 차지하는 백인 남성의 것이라는 것은 의심할 여지가 없다. 그렇지 않고서야 연구 대상이 된 작가들이 어째서 거의 예외 없이 백인남자뿐이었겠는가? 훌륭한 작가를 뽑으려고 하다 보니 그렇게 되었다는 변명은 문제의 초점을 흐릴 뿐이다. '훌륭하다'는 개념 자체가 백인 남성 위주로 되어 있는 바에야 백 번 심사를 해도 백인 남성 작가들만 훌륭하게 보일 것일 테니 말이다. 이런 상황에서는 문학이란 개념도 문학 외적인 기준에 의하여 정립되었다고 하지 않을 수 없다.

최근에 들어와서 미국에서는 로터의 경우처럼 백인 남성 위주의 문학관에 저항하는 비판적 안목을 가진 사람이 많이 생기고 있다. 지금까지 남성의 독무대였던 영문학과에 여교수 임용 바람이 세차게 불고 있는 것도 새로운 경향을 보여주는 한 예이다. 여교수 임용은 영문학에 대한 새로운 해석이 있었기 때문에 생긴 현상이다. 여성주의 운동이 여성의 시각으로 문학을 보게 하는 흐름을 만들어낸 결과일 것이다. 이런 점은 '여성해방'이란 말이 문학을 해석하는 관점과 관련을 맺기 전에 영문학을 강의하던 여교수들과, 자신이 여성이라는 사실이 문학을 이해하는 데 중요한 역할을 한다고 믿는 요즈음 여교수들이 인칭대명사를 쓸 때 보여주는 차이에서도 잘 드러난다. 과거 여교수, 여성 평론가는 자신을 가리키는 삼인칭 대명사를 거의 예외 없이 '그'(he)로 쓰곤 했다. 어떤 작품을 평가할 때 평가 주체인 여성이 자신을 객관화하여 '비평가'라고 부르고 그것을 받는 대명사로 '그'를 쓴 것인데, 여성 비평가로 하여금 자신이 여성임을 은폐하게 만든 이런 글쓰기 관행은 물론 자발적으로 만들어진 것이 아니라 여성이 전문 비평가로서 목소리를 내는 것을 허용하지 않는 성적 불평등 구조의 결과이다. 반면에 요즈음의 여성주의 여교수라면 '그 비평가'를 반드시 '그녀'(she)로 받는 것이 상식이

45_ Paul Lauter, *Reconstructing American Literature: Courses, Syllabi, Issues* (Old Westbury, NY: The Feminist Press, 1983), xii.

다. 글을 읽고 쓰는 당사자의 성별을 의식하는 이런 태도가 문학을 보는 관점에도 차이를 가져올 것은 당연할 것이다. 자기를 여성으로 의식하는 여교수는 역사를 '그의 이야기'(history)로만 보지 말고 '그녀의 이야기'(herstory)로도 읽을 것을 요구하며, 문학작품에 드러난 여성의 형상화에 남존여비의 논리가 침투되어 있음을 지적한다.

언뜻 보아 비난의 여지가 없을 것 같지만 이 시각에도 문제가 없지는 않다. 그 문제의 하나는 흑인들이 자주 지적하듯이 여성해방론이 인종차별적인 요소를 가지고 있다는 것이다. 여성해방론이 인종차별을 내세워 주장한다는 뜻으로 이런 말을 하는 것은 아니다. 여성이란 백인에게나 흑인에게나 모두 있는 것이고 그래서 여성을 해방한다는 것은 인종을 초월하여 해당된다고도 할 수 있을 것이기 때문이다. 그러나 똑같이 억압에서 벗어나고 권리를 신장하고자 민권운동을 전개했으면서도 여성과 흑인이 거둔 성공의 정도는 서로 달랐다. 여성의 해방이 흑인의 권리신장보다 더 성공적이었던 것이다. 물론 여성들로서는 자신들의 해방에 진력할 수밖에 없다고 할 수 있고, 아직도 충분한 해방을 거두지 못했다고 할 수도 있을 것이다. 그러나 혹시 여성주의 해방의 작은 '성공'과 함께 흑인 권익은 답보만 이루어졌다면 여성주의 해방론에도 어떤 문제점이 있지 않은가 생각해볼 여지는 있지 않을까 한다. 이 말을 하는 것은 여성해방과 흑인의 민권운동은 서로 맞물릴 수밖에 없을 것이기 때문이다. 흑인의 사정이 개선되지 않았다는 것은 흑인 여성의 사정도 개선되지 않았다는 말이다. 흑인 여성의 사정이 호전되지 않는 상황에서 벌어지는 여성해방운동은 모든 여성을 위한 것이 아니고 특정 집단의 여성, 즉 백인 여성만을 위한다는 한계를 가진다고 할 수 있다.

남자든 여자든 백인이 내세우는 문학이론이 우리가 영문학을 전공하면서 주로 접하는 문학이론이니 우리는 그런 인종차별적인 이론은 배척해야 한다고 하면 문제를 너무나 단순화시키는 것이다. 그러나 영문학을 주체적으로 연구하는 입장에서는 우리가 수입하는 영문학 이론의 어느 부분이 인종차별적인지, 또는 미국문화의 산물로서 미국 영문학의 어느 부분이 우리의 주체적인 시각을 흐리게 하는지 주의 깊게 보지 않으면 안 된다. 중요한 것은 어떤 이론이건 현실적인 역할을 가지고 있다는 점을 망각하지 않는 일이다. 이런 점에서 백인 여성들의 입장을 강화하는 문학이론뿐만 아니라 요즈음 미국에서 유행하는 다른 문학이론들도 버텨 읽을 필요가 있다.

지난 사반세기 동안은 구미의 문학이론이 전성기를 맞은 시기라고 볼 수 있을 것이다. 구조주의, 후기주조주의, 정신분석학, 현상학, 철학적 해석학, 기호학, 수용미학, 맑스주의 등등 수없이 많은 이론들이 이 시기에 상호보완하거나 비판하며 앞서거니 뒤서거니 하면서 나타났다. 60년대 이후 미국의 영문학계에도 이들 이론이 성행하고 있지만 이론이 많은 것과 이론이 참된 것과는 서로 별개의 문제인 것 같다. 이론이 많다보니 서로 제 자랑을 하게 되고 새로운 안목을 다투어 내게 됨으로써 마치 특허를 먼저 내는 것이 제일이라는 식으로까지 나아간 느낌이다. 그러나 앞에서 언급한 신비평과 관련시켜 본다면 이들 이론들은 드문 경우 이외에는 문학을 문학으로만 보고자 했던 신비평의 전통을 그대로 이어받으면서 신비평의 어떤 낙후된 면들을 수정하여 새로운 시대의 요청에 부응하고 있다 할 것이다.

신비평은 문학 중심적인 발상을 가지고 있었으므로 문학작품의 의미를 작품 내적으로 파악하고자 했다. 이에 비해 신비평 이후의 이론들은 작품 자체를 중요시하는 신비평적인 입장은 유지하면서 의미의 발견 가능성에 대해서는 회의를 표시하는 경향이 많다. 작품의 의미가 무엇인지 모르겠다는 것은 어쩌면 지극히 정직한 태도인지는 몰라도 의미의 규명을 회피함으로써 의미가 줄 수 있는 책임의 부담을 더는 것이기도 하다. 책임의 회피는 자신감의 상실이고 나아가 주체성의 포기이다. 신비평은 그 뒤에 나온 이론들에 비하면 상당히 확실한 주체관을 가지고 있었다. 신비평이 앞에서 언급한 리차즈와 관련하여 본 '꼼꼼히 읽기'를 중요한 독서의 방식으로 주장했다는 사실을 상기하면 이 점을 이해할 수 있을 것이다. 무엇을 꼼꼼히 읽는다는 것은 그것을 애써 열심히 읽는다는 말이다. 열심히 애써 읽는 사람은 자기 행동의 주체이다. 구조주의, 후기구조주의와 같이 의미가 주체에 의하여 산출되지 않고 어떤 체계에 의하여 생기는 것이라고 보면 이러한 주체관은 허물어져 버린다. 물론 구조주의나 후기구조주의의 독서행위가 꼼꼼히 읽는 것을 포기한 것은 아니다. 그러나 그 이론들은 주체의 역할을 인정하는 데 인색하기 때문에 꼼꼼히 읽은 다음에도 의미를 찾을 수 있다는 생각을 하지는 않는다. 확인하는 것은 인간의 역할이 아니라 언어의 역할이며 또 의미의 불가해성인 것이다. 인간은 지평에서 사라지고 언어가 그 대신 들어설 것이라 하는 미셸 푸코나,[46] 주체의 내용이 아니라 그 위치를 아는 것이 선결과제라고 보는 자크 데리다[47]를 신봉하는 많은 미국의 영문학자들에게 신비평적 주체관은 더 이상 호소력을 잃었다. 그리고 이런 태도는 구조주의의 전통을 따르지 않는 다른 이론들에도 대부분 해당되는 것 같다.

이런 변화를 우리는 어떻게 읽어야 할까? 그것은 미국 영문학계의 자체적인 궤도수정으로만 보아야 할 것인가? 혹시 구미, 그리고 영미의 비평계에 유행하고 있는 주체의 해체가 후기산업주의시대, 후기자본주의시대라고 불리는 20세기 후반의 국제적 질서와 관련이 있는 것은 아닐까? 신비평이 '주체주의적'인 인간관을 펼치던 20세기 전반과는 달리 우리가 살고 있는 시대는 세계화가 가속된 시대이면서 동시에 다국적 기업의 시대이다. 이런 상황에서 주체를 고집하는 이론은 비효율적이라는 인식도 생길 수 있을 것이 아닌가. 주체를 해체하는 이론이 이처럼 의도적으로 생겨났다고 보는 것은 지나친 단정일 것이다. 그렇다고 그런 이론이 나온 상황에 대한 관심을 버릴 수는 없다. 20세기 초반에 성행하던 신비평과 그 신비평이 한물가면서 새로이 등장한 이론들 사이에 어떤 연속성이 있는지, 변화되고 수정된 것은 무엇인지, 그리고 그 변화와 수정의 의미는 무엇인지 알아내는

46_ Michel Foucault, *The Order of Things: An Archaeology of the Human Sciences* (New York: Vintage Books, 1973), 387.

47_ Jacques Derrida, "Structure, Sign, and Play," in *The Structuralist Controversy: The Languages of Criticism and the Sciences of Man* (Baltimore: Johns Hopkins UP, 1972), 271.

것이 우리의 과제가 되어야 할 것이다. 백인 남성들이 문학을 보는 방식, 신임 여교수들이 보는 방식, 그 외의 이론들이 보는 방식에는 각각 그 자체 내에도 다양한 관점이 있고 상호 간에도 많은 차이점이 있다. 그리고 여기 서는 언급조차 하지 못한 여러 견해들이 있다. 그러나 우리가 잊어선 안될 것은 어떤 관점이라도 거기에는 구체적인 상황이 작용한다는 것이다. 바로 그런 사정 때문에 어떤 이론이라도 맡은 역할이 있게 마련이다. 그 역할, 즉 이론의 상황적 성격을 무시하고 이론 '그 자체'를 직수입한다는 것은 그 이론의 의미를 제대로 파악하는 일이라 할 수 없다.

7. 글을 맺으며

이제까지 부족하나마 영문학이 가지고 있는 경향과 특성을 살펴보았다. 그 결과 우리가 관찰한 것은 작품으로서든 학문체계로서든 영문학이 현실 논리에 깊이 영향을 받고 있다는 것이다. 여기서 말하는 현실논리가 한국의 현실이 아닌, 영국이나 미국의 그것에 해당한다는 것은 두 말할 필요가 없 다. 영문학을 '연구'하고 '버텨 읽자'는 것은 이 현실논리가 직수입되는 데에 는 중대한 문제가 있다고 보기 때문이다. 영국과 미국의 현실논리는 영국과 미국에서는 구체적인 타당성을 가지고 있는지 모른다. 그러나 그런 논리가 우리에게 그대로 적용된다면, 그것은 구체적인 맥락, 구체적인 호소력을 잃으면서 오히려 보편성으로 치장될 가능성이 크다. 그러나 이때의 보편성 이란 구체적인 국제질서 안에서 유지되고 각색된 것이다. 영문학이 한국에 서 학문의 한 분야로서 호황을 누리고, 영어가 한국인의 자격을 시험하는 도구로 쓰이며, 영어든 영문학이든 좋은 밥벌이 수단이 되고 있는 것을 자 연스럽게 보는 사람은 보편논리가 영미의 현실논리에 의하여 침윤되어 있 는 것을 보지 못하거나 보더라도 문제 삼지 않을 것이다. 그러나 영미의 현실논리가 우리의 현실논리가 되는 것이 바람직하지 않다고 보는 입장에서는 이야기 방향이 달라져야 한다.

영문학의 '연구'와 '버텨 읽기'는 영문학이 한국에서 영문학으로 행세하는 것 자체가 어떤 현실적인 상황을 전제한다고 보고 그 상황에 대하여 능동적으로 대처하려고 하는 학문 자세요, 독서 방식이다. 그런 점에서 그 둘은 한계를 가지고 있기도 하다. 그 존립을 가능케 하는 상황이 바뀌면 그런 학문방식, 독서방식에 대한 요구는 줄어들 것이기 때문이다. 그러나 어떤 학문행위, 독서행위라도 현실을 떠나 존재할 수 없다면, 그것이 처한 상황을 문제로 파악해야 할 필요성이 줄어들 것 같지는 않다. 게다가 사회 변혁 운동이 불을 지피고 있는 지금 한국 영문학이 '연구'와 '버텨 읽기'의 자세를 가지는 것은 더욱 절실하게 요청된다. 물론 이 '연구'와 '버텨 읽기'가 영문학 자체를 배격하기 위함은 아닐 것이다. 그렇게 보는 것은 인류 역사에서 많은 기여를 해온 문화교류 자체를 부정하려 드는 국수주의에 불과하다. 하지만 이런 점을 인정하면서도 우리는 한국에서 이상한 방식으로 뿌리를 내린 영문학의 존재방식에 관심을 가지지 않을 수 없다. 그래야만 영문학의 주체적인 연구가 가능하지 않겠는가. 그 관심은 물론 공동의 것이어야 한다. 영문학은 우리에게 외국학이다. 이때 영문학 '연구'의 비판적 성격을 지키는 것이 필요하며, 이를 위해서는 공동 작업이 필요하다. 몇 사람만 '주체적으로' 영문학을 버텨 읽어서는 바람 많은 밤의 외로운 등잔불 효과밖에는 얻지 못한다. (1987)

10.

문학의 힘, 문학의 가치
—탈근대 관점에서 본 문학범주 비판과 옹호의 문제들

1. 질문들

문학을 놓고 질문하기란 쉽지 않은 것 같다. '문학이란 무엇인가?'라는 질문이 떠오르지 않는 것은 아니다. 하지만 이런 식의 질문은, 같은 제목으로 사르트르가 책을 쓰기는 했어도 너무 본질론적이라는 지적을 받곤 한다.[1] 전혀 의미가 없다는 것은 물론 아닐 것이다. 같은 제목의 짧은 글에서 백낙청이 "문학이란 것이 무엇이길래 그 많은 사람들이 거기 매달려 일생을 보내는가?" 하고 물으며 문학이 세상에 폐해를 끼칠 수도 있으니 조심해야 한다는 톨스토이의 중요한 교훈을 상기시킨 바도 있고, 들뢰즈와 가타리도 같은 질문을 '철학이란 무엇인가?'라는 질문 속에 포함시켜 철학과 과학과 예술의 '환원불가능한' 차이들을 언급한 바도 있으니까 말이다.[2] 그래도

1_ 일례로 발리바르와 마슈레는 이 질문이 문학의 보편적인 본질에 대한 질문이라는 이유로 배척한다. Etienne Balibar and Pierre Macherey, "On Literature as an Ideological Form"(1974), in Francis Mulhern, ed., *Contemporary Marxist Literary Criticism* (London; New York: Longman, 1992), 41.

2_ 백낙청, 『인간해방의 논리를 찾아서』, 창작과비평사, 1979, 10-29; 질 들뢰즈, 펠릭스 가타리, 『철학이란 무엇인가』, 이정임 · 윤정임 역, 현대미학사, 1995.

"…은 무엇인가?"라는 식의 질문은 문학이 어떤 실체임 혹은 '무엇'임을 상정한다는 느낌을 강하게 주니, 다른 방식으로 '우리는 문학으로 무엇을 하는가?' 하고 물어보고 싶다. 문학이라는 것이 역사적으로 이미 존재하니까, 그 점을 인정하고서, 그 이미 있는 문학으로 우리가 무엇을 하고 있는지 질문해 보자는 것이다. 그래도 개운하지는 않다. 이미 있다고 하는 그 문학이란 무엇인가라는 의문이 또 생기는 것이다. 구체적으로 무엇을 가리켜 문학이라고 하는가? 사람에 따라선 남이 애써 써놓은 작품을 두고 '이게 문학이야?' 하는 경우도 있는 걸 보면 문학에 대한 기준이 있는 듯한데, 반면에 '문학'이란 게 과연 있는가라는 반문도 만만치 않다.3 하지만 이 말을 듣고 '아니 그 중요한 문학을 몰라?' 하고 나설 사람도 결코 적지 않을 것이다. 문학에 관해 질문하기란 이처럼 어렵다.

그래도 문학은 엄연한 현실이다. '문학이 무엇인지 막상 따지고 들면 선뜻 말하기 쉽지는 않지만 "문학이란…" 운운하는 사람도 부지기수이고, 문학이란 무엇이니, 어떠해야 하느니 하며 적이 되고 동지가 되기도 한다. 국내에서도 참여 대 순수, 관변 민족문학 대 진보적 민족문학, 모더니즘 대 리얼리즘, 부르주아리얼리즘 대 사회주의리얼리즘 식의, 문학을 둘러싼 편가르기가 자주 있었다. 다른 한편 문학을 하면 굶어죽기 꼭 알맞다는 주장이 있는가 하면 기를 쓰고 문학을 하겠다고 덤벼드는 사람도 많고, 흔치는 않으나 베스트셀러로 떼돈 버는 사람까지 나온다. 이런 측면에서 보면 '문학이란 무엇인가?'라는 질문을 꼭 본질론적으로만 이해할 필요는 없겠다. '지금 있는 구체적인 문학'이 무엇인지 알 사람은 다 아는 듯싶기도 하다. 뭔가 아는 게 있으니까 문학이야말로 인간의 구원이라는 주장도 하지 않겠는가. 문학이 자본주의적 모순을 극복할 대안적 삶을 보여주는 귀중한 실천이라고 굳게 믿는 사람들도 적지 않은데, 이들은 정녕 문학이란 유토피아를 제시한다고 믿는 것일 게다. 하지만 문학이야말로 쓸모없는 것이라는

3_ 한 예로 테리 이글턴의 『문학이론입문』(김명환 외 역, 창작과비평사, 1986) 서론 참조.

주장도 강력하다. 그런데 웬걸, 바로 그런 이유로, 즉 문학은 먹고 사는 일과 관계없다는 이유로 필요하다고 나서는 사람까지 있다.[4] 하지만 그래서 문학이 애물단지가 된 사람, 고통스러워하면서 문학을 버리지 못하는 사람, 곧 죽어도 '문학 없이는 못살아' 하는 사람들도 생긴다. 이런 경우에는 문학에는 어떤 마력이 있는 것일까라는 질문이 어울릴 것 같다. 문학의 매력은 어디서 오는가? 그것의 흡인력은 어떤 종류의 것일까?

결국 나는 문학에 대해 질문하기가 어렵다는 말로 참 번다한 질문을 던지고 있는 셈이다. 너스레를 떨며 문학을 화두로 질문다운 질문을 던져보려는 듯 나서는 데에는 문학선생이라는 직업의식이 은근히 발동함을 부정하지는 않겠다. 그러나 문학을 한다는 명분으로 밥 벌어 먹고 살고 있다는 의식이 전면에 나선 것은 사실이되 다양한 질문들을 제기하는 데에는 나름대로는 문제를 새롭게 보려는 취지도 있다. 문학에 관련된 수많은 발언들에 담겨 있는 통념들을 질문 형태로 바꿔봄으로써 문학을 둘러싼 몇 가지 중요한 쟁점들을 부각시키고 싶은 것이다. 그 질문들은 '문학'이라는 범주가 쉽사리 정의되지 않으며, 적지 않은 혼동과 문제들을 안고 있음을 보여준다. '문학'범주는 어떻게 구성되었고, 어떤 위상을 지니며 그 안에 어떤 문제들을 안고 있는가? 최근 들어 국내 문학논의에서 문학범주와 관련된 질문들이 빈번하게 제기되고 있는 것도 이들 질문을 촉발시킨 계기가 되었다.

2. 문학범주라는 쟁점

국내에서 '문학'범주에 관한 관심이 늘어난 것은 문화지형에, 특히 문학 및 그 위상에 변동이 생기면서 더 이상 그 범주를 당연시하기 어려운 정세가 생긴 것과 관련이 있어 보인다. 우선 문학시장의 변동이 주목된다. 빈번

4_ 개인적으로 이 입장을 처음 접한 것은 김현의 『한국문학의 위상—그 전개와 좌표』(문학과지성사, 1977)를 읽으면서였다.

하지는 않으나 밀리언셀러 소설이 등장하고, 시집도 많이 나갈 경우 수십만 권이 팔리는 것을 보면 문학시장이 거대해진 것은 사실이다. 판매가 우선이다 보니 문학의 저질화, 표절 문제가 시빗거리가 되기도 하지만 와중에 대중문학 혹은 통속문학의 위세가 커졌다. 그 바람에 '본격문학'은 뒤편으로 밀려나거나 위축된 듯 보이지만 말이다. 본격문학이 '위축'된 것은 그러나 문화산업이 성장하고 대중문화가 범람하면서 문자매체가 그전과는 다른 조건에서 여타의 매체들과 경쟁관계에 들어간 탓이 더 클 것이다. 문화에서 문학이 주도권을 누리던 '좋은 시절'은 사실 옛 이야기이다. 최근 '대학개혁'이라는 것이 진행되면서 인문학 분야를 위축시킴에 따라 문학이 제도권 교육에서도 찬밥 신세가 된 것이 그 한 예이다. 이런 변화는 흔히 말하는 대로 포스트모던한 상황이 전개되면서 문학생산의 장과 문학을 둘러싼 담론장이 새로운 지형변화들을 겪고 있는 데 따른 결과일 수 있겠지만, '문명의 패러다임'을 변동시키는 것으로 보이는 과학기술 혁명과 그로 인해 일어나는 기술 변화에서 글쓰기 일반이 겪는 변동과도 밀접한 관련이 있다. 오랜 세월 책 문화와 연계하여 발달해온 문학이 '전자적 글쓰기'와 같은 새로운 글쓰기 조건을 맞게 됨으로써 문학의 형질마저 새로워질 가능성이 생겨난 것이다.[5]

문학의 위상을 규정하는 조건 변동과 맞물린 것일까, 문학논의의 지형도 바뀌었다. 1980년대 변혁운동의 열기 속에 리얼리즘 논쟁이 한창이었던 시절을 생각하면 1990년대 말 우리 사회에서 문학논의, 특히 '본격문학'에 관한 논의는 기세가 크게 꺾인 듯싶다. 문학논의의 이런 '후퇴'는 '문화론'이 등장하고 있는 것과도 맞물린 현상이다. 전통적인 예술장르 중심, 특히 문자매체 중심의 문예비평이 문화논의를 주도하던 시기는 이제 지나지 않았나 싶다. 영화나 비디오물, 대중음악과 같이 비문자매체로 이루어지는 문화

5_ '전자적 글쓰기'에 관한 나의 관심은 다음 글들에 나타나 있다. 「디지털시대의 문학하기」, 『문화/과학』 9호, 1996년 봄, 69-89; 「'사이버'문형'과 주체형성—사이버정치의 조건들」, 『문화/과학』 10호, 1996년 가을, 73-94.

생산물, 패션이나 라이프스타일과 같이 종래에는 논의의 대상이 되지 않던 주제들, 나아가 여태 봉쇄되어 왔지만 성정치 등의 활성화로 관심을 끌게 된 욕망, 정체성 같은 새로운 사회적 쟁점들에 대한 관심이 늘고 있는 것이 현재 상황이다. 문예비평이 문화논의를 주도할 수 없는 것은 문화적 관심이 이처럼 비문학영역으로 분산되기 때문인데, 이 결과 '문화비평'이 성행한다. 그런 탓일까, 문학논의에서도 종래와는 다른 쟁점들이 떠오르고 있다. 종래 문학논의에서는 입장 차이가 있다 해도 문학범주, 특히 본격문학의 범주를 부정하는 경우란 없었다. 그러나 지금은 본격문학 혹은 '진정한 문학'을 지지하는 입장을 엘리트주의에 물든, 대중 지배적인 입장이라며, 그런 입장은 소수에게나 도움이 될 뿐 대중에게는 하등 필요하지 않다는 주장까지 나오는 판이다. 문학범주를 비판하는 쪽에게는 문학이 지배적 제도로, 특히 본격문학을 중심으로 한 제도로 군림하는 것으로 보이며, 이것이 문제가 된다. 반면에 본격문학을 옹호하는 입장에서 보면 문학에 대해 문제를 제기하는 것은 문학의 가치와 창조성을 부정하고, 자본주의적 대중문화에 투항하는 행위이다. 대중문화의 거대화, 대학의 실용주의화, 인문학의 위축 등을 맞은 국면에서 '에라, 돈이나 벌자'고 두 팔 걷어 올리고 나서는 꼴과도 같다. 장사치 태도를 드러내며, 문화의 타락을 조장한다 싶은 양상을 보고 참지 못해 나서는 것은 주로 국내 비평계의 리얼리즘 진영인데, 문학범주를 포기하려는 경향에 강력하게 반발하는 논객의 하나가 윤지관이다.[6]

윤지관은 "기존의 근대문학과 비평에 대한 전폭적인 부정과 대중문학에 대한 예찬, 그리고 민족문학을 비롯한 모든 문학적 '권위'에 대한 거부와 문학작품의 질적 차별성에 대한 부정"[7]을 일삼는 사람들을 논적으로 삼는

6_ 국내 문학논의의 점검 성격도 일부 가지고 있는 이 글에서 리얼리즘론자만 주로 거론하는 까닭도 여기에 있다. 모더니즘계열의 문학론이라고 문학옹호를 부르짖지 않는 것은 아니나 이 글에서는 리얼리즘진영이 문학과 사회 및 그 진보의 관계를 더 명시적으로 중시하고 있는 점을 고려하여 주로 리얼리즘론을 논의 대상으로 삼게 되었다.

7_ 윤지관, 「현시기 비평의 기능」, 『리얼리즘의 옹호』, 실천문학사, 1996, 85.

다. 그에게 이들은 전혀 새로운 세력이 아니다. "이들의 주장은, 기실 최근 국내외에서 여러 가지로 제기되었고 세력도 얻고 있는, 근대성과 근대문학의 위상에 대한 회의 및 포스트모더니즘의 담론과 밀접하게 관련"[8]되기 때문이다." 물론 국내 논자들의 문학범주 비판에 차이가 없는 것은 아니다. 통상 문학으로 부르던 것을 깡그리 없애고 소설가를 이야기꾼으로 바꾸고 소설은 서사로 전환시키자고 하는 쪽이 있는가 하면, 고급문학을 비판하되 대중문학은 옹호하는 쪽도 있고, 민족문학의 범주를 문제 삼는 쪽도 있기 때문이다. 그러나 본격문학, 그것도 민족문학이야말로 참다운 문학이라고 보는 관점에서는 민족문학 범주를 문제 삼는 것 자체가 문학범주에 대한 도전으로 보일 수밖에 없다. 민족문학 범주를 비판하는 이광호의 글을 놓고 윤지관이 "문학이라는 범주조차를 회의하고 나오는 최근 서구의 주된 비평 흐름과 맞아떨어진다"[9]고 말하는 것은 그런 까닭 때문으로 보인다.

윤지관의 말이 시시하듯 문학제도에 대한 비판은 국내보다는 외국에서 먼저 나왔고 또 그쪽에서 더 발본적으로 진행되었다. 국내 문학논의는 본격문학이든 대중문학이든, 모더니즘문학이든 리얼리즘문학이든 문학을 선호하고 옹호하는 경향이 아무래도 크다. 반면 레이먼드 윌리엄스, 테리 이글턴, 토니 베넷 등 특히 영국의 문학이론가들은 모더니즘이든 리얼리즘이든 근대문학이란 문제적 개념이라며 문학범주를 해체하는 경향이 있고 아예 문학제도를 벗어나 활동하는 경우도 적지 않다. 현재 영국, 미국, 호주 등지에서 성행하는 '문화연구'가 대표적인 예일 텐데 문화연구의 등장으로 말미암아 전통적인 문학비평은 이제 수세로 몰리고 있지 않은가 싶다.[10] 국내

8_ 같은 글, 85.

9_ 같은 글, 93.

10_ 『서양의 정전』을 저술하여 문학 옹호에 앞장선 해롤드 블룸의 경우, 고전읽기의 중요성을 강조하지만 비평을 '엘리트적 현상'으로 본다. "문학비평이 민주적 교육이나 사회 진보를 위한 터전이 될 수 있으리라고 믿는 것은 잘못"이라고 하는 블룸에게 문학은 소수만이 할 수 있는 활동이다. 문학을 엘리트적 현상으로 보는 이런 관점은 문화연구의 공세 앞에서는 지극히 수세적으로 보인다. Harold Bloom, *The Western Canon: The Books and School of the Ages* (New York: Harcourt Brace & Company, 1994), 17.

상황은 물론 다르다. 문학범주를 둘러싼 국내 문학논의에서 윌리엄스 등의 이름이 자주 거론되지만, 이들은 주로 비판적 검토의 대상이 되고 있다.[11] 국내 '문학비판론자들'을 겨냥한 윤지관의 반박도 이 작업—문학범주 비판에 대한 비판이라는 점에서 반비판이라 할—의 연속이다. 하지만 최근 상황은 외국 문학논의에 대해 논평만 하던 관행과는 다르다. 국내 논자들끼리 논의가 진행된다는 것은 1990년대에 접어들면서 크게 바뀐 국내 문화지형이 이제 실질적인 힘을 발휘하고 있음을 보여준다.

쟁점이 되는 것은 아무래도 문학 혹은 문학비평과 같은 문학제도에서 중요시하는 범주요, 활동이다. 문학비평을 문제 삼는 쪽은 그것이 문학을 본원적으로 가치 있는 것으로 치부하게 만든다고 본다. 문학비평이 이데올로기적 실천이라는 비판인데, 특히 비평이 정성들여 수행한다는 '정전화 작업'이 문제가 된다. 문학의 '위대한 전통'을 중시하는 영국의 리비스라든가 민족문학의 탑을 세우려는 백낙청 같은 비평가들이 그런 작업에 전념하는 경우일 텐데, 특정한 문학을 신비화한다는 것이 비판의 요지이다. 이광호의 글에서 비슷한 입장이 나온다.

> 민족문학이라는 범주는 작품의 분석과 평가에 있어서 배제의 원리에 기초할 수
> 밖에 없었다. 하나의 범주는 다른 범주와의 분별을 그 형식의 필연성으로 삼는
> 다. 그것을 통해 그 범주는 스스로를 유일한 최고의 범주로서 정할 수 있다. 그래
> 서 민족문학이라는 최고의 범주에 어떤 작품을 포함시킬 것인가 하는 문제는
> 곧 어떤 작품을 배제할 것인가 하는 논의와 동격의 것이 된다.[12]

11_ 외국논자들의 문학제도 비판에 대한 국내의 비판적 검토는 백낙청이 효시일 것이다. 그의 테리 이글턴과 토니 베넷 비판에 대해서는 「모더니즘에 관하여」, 『민족문학과 세계문학 II』, 창작과비평사, 1985, 433-42 참고. 윌리엄스에 대한 비판은 김영희 『비평의 객관성과 실천적 지평―F.R. 리비스와 레이먼드 윌리엄스 연구』, 창작과비평사, 1993 참고. 아울러 이글턴에 대한 비판은 윤지관, 「테리 이글턴의 문학이론 비판」, 『리얼리즘의 옹호』, 341-66 참고.

12_ 이광호, 「민족문학의 역사적 범주에 관하여」, 『실천문학』, 1994년 가을, 168; 윤지관, 「현시기 비평의 기능」, 92쪽에서 재인용.

이광호가 여기서 문제 삼는 것은 민족문학론의 정전화 작업이다. 비판의 요지는 민족문학을 최고 범주로 삼게 되면 다른 범주의 문학은 정전의 반열에서 배제되지 않겠느냐는 것이다. 이 문제제기에 대해 윤지관은 "문학범주 일반의 배타성에 대한 일정한 관념이 깔려 있다"[13]는 말로 응대한다. 정전화를 문제 삼는 것은 아예 문학을 부정하려는 것이 아니냐는 것이다. 윤지관은 이광호가 "텍스트의 이데올로기적 계기들과 문학시장의 구조와 수용의 사회학에 대한 분석"[14]을 추천하는 데 대해 "초기 이글턴이 보여주었고, 스스로 반성하기도 했던 과학주의의 오류를 답습"한다는 혐의를 건다.[15] 윤지관이 여기서 문제 삼는 것은 이글턴 이름으로 대변되는 맑스주의적인 이데올로기 비평이다. "최근 맑시즘 비평의 한 대세인 이러한 이데올로기 비평은 문학적 창조성에 깃든 변혁력과 작품의 가치평가 문제를 도외시하는 점에서 큰 문제를 안고 있다"[16]는 것이다.

그런데 두 비평가의 입장은 대립되고 있기는 하지만 문학을 제도로 본다는 점에서는 의견이 엇갈리지는 않는다. 이광호가 민족문학이 담론적 실천이요 제도라고 하면서 비판의 대상으로 삼는다면, 윤지관은 오히려 근대문학이 제도로 등장하게 된 데에는 문학의 어떤 가치 때문이라고 보는 점이 다를 뿐이다. 윤지관의 주장은 다음과 같다.

서구에서는 근대 이후의 문학은 바로 부르주아 계급의 대두와 더불어 근대적인 형식을 띠게 되었고, 19세기 후 시민문학으로 개화하였다. 우리의 근대문학도 이러한 서구문학의 지향성을 주체적으로 수용하면서 이루어졌고 그 중요한 성과도 바로 여기에 바탕한다. 그런 점에서 근대문학은 처음부터 민주주의의 실현이라는 근대적인 이념에 토대를 두고 있으며, 기실 우리 문학에서 시민문학론이

13_ 윤지관, 「현시기 비평의 기능」, 92.
14_ 이광호, 앞의 글, 171.
15_ 윤지관, 「현시기 비평의 기능」, 93.
16_ 같은 글, 93.

나 이후의 민족민중문학론도 바로 이러한 근대적인 인간과 사회의 형성을 위한 시대적인 요청에 부합하는, 즉 문학을 통해 근대성을 구현하려는 실천적인 논리였던 것이다.[17]

윤지관의 주장의 요지는 마지막 문장에 담겨 있다. 근대문학은 여기서 '민주주의의 실현', '근대적 인간과 사회의 형성'과 같은 이념과 시대적 요청, 요컨대 근대성의 구현이라는 목적을 위한 것으로 간주된다. 근대가 어떤 문제를 안고 있는지 여부는 일단 논외로 친다면—물론 논외로 칠 수 없는지라 나중에 꼭 언급해야 하겠지만—윤지관에게 문학은 바람직한 사회의 건설에 꼭 필요한 어떤 것이다. 결국 윤지관에서 중요한 것은 "문학적 창조성에 깃든 변혁력과 작품의 가치평가 문제"인 것이다. 이렇게 보면 이광호와 윤지관의 입장 대립은 근대문학이 제도인가 아닌가 여부가 아니라, 그 제도가 바람직한가 여부를 둘러싸고 생긴다고 하겠는데 이 점이, 즉 문학의 창조성과 가치 문제가 문학범주를 둘러싼 논의에서 핵심적인 쟁점이 아닐까 싶다.

3. 문학의 '가치'

앞서 이광호의 이데올로기 비평은 이글턴이 스스로 극복하고자 했던 과학주의를 답습하려는 것이라는 윤지관의 비판을 언급한 바 있다. 윤지관이 언급하고 있는 이글턴의 '과학주의'란 이글턴이 초기에 받아들인 알튀세르에게 붙여진 '이론주의'의 다른 이름이다. '과학주의'와 '이론주의' 문제를 여기서 깊이 검토할 수는 없다. 다만 알튀세르가 이론주의로 지탄받은 자신의 초기 입장을 자기비판을 통해 수정한 것은 사실이되, 그 이론주의 입장

17_ 윤지관, 「문학·권력·민주주의」, 『리얼리즘의 옹호』, 58.

을 나중에 '오류'라고 정정했다는 것만으로, 또 이글턴이 '과학주의'를 수정했다는 것만으로 그들이 애초에 제기한 문제들이 무의미하다고 치부할 수는 없을 것이다. '과학' 혹은 '이론'의 이름으로 알튀세르가 한 작업은 경험주의와 역사주의, 인간주의를 비판하고자 했던 것인데, 성공 여부를 떠나서 그런 시도는 지금도 계속할 필요가 있기 때문이다. 물론 이글턴이 『비평과 이데올로기』에서 시도한 문학비평의 극복과 과학화를 '과학주의'에 빠진 것으로 반성하고 이후 '정치적 비평'으로 넘어갔다는 윤지관의 지적이 틀렸다는 것은 아니다. 게다가 이글턴은 끝까지 문학의 고유한 가치, 그 본원적 가치를 인정하는 데에는 인색했다는 말도 덧붙일 수 있다. 문학을 이데올로기적 실천의 관점에서만 사고하던 '과학주의 비평' 단계에서만 가치 문제를 외면한 것이 아니라 정치적 비평의 단계에서도 "담론이 생산해내는 영향들과 그 영향을 생산하는 과정에 관심을 기울"[18]이는 '수사학적' 문제설정만을 수용하고 있기 때문이다. 맑스주의 문학이론의 중요한 갈래가 이처럼 문학의 가치 문제를 외면한 점에 대해서 어떻게 생각해야 할까?

맑스주의 문학이론이 '문학의 가치'라는 이념을 문제 삼은 것 자체가 문제라고 할 수는 없다. 우선 '문학의 가치'를 비판한 것은 전통적인 문학비평, 예컨대 영국의 경우 리비스가 선도하는 비평이 정전화에 전념하고 그것을 문학적 가치의 문제로 설명하려고 하는 데 대한 정당한 문제제기였다. 근대적 의미의 문학이 성립하기 위해서는 근대적 지배체제의 구축을 필요로 한다. 근대문학이 단일한 랑그체계를 전제하는 국민(민족)언어를 바탕 삼으면서도 그 언어의 차별적 사용에 의존해야 하는 것이 한 증거이다.[19] 문학이 차별적인 언어정책을 필요로 한다는 것은 문학이라는 제도 자체가 부르

18_ 윤지관, 「테리 이글턴의 문학이론 비판」, 361.
19_ 이 부분에 대해서는 르네 발리바르의 연구가 중요하다. 이 글을 위해 참고한 글들은 다음과 같다. Michel Pêcheux, *Language, Semantics and Ideology* (New York: St. Martin's, 1982), 7-11과 Etienne Balibar and Pierre Macherey, "On Literature as an Ideological Form"을 참조하였다. 이 문제에 관한 나의 논의는 「유물론적 문학이론의 한 사례」, 『민족예술』 2호, 1994, 158-69 참조

주아 지배전략의 일환으로 작동됨을 말해준다고 할 수 있다. 정전화는 이런 관점에서 보면 문학을 지배이데올로기로 만들기 위한 작업의 일환처럼 보일 수 있는데, 문학을 본원적으로 가치 있다고 보는 관점, 예컨대 문학이란 인간의 구원이요, 자본주의를 극복하려는 노력이라는 관점은 따라서 지배이데올로기를 추종한다는 혐의를 쉽게 지울 수 없다. 사실 알튀세르가 주도한 문학범주 비판의 전통은 이데올로기장치로서의 교육에 대한 비판과, 문학을 이 교육제도와 연결하는 것을 문제 삼지 않는 관행을 분석과 비판의 대상으로 삼으려는 전통이다. 하지만 그렇다고 해서 윌리엄스나 이글턴처럼 문학범주가 해체되어야 한다고 생각하는 것이 온당한 것일까?[20] 이 질문은 나 자신에게 제기하는 것이기도 한데, 그동안 주로 이데올로기비판의 관점에서 문학 논의를 해왔다는 반성이 들기 때문이다.[21]

문학 논의에서 문학의 가치 문제를 비껴갈 수 있는가? 문학에는 이데올로기만 작용할 뿐 가치란 없다고 해야 할 것인가? 문학범주를 해체하거나 포기하자는 것은 문학의 가치를 인정하지 않는 일이다. 거기에는 가치 운운하는 것 자체가 이데올로기적인 실천일 뿐이라는 판단도 들어 있다. 문학범주에서 벗어나자는 것은 따라서 가치논의에서 벗어나자는 것과 다를 바 없다. 그렇다면 쟁점은 가치 논의에서 과연 벗어날 수 있는가가 될 것이다. 하지만 문학작품을 읽는다면야 어떻게 분석과 평가, 해석을 하지 않을 수

20_ 알튀세르의 예술관은 이글턴이 그의 과학주의 시절에 채택한 예술관과는 다른 점이 있음을 인정할 필요가 있다. 알튀세르는 예술을 과학과 이데올로기로부터 구별한다. 예술은 과학처럼 이데올로기를 '알게' 하지는 않으나 '느끼게'는 할 수 있다는 것이 그의 입장이다. 루이 알튀세르, 「예술론— 앙드레 다스프르에 답함」, 『레닌과 철학』, 이진수 역, 백의, 1997, 225-32 참고.

21_ 이데올로기론에 입각한 나 자신의 문학논의는 다음과 같은 것들이 있다. 「유물론적 문학이론 모색의 한 예」(『민족예술』 2, 1994, 158-69), 「문학연구와 교육의 담론이론적 모색」(『인문학연구』 제20집, 중앙대인문과학연구소, 1993, 53-73), 「영국의 문학 교육과 그 제도화」(『인문학연구』 제25집, 1996, 67-84), 「한국영문학연구와 교육의 전화를 위한 한 모색」(『영문학 교육과 연구의 문제들』, 한신문화사, 1996, 169-200). 이 글에서 문학의 가치라는 문제를 제기하는 것은 이데올로기 비판의 관점에 주로 의존했던 나의 선행 문학논의의 한계를 시정하기 위함이다.

있겠는가? 작품을 읽고서 "그것 참 잘 되었네", "아냐, 이건 뭔가 모자라" 하는 식으로라도 평가는 하기 마련 아닌가. 평가의 근거를 대라면 "글쎄, 뭐랄까" 하고 얼버무리기도 하지만 차근차근 말할 준비가 되어 있는 사람도 있다. 어떤 반응을 보이든 분석, 해석, 판단을 하는 것이고 이 과정에 가치의 문제가 개입하지 않을 수는 없다. 그런 점에서 이광호가 "작품의 분석과 평가에 있어서 배제의 원리에 기초할 수밖에 없다"고 한 것은 필연적으로 일어날 일을 문제 삼는 셈이 된다. '분석과 평가에 있어서 배제의 원리에 기초'하는 것은 당연하며, 평가를 하면 결국 잘되고 못된 것, 좋고 나쁜 것, 우월하고 열등한 것을 비교하기 마련이다. 그러나 '문학논의에서 문학의 가치 문제를 비껴갈 수 있는가?'라는 질문은 함정으로 작용할 수도 있다. '문학논의' 안에 있으면 '문학의 가치' 문제는 자동으로 생긴다. '문학논의에서'라는 표현은 어떤 관심의 거처, 한계를 지정하는 일종의 울타리 역할을 하는 문법적 제한이다. 그 제한은 문학교육과 해석전통에 의한 세례, 즉 특정한 문학제도에의 가입을 전제하게 하여 문학논의 밖을 보지 못하게 한다. 가치를 '문학의' 가치로 환원하는 것이다. 그렇다면 문학논의 바깥으로 나가려는 운동, 즉 이글턴의 '정치적 비평'이나 윌리엄스의 '문화유물론'의 길은 가치판단과 무관한가? 그렇지도 않다. 이 경우 역시 분석과 평가를 하고 배제의 원칙을 구사하는 것은 필수적이다. 가치판단이 없다면 그런 선택이 있을 수 없다. 문학을 지키자든 버리자든 평가를 한다는 점에서 문학폐기론자 역시 가치판단을 해야 한다. 누구도 문학을 놓고 평가라는 관문을 비껴가지 못하는 것이다.

결국 관건은 가치 문제를 어떻게 따지느냐이다. 문학을 둘러싼 입장들도 대부분 이 지점에서 갈라지고 또 그 갈라짐 때문에 문학론의 차이가 생긴다. 문학논의 내부에서도 가치를 어떻게 보느냐에 따라 입장이 달라진다. 민족문학이 한국의 문학범주로서 '최고 범주'라는 평가를 받는 것을 보며 이광호가 문제 삼을 수 있는 것도 '문학적 가치'를 민족문학론자와는 달리 보기 때문이다. 그런데 이 차이는 어떻게 나오는 것일까? 민족문학의 범주가 최고의 문학적 가치를 구현할 수 있는 것으로 친다면 우리는 '어떤 근거로?' 하고 물을 수 있다. 제대로 된 민족문학이라면 민족현실을 제대로 반영하고 있기 때문이라는 답변을 듣는다고 만족스럽게 느껴지지는 않는다. '민족문학에는 어떤 매력이, 어떤 현실적 힘이 발휘되는데?' 하고 되묻고 싶어지는 것이다. 여기서 니체의 가치논의를 떠올릴 수 있겠다.[22] 니체는 가치판단 또는 평가란 힘의 측정 또는 해석과 연관된 문제라고 보았다. 들뢰즈에 따르면 "니체는 늘 힘들이 양적이며, 또 양적으로 정의되어야 한다고 믿었"으면서도 "그래도 힘들을 순전히 양적으로만 결정하는 것은 추상적이며 불완전하고 모호하다는 것을 확신했."[23] 얼핏 보면 힘을 양에 의해 정의하는 것과, 힘을 양의 관점에서만 결정하는 것은 불완전하다는 입장 사이에는 모순이 있는 것처럼 보일 것이다. 하지만 모순은 아니다. 니체에게서 힘이 양과 분리될 수 없는 것은 힘이 다른 힘과 분리될 수 없다는 것을 의미하기 때문에 양은 늘 양의 차이의 형태로, 즉 힘은 다른 힘과의 양의 차이의 관점에서만 정의되는 것이다. "양의 차이는 힘의 본질"이기 때문에 "질은 양의 차이일 뿐이고 힘들이 관계에 돌입할 때마다 그것에 상응한다."(85-86) 이래서 중요한 것은 힘들의 양 차이인데, 이 차이로 인해 능동적인 힘과 반동적인 힘이 구분된다. "육체 속에서 우월하거나 지배적인 힘들은 능동적인 것으로 알려지고, 열등하거나 지배되는 힘들은 반동적인 것으로 알려진다. 능동적인 것과 반동적인 것은 엄밀히 말해서 힘과 힘의 관계를 표현하는 진짜 성질들이다."(81) 능동적인 것과 반동적인 것의 이러한 구분은 헤겔의 변증법에 대립하는 것이다. 니체는 여기서 헤겔의 주인과 노예 변증법을 거부하며, 긍정적인 가치(고귀함)를 주인에게서 찾고 노예한테서는 부정적 가치(비천함)를 보기 때문이다.[24]

22_ 이하 니체의 가치논의에 대해서는 질르 들뢰즈의 『니체, 철학의 주사위』(신범순, 조영복 역, 인간사랑, 1993)과 로널드 보그, 『들뢰즈와 가타리』(이정우 역, 새길, 1995)에 나오는 니체의 가치론의 소개와 설명을 참고하였다.

23_ 들뢰즈, 『니체, 철학의 주사위』, 85. 이하 이 책에서의 인용은 본문의 괄호 속에 그 쪽수를 표시한다.

니체의 관점에 서면 작품의 가치를 인정하더라도 그 가치를 보는 방식이 반드시 민족문학론과 같을 필요는 없을 것 같다. 이제 작품의 가치는 그것이 지닌 힘, 특히 힘의 질에 의해서, 그 힘이 능동적인가 혹은 반동적인가에 따라 평가받아야 한다. 평가의 '차이'는 작품 가치의 높고 낮음 때문에 나온다고 할 수 있겠지만 이 높고 낮음은 작품에 들어있는 힘의 '고귀함' 여부에 의해 결정되어야 하니, 작품이 지닌 힘과 그 강렬함이 양질의 것인가가 문제가 되는 것이다. 작품의 가치가 이처럼 그것이 발휘하는 힘의 질에 있다고 하더라도 이 질을 어떻게 해석하느냐, 긍정하느냐 부정하느냐는 또다른 문제이다. 어떤 작품을 가치 있다고 보는 것은 그 작품 자체가 가치 있다는 것 이외에 그것을 가치 있는 것으로 보는 평가자가 있다는 말이기도 하다. 이 판단의 과정은 해석, 분석, 평가 등의 행위로 이루어질텐데 일종의 드라마를 이룬다. 입장의 차이들, 해석의 차이들이 만들어지기 위해서는 평가 대상과 평가자 각자의 힘의 양질성 여부가 서로 맞물리게 된다. 작품의 가치는 그 힘의 양의 차이에서 나오는 질에 따라서 규정되겠지만 평가는 평가자의 가치, 그의 고귀함 여부—능동적인가 반동적인가—에 의해서도 규정되는 것이다. 문학 평가 또는 비평은 그래서 이중적인 역동성 체계의 교차를 통해 이루어진다고 할 수 있다. 작품의 양질성 여부, 그리고 평가자의 양질성 여부가 상호교차하면서 이루어지는 드라마가 비평이요 평가인 셈이다. 이 드라마에서 중요한 것은 무대의 적실성이나 인물의 양심 등이 아니라 그것들의 역학관계이다. 이렇게 본다면 문학과 그 비평을 이데올로기적 실천으로 규정하고 가치평가는 도외시하는 것만이 문제가 아니라 문학의 가치를 인정하더라도 어떻게 이 가치를 이해할 것인가는 여전히 문제가 된다고 할 수 있을 것이다. 문학에 가치가 있음을 인정하는 것으로 드라마

24_ 니체가 볼 때는 노예의 힘이 아닌, 주인의 힘이 긍정적이다. 그는 노예란 단지 '부정의 부정'을 통해서만 자신을 긍정할 수 있을 뿐이라고 본다. 노예는, 스스로 긍정적인 힘이자 자신의 그런 모습을 긍정하는, 그래서 고귀한 주인을 '악'으로 규정함으로써 주인의 긍정성을 부정한다. 그가 자신을 인정하기 위해서는 이 부정을 부정해야만 한다.

는 끝나지 않는다. 작품에 어떤 위력 혹은 마력이 있느냐, 어떤 종류의 힘이 작용하는가, 혹은 작품에 대해 누가 어떤 말을 하는가, 왜 하는가, 그 말을 함으로써 무엇을 성취하는가 하는 등의 질문이 남는 것이다.[25]

4. 문학의 창조성

이쯤해서 문학의 '창조성' 문제를 언급할 수 있으리라. 윤지관은 "민족문학의 역사적 존재성에 대한 근원적이고도 현실적인 사유"가 필요하다는 이광호의 제언을 수용한다면서도 "그 담론성과 제도성을 거듭 확인하고 모든 비평이 이데올로기임을 아무리 밝혀도, 실천적 비평의 길은 열리지 않는다"며, 여전히 "문학성과 창조성에 대한 모색"이 "비평의 핵심적인 관건"임을 주장한다.[26] 이광호가 과연 문학의 창조성을 인정하지 않는지 여부는 확인할 길이 없으되, 누구라도 문학에 그런 가치가 없다거나, 문학은 이데올로기일 뿐이라고 한다면 잘못된 입장이라 본다. '창조성'을 '신의 창조성'이라는 의미로 쓴다면 관념론적 문제설정이라 하겠지만 이데올로기적 성격과 구분되는 역동성이나 생산성이 문학에 없을 수는 없다.[27] 현실에 대한 문학의 적실성이 중요함을 강조하는 리얼리즘론 역시 문학의 창조성을 중시하는 데에는 뒤지지 않는다. 백낙청이 루카치류의 반영이론에 대해 끝까지

25_ 가치평가는 그래서 '드라마화함'이다. "말을 '드라마화함'으로써만, 주인의 입에 또는 노예의 입에 집어넣음으로써만, 말의 의미를 결정할 수 있는 것이다"(보그, 앞의 책, 34). 가치논의는 작품의 의미를 묻기보다는 어떤 특정한 의미를 생산하는 힘이 무엇인가를 묻는다고 할 수 있다.

26_ 윤지관, 「현시기 비평의 기능」, 94.

27_ 바르트가 말하는 '푼크툼' 혹은 '제3의 의미'가 바로 창조성에 해당한다고 할 수 있을 것이다. '푼크툼'에 대해서는 Roland Barthes, *Camera Lucida: Reflections on Photography*, (New York: Hill and Wang, 1981), 26-28, 43-59; '제3의 의미'에 대해서는 Barthes, "The Third Meaning: Research Notes on Some Eisenstein Stills," in *Image-Music-Text* (New York: Hill and Wang, 1977), 52-68 참고.

수용을 거부하면서 문학의 창조성을 감안해야 한다는 입장을 제출하는 것이나, 김영희가 영국의 문학비평가인 리비스와 문학에서 문화연구로 전환한 윌리엄스를 비교평가하면서 문학의 창조성을 훨씬 더 잘 이해했다는 이유로 전자의 편을 드는 것이 그 예다.

문학의 이데올로기적 바탕을 인정하는 것만으로는 문학의 창조성을 충분히 이해했다고 할 수는 없을 것이다. 이데올로기 개념만으로 문학에 있는 역동성, 작품마다 고유하게 배치되어 있는 힘과 그 질, 그 힘의 강렬도에 따라 형성되는 감각 등을 설명할 수는 없다. 이데올로기적 문제설정이 중시하는 인식상의 오류, 과학성 여부 등의 문제만으로 창조성이 결코 해명되지 않는다는 문학옹호론자의 입장은 그래서 전적으로 타당해 보인다. 하지만 문학에 창조성이 있다고 인정하는 것이 문학에는 이데올로기적 성격이 없고 오직 창조성만이 있다는 말은 아닐 것이다. 알튀세르와 이글턴이 자기비판을 통하여 이론주의와 과학주의를 극복하려고 한 것은 그 어떤 경우든 이데올로기를 벗어나서는 이론과 과학을 실천할 수 없다는 점을 인정해야 했기 때문이다. 자신을 '이론'(Theory) 혹은 '과학'(Science)의 위치에 있는 것으로 간주하고 문학이나 문학비평을 이데올로기라고 매도하는 것이 문제라고 한다면 문학은 이데올로기와는 별개의 창조성의 문제라고 보는 것 역시 문제이다. 이렇게 놓고 보면 창조성 테제와 이데올로기 테제를 연결하는 일, 즉 두 테제의 상호 내재적 절합이 결국 문제요 과제이다.

문학의 창조성을 어떻게 보느냐도 문제가 된다. 문학의 창조성을 인정하느냐 마느냐의 문제와 그것을 어떻게 이해하느냐는 문제 사이에는 큰 심연이 있는 듯하다. 창조성의 해석을 두고 반영론과 비반영론의 차이가 있는 것만 해도 그렇다. 국내 리얼리즘론자들은 '반영' 개념이 지닌 형이상학적 함정을 피하기 위하여 문학을 반영의 관점에서만 보려 하지 않는다는 입장을 곧잘 피력한다. 하지만 리얼리즘론자가 현실반영의 과제를 포기하는 것은 물론 아니다. 백낙청도 그래서 작품의 창조성이 제대로 실현된다면 그 작품에는 '현실반영'이라는 사건이 뒤따르고 만다고 보고 있다.

반영론은 결국 하이데거가 말하는 '형이상학에 근거한 것이고 따라서 형이상학의 극복에 해당하는 진정한 예술적 노력을 올바르게 밝혀주지 못한다. 예술의 '진실' 내지 그 '예술됨'이 가령 루카치의 「예술과 객관적 진리」라는 글에서처럼 '반영'의 원리에서 출발하는 한에는, 작품의 '심미적 가치'를 '인식적 기능'에서 도출해내는 어려움 아니면 '인식적 기능'과는 별개의 '심미적 가치'를 설정하고 양자를 조화시키는 어려움 때문에 끝끝내 골머리를 앓게 되지 않을까 싶다. 그러므로 필자가 지금 생각키로는 예술의 예술성 내지 창조성 자체는 달리 규명하되, 그러한 예술성이 실제로 성취될 때 '현실반영'이라는 사건이 어째서, 얼마나 그 핵심적 요인으로 반드시 끼어들게 마련인가를 밝히는 것이 옳은 접근법일 것 같다.[28]

현실반영이라는 사건, 이 사건은 어떤 성질의 것일까? '사건'이라는 점에서 현실반영은 관념, 환상은 아닐 것이다. 따라서 그것은 실재하는 어떤 것이다. 하지만 그것은 실체나 물체로 존재하는 것은 아니다. 사건은 풀이나 나무와는 다른 방식으로 존재하니까 말이다. 자세히 설명하지는 않지만 백낙청이 '현실반영'을 문학적 형상화가 성공을 거둘 때 만들어내는 어떤 효과로 인식하고 있는 것은 분명하다. 작품이 만들어내는 효과, 이 효과는 그런데 왜 '현실반영'이라는 이름을 달고 나오는 것일까? 작품이 현실반영이라는 사건을 일으킨다고 하는 것은 작품과 현실의 어떤 대면을 상정함이 아닐까? 작품이 제대로 힘을 발휘하면 현실을 반영하는 사건을 일으킨다는 것은 작품이 현실에 '대면하여' 서있는 그림을 연상시킨다. 왜 창조성의 효과는 굳이 반영이라는 사건으로만 이해되는 것일까? 반영 이외의 사건은 없는가?

이 지점에서 '리얼리즘'은 진리 개념에 지나치게 묶여있는 문제틀이 아닌가 하는 질문이 가능할 듯싶다. 국내 리얼리즘론의 태두라 할 백낙청이 비평활동 초기부터 '과학' '진리' '재현' 등의 개념을 규명하려고 애써온 것

28_ 백낙청, 「모더니즘논의에 덧붙여」, 『민족문학과 세계문학 II』, 창작과비평사, 1985, 445-46.

은 잘 알려진 일이다. 리얼리즘론을 구축하기 위한 노력이겠지만 나로서는 작품의 활동이 왜 진리 개념에 배타적으로 묶여야 하는지 묻고 싶다. 문학의 사건을 진리의 문제로 간주해서는 안된다는 말은 물론 아니다. 창조성 테제와 이데올로기 테제를 동시에 인정하지 않으면 안된다고 말한 것도 문학이 진리의 문제이기도 함을 인정할 수밖에 없기 때문이었다. 이데올로기라는 개념은 과학의 개념, 그리고 진리의 개념과 분리하여 사고될 수 없다. 문학을 '이데올로기'라고 매도하는 쪽이 통상 자신을 과학의 대변자로 말하는 것도 그 때문이다. 물론 '과학주의' 문제가 생긴 데서도 확인되듯 문학을 이데올로기라고만 해서는 과학대변자 자신의 과학주의 이데올로기라는 문제가 대두되지만, 제대로 된 이데올로기론이라면 과학적 실천이 이데올로기적 실천 속에서 이루어짐을 인정하는 것과는 별도로 과학, 나아가 진리의 문제를 끝까지 따지지 않을 수 없다. 백낙청의 리얼리즘론이 근대과학의 데카르트식 이분법적 발상을 준열하게 비판하면서도 진리의 문제를 포기하지 않는 것 역시 어떤 실천에 이데올로기적 성격이 들어간다고 해서 진리의 문제가 사라지는 것은 아니라는 점을 보여주는 것이 아닌가 싶다.[29] 문제제기는 그래서 진리의 문제가 문학의 중요한 쟁점임을 부정하려는 목적에서 나온다기보다는, 왜 문학의 창조성을 진리의 문제로 축소하느냐, 즉 문학적 표현을 왜 재현의 문제로만 국한하느냐는 것이다. 문학의 '사건'을 창조성으로 보면서도 진리의 사건으로만 보지 않게 되면, 현실반영의 성공 여부나 충실 여하에 대한 죄의식이나 압박감에서 벗어나 문학의 예술성, 창조성을 새롭게 이해할 수 있을 듯싶다. 문학적 창조가 진리의 섬김으로 이해될 때 문학은 경건해지라는, 혹은 진정성을 간직하라는 명령을 당연한 것으로 받아들이게 될 것 같다. 이때 문학적 창조성은 종교적으로 규정

29_ 국내 리얼리즘론자 중 특히 영문학전공자들로부터 존경을 받고 있는 리비스가 비평의 주관주의적 경향과 객관주의적 경향을 동시에 극복하려고 하면서 '객관성'이라는 기준을 포기하려고 하지 않은 것 역시 같은 맥락에서 이해할 수 있을 것 같다. 김영희, 『비평의 객관성과 실천적 지평』, 141-63 참조

되며, 반종교적이라 규정되기 십상인 도발들은 창조성과는 무관한 것으로 치부되기 쉽다. 문학적 창조성은 그러나 진리에 봉사하지 않더라도 형성될 수 있는 감수성, 지각, 비전, 감각 등의 차원에서 성취되는 것이 아닐까? 감각의 차원에서 확인되지 않는 창조성은 없으며, 감각 형성을 통해야만 '현실반영'이라는 효과도 만들어질 수 있다. 문학을 반영의 틀, 진리의 틀에 먼저 묶기 전에 감각 형성의 실험장으로 만들 필요가 있지 않을까?

국내 리얼리즘 문학논의가 진리 문제와 연결될 수밖에 없는 것은 리얼리즘론이 민족문학론을 받치고 있고, 민족문학론은 또 그 이름에 걸맞게 '민족현실'이라는 문제를 한시라도 놓쳐서는 안 된다는 강박감이 작용하기 때문일 것이다. 민족문학론은 국내문학론 가운데 '역사적 중압감'을 가장 강하게 느끼는 입론에 속한다. 사실 그 점이 민족문학론의 본받을 태도이자 강점인데, 문제가 없지는 않다. 민족문학론에서 '현실'이란 무엇인가라는 문제나, 현실의 수많은 비민족적 요소들이 '민족'에 의해 포괄될 수 있는지 여부도 중요한 논쟁거리겠지만 리얼리즘론과 진리 문제의 '궁합' 관계를 놓고 본다면 '현실'에 대한 정당한 관심이 문학논의를 문학의 내용 중심으로 끌어가게 하는 경향이 있는 점이 특히 마음에 걸린다. 내용에 집중되는 이 관심은 문학의 질료 및 표현 차원의 문제를 비껴가게 함으로써 문학의 물질성을 단순화하는 부작용을 낳는 것으로 보인다. 다른 예술에서도 마찬가지겠지만 문학에서 관건은 형식과 내용의 관계가 아니라 각기 질료, 형식, 실체로 나눠지는 표현과 내용의 이중절합 관계이다.[30] 여기서의 질료란

30_ 표현과 내용, 그리고 질료, 형식, 실체의 관계는 들뢰즈와 가타리의 설명(*A Thousand Plateaus: Capitalism and Schizophrenia* [Minneapolis: U. of Minnesota Pr., 1987], 43)에 따르면 다음과 같이 도표화할 수 있을 것이다(로널드 보그, 앞의 책, 205쪽에 있는 역자 이정우의 도표도 참조할 것).

	질 료	형 식	실 체
표 현	표현질료	표현형식	표현실체
내 용	내용질료	내용형식	내용실체

"일관성의 구도 혹은 기관없는 신체, 다시 말해 형식화되지 않고 비유기적이며 비지층화되거나 탈지층화된 신체와, 그 신체를 흐르는 모든 흐름, 즉 원자 이하의, 분자 이하의 입자들, 순수한 강렬도, 전(前)생명적이고 전물리적인 자유로운 특이성들"[31]이다. 내용은 이 질료를 형식화하는 것이며, 표현은 그것을 '기능'에 따라 구조화한다. 들뢰즈와 가타리에 따르면 내용과 표현은 서로 반영하거나 재현하기보다는 상호전제하는 관계에 놓인다. 예컨대 푸코의 용법에서 내용은 감옥기계라는 '사회적 기계'를 가리키고, 표현은 형법과 같은 '언술행위의 집단적 배치'를 가리키는데,[32] 양자간에는 "어떤 공통의 형태, 일치성 또는 일대일 대응 따위는 없다."[33] "내용과 표현 사이에는 상응관계나 순응관계는 결코 존재하지 않는다. 다만 상호전제와 더불어 동형성만이 있을 뿐이다."[34] 나 자신 이들 개념들의 관계를 깊이 이해하지도 못 하지만[35] 이 복잡한 논의를 문학논의에 산뜻하게 적용하기도 쉽지 않다. 다만 여기서 '질료', '표현', '내용'을 언급하는 것은 이들 개념들이 문학의 물질성을 새롭게 인식하게 하지 않는가, 특히 그 개념들이 이중절합의 개념을 주지 않는가, 그리고 문학을 다양한 입자들, 요소들, 흐름들, 힘들, 기능들의 배치로 사고하게 해주지 않는가 싶기 때문이다. 문학을 배치의 관점에서 보게 되면 들뢰즈와 가타리가 질료라고 하는 부분—이 부분은 다양하게 '기관없는 신체', '일관성의 구도', '추상적 기계' 등으로 불리는데—이 중요해질 것이다. 문학적 표현에서 활용되는 질료는 어떤 흐름을 타며, 어떻게 '기능'과 절합하게 되는 것일까 등을 생각하면 문학과 현실의 관계에 대해서도 반영과는 다른 상을 얻을 듯싶다. 아마 현실은 표상의

31_ Deleuze and Guattari, op. cit., 43. 이 책은 서울사회과학연구소 회원들 중심으로 번역작업이 이루어졌다. 여기서 인용한 번역은 이진경의 것이다.

32_ 이 부분에 대한 논의는 질 들뢰즈, 『들뢰즈의 푸코』(권영숙·조형근 역, 새길, 1995), 60 이하 및 81-110 참조; 보그, 『들뢰즈와 가타리』 제6장(「화려한 증식: 기호적 체제들과 추상적 기계들」) 참조

33_ 『들뢰즈의 푸코』, 71.

34_ Deleuze and Guattari, op. cit., 44.

35_ 표현, 내용, 질료, 형식, 실체의 관계에 대해서는 보그의 앞의 책, 제6장 전체를 참고

대상이라기보다는 문학적 실험과 창작의 대상이 되고, 문학이 질료를 탈영토화함에 따라서 새롭게 구성되는 어떤 것으로 이해되지 않을까? 이때 현실은 객관적 '대상'이 아니라, 문학적 실천을 포함한 실천들에 의해서 구성되는 결과이다. 현실이 대상이 된다면 그것은 문학적 생산의 재료가 되는 한에서이다.

리얼리즘론은 이런 문제를 어떻게 이해하고 있는가? 스스로 중시하는 '내용'에 대해서는? 리얼리즘은 '내용과 형식'의 문제설정에서 크게 벗어나 있지 않다는 생각이다. 리얼리즘은 형식주의를 지양하기 때문에 형식 편을 들지 않는다. 그렇다고 내용 편을 일방적으로 들 수도 없는 것이, 문학이 예술인 한 표현의 문제를 도외시할 수 없기 때문이다. 그러나 내용과 표현의 현실적인 절합을 사고할 수 없는 한 리얼리즘은 내용 문제를 말하기 위해서는 형식을, 형식 문제를 말하기 위해서는 내용을 부정하는 어중간한 해결책밖에는 없다. 그리고 내용을 중시하기 때문에 문학의 창조성을 이야기하는 순간에도 내용의 소환장에 응할 수밖에 없어 어렵사리 인정된 창조성마저 반영의 문제로 환원하고 만다. 리얼리즘이 표현의 질료, 형식, 실체가 어떤 관계를 이루는지, 혹은 내용과 표현의 절합 양상이 어떤 것인지에 대해 별다른 관심이 없는 것도 그 때문이 아닐까? 민족문학론이 '사실주의' 전통에 대해서는 너그러운 반면 모더니즘이나 아방가르드 전통에 대해서는 상대적으로 무관심 내지 폄하의 자세로 일관하는 것 역시 이런 점과 무관하지 않을 것이다. 리얼리즘론 속에 질료와 표현을 제대로 고려할 문제틀이 마련되어 있지 않다는 것은 작품의 현실반영 문제 말고는 작품의 물질성을 느낄 수 없다는 말이 아닐까? 아방가르드의 경우, 혹은 모더니즘의 '형식실험'의 경우 예술의 질료 혹은 재료와 표현의 새로운 절합가능성이 특히 문제가 되는데, 이것은 '내용' 문제만이 예술의 문제가 아님을 보여준다. 문학의 내용만이 아니라 그 질료와 표현의 문제를 동시에 고려해야 한다면 문학적 창조성의 문제는 '현실반영'만의 문제는 아닐 것이다.

리얼리즘론은 애써 문학의 창조성을 강조하면서 반영론의 함정에서 벗어나려고 몸부림치면서도 반영론의 틀에서 벗어나지 못하는 것으로 보인다. 리얼리즘이 반영론에만 입각하여 그 방법론에 따라서 문학을 설명하려든다는 말은 아니다. 이 지적의 요지는 리얼리즘이 반영론과만 사랑을 나눌 뿐 다른 멋있는 연인들과는 놀려고 하지 않는다는 말이다. 문학적 창조성은 재현이나 반영의 문제, 혹은 진실성이나 진정성의 문제만이 아니라 이미 말했듯이 힘의 관계들의 관점에서, 그 역동성의 차원에서도 이해할 수 있다. 이 역동성은 현실을 어떻게 표상하느냐보다는 오히려 현실을 어떻게 창조해내느냐는 문제이다. 새로운 감각을 창조하는 것, 이 감각을 특이하게 만드는 것, 거기에는 물론 현실반영이라는 감각의 창조가 포함되지 않을 수 없다. 그러나 동시에 반영에 집착하는 것은 예술의 사건을 단순화하는 것이며, 예술의 충격을 안정화하고, 예술이 하나의 '제도' 안에, 즉 민족문학 혹은 세계문학으로 성장해야 하는 제도 안에 갇혀 있기를 바라는 것이 아닌가? 어쩌면 이것은 '구원'이나 '해방'의 이름으로 문학을 한다고 하면서 그런 해방의 폭과 가능성을 축소시키고, 어떤 특정한 구원을 특권화하는 것은 아닌가? 예술의 창조성이라는 이름으로 그 창조성의 역동적 성격을, 그 흐름의 강렬한 힘을 쇠약케 하는 것은 아닌가?

5. 근대문학제도

지금까지 두 마리 토끼를 잡자고 말했던 것이 아닐까 싶다. 문학의 이데올로기적 성격과 창조적 성격을 둘 다 인정해야 한다고 주장한 셈이기 때문이다. 이 주장은 문학옹호론과 비판론의 입장을 동시에 수용하자는 것처럼 보여 어쩐지 위태롭게 보인다. 토끼 두 마리를 좇다가 다 놓치는 것은 아닐까 싶기도 하다. 그러나 문학비판론과 옹호론을 동일한 수준에서 옹호한 것은 아니다. 일단 문학을 이데올로기로만 보는 견해에 대해서는 말도 안 된다고 보았기 때문이다. 논의도 그래서 주로 문학의 창조성을 인정한 바탕

위에서 진행된 편인데, 그러나 곧 이어 문학의 창조성도 어떻게 이해하느냐에 따라서 문제가 된다고 딴지를 걸었던 만큼 창조성테제만 지지한 것은 아니다. 결국 양쪽으로부터 비난을 면하기는 어려워졌는데, 나름대로 전술을 쓰긴 했다. 니체와 들뢰즈 등의 가치논의에서 빌려온 그 전술은 '가치'를 '힘'의 문제로 생각함으로써 창조성을 역동성의 문제로, 감각의 문제로 치환하고, 나아가 문학의 물질성을 이중절합의 관점에서 사고하는 것이었다. 그런데 아직 턱없이 부실하여 보충이 되어도 많이 되어야 할 이 논의는 문학범주가 문제로 떠오른 데서 촉발되었다 할 수 있다. 한편에서는 문학을 이데올로기라고 해체하자거나 특권화하지 말라 하고 다른 한편에서는 '문학적 창조성에 깃든 변혁력'을 높이 평가하고 있는 상황이 이 논의의 출발점이었던 것이다. 이제 나의 입장을 좀 더 명확히 밝히라면 문학이 이데올로기적 성격을 갖게 되는 것은 그것이 창조성을 가지고 있기 때문이라고, 문학의 제도화는 그 창조성 때문에 일어난다고 말하고 싶다. 이데올로기가 이데올로기로 작용하기 위해서는 매력이 없어서는 안된다. 문학이 제도화하여 이데올로기로 작용하기 위해서는 문학에 그만한 힘이 있어야 할 것이다.[36] 하지만 창조성 테제를 더 밀고 나가고 싶기도 하다. 문학의 창조성은 문학을 지금의 제도, 근대적 문학제도에 안주시키지 않고, 거기서 벗어나게 하는 힘을 가지고 있다고 말하고 싶은 것이다. 이 점을 좀 더 언급하기 위하여 문학제도 문제를 다시 살필 필요가 있겠다.

근대의 서구문학이 시민문학으로, 그리고 한국에서 민족민중문학으로 성립하게 된 데에는 문학에 '민주주의의 실현'과 같은 '근대적 이념'이나 "근대적인 인간과 사회의 형성을 위한 시대적인 요청에 부합"하는 측면이 있었기 때문이라고 할 때, 윤지관은 정확하게 문학의 창조적 힘을 읽어낸 것으로 보인다. 그는 근대문학이 제도화된 데에는 그만한 가치, 힘, 역동성 등이 있었기 때문으로 보고 있다. 하지만 그의 주장은 일면만 맞는 것 같다.

36_ 여기서 우리는 지배이데올로기는 대중의 동의에 의해서만 지배이데올로기가 된다는 그람시의 명제를 떠올릴 수도 있을 것이다.

근대문학의 등장은 근대예술이 사회의 파편화를 모면한 까닭에, 그래서 자본주의 사회의 대안인 것처럼 여겨지는 바로 그 까닭에 자본주의 사회 내의 합법적인 제도라는 위상을 얻게 되는 것과 맥을 같이 한다. 페터 뷔르거가 지적하듯 예술이 자율적인 제도의 지위를 획득하게 되는 것은 "부르주아 사회의 지배적 원칙인 도구적 합리성(means-ends rationality)에 대한 비판의 초기 정식화들"이 등장할 때다.[37] 예술은 부르주아적 사회질서가 노동분할과 '도구적 합리성'을 진척시키고 상승시킴에 따라 "인간이 상실한 온전함(wholeness)의 회복이 유일하게 가능한 영역으로 인식"되었다. 그런데 예술이 제도화된 것이 바로 이런 이유 때문이라면, 예술에 대한 상반된 평가가 가능하게 된다. 예술의 제도화는 예술에 '창조적 변혁력'의 자양분이 있기 때문에 성립한다는 진단은 한편으로는 예술에 대한 예찬이요, 다른 한편으로는 예술에 대한 질타이다. 문학이 "민주주의의 실현이라는 근대적인 이념"에 바탕을 두고 있다는 윤지관의 논지가 일면만 타당하다는 것은 예술의 창조성이 지닌 이 양면성을 동시에 보려고 하지 않기 때문이다. 예술이 자율적 공간을 확보하고 제도가 된 것은 그것이 부르주아 사회의 모순을 비판하는 측면 때문만이 아니라 "부르주아 사회의 예술은 엄밀한 의미에서 이데올로기로 제도화했"기 때문이기도 하다. "사회 및 그 도구적 합리성에 대한 비판은 조화로운 삶에 대한 기만적 경험이라는 형태로 제도화되어 그런 조화의 실현 가능성을 동시에 없애버린다는 점에서 이데올로기적이요, 마르쿠제의 개념을 사용하면 긍정적"인 것이다.[38]

물론 문학이 지배질서를 긍정하기만 하는 것은 아니라고, 예컨대 리얼리즘에 입각한 민족문학이야말로 자본주의 사회와 분단 현실을 비판하고 도구적 합리성을 극복하려는 노력이라고 주장할 수도 있다. 서구 시민문학의 한계에 대해서 이야기할 수도 있을 것이고, 제3세계문학의 차별성을 강조

37_ Peter Burger, "The Institution of 'Art' as a Category in the Sociology of Literature," *Cultural Critique* 2 (Winter 1985-86), 11.

38_ Ibid., 13.

할 수도 있을 것이다. 그러나 그런 주장이 문학을 위한 온당한 변명일 수도 있지만 문학은 이데올로기와 무관하다고 하는 주장으로 이어진다면 그만큼은 문학의 자율적 측면을 강조하게 되고, 문학이 특권적인 위치에 있음을 강변하는 것이 된다. 그러나 리얼리즘론자가 자신은 문학의 사회적 내용을 줄기차게 언급하고 문학의 사회적 역할을 강조한다는 점에서 '자율성' 테제와는 거리가 먼 문학론을 제시한다고 한다면? 하지만 여기서 자율성이라 함은 문학이 제도로서 성립할 때 갖는 성격을 의미한다는 점에서 사회비판 여부와는 별도로 문학이 갖게 되는 위상이다. 국내 리얼리즘론자들—문학의 사회적 역할이라는 화두 자체에 대해 사고하기를 거부하는 모더니즘계열의 문학옹호론자는 말할 것도 없지만—이 문학이나 비평의 이데올로기적 성격을 마지못해 인정할 뿐 그 성격에 대해 깊은 고찰을 하지 않는 것은 이런 점을 고려하지 않기 때문이 아닐까? 민족문학론은 문학의 이데올로기성보다는 인간해방에 기여할 문학의 자양분을 강조하는 측면이 높다. 이에 따라 민족문학을 건설하고 세계문학의 대열에 참여하는 것이 현단계의 중요한 문화적 사명이 된다. "전지구적 소비문화의 침투를 막아내기 위한 싸움에서 문학의 영역을 소홀히하는 것은 전략적인 오류이다"라는 주장도 이런 맥락에서 나온 듯싶다.[39] 여기에는 "포스트모더니즘이 자랑하는 다양성이란 실상 '후기자본주의의 문화적 논리'가 허용하고 일정 정도 요구하는 바의 사이비 다양성에 불과"하다는 진단이 첨부되어 있다.[40] 문학에 대한 지대한 신뢰를 가지지 않고서는, 문학이 남다른 능력을 가진 것임을 굳게 믿지 않고서는 이런 생각은 불가능하리라. 하지만 바로 그런 점 때문에 이런 입론이 문제를 안게 된다고 생각할 수는 없을까? 이 관점은 문학의 사회적 기능을 그 내용 차원에서 고려할 뿐 문학이 제도로서 하고 있는 역할은 별로 고려하고 있지 않다. 윤지관이 문학이란 이데올로기적 실천이 아니냐는 지적을 받고서도 문학의 창조성 등을 내세워 애써 이데올로기 분석을

39_ 백낙청, 「지구화시대의 민족과 문학」, 『내일을 여는 작가』, 1997년 1·2월호, 10.
40_ 같은 글, 15.

외면하고 있는 것도 같은 태도이다. 사회변혁의 꿈을 지녔다는 리얼리즘론은 그렇다면 어떤 변혁을 이루려는 것인가? 근대를 극복하려는가 말려는가? 문학의 근대적 제도의 성격을 극복할 생각이 없다면 근대문학주의를 지지하는 것이 될텐데 문학에서 어떻게 변혁을 한다는 것일까? 반복이나 문학에 깃든 창조성을 인정하지 말자는 것이 이 글의 입장은 아니다. 그러나 문학이 창조적이라고 보고, 문학이 현실변혁에, 인간해방에 이바지하는 것으로 이해하는 것과 그것을 특정한 문학제도의 형태로 유지하려는 것은 다른 말이다. 문학만큼 훌륭한 예술은 없다―의외로 자주 듣는 말이지만―고 하거나, 민족문학이야말로 가장 바람직한 현단계 문학 방식이라고 하는 것은 문학제도를 어떤 특정한 방식에 가두려는 시도이다. 오늘날 문학이 '대문자로 시작하는 문학'(Literature)으로 안정화하여 지배이데올로기가 되었다며 문학주의에서 벗어나 '문화'로 나아간 윌리엄스의 기획도 그래서 문학의 창조성을 무시한 결과라고만 봐서는 안될 것 같다. 그의 비판은 문학의 '(재)영토화' 혹은 제도화 문제 쪽으로도 향해 있기 때문이다.

문학의 제도는 한편으로 보면 그 자체 (재)영토화라기보다는 탈영토화에서 비롯되었다고 할 수 있을 것이다. 근대문학에 민주적 힘이 있다는 윤지관의 말을 굳이 수용하지 않더라도 문학에 창조성이 있다고 한다면, 그리고 이 창조성이 어떤 역동적인 성격을 가진다고 한다면, 근대문학제도의 성립은 그 이전 문학제도의 탈영토화를 의미하며, 그것은 새로운 영토의 개척이다. 그런데 문학이 제도로 성립하려면 문학 자체의 힘만으로는 되지 않으며, 다른 많은 조건들을 필요로 한다. 근대문학제도가 성립하기 위해서는 민족국가, 단일시장과 민족언어의 형성, 언어교육을 위한 대중교육의 확산 및 대중교육 내 언어교육의 분할, 문학적 감수성을 갖추게 하기 위한 문학교육의 실시, 문학교육의 대학 내 구축 등 많은 장치들, 제도들, 실천들이 필요하다.[41] 이들 혹은 그 외에 다른 요소들의 출현 방식과 배치는 물론

41_ 이런 관점에서 보면 뷔르거의 '예술제도' 개념도 충분히 역사적이지 않다. 뷔르거의 '예술제도' 개념이 지닌 난점은 이 '제도'가 어떻게 작동하는 제도인지, 어떤 구체적인

민족문학에 따라서 달라질 수밖에 없으며, 사실 국내 민족문학론도 세계문학을 지향한다지만 우리 민족문학이 지닌 차별성에 주목하여 성립된 측면이 크다. 문학제도를 이런 관점에서 보면 문학의 역동성, 창조성은 사회적 장치들에 의해 포착됨을, 그리고 또한 문학이 사회적 장치들과 연결되어 근대문학제도라는 독특한 복수적 실천을 만들어내고 있음을 알 수 있다. 그래서 문제는 결국 '배치'이다. 문학이 사회적 장치들에 의해 완전히 포섭되는 것만도, 문학의 창조적 힘이 장치들을 활용하는 것만도 아니다. 실제로 일어나는 것은 문학과 사회적 장치들 간의 상호전제, 혹은 이중절합이다. 문학작품도 '기계'요 사회적 장치들도 '기계들'이며, 이 기계들이 결합하는 것 즉 그 배치가 문학제도이며, 오늘의 지배적 배치는 근대문학제도이다. 근대문학제도는 영속적인 성격의 배치인가? 물론 그렇지 않다. 근대문학제도의 배치는 그 안에서 작동하는 탈주의 선에 의해 새로운 배치로 전환되지 않을 수 없기 때문이다.

6. 문학의 물질성—그 기념비적 성격

문학이 제도로 성립하기 위해서는 막연한 말 같기는 하지만 창조성, 힘등이 없어서는 안된다. 근대적 문학제도는 문학적 창조성의 특정한 역사적 배치로 이해할 수 있을 것이다. 그런데 이 '배치'가 가능하기 위해서는 문학

요소들을 가지고 있는지, 혹은 그 작동의 효과는 무엇인지 가늠하기 어렵다는 점이다. 반면에 헌터의 영문학교육의 역사기술은 문학이 제도로서 어떻게 실천되고 있는지 경험적인 차원으로까지 밝히고 있다. 헌터는 영문학이 제도로서 성장하는 데는 매튜 아놀드 같은 '문화사도'보다는 스토(David Stow)나 케이-셔틀워스(James Kay-Shuttleworth) 같은 자선사업가 혹은 공중위생관의 역할이 더 중요했다는 점을 강조한다. 이 주장이 얼마나 근거 있는가 여부는 차치하고 문학제도가 역사현실 속에서 구성되고, 존립하고, 또 실천되며 관리되는 방식에 관심을 기울이게 한다는 점에서 그의 작업은 의의가 있어 보인다. 스토와 케이-셔틀워스의 역할에 대해서는 Ian Hunter, *Culture and Government: The Emergence of Literary Education* (London: Macmillan, 1988), 42 이하 참조

의 창조성을 물질성의 관점에서 볼 필요가 있을 것 같다. 문학 자체의 물질성과 사회적 장치들의 이중절합에 의한 문학제도의 성립을 생각할 수 없겠느냐는 것이다. 그러나 문학의 물질성이란 무엇인가? 흔히 문학의 물질성은 언어에 있다고 하는데, 언어가 무엇인지에 대한 논의도 분분하여 설령 문학의 물질성이 언어에서 온다는 말이 맞는다고 해서 문학의 물질성은 언어에 있다는 대답이 만족스러울 수는 없다. 문학제도의 성립에 필요한 물질성을 다시 사고할 필요가 있다. 문학의 물질성 문제를 '기념비' 개념으로 생각해볼 수 있을 것 같다.

셰익스피어의 연작 소네트에는 시인-화자가 등장하여 자신의 연인인 '흑부인'(Black Lady)과, 또 이 여인을 놓고 자신과 삼각관계에 있기도 하고 자신의 연인이기도 한 '젊은이'(Youth)가 지닌 젊음이나 삶은 자신의 시 속에서만 영속할 수 있다는 주장을 반복한다. 가령 21번 소네트에서 "파괴적인 시간이 그대 젊음의 날을 밤으로 바꾸고자" 할 때 "나는 그대에게 새로운 삶을 준다"고 말하거나 19번에서 "너[시간]의 학대에도 불구하고/내 사랑은 내 시 안에서 영원히 젊게 살리라"고 말하는 것이 그러하다.[42] 소네트 55번에서도 화자는 "파괴적 전쟁이 조상들을 무너뜨리고/전투들로 석물이 뽑혀버릴 때/군신의 칼도 전쟁의 성급한 화염도 그대 기억의 산 기록을 불태우진 못하리" 하며 진부하다면 진부한, '인생은 짧고 예술은 길다'는 견해를 피력하고 있다. 시간의 화살과 더불어 살 수밖에 없는 현실 속 인물은 필연적으로 늙고 병들어 죽을 수밖에 없지만, 그 인물이 시의 세계 속에 '살게' 될 때는 현재의 모습 그대로를 유지하게 된다는 시인-화자의 주장은 시, 문학, 나아가서 예술의 어떤 특징에 대해 말하고 있는 것으로 보인다. 여기서 제기되는 문제는 시가 어떻게 '기념비'가 될 수 있는가, 그리고 그 기념비는 어떤 역할 혹은 작용을 하는가이다.

내가 알기로 예술의 기념비적 성격을 가장 잘 설명하고 있는 것은 들뢰

42_ William Shakespeare, *The Sonnets* (Harmondsworth: Penguin Books, 1970).

즈와 가타리이기에 그들의 입장을 잠간 소개한다.[43] 이들에 따르면 "기념비란 잠재적 사건을 현실화함이 아니라, 그것을 구현시킴, 즉 거기에 실체를 부여함이다. 다시 말해 사건에다가 하나의 육체를, 삶을, 우주를 부여하는 것이다."[44] 죽고 말 젊은이가 소네트에서 살아가게 되는 것은 예술의 이런 성격 때문이다. 그런데 들뢰즈와 가타리는 오직 예술만이 "세계의 한 순간이 지속하도록 혹은 제 스스로 존재하도록"(247) 할 수 있다고 말한다. 예술이 세계의 한 순간이 지속하도록 하는 것이 가능한 것은 예술이 지각작용들, 감정들, 견해들, 체험들을 벗어나기 때문이고, 지각작용(perception)이 아닌 지각(percept), 감정이 아닌 정동(affect)을, 견해가 아닌 비전을 이루기 때문이다. 지각과 정동은 감각을 이루는데, 이것이 바로 예술의 기념비적 차원으로서 예술의 독특한 물질성은 바로 여기서 나온다. 이 감각을 생산하기 위해서 예술은 언어, 색채, 소리 등을 사용하지 않으면 안된다. 이것들은 재료로서 예술의 물리적 차원이다. 예술은 이들 재료들, 그것의 물리적 조건들을 가지고 작업을 하며, 거기서 감각을 만들어낸다. 들뢰즈와 가타리는 예술에서 "정당하게 보존되어야 하는 것은 재료가 아니"라고 본다. "재료는 단지 사실상의 조건들만을 구축할 뿐"이기 때문이다. "이러한 조건이 충족되는 한(즉 캔버스, 물감, 돌이 한낱 먼지로 전락하지 않는 한), 자체적으로 보존되는 것은 지각이나 정서이다. 설령 단 몇 초 동안만 존속되는 재료일망정, 재료는 감각에게 이러한 짧은 지속과 함

43_ '기념비'는 푸코가 먼저 사용한 개념이다. 푸코는 『지식의 고고학』(이정우 역, 민음사, 1992)에서 "우리 시대에 있어서의 역사란 '문서'를 '기념비'로 변환시키는 작업"(27)이라며 '문서'와 '기념비'를 구분하고 있다. '문서'가 과거의 흔적 혹은 역사의 증거로서 판독(deciphering)의 대상이라면, '기념비'는 "분리시키고, 분류하고, 관여적이게 하고, 서로 관계맺게 하고, 여러 집합들로 구성해야 할"(27) 요소들이다. 이런 기념비적 성격을 지닌 언표들은 문서고에 '저장'될 수 있다. 푸코가 말하는 고고학은 담론을 "'문서'로서, 다른 사물에 대한 기호로서, 투명하기는 하지만 그것이 보존되는 그곳에서 본질적인 것의 깊이와 연결되기 위해서는 종종 성가신 불투명성을 통과해야 하는 요소로서 취급하지 않는다. 그것은 담론을 그 고유한 부피 속에서, 기념비로서 다룬다"(196).
44_ 『철학이란 무엇인가』, 256. 이후 이 책으로부터의 인용은 본문의 괄호 속에 그 쪽수를 명기한다.

께 공존하는 영원함 속에서, 존재하며 자체적으로 보존될 능력을 부여할
것이다. 재료가 지속되는 한, 그러한 순간들 자체에서 감각이 누리는 것은
영원함이다."(238)

　이런 생각은 셰익스피어의 말, 혹은 그가 형상화한 시적 화자의 말과
크게 다르지 않다. 하지만 예술이 성립되기 위해서는, 예술적 감각이 만들
어지려면 재료가 지속되지 않으면 안 된다는 것 또한 엄연한 사실이다. 화
자가 젊은이의 영속이 자신의 시 속에서 가능하다고 할 때 그에게는 재료의
지속이 문제가 된다는 사실에 대한 의식이 없다. 하지만 '분서갱유'가 언제
라도 가능함을 생각할 때, 예술의 감각이 주는 '영원함'은 그 감각이 '기념
비' 형태로 구성될 때라야 지속된다고 할 수 있을 것이다. 기념비에서 감지
되는 감각은 영원의 형태를 띨지 몰라도 기념비는 동시에 시간의 영향에,
언젠가는 먼지로 화할 운명에 내맡겨져 있다. 이렇게 이해되는 기념비는
감각의 차원과 물리적 차원의 물질성을 동시에 갖는다. 젊은이를 감각의
차원에서 영속시킬 시 또한 이런 의미에서 기념비적 성격을 갖는다. 이 조
건을 생각하면 시는 '신체'를 가져야 하며 이 신체는 물리적인 성격을 띤다
고 해야 할 것이다. 시의 신체는 그 자체로 현실 속에 존재하는 것이며,
그것의 시적인 감동은 그것의 물리적 존재 가능성에 의존한다. 그러나 재료
에 의존한다는 것이 그것에 의해 전적으로 규정된다거나, 그 감동의 모든
것이 그것에 의해 한정된다는 것은 아닐 터이다. 만약 그렇다면 예술가의
'창작 과정'에 수반되는 고통은 필요가 없을 것이다. 그래서 재료는 구성되
어야만 한다. "구성, 바로 이 구성이 예술에 대한 유일한 정의이다. 구성은
미학이며 따라서 구성되지 않은 것은 예술작품이 아니다."(277) 그래서 "재
료의 지속은 매우 상대적"이고 감각은 재료와는 "다른 질서에 속하면서 재
료가 존속하는 한 자체적으로 하나의 실존을 소유한다."(279) 예술적 가치
는 바로 이 구성에서, 그 구성의 결과 만들어지는 감각에서 나온다고 할
수 있을 것이다. 감각은 힘들이 교직되어 만들어내는 효과이다. 이 힘들은
그런데 '실체'로 형상되며, 이 형상은 질료로 구성된다. 문학에 신체가 있다

면 그 신체는 힘들로 구성되는 감각과 그 감각의 가능성을 제공하는 질료의 결합인 '기념비'로 존재한다.

기념비가 문학의 물질성이라면 이 물질성은 창조성이 아닐까? 재료, 질료, 힘들의 구성에 의해서 기념비가 형성되고, 이 기념비 차원에서 문학적 감각이 이루어진다고 한다면 문학은 물질적으로 구성된 효과, 창조의 효과인 셈이다. 이 창조는 그런데 감각의 조형이라는 차원에서 이해되어야 할 것이며, 따라서 힘의 흐름으로 이해될 수 있을 것 같다. 감각은 그 자체가 힘들의 관계 양상이 아니겠느냐는 말이다. 문학에 역동성이 있다면 바로 이 힘들의 관계맺음이 그 속에 작용하기 때문일 것이다. 문학을 이렇게 이해할 때 우리는 그 속에 창조성, 역동성이 있음을, 나아가서 변화가능성이 있음을 인정하지 않을 수 없다. "예술에 진보가 있다면, 그것은 예술이 숱한 우회와 복귀, 분할선들, 정도와 단계들의 변화들……과 같은 새로운 지각과 정서들을 창조해야만 살아 있을 수 있기 때문이다."(279) 위에서 문학은 역동적이고 창조적인 성격 때문에 문학제도라는 역사적 장치로 배치될 수 있다는 점을 살핀 바 있다. 아울러 배치는 새로운 힘들의 흐름에 의해서 탈영토화될 수밖에 없다는 점도 지적했다. 감각은 새롭게 만들어져야 하며, 문학에서 변혁은 새로운 감각의 형성과 그 형성 방식의 변화 등과 관련된 문제일 것이다. 이 모든 가능성은 문학의 물질성에서 비롯된다. 문학이 기념비적 성격을 갖는 것도 이 때문이다. 기념비로서의 문학은 그 질료, 재료에 의존하여 구성되는 방식 때문에 특이한 감각을 만들어내며, 이 감각은 문학적 질료라는 힘들, 흐름들, 특이점들이 배치된 결과로서 형성된다. 그러나 이런 창조적 과정이 혼자 성립할 수는 없다. 문학이 문학제도로 배치되는 것은 그 때문이다. 사실 문학은 제도로서 배치되어야만 존재하고 배치된 문학만이 존재한다고 할 수 있다. 문학이 다른 사회적 장치들과 연관된 속에서의 그 위상과 구분되어서는 안되는 이유는 그 때문이다. 하지만 문학의 물질성 없이, 문학이 지닌 창조성 없이 문학제도로서의 그 배치 역시 불가능하다는 말도 사실이다.

7. '탈근대' 문학론을 위하여

문학범주가 문제로 떠오르게 된 것이 최근의 문화적 변동과 문화지형 변화와 관련되어 있으리라는 점은 이미 언급한 바다. 문화지형이 변하게 되면 문학이 문화에서 차지하는 위상에 변동이 생길 수밖에 없고, 그렇게 되면 문학이 차지하는 중요성도 변할 것은 당연하다. 셰익스피어든 괴테든 이상이든 박경리든 현재 중요하다고 인정되는 작가들의 작품도 문자문화 와 비문자문화의 관계 양상에 따라 그 위상과 중요성이 크게 변할 것이다. 구텐베르크 이후 문자문화는 문화 전반에서 핵심적인 지위를 차지하게 되 었지만 19세기 말 이후 사진 등 새로운 매체가 등장하면서 그 우선성을 상실하기 시작했다. 최근에는 컴퓨터공학이 주도하는 기술문화의 전반적 확산으로 영향력이 더욱 급감하는 중이다. 이런 점에서 "전자영상시대에 문학이 낡아버렸다는 온갖 언설에 지레 겁을 집어먹음으로써 침입자에게 쉽게 길을 내주지 않는 한, 언어라는 잘 알려진 장벽과 번역으로 이해하기 위해서라도 요구되는 해당지역에 고유한 특정한 지식들의 양은 소비문화 가 뚫고 들어오기가 심히 거북한 지형을"[45] 이룬다는 백낙청의 진단은 오히 려 안이하다 싶다. 세상이 돌변했다며 부산떨 일은 물론 아니다. 그러나 문학이 근대적 범주로 구성된 실천이자 제도라고 한다면 문학의 지금 모습 들이 항존하리라는 법은 없다. 새롭게 나타나는 매체들과 언어매체 간에 늘 새로운 결합 혹은 절합의 가능성이 있으며, 오히려 긴요한 것은 그 절합 의 새로운 가능성을 탐구하는 것이 아니겠는가. 문학의 전통적 형태를 추인 하는 일 이외에 문학의 전화 혹은 형질변화 가능성을 모색하고 그에 따른 실험들을 지지하는 것은 그래서 문학적 실천의 중요한 과제이다. 근대적 문학제도를 고수하자는 입장은 아방가르드적 실천을 막는 구실이 될 가능 성이 크다. 뷔르거의 말대로 아방가르드는 '예술제도'로서의 문학에 대한

45_ 백낙청, 「지구화시대의 민족과 문학」, 11.

새로운 시각을 열었다. 아방가르드는 제도로서의 예술을 파괴하여 차라리 삶과 동일하게 만들고자 했다. 물론 역사적 아방가르드의 이런 시도는 실패했고 아방가르드예술, 모더니즘문학은 그것대로 제도로 편입되었다. 예술제도가 해체되거나 파괴되지는 않은 것이다. 그러나 아방가르드적 실천은 예술이 제도임을 드러내보였고 그에 따라서 이 제도의 새로운 전환과 변환을 이루어낸 것 또한 사실이다. 이로 인한 변화가 정치적으로 보수적이었던 것만도 아니다. 오히려 예술제도를 지키려고 한 쪽이야말로 보수세력이 아니었던가. 그렇다고 기존의 문학은 낡아빠졌으니 포기하자는 입장이 성립하는 것은 아닐 터이다. 문학범주의 포기는 그 자체로 가치평가이며, 문학을 이데올로기로만 파악하는 것은 문제임을 이미 인정한 바 있다. 그래서 문학전통에 깃든 창조적 가치들은 그것대로 인정할 필요가 있겠지만 그렇다고 문학을 고정시키려 들지는 않아야 할 것이다. 문학의 힘이 다른 매체들과의 관계에서 증감될 수도 있고 또 문자매체가 다른 매체들과 연대하거나 결합할 때 새로운 예술의 가능성도 생길 수 있다. 이런 가능성을 부인하려고만 들어서는 근대문학주의에서 벗어나기 어렵다. 문학범주에 대한 윌리엄스나 이글턴의 비판도 문학을 자기충족적으로만 보는 이런 사고에 대한 비판으로 다시 볼 필요가 있지 않을까. 문학과 제도가 절합한 어떤 국면도 지속하기만 하는 것은 아니다. 근대문학제도 역시 '탈주선'을 탈 가능성을 안고 있다고 봐야 한다.

결국 여기서 제시하는 문학적 실천의 전략은 '탈근대' 전략이 되는 셈이다.[46] 탈근대 전략은 리얼리즘론이 추구하는 것으로 보이는 근대적 전략과는 구분되어야 할 것이다. 근대적 전략이 학교제도, 가족-학교의 지배이데올로기 장치들을 온존시키고자 한다면 탈근대는 이들 장치들의 탈코드화와 탈영토화를 지향한다. 리얼리즘론이 이들 장치들이 만들어내는 지배적

46_ 탈근대의 '탈'은 근대에서 탈피한다는 의미이나 전근대로 되돌아가자는 뜻은 아니다. '탈근대'는 영어로는 postmodern보다는 demodernizing에 더 가까울 것 같은데 썩 만족스럽지는 않다.

효과들을 지지한다는 말은 아니다. 하지만 근대적 장치들을 해체하고 새로운 장치들로 전환시키기 위한 명시적 노력을 하고 있는 것도 아니다. 탈근대 문학론은 대조적으로 문학생산의 아방가르드적 실천과, 다른 한편 이데올로기구성체로서의 문학제도의 탈코드화를 지지한다. 하지만 이 '탈근대' 전략을 포스트모더니즘 전략인 것으로 봐서는 안될 것이다. 탈근대 관점은 근대적 제도들, 장치들, 배치들이 여전히 지배적인 위치에 있다고 보는 반면, 포스트모더니즘은 이들 장치들과 배치들이 마치 실존하지도 작용하지도 않는 것으로 보고 있다. 탈주체, 탈중심 등 포스터모더니즘이 제출하는 명제들은 주체와 제도의 위력을 제대로 인정하지 않고 있으며, 탈코드화와 탈영토화의 흐름들이 힘을 갖기 위해서는 영토화와 재영토화의 반작용의 힘에 맞서 나가는 것이어야 함을 쉬 망각하게 만든다. 이는 여기서 제출되는 주장이 근대적 틀거리를 완전히 소멸시켜야 한다거나 소멸될 수 있다고 하는 것은 아님을 말해준다. 탈근대전략은 근대로부터의 단절을 목표로 하는 것이 아니라 연결의 원칙, 혹은 연기(緣起)의 관점에 서서 근대를 새로운 영토 속에 배치시킴으로써 근대로부터 탈주하기를 꾀한다. 그런 점에서 근대적 요소들은 새로운 기계와 장치들을 만드는 데 쓰일 '벽돌들'이다. 근대 문학에는 이런 벽돌들이 있으며, 그 점에서 그것은 탈근대로 나아가는 데 쓰일 중요한 자산이다.

문학범주를 고집할 필요는 없다. 그러나 이는 문학을 포기하자는 말이 아니라 그것을 특정한 형태로 고정하거나 혹은 그 범주를 특권화하지 말자는 말이다. 문학은 생산적이고 창조적인 힘을 가지고 있지만 수많은 생산적 힘들의 일부 사례일 뿐이다. 들뢰즈와 가타리가 묘사하고 있는 노래하는 새의 모습을 보면 문학중심적, 나아가서 인간중심적 가치 판단도 문제라는 점을 느끼게 된다.

강우량이 많은 호주의 수림들 속에 서식하는 '세노포이에트 덴티로스트리'라는 새는 아침마다 나뭇잎들을 뜯어내어 땅으로 떨어뜨려, 빛이 바랜 잎의 앞쪽 면이

땅과 대조가 되도록 잎사귀들 하나하나를 뒤집어 놓는다. 그렇게 즉석 무대를 하나 만들어놓고는, 바로 그 위의 칡뿌리나 종려나무 가지에 걸터앉아, 부리 밑의 깃털 아래 노르스름한 목뼈가 다 드러나리만큼 목청을 돋구어가며, 제 자신의 음조들과 또 막간에 자신이 흉내내는 다른 새들의 음조들로 구성된 복잡한 노래 하나를 불러제낀다고 한다.(266-67)

이 인용문에 바로 이어 들뢰즈와 가타리는 "그야말로 완벽한 예술가인 것이다"라는 말을 덧붙이는데, 호주의 새가, 나아가 자연만물이 그 색채와 소리 등의 재료로써 감각의 세계를 구축한다고 하여 독특한 언어적 감각을 구축하는 문학의 독특성과 창조성이 사라지는 것은 물론 아니겠지만, 그와 같은 사실은 너무 쉽사리 문학만을 최고 경지의 예술이라고 특권화하는 것에 대한 경고로는 작용할 듯하다. 물론 인간의 실천이 자연의 조화와 다르다는 점을 가지고서, 인간적 예술의 탁월함을 논증하려 할 수는 있을 것이지만 그때 등장하는 가치의 문제는 인간중심적인 가치가 될 가능성이 크다. 인간중심적 가치를 논의하는 것 자체를 물론 포기할 수는 없으며, 인간중심으로 살 수밖에 없기도 하지만 사실 인간을 내세우지 않는 것이 오히려 인간을 위할 수도 있지 않을까? 나는 오히려 문학의 창조성을 특권적으로 말하지 않고 존중할 때, 비문학의 세계에 귀를 기울일 때, 또 비인간에 우리를 개방할 때 문학적 창조성의 새로운 경지가 열리리라고 믿는다. (1997)

제 5 부

공간의 문제설정

11.

롯데월드론
─독점자본과 문화공간

1. '읽을거리'로서 롯데월드

나는 여기서 서울 잠실에 있는 다용도 구조물인 롯데월드에 관해 문화분석을 시도해 보고자 한다. 이 시도는 롯데월드를 '문화공간'으로도 보아야 한다는 생각에서 생겨난 것이다. 물론 롯데월드는 전통적 의미의 문화공간인 세종문화회관이나 예술의 전당과 같은 곳은 아니다. 세종문화회관이나 예술의 전당은 특수한 예술 감각을 가진 세련된 감수성의 소유자들만이 향유할 수 있는 곳이라는 냄새를 은근히 풍기고 있다. 이런 점에서 소위 전통 문화공간은 고급문화의 공간이다. 그리고 이렇게 흔히 쓰는 의미에서 문화는 '교양' 개념과 통한다. 왜냐하면 '교양'이란 아무나 가질 수 없다는 것이 통용되는 견해이기 때문이다. 오늘날 이 문화 개념은 지배문화 개념이다. 즉, 문화는 고도의 인간수양 또는 인간의 완벽함 추구 노력의 일환이라는 발상이 오늘날 제도권 예술관을 지배하고 있다.* 롯데월드는 이런 전통

---

* 매슈 아놀드, 『문화와 무정부』 참조. 나는 여기서 이 견해가 비단 제도권 예술계에만 통용되는 문화 시각은 아니라고 본다. 예컨대 제도권 예술계와는 정반대에 서있는 진보적 세력들 사이에도 이런 예술관은 나타난다. 쉴러 이래 독일의 문예이론을 관통하고

문화공간과는 다른 문화 개념을 제기하게 한다. 롯데월드는 순수문화 공간이라기보다는 일상 삶의 모습에 더 가깝다. 물론 롯데월드는 고급스런 삶의 방식과 관련되어 있으므로 그것 또한 민중의 일상 삶의 모습은 아니다. 하지만 이때 고급과 일상의 구분은 전통 문화공간과 롯데월드의 구분과는 다른 성격을 지닌다. 롯데월드는 궁핍한 민중의 삶과는 유리된 곳일지는 몰라도 다른 한편에서 보면 오늘날 대중이 영위하는 삶과는 밀접한 관련을 맺고 있다. 이런 점에서 롯데월드는 실제 삶의 일부를 이루고 있는데 바로 이 점 때문에 얼핏 생각하면 그것을 문화공간으로 보고 분석한다는 것은 번지수를 잘못 찾아 하는 일일 수도 있다.

하지만 나는 롯데월드를 더 큰 의미에서 문화공간으로 이해한다. 왜냐하면 문화는 인간이 자연에 대하여 그리고 그것과 더불어서 이룩해 놓은 직조된 삶 전체의 모습을 가리키기 때문이다. 이것은 오늘날 지배문화의 자화상과는 상당히 거리가 먼 문화 개념이지만 다른 한편으로 보면 많은 인류학자들이 문화를 보는 관점이기도 하고 또 교양과 관련된 문화 개념보다도 역사가 더 오래된 것이다. 그리고 중국의 오래된 문학이론서인 『문심조룡』(文心雕龍)에도 이런 문화 개념이 나오는 것을 보면 우리와 가까운 문화권에서도 통용되던 개념이다. 문심조룡에 따르면 문화의 문(文)은 바로 문양(紋樣)을 가리키는데 이런 해자법을 좇으면 文化는 紋化 또는 汶化를 나타낸다 할 수 있겠다. 즉 문화는 팔매돌이 잔잔한 물 위를 지나가면서 만들어내는 물결처럼 사람의 흔적, 즉 사람이 만들어 놓은 삶의 모습이다. 여기서 말하는 삶의 모습은 인류학자들이 연구하는 종족들의 삶이 그렇듯이 어느 것이 더 낫다거나 못하다거나 말할 수 없는 객관 형상이다. 롯데월드를 문화공간으로 이해할 때 나는 이런 넓은 의미의 문화 개념을 차용하고 있다.

있고 특히 프랑크푸르트 학파의 아도르노, 마르쿠제 등에게서 정치한 이론을 얻은 '해방을 위한 예술'이라는 생각이 그 한 예이다. 우리 사회에서 이 발상은 제도권이나 재야권 모두에 공통적으로 나타나고 있다. 나는 이 글에서 예술과 문화를 해방을 위한 몸짓만이 아니라 억압의 한 장치이기도 하다는 시각을 따르고 있다.

그런데 이런 문화 개념에서 롯데월드와 같은 문화공간은 '읽을거리'라는 점이 확인된다. 형상이란 언제나 보인다는 가시현상의 특징을 갖는데 삶이라는 객관 형상을 갖춘 문화는 우리가 볼 수 있는 것이고 좀 더 구체적으로 말하면 '독서' 대상이다. 우리는 물결이 무늬 진 모습으로 나타날 때 그 물결을 열심히 보지 않는가. 이때 잠깐 동안이기는 하지만 그 물결이 펼치는 무늬를 마치 그림이라도 보는 것처럼 바라보는 것, 이것은 넓은 의미에서 '독서' 행위이다. 물결을 바라보면서 물결의 무늬를 '읽기' 때문이다. 흔히 생각하는 대로 소설이나 시처럼 글로 된 것만이 읽을거리인 것은 아니다. 객관형상을 가진 것 모두를 읽을거리로 간주할 수 있다. 관상학, 점성술, 풍수이론 등이 있는 것을 보면 사람의 얼굴이나 손금, 성좌, 자연의 모습 등이 의미망을 형성하고 있는 것으로 이해되고 있음을 알 수 있다.

하지만 롯데월드가 읽을거리라는 것은 이처럼 타고난 환경이나 선천 조건이 의미망을 가지고 있다고 보는 것과 다른 의미를 가진다. 왜냐하면 롯데월드는 인공축조물로서 인간 역사 속에 들어와 있는 형상이기 때문이다. 물론 롯데월드는 물결과 같은 객관 형상의 성격도 가진다. 하지만 그 형상은 엄청난 자본을 투자하여 거대도시 서울의 한 공간을 크게 점령하고 있는 엄청난 규모의 구조물이 가진 형상이다. 얼굴의 형상이나 손금의 모양이 이미 정해진 것이라면 롯데월드의 의미망은 거대도시 안에 있는 인공 축조물로서 의미 형성의 뜻을 가지고 있다는 특징을 갖는다. 그것의 의미는 주어지는 것이 아니라 형성된다고 봐야 한다. 따라서 롯데월드는 관상학이나 점성술과 다른 해석체계를 필요로 한다.

롯데월드는 전통 읽을거리인 소설이나 시와는 다른 비언어 매체를 그 구성요소로 사용하고 있다. 그래서 그것을 읽을거리로 간주하기가 쉽지는 않다. 그렇지만 우리는 책 이외에도 수없이 많은 것들을 '읽으면서' 살아간다. 텔레비전 화면이나 영화 화면, 우리 눈앞에 멀리 펼쳐지거나 가까이서 보면 전망을 막아서는 아파트 건물군, 신촌/대학로/압구정동 현대백화점 앞/신림동 여관동네/방배동 카페골목 등 오늘날 서울에서 볼 수 있는 거리 모습, 서울랜드/어린이 대공원/용인자연농원/민속촌 등의 대규모 위락시설들, 또는 법원/검찰청/예술의 전당 등 거대한 건물들이 서초동 벌판에서 함께 만들어 내는 도시풍경 등이 우리가 대하는 읽을거리들이다. 우리는 물론 이들을 전통적 읽을거리인 소설이나 시와는 다른 방식으로 읽는다. 하지만 나는 이 읽을거리들은 전통적인 읽을거리보다 우리 일상 삶에 더욱 가까이 파고들어와 위압적인 영향력을 행사하고 있지 않은가 생각한다. 어쩌면 오늘날 우리의 감수성과 삶의 방식을 더욱 효과적으로 지배하고 있는 것은 책보다는 이들 구조물 경관인지도 모른다. 롯데월드는 이런 경관의 한 부분이며 이 글 전체를 통해 보겠지만 우리 삶에 깊이 파고 들어와서 그 방식에 커다란 영향을 미치는 문화공간이다. 롯데월드 분석은 바로 이 점 때문에 필요하다.

2. 독점자본주의와 문화

나는 롯데월드 읽기는 우리가 문화비평의 중요한 몫으로 생각하는 문학비평만큼 중요하며 또 그 구조물은 문학비평의 대상이 되는 그 어느 소설만큼이나 중요한 분석대상이라고 보지만, 이 생각은 우리 시대에 와서 비로소 적실성을 갖는다고 해야 할 것이다. 롯데월드는 우리 시대 특유의 문화공간이다. 관심 있게 본 사람이면 대체로 공감하겠지만, 이곳은 하나의 독자세계를 이룬다. 그리고 이 세계는 아주 치밀하게 설계되어 운영되고 있다. 이러한 것은 엄청난 규모의 자본 동원과 기술의 발전을 전제해야만 가능하다고 보기 때문에, 그런 점들을 사회 성격으로 가지고 있는 독점자본주의 체제의 형성이 롯데월드가 읽을거리로 등장한 것과 분리될 수 없다.

그런데 독점자본주의 체제와 같은 사회과학 개념을 밑바탕에 깔면서 읽기라고 하는 아주 전문화된 '문화' 용어를 사용하는 데에는 또 그 나름의 이유가 있다. 나는 '독자적인 세계' 롯데월드가 신식민지 국가독점자본주의 체제 안에서 국가권력과 독점자본이 얽혀있는 하나의 전형을 보여준다고 본다. 하지만 이제 이 연계는 그전과는 달리 군대나 경찰 등 물리력 행사 기제에만 의존해서 유지되지 않고 문화라는 뜻밖의 수단을 사용하고 있기도 하다. 그리고 바로 이 점이 롯데월드가 우리 시대 특유한 현상이라는 것을 말해준다. 우리 시대 문화의 특징은 세종문화회관, 예술의 전당, 롯데월드를 가릴 것 없이 대규모 자본의 동원과 문화부와 같은 문화관장기구의 독립을 필요로 한다는 데 있다. 문화가 사회장악의 핵심도구로 인식되고 있다는 증좌이다. 그리고 이 말은 오늘날 가장 선진 지배형식은 문화의 모습을 가지고 있다는 것을 의미한다. 문화에서는 권력과 자본이 결탁하더라도 권력과 자본의 결탁이란 말이 나오면 흔히 떠올리기 쉬운 폭력은 그 모습을 드러내지 않는다. 롯데월드에서는 현대중공업이나 대우조선 등에서 자주 나타나는 폭력 장면들, 예컨대 울산 시가지가 군사작전을 방불케 하는 노동자 탄압 장소가 되고 노동자들이 골리앗 크레인 위로 올라가지 않으면 자기주장을 알리기 힘든 일들은 생기지 않는다. 폭력은커녕 모든 것이 부드러운 미소다. 그렇다면 이 '세계'는 자본과 권력이 궁극적으로 의존하는 폭력을 배제하고 있단 말인가? 아니면 폭력이 쉽게 파악되는 방식보다는 여러 가지 '순화' 장치를 가져 은폐되어 나타날 뿐인가?

　폭력의 순화는 위에서 잠깐 언급한 것과는 또다른 의미에서 문화라고 불린다. 이 문화는 폭력을 순화한다는 점에서 해방이고 또 (동어반복이 아니라) 폭력을 순화한다는 점에서 억압이다. 문화는 자연 상태의 동물인간이 영위하는 야생과 폭력의 삶을 사람과 자연, 사람과 사람 관계의 얼개로 짜는 방식이다. 이 속에 들어오면 동물인간은 가족, 종족, 민족, 국가, 세계 등 자신보다 더 큰 위력을 지닌 체제의 규정에 매여 속박을 받게 된다. 한편으로는 동물 차원의 폭력에서 해방되지만 다른 한편으로는 보이지 않는 다른 억압에 종속되는 것이다. 해방이면서 동시에 억압이라는 이 문화 개념은 롯데월드의 '부드러운 미소'에도 적용되어 나타나지 않는가 한다. 국가권력과 독점자본의 사회장악이 그대로 드러나지 않는 곳에서는 일단 강제된 억압이 없다. 아무도 롯데월드에 강요되어 간다고 보는 사람은 없을 것이다. 하지만 동시에 이 해방의식 그것이 고도로 계산된 것이라면, 다시 말해 롯데월드의 '부드러운 미소'가 더 큰 사회장악을 위한 방편이라면 해방은 그 자체가 억압이 된다.

물론 롯데월드만 이런 작업을 하는 것은 아니다. 위에서 잠깐 언급한 곳들은 모두 오늘날 우리 사회가 가지고 있는 억압논리를 여러 면에서 구현하고 있다. 가령 이화여대 앞에 널린 옷가게나 신촌 '식당골목'에 있는 음식점, 대학로나 방배동 카페골목의 카페들, 신림동 '러브호텔', 그리고 도시 우리네 동네 같지 않은 압구정동 현대백화점 앞의 거리 모습에서 한결같이 우리 사회의 모순구조를 볼 수 없다는 점을 확인할 수 있다. 이들 공간들은 우리 사회를 지배하고 있는 폭력을 은폐하여 '별세계'를 이룬다. 그리고 이 별세계가 배제하고 있는 세계, 다시 말해 현대중공업의 파업사태가 적나라하게 보여주는 자본과 노동의 투쟁관계가 실제로 우리 사회의 참모습이라는 것을 과감히 생략한다. 롯데월드는 우리 사회의 모순을 은폐하고 있다는 점에서 이런 공간들과 본질상 다를 바 없는 기능을 가진다. 그리고 이런 모순의 은폐는 폭력에 의존한 억압이 아니라는 점에서 사회장악의 진일보한 면이라 할 수 있다.

하지만 롯데월드는 신촌, 압구정동, 대학로와 같이 80년대에 들어와서 새로 생겨난 풍경들처럼 신식민지국가독점자본주의 문화의 속성들을 공유하면서도 특히 단일 거대자본이 문화를 통한 사회장악을 하고 있다는 점에서 오늘날 우리의 삶을 직접 장악하고 있는 독점자본의 모습을 가장 명확하게 보여준다. 롯데월드는 이 명확성 때문에 특별히 여기서 분석 대상이 되는 것이고 또 이 분석을 통하여 다른 형태의 독점자본 문화도 일부 설명이 된다고 본다. 롯데월드는 땅값 비싸기로 유명한 서울에서 단일건물이 사용하기로는 너무나도 큰 땅덩어리를 점유하고 있다. 그러면서도 이곳은 비싼 땅을 가장 '효율적'으로 사용하는 한 방편인 고층건물 짓기를 하지 않고 어떻게 보면 지나치게 비경제적으로 사용한 것처럼 보인다. 나는 이런 점이 롯데월드의 '선진적' 측면의 일부라고 이해한다. 이 선진성은 독점자본의 여유이기도 하고 그것이 성취한 통제 기술의 향상된 모습이기도 하다. 엄청나게 값비싼 땅에서 여유 있게 거대한 규모로 시설물을 짓고 거기서 가장 효과적인 방법으로 이윤을 취하면서 오늘날 자본이 지닌 억압의 모습은 절대 드러내지 않는 것, 이것이 롯데월드라면 그것은 오늘날 독점자본의 선진성이 구현해내고 있는 모습이다. 그리고 이 모습을 현상적으로 기술하고 정치경제학적으로 분석하는 것이 이 글의 목적이다.

3. 모든 길은 롯데월드로

"모든 길은 로마로 통한다"는 말이 있지만 롯데월드에 가보면 웬만한 길은 모두 롯데월드로 통한다는 생각이 든다. 서울의 변두리라 할 잠실에 자리잡고 있는데도 어쩌면 그렇게 많은 길들이 이곳으로 몰려들게 되는 것일까 하는 생각이 절로 난다. 롯데월드로 가는 길은 참으로 많다. 그 중에서 제일 먼저 손꼽아야 할 길은 물론 지하철 2호선이다. 이 2호선은 순환선으로 서울 시청을 중심으로 한 도심권, 신촌 같은 부도심권, 구로공단 등의 생산지역, 방배동, 서초동 등 주거지역을 지나는 서울 지하철 체제에서 핵심노선이다. 이런 2호선이 잠실역에서 롯데월드와 연계된다는 것은 무엇을 의미하는가? 2호선을 탄 승객들은 말할 것도 없고 오류역과 시청역에서 2호선과 만나는 1호선, 을지로 3가역과 교대역에서 만나는 3호선, 사당역에서 만나는 4호선 등에서 이 2호선으로 갈아탈 승객들까지 포함하여 무수히 많은 사람들이 롯데월드로 가고 있음을 말해준다. 그래서 2호선 지하철에 붙어 있는 "여러분은 지금 쁘랭땅으로 가고 있습니다"라는 광고문안은 롯데월드에 더 잘 적용이 되지 않겠는가 하는 생각이 든다.

서울의 도로망도 롯데월드로 가게 하는 데 큰 '기여'를 한다. 김포공항에서 시작하여 중부고속도로까지 이르는 올림픽대로는 서울에서 가장 길고 또 서울 서쪽에서 서울 동쪽으로 가는 가장 중요한 도로인데 이 도로가 롯데월드와 연결되어 있다. 이 도로는 남쪽 한강변을 따라 나있기 때문에 한강을 가로지르는 13개의 다리와 연결되어 있고 특히 잠실대교와 잇대어 롯데월드 옆을 지나가는 송파대로와 연결된다. 따라서 이 올림픽대로와 연계되어 있는 롯데월드는 한강 남북에 나있는 대부분 도로들과 이어져 있는 셈이다. 또 롯데월드 옆에는 올림픽로가 지나간다. 이 도로는 잠실지역의 간선도로이고 서울 남쪽, 특히 영동지역의 간선도로들인 테헤란로, 영동대로, 남부순환로 등과 쉽게 연계되도록 설계되어 있다. 서울의 모든 길들이 롯데월드로 가는 것은 아닐지 몰라도 웬만한 길이면 롯데월드로 가는 길들과 연계는 되어 있는 셈이다.

롯데월드로 가게 하는 길은 이러한 '진짜 길들'만이 아니다. 자본주의 소비문화가 사회구조로 발달되어 있는 지금 롯데월드로 가게 하는 아주 큰 길 하나는 '욕망의 길'이라고 부름직하다. 텔레비전 등 대중매체를 통하여 롯데월드로 가야 한다는 욕망 부추김이 크게 벌어지고 있다. 판촉이라고 하는 이 욕망의 길 확대행위는 자본주의 사회에서 상품 판매를 위해 반드시 필요한 유통구조의 확대를 심리조작의 방식으로 방조하는 행위이다. 롯데월드를 홍보하는 행위는 롯데월드에 대한 욕망을 강조하는 행위이다. 우리 주변에서 보는 롯데월드에 대한 '그리움'은 아주 복잡하고 은밀한 방식으로 롯데월드가 가볼 만한 곳으로 부각된 결과로서 생겨난다. 그리하여 롯데월드에 대한 많은 소문이 생긴다. 일단 롯데월드에 대한 소문을 들으면 그곳에 가지 않고는 못 배기게 되고 소문을 들은 어린아이들의 칭얼거림 등으로 롯데월드로 가는 '욕망의 길'은 확장된다. 롯데월드가 서울시내 다른 백화점들처럼 백화점 고객 명목이 아니라 스포츠센터 이용객 등을 위한다는 이름으로 무료순환버스제도를 도입하여 1시간 간격으로 서울과 그 인근에서 '고객' 운송을 할 수 있는 것도 바로 이런 욕망의 길이 이미 확장되어 있기 때문이 아닌가 한다.

이제 실제 롯데월드로 가는 길 중 하나를 선택하여 어떻게 롯데월드에 다다르는지 알아보자. 세계 규모의 대도시 서울의 대량 교통수단인 지하철 2호선을 타고 잠실역에 내리면 우리는 자신도 모르게 다용도 구조물인 롯데월드에 '빨려' 들어가게 된다. 어느 지하철역이나 마찬가지겠지만 잠실역에 내리면 거기서 밖으로 나갈 수 있는 문이 많다. 그러나 잠실역에서 나갈 만한 문이라는 생각이 드는 것은 롯데월드로 들어가게 되는 출구뿐이다. 왜냐하면 잠실역에 있는 다섯 군데 출입구들(올림픽지하상가를 거쳐 잠실 주공아파트 5단지로 나가는 3개의 출구와 반대편 석촌호수로 나가는 출구, 그리고 롯데월드로 가는 출구) 가운데 롯데월드로 가는 출입구가 가장 넓고 환하게 꾸며져 있기 때문이다. 이 출입구에 비하면 다른 것들은 어두침침하고 또 악취까지 난다. 이 때문에 잠실역에서 내린 사람들은 롯데월드 아닌 다른 곳으로 가는 것이 무척 어렵다고 느끼게 된다.

잠실역에서 '롯데월드'라고 쓰인 출구로 나가면 넓은 지하광장이 나온다. 이 지하광장은 한눈에 만원 지하철을 타고 온 사람에겐 잠깐 휴식을 취할 장소처럼 보인다. 가운데 분수가 있고 기둥들을 중심으로 의자를 설치해 놓았으며 원형광장 주변에 가게들이 들어서 있다. 서울 곳곳에 있는 지하철과 관련된 지하공간 중 이 지하광장만큼 '아늑하게' 꾸며진 곳은 없다. 잠실역에서 나와 주공아파트 5단지로 갈 때 지나가는 올림픽지하상가와 비교해서 이곳은 치장도 훨씬 더 잘 되어 있을 뿐 아니라 공기가 당장 다르다. 지하도나 지하상가를 지날 때 느끼는 후덥지근하고 탑탑한 감이 전혀 없고 탁 트인 느낌이라 오히려 쾌적하기까지 하다. 그래서 그런가, 이제까지 이곳으로 오느라고 지나온 지하철 역광장이나 거기서 나갈 수 있는 다른 곳으로는 나가고 싶은 생각이 들지 않는다.

하지만 지하광장에 무턱대고 오래 머무를 수는 없다. 이때 우리가 가야 할 곳은 하나뿐이다. 이 지하광장에 출구가 여섯 개나 있지만 대부분이 롯데월드 한 곳으로만 가도록 설계되어 있기 때문이다. 아까 올 때 들어온 지하철역으로 되돌아가는 출구를 제외하면 이 지하광장의 출구는 모두 롯데월드로 들어가는 입구로 되어 있다. 우선 지하광장에서 롯데월드 안으로 바로 들어가는 입구가 세 개다. 롯데백화점으로 들어가는 입구 둘과 쇼핑몰로 들어가는 입구가 그것들이다. 나머지 두 출구는 지상으로 나있다. 그출구들을 통해 나가보면 하나는 롯데월드와 주공아파트 5단지 사이를 달리는 올림픽로의 롯데월드 쪽 길로 나가고 다른 하나는 롯데월드와 석촌호수사이에 난 큰 길의 롯데월드 쪽으로 나간다는 것을 알게 된다. 이 출구들을통해 지상으로 나가면 롯데월드를 벗어날 수 있으리라 생각했던 사람은순간 당황하게 된다. 왜냐하면 이제부터 눈앞에 전개되는 길은 모두 롯데월드 안으로 들어가게끔 만들어져 있기 때문이다. 올림픽로를 따라가면 지상에서 지하로 가는 에스컬레이터와 계단이 연이어 나오고 롯데월드민속관, 롯데수퍼백화점(구 새나라 백화점) 등으로 들어가는 입구가 나온다. 다른출구를 통해 지상으로 나오면 이번에는 롯데월드 호텔 쪽으로 가는 길이나오며 이 길을 따라 가면 계속해서 롯데월드 어드벤처와 클리닉 등으로들어가는 입구가 나온다.

롯데월드로 들어가는 입구는 무수히 많다. 롯데월드 안에 있는 개별 시설물이나 백화점은 모두 자체 입구를 가지고 있다. 이렇기 때문에 지하철역에서 지상으로 나왔을 때뿐만 아니라 롯데월드를 끼고 돌면 어디서건 그안으로 들어가는 문을 만나게 된다. 다시 말해 롯데월드는 일단 그 주변에가거나 사는 사람들이 그 안으로 들어가지 않으면 안 되게 설계되어 있다.

4. 입구의 원칙—입장의 무제한성

그렇지만 롯데월드는 모든 사람들을 그 안으로 빨아들이면서도 사람들스스로가 빨려 들어간다는 생각이 나지 않도록 설계되어 있다. 그리고 이런점에서 롯데월드는 63빌딩과 같이 서울 시내에 있는 다른 대형 다용도 구조물과 크게 구별된다. 롯데월드는 63빌딩과 달리 외부세계를 거부하는 오만한 태도가 그 모습에서 나타나지 않는다. 이 구조물의 롯데월드 호텔에 해당하는 부분은 다른 고층건물과 마찬가지로 '웅자'를 드러내고 바로 그런 이유 때문에 멀리서도 롯데월드가 어디에 있는지 알게 하는 안표 역할을 하고 있기는 하지만 그래도 롯데월드 전체 구조의 특징은 서울 시내 곳곳에 있는 하늘을 찌르듯이 치솟아 오른 건물들과는 달리 차라리 나부죽하다는 점에 있다. 그래서 거부한다는 인상을 주지 않으며 거기 들어가기가 거북하다기보다는 수월하다는 인상을 풍긴다. 그리고 이 점에서 롯데월드는 서울 시내 곳곳에 있는 백화점 건물들과 비슷하다는 생각이 든다. 백화점 건물들은 대부분 출입구를 많이 가지고 있다. 그 안에 두 개의 대형 백화점과 대규모 실내 상가가 입주하고 있는 까닭으로라도 롯데월드는 수많은 사람들을 불러들이지 않을 수 없고 또 찾아온 고객들이 편리하게 출입할 수 있게 건물을 설계하지 않을 수 없다. 롯데월드는 사람들을 맞아들이되 자연스럽게 하기 위해서 몇 가지 중요한 장치들을 해놓았다. 어디서건 들어갈 수 있도록 문을 수없이 많이 만들어 놓았다는 점은 이미 말한 바다. 그런데 롯데월드는 들어가는 '자유'를 위해 아주 중요한 설계를 해놓았다는 데에서 다른 건물들과 차이가 난다. 이 '설계'는 장치라기보다는 장치의 생략이라고 해야 할 성질이 있지 않는가 하는데 어쨌든 이 설계로 인해 롯데월드 입구들은 모두가 조촐하고 다정하다는 느낌을 준다. 한 세계에서 다른 세계로 들어갈 때에는 통과의식을 거치게 마련이고 특히 롯데월드처럼 그 안에 독자 세계(혹은 세계들)를 품고 있는 엄청난 규모로 만들어진 구조물일 경우에는 그 속으로 들어가는 것이 가위눌리는 경험일 수 있다. 그렇지만 롯데월드는 우리가 그 속에 특별한 생각이나 들어간다는 느낌 없이 들어가게 입구들을 만들어 놓고 있다. 이런 점에서 그것은 가령 최근에 서초동에 건립된 검찰청과 법원 건물들과는 전혀 다른 출입 경험을 준다.

지하광장 안에서 롯데월드 안으로 들어가는 입구들만 해도 그렇다. 롯데백화점으로 들어가는 문 두개는 특별히 들어간다는 느낌이 들지 않게 꾸며져 있고 쇼핑몰로 들어가는 입구도 아무런 과장 없이 되어 있다. 그래서 이들 세 입구를 지나 롯데월드로 '직접' 들어갈 때 특별한 통과의식을 거친다는 느낌이 들지 않는다. 검찰청과 법원 청사들은 지상에서 수직으로 올라간 건물 모습도 그러려니와 마치 통제하기 좋게 하려는 듯 출입구를 제한한 것과 특히 범아가리 같이 벌리고 있는 그 모습 때문에 그곳에 드나드는 사람들이 어떤 범죄행위도 저지르지 않았어도 아예 권력에 주눅들게 만든다. 그에 비하면 롯데월드로 들어가는 것은 차라리 자연스럽다. 물론 그곳에 가려면 가뜩이나 복잡한 지하철을 이용해야 하거나 차가 있어도 교통체증으로 인해 어렵게 가야 하므로 롯데월드에 간다는 것이 큰마음 먹지 않으면 안 되는 일이기는 하다. 그렇다 하더라도 롯데월드를 생활권에 두고 사는 많은 사람들에게 거기에 들어가기는 다른 비슷한 곳에 가기보다 어려운 것은 아니다. 과천에 있는 서울대공원, 용인의 자연농원과 민속촌, 서울 중곡동의 어린이대공원 등에 비교하면 롯데월드 안의 어드벤처와 매직아일랜드는 찾아 가기가 손쉬운 편이다. (롯데월드 들어가기를 가장 자연스럽게 실현하고 있는 데는 최대의 인파가 밀려올 수 있는 지하철 잠실역에서 지하광장을 거쳐 오는 길과 지상 주차장에서 롯데수퍼백화점, 롯데월드 스위밍, 롯데월드스포츠, 결혼식장 등이 있는 건물의 서쪽 면으로 들어오는 길이 아닌가 한다.)

하지만 롯데월드에 들어가는 것이 자연스러운 것이 이처럼 교통이 편하기 때문만은 결코 아니다. 롯데월드에 출입하는 것이 자연스럽다는 것은 그보다 더 깊은 뜻을 가지고 있다고 생각한다. 롯데월드는 나중에 좀 더 자세히 살펴보겠지만 일종의 소비왕국으로서 오늘날 우리 사회의 자본주의 경제체제의 논리를 반영하는 소비중심 공간이므로 최대의 인파가 그곳에 몰려야만 그 설립목적을 제대로 달성할 수 있다. 그곳에 들어가는 것이 '자연스러운' 일이 될 때 소비왕국 롯데월드는 가장 번창하는 것이다. 롯데월드에 들어가기가 손쉽고 자연스러운 것은 당연한 일이다.

롯데월드에 들어가는 것이 자연스럽다고 느끼도록 한 치밀한 배려 중에는 손님들이 롯데월드에 호감을 갖도록 하는 것도 포함된다. 롯데월드로 난 무수히 많은 길들은 롯데월드가 가볼 만하기 때문에 난 것처럼 되어 있다. 그래서 우리는 스스로를 롯데월드 구경꾼이라고 생각한다. 마치 먼데 꽃구경이나 가는 듯이, 명승지라도 찾아가는 듯이 들뜬 마음으로 버스도 타고 지하철도 타고 혹은 승용차로 롯데월드로 즐겁게 모여든다. 롯데월드는 이러한 환상을 강화하는 논리를 개발하고 신문 광고 등을 통해 "아찔하고 스릴넘치는 탑승시설을 비롯하여 감동과 환상의 관람시설, 지상최대의 '환타지퍼레이드' 등 황홀한 공연 프로그램…신나는 것들이 너무너무 많아요." 하고 선전하는 롯데월드 어드벤처, 또 '신비와 환상의 섬'이니 '꿈의 나라, 사랑의 세계'라고 각색하는 매직아일랜드 같은 위락장을 탐내며 가볼 구경거리로 제시한다. 이리하여 롯데월드 안, 그 중에서도 특히 롯데월드 어드벤처가 있는 영플라자 근처에서 초등학생, 중학생, 고등학생들이 떼를 지어 '즐겁게' 다니는 모습을 흔히 볼 수 있다.

"어린이에겐 세계 각국 풍물학습장, 젊은이에겐 환상의 데이트 명소, 직장인에겐 저녁시간 휴식의 공간, 온 가족엔 휴일 나들이 코스"라고 스스로 소개하는 롯데월드에서 즐거움은 다양한 모습으로 드러난다. 이미 신문과 텔레비전을 통한 광고에서 닦아놓은 '욕망'과 지상 및 지하 교통망이 롯데월드로 가는 길을 완벽하게 준비해 놓은 터에 이 길의 끝난 데인 롯데월드가 기대에 부응하는 '즐거움'을 마련해 놓지 않았을 리 없다. 그래서 엘리베이터나 에스컬레이터를 타고 다니면서 이곳저곳 기웃거리는 초등학생, 중학생뿐만 아니라 어른 아이들인 할머니 할아버지들도 나름대로 즐거움을 맛본다. 노인네들은 롯데월드와 같은 문화공간이 나타나기 이전 아직 덜 자본주의화하고 근대화나 산업화가 심하지 않았던 때의 삶의 모습에 익숙해 있으므로 롯데월드 어드벤처의 신세대 놀이방식에는 대체로 어지러워한다. 그러나 롯데월드민속관 안에 있는 저자거리나 역사전시관, 또는 롯데백화점 잠실점 안의 인공폭포 모습을 보면 "아이고, 좋은 세상일세!" 하며 감탄사를 연발하기 일쑤다. 그리고 롯데월드가 제공하는 삶의 모습과는 너무나 다르게 실제 생활을 꾸려나가는 아주머니들도 분주하게 에스컬레이터나 엘리베이터를 타고 다니면서 환상적으로 펼쳐져 있는 상품들을 부러운 눈초리로 바라본다. 이처럼 롯데월드는 많은 사람들에게 볼거리와 탈거리와 뛰놀거리가 많이 있는 엄청난 구경거리로 인식된다.

5. 통행원리

왜 사람들은 롯데월드에 가지 않으면 안 되는가? 그것은 롯데월드가 아름다운 자연경관처럼 구경거리가 되기 때문만이 아니라 오히려 이 구경거리가 '살거리'로 바뀌어져 있기 때문이다. 이곳은 소비가 미덕인 세계로서 소비의 왕국이다. 이 안으로 일단 빨려 들어온 사람들은 여기에 갇혀서 곳곳에 있는 팔아야 할 물건들을 구경한다. 따라서 롯데월드가 다양한 방식으로 자신을 가볼 만한 곳, 가서 지내볼 만한 곳으로 내세우는 것은 긍정적인 이미지를 만들기 위한 자체광고의 일환인 셈인데 이 광고는 물론 '즐기러' 롯데월드에 온 사람들을 모두 구매자로 전환시키는 데 그 목적이 있다.

롯데월드는 그곳에 간 모든 사람들을 한 사람도 남기지 않고 구매자로 만들려고 아주 치밀한 작전을 짜 놓았다. 나는 이 작전이 '통행의 원리'를 바탕으로 세워지고 치러진다고 본다. 이 원리는 앞에서 말한 '입장의 원리'와 관련된 것으로서 서울시내 곳곳에서 몰려든 시민들이 안에서 되도록이면 원활하게 움직일 수 있게 하는 장치가 이곳에 있다는 것을 가리킨다. 진실로 롯데월드 내부는 '원활한 통행'을 그 구축 원리로 삼은 듯 설계되어 있다. 여기서는 사람들이 속도를 내면서 움직여야 하기 때문에 서로 부딪치지 않고 다닐 수 있어야 하고 또 사람의 움직임을 가속화하는 시설물들을 과잉으로라도 설치해 놓아야 한다. 수많은 복도, 계단, 에스컬레이터, 엘리베이터가 롯데월드 내부공간을 이루고 있다. 여기만큼 통로가 많은 실내공간도 없을 것이다. 마치 도로건설에 온 행정력을 동원한 소도시에 온 기분이 들 정도로 사방팔방에 '길'과 '광장'들이 있다. 이들 시설물, 장치, '도로망'은 일종의 사회간접자본으로서 소비왕국 롯데월드가 마련해 놓은 통행구조 형성에 기여하고 있고 모두가 사람들을 원활하게 움직이게 하는 기능을 맡고 있다. 원활한 통행 원칙이 철저히 지켜지고 있는 셈이다.

그런데 이 원칙이 관철되는 과정이 '즐거움'으로 전환되어 있다는 데에서 롯데월드가 단순히 시장이 아니라 문화공간이라는 것을 확인할 수 있다. 이곳은 움직임이 원활해야 하기 때문에 움직임 자체가 즐거움이 되어 있어야 한다. 그래서 롯데월드는 그 속의 통로들이 즐겁게 다니는 길이라는 느낌이 들도록 꾸며 놓았다. 복도가 수없이 많은데도 실내공간인 셈치고는 대부분 쾌적하게 꾸며져 있다. 그리고 계단도 어렵게 접근해서 올라가도록 해놓지 않고 아주 가볍게 장난이라도 치면서 올라가게끔 꾸며 놓은 것이 많다. 특히 곳곳에 설치해 놓은 엘리베이터는 그 자체가 구경거리이다. 롯데월드에 놀러온 아이들이 그야말로 재미있게 수없이 많은 복도를 돌아다니는 까닭도 바로 이런 이유 때문일 것이다. 찾아온 사람들이 지루해하지 않도록 하는 것이 소비왕국 롯데월드의 주요한 전술상 고려이다.

롯데월드 문화공간에서 갖게 되는 특유의 몸놀림은 그것의 '근대' 전신이라 할 또 다른 소비공간인 재래식 시장에서 갖는 몸놀림과 아주 다르다. 재래시장에서 우리가 받는 인상은 비집고 지나다니기가 어려울 정도로 사람들이 많다는 것이다. 시장은 으레 북적대야 하고, 그래야만 '시장바닥' 이미지가 생겨난다. 쉽고 편안하게 다닐 수 있어서는 시장은 유지될 수도 없다. 사람과 사람, 몸과 몸의 부딪침과 맞닿음, 즉 한마당의 어울림이 있어야 하는 것이 시장이다. 하지만 롯데월드를 그런 곳으로 만들어서는 안 된다. 사람끼리의 걸리적거림보다는 사람과 상품의 만남이 더욱 많이 그것도 급속도로 일어나야 하기 때문에 재래시장에서 갖게 되는 몸놀림은 더 이상 허용되지 않는다. 롯데월드에서는 몸놀림이 가볍고 경쾌하고 즐거워야 한다.

그러나 롯데월드 안에 오래 있어 보면 곧 이 즐거운 몸놀림들이 단 하나의 목적을 위해 촉발된 것이라는 것을 알게 된다. 워낙 거대한 공간이기 때문에 쉬지 않고 롯데월드 안을 돌아다닐 수는 없다. 그래서 어디 쉴 곳이 없는가 하고 찾아보면 놀랍게도 그런 곳은 거의 없다는 것을 알게 된다.

이미 돈을 내고 들어간 어드벤처 안 같은 데는 그렇지 않지만 다른 데는 앉을 의자 하나 보이지 않을 정도이다. 그런데도 롯데월드는 휴식공간이라는 인상을 주고 있다. 이때 휴식이란 능력 있는 사람에게만 허용되는 휴식이다. 간단히 말해서 돈이 있어야만 누릴 수 있는 휴식인 것이다. 롯데월드 안 곳곳에 있는 휴식공간들은 대부분 돈을 내지 않으면 이용할 수 없는 공간들로 한정되어 있다. 그래서 어드벤처 입장권을 사는 지하 1층 영플라자의 판매소 옆처럼 돈을 내지 않아도 다닐 수 있다는 '무료통행지역' 표시가 붙어 있는지도 모른다. 어쨌든 이곳에서는 빈둥거리면서 시간을 보낼 수가 없다. 오직 움직임 자체를 즐기면서 이 복도에서 저 복도로, 계단과 에스컬레이터와 엘리베이터를 타고 위층이나 아래층으로 왔다 갔다 하면서 곳곳에 쌓인 살거리들을 구경하고 다녀야만 한다. 그리고 "사라, 그렇지 않으면 떠나라"라는 구호가 이 롯데월드 내부 공간에서 우리의 몸짓 하나 하나를 지배하고 있는 듯하다. 그런데 이 구호는 우리에게 '사라' 명령 부분만을 복종하도록 하고 '떠나라' 부분은 복종하기 힘들게 만든다. 왜냐하면 어느 한 곳에서 물건을 사지 못하고 급하게 떠나면 곧바로 다른 곳에서 구경거리나 살거리를 보게 되어 거기에 머물게 되며 정작 롯데월드를 떠나 바깥 공간으로 나가려고 해도 바깥으로 나가는 출구를 찾기 힘들기 때문이다.

그것은 롯데월드가 기본적으로 소비공간이기 때문이다. 소비를 목적으로 존재하는 공간은 사람들을 그곳에 몰려들게 하고 일단 들어온 사람들은 가능하면 내보내지 않고 오래 붙잡아둘 필요가 있다. 그래서 롯데월드는 '빨아들인' 고객들을 부산스럽게 움직이게 만든다. 롯데월드에 내부통로가 무척 강화되어 있는 것은 그 때문이다. 그러나 내부통로의 강화는 내부통로의 강화일 뿐이다. 롯데월드 안에 아무리 많은 길이 있어도 우리는 바깥으로 나가는 길을 좀처럼 찾을 수 없다. "어디가 어딘지 모르겠다, 나갈 길을 못 찾겠다"는 것이 그곳에 어느 정도 있다가 지친 사람들이 갖게 되는 공통된 생각이다. 롯데월드 안에 있는 길들을 따라가면 우리가 가는 곳은 어디까지나 롯데월드일 뿐이다. 따라서 롯데월드의 내부통로들은 독립적인 세계를 이루고 있는 롯데월드의 순환계이고 우리는 이 순환계가 이루고 있는 폐쇄회로를 따라 다니게 된다. 이런 점에서 롯데월드는 거대한 블랙홀이다. 우리는 자신도 모르게 이 블랙홀로만 나아가는 거대한 천체 운동 속에 빠져 들어 있다. 블랙홀이 한번 집어삼킨 것들을 뱉어내지 않듯이 롯데월드는 그 속으로 빨아들인 사람들을 좀체 내뱉지 않는다. 마치 무슨 미로라도 되는 듯이 안으로 안으로만 들어오게 하는 장치가 설치되어 있는 듯하다는 것이 롯데월드에 다녀온 사람들의 공통된 생각이다. 롯데월드는 일단 빨아들인 사람을 좀체 내보내지 않는다. 그 속에 들어간 사람은 출구를 찾으려다 파김치가 된 다음에야 겨우 방면된다.

이처럼 롯데월드가 '모든' 길을 자신에게로 향하게 하고 주변에 온 사람들을 남김없이 빨아들이고 또 일단 안에 들어온 사람들을 좀체 내보내지 않는 것을 우리는 어떻게 설명해야 할까? 지하철 망과 롯데월드의 연계, 대중매체를 이용한 욕망구조의 확산, '블랙홀 원리'라 부름직한 빨아들임과 가둠의 현상—이런 것들을 설명하기 위해서 우리는 소비자본주의라는 개념을 전제하지 않을 수 없다. 상품 구매와 소비를 의무화해놓은 어떤 체제를 상정해야만 '롯데월드에 이르는 길'이 왜 앞에서 본 것처럼 그토록 과잉 개발되어 있는지 알 수 있다. 롯데월드로 가는 길들은 우리 사회에 자리잡은 자본주의 생산양식을 더욱더 강화하는 한 수단인 자본주의 유통구조의 한 부분이다.

6. '자족'하는 세계

롯데월드가 즐겁게 빨려 들어가면 나오기가 힘든 곳이고 폐쇄회로처럼 그 안에서만 돌게 만드는 곳이라면 그것은 억압의 공간이 아닌가? 하지만 억압이 그것의 진실이라 하더라도 이 진실은 폭로되어서는 안 된다. 그래서 그런가, 롯데월드는 자족하는 공간으로 자신을 내세운다. 한번 들어오면

못나가게 하므로 논리로라도 롯데월드는 모든 것을 갖추고 있어야 한다. 롯데월드는 미니도시라고 부름직한 곳이다. 이곳의 '상주인구'는 그곳에서 장사를 하거나 근무하는 사람들, 그리고 호텔에서 숙박하는 사람까지 합친다면 모르긴 몰라도 웬만한 소도시에 거의 맞먹지 않을까? 하지만 롯데월드가 미니도시라는 것은 그 규모만 보고 하는 말이 아니다. 자족하는 공간이 되자면 일상생활을 하는 데에 큰 불편이 없어야 한다. 즉 좀 색다른 의미에서 '요람에서 무덤까지' 필요한 모든 것을 그 안에 구비하고 있어야 한다. 롯데월드는 이런 것들을 마련해 놓고 있다(고 생각하거나 우리가 그렇게 생각하도록 할 것이다).

롯데월드는 그 안팎에 롯데월드 어드벤처와 매직아일랜드같은 대규모 위락장, 에어로빅/테니스 등 각종 스포츠를 즐길 수 있는 스포츠센터, 내과/소아과/피부과/산부인과/성형외과/치과가 있는 병원, 잠수/다이빙/수영 등 각종 수중활동을 즐길 수 있는 대규모 '수영장', 역사전시관/저자거리/놀이마당/모형촌을 갖춘 민속관, 지하 1층에서 지상 3층에 걸쳐 식당가/상점가/재래식시장 등의 형태로 있는 상가, 롯데백화점잠실점/롯데수퍼백화점과 같은 대규모 백화점, 대규모 호텔 등의 시설물 이외에도 스케이트장, 볼링장, 예식장, 연회장, 영화극장, '예술극장'이 있는 엄청난 규모의 구조물이다. 그래서 이곳에 들어오면 바깥으로 나가지 않아도 하루 종일은 물론이고 며칠 몇 달, 아니 이론상으로는 몇 년도 지낼 수 있다는 생각이 든다. 호텔이 있어서 숙박이 제공되기 때문에 몇 년씩 이곳에 묵을 수 있다는 말이 아니다. 이곳에서는 일상생활이 가능하지 않겠느냐는 것이다. 우선 롯데월드 안에서는 모든 것을 구입할 수 있다. 갖가지 물품을 구입할 수 있는 백화점, 시장, 가게들이 즐비하니 이곳은 웬만한 도시에서 구할 수 없는 물품들을 구할 수 있다. '문화'생활을 즐길 수도 있다. 이곳에는 영화관, 공연극장, 민속관, 놀이마당, 문화센터가 있다. 스케이트장, 수영장, 스포츠센터, 약국(한약, 양약), 병원 등이 있어서 건강관리도 가능하다. 술집, 음식점, 이용원, 세탁소, 열쇠수리점, 복덕방, 소리방, 은행은 물론이고 혼인식 올릴 곳도 있다. 어린이는 어린이대로, 어른은 어른대로 지루해 하지 않고 이곳에서 보낼 수 있으니 유년에서 노년에 이르기까지 인생을 모두 이곳에서 보내지 말란 법이 없다.

　그런데 롯데월드가 자족하는 세계라는 점은 또 다른 의미가 있다. 그리고 이 의미를 이해하면서 롯데월드에 세계를 의미하는 '월드'가 들어 있는 것이 우연이 아님을 알게 된다. 롯데월드는 거의 모든 물품을 제공한다는 것만 가지고 자신을 홀로 운영될 수 있는 세계로 제시하지 않는다. 웬만한 물건을 살 수 있다고 롯데월드가 독자세계라고 할 수는 없다. 물품과 더불어 또 다른 근본 되는 것, 예컨대 삶의 여유 같은 것이 있어야 한다. 그런데 이 여유는 단순히 자유로운 시간을 갖는다거나 해서 생기는 것은 아니다. 롯데월드는 물론 그런 자유로운 시간을 전제로 하여 세워진 곳이다. 하지만 롯데월드는 자유로운 시간을 보낼 곳으로 자신을 제시하고 바로 이 제시한다는 사실을 과시한다. 여기서 중요한 것이 자연이다. 왜냐하면 어떤 면에서 자유는 곧 자연이기 때문이다. 자연이 없는 곳에서는 자유가 없으며 세계도 있을 수 없다. 이런 점에서 롯데월드는 지구와 같은 면을 가지고 있어야 한다. 즉 그 속에 농촌과 도시라는 인간이 만들어낸 일상생활 환경뿐 아니라 삼림과 대양과 같은 자연을 갖추고 있어야 한다. 그래서 롯데월드에는 폭포와 원시림 파도와 계곡이 있다. 롯데백화점 건물의 상층부에 3층 규모의 인공폭포가 있고 롯데월드 어디서건 잘 보이는 어드벤처 안에는 갖가지 자연 경관이 펼쳐지며 롯데스위밍 안에는 '폭포풀', '잠수풀', '계곡풀', '동굴탕' 등이 있는 것이다. 이 정도는 되어야 세계다운 규모 폭과 여유가 있다고 하지 않겠는가.

　한 공간이 세계다운 규모를 가지려면 제한받지 않고 움직일 수 있는 '여유'를 가져야 할 것이다. 롯데월드가 움직임을 최대한 허용한다는 점은 이미 보았지만 이곳은 또다른 의미에서 움직임을 허용하고 있다. 이때 움직임은 실내공간으로서는 뜻밖으로 환상과 모험의 모습을 하고 나타난다. 롯데월드는 서울 같은 대도시에서 원시림 경험까지도 제공한다. 어드벤처 위로 난 단선열차를 타고 달리면서 아찔한 고공공포감을 맛볼 수 있고 또 그 아래서 계곡의 거센 물살을 따라 모험을 즐길 수 있다. 이런 모험을 직접 하기 싫으면 안 해도 좋다. '벨뷰'와 같은 전망대 역할을 하는 커피숍에서 어드벤처 계곡 밑에서 펼쳐지고 있는 모습을 그냥 구경만 해도 된다.

이처럼 '모든 것'을 다 갖추고 있는 롯데월드는 특히 돈으로 살 수 있는 모든 것을 다 갖추고 있다. 이곳은 전천후 시장이다. 이런 점에서 서울 시내에 있는 다른 백화점들과 비슷한 롯데백화점 본점을 본뜬 잠실점보다는 롯데수퍼백화점과 재래식시장인 롯데월드시장, 또 롯데월드민속관에 있는 저자거리 등이 롯데월드의 '완비성'을 더 잘 말해준다. 원래 백화점이란 거의 모든 물건을 골고루 갖추고 있지만 특히 소비재가 집적되어 있다. 롯데수퍼백화점 역시 소비재를 갖추고 있다. 그런데 이 백화점은 흔히 백화점이라는 이미지가 가지고 있는 것과는 다른 이미지를 가지고 있다. 그것은 이곳이 아주 싼 물건들을 산적해 놓고 있기 때문이다. 이곳에서 구매경험을 한 사람들은 대체로 이곳이 재래시장의 물건 가격과 비슷한 수준으로 책정되어 있다고 한다. 여기서 중요한 것은 롯데월드처럼 엄청나게 큰 규모의 자본을 투여한 곳에 있는 백화점의 가격이 영세한 자본의 집적지인 시장보다 물품 가격이 싸다거나 아니면 비싸다거나 하는 점이 아니다. 그보다는 롯데월드가 재래시장과 같은 역할을 해냄으로써 재래시장의 생존을 위협하면서 동시에 그 속에 모든 시장을 포괄하려는 점이 중요하다. 백화점에서 고급의류를 구입할 수 있는가 하면 롯데수퍼백화점에서는 싼 값의 의복도 살 수 있다. 롯데월드는 이런 점에서 전천후 시장이고 모든 계급, 세대, 지역을 대상으로 장사를 한다.

모든 사람들을 고객으로 생각하고 있는 롯데월드는 모든 것을 판매 대상으로 삼고 있다. 단순히 숙박시설, 백화 만물, 건강 등을 제공할 뿐만 아니라 롯데월드 어드벤처와 매직아일랜드에서처럼 꿈과 환상, 모험을 판다. 물론 여기서 판매되는 것은 이 위락장들에 있는 시설을 잠깐 사용할 수 있는 권리이다. 이 권리는 사용자, 즉 고객들이 재미를 보는 권리이기도 한데 바로 이 재미는 다른 곳의 재미, 예컨대 미끄러운 비탈길에서 썰매 타는 재미와는 달리 언제나 원천의 모방 또는 재현이라는 매개를 통해서 나온다. 즉 이미 가지고 있는 재미에 대한 선입견이 이 위락장에서 결정적인 영향을 미치고 있다. 재미의 고정관념을 겨냥하여 상품개발을 하고 있는 것이다.

롯데월드에서 상품은 이처럼 대상 세계와 비대상 세계를 동시에 포함하고 있기 때문에 생각할 수 있는 모든 것을 상품으로 전환시키고 있는 셈이다. 바로 이런 점 때문에 앞에서 본 전통시장의 몸놀림과 이곳의 몸놀림의 차이가 생겨난다. 전통시장에서도 상품의 다양화는 분명히 눈에 띄지만 이 다양화는 집적의 느낌을 준다. 시장바닥에 억수로 쌓아 놓은 물건들은 집적과 산적의 원칙에 따라 생산지에서 이곳으로 모여든다. 시장은 풍성하다는 이미지는 바로 이것 때문에 생겨난다. 롯데월드가 이런 시장의 원리를 부정하고 있는 것은 아니다. 롯데월드와 같은 곳은 어떤 시장보다도 더 많은 물품을 보관할 수 있다. 하지만 롯데월드에서 중요한 것은 보관이라기보다는 전시이다. 이때 전시는 롯데월드가 모든 것을 구비하고 있다는 점을 전시하는 것이지 이곳이 세상에 없는 어떤 특별한 것을 가지고 있다는 점을 전시하는 것이 아니다. 모든 것을 구비하고 있기 때문에 모든 사람을 대상으로 장사를 할 수 있다는 점이 중요하다. 바로 이런 이유 때문에 롯데월드에 자연스런 입장이 건물 접근의 원칙으로 되어 있고 모든 몸놀림이 자유롭게 되어 있으며 가능하면 쉽게 그리고 빠르게 건물 속에 난 무수히 많은 통로로 회전하도록 되어 있다. 즉 롯데월드가 자족의 공간으로 부각되어 있는 것 또한 애초에 그것이 내세운 '모든 길은 롯데월드로'라고 하는 표어가 가지고 있는 롯데월드의 자기이해와 어긋나지 않는다.

7. 대체경험

그런데 롯데월드의 '자족성'은 현실이라기보다는 허상으로서 우리가 일상생활에 대하여 가지고 있는 이미지를 나름대로 재생산하여 얻은 결과물이다. 대중매체이론가들이 곧잘 '이미지 조작'이라 하는 이런 일은 물론 롯데월드만이 하는 것은 아니다. 현대생활을 특징짓는 대부분의 것들, 특히 대중매체로 생기는 대부분의 활동들이 이미지 조작의 산물이다. 그런데 서울에서는 아직 롯데월드만큼 이미지 재생산을 이처럼 집중시켜 대규모로 상품판매 전략의 기본원칙으로 내세우고 있는 곳이 아직은 없다. 물론 서울랜드와 같은 위락장에서도 이미지 판매가 집중으로 일어나지만 서울랜드의 상품판매는 오락이나 환상을 그 대상으로 할 뿐 롯데월드처럼 일상생활 자체를 환상으로 전환시키고 있지는 않다. 이 점에서 롯데월드는 서울랜드보다 더 철저한 소비자본주의 세계를 이룬다. 생활 자체가 판매 대상이 되는 세계만큼 소비자본주의가 더 완전하게 확보된 곳이 어디에 있겠는가?

어떻게 보면 롯데월드의 자족성은 그것이 아주 중요한 상품으로 제공하는 환상의 또 다른 형태이다. 이점에서 롯데월드는 서울랜드와 같은 환상의 세계가 '현실세계'로 전환되었다고 볼 수 있다. 꿈이 실현된 곳, 꿈이 현실의 일상 경험으로 나타나는 곳이 롯데월드인 셈이다. 롯데월드는 피노키오가 가고 싶어 하는 장난감 나라도 아니고 피터 팬 같은 동화적인 존재나 안내할 수 있는 이방의 나라가 아니다. 이곳은 이방이 현실이 된 곳이다.

그러나 롯데월드에 이방적인 요소가 지배하고 있기 때문에 이곳에서 갖게 되는 경험은 현실경험이 아니다. 롯데월드를 특징짓는 경험은 대체경험이라 할 수 있다. 즉 이곳에서는 우리의 일상생활이 대체형태를 갖는 것이다. 롯데민속관은 과거역사를 재현하고 있으며 롯데어드벤처는 탐험세계의 대체물이다. 작은 규모의 디즈니랜드나 서울랜드가 실내로 이동해 들어와 있다는 느낌이다. 그리고 더욱 중요한 점으로서 '자족 세계' 롯데월드는 전통 거주공간을 '대체'한다는 사실을 들 수 있다. 롯데월드에 있는 것치고 전통 거주공간에 이미 없었던 것은 없을 것이다. 하지만 롯데월드는 언제나 이미 있었던 것을 그곳으로 집결시켜 또 다른 모습으로 전환하는 구조를 가지고 있다. 롯데월드에 '고유'한 것은 이미 있던 것이거나 아니면 남의 것이다. 3층 민속관의 모형촌이나 역사기념관, 지하 1층의 재래식 시장이나 식당가, 옷가게들, 롯데월드 안의 '거리', '광장'들, 어드벤처에 설치된 세계 각국의 풍물, 바이킹족이나 신드바드의 모험을 모방하여 설치한 위락시설물, 나아가서 롯데백화점 건물 안에 있는 거대한 폭포에 이르기까지 남의 것이 아닌 것이 없다. 이 모든 남의 것을 롯데월드는 전유하고 있다.

따라서 이곳을 지배하는 법칙 중 하나는 '인용'의 법칙이다. 이 인용법칙은 시간과 공간에 모두 적용된다. 롯데민속관의 모형들은 역사를 재현하고 저잣거리는 과거와 근대의 시장모습을 재현한다. 모형들은 전통 세시풍속과 전형 과거인의 일생을 보여주고 있다. 민속관의 저잣거리나 지하 1층의 재래식 시장도 롯데월드의 시점에서 보면 시장의 전사(前史)를 재현한다. 그러나 이때 과거 재현은 재현 자체의 독자성이나 자율성을 목적으로 이루어지지 않는다. 즉 인용 자체가 재미있어서 인용이 이루어지기보다는 어떤 형태로 이루어지건 인용은 도구의 성격을 띠는 것이다. 이곳에서 인용되어 나타나는 재현은 그 형식이 갖는 유통의미나 유통가치에 따라 상품으로 전환된다. 이때 과거 인용은 대체로 향수의 형태를 띠고 있다. 민속관에서 역사는 향수 상품으로 나타나며 그 의미는 그것의 근본 맥락과 동떨어져서 인용된 부분으로서만 나타난다. 즉 과거가 있었기 때문에 인용된다기보다는 과거를 인용할 필요인 판매이유가 있기 때문에 인용된 것이다.

인용의 대상은 역사뿐만 아니다. 자연도 인용 대상이다. 이미 언급했지만 롯데백화점 식당가에 위치한 거대한 인공폭포는 우리 삶에서 자연이 어떻게 삶의 내부에까지 깊숙이 들어와 있는가 하는 문제를 잘 보여준다. 이 '폭포'는 대자연으로부터 절단되어 실내공간에서 장식품이 되어 있다. 그것의 기능은 실제 자연 속의 폭포를 환기시켜 내부공간에 갇힌 고객들에게 자연에 대한 대체경험을 제공하는 데 있을 것이다. 그런데 이 폭포는 그것이 가진 인공성을 적어도 일부는 자연으로써 구성해내고 있다는 특이한 점을 가지고 있다. 즉 자연을 대체하고 있는 것이 플라스틱 등의 인공소재가 아닌 진짜 자연이라는 점이다. 그렇지만 어쨌든 최종으로 나타나는 '폭포'는 롯데월드라는 인공환경의 일부가 된다. 이곳의 '자연'은 원래의 맥락에서 벗어나서 인공으로 바뀐다. 사실 롯데월드 안에 있는 자연은 설령 그것이 원래 산이나 들에서 자란 나무나 풀이라 하더라도 이미 고도의 원예기술이 그 성장과정에 개입하여 최종 모습이 결정된 자연이다. 롯데월드 주변에 심어놓은 거대한 소나무들, 폭포 옆에 서있는 나무, 유리 천정으로 들어오는 햇빛을 받고 있는 벤자민 나무, 그리고 플라스틱으로 만든 화초들 사이에는 근본 차이가 없다. 어떻게 보면 이곳은 대체경험 자체가 원본으로 행세하고 있다고 해야 할 것이다. 자연과 비자연을 구분하지 않고 폭포 등 인공환경을 구성하는 데에 살아있는 자연물이 사용되고 있는 것은 실제인간이 마네킹을 흉내 내고 있는 것과 다를 바가 없다. 다시 말해 재현 자체가 현실이 되어 있는 셈이다.

이 말은 곧 롯데월드의 세계가 인조환경의 세계라는 점이 생략되어 있는 곳이라는 말이다. 우리는 현재 어디서나 인조환경에서 살고 있다. 서울이라는 도시 전체가 바로 인조환경이고 롯데월드는 그 한 부분이다. 그런데 롯데월드가 서울의 다른 부분과 구별되는 것은 이곳에서는 환경의 인조적성격이 강화되어 인조환경 자체 내에 분화현상이 생겨나고 있기 때문이다. 롯데월드 전체는 그 자체가 인조환경이면서 롯데월드 어드벤처를 그 이방으로 설정해 놓는다. 그래서 롯데월드 곳곳에서 유리창을 통해 그 이방을 신기한 구경거리로 바라보게 된다. 별세계가 된 어드벤처 공간은 마치 타잔이라도 나올 듯 대모험의 세계를 연출한다. 이때 어드벤처는 광활하고 진기한 자연을 대체한다. 하지만 이 부분이야말로 인공이 가장 많이 가미된 부분이 아니고 무엇인가.

8. 롯데월드의 '안팎'—독점자본과 국가권력

이제 지금까지 살펴본 대로 독특한 구조를 가진 롯데월드가 다양한 방식으로 우리를 그 속으로 빨아들여 갖가지 형태의 경험을 제공하고 있는 것을 종합하여 롯데월드 관련 경험의 본질을 살펴보자. 아마 롯데월드는 내가 여기서 꺼낸 '본질'이란 개념을 거부할 것이다. '본질'이라는 말은 롯데월드 구조의 특징이 가지고 있는 표면 논리와는 다른 심층 분석의 논리를 따르고 있다. 하지만 이미 간간이 보았듯이 롯데월드가 그 이면에서 표면을 강화하고 있는 것은 그것이 노리고 있는 바가 분명히 있기 때문이다.

앞에서 본 대로 롯데월드는 지하철 2호선의 잠실역과 연계되어 있다. 이것은 무엇을 의미하는 것일까? 우선 생각할 때 그것은 롯데월드가 아주 편리한 곳에 위치해 있다는 것을 의미한다. 하지만 다른 한편에서 보면 지하철 2호선이 롯데월드를 찾아가고 있다고 볼 수도 있다. 롯데월드와 같이 중요한 문화공간으로 교통망이 집중되는 것은 당연한 일처럼 보이기 때문이다. 그런데 이 2호선과 잠실역의 연계는 롯데월드가 건설부, 서울특별시, 지하철공사 등 공권력을 행사하는 기관과 밀접한 관련을 맺고 있음을 의미하기도 한다. 물론 이 관련은 '시민생활의 편의'를 위해 맺어진다고 할 수도 있을 것이다. 사실 우리의 일상생활에 긴밀하게 연계되어 있는 활동들을 할 수 있는 시설과 공간으로 가득찬 롯데월드는 시민생활의 긴요한 부분이다. 이 점에서 시민들이 롯데월드로 찾아가는 길을 행정력이 동원되어 도와주는 것은 당연하다 할 것이다. 하지만 롯데월드와 행정력의 연계는 시민의 편의 이외에 다른 차원을 가지고 있다. 이 점은 서울시가 애초에 '도심 속의 공원' 마련과 '전통문화의 보존'을 위해 이 일대 시유지에 석촌호수와 서울 놀이마당을 만들었다가 쌍둥이 호수였던 석촌호수의 한 쪽을 롯데그룹에 양도 롯데월드가 들어서게 하고 또 남아 있는 호수 일대에 매직아일랜드를 건설하도록 허용하여 앞으로 20년 동안의 사용권을 롯데그룹이 독점하도록 행정 조치했다는 것을 상기하면 당장 이해할 수 있다. 이 특혜는 독점자본과 국가권력이 유착하고 있기 때문에 가능하다. 그리고 매직아일랜드 개장을 보도한 신문기사를 보면 롯데월드의 의미는 정치적으로도 분명히 이해된다. 롯데월드의 매직아일랜드가 89년 12월에 개장했을 때 소련을 방문 중이던 민주당 총재 김영삼만 빠지고 여야당 정치지도자들이 참석했다. 당시 신문에는 롯데그룹의 신격호 회장을 가운데 두고 박태준, 김종필, 김대중 등 당시의 여야 지도자들이 일본의 전 수상 나카소네와 함께 준공기념식에 참석하고 있는 사진 모습이 실려 있다.

공공시설물이 아닌 사유 시설물의 개장식에 이런 모습이 연출되는 데에서 롯데와 같은 독점자본이 국내외의 정치지도자 또는 지배세력과 연계하고 있다는 사실을 확인할 수 있다. 그러나 그렇다고 해서 얼핏 생각할 수 있는 것처럼 오늘날 우리 사회 지배세력의 지배방식을 흔히 대표하는 형태인 폭력적 '공권력'이 이곳에도 일상으로 나타나리라고 생각한다면 그것은 큰 착각이다. 그리고 바로 그런 점에서 롯데월드의 '지배'방식은 앞에서 몇 차례 언급한 '해방' 요소를 가졌다는 점에서나 마찬가지로 선진적인 면을 가진다. 동물스런 폭력의 배제는 그 자체로 선진성을 분명히 가지기 때문이다. 물론 롯데월드가 처음 들어섰을 때 주변에서 장사진을 이루며 성업하던 포장마차들이 깨끗이 철거된 사실에서 공권력이 독점자본의 소유물인 롯데월드를 보호하고 있음을 충분히 짐작할 수 있다. 그리고 만약 대우조선이나 현대중공업, 또는 지하철공사 등에서 흔히 보는 '노사분규'와 같은 식의 상황이 벌어진다면 울산 방어진이나 거제도를 군사작전지로 착각하게 했던 것과 마찬가지로 잠실 주변을 군사작전지로 바꿀 정도의 롯데월드 '보호작전'이 벌어질지도 모른다. 하지만 매직아일랜드 개장식과 관련해서 내린 결론은 롯데월드에서 국가권력과 독점자본이 손을 잡고 있다는 것을 증명하기는 하되 자칫 이 연계가 공권력 행사와는 다른 통제 방식을 가지고 있다는 점을 쉽게 이해하지 못하게 할 수 있다. 이런 말을 하는 것은 롯데월드에서 독점자본과 국가권력의 연계는 훨씬 더 은밀하며 그런 점에서 더욱 깊은 곳에서 이루어지고 있다고 보기 때문이다.

이미 보았듯이 롯데월드에서 억압은 일상화 방식으로 일어난다. 권력과 자본의 연계가 '롯데월드로 가는 길'을 강요의 길로 만들거나 우리가 갖는 롯데월드 경험이 물리적 폭력으로 좌우되지 않는다. 억압이 있다면 이 억압은 보이지 않는다. 그렇다면 억압을 은폐하기 때문인가? 그것도 아니다. 왜냐하면 억압 자체가 변증법적 도약을 하여 다른 모습을 하고 있기 때문이다. 이곳의 억압은 해방으로 전환되어 있다. 이곳에 오면 허용받는 자유로운 몸놀림, 부산한 움직임, 끝없는 재미 추구 등은 물리력으로서 폭력이 주는 억압감과는 너무 동떨어져 있다. 그러나 물론 이 해방은 가짜 해방이다. 이곳의 해방은 선택받은 자의 해방이며 억누름이 가시화되지는 않지만 다른 사람들을 억누름으로써 이루어져 있기 때문이다. 한 예만 들어서 이 점을 살펴보자. 이곳은 상품의 전시장으로서 노동자가 만든 온갖 것들이 팔리고 있다. 최근에 사회문제로 부각된 과소비도 이런 곳을 중심으로 벌어질 터인데 이 과소비 현장에서는 우리 사회의 생산관계가 가지고 있는 모순을 확인할 길이 없다. 노동자는 철저히 소외되어 있기 때문이다. 롯데월드에서 그들의 목소리는 어느 곳에건 들리지 않는다.

왜 그런가? 얼핏 볼 때 롯데월드는 출입의 자유를 허용하는 것 같지만 그 어느 곳보다 철저히 외부와 내부를 분리하고 있기 때문이다. 그런데 이 지적은 지금까지 언급한 롯데월드의 여러 특징들과는 사뭇 다른 판단으로 들릴 것이다. 사실 롯데월드는 출입의 자유를 전제로 이루어진 곳이 아닌가? 그리고 롯데월드의 구조 전체는 많은 측면에서 안팎 구분을 거부하는 것을 원칙으로 삼고 있지 않는가? 롯데월드에서 안팎의 구분이 잘 되지 않는다는 것은 분명한 현상이다. 롯데월드로 출입하기 쉽게 만들기 위해서 롯데월드에서 벗어나 그 외곽으로 나가는 길들이 결국은 그 안으로 가도록 되어 있는 것이라거나 구경거리로 만들어진 엘리베이터가 안에서 밖을 보는 것인지 안의 안을 보는 것인지 모르게 되어 있는 것이라든가, 또는 열대 원시림에서 자라야 할 벤자민 나무가 건물 내부에 들어와서, 다시 바깥의 햇볕을 직접 받도록 설계된 유리 천장을 통해 들어온 태양광선을 받고 있는 것이라든가 하는 모든 것들은 얼핏 보면 우리가 전통적으로 실내공간의 내부와 외부를 구분해오던 관행과는 딴판이다. 하지만 이것들은 이것들을 지배하는 또다른 원칙 때문에 더 원천적인 안팎 구분을 하고 있다. 앞에서 다른 말로 나는 이 원칙이 '생략법'이라고 말했는데 이 생략법은 과소비

현장에 과소비를 일으키게 하는 근본원인인 생산자가 나타나지 않는다는 것을 말한다. 즉 롯데월드에서 부산하게 오가는 수많은 사람들이 누리는 여유를 가능하게 한 더 많은 노동자들이 우리 사회에서 롯데월드를 있을 만한 장소로 만드는 데 핵심적인 기여를 했으면서도 이곳에 부재자로서만 '나타나는' 것이다. 화려한 롯데월드 안팎 어디에서도 여기서 팔리는 상품들을 만들어낸 생산자들의 참담한 모습은 나타나지 않는다. 이러한 철저한 분리 원칙 위에서 안팎의 구별 없음은 또다른 형태의 억압이다. 안팎의 구별 없음이 만들어내는 장난스러움, 자신의 '내장'까지 드러내놓고 있는 롯데월드는 그와 비슷한 다른 건물들처럼 오늘날 우리 사회 자본이 가지고 있는 여유의 모습일지는 모르나 지독한 생략법을 포함하고 있다.

이 생략법은 철저한 관리로써 실시된다. 롯데월드와 같은 곳은 건물을 세우는 데에도 고도의 건축 기술이 필요하겠지만 예사 건물들과 달리 특히 건물 관리에 고도의 기술이 동원되어야 할 것이다. 하나의 실내 공간 안에 다양한 인간 활동이 불편하지 않게 일어날 수 있도록 되기 위해서는 건물의 설계가 복잡한 기능구분을 가능하게 할 것만을 요구하지 않고 건물을 창조적으로 사용하는 기술 또한 긴요하게 요구된다. 이 건물관리 기술은 건물을 사용하는 인간들의 행태를 관리하는 것까지 포함한다. 우리가 롯데월드에 들어갔을 때 몸놀림이 통제되고 있다고 느끼는 것은 롯데월드와 같은 공간은 우리의 모든 것을 장악하고 있기 때문이다. 인간의 몸놀림을 가장 억압적으로 통제하는 것은 아마 군대와 같은 조직일 것이다. 롯데월드는 그러한 억압을 통해서 우리를 통제하지 않는다. 오히려 해방을 통해서 통제한다고나 할까.

그리고 롯데월드가 가지고 있는 관리기술에는 롯데월드가 현재 우리 사회의 국가권력과 갖는 연계도 포함되어야 할 것이다. 이미 다른 맥락에서 언급했지만 롯데월드 주변의 거리가 깨끗해진 것은 롯데월드의 힘만으로 이룩한 성과가 아니다. 거기에는 우리 사회의 최고 통제기제인 국가권력이 행정력을 동원하여 이제는 전국빈민연합에도 일부 가담해 있을 포장마차

상인들을 몰아냈기 때문이기도 하다. 이들 중에는 '기업형' 포장마차 주인들도 포함되었다고 하는바, 영세상인보다 훨씬 더 큰 조직력을 행사했을 이들마저 몰아낸 것은 롯데월드의 힘이 그만큼 크다는 말이 된다. 롯데월드가 이런 관리능력을 갖게 된 것은 독점자본으로서 국가권력을 하수인으로는 아니더라도 그 방조자로는 이용할 수 있었기 때문일 것이다. 포장마차 철거, 지하철과의 연계, 석촌호수 사용권 확보 등을 통해 롯데월드는 자신의 힘을 과시하면서 시민들을 '해방'시킬 기회를 갖게 된 것이다.

9. 해방의 길

해방의 논리가 바로 통제로 작용하는 공간에서 해방은 무엇을 의미하는 것일까? 그리고 이런 곳에서 '진정한' 해방은 가능한가? 롯데월드에 다녀온 사람들이 한결같이 느끼는 피곤함은 노동자들이 혹사당하고 난 이후에 느끼는 것과 어떻게 다른가? 롯데월드는 그 안에 수많은 갈 길을 마련해 놓고 있으면서도 나갈 길을 찾을 수 없게 하여 그 안에 있다가 나오면 파김치가 다 되어 나온다. 그래서 롯데월드를 벗어나면 그 안에서 느끼던 '재미'와는 아주 다른 기분, 특히 해방감을 맛본다. 이 해방감이 롯데월드를 벗어난 해방감이 아니라면 무엇이겠는가? 롯데월드를 벗어났을 때 해방감을 맛본다는 것은 롯데월드 안에서 느끼는 재미의 '정치경제'에서 벗어나야만 진정한 해방이 가능하다는 말일 것이다. 롯데월드 안에서는 폐쇄회로의 다음 단계로 나아가는 해방일 뿐이다.

물론 폐쇄회로 안의 해방은 아주 '재미있다'. 그래서 어린아이들은 롯데월드와 바로 인접해 있는 초라한 서울놀이마당에서 갖는 즐거움보다 롯데월드 어드벤처나 매직아일랜드가 제공하는 재미에 한사코 더 빠져든다. 그런데 이 '재미'야말로 롯데월드가 가지고 있는 정치경제의 핵심 기제가 아닐까? 즉 우리는 롯데월드가 제공한다고 선전하는 신비와 모험, 마법과 환상에 몰입하여 지쳐빠질 때까지 자신을 혹사하는 것은 아닐까? 이런 의심을 갖게 되면 롯데월드의 재미는 피노키오와 같은 어린애를 꾀어다가 나중에는 당나귀로 만들어버린다는 장난감 나라의 재미와 같은 역할을 한다고 할 수 있다. 물론 이런 설명은 단순결정론에 따른 무리한 것이며 롯데월드라는 문화공간이 제공하는 갖가지 '기회들', 예컨대 주부는 힘들게 시장바구니 들고 사람 북적거리는 재래식 시장으로 가지 않고도 찬거리를 마련하고, 건강에 신경 쓰는 사람은 수영장, 스포츠센터를 이용하여 위생적인 현대생활을 영위할 수 있고, 또 소비자는 온갖 종류의 상품을 한 곳에서 다 구할 수 있는 편의와 하루를 재미있게 소일하는 여유 등을 제공한다는 점을 지나치게 과소평가하는지도 모른다.

하지만 롯데월드가 제공하는 이런 편의와 기회 때문에 롯데월드에 많은 특혜를 주었다고 강변할지도 모르는 서울시 당국의 입장은 이것으로 변호되지 않는다. 롯데월드는 독점자본 소유물로서 서울시민이나 이곳에 관광객으로 몰려드는 시골사람들의 공유물이 아니다. 이곳에 오면 우리는 철저히 몸가짐마저도 자신도 모르게 통제되는 억압을 받는다. 엄청난 규모로 갖가지 상품을 개발하여 운영하고 있는 이곳에서 사람들은 마치 신용카드처럼 원활하고 빨리 움직여야 가장 효율적으로 기능하는 존재가 되어 여기서 저기로 저기서 여기로 그리고 어디가 어딘지 모르게 부산하게 움직인다. 이 모든 과정이 재미이며 그런 점에서 분명히 해방적인 요소가 없는 것은 아니지만 이 해방 자체는 통제의 또 다른 면이다. 해방이 곧 통제가 되어있다면 이곳의 진정한 해방은 이곳에서 모습을 드러내는 해방과는 달라야 할 것이다.

그래서 생각하는 것이지만 '재미'있는 롯데월드를 벗어났을 때 맛보는 해방감은 롯데월드의 안에서 벗어나 바깥 세계로 나왔다는 느낌이다. 그리고 바로 이런 감각을 가질 수 있다는 데에서 해방이란 안팎의 구별을 없애는 곳에 있다기보다는 그곳과 분명히 구별되는 바깥으로 나가기 위한 운동이라는 것을 알게 된다. 바깥으로 나가는 운동은 무엇일까? 롯데월드가 억압한 것의 노출이기도 할 이 바깥운동은 거꾸로 밖에서 롯데월드에 가하는 압박의 형식으로 나와야 하지 않을까? 다시 말해 해방이 통제의 다른 면이 아니라 통제가 해방의 다른 면이 되는 그런 공간으로 롯데월드를 전환시켜야 한다는 말이다. 롯데월드가 있음으로써 보이지 않는 부분이 드러나야 하지 않을까? 이 말은 곧 롯데월드에 대한 또다른 형태의 통제가 있어야 함을 의미한다. 그리고 이런 문제제기는 롯데월드에만 국한되는 것이 아니라 오늘날 우리 사회의 지배문화로 정착되어 있는 독점자본주의 문화 전체에 해당한다.(1991)

12.

유사도시, 역공간, 사이버공간
─결연의 시험장

1. 공간의 정치학

오늘날 우리가 경험하고 있는 문화 환경의 변화는 사회적 실천과, 특히 정치와 어떤 관계가 있는가? 정치는 문화와 어떻게 연결되며, 문화는 어떤 방식으로 정치에 영향을 끼치는가? 정치적 실천과 문화적 조건 사이에는 어떤 함수관계가 있는가? 정치는 어떻게 그 처소를 정하며, 어디에서 어떤 양상을 띠며 나타나는가? 정치와 문화가 만나는 장소는 어디이며 정치의 공간은 어떻게 구성되는가? 이 글은 이런 질문들이 제기하는 문제들을 살피기 위하여 마련된 한 시도다. 이 시도는 문화 환경과 정치를 한데 묶어서 사고하고자 한다는 점에서 '문화정치학'을 구성하는 것이겠지만, 제기한 질문들을 특히 공간 문제를 중심으로 고찰하고자 한다는 점에서 '공간의 정치학'을 구성하고 있기도 하다. 국내에서는 이런 종류의 문제제기가 별로 없었고 또 얼핏 보아 생경해 보이는 주제이기는 하지만 사실 공간 환경이 정치적인 성격을 갖는다고 하는 생각은 그다지 새로운 것은 아니다. 서양어에서 '정치'가 장소를 가리키는 말인 '폴리스'(polis)에서 나온데서 알 수 있듯이 정치는 공간의 문제로 인식되어온 때문이다. 그러나 사

람들이 늘 공간과 정치를 함께 제대로 사고했던 것 같지는 않으며 이것은
비판이론의 대표 격인 맑스주의도 마찬가지라 생각한다. 맑스주의는 정치
를 다른 분야들과 접합하여 사고하는 데 탁월함을 보이는 경향이 있지만
에드워드 소자가 지적하고 있듯이 공간분석에 별다른 관심을 두지 않는
비공간주의적 전통에 머물러 있었던 것이다.[1] 이 글은 이러한 공백과 오류
를 메우거나 시정하고 있는 몇몇 이론가들의 작업을 빌려,[2] 공간이 정치에
서 차지하는 의미에 대해 살펴보자는 목적을 지닌다.

　'공간의 정치학'을 논의하려는 이러한 시도의 근저에는 최근 우리 사회
의 진보운동이 질곡에 빠져든 데 대한 반성이 깔려 있다는 것도 밝힐 필요
가 있겠다. 나는 여기서 진보운동 퇴조의 한 원인으로 정치적 공간에 대한
유물론적 사고의 결여와 그에 따른 '진보적' 정치관의 경직성, 단순성을 지
적하고 대중정치의 새로운 길을 모색하고자 한다. 진부한 말 같아도 정치
란 것이 진실로 소수의 전유물이 아니라면, 진보적 정치는 마땅히 대중화
전략을 모색하지 않으면 안 될 것이다. 그러나 우리에게는 정치 공간을 한
정적으로 사고하는 경향이 없지 않다. 문제는 그런 점이 변화하는 공간 환
경이 제기하는 정치적 효과를 외면하게 만들어, 대중정치의 활성화를 위한
전략을 세우는 데 커다란 장애 요소로 작용한다는 것이다. 주변에 이전에
는 생각치도 못하던 형태의 정치 공간들이 열리고 있는데, 우리는 너무 안
이하게 그것들을 비정치적인 것으로 치부하며 꼭 필요한 비판적 검토를
외면하고 있지는 않은가? 정치의 장을 미리 주어진 것으로만 사고하고 새
로운 정치의 공간을 열어젖힐 시도를 포기하고 있지는 않은가? 이런 질문

1_ Edward W. Soja, *Postmodern Geographies: The Reassertion of Space in Critical Social Theory*
(London and New York: Verso, 1989), 85-86 참조.

2_ 이 작업들 가운데 몇 개만 소개하자면, 소자의 작업 외에 Henri Lefebvre, *The Production
of Space*, tr. Donald Nicholson-Smith (Cambridge, Mass.: Blackwell, 1991); David Harvey, *The
Condition of Postmodernity: an enquiry into the origins of cultural change* (Cambridge, Mass.:
Blackwell, 1989) (한국어판: 『포스트모더니티의 조건』, 구동회·박영민 옮김, 한울,
1994); Sharon Zukin, *Powers of Landscape* (Berkeley: U. of California Press, 1991) 등을 꼽을
수 있다.

들이 커다란 현실성을 지닌다면, 우리에게는 공간의 정치를 사고해야 할 새로운 과제가 제시되는 셈이라고 하겠는데, 나는 국내 진보진영이 이 과제를 중요한 것으로 수용할 필요가 있다고 본다. 그것은 공간의 정치적 함의를 숙고하는 것이 대중정치의 상을 새로이 잡는 적어도 하나의 중요한 실마리를 제시하리라고 믿기 때문이다. 여기서 나는 최근 들어와 우리 사회에 새로운 형태의 공간들이 등장했다는 점에 주목하고, 그런 공간들이 어떤 정치적 함의를 갖는 것인지 거칠게나마 살펴보려고 한다.

2. 거리정치의 실종?

한국 최근세사에서 대중정치는 공개적 항의와 시위를 주로 하는 거리정치의 형태를 띠고 있었다고 할 수 있을 것이다. 최근 진보운동의 출발점을 이룬 1960년의 4월 혁명도 그랬지만 그 이후에 나타난 중요한 운동 국면들—1980년의 광주항쟁, 1987년 6월의 시민항쟁, 그리고 1991년의 강경대 정국 등—은 거리에서 수많은 사람들이 외치던 구호들과 함께 기억되고 있는 것이 그 증거다. 그러나 선거 유세나 시위 등의 대중집회로 뒤덮이던 것이 엊그제 같기는 해도 거리가 대중의 정치적 진출 장소로 사용되는 것은 과거의 일로 보인다. 지난해처럼 전국기관차협의회와 지하철노조, 현대중공업, 금호타이어 등의 파업, 우루과이라운드 국회비준 반대 시위, 12.12관련자 기소 요구 집회가 일어나는 것으로 봐서는 파업과 시위와 집회로 구성되는 거리정치가 소멸했다고 할 수는 없겠지만 요즘은 거리에 정치적 행위가 일어난다고 해도 옛날만큼 위력적 효과를 내는 것 같지는 않은 것이다. 1991년 강경대 정국까지만 해도 정권타도를 외칠 만큼 위력을 유지하고 있었던 거리정치는, 맑스가 『루이 보나파르트의 브뤼메르 18일』에서 지적한 "두 번 반복된 역사"가 지닌 희화성까지야 아니라고 해도 그 왜소함, 그것이 겪고 있는 외면, 소외감 때문에 무참함마저 들게 하고 있다.

종래의 거리정치가 최근 들어 이처럼 약화의 길을 걷고 있다는 것은 대중정치의 새로운 상이 개발되어야 한다는 말이 아닐까? 대중정치는 이제까지 주로 권력의 핵을 장악하거나 전복하는 것을 목표로 삼아왔다. 그동안 "가자 청와대로!"나 "가자, 시청으로!"와 같은 구호가 거리에 난무했던 것도 그 때문일 것이다. 이때 권력은 심장 비슷한 것을 가진 것으로, 대중정치는 그 심장부를 향해 돌진하는 중심을 가진 집단 행위인 것으로 이해된다. 그러나 사실 권력은 무작위적으로 분산되어 있지는 않아도 하나의 핵으로 단일하게 구성되어 있는 것은 아니기 때문에 이런 식의 대중정치는 그 표적을 대체로 놓칠 수밖에 없다.[3] 권력의 복잡한 구성은 사실 역사와 사회의 복잡한 구성과 맥을 같이 하는 것이다. 역사는 단일한 시간대를 가지는 것이 아니라 서로 다른 시간대들의 복합으로 이루어지며, 사회도 중층결정된 구조를 가지고 있다는 알튀세르의 지적도 있다.[4] 서로 다른 자율성들을 지닌 역사적 시간과 사회적 층위들이 구조화된 총체를 이루고 있다는 이 말이 맞는다면 권력을 단일한 핵을 지닌 위계질서로 간주하고 그 중심부에 접근하고자 하는 전략은 문제가 있다고 하지 않을 수 없다. 종래의 거리정치는 이러한 접근법의 한계로 왜소화했다고 볼 수 있을 것이다.

거리정치의 왜소화 또는 거리 풍경의 변화는 우리한테서만 나타나는 현상은 아니어서 서구사회에서는 이미 70년대 이후부터 나타난 것으로 지적되고 있다. 1960년대까지 거의 일상으로 대도시 스펙터클을 이루던 대규모 저항 운동들이 사라지고 소비공간 중심의 새로운 도시 경관이 형성된 미국이 그 한 예에 속한다. 데이비드 하비의 말대로 60년대 미국에는 "근

3_ 움베르토 에코는 '적의 심장부'를 꿰뚫고자 하는 이런 식의 정치적 실천이 서구에서는 이미 70년대에 희화화된 형태로 나타났다는 것을 적군파를 예로 들어 분석해 보인다. Umberto Eco, "Falsification and Consensus," in *Travels in Hyperreality: Essays* (Orlando: Harcourt, 1986), 175.

4_ Louis Althusser and Etienne Balibar, *Reading Capital* (London: NLB, 1970), 97-105 참조.

대주의적 도시재개발과 주택사업들을 둘러싸고 소용돌이친 도시의 불만들을 불타오르게 한 땔감"으로 작용하던 "민권 시위들, 거리 폭동들, 도심 폭동들, 대규모 반전 시위들, 반문화 이벤트들(특히 록 콘서트)" 등이 거리를 뒤덮었지만 도시의 스펙터클은 "1972년경 이후 아주 다른 세력들에 의해 장악되어 완전히 다른 용도에" 쓰이게 된 것이다.[5] 하비는 도시의 스펙터클을 다른 용도로 사용한 한 예로 볼티모어시가 1968년 마틴 루터 킹 목사가 암살된 후 도심도 재개발할 겸 시의 공동체 분위기를 조성하기 위해 주요 정치인, 전문직종인들, 기업가들을 모아 '볼티모어 도시 축제'를 기획한 것을 들고 있다. 이런 종류의 행사가 늘어나면서 거리 모습이 바뀐 것은 당연하다. 거리에는 이제 시위, 투석, 폭동 등 저항운동의 풍경이 아니라 소비를 주제로 한 새로운 축제 경관이 들어서게 되었고, 거리의 의미와 용도가 이처럼 바뀌게 되면서 종전 방식의 진보적 대중정치 대신 부르주아 정치가 거리를 지배하는 경향이 커지게 되었다.

　　몇 년 전부터 서울 시내에서 시위가 빈발하던 명동과 신촌에 '명동축제'나 '신촌축제'가 조직되어 연례행사로 개최되고 있는 것도 같은 맥락에서 이해할 수 있을 것이다. 거리는 이제 만인이 공유한다기보다는 소비만 허용하는 전유공간이 된 것처럼 보인다. 그리고 이런 추세는 압구정동, 대학로, 영등포시장, 화양리 등지에서 새롭게 조성된 거리들이 전통적 의미의 대중정치를 무화하지는 않을지라도 크게 약화시키며 널리 퍼져 있다. 이 경우 부르주아 정치는 국회와 같은 정형화된 정치의 장에서만 진행되는 것이 아니라 소비공간에서도 추진된다고 하겠다. 이에 따라서 거리에는 새로운 풍경이 들어서고 새로운 사건들이 발생한다. 거리의 시위가 왜소해지는 것도 그 한 요소겠지만 또한 '지존파 사건'이나 잇단 성폭력 사건들처럼 예전에는 좀체 일어나지 않던 일들이 발생한다. 이런 변화는 거리의 의미가 예컨대 1980년의 '광주항쟁' 때와는 아주 다르게 되었음을 말해주는

5_ Harvey, op. cit., 88 참조.

듯하다. 당시 전남도청 앞으로 나있는 금남로는 도청으로 향하는 통로였으며, 거기서 일어난 시위와 투쟁은 도청으로 나아가는 길을, 그리고 국가권력과 시민사회에 발언할 언로를, 항의와 저항을 전달할 수단을 얻기 위한 실천이었다. 거리나 길, 즉 금남로 자체가 증오의 대상이 되거나 공격의 목표가 된 것은 아니었다. 그러나 이제 길과 거리는 그 자체가 공격 대상이라도 된 듯 그 위를 지나가는 '그랜저'가 공격 대상이 되고 택시를 타는 여성 승객이 폭행 대상이다. "가자, 청와대로"나 "가자 시청으로"는 이제 "압구정동 놈들 다 때려잡자"라는 구호로 바뀐 셈이다. '지존파'가 압구정동에 있는 현대백화점 고객을 그 폭력 대상으로 삼은 것은 그것을 증명하는 단지 한 예일 뿐이다. 압구정동은 그 자체로 증오의 대상이고, 대학로나 신촌 일대처럼 특정한 계층, 연령층, 집단들이 모여드는 많은 장소들은 그 자체로 계급, 성, 세대의 욕망, 갈등, 모순과 직접 연루되어 있는 애증의 대상이다. 따라서 오늘날 진보정치가 거리에서 실종했거나 약해졌다는 것은 부르주아정치가 거리를 지배한다는 말이며 지존파의 범죄행위는 그것에 대한 극단적 항거라고 할 수 있다.

시위와 다른 형태의 저항의 한 예를 1992년 로스앤젤레스에서 '로드니 킹' 사건의 인종차별적 판결로 촉발된 흑인계 및 라틴계 민중의 '봉기'에서도 찾아볼 수 있을 것이다. 흑백 간, 빈부 간 갈등으로 빚어진 이 봉기는 재미교포들이 크게 봉변을 당하여 국내에서도 큰 관심을 모았지만 한편에서 보면 미국에서 흑인빈민들이 수십 년간 벌여온 해묵은 싸움의 일환이라고 하는, 새로울 바가 별로 없는 대중의 저항이다.[6] 그러나 지배세력—부르주아 백인 중년 남성이 중심이 되는—이 '폭동'으로 규정하는 이 사건의 양상은 60년대의 진보적 지식인이나 학생들이 벌이던 시위와는 아주 다르다고 할 수 있다. 60년대의 시위는 거리 자체에 대한 저항, 반항이라기보다는 거리를 바탕으로 한 시위였고 거리 위에서 다른 표적을 향해 항의하는

6_ John Fiske, "Radical shopping in Los Angeles: race, media and the sphere of consumption," *Media, Culture & Society*, vol. 16, no. 3 (1994), 482.

시위였다. 60년대 미국의 거리 시위의 특징 하나는 크리스토퍼 래쉬가 지적하는 것처럼 해프닝, 스트리킹, 화형식과 같이 연극적 요소들로 스펙터클이 형성되었다는 것인데 이런 눈 끌기를 통해 새로운 상징체계와 담론구조를 만들어냄으로써 지배체제에 대한 항의가 조직되었다.[7] 반면에 1992년의 '봉기'는 스트리킹이나 화형식과 같은 '한가한' 몸짓들보다는 약탈, 방화, 폭력, 살인 등 극단적이고 범죄적인 행동들로 구성되어 있어서 지존파의 범죄처럼 그 표적을 거리 자체에 두고 있었던 것으로 보인다. 거리는 그래서 시위대가 점거하여 반전노래를 부르거나 혹은 논쟁을 벌이는 '확보된 장소'라기보다는, 지금까지 '우리'를 배반한 대가로 처벌을 받아야 할 장소, 그래서 침범과 파괴 대상이 되어버렸다. 이런 거리에서 벌어지는 시위는 곧 폭동이라는 극한의 모습을 띠는 경향이 있다. 폭동은 여론 환기, 토론 등 통상 정치에 필요하다고 보는 절차를 거부함으로써 합리적 의사소통 과정을 파괴하여 정상적으로는 도저히 이해할 수 없는 행동들을 유발시킨다. 합리성은 여기서 일찌감치 사라지고 말며, 정상인 것처럼 보이는 것은 오히려 도착적, 분열적인 증세다.

3. '정치'를 넘어선 정치

오늘날 저항의 한 특이한 형태로 로스앤젤레스에서는 빈민의 '폭동'이, 서울 압구정동에서는 지존파 유의 '범죄'가 나타나는 것은 무엇을 말하는가? 정치적 의제를 가진 시위는 사라진 반면, 의미 없고 이해할 수 없는 난동만이 나타났다는 것인가? 진보정치는 이제 사라졌다고 해야 할 것인가? 대체로 폭동이나 난동에 대해서는 보수 편이건 진보 편이건 간에 정치적으로는 부정적인 효과를 갖는 것으로 보는 것 같다. 여기서 문제가 되는 것은

7_ Christopher Lasch, *The Culture of Narcissism: American Life in An Age of Diminishing Experiences* (New York: W.W. Norton, 1979), 151-55 참조.

정치의 형태다. 왜 하필 이성적으로 납득하기 힘든 방식으로 저항을 시도한 단 말인가? 호소나 항의, 시위, 토론과 같은 좀 더 합리적인 방법은 어떤가? 봉기를 폭동으로 규정하고 거부하는 반응을 보이는 데에는 특정한 정치적 형태를 합당한 정치로 보지 않는 이와 같은 관점이 개입하고 있다.

아마 이런 관점을 가장 잘 대표하고 있는 이론가가 하버마스일 것이다. 하버마스는 공공성(Öffentlichkeit)을 보장하는 메커니즘의 원형이 18세기 초에서 19세기 초에 이르기까지 영국, 프랑스, 독일 등지에서 출현한 부르주아 공론장이라고 생각한다. 그는 이 장이 이제 파괴되었다고 보며 그 회복을 위해서 미완으로 남아 있는 계몽주의 프로젝트를 추진할 것을 제안한다. 하버마스가 제출하는 '공론장' 개념은 사회-경제적, 사회-성적 불평등을 당하고 있는 사람들이 민주적 의사결정 과정에 참여할 수 있어야 하지만, 이들의 참여는 이들이 당하고 있는 불평등이 일단 유예된다는 것을 전제로 가능하다는 입장을 담고 있다. 그의 이런 입장은 낸시 프레이저의 말대로 정치적 영역의 자율성을 지나치게 강조하는 것으로서 정치적 과정과 비정치적 또는 전(前)정치적 과정들―경제, 가족, 비공식적 일상생활에 특징적인―을 격리시키는 효과를 가진다.[8] 이런 관점에서는 폭동 형태를 띤 정치란 있을 수 없다. 폭동으로는 의사소통이 일어날 수 없으며 언어나 담론을 통한 설득이 불가능할 것이기 때문이다. 대중의 봉기를 '폭동'으로 규정하는 것은 그것을 정치로 볼 것을 거부하는 행위라고 할 수 있지만, 무엇보다도 그것이 비합리적인 행동이라고 보는 것이다. 그런 행태는 정치와는, 특히 합리적이고 정당한 정치와는 거리가 먼 병적인 현상일 뿐이라는 생각이다.

하지만 나는 이 글에서 하버마스의 관점과는 달리 의사소통의 정치, 그리고 그것이 강조하는 담론의 정치라는 틀에서 벗어나서 정치가 사라졌

8_ Nancy Fraser, "Rethinking the Public Sphere: a contribution to the critique of actually existing democracy," in Francis Barker, Peter Hulme, and Margaret Iversen, eds., *Postmodernism and the re-reading of modernity* (Manchester and New York: Manchester University Press, 1992), 207-8.

다고 하는 지점에서 정치를 찾아내는 것이 필요하다는 논지를 펼치고 싶다. 그것은 이런 관점에 서야만 정치가 거리에서 소멸된 것이 아니라 오히려 오늘날 거리가 정치적 행위를 옛날과는 다른 형태로 전환하고 있다는 점을 꿰뚫어 볼 수 있으리라 믿기 때문이다. 위에서 언급한 대로 '명동축제'나 '신촌축제'가 부르주아 정치라는 것은 부르주아 정치가 스펙터클이라는 새로운 형태를 가지고 나타나기도 한다는 말인데 이것은 비-부르주아 정치 또한 자명한 정치적 형태에 국한되지 않을 수 있다는 것을 의미한다. 사실 오늘날 대중의 정치는 그 편린을 '폭동'의 형태로, 지존파와 같은 '비정치적' 집단의 비이성적인 '범죄행위'와 같은 것으로 드러내고 있는 것은 아닌가?

이와 비슷한 생각을 우리는 'LA 봉기'를 분석한 존 피스크한테서 볼 수 있다. 피스크는 미국에서 흑인 빈민의 정치적 행위가 폭동, 약탈과 같은 형태를 띠게 되는 것은 공적 발언 기회가 봉쇄되었기 때문인 것으로 본다. 지배세력들은 그 특권적 위치 때문에 어느 때건 어디서건 또 어떤 방식으로건 거의 마음대로 공적인 발언을 할 수 있는 반면, 피지배세력들은 공적인 발언을 할 통로를 쉽사리 마련할 수가 없다. "따라서 공개된 장소에서 하는 의도적 파괴 행동은 우리 사회의 가장 박탈당하고 또 억압받는 사람들에게는 매체를 타는 유일하지는 않다고 해도 가장 손쉽게 활용할 수 있는 수단들 중의 하나"[9]가 된다. 물론 매체를 탄다고 해도 피억압자들의 발언이 그대로 전달되는 것은 아니며 혹시 그들의 발언을 언론이 그대로 실어주거나 들려준다고 해도 이번에는 언론의 그런 '책임 없는' 태도에 대한 비판이나 제재가 사방에서 가해지기 때문에 한계가 없는 것은 아니다.[10] 하지만 피스크는 그래도 대중매체에 접근할 수 있는 것이 보이지 않게 되

9_ Fiske, op. cit., 471.

10_ 지존파 사건이 난 지 얼마 되지 않아 한 현역 검사가 KBS 제1TV의 주부대상 프로그램 <아침마당>에 나와서 언론이 범인들의 발언을 여과 없이 그대로 내보낸 것을 신랄하게 비판한 것이 이 점을 증명한다.

는 것이나 침묵을 강요당하기만 하는 것보다는 낫다고 보고, 로스앤젤레스의 흑인봉기를 부당한 침묵을 거부하는 행위로 받아들인다.

그러나 피스크의 설명은 왜 대중이 자신의 이해를 관철하기 위해서 '폭동'이라는 극단적 시위 형태를 띠게 되는지 충분히 설명하고 있지는 못하다. 피스크는 공개적인 파괴행위가 매체를 타기 위한 여론 환기 기능을 수행한다고 봄으로써 폭동을 여전히 의사소통의 한 행위인 것으로 이해하고 있지만 나는 이 점이 그의 문제가 아닐까 한다. 폭동은 '의사소통' 구조 자체에 대한 항의로서, '매체'를 타기 위해서라기보다는 매체 바깥을 지향하는 운동, 즉 하버마스 유의 담론 정치를 거부하는 운동으로 이해될 수도 있지 않을까? 폭동처럼 '비정치적'으로 보이는 행위는 '가장 박탈당하고 억압받는' 흑인 또는 라틴계 빈민뿐만 아니라 더 많은 다른 대중이 의존할 수밖에 없는 정치적 행위 방식인 것이 아닐까? 그리고 오늘날 진보정치는 비정치적인 것으로 보이는 그런 행위가 더욱 근본적인 정치적 함의를 지닌 것으로 해석해야 하지 않을까?

이 점에서 마이클 라이언이 하버마스에게 가하는 비판을 귀담아 들을 필요가 있을 듯싶다. 라이언은 실제 상황에서는 하버마스가 강조하는 정당성의 의미가 의사소통의 문제설정 안에서만 해석될 수는 없다고 지적한다.

정당성의 의미는 늘 그것이 놓여 있는 물질적 상황, 재현의 망, 해석의 틀에 매여 있다. 도시 게토의 흑인 젊은이 사이에 정당하다고 치부되는 것은 백인 전문인집단에게 정당한 것과는 크게 다를 것이다. 그 까닭은 정당성이란 것이 결코 발언의 형식상 특징인 것만은 아니기 때문이다. 그것은 또한 언제나 특정한 우발적 내용을 담고 있다. "이 놈의 것 더 이상 못 참겠어"와 "여보, 우리 투자 신탁 다시 해야겠어"는 둘 다 정당한 진술들이지만 그것들의 정당성은 비례하지 않는다.[11]

11_ Michael Ryan, *Culture and Politics: Working Hypotheses for a Post-Revolutionary Society* (Baltimore: Johns Hopkins University Press, 1989), 39.

라이언의 말대로 경우에 따라서는 말이 되지 않는 것이 정당할 수 있으며, 전혀 합리적이지 않은 행동들이 정당성을 가질 수도 있다. 이처럼 맥락에 따라서 정당성의 의미가 변할 수 있다면 정당성과 같은 가치의 의미를 둘러싼 차이들은 사회적 차이들에서 나오며 이들 차이들은 대체로 권력 차이와 신분 불평등과 관련되어 있다. 절차가 정당해야 된다거나 정치적 담론 또는 행위가 형식을 갖추어야 한다고 주장하는 것은 사실 이런 차이와 불평등을 관리하는 특정한 방식이며, 특히 물질적 불평등을 은폐하기 위한 술책이라는 것이 라이언의 지적이다.

이런 관점에서 보면 '폭동'이라는 극단적인 정치적 행위는 의사소통 구조 바깥에 존재하는 불평등의 한계를 넘어서고자 하는 시도라고 할 수 있다. 여기서 요점은 폭동이 해결책이라는 것이 아니라 그것이 제한적 정치의 한계를 벗어나는 시도에 속한다는 점이다. 아마 이런 관점에 서야만 우리는 거리에서 진보정치가 왜소해진 이유를 알 수 있을 것이다. 정치는 자명하게 정치적이라고 하는 공간에만 있지 않기 때문에 전통적인 정치의 틀에서 진행되는 거리정치와 같은 대중정치 기획은 오히려 정치를 협소화하는 효과를 낳을 수 있다. 정치를 넘어선 정치를 사고해야 할 필요가 있는 것은 이 때문이다. 거리에서 전통적인 정치행위와는 전적으로 다른, 폭력을 동반한 봉기와 같은 극한 상황이 발생해야만 정치적 개입 효과가 발생하는 이유를 우리는 제대로 이해할 필요가 있다. 기존의 관점에서 보면 '비정치적인' 형태를 띨 때 거리정치가 비로소 정치적 실천 효과를 내게 되는 사실은 거꾸로 뒤집어서 보면, 기존의 거리정치로써는 정치적 개입의 통로가 마련되기 어렵다는 말이 된다. 그리고 기존의 거리정치가 위력을 발휘하지 못한다면, 그것은 거리정치가 정치를 협소하게 규정해 거리에서 일어나는 대중정치의 복잡성, 크기 등을 제한한 측면이 있었기 때문일 수도 있다. 폭력적 봉기가 일어나는 것은 그런 점에서 이 제한에 대한 항의인 셈이며 또한 정치란 언제나 자명한 정치의 장을 넘어서 있다는 사실의 증명인 셈이다.

4. 요새와 유사도시: 공간정치의 종말?

종전의 거리정치 시각에 비추어 도착적이고 비합리적이고 또한 정당하지도 않은 폭력적 거리장악이 정치가 되어 나타나고 있는 것을 보면, 오늘날 정치는 도시 공간 자체를 그 한 기반으로 삼고 있다고 할 수 있을 듯싶다.[12] 이 점을 놓고 우리는 종래의 거리정치와는 다른 공간정치의 출현을 보는 것이라고 할 수 있을텐데, 여기서는 정치가 공간 분할의 형태를 띤다는 점이 중요하다. 이때 정치는 공간을 둘러싼 투쟁이며, 이렇게 볼 때 거리에서 벌어지는 시위나 폭력 또는 축제는 그 자체로 정치적인 행위들인 셈이다. 로스앤젤레스의 일부 거리가, 또 서울의 압구정동이 증오나 시샘 혹은 폭력의 대상이 되는 것은 그런 공간들이 빼앗긴 공간들로 인식되기 때문일 것이다. 이런 식으로 공간 문제를 파악하는 대표적인 예를 로스앤젤레스가 무력까지 동원하는 등 도시인구를 철저하게 분리하는 공간정책을 대대적으로 펼치고 있다고 분석하는 마이크 데이비스한테서 찾을 수 있다. 잠깐 데이비스의 말을 들어보자.

이 도시는 악의로 가득 차 있다. 잘 단장된 웨스트사이드의 잔디밭에는 '접근하면 발포함'이라는 무시무시한 작은 표지판이 세워져 있다. 골짜기와 언덕에 있는 부자 동네는 담으로 둘러싸여 있고, 무장한 청원경찰과 최첨단 전자감시 시스템이 보호하고 있다. 도심에서는, 공공정책 차원에서 추진되고 있는 '도시 르네상스'가 감히 접근할 엄두도 내지 못하게 만드는 기업들의 성을 지어놓고, 흙벽과 해자를 통해서 그 주위를 둘러싸고 있는 가난한 이웃들을 격리시키고 있다. 이들 중 주로 흑인이나 라틴 아메리카 사람들이 거주하는 몇몇 지역은 경찰이 바리케이드와 검문소 등을 동원하여 다시 봉쇄해 버렸다. 할리우드에서는 건축가 프랭크 게리가 도서관을 마치 외인부대 요새처럼 만들어 놓았다. 와츠에서는 알렉산

12_ 그래서 공간을 둘러싼 투쟁의 필요성이 있다는 점에 대해서는 Soja, op. cit., 89 참조

더 하겐이라는 개발업자가 현대의 판옵티콘이라고 할 만한 절대로 안전한 쇼핑몰을 만들었다. 이 쇼핑몰은 중앙 탑에 자리한 경찰지서가 감독하고 있는 움직임 탐지기와 강철로 된 울타리로 둘러싸여 있는 소비주의의 감옥이다. 한편 도심에는, 관광객들이 흔히 호텔로 착각할 정도로 엄청난 규모의 새로운 연방감옥이 들어섰다.[13]

약간 길게 인용했지만 이 구절에서 데이비스는 로스앤젤레스 봉기가 어떤 상황에서 일어난 것인지 잘 설명해 주고 있다. 로스앤젤레스에서는 지배세력이 최신 첨단무기로 무장된 헬리콥터—데이비스는 이 이미지로 로스앤젤레스경찰을 '우주경찰'로 규정한다—등으로 부자동네나 쇼핑몰로 흘러들어오는 무주택자, 거지, 또는 부랑자들을 감시하면서 밖으로 내쫓는 일을 체계적으로 하고 있다는 것이다. 데이비스는 여기서 로스앤젤레스에서 빈부격차와 인종차이에 따른 공간 분할이 구조적으로 형성되어 있다는 것을 보여주는데, 그의 이런 분석은 피스크가 대중매체의 관심을 받기 위해 빈민들이 활용하는 수단의 하나라고 본 폭동의 정치경제학적 이유를 부분적으로 설명해주고 있다고 할 수 있다. 하지만 피스크와는 달리 그가 관심을 집중하는 것은 대중정치로서의 폭동보다는 지배적 정치로서의 군사화 또는 요새화다. 이 후자의 경향은 물론 지배세력에 의한 대중의 지배가 일상화되고 있음을 의미할 것이다. 나는 데이비스의 이런 분석은 겉으로 평온해 보이는 미국의 대도시가 사실은 사회적 투쟁 와중에 있다는 사실을 환기하는 장점이 있다고 본다. 하지만 그는 대중을 언제나 패퇴당하고만 있는 것으로, '요새'를 어떤 개입할 지점도 남기지 않고 봉쇄되어 있는 것으로 보는 측면도 없지 않은데, 이 문제점에 대해서는 차후 언급할 기회가 있을 것이다.

13_ Mike Davis, "Fortress Los Angeles: The Militarization of Urban Space," in Michael Sorkin, ed., *Variations on a Theme Park: The New American City and the End of Public Space* (New York: Hill and Wang, 1992), 154.

다른 한편 트레버 바디는 데이비스가 요새로 파악하는 도시공간을 '유사도시'(analogous city)라는 개념으로 설명한다. '유사도시'는 거리를 대체하는, 지하 및 고가 보행로 구축에 의한 새로운 보행체계가 만들어내는 공간으로서 디즈니랜드를 그 원형으로 하고 있지만, 장 보드리야르가 지적하고 있듯이 미국 전역이 디즈니랜드가 된 오늘날은 수많은 도심지역들을 포괄하는 공간이다. 이 유사도시는 도시에서는 사회 모든 계층이 공존하는 최종 보루라 할 도심 거리들을 대체한 '지상 및 지하의 봉쇄 영역' 공간으로서 바디에게 이런 공간의 출현은 표현의 자유, 집회와 결사의 자유를 행사할 공공영역이 없어졌다는 것을 의미한다.[14] 바디는 유사도시 출현을 가리켜 1970-80년대에 일어난 도심 쇼핑센터와 공공 하부구조에 대한 집중 투자의 '논리적이고 필연적인' 결과로서, 지구적 자본이 재규합을 통해 점점 더 일괴암적인 구조로 형성되고 있는 증거인 것으로 간주하고 있다. 그리고 그는 공공영역에 어울리는 쾌적함과 안전함을 갖춘 좋은 환경조건을 구축하겠노라며 애초에 내건 선전과는 달리, 이런 새로운 공간은 인종과 계급 차별화를 촉진시키는 경향만 드러낼 뿐이라고 꼬집는다.(124) 여기서 파악되는 '유사도시'는 슬럼이 된 도심을 재개발한다는 명목으로 추진되는 공간고급화(gentrification)인 셈이다.

지금까지 고립되어 있던 새 개발 군락들이 육교로 연결되면서 소매 화폐들은 유사도시망의 외부보다는 그 안에서 쓰이는 경향이 있다. 더 치명적인 것은 이제 주변부의 사회집단 및 정치활동이 공공영역으로 통하던 장소에서 완전히 배제되었으며 또한 단일 계급, 단일 형태, 그리고 확연히 단조로운 은둔적 군도들이 모두 뜨거운 여름 태양과 거센 겨울바람을 피한다는 명목으로 만들어졌다는 점이다. 편의를 가장하여 우리는 다른 삶의 양식들, 다른 가치들을 위한 마지막 남은 중요한 도시의 피난처인 도심의 거리들에 중간계급의 폭정을 강요하고 있다.(150)

14_ Trevor Boddy, "Underground and Overhead: Building the Analogous City," in *Variations on a Theme Park*, 125. 이하 이 글에서의 인용은 그 쪽수를 본문의 괄호 안에 명기한다.

얼핏 보기에 유사도시는 화려함, 안락, 쾌적함, 부산함 등을 드러내고 있어서 사회적 적대와 모순과는 거리가 멀어 보이지만, 바디의 분석은 그런 모습들이 '여과를 거치고 미화된' 것임을 보여준다. 예컨대 이처럼 '미화된' 공간에서는 부랑자나, 거지, 앵벌이, '지피족'(지하철 공간에서 잠자는 무주택자들) 등 수많은 주변부 계층들은 배제되어 있다. 이런 배제의 목적은 주변부로 내몬 계층들이 다시 돌아오지 못하도록 '위생처리한' 공간을 확보하는 것이다. 바디는 그가 '유사도시'의 예로 드는 미니애폴리스 공간고급화의 경우 도심을 하층계급으로부터 방어하려는 의도에서 추진된 것으로 분석한다.(140) 그리고 그는 노스캐롤라이나 주 샬롯에 조성된 오버스트리트 몰도 공간적 아파르트헤이트를 실질적으로 실천하는 경우에 해당하며, 나아가서 디트로이트의 르네상스 센터, 마이애미의 도심 등지에서도 중산층 백인과 흑인/빈민 간에 공간적 분리가 체계적으로 이루어지고 있음을 지적하고, 이런 현상을 '도심의 교외화'로 파악하고 있다.(150)

도시 공간 구성을 둘러싼 대중정치의 조건 변화와 관련하여 지금까지 살펴본 데이비스와 바디의 분석과 진단은 도시 문제, 나아가서 삶의 문제는 부자와 빈자, 지배세력과 피지배세력의 공간 사용 분할과 관련되어 있음을 말해준다. 그런데 이런 파악은 엥겔스가 1845년에 출판한 『영국노동자계급의 상태』에 이미 나오는 것으로 새로운 것은 아니다.[15] 우리로서 지적할 점은 데이비스와 바디가 엥겔스의 공간 개념―당시로서는 획기적인 계급적 관점을 지닌―에서 여전히 벗어나고 있지 못하다는 사실일텐데, 이들이 오늘날 도시에서 '공공성의 위기'를 느끼고 있는 점과 관련하여 몇 마디 덧붙일 필요가 있다. 문제의 위기감은 전통적 거리에 대한 향수를 동반

15_ 예컨대 다음을 참조해보라. "이 도시는 독특하게 지어져 있어 어떤 사람이 자신의 일과 즐거운 산보에만 한정하여 움직인다면 그는 노동자나 노동자가 사는 지역을 접촉하지 않은 채 매일 왔다갔다하며 여러 해를 살 수도 있다. 이는 주로 공공연한 의식적인 결정에 의해서뿐만 아니라 무의식적으로 암묵적인 합의에 의해서 노동자 거주 지역은 중간계급을 위해 남겨둔 도시의 다른 부분과 철저하게 분리되어 있다는 사실에 기인한다." 엥겔스 『영국노동자계급의 상태』, 박준식 옮김, 두리, 1988, 80.

한 채 거리의 복원이라는 정치적 기획과 연결되어 있는 것으로 보인다. 바디는 '유사도시'를 구성하는 새로운 공간 환경을 벗어나 전통적 거리를 되살리는 것이 문제의 해결인 것으로 보는 것 같고, 이런 점은 로스앤젤레스 전체가 군사도시가 되고 있다고 보는 데이비스도 마찬가지다. 그러나 거리로 돌아가자는 이 구호는 다시 자연으로 돌아가자는 낭만주의자의 구호처럼 들리지는 않는가? 바디 자신의 분석대로 많은 거리들이 이제는 지하도로나 광장, 고가도로 등 새로운 보행체계로 대체되고 있다면 공공영역으로서 거리를 복원하자는 주장이 얼마나 유효할 것인지 되물어봐야 할 것 같다.

바디의 '유사도시' 또는 데이비스의 '요새'가 어떤 식으로 '위생처리'되었는가, 과연 위생처리라는 것이 가능한가 하는 문제를 따지는 것이 필요해 보인다. 소비경관의 확대, 도심의 재개발 또는 고급화 등을 통해 나타나고 있는 '유사도시'들이 추진한다고 하는, 무주택자와 중상층 소비자의 계층화 또는 분리가 어떤 식으로 이루어지는지 따져야만 그런 경향의 극복이나 그에 대한 저항도 제대로 사고할 수 있겠기 때문이다. '위생처리'의 한 의미는 어떤 구체적 공간에 특정 인간군—실제로는 '지피족', 무주택자, 걸인, 앵벌이 등 사회의 무수한 타자들—의 참여가 배제된다는 것일 것이다. 이때 '유사도시' 공간은 그 외부에 대해 배타적 관계를 가지고 있는, 배타적 환상선(loop)의 내부로 인식된다. 이 환상선은 그 내부에 안락함, 편의, 안전함, 화려함, 멋, 기회 등을 제공하여 그 범위 안에 들어온 대중을 관리하고자 하는 분할 전략이다. 이런 공간에는 다양성이 있다 하더라도 그것은 대중매체가 여론수렴이라고 하는 명목으로 실제로는 단일한 의견을 관철시키듯, 그 자체로 어떤 단순함 또는 빈곤함을 안고 있는 다양성이다. 유사도시가 위생처리된다는 것은 이런 점에서 바디가 말하는 대로 중산층화, 교외화, 고급화가 일어난다는 것, 그래서 여러 다양한 계층, 집단들이 단일한 집단으로 바뀐다는 것을 말한다. 바디와 데이비스는 이 중산층화를 비판하고 있으며 대중정치를 위해서 거리의 복원을 바라고 있다. 하지만 나는 그들이 원하는 거리 복원 기획 못지않게, 그들이 부르주아 공간으로만 파악하는 환상선 내부 공간을 위생처리된 동질 공간—전적으로 지배계급에게 넘어간 상실된 공간—으로만 파악하지 않고 그 자체 모순을 지닌 공간으로 파악하는 비판적 인식도 중요하다고 본다.

5. 역공간

나는 여기서 '공간정치'를 사고하기 위해서 '유사도시'보다는 '역공간'(閾空間, liminal space)이라는 개념을 수용할 것을 제안하고 싶다. 역공간은 쥬킨이 설명하듯 "공적인 것과 사적인 것, 문화와 경제 그리고 시장과 장소들을 결합하고 이것들의 경계를 말소"하는 공간으로서 "모든 사람에게 열려 있는, 하지만 어떤 지침(guide) 없이는 쉽사리 이해되지 않는 '어느 누구의 것도 아닌 영역'이다."[16] 대도시의 새로운 보행체계들은 바디가 말하는 대로 중산층화가 이루어져 있다는 점에서 그 환상선 내부 공간을 '유사도시'로 전환하고 있기도 하지만 또한 사실 누구든 그곳 출입이 가능하다는 점에서 어느 누구도 절대적으로는 배제하고 있지 않다. 이런 곳은 전통적 거리와는 달리 분명히 사유화된 측면이 강하지만 또한 만인에게 출입이 허용되어 있기 때문에 그 공개성과 폐쇄성, 공과 사의 구분이 분명하지 않다. 예컨대 서울 신촌 로터리 옆에 세운 현대백화점으로 들어가는 지하도로는 한편으로는 사적 공간으로 들어가는 곳이지만 또한 신촌의 지하철역으로 들어가는 곳이기 때문에 공로이기도 하다. 그리고 백화점 내부도 반드시 소비라는 경제적 활동 이외에 문화센터를 운영하거나 미술전시회를 개최하는 등 문화적 행사들이 일상화되어 있기 때문에 이런 곳은 사적 영역이면서도 개방성을 지니고 또 그렇다고 하여 순수한 공공영역이라고

16_ Zukin, *Landscapes of Power*, 269; 정준호, 「현단계 도시이론의 쟁점」, 『문화/과학』 5호, 1994년 봄, 222에서 재인용.

하기에는 독점자본의 지배가 강한 곳이다. '역공간' 개념은 이처럼 바디와 데이비스가 위생처리 및 요새화로 배타적 성격을 띠게 되었다고 보는 공간에 약화되기는 했을망정 외부적 요소가 들어 있다는 것을, 즉 거기에 어떤 경계 소멸이 발생하고 있다는 점을 말해준다. 역공간에서 '배제'란 사실 상대적인 것일 수밖에 없다. 앵벌이, 장님껌팔이, 지피족, 거지 등 우리가 유사도시와 같은 역공간에서 원천적으로 배제되었다고 보는 '타자들'까지도 패션거리, 지하철 내, 역주변, 또는 백화점 주변으로 진출하며 내부 출입을 감행한다. 그들이 유사도시 안에까지 진출하지 못한다면 그것은 출입문에서 사설경찰이 지키고 있어 축출당하고 있기 때문이다. 중요한 것은 그들이 끊임없이 축출당하고 있다는 사실, 즉 그들의 타자화가 현재진행형으로 계속되고 있다는 점이다. 이것은 배제라는 것이 완결되고 안정화된 결과가 아니라 과정이라는 것을 말해준다. 데이비스가 말하는 로스앤젤레스의 군사화 또는 요새화도 바로 이런 과정의 일환인 것으로 볼 필요가 있다.

더 중요한 점으로, 데이비스가 보고 있는 것과는 달리 배제는 외부로 밀어내기 형식으로만 진행되는 것이 아니라 내부에서도 일어난다. 요새화된 호텔, 빌딩, 쇼핑몰에는 무수한 사람들이 그 관리, 경비, 청소, 또는 소비의 행위자들로 참여하고 있지만, 이들의 참여가 온전한 것이라고 볼 수는 없다. 경제적 능력에 따라서 내부적 배제가 일어나는 것이다. 그리고 이런 종류의 배제 외에 또 다른, 아니 어쩌면 더 근본적이라 할 수 있는 문제가 '역공간' 개념과 함께 떠오른다. 유사도시는 중산층화, 교외화, 고급화 형태로 나타난다고 하더라도 여전히 여러 사회적, 정치적, 문화적 문제를 가질 수밖에 없다는 점에서 그 안에 모순과 갈등을 지닌 역공간, 즉 '논쟁지형'이다. 오늘날 진보정치에 아주 중요한 많은 쟁점들이 여기에 걸려 있다. 우선 유사도시 내부에 계급 모순 이외의 모순이 작동하고 있지는 않은지 질문해야 할 것이다. 유사도시는 부르주아 공동체라는 성격을 가진다. 데이비스와 바디는 그런 이유로 유사도시를 일종의 평정된 공간으로 간주하고 있는데 이것은 부르주아 공동체라고 하는 것도 결코 평정된 공간이 아니라는 점을 간과한 셈이 된다. 이 점과 관련하여 발리바르가 말하는 "평등의 제도화에 의해 폐지될 수 없는 차이", "근대정치를 괴롭히는 억압된 모순들"을 상기해봄직 하다.[17] 발리바르는 성의 분할이나 육체와 정신의 분할을 예로 들면서 이들 모순들은 "형상적으로 근대 정치에 대해 외부적인 것으로 제시된다고 할지라도, 그것들은 근대정치의 담론적, 입법적, 억압적 실천의 기저에 항상적으로 현존"하고 있다고 말한다.(237) 특히 성 분할과 관련하여 그는 근대적 공동체에 "여성들의 내재적 배제" 구조가 있다고 지적하는데,(240) 발리바르의 이런 주장은 우리가 수용하는 역공간 개념과 일치하는 측면이 있다. 여성의 경우나 청소년의 경우 중산층화, 고급화로 결코 모든 문제를 해결했다고 할 수 없기 때문에 역공간에서 새로운 투쟁을 전개해야만 한다. '역공간' 개념은 이때 유사도시의 출현으로 어떤 배타적 환상선이나 일괴암적 공간이 형성되었다기보다는 새로운 모순과 갈등들이 표출되는 지형이 형성되었음을 상기시킨다고 할 수 있다. 다시 말해 대중정치의 새로운 조건이 출현했음을 말해주고 있는 것이다.

이런 점에서 나는 데이비스나 바디가 보고 있는 것과는 달리 공간 개념을 '장소'와 동일시해서는 안 된다는 말을 하고 싶다. 여기서 말하는 '장소'란 일종의 '타락 이전의'(prelapsarian) 상태로서 지배자와 피지배자가 동등한 입장에서 참여하는 '마당'이나 '광장'과 같은 곳이다.[18] 데이비스와 바디는 경제 능력이라는 특권이 지배하는 영역으로 파악한 시장(market)과 누

17_ 에티엔 발리바르, 「'인권의 정치'와 '시민의 정치'」, 『맑스주의의 역사』, 윤소영 옮김, 민맥, 1991, 236. 이하 이 글에서의 인용은 본문에서 괄호 처리한다.

18_ 이 '장소' 개념과 미하일 바흐친과 페르낭 브로델이 말하는 전자본주의적 '시장' 개념을 비교해보는 일이 중요할 듯싶다. 바흐친은 그의 독특한 소설이론을 통해 '시장'을 모든 위계질서가 뒤집히는 카니발과 연결하고 있으며(Mikhail Bakhtin, *Rabelais and His World* [Cambridge, Mass.: MIT Press, 1968]), 또 이매뉴얼 월러스틴이 정리하는 바에 따르면 "브로델은 시장과 독점 사이의 관계를 재규정"하고, 시장을 "왜소한 인물들의 영역이자 자유의 영역"으로서 "거구들의 영역이자 억압의 영역인 '독점'과 끊임없는 투쟁 관계에 있"다고 본다(『사회과학으로부터의 탈피─19세기 패러다임의 한계』, 성백용 옮김, 창작과비평사, 1994, 169).

구든지 참여할 수 있는 곳으로 인식되는 장소(광장, place)를 분리하고 있다. 나아가서 그들은 이 분리를 극복해야만, 또 '장소'를 회복해야만 민주주의 가 실천될 수 있는 것으로 생각한다. 문제는 이 장소라는 것이 광장처럼 또는 자연처럼 결코 원상 복구될 수 없다는 데 있다. 장소라는 것이 이제는 그 안밖의 구별이 분명하지 않은 것처럼 그 구성이 단순하지 않다는 점이 지적되어야 할 것이다. 예컨대 하비가 지적하는 대로 오늘날 발달한 자본 주의 사회에서는 시공간의 '압축' 현상이 만연되어 어디서건 한 장소가 하 나의 장소로 끝나는 법이 없다.

> 수많은 지역 식료품체계들이 지구적 상품 교환에 편입됨으로써 재조직되었다. 예를 들어 프랑스 치즈는 1970년대만 해도 대도시의 몇 안 되는 식도락 상점들 외에는 실제로 구할 수가 없었는데 이제는 미국 전역에 걸쳐 팔리고 있다…이전 에는 이국적이었던 음식들이 흔해졌으며 전에는 상대적으로 값쌌던 인기 지역 특미들(볼티모어의 경우는 푸른 게와 굴)이 역시 장거리 교역에 편입됨에 따라 가격이 급등했다.19

이런 상황에서 우리는 어떤 한 장소에 있다고 해서 그 장소에만 국한된 경 험을 갖는 것이 아니다. 하비는 오늘날 문화의 지배적 형태를 띠고 있는 이런 '포스트모던' 현상은 바로 오늘날 문화가 자본의 장악 하에 들어갔기 때문에 생겨나는 현상이라고 해석하고 있는데 우리는 그의 도시 분석에서 하나의 장소가 가진 순수함이라는 것은 이제 가상에 지나지 않는다는 것 도 배운다.

　'장소'라는 개념은 역공간과는 달리 참여와 대면 등 직접 체험을 상정 하고 있지만 이런 관점은 역공간 안에서는 이미 가상이 되었다. 우리가 거 리정치라고 한 대중정치가 바로 이런 '장소'에 기반을 둔 공간 개념을 가동

19_ Harvey, op. cit., 299.

하고 있다면, 그것 또한 가상일 수 있다. 정치의 장소로서 거리가 사회의 정치 전반을 포괄해낼 수 없을 때, 거리정치는 자신의 한계를 넘어선 것까지 자신이 책임을 져야 한다는 사고를 하고 있는 만큼은 이데올로기적이지 않을까? 우리가 정치를 넘어선 정치를 사고할 수 있어야 한다면, 거리정치와 같은 전통적 정치적 형태의 한계도 인식하고, 폭동과 같은 비합리적 정치행위도 정치임을 인정해야 할 것이다.

6. 신체정치?

이 지점에서 '신체정치'라는 개념을 잠시 검토하는 것이 필요해 보인다. 이 글에서 검토 대상이 되고 있는 '공간의 정치'는 '장소'라는 자명한 공간을 벗어난 정치인데 이처럼 정치의 공간이 '장소'를 벗어날 수 있다면 당장 그런 정치는 신체마저도 벗어난다고 할 수 있다. 우리가 몸담는 곳이 장소라면 그 장소가 정치공간으로서의 자명함을 상실할 때 정치는 신체를 넘어설 것이기 때문이다. 이것은 공간의 정치가 또한 신체의 정치이기도 하다는 말이며 정치의 처소가 장소가 아니라면 신체도 거기서 배제된다는 말이기도 하다. 하지만 이 점을 따지기 전에 '신체정치' 개념은 '역공간처럼 우리가 비판적으로 검토하고 있는 거리정치, 또는 장소의 정치가 사고할 수 없는 정치, 정치를 넘어선 정치를 사고할 수 있게 해주는 또 다른 길을 제시하는 측면이 있다는 점을 먼저 지적할 필요가 있겠다. 이 점과 관련해서 거리정치의 실종을 신체정치의 공간적 재배치 문제로 사고하게 해준 미셸 푸코의 견해를 잠깐 살펴보자.

푸코는『감시와 처벌』에서 자본주의화 과정은 시위, 항의, 폭동과 같은 거리의 위험 요소들을 제거하기 위해 지배세력이 거리 청소를 통하여 인구정책을 펼친 과정인 것으로 이해하고 있다.[20] 그에 따르면 재산소유자와 집권자들은 거리에 언제나 위험이 있으며 그 위험을 통제, 관리, 예방하지 않고서는 자신들의 권력과 재력을 유지할 수 없었다는 것을 너무 잘 알았다. 이 예방책의 일환으로 지배세력은 흔히 '인도주의'라고 하는 인구양성 정책을 펼치기 시작한다. 푸코의 역사기술에서 이 정책은, 절대주의 시대의 공개 처형처럼 인간의 생명을 빼앗을 수 있다는 '탁월한' 능력을 통해 자신을 유지하는 권력과는 달리, 생명을 유지시키면서 그 생명을 관리하고 통제하고 교육하는 규율의 대상으로 삼는, 이른바 '생산적' 권력 개념으로의 전환인 것으로 제시되고 있다. 이런 점에서 푸코가 중시하는 권력은 생체를 사체로 전환하는 것이 아니라 생체를 관리하고 양성하며 훈련시키는 권력이다. 생체정치는 크게 보아 신체정치다. 푸코는 신체를 놓고 벌이는 권력 생산에 세 가지 방식이 있다고 본다. 그것은 인간을 "신체형을 당하는 육체, 자신에 관한 표상이 조작되는 영혼, 훈육을 받는 신체"(198) 등 세 가지 형태로 구별한 형벌구조들인데 이중 마지막 것이 "주도적인 것으로 부각"(194)되었다는 것이 푸코의 판단이다.

> 예전에 처형대에서는 수형자의 신체가 의식에 따라 가시화되어 있는 군주의 권력 앞에서 노출되어 있었고, 처벌의 무대 위에서는 징벌의 표상이 사회의 전체를 향해 항상 제시되어 있었는데, 이제 그것에 대신해서 나타난 형태는 국가 기구의 총체적 조직과 합치된 폐쇄적이고 복합적이며 등급화한 거대한 구조다.(177)

푸코의 논의에서 감옥 이전의 신체형벌들은 대체로 공개적인 성격을 가진 것으로, 광장과 거리에서 발생하는 형벌로 제시되고 있다. 권력이 만인주시 하에 범죄자를 고문하고 공개처형하는 식의 '화려함'의 형태를 띠던 첫 번째 경우는 말할 것도 없고, 권력이 작용 지점을 옮겨 정신을 그 대상으로 삼아서 "모든 사람의 정신 속에서 소극적이기는 하지만 명확하고 필연적으로 확산되는 표상과 기호의 작용"(158)으로 나타나는 두 번째의 경우에

20_ 미셸 푸코, 『감시와 처벌』, 오생근 옮김, 민음사, 1994. 이하 이 책에서 인용은 본문의 괄호 속에 그 쪽수를 명기한다.

도 형벌은 거리에서 관찰할 수 있는 것으로 나타난다. 후자의 경우는 경제성과 효율성의 법칙이 작용하고 또한 "범죄의 성질과 처벌의 성질 사이에는 정확한 대응관계가 필요"하다는 원칙이 적용되고 있는 점 등에서 전자의 경우와 다르지만 그 잔학성의 측면에서는 여전히 첫 번째 형벌의 "신체형을 그대로 연상시켜" 주고 있다.(163) 그래서 징벌은 "자연스러워야 할뿐만 아니라, 만인의 관심사가 되어야" 하며 "시민의 눈앞에 끊임없이 보"이게 되는 것이다.(168) 형벌의 이러한 공개성은 푸코가 말하는 세 번째 단계에 들어서게 되면 감옥 안으로 사라지게 된다. 감옥을 중심으로 한 형벌은 공개적 고문이나 처형을 중심으로 한 모형과 표상, 무대, 기호, 공개, 집단을 중심으로 한 모형과는 달리 강제권, 신체, 독방, 비밀 등을 중심으로 한 모형인 것이다.

이 전체 과정을 말하면서 푸코가 초점을 맞추고 있는 것은 인간의 신체를 통하여 형성되고 또 신체에 가해지는 권력이다. 거리의 정치가 감옥이라는 감금의 공간으로 이동하고 있다는 점을 밝히고 있지만 그는 여전히 정치란 신체를 대상으로 일어나는 것으로 생각하고 있는 것이다. 푸코의 이런 정치 개념은 분명히 거리의 정치만 사고하는 것이 아닌, 거리를 벗어난 정치까지 생각하게 하는 장점이 있다. 그의 신체정치 개념은 병원, 학교, 나아가서 소비공간과 같이 거리와는 다른 곳에서 생겨나는 권력관계를 사고할 수 있게 해준다. 그런데 푸코의 신체정치 개념은 근거리공학 개념에 근거하고 있다는 점 때문에 오늘날 상황을 충분히 설명할 수 없다는 한계 또한 지닌 것 같다. 그는 근대적 권력 생산 메커니즘으로 벤담이 말한 '판옵티콘'을 들고 있는데 이것은 가시거리에서 작동하는 기제라는 성격을 지니고 있다. 이 원형감시탑은 드 코테의 말대로 "공간—감옥이든, 공장이든, 학교든—통제를 위한 보편적 체계"다.[21] 그것은 중앙 탑 쪽으로 문이 나있는 방들로 이루어진 원형 건물로서 빛이 외부로부터 들어와서 반사를

21_ Lieven de Cauter, "The Panoptic Ecstasy: On World Exhibitions and the Disintegration of Experience," *Culture, Theory & Society*, vol. 10, no. 4 (1993), 2.

하기 때문에 감시탑에서는 방 안을 볼 수 있지만 방 안에서는 바깥을 볼 수 없게 되어 있다. 여기서 작동되는 것은 감시, 아니 검열인데 판옵티콘을 이론화한 벤담에 따르면 이 검열은 "감각보다는 상상력을 타격하는, 수많은 사람들이 한 사람에게 의존하는" 유형이다.[22] 푸코가 생각하는 공간 통제는 신체 참여를 통한 통제다. 판옵티콘에서 감독자는 주체의 눈에 띄지는 않지만 언제나 그의 뇌리 또는 상상력에 현전하는 존재로 들어 있다. 주체는 이때 자신의 감시자로서의 권력자를 상상하고 그의 검열을 수용한다. 푸코는 이 가시 권력을 의사나 교사, 간수 등 감독자로 의인화하였다. 우리에게 문제가 되는 것은 푸코의 이런 권력 해부가 오늘의 상황에서는 어떤 의미를 가지는가 하는 것이다.

7. 사이버공간과 사이보그정치

다나 해러웨이는 푸코가 개념화한, '원형감시탑'의 통제와 규율로 이루어지며 가시거리 내 근거리공학에 따르는 신체정치는 오늘날 중요한 현상으로 부상하는 가상현실 안에서는 별로 의미가 없다는 의견을 제출한다.[23] 해러웨이의 입장은 사이버공간과 같은 새로운 실천 공간이 출현한 오늘날 푸코가 말하는 '신체정치'는 이제 '사이보그정치'에 그 자리를 양보해야 한다는 것이다. 해러웨이의 이런 입장에서는 새로운 형태의 공간 이해와 새로운 신체 이해가 작용하고 있는 것으로 보인다. 우선 그녀는 '사이버공간'이라는 새로운 공간 개념을 등장시켜 공간정치의 가능성을 구상하고 있다. 아마 우리는 이 사이버공간을 오늘날 대표적인 역공간의 하나로 볼 수 있

22_ Ibid., 2에서 재인용.

23_ Donna Haraway, "A Manifesto for Cyborgs: Science, Technology, and Socialist Feminism in the 1980s," in Linda J. Nicholson, ed., *Postmodernism and Feminism* (New York and London: Routledge, 1990), 205.

을 것이다. 사이버공간은 '장소'와 같이 고정된 것이라기보다는 역공간처럼 구획, 경계 한정, 분할들의 관계 설정과 같은 문제들을 내장하고 있는 공간이기 때문이다. 다른 한편으로 해레웨이는 새로운 '신체' 개념을 도입하고 있다. 그녀는 전통적으로 인간을 한편으로는 동물과, 다른 한편으로는 기계와 구별하던 것이 더 이상 가능하지 않게 되었다고 본다. 새로운 종류의 인간, 아니 인간이라고 불러야 할지 망설여지기까지 하는 '사이보그'가 출현했기 때문이다.

푸코가 상정하는 공간이 신체 참여적 공간이라면, 해러웨이가 생각하는 공간은 푸코와는 달리 신체의 참여보다는 신체부재의 공간, 즉 사이버공간이다. 이 공간에서는 신체가 자율성을 가진다기보다는 신체가 바로 기계가 되는 상황이 된다. 푸코한테서는 신체가 기계화된다기보다는 주체가 된다고 한다면, 그래서 양생법이 중요하다면, 해러웨이의 신체는 그 동학을 조정하고 통제하는 유전인자나 또는 정보 칩을 내장하고 있는 하나의 시스템, 즉 사이보그다. 그에게는 그래서 권력의 정보학(informatics of domination)이 더 중요하며 이에 따라 원거리공학이라 할 텔레매틱스(telematics)가 권력의 동학에서 더 큰 영향을 행사하는 것으로 본다. 푸코가 분석하는 권력은 몸이 참여해야만 작동할 수 있기 때문에 가시영역에서 벗어나거나, 의식영역에서 벗어나면 권력의 작용이 멈출 수 있는 가능성을 안고 있는 반면, 해러웨이가 생각하는 권력은 정보의 흐름이 발생하는 그 어디서도 작동할 수 있는 것이다. 사이버공간에서는 특히 신체의 참여방식이 달라짐으로써 인간 활동의 방식이 바뀌게 된다. 사이버공간의 '나'는 이제 나의 육체가 아닐 수 있으며 자동응답기처럼 '나'의 참여 없이 정보전달이 가능해진다. 자연조건의 거리 또는 공간 구성은 더 이상 유일한 삶의 조건이 아니다. 가까운 예로 인터넷의 정보고속도로를 타게 되면 우리는 시공간의 압축 현상 속에 어쩔 수 없이 놓이게 된다. 손으로 글을 쓰던 시기라면 몇 년은 걸려서 할 작업이 이제는 단 몇 초로 단축되어 버렸고, 거기 사람이 살리라고는 상상도 하지 못했던 곳에 있는 '나'의 '친구'와 '채팅'을 나눌 수 있다. 해러웨이가 설정하고 있는 권력 환경은 텔레커뮤니케이션이 작동할 수 있는 거의 무한대라 할 수 있는 공간을 전제로 한다.

그래서 의사소통도 신체적 참여보다는 기술적 통로를 통하여 이루어진다. 여기서 소통이 기술에 의해서 이루어진다는 것은 물론 하나의 가상이다. 소통은 또한 기술에 의해 조절되고 통제된다는 또 다른 현실 인식도 가능하기 때문이다. 하지만 한편으로는 민주주의의 가능성이 그 어느 때보다도 높아졌다고 할 수 있다. 텔레커뮤니케이션 등 고도기술의 발달로 대리정치의 한계를 벗어날 수 있는 가능성은 점점 더 높아지고 있는 것이다. 대리 또는 대의 정치가 인간 신체의 물리 공간적 격리 문제를 그 절대적인 조건으로 삼고 있다면, 이제 가상현실 속에서 정치는 더 이상 신체정치의 한계에만 종속되는 것은 아니다. 그러나 바로 이런 점 때문에 다른 한편으로 우리는 직접민주주의가 더 교묘한 가상으로 작용할 가능성도 높아졌다는 것을 잊어서는 안 된다. 텔레커뮤니케이션에서도 권력의 동학이 작용하며 송수신 과정에서 송신자와 수신자의 동등하고 자유로운 의견교환만이 발생하는 것이 아니라 새로운 기술적 환경 속에서 명령하달과 항의 또는 저항의 새로운 역학구조가 발생한다. 고도기술은 참여의 권리만 가능하게 하는 것이 아니라 통치의 편의도 가능하게 하는 것이다. 권력은 범죄인, 시위대와 직접 맞닥뜨리지 않고서도 공공장소의 시설물들 곳곳에 설치해놓은 감시카메라로 감시를 할 수 있다. 물론 이런 '부재' 감시가 언제나 일방적 승리만 거두는 것은 아니다. 시스템의 가동은 또한 '부재' 저항을 불러일으킬 수도 있기 때문이다. 공공장소는 인간들의 직접 참가라는 형태로 유지되기보다는 일종의 시스템 체계로서 존재하기에 그 시스템에 접근하는 것은 몸으로 하기보다는 교신으로 하게 될 수도 있기 때문이다. 최근 영국의 16세 소년이 한국의 원자력연구소 컴퓨터 시스템에 침입한 것이 바로 그런 사례다.

이런 것은 신체정치가 그 위력을 상실해가고 있으며 이 신체정치에 기반을 둔 근대적 정치는 새로운 차원의 정치로 전환하고 있거나 혹은 새로운 조건을 맞아들이고 있다는 것을 말해주는 것이 아닐까 싶다. 물론 신체나 신체의 문제가 완전히 사라졌다는 것은 결코 아니다. 사이보그에서도 신체는 부분적으로 기계로 바뀌었을망정 완전히 사라진 것이 아니라 그 존재의 방식을 전환했을 뿐이다. 그러나 사이보그로 존재하는 신체는 더 이상 우리가 자명하게 우리 것이라고 생각하는 그런 신체, 특히 인간주의적 관념에서 생각하는 신체는 아니다. 그래서 아마 어쩌면 우리는 신체 부재의 정치까지 상정해야 하지 않을까, 또는 우리 몸의 직접 참여를 상정하지 않고 발생하는 정치를 상상해야 하지 않을까?

8. 결연의 정치

공간 개념은 이제는 새롭게 다듬어져야 하고 그에 따라 정치도 새로운 상을 가져야만 할 것 같다. 우리는 거리, 장소, 신체참여 공간 등 전통적인 공간에서 벗어나고 있다. 거리는 더 이상 만인이 공유하는 장소가 아니며, 시장의 형성, 특히 역공간의 형성으로 장소는 그 단순성을 상실했고, 사이버공간의 출현은 공간에 신체가 참여하는 것조차 어렵게 또는 불필요하게 만들고 있다. 오늘날 특징적으로 나타나는 공간은 그래서 역공간이 아니면 사이버공간과 같은 것들이다. 우리는 이런 상황 때문에 바다나 데이비스가 제시한 거리로 귀환한다는 것을 가상으로 간주할 수밖에 없는 처지가 되었다. 다시는 '기원' 또는 '고향'에 돌아가지 못하게 된 것이다. 그러나 장소, 거리, 신체와 같은 '기원들'로 되돌아가는 것이 불가능하다는 것이 우리를 실망시키지는 않는다. 오히려 기원의 신화들에서 벗어나는 기회를 맞게 된 것으로, '고향상실'을 통해 하나의 출발점을 마련한 것으로 생각할 수 있다.

이 지점에서 우리가 생각할 것은 이런 상황에서 어떤 실천 전략을 구사해야 할 것이냐는 문제다. 이와 관련해서 기원신화가 더 이상 유효하지 않은 상황은 바로 이산 상황이라는 것, 즉 누구든 고향을 떠난 상황에 있다는 것을 인정할 필요가 있다고 본다. 우리 모두는 사실 이산의 상태에 살고 있으며, 그래서 모든 기원적인 것을 언제나 이미 상실한 채 거리를 떠난 유사도시, 아니 역공간에서, 또는 우리의 신체를 떠난 사이보그의 형태로 살고 있는 것이다. 해러웨이가 오늘날은 '이산 속 생존'(survival in diaspora)이 중요하다고 한 것도 이런 점에서 이해할 수 있을 듯싶다.[24] 이산 상황에서 생존한다는 것, 그리고 거기서 새로운 공동체를 만들어낸다는 것은 새로운 정치적 실천 전략을 필요로 한다. 이 전략을 나는 '결연의 정치'라고 부르고 싶다. 해러웨이가 말하고 있듯이, 그리고 우리가 살펴본 역공간이 보여주고 있듯이 오늘날 '장소'는 단순하지도, 순수하지도 않으며 이 '장소'에 참여하는 방식도 신체로서만 일어나지 않고, 또한 전적으로 참여한다는 것도 간단하지가 않다. 원거리공학이 보여주고 있듯이 참여는 부재의 방식으로도 가능하기 때문이다. 이와 같은 권력은 늘 변신하는 상태에 있다고 해야 할 것이다. 그것은 도처에서 다양한 양식으로 나타날 수 있으며 팬옵티콘으로도 혹은 컴퓨터 칩에 내장된 정보의 형태로 존재할 수도 있다. 이런 상황에서 정치적 실천 역시 새로운 형태를 지향해야 할 것이다. 혈연의 정치, 즉 고향 중심의 정치보다는 낯선 이들 간의 '결연'(affiliation) 형식을 취하는 정치를 사고해야 한다는 생각이 드는 것은 이 때문이다. 이결연은 에드워드 사이드가 다른 맥락에서 언급한 바 있듯이 종교적인 공동체 구성의 형식이라기보다는 세속적 공동체 구성의 방식이라고 할 수 있다.[25] 지연, 혈연을 떠나서 새로운 관계의 망을 형성하는 것을 사고하는 것 말이다.

문화의 차이들이 뒤섞이고, 외부와 내부가 서로 교통하며 기계와 인간의 구분이 불가능한 상황에서 가장 자연스런 것은 어쩌면 고향상실의 상

24_ Ibid., 212.
25_ '결연' 개념에 대해서는 Edward Said, *The World, the Text, and the Critic* (Cambridge, Mass.: Harvard UP, 1983), 174-77; Gilles Deleuze and Félix Guattari, *Anti-Oedipus: Capitalism and Schizophrenia*, tr. Robert Hurley, Mark Seem, and Helen R. Lane (Minneapolis: U. of Minnesota Press, 1983), 146 이하 참조.

태, 즉 이산 상태일 것이다. 그러나 우리가 다시 고향에 돌아갈 수 없다면, 아니 사실 고향이라는 것이 가상일진대, 우리에게 남은 것은 언제나 이미 새로울 수밖에 없는 조건 속에서 새로운 연대를 모색해야, 즉 결연을 실험해야 하지 않을까. 이때 결연이란 기존의 정체성 해체를 전제로 한 것일 수밖에 없다고 하더라도 말이다. 고향이나 장소라는 기존의 고정된 영토에 갇히는 것이 아니라 새로운 가능성의 흐름들을 찾아서 끊임없이 영토를 벗어나는 것, 그리고 그와 함께 새로운 영토를 구축하려는 실험을 감행하는 것, 그것이 우리가 취해야 할 태도인 것 아닐까?

13.

서울의 도시화와 문화경제
─동향과 문제

1. 도시화와 문화화, 그리고 문화경제

여기서 나는 한국의 수도 서울에서 오늘날 진행되고 있는 도시화 과정을 '문화경제의 발흥'이란 측면에서 살펴보려고 한다. '문화경제'를 이해하는 방식은 많겠지만 문화의 경제화와 경제의 문화화가 융합되는 현상이라고 해석할 수도 있겠다. 오늘 경제는 더 이상 경제로만 작용하지 않고, 문화 역시 문화로만 작용하지 않으며 양자는 서로 상대를 규정하면서 거의 하나가 되어가는 경향을 드러낸다. 예컨대 상품이 부가가치를 높이기 위해 그 심미적 측면을 강화하는 것이나, 전통적으로 교환가치 생산과는 무관하다고 여겨지던 문화적 활동들이 문화산업 등에 포섭되면서 경제적 활동과 구분하기 어려워지고 있는 것이다. '문화경제'는 전통적으로 서로 분리되어 작동된다고 간주되던 경제와 문화가 이처럼 서로 개입하며 심지어 닮기까지 하는 현상을 통합적으로 이해하고자 선택한 개념이다.

문화경제의 관점에서 보면 지난 10년 가까이 서울에서 진행된 도시화과정은 '문화화'(culturalization) 과정으로도 이해된다. '문화화'는 이때 문화의 자기 증강 현상을 가리킨다 하겠다. 유리 로트먼이 지적했듯이 문화는 "이질성에 의해 유표화"[1] 되는바, 이 유표화는 두 가지 방향에서 이루어진다. 한편으로 보면 문화는 당연히 자신을 자연과는 다른 것으로 제시한다. 이때 문화는 인간이 자연을 극복한 상태를 가리키는데, 영어(culture), 독일어(Kultur), 불어(culture) 등 유럽어에서 문화가 재배, 배양 등의 의미를 갖는 것도 그 때문이다. 다른 한편 문화의 유표화는 하나의 문화가 다른 문화들과 자신을 구분시키는 작용이다. 이 두 번째 과정은 물론 첫 번째 과정의 역사적 발전에 해당한다. 일차적으로 보면 문화는 자연에 인공을 가미한 것이라는 점에서 자연과 대비되지만, 이렇게 하여 탄생한 문화도 자연으로 되돌아가는 경향이 있다. 이는 자연과 이질화하여 형성된 문화도 시간이 흐르면서 습속으로 발전하여 자신의 이질성을 잃고 자연처럼 바뀌기 때문이다. 문화화는 이 자연화(naturalization) 경향에 저항하며 문화가 자기 생존 또는 정체성을 유지하려는 경향이나 기획을 가리킨다.

문화의 유표화는 문화가 기본적으로 기호계(semiosphere)로 작용해서 일어나는 현상이다. 로트먼이 지적하듯이 기호계는 "비대칭" 구조다. 기호계로서의 문화는 그 외부와 경계를 설정하여 자신의 내적 공간과 외적 공간을 구분한다. 여기서 문화의 위치는 늘 1인칭 화자가 있는 내부에 해당하고 타자는 내부 공간을 획정하는 경계 외부에 있는 존재로 정의된다. 문화는 그래서 "우리들의", "나 자신만의" 공간이며, "교양있는", "안전한", "조화롭게 조직화된" 공간이다.[2] 이런 공간을 중심으로 문화는 1인칭 형식으로 작용하고, 따라서 자신의 영역 한도를 나타내는 경계선 외부를 타자화하여 자신과 구별한다.

도시화는 이런 유표화 즉 문화화의 대표적 사례에 속한다. 도시화는 비도시를 도시로 만들어내는 과정만을 포함하고 있지 않다. 한국에서는 농촌 대부분이 이미 도시로 전환되어 도시화비율이 80퍼센트를 상회한다.[3] 하지

1_ 유리 로트만, 『문화기호학』, 유재천 역, 문예출판사, 1998, 189.

2_ 같은 책, 197.

3_ 2010년 9월 20일 아시아개발은행이 발표한 <아시아인구현황> 보고서에 따르면 한국 도시화 비율은 81.5%에 달해 48개 아태국가와 지역에서 6위를 차지한다(「2010년 한국 도시화 비율 81.5%」). www.873k.com/?document_srl=116682

만 여기서 눈여겨보고자 하는 것은 이미 도시로 전환된 곳에서 일어나고 있는 도시화, 다시 말해서 2차, 3차, 4차로 일어나는 도시화 현상이다. 도시화는 이처럼 중복하여 발생한다는 점에서 일회성 사건이라기보다는 반복되는 사건 계열로 이해되어야 할텐데, 그런 점에서 계속되는 자기 증강 현상이라고 할 수 있다. 근래에 들어와서 세계 여러 대도시에서 빈번하게 일어나고 있는 공간고급화(gentrification)가 단적인 사례다. 횟수를 거듭하며 일어나는 이런 도시화를 문화화로 볼 필요가 있는 것은 그것이 도시의 특정 지역을 농촌이나 자연생태계, 아니 다른 도시로부터만 아니라 동일한 도시에 속한 다른 구역으로부터도, 또 심지어 그 내부 구성 요소들도 서로 구별시키는 작업과 과정임을 분명히 할 필요가 있기 때문이다.

2. '청계천 복원', '뉴타운', '디자인 서울' 사업

서울은 조선 개국 2년 뒤인 1394년 새 왕조 수도로 정해진 뒤로 지금까지 여러 차례 그 모습을 바꿔왔다. 하지만 조선 왕조 500년 동안 서울은 규모가 인구 15만 정도밖에 되지 않았기 때문에 왕궁을 새로 건립하는 등의 정비는 있었지만 규모나 구성에서 그리 큰 변화는 없었다고 봐야 한다. 서울의 규모가 커지고 모습도 크게 바뀌기 시작한 것은 일제강점기에 조선총독부가 도시공간을 재조정하기 시작한 뒤이며, 강북 지역의 주요 간선도로도 이때 오늘의 모습을 갖추게 되었다. 하지만 그래도 서울의 도시공간에 본격적인 대규모 변화가 일어난 것은 1960년대 초에 박정희 정권이 들어서서 발전주의적 경제정책을 펼친 뒤라고 보야 한다. 박정권 하에서 강남권이 개발되며 도시가 강북과 강남으로 크게 양분되고, 하천 복개, 고가도로 건설, 아파트단지 건설 등이 대대적으로 일어난 것이다. 서울의 도시화는 이후에도 지속되어 1980년대 말 노태우 정권이 추진한 주택 200만호 건설 정책의 일환으로 5개 위성도시가 건설되며 서울은 수도권으로 확장을 거듭했고, 특히 1997년 외환위기 이후 금리인하 정책을 통한 대출 확대로 부동산 투기가 부추겨져 서울과 그 주변 지역의 확대 개발과 도시화는 그칠 줄 모르고 있다.

최근에 일어난 서울의 도시화는 서울시가 주도한 세 가지 공간 개발 사업을 통해 살펴볼 수 있다. '청계천 복원', '뉴타운', '디자인 서울' 사업 들이 그것이다. 이 가운데 '청계천 복원'과 '뉴타운 사업'은 현임 대통령 이명박이 서울시장 재직시(2002. 7-2006. 6)에 벌이기 시작했거나 완성한 것이고, '디자인 서울 사업'은 이명박과 같은 한나라당 출신 오세훈이 2006년 5월 서울시장에 당선된 뒤 2007년부터 시작하여 그가 사퇴한 2010년 8월까지 진행된 사업이다.

. 청계천 복원공사는 이명박 시장의 '최대 치적'으로 손꼽히며 2007년 대통령 선거에서 그가 당선되는 데 유용한 발판이 된 것으로 분석된다. 이 공사는 서울 시내에 원래 있던 작은 지류 하나를 복원한 데 불과하다. 그러나 천혜의 자연조건을 가지고 있는데도 박정희 시대 이후 계속된 자연파괴적 도시개발로 말미암아 시내 중심가에 제대로 된 공원 하나 보존되어 있지 않던 서울에 물길을 만든 것이 서울시민에게는 일단 반가운 일로 여겨졌던 것 같다. 문제는 이명박이 자신의 정치적 야망 때문에 시장 재직 기간에 완성하려고 역사 유물이 끊임없이 출토되는데도 공사를 밀어붙여 졸속으로 진행한 것이다. 원형 복원, 생태 복원을 원하는 역사, 환경, 문화운동 단체들의 비판과 반대가 뒤따른 것은 두말할 나위가 없다. 물론 이명박이 밀어붙인 청계천 복원은 불도저식 개발정책의 원흉인 박정희가 저지른 도시 공간 파괴를 바로잡은 의미가 없지는 않다. 박정희가 1960년대에 서울 동북부 지역과 도심 간 교통 원활을 위한다며 청계천을 복개한 뒤 그 위에 고가도로를 건설했다면, 이명박은 이 도로가 세월이 흘러 도심 흉물로 변하자 생태 및 역사 복원을 명분으로 2년 3개월 만에 고가도로를 철거하고 콘크리트로 천변을 정리하여 '말끔한' 하천을 만들어낸 것이다. 차도나 건물만 들어서 있던 서울도심에 몇십년 만에 좁기는 하지만 새로운 물길이 생겨난 것을 환영하는 서울 시민도 많았다. 그러나 환경과 역사를 파괴한

것이 문제가 되어 박원순 현임 시장이 청계천 모습을 다시 바꾸려는 계획을 세우고 있는 것으로 알려져 있다.[4]

뉴타운 건설도 청계천 복원과 마찬가지로 이명박 서울시장 재임시절 시작된 사업으로서, 오랫동안 도시개발에서 외면당해온 서울 강북 지역이 주된 대상이다. 서울 개발은 인구증가로 인한 도시팽창과 맞물려 진행되어 왔다. 개발의 큰 흐름을 보면 1970년대 이후에는 주로 한강이남 지역인 강남을 개발했고, 1990년대 초에는 분당, 일산, 평촌, 산본, 중동 등 서울의 근교 지역을 대상으로 추진한 5개 신도시 건설이 이루어졌다. 뉴타운 사업이 강북 지역을 주요 대상으로 삼은 명분은 서울권역 도시화가 그동안 위성도시 중심으로 추진되는 사이에 그곳의 도로, 공원, 문화시설 등 기반시설이 낙후되어 새로 개비할 필요가 있다는 것이었다. 이 사업은 이명박 서울시장 재임 초기인 2002년 12월에 길음, 은평, 왕십리 세 곳을 시범사업 대상으로 삼아 시작되어 이후 241군데로 확산된다. 사업 지구가 많아진 것은 뉴타운 개발이 '황금알 낳는' 사업이라는 인식 때문이었다. 2008년 총선에서 한나라당 후보가 서울에서 대거 당선된 것도 박정희, 전두환 시절 개발주의의 후예가 그런 뉴타운 사업을 더 적극 추진하리라는 유권자 판단이 작용한 결과였다. 그러나 이 사업은 이명박과 같은 당 출신인 후임 오세훈의 재임기간에도 추진되었지만 어느 곳 하나 배임이나 부동산투기 등 문제가 없는 곳이 없었고, 사업을 추진하며 표방한 소기의 목적을 달성한 곳이 거의 없다는 평가를 받는다. 시민운동가 출신 박원순이 시장으로 취임하게 된 뒤 뉴타운 사업 역시 전면 재검토 대상이 되었다.

'디자인 서울'은 오세훈 시장의 역점 사업이었다.[5] 이 사업은 거리, 하천,

4_ 박원순 시장은 2012년 2월 28일 전문가들과 현장을 찾아가서 둘러보고 "청계천을 복원한 것은 탁월한 선택이었지만, 생태적, 역사적 시각이 결여돼 있었다는 것이 문제"라고 지적하고, "청계천시민위원회를 만들어 잘못된 복원을 어떻게 바로잡을지 충분한 과정을 거치겠다"고 말한 것으로 전해진다. <오마이뉴스>, 2012. 2. 28.
5_ 이하 이 사업의 소개 내용은 강내희 · 윤자형, 「디자인서울과 공간의 문화정치— 문화기호학적 분석」, 『마르크스주의 연구』 제7권 제4호, 2010 참조

광장 등 서울의 공공 공간을 대상으로 진행된 것으로 크게 두 종류로 나뉜다. 그 하나는 구체적인 장소나 지형을 바꾸는 도시개발 사업이고, 나머지 하나는 서울의 상징 및 아이콘과 같은 문화콘텐츠를 개발하는 사업이다. 먼저 도시개발에 해당하는 사업들로는 서울의 총 50개 거리 경관을 개선하는 디자인 서울 거리, 과거 이곳에 있던 육조거리 복원 명목으로 진행된 광화문광장 조성사업, 서울의 역사와 생태를 복원하겠다는 남산르네상스 사업, 한강변을 개발하는 한강르네상스 사업 등이 있다. 다른 한편 문화콘텐츠 개발 사업에는 서울의 상징인 '해치 캐릭터' 개발, 서울 서체 및 서울 고유색 지정, 관광객에게 여행 경로를 지정해주는 지도 아이콘 개발, 종이 액자의 형태로 되어 있어 관광객의 참여를 유도하려는 목적을 가진 '서울의 창' 제작, 축제 및 무료 공연 개최 등이 포함되어 있다.[6] 이 사업이 오세훈의 서울시 정책에서 차지하는 위상은 서울시가 2007년 5월 디자인 서울 총괄본부를 시장 직속 특별기구로 설치하고, 그 본부장에게 부시장 급 지위를 부여한 데서 단적으로 드러난다. 디자인본부는 '디자인 서울'을 "서울이라는 도시를 정의내리고 규정"하는 "서울시 모든 사업의 기초 개념"으로 채택하고,[7] 2007년 7월 새로 제정된 경관법에 따라 기본경관계획·시가지경관계획·야경경관계획으로 이루어진 서울특별시 경관계획을 수립했고, 같은 해 10월 샌프란시스코에서 열린 국제산업디자인단체협의회 총회에서 서울이 2010년 '세계디자인수도'로 선정되게 하고,[8] 2008년에는 '서울디자인올림픽 2008'을 개최하여 서울을 세계디자인수도로 재단장하는 등 도시디자인과 관련된 일들을 대대적으로 추진했다. 이 사업은 그러나 한나라당이

6_ 디자인 서울 총괄본부 홈페이지 참조. http://design.seoul.go.kr.(2010년 9월 20일 접속.)

7_ 디자인 서울 총괄본부장은 서울대학교 미술대 학장이던 권영걸이 맡았다. 권영걸은 자신의 본부장 재임 경험을 바탕으로 『서울을 디자인한다』(디자인하우스, 2010)라는 책을 낸 바 있다.

8_ '세계디자인수도'는 "디자인을 통해 경제를 발전시키고, 문화를 풍요롭게 함으로써 시민 삶의 질을 개선하자"(『위클리경향』, 2009. 12. 29)는 취지로, 국제산업디자인단체 총연합회의 페터 첵 회장이 창안한 제도다. 이탈리아의 토리노가 첫 시범 도시로 지정되었으며, 서울이 처음으로 공식 선정되었다.

서울시의회의 압도적 다수였던 오세훈의 첫 번째 임기 동안은 강력하게 추진되었으나, 2010년 6월 2일 지방선거에서 그는 재선에 겨우 성공했으나 한나라당이 대패하여 서울시의회가 여소야대로 구성이 바뀌면서 제동을 받기 시작하다가, 서울시교육청이 추진하려던 무료급식 정책을 막으려고 오시장이 실시한 주민투표에서 패배하여 사퇴하게 되는 바람에 흐지부지 해졌다.

청계천 복원, 뉴타운 건설, 디자인 서울 사업 등은 모두 지난 10년 사이에 한국의 수도 서울에서 추진된 주요 도시화 기획에 속하며, 모두 사업 해당 지역을 고급화하려는 의도를 갖는다. 이런 공간고급화로서의 도시화는 문화의 자기증강 과정인 문화화로서 선택과 배제 과정을 그 안에 내장하고 있다. 청계천, 뉴타운 건설 지역들, 그리고 디자인사업 대상 지역들은 모두 선택된 공간으로서 중심이 되며, 그 외부 공간들은 배제된다. 선택된 공간들이 유표화된다는 것은 그로부터 다른 외부 공간은 배제됨을 전제하는 것이다. 그런데 어쩌면 더 중요한 과정은 선택된 공간들 내부에서 일어나는 유표화 과정인지도 모른다. 여기서도 선택과 배제는 계속된다. 청계천이 복원되자 황학동 등 복개다리 주변에서 장사를 하던 상인들이 대거 쫓겨났고, 뉴타운 지역에서는 원주민과 세입자들이 역시 주거환경이 더 열악한 곳으로 이사를 해야만 했으며,9 디자인 서울 사업이 진행되는 곳에서도 어김없이 노점과 가판대 등이 철거당했다.

3. 도시화의 의미생산 과정

도시화가 문화화이기도 하다는 것은 의미생산이 그 과정에서 중요한 역할을 하고 있음을 가리킨다. 최근의 서울 도시화를 주도한 청계천 복원,

---

9_ 뉴타운 사업이 일어난 지역의 원주민 재정착률은 길음 제4지구의 17퍼센트가 말해주듯이 매우 낮아서 절반도 되지 않는다.

뉴타운 건설, 그리고 디자인 서울 사업은 생활조건 개선, 도심근린공원 조성, 도시품격 향상 등의 목적을 가지고 있다. 그런데 이런 목적을 다시 들여다보면 대부분 의미부여 과정을 경유하여 그 내용이 규정되고 있다는 점이 드러난다. 이때 의미는 기본적으로 어떤 '결여'를 매개로 하여 생산된다. 뉴타운 개발 대상으로 선정된 지구들은 대부분이 2000년대에 서울에 사는 시민들이라면 갖추어야 할 여러 가지 기반시설과 생활 편의시설이 없거나 모자란 곳, 청계천 지역은 원래 있던 하천이 무분별한 복개로 인해 사라지고 생태환경도 파괴된 곳, 그리고 디자인 서울 사업 대상 지역이나 품목들도 '글로벌 서울' 시민이라면 누려야 할 품격이나 멋스러움이 모자란 곳으로 먼저 제시된다. 이런 결여의 자명성에 대해서는 의문을 제기하기가 쉽지 않다. 이미 대중매체, 전문가들의 입으로 그런 것이 문제라는 것이 너무나 자주 지적되어 왔기 때문이다. 청계천 복개와 고가도로의 경우 1960년대에 시행한 사업으로서 이미 시설이 노후하여 위험하다는 전문가의 진단이 나오고 있기도 했지만,[10] 개발독재의 원흉 박정희가 시행한 사업이라는 점에서도 빨리 없애기를 바라는 사람도 적지 않았다. 이명박이 청계천을 생태적으로 복원하겠다는 계획을 발표했을 때 상당수 사람이 기대를 걸었던 것도 그 때문이다. 결여가 이처럼 쉽게 사람들에게 자명한 것으로 받아들여지게 되면, 그 문제를 안고 있는 장소는 무언가 치명성이 있다고 진단되고, 따라서 최대한 빨리 치유책이 제공되어야 한다고, 즉 결여가 빨리 보충되어야 할 필요가 있다고 여겨진다. 도시화 사업들은 그런 필요에 부응하고 있다는 것, 그것이 여기서 이루어지는 의미생산 과정이다.

'결여'는 그리하여 욕망의 원인으로 작용한다. 도시에서 서비스, 시설, 환경 등의 결여는 그런 것들의 보충 필요성에 대한 전제 조건으로 작용하면서 사람들로 하여금 스스로 결여하고 있다고 생각하는 것들을 욕망하게 만든다. 그런데 이 욕망을 더욱 강렬하게 느끼게 하는 것이 필요하고, 욕망의

10_ 청계고가도로는 언제 붕괴할지 모를 정도로 위험하니 급하더라도 이용하지 말라는 경고가 서울에 주둔하는 미군들에게 내려졌다는 소문이 떠돌기도 했다.

강화가 의미생산 과정으로서의 문화화, 그리고 문화화로서의 도시화를 더욱 촉진시킬 수 있다면, 결여의 보충으로 제시되는 것이 매력적일수록 더 좋을 것이다. 뉴타운 사업이 '황금알 낳는 사업'으로 선전된 것이 좋은 예다. '황금알로 포장된 뉴타운 사업이 시작된 2003년은 한국의 은행들이 대중에게 저축보다는 대출을 권하기 시작했던 시점이기도 하다. 한국은 2000년에 9.3%로 벨기에(12.3%)에 밀리기 전까지 OECD 국가 중 가계저축률이 가장 높은 나라였다. 그러나 김대중 정부가 2001년에 4회에 걸쳐 금리인하 조치를 실시한 뒤 금리가 연 4퍼센트대로, 이후에는 더 떨어져 이명박 정부에서는 2퍼센트대까지 떨어지게 되자,[11] 저축보다 대출이 오히려 이득이 되는 상황이 되어 사람들은 대거 돈을 빌려 투자처를 찾아 헤매기 시작했다. 뉴타운 사업은 바로 이런 시기에 '황금알'로 제시되어 사람들로 하여금 투자하지 않으면 손해 볼 것만 같은 대상으로 인식되었던 것이다. 그리고 서울의 241군데나 되는 곳에서 뉴타운 사업이 진행된 것은 돈이 최고라는 생각이 사람들 사이에 갑자기 크게 만연한 것과 무관하지 않다. 바로 이 시기는 탤런트 김정은이 BC카드 광고에 나와서 '부자 되세요!'라는 멘트를 유행시켜 사람들 사이에 부자가 되는 것이 필요하고 바람직한 일임을 각인시킨 때이기도 하다.

디자인 서울 사업의 경우 서울시가 50개 장소를 아이콘으로 만들어 '서울의 창'이라는 카드를 제작하여 보급한 것이 이미지 만들기의 대표적 작업에 해당한다.[12] 이 카드는 종이 액자 형태로 되어 있어서 관광객이 방문한 장소들을 사진으로 찍어 카드에 끼워 넣을 수 있도록 해놓은 것인데, 서울시는 이를 두고 관광의 목적을 '방문'에서 '경험'으로 바꾸기 위한 참여 유도형 콘텐츠라고 소개했다. 이때 경험이란 서울시가 미리 계획해놓은 것이라

11_ 한국은행 홈페이지 '기준금리변동추이' 참조. http://www.bok.or.kr/baserate/baserateList. action?menuNaviId=1927 (2012년 3월 31일 접속.)

12_ 디자인 서울 총괄본부 홈페이지 디자인 서울 사업 소개 중 '서울 디자인맵' 안내. http:// design.seoul.go.kr/dscontent/designseoul.php?MenuID=491&pgID=253 (2010년 9월 20일 접속.)

는 사실이 중요하다. 서울을 처음 접하는 관광객에겐 지도 위에 이름만 적혀있는 곳보다 아이콘으로 표시되어 있는 곳이 눈에 더 잘 띄고 관심이 더 많이 갈 것은 빤한 이치다. 서울시가 제작한 이 관광 지도를 충실히 따르는 관광객은 경복궁, 세종문화회관, 인사동과 같은 특정 지역을 돌아보고 나면 그것들이 서울의 모습이라 생각할 공산이 크다. 이때 서울은 특정한 의도로 만들어진 이미지를 통해서 관광객에게 제시된다. 관광객들만이 아니라 지방에서 올라온 한국인들, 심지어 일부 서울 시민들에게조차 이미지가 부착되어 소개되는 50개 장소가 서울을 대변할 가능성도 높다.[13]

이런 과정은 환유(metonymy)로 파악될 수 있다. 환유란 연상 작용에 의하여 부분이 전체를 가리키거나 전체가 부분을 가리키게 하고, 어떤 사물을 그 부분 기능 또는 속성을 통해 가리키는 수사법이다. 광화문광장이나 북촌 한옥마을, 경복궁, 운현궁 등은 아무리 상징성이 뛰어난다고 해도 당연히 서울 전체를 포괄하지는 못한다. 그러나 디자인 서울은 일부 상징성이 뛰어난 곳들로 하여금 환유작용에 의해 서울을 표상하도록 하는 의미화과정을 작동시키며, 이를 통해 서울의 부분이 전체를 대변하도록 만든다. 그러나 이처럼 부분이 전체를 대변하게 되면 전체로부터의 선택과 이에 따른 배제가 발생하는 것은 필연적이다. 지도 위에 아이콘으로 표시되는 50개의 관광지는 실제 서울의 모습과 일치하지 않으면서도 디자인 서울이 내세우는 서울의 모습을 대변함으로써 환유 작용을 통해 서울을 대변하게 되는 것이다. 이런 환유 작용이 수사학적인 효과만 갖는 것은 당연히 아니다. 환유에 의한 선택과 배제는 구체적인 정책의 입안과 집행, 이에 따른 재원의 배분, 나아가서 정책 집행을 위한 공권력 행사 등으로 구체화되기 때문이다. 이미 위에서 지적한 대로 21세기에 들어온 이후 서울시가 공식 정책으로 추진해 온 세 사업은 많은 사람들을 삶의 터전에서 내쫓는 폭력 집행을 수반한 것이었다.

13_ 이 문단과 바로 아래 문단 내용은 강내희·윤자형, 앞의 글을 다시 고친 것임.

결여로 특징지어진 장소에 이미지 만들기를 통해 새로운 것들로 보충된 새로운 공간이 형성되면 보충된 것들은 옛 장소의 모습을 쇄신하는 방식으로 결합되고, 이 결과 특정한 모습을 만들어낸다. 그것이 바로 오늘 도시의 모습을 결정하고 있는 도시경관(urbanscape)이다. 경관은 어떤 장소를 그것 '답게' 만드는 시각적 효과를 갖는다.[14] 뉴타운 건설, 청계천 복원, 디자인 서울 사업 등은 근래 서울시장들이 정치적 야심을 가지고 추진한 사업들로서, 서울을 '서울답게' 만들기 위해 추진한 사업이란 의미를 갖는다.[15] 이들 사업이 기본적으로 경관 조성으로 이루어지는 것도 그 때문이다. 그런데 동아시아 전통에서 경관은 풍경과 구분되는 시각적 환경이다. 풍경은 기본적으로 산수나 산천, 하천, 들판, 바다 등 인공이 가미되기 이전의 자연 상태가 만들어내는 모습이다. 동아시아에서는 이런 자연을 시서화의 대상으로 삼아왔고, 소중하게 여겨왔다.[16] 하지만 근대화 과정에서 전통문화가 부정당하는 경향이 생겨나면서 풍경은 대거 파괴당하는 운명을 맞게 된다.

서울에서 풍경이 파괴된 대표적 사례 하나는 한강 남쪽의 절경으로 꼽히던 선유봉이 일제 치하이던 1925년 대홍수가 난 뒤 한강 제방을 쌓는 데 들어갈 석재 채취를 위해, 1929년에는 선유봉 상류 여의도에 비행장을 짓는 데 쓸 석재 채취를 위해 해체된 것이다.[17] 그밖에 근대화과정에서 파괴되어

14_ '경관(景觀)'은 일본의 미요시 마나부(三好 學)가 1902년에 독일어 'Landschaft'를 번역하며 사용한 표현이다. 渡部章郞, 「專門分野別による景觀槪念の変遷に關する硏究─特に植物學系分野、文學系分野に關して」, 『四天王寺大學紀要』第47号, 2009年3月, 2. 'Landschaft'에서 '-schaft'는 토지의 토자'다움'을 가리킨다. 영어의 'landscape'에서 '-scape', 불어의 'paysage'의 '-age' 어미도 비슷한 의미작용을 한다. 幽蘭(Yolaine Escande), 「景觀: 中國山水畫與西方風景畫的比較硏究 I」, 『二十一世紀雙月刊』, 2003年8月號總第七十八期, 85.

15_ '서울'은 신라의 수도 경주를 일컫던 '서벌'의 음이 변한 것으로 특정 장소로서의 서울만 가리키는 것이 아니다. "서울이 서울답다'라는 말은 "서울이 한국의 수도답다'라는 의미도 되는 것이다.

16_ 오귀스텡 베르크에 따르면 풍경과 경관 전통은 원래 동아시아와 서유럽밖에 없었다. 동아시아에서는 위진남북조 시대 중국에서 산수 또는 풍경을 소중하게 여기는 전통이 생겨서 이후 한국과 일본으로 전해졌으며, 서유럽에서는 네덜란드를 중심으로 경관 전통이 형성되었다는 것이다. Augustin Berque, "Des eaux de la montagne au paysage," Working paper-Série C: Conférences, WP-C-15-IRMFJ-Berque-09-24.pdf, 2.

온 하천이나 언덕, 야산 등은 이루 말할 수도 없이 많다. 서울은 원래 강폭 1킬로미터가 넘는 한강, 해발 600여 미터에서 800미터에 이르는 청계산, 관악산, 북한산, 도봉산 등이 주변에 포진해 있고, 시내에도 남산, 안산 등의 산들이 배치되어 있어서 세계의 대도시 가운데 보기 드물게 산수가 아름다운 곳이었다. 오늘 서울의 경관은 자연 상태의 서울이 태곳적부터 만들어온 이런 풍경을 파괴하거나 시야에서 지움으로써 조성된 시각 환경이다.

풍경은 기본적으로 생태적 자연환경을 터전으로 하여 형성되기 때문에 인공의 가미를 배제하는 것이 기본이다. 중국, 한국, 일본의 산수화에서 나오는 빼어난 풍경은 그 자체로 사람들의 관심을 돋우고 경배나 관심을 불러일으킨다. 하지만 풍경이 언제나 인간의 접근을 완전히 배제하지는 않는다. 예컨대 정선의 <선유봉>(仙遊峰)이나 강세황의 <벽오청서도>(碧梧淸暑圖)를 보면 군데군데 인가가 있고, 사람들이 고기를 잡거나 배를 타고 내리는 모습이 보인다. 이런 모습이 경관보다는 풍경으로 보이는 것은 여기서 인위적 개입은 최소화되어 자연의 순리 아래 놓여 있는 것으로 보이기 때문이다.[18] 역사적으로 문화적으로 구축된 경관도 풍경으로 전환될 수 있는 가능성도 이런 점 때문에 생긴다. 신지 이소야(進士五十八)는 그래서 경관도 거기 들어간 석재 등에 이끼가 끼는 등 생태복원 과정을 거치게 되면 풍경이 될 가능성이 있다고 말하고 있다.[19] 박태원이 일제강점기에, 다시 말해 박정희 시대에 그것이 복개되기 이전에 청계천 주변에서 사람들이 어우러져 사는 모습을 '천변풍경'으로 인식했던 것도 그런 이유 때문이 아닐까 한다. 하지만 최근의 도시화가 만들어내고 있는 서울의 경관은 조선총독부가 추진한 식민지 근대화 과정에서 조성된 것과는 물론이고, 20세기 중반 박정희가 추진한 '조국근대화' 과정에 추진된 것과도 크게 다른 모습을 가지고

17_ 선유봉의 모습은 이제는 18세기 화가 정선이 그린 화폭(<仙遊峯>)에만 남아있다.

18_ 이런 정경을 소중하게 여기기는 해야 하겠지만 그렇다고 이상적 질서인 양 취급해서도 곤란하다. 한국의 역사에서 이런 풍경은 대부분 양반의 독점이었고, 하층민은 양반의 유한한 삶을 가능케 하기 위해 등골 쑤시는 노동을 해야만 했다.

19_ 進士五十八, 「景觀と風景」, Re(建築保全センター機關紙), 2010年1月, No. 165, 9.

있고, 그 의미화 과정도 다르게 이루어지고 있다. 아래에서는 이 변별성을 서울에서 작동되는 문화경제의 관점에서 살펴보고자 한다.

4. 경관의 문화경제

박태원은 근대한국문학의 역사에서 고현학(考現學)을 자신의 소설에서 재현 전략으로 채택한 드문 소설가였다. 그는 『천변풍경』에서 일제치하 청계천 주변에 살던 식민지인의 삶의 모습을 접사촬영(接寫撮影)하듯이 묘사했다는 말을 자주 듣는다. 접사촬영을 하려면 속도를 늦추고, 사물의 시간 흐름과 궤를 함께 하는 것이 필요하다. 이런 모습을 보여주는 대표적 인물이 발터 벤야민이 소개한 만보객(漫步客, flâneur)이다. 벤야민에 따르면 "만보객은 지방 신의 사제"(the priest of the genius loci)다.[20] 지방 신은 성주신, 조방신, 안방신, 빨래터신, 용왕신, 산신과 같이 사연 있음직한 온갖 곳에 거하는 신을 가리킨다. 만보객이 그런 신들의 사제라는 것은 그가 시간을 들여 하잘 것 없어 보이는 주변 모든 사물들에게 경배를 표한다는 말이다. 만보객의 발걸음이 느린 것은 물론 그가 자본주의적 시간속도를 거부하기 때문이기도 하지만, 동시에 그가 이처럼 사소한 것들에 대해서 누구보다도 많은 관심을 갖고 있기 때문이다.[21] 이런 만보객에게, 그리고 고현학자에게 역사는 생태계의 생명 하나하나에 지극한 관심을 가지는 생태학자와 같이 소중한 대상으로 다가온다. 역사는, 그리고 문화는 여기서 이미 자연의 일

20_ Walter Benjamin, "The Return of the Flâneur," in *Selected Writings II 1927–1934*, tr. Rodney Livingstone et al and ed. Michael W. Jennings, Howard Eiland, and Gary Smith (Cambridge, Mass.: Harvard UP, 1999).

21_ 만보객은 기호학자들 계보에 속한다. 전통적인 기호학자들은 천문학자, 의사, 사냥꾼, 탐정 등이었다. 만보객이 "지방 신의 사제"라는 것은 그가 일종의 주술사이며, 이들 기호학자들처럼 자신이 속한 환경에 예민하게 반응하며 그 변화를 읽어내는 능력을 갖추었다는 말일 것이다.

부로 전환하였다. 박태원에게 역사적 구성물인 천변이 풍경으로 다가온 것은 그가 역사를 자연사의 일부로 본 때문일 것이다.

그러나 오늘 서울에서 조성되는 경관이 새로운 공간 조성의 논리를 따른다고 여겨지는 것은 그것이 '역사적 공간'이나 '자연적 공간'이 될 가능성이 전혀 없어 보이는 '추상적 공간'으로 보이기 때문이다. 르페브르에 따르면 '역사적 공간'은 동굴, 산봉우리, 샘물 등 내재적 성질로 신성함을 지녀 신전 역할을 하는 '절대 공간'(absolute space)과는 달리 상대화된 공간으로 서양의 역사적 도시들처럼 역사의 힘에 의해 조성된 곳이다. 그는 역사적 공간이 지배하던 시기에 생산 활동 즉 노동이 사회적 삶을 구성하는 재생산 과정과 괴리되면서 자본주의적 '추상적 공간'이 등장했다고 본다.[22] 광화문광장과 같은 새로운 경관공간을 추상적 공간으로 보는 것은 그것이 더 이상 역사적, 자연적 구체성을 갖지 않는다고 보기 때문이다. 이 점은 디자인 서울 사업에서 사람들의 이목이 가장 많이 집중된 광화문광장 조성 사업에서 단적으로 드러난다. 여기서는 삶의 습곡을 만들어내는 데 적합한 공간의 굴곡은 최대한 생략된다. 1980년대 후반, 1990년대 초 서울 시내에 대규모 시위가 일어났을 때만 해도 사람들은 여기서 바닥 짱돌을 깨어 투석전을 벌이고는 했다. 사람들이 대거 짱돌을 들면 폭력적 정권일지라도 긴장할 수밖에 없다. 지배가 만들어내는 정상성은 이때 바로 중단되고, 역사는 새로운 도약을 이루게 된다. 1990년부터 1997년까지 한국사회가 사회적 부의 '하향 이동'을 처음으로 경험했던 것은 1980년대 말, 1990년대 초 한국인들이 대거 투쟁에 나섰던 결과일 것이다. 그러나 오늘 경관으로 바뀐 광화문광장은 '광장'이라는 이름에도 불구하고 시민의 자유로운 진출을 허용하지 않는다. 일단 이곳은 그 근처 서울시청 앞 광장과 함께 1987년의 6.10 항쟁이나 2008년의 촛불집회처럼 시민 권력이 국가 권력을 압도할 때를 제외하고는 늘 경찰 통제 하에 있기 때문이다.

22_ Henri Lefebvre, *The Production of Space*, tr. Donald Nicholson-Smith (Cambridge, Mass.: Blackwell, 1991), 48-49 참조.

하지만 여기서 말하는 '시민진출 불허'는 이곳의 경관 구성 방식과도 관련되어 있다. 새로운 경관으로 조성된 후 이곳은 자연은 물론이고 구체적 인간적 삶도 사라진 곳이 되었다. 16세기 네덜란드에서 처음 조성되었을 때와 마찬가지로 경관은 여기서도 특정한 관찰자를 전제한다. 서양 풍경화 전통에서 전제된 관찰자는 그림의 소유자였고, 그림 속에 묘사된 경관을 구성하는 토지의 소유자였다.[23] 경관으로 묘사되는 토지의 소유주는 부재지주일 가능성이 높기 때문에 그런 소유자와 관찰자에게 '토지 신' 따위가 중요할 리는 없다. 오늘 광화문 광장 같은 곳이 전제하는 관찰자도 일종의 부재지주 같은 존재, 그곳에 오더라도 그곳의 구체적 삶과는 별로 관계없는 존재, 바로 관광객이다. 관광객은 만보객과 달리 정지한 사물의 시간을 참아낼 여유가 없다. 그에게 모든 것은 파노라마처럼 흘러갈 뿐이다. 그런데 그가 보는 장소 자체는 정지되어 있으므로 관광객은 그의 관광 일정에 따른 속도로 움직임으로써 그런 흐름을 만들어낸다. 그런 점에서 그는 자신이 시간에 맞춰 타야 하는 버스, 기차, 비행기 등 고속신체이동기의 일부다.

오늘 이런 속도와 흐름을 만들어내는 기제가 문화경제다. 이 기제는 정지를 허용하지 않는다. 광화문광장이 조성되는 동안 바로 옆에 있던 피맛골이 사라진 것이 단적인 증거다. 2008년 영국의 도시계획가 로저스와의 면담에서 오세훈은 "서울 종로 피맛골의 향수를 간직하기 위해 많은 노력을 했지만 현재의 시스템 안에서는 (보존을 위한) 뾰족한 수가 없다"고 실토한바 있다. "도시는 아무래도 효율을 중시하기 때문에 인구 밀도가 높은 도시의 경우 개발이 불가피하다"는 것이 이유였다.[24] 오늘날의 개발 즉 도시화를 불가피하게 만드는 '현재의 시스템'이란 도대체 무엇일까? 서울의 자연적 공간, 역사적 공간을 추상적 공간으로 만들어내는 오늘의 경관을 조성하는 기제는 어떻게 작동하는 것일까? 나는 여기서 최근 서울의 풍경을 파괴하거나 기존 경관이 풍경으로 전환될 수 있는 가능성을 없애는 새로운 경관

23_ John Berger, *Ways of Seeing* (London: Penguin Books, 1972).
24_ 「오세훈 시장, 세계적 건축가 로저스 경과 면담」, 『한겨레』, 2008. 10. 30.

을 조성시키는 기제에는 기획금융(project finance)이라는 금융공학이 포함되어 있음을 강조하고 싶다.

최근 한국에서는 자살하는 저축은행 고위관계자들이 생겨났다. 제일2상호저축은행장(2011년 9월 23일), 토마토2저축은행 상무(11월 17일), 에이스저축은행 회장(2012년 1월 12일)이 투신하거나 목을 매어 목숨을 끊은 사건이 잇따른 것이다. 세 사람의 공통점은 대출비리와 관련하여 검찰 조사를 받고 있었다는 것으로, 그들이 소속한 저축은행은 모두 2011년에 영업정지를 당한 8개 은행에 속한다. 한 보고서에 따르면 105곳 저축은행 가운데 파산이 우려되는 '위험' 대상이 44곳, 부실 우려가 있는 '요주의' 대상이 15곳, 경영 개선이 필요한 '주의' 대상이 27곳으로, 어떤 형태로든 문제가 있는 것으로 드러난 데가 무려 86곳이라고 한다.[25] 저축은행의 이런 부실은 최근 급속도로 늘어난 기획금융의 발흥과 관련이 있다. 저축은행 대출은 부동산 기획금융을 대상으로 이루어졌는데 최근 부동산 시장 침체가 시작되어 빌려준 자금 회수가 어려워진 것이다. 저축은행만 부동산 기획금융에 젖줄을 대고 있었던 것은 아니다. 『한겨레 21』에 따르면 일반은행도 기획금융 관련 대출액이 38조 7천억으로 규모가 상당하다.[26] 2011년 4월 18일 금융감독원 보고에 따르면 2010년 6월 말을 기준으로 금융권에서 실시한 부동산 기획금융 대출 규모는 2009년 말에 비해 8조 2,000억 원 감소했으나 74조 2,000억 원으로 여전히 높은 수준이다.[27]

오세훈이 말한 '현재 시스템'에는 한국의 금융계로 하여금 대규모 재정 동원을 하도록 만드는 기획금융, 특히 부동산 기획금융이 포함되어 있다고 봐야 한다. 에스티에 따르면 2000년 초까지 국제적으로 기획금융이 사업부문 별로 적용된 비율은 전력 39퍼센트, 텔레콤 24퍼센트, 기반시설 14퍼센

25_ http://mlbpark.donga.com/bbs/view.php?bbs=mpark_bbs_bullpen09&idx=1120179 (2012년 1월 14일 접속.)

26_ 김기태, 「건설사 무너지니 저축은행 흔들린다」, 『한겨레 21』 858호, 2011. 5. 2.

27_ 박병일, 「금융감독원, PF대출 문제 관리 뒷북치기」, 『아시아투데이』, 2011. 4. 18.

트, 석유/가스 9.5퍼센트, 석유화학 5.1퍼센트, 여가/부동산 3.5퍼센트, 광업 2.9퍼센트, 산업 1.8퍼센트, 수도/하수 0.2퍼센트, 기타 0.4퍼센트 등으로 나타나 부동산 개발의 비중은 그렇게 높지 않았다.[28] 그러나 한국의 경우 기획금융은 주로 부동산 개발에 집중되어 대개 공모형 기획금융에 속하고, 그 규모가 2010년에는 120조원, 2011년에는 100조원 정도였다.[29] 2010년 한국의 연 GDP가 1,170조원, 2011년 1,240조원(추정)임을 감안하면, 120조, 100조가 되는 돈은 어마어마한 규모가 아닐 수 없다. 공모형 기획금융 규모가 이처럼 커진 가장 큰 이유는 김대중 정부 이후 한국 정부가 경기부양을 목적으로 부동산 시장 활성화 정책을 펼쳤기 때문이다. 김대중 정부가 2001년 저금리 정책을 펼치기 시작한 뒤 한국인들은 가계대출을 급속도로 늘렸고,[30] 빌린 돈을 주로 주식과 부동산에 투자했다.[31] 한국에서 기획금융이 대부분 부동산 기획금융의 성격을 띠게 된 것은 한국 정부가 저금리 정책을 펼치고 부동산 시장 활성화를 도모한 결과라는 점에서 오세훈이 말한 '시스템'이 작동한 결과가 아닐 수 없다.

28_ Benjamin C. Esty, *Modern Project Finance: A Casebook* (New York: John Wiley & Sons, 2004), 31, 34.

29_ KBS, <부동산 개발투자(PF), 거품은 꺼지는가> (2010년 10월 26일 방송), http://news. kbs.co.kr/economic/2010/10/26/2183229.html과 김관웅, 「대출확대·공모형PF 지원 등 부동산 활성화 대책 나온다」, 『파이낸셜뉴스』, 2011. 11. 20 참조.

30_ 가계대출 증가는 가계부채 증가로 나타났다. 한국인의 가계부채 규모는 김영삼 정부 말(1997년 초) 182조원에서 김대중 정부 말(2002년 말)에 439조원, 노무현 정부 말(2007년 말)에는 630조원에 이르렀다가, 이명박 정부 임기 1년을 남겨둔 2012년 초 현재 이미 1,000조원을 넘어섰다.

31_ 한국의 주식투자자 수는 2010년에 479만 명으로, 전체 인구(4,887만 5,000명)의 9.8퍼센트, 경제활동인구(2,453만 8,000명)의 19.5퍼센트에 이른다. 「지난해 주식투자자 479만 명…5명 중 1명은 주식한다」, 『파이낸셜뉴스』, 2011. 5. 16. 한국의 부동산 시장이 경제에서 차지하는 비중은 세계적으로 최고 수준이다. 2007년 비우량주택담보대출 (subprime mortgage) 위기가 일어났을 때 미국의 부동산 시장 규모는 GDP의 1.6배, 1990년대 초 부동산 버블이 터졌을 때 일본의 그것은 4배였던 것으로 알려져 있다. 내가 참고한 한 블로그에 따르면 2010년 기준 세 나라 부동산 시가총액은 미국이 16조 달러로 GDP의 1.23배, 일본이 10조 달러로 2배인 반면 한국은 4조 달러로 5배나 되었다. http://blog.naver.com/PostView.nhn?blogId=solidu&logNo=80142206392&redirect=Dlog&widgetTypeCall=true (2012년 3월 31일 접속.)

뉴타운 건설, 청계천 복원, 디자인 서울과 같은 사업 등을 통해 서울의 도시경관이 전면 바뀌고 있는 것도 이런 흐름과 무관하지 않다. 청계천과 디자인 서울 사업의 경우 서울시 예산으로 집행한 것이므로 기획금융과는 무관하다고 하겠지만,[32] 그래도 빈번하게 발생하는 기획금융과 궤를 함께 하는 사업임은 분명하다. 오세훈 시장 재임 시에 추진된 용산국제업무지구 사업의 경우 총 32조원이 동원되는 거대사업으로 대표적인 공모형 기획금융 사업이다. 이 사업으로 조성되는 공간은 오늘 한국의 대표적인 '추상적 공간'이다. 자본의 작동 결과로 만들어지는 곳이기 때문이다. 추상적 공간에서는 "역사는 향수로, 자연은 후회로서, 즉 우리 뒤로 너무 빨리 사라지는 지평선으로서 경험된다."[33] 역사와 자연이 사라지고 난 뒤 추상적 공간을 지배하는 것은 물론 특정한 사회적 관계 즉 자본의 축적을 최고 목적으로 삼는 사회적 체계다. 한국 역사상 단일사업으로는 가장 많은 재원을 투여하여 건설하는 국제업무지구야말로 청진동도시환경정비구역을 설정하여 600년 역사의 피맛골을 없애고 이 골목에서 100미터도 되지 않는 곳에 새 청계천과 광화문광장을 만들어내도록 하는 오늘날 '시스템'이 만들어내는 '걸작' 아니겠는가. 하지만 그 지구에서 용산참사가 일어났다는 사실은 현재 시스템이 어떤 폭력성을 내장하고 있는지 가늠하게 해준다.

기획금융은 미래 특정 시점에 발생할 현금흐름을 예상하여 오늘의 거래를 성사시키는, 시간공학(time engineering)을 활용하는 금융기법이다. 이때 시간공학은 미래 시간을 앞당겨 오는 식으로 작동하며, 따라서 미래가 할인되는 방식이다. 미래할인 관행은 대략 1970년대 이후 자본의 금융화가 진행되고 선물, 선도, 옵션 등 파생상품이 활발하게 거래되면서 크게 확산된 것으로 기본적으로 현재시간 선호 태도를 보여준다.[34] 사람들이 2년 후 100

32_ 뉴타운 사업은 기본적으로 사업 지정을 받은 지역 주민들이 조합을 만들어 진행하는 형식이다. 개인들의 경우 토지자산, 가계대출 등을 활용해 투자에 나설 것이므로 뉴타운 사업도 그 재정 상당 부분이 기획금융과 유사한 방식으로 충당될 가능성이 있다.

33_ Lefebvre, op. cit., 51.

34_ 강내희, 「미래할인 관행과 일상문화의 변화」, 『경제와 사회』 92호, 2011년 겨울, 44-73 참조

만원보다는 당장 80만원을 가지려는 것이 그런 태도인데, 특정한 금액의 미래가치를 현재가치로 산정할 때에는 할인율을 적용한다.[35] 기획금융의 경우는 미래 시점의 현금흐름을 산정하고 거기서 나올 이윤을 예상하여 자금을 동원하는 것으로 계산이 더 복잡하겠지만 미래가치를 앞당겨서 현재의 거래를 성사시키는 점은 마찬가지다. 기획금융에는 미래 예측 능력이 매우 중요한데 이는 미래가치를 정확하게 판정하지 못할 경우 대규모 손실이 발생할 수 있기 때문이다. 특정 지역에 발전소를 건설하는 데 기획금융이 적용될 경우 몇 십 년 후 그 지역의 인구, 산업발전 추이 등을 제대로 예측하지 못하면 발전 용량 초과나 부족 등 심각한 문제가 발생할 수 있다. 2011년에 저축은행 부실 사태가 일어났다는 것은 한국의 부동산개발 기획금융의 예측 능력이 크게 부족함을 보여준다. 그러나 그럼에도 불구하고 32조나 드는 국제업무지구 개발 등 대규모 공모형 부동산 기획금융이 일어나고 있는 것을 보면, 한국에서 적용되는 기획금융은 도대체 어떤 식으로 작동하는 것인지 궁금하지 않을 수 없다.

여기서 최근 3명의 저축은행 고위관계자가 모두 대출비리와 관련하여 검찰 조사를 받고 있었다는 사실의 의미를 생각해볼 필요를 느낀다. 세 사람이 소속했던 은행들은 과도한 기획금융 대출로 부실 사태를 빚어 2011년에 영업정리를 당한 8개 은행 가운데 속한다는 점으로 미루어 볼 때 그들의 자살이 기획금융 대출 관련 비리와 관련되어 있을 수 있다는 추론이 충분히 가능하다. 그러나 더 관심이 많이 가는 부분은 은행 고위관계자 3명의 자살, 8개 은행이 영업정지를 당하게 된 것 이외에 총 105개 가운데 85개 저축은행에서 문제를 일으키는 주요 원인인 것으로 보이는 기획금융이 어떻게 계속 사용되는 것일까 하는 점이다. 이 금융공학이 작동하는 것은 당연히 그것을 통해 자본축적이 생기기 때문임은 한국의 부동산 시가총액이 어마어마하게 크다는 점이 입증하는 바다.[36] 하지만 그렇더라도 대규모 부동산

35_ 1년 만기로 1억 원을 대출해 주면서 연 금리 12퍼센트를 적용할 경우 첫째 달 이자 1백만 원을 미리 받고 9천9백만 원만 대출자에게 주는 한국의 은행 관행이 그런 경우다.

개발이 경제적 논리의 작동만으로 이루어질 것 같지는 않다. 이와 관련하여 나는 기획금융에도 문화적 논리가 작동해야 함을 강조하고 싶다.

앞에서 오늘 새로운 경관을 조성하는 대규모 개발 즉 도시화는 의미생산 과정을 대동한다는 점을 살펴본 바 있다. 이 의미생산은 '결여'를 전제한 욕망의 생산을 통해서 이루어지며, 욕망의 대상이 매력적인 것으로 표상될 수록 효과를 가질 것이다. 문화는 이 과정에서 '결여'와 '표상'을 생산하는 기제가 된다. 기획금융으로 재원을 동원하는 부동산개발에서 결여로 제시되는 것은 지금보다 더 나은 부재하는 미래이고, 표상은 그런 미래의 이미지다. 그런데 오늘 여기에 없는 미래를 결여로 느끼게 하고 결여된 것에 대한 욕망이 계속 일어나도록 해야 하기 때문에 문화는 문화화로 작용하게 된다. 이 욕망(desire)은 당연히 충족이 가능한 욕구(needs)와는 다른 방식으로 작용하기 때문에 이미지에 의해 표상되는 경향이 크다. 오늘 한국의 도시경관을 만들어내는 데 핵심 역할을 하고 있는 한국의 주상복합아파트가 이영애, 김태희, 장동건 등 스타들을 동원하며 대거 광고를 내온 것이 그런 경우다.[37] 스타들을 동원하여 만들어내는 새로운 거주 공간 이미지는 오세훈이 말한 '현재의 시스템'과도 궤를 함께 한다. 김대중 정부 이후 한국 정부가 저금리 정책을 펼치는 과정에서 사람들은 부채를 짊어지면서까지 주식과 부동산에 투자를 하게 되었고, 부동산 투기 등을 통한 자산의 증대 즉 경제적 행위를 삶의 가장 중요한 목표인 양 생각하게 되었다. 오늘 한국의 도시화와 도시경관의 형성은 이와 같은 과정들이 총체적으로 모여 만들어낸 효과다. 그런데 이미 언급한 대로 한국인의 부채상황은 이제 심각한 상

36_ 부동산 시가총액이 커진 이면에는 물론 부동산 담보대출을 통해 한국인들이 어마어마한 가계부채를 짊어지고 있다는 사실이 도사리고 있다.

37_ 2007년 시민운동단체 경실련은 비, 장동건, 배용준, 송혜교, 김태희, 이미연, 고소영, 김남주, 유동근, 이영애 등 당시 아파트광고에 출연하고 있던 스타 10명에게 아파트광고는 마약광고보다 더 나쁜 영향을 준다며 광고출연을 자제해줄 것을 요청하는 서한을 보낸 적이 있다. 「경실련, 스타10명에 "아파트광고 출연말라" 편지」, <스타뉴스>, 2007. 6. 15. 스타들의 아파트광고 출연은 2011년에 들어서서 부동산 시장의 불황으로 크게 줄어들었다고 한다.

태에 이르게 되었고 경관으로 뒤덮이는 도시에서는 역사도 자연도 찾아보기 어렵게 되었다.

5. 결어

오늘의 문화경제와 도시화가 작동하는 한 서울은 갈수록 많은 사람들에게 다가가기 어려운 곳으로 바뀔 것이다. 뉴타운에서 원주민 재정착률이 20퍼센트도 되지 않는다는 것은 도시화가 진척될수록 더 많은 사람들이 개발된 곳에서 축출되고, 용산참사가 일어났다는 것은 도시화에 저항하는 사람들은 폭력적으로 진압되고 있음을 보여준다. 경관으로 개발된 곳으로의 '접근'은 다양한 방식으로 통제당한다. 주상복합 건물의 경우 출입구가 아주 많아서 접근이 매우 쉬운 것처럼 보인다. 광화문광장도 온갖 곳에서 들어갈 수 있는 개방공간처럼 보인다. 그러나 이런 개방성은 배제를 전제한다. 광화문광장의 경우 관광객들만 환영을 받는 곳임을 앞에서 지적했지만 주상복합 건물도 출입구가 많은 것은 상가로 조성된 지하나 지상 1층이 '고객'을 맞아야 하기 때문이다. 이런 사실은 경관으로 조성된 개방공간으로의 접근은 이미 호명된 경우에만 허용된다는 점을 말해준다. 이미 많은 주상복합 건물이 거주자, 상가 고객, 청소원이 드나드는 출입구를 따로 두고 있다. 이런 상황에서 '개방성'은 재무회계상의 투명성과 비슷하다.[38] 2000년대 이후 자본시장 개방으로 한국의 기업들은 회계상의 투명성을 높여야 한다는 압박을 받아왔고, 최근에 들어와서 그 투명성이 크게 높아졌다고 한다. 그러나 이 투명성은 전문가에게만 이해될 수 있을 뿐 일반인에게는 여전히 난수표일 뿐이다. 도시화의 진전과 함께 새로운 공간들이 만들어

38_ 위키피디아에 따르면, 재무회계는 "기업의 재무상태와 경영실적 정보 등을 측정하여 주주, 채권자, 정부 등과 같은 기업의 외부 이해관계자들에게 재무정보를 제공"하는 것이 목적이다.

내는 개방성도 마찬가지다. 주상복합 건물, 국제업무지구, 광화문광장 등은 모두 이전의 공간들보다 더 큰 개방성을 가진 것처럼 보이지만 사실은 출입을 제한하고 있다. 원주민, 세입자 등 갈수록 가난해지고 있는 더 많은 사람들은 고객, 관광객이 되어 더 많은 수탈을 당하기 전까지는 그런 곳으로 접근하는 것이 금지되고 있는 것이다.

그동안의 도시화가 이처럼 문제가 있다면 당연히 새로운 접근이 필요하다. 어떻게 해야 할까? 르페브르에 따르면 추상적 공간을 극복하는 길은 '차이 공간(differential space)을 구축하는 것이다. 차이 공간은 자본주의적 이윤 축적만이 지배하는, 그래서 모든 것이 양으로만 감정되는 추상적 공간에 질적인 차이들이 더 많이 허용될 때 비로소 구축된다. 경관이 대표적인 추상적 공간이라면 우리는 여기에 역사와 자연의 차이를 생산해낼 수 있어야 풍경을 새롭게 만들 가능성을 갖게 될 것이다. 이런 차이 공간을 구축할 수 있으려면 오늘 도시화가 공간, 미래, 시간에 대해 갖고 있는 전망과는 다른 전망, 또 다른 문화적 기획이 필요하다. 이 기획은 물론 새로운 문화경제를 작동시키는 작업이 될 것이고, 지금과는 다른 도시화과정을 창안해내는 일이 될 것이다. 그러나 오늘 작동 중인 자본주의적 질서가 이 작업의 순조로운 진행을 도울 리는 없다. 따라서 새로운 도시를 상상하는 일은 자본주의적 질서를 넘어서려는 의지, 자본주의적 질서와의 투쟁 등을 요구할 수밖에 없다. 서울에서 진행되는 도시화와 그에 따른 의미생산 과정 등을 이렇게 살펴보면 우리는 자본주의적 질서를 넘어서서 새로운 사회적 질서를 수립하는 전망도 자연스레 아울러 생각하게 된다.(2012)

제 6 부

인문학의 확장과 교육

14.

'문화공학'을 제안하며

1.

이 글은 '문화공학'이라고 하는 기획에 대한 소개와 제안의 성격을 가지고 있다. '문화공학'은 여기서 예술적 창작 과정의 혁신, 예술적 재현 혹은 감수성 발현의 방식 탐구와 그에 따른 실험, 또 그와 관련된 사회적 쟁점들의 발견 혹은 부각을 둘러싼 대립과 투쟁, 문화적 정체성 형성 방식의 전환, 문화예술 제도의 기능 전환 등 다양한 종류의 문화적 실천들의 전화를 목표로 하는 문화운동의 전략으로 제시된다. 문화적 실천을 문화공학의 형태로 수행하자는 것은 문화운동의 방법론을 수정하자는 제안이다. 여기에는 지난 30여년 간에 걸쳐 국내 문화운동 진영이 알게 모르게 수용하고 있는 문화적 실천의 개념이나 또 그에 따른 문화운동의 범역이 관념적으로 혹은 협소하게 설정되어 있다는 판단이 작용한다. 그동안 문화정치는 좁게는 문화예술판에서 생기는 이해관계를 둘러싼 권력관계의 차원에서 이해되거나 아니면 더 넓은 의미로 삶의 조건이나 방식에서 발생하는 갈등과 대립의 문제로 이해되는 경우가 많았다. 이렇게 본 문화정치는 대체로 입장들이나 이데올로기 차이 문제로 축소되어 문화적 실천 방식 자체의 변동과는 무관하게 특정한 입장들의 대립과 경쟁이라는 문제를 중심으로 진행되는 경향을 지녀 '담론적' 투쟁의 형태를 띠기 쉽다. 문화공학은 문화정치가 담론적 층위를 포함한다는 점을 부정하지 않지만 거기에 국한되어서는 안 된다는 관점에서 창작 과정을 중심으로 한 생산, 그 생산과 관련된 분석과 연구, 나아가 생산과 연구의 제도화 문제 등 다층적이고 복합적으로 진행되는 문화적 실천의 실질적 전화를 목표로 하는 통합적 성격의 기획이다.

사정이 묘해져 그 필요성을 공개적으로 가장 많이 주장한 셈이 되기는 했지만, '문화공학'은 내가 먼저 창안한 기획이나 용어는 아니다.[1] 미술평론가 성완경이 사용하기 시작했다고 하는 '문화공학'에 대해 처음 들은 것은 5년쯤 전 『문화/과학』을 함께 꾸리고 있는 심광현을 통해서였는데, 이후 『문화/과학』 편집위원회를 중심으로 그 말의 의미와 개념의 타당성, 그리고 그것이 지닌 방법론적 함의, 실천적 가능성과 효과 등을 둘러싼 논의와 토론을 자주 가졌던 편이다.[2] '문화공학'은 그래서 적어도 우리 내부에서는 거리낌없이 사용하는 표현이 되었지만 주변을 벗어나면 그 표현이나 접근 방식을 두고 '수상쩍다', '탐탁치 않다'고 하는 반응을 접하는 경우도 적지 않았다. 지난 해 영미문학연구회가 주최한 학술토론회 자리에서 내가 영문학을 문화연구, 나아가 문화공학으로 전환할 필요가 있겠다고 했을 때

1_ '문화공학'에 관해 언급하고 있는 나의 글들은 다음과 같다. 「문화예술대학원 교과과정의 특성화 전략」, 『교육과정 연구안』, 민족예술대학(가칭) 설립추진위원회, 1997, 56-73. 이 글은 본 책에 함께 수록되어 있다; 「분과학문체계의 해체와 지식생산의 '절합적 통합」, 『문화/과학』 11호, 1997년 봄, 13-35; 「한국 영문학 교육과 연구의 탈바꿈을 위하여— 몇 가지 제안」, 『안과 밖』 3호, 1997, 8-25; 「인문학, 문화연구, 문화공학— 지식생산의 전화와 대학의 변화」(『중대신문』 창간 50주년 기념 학술심포지움 발제논문), 『중대신문』, 1997. 9. 1; 「21세기 인문학의 사회적 역할— 자기비판을 통한 전화」, 『현대사회의 인문학— 위기와 전망』(중앙대학교 인문과학연구소 주관 14개대학 인문학연구소 학술심포지엄), 1997, 65-79.

2_ 이 글은 매주 열리는 『문화/과학』 편집위원회의에서 14호 특집 주제인 '문화공학과 문화정치'를 놓고 진행한 집단 토론에 크게 의존하고 있다. 이 글에서 '우리'는 수사학적인 표현으로 그치는 것이 아니라, 나를 포함하여 『문화/과학』의 편집위원들을 가리킨다.

몇몇 동료 연구자들이 보였던 반응도 그런 경우였다.3 문화공학에 대해 부정적인 반응이 나오는 것은 문화를 하필이면 '공학'과 연관짓느냐는 반발이 발동한 것이기도 할텐데, 여기에는 문화공학론이 창작이나 비평 등 문화의 고유한 활동이 지닌 가치를 부정하는 것이 아니냐는 의혹이 작용하는 듯하다.

나의 문화공학 제안을 듣고 "문화를 만들고 받아들이는 일이 결국은 비평과 같은 일종의 수공업이요 레비-스트로스의 분류에 따르면 '브리꼴라쥬'이지 '엔지니어링'은 아니"라는 태도를 표명한 백낙청교수도 그런 경우로 보인다. 그는 "문화가 인간생명현상인 한에서는" '엔지니어링'은 아니라면서, "'문화연구'라는 것을 처음부터 배척하는 입장은 아니"지만 "그것이 비평을 포함하는 '전통적인' 문학공부를 대체할 수는 없다는 생각"이라는 관점을 표명한다. "한국대학의 영문학과들이 아무리 문제투성이라고 하더라도 문화연구학과 또는 문화공학과로의 탈바꿈이 바람직한 해결책은 아니라고 믿고 있다"는 입장을 제출하는 것도 그런 맥락이다.4 백교수의 이런 발언은 문화적 실천 전반에서 문화공학적인 접근을 하려는 데 대해 제동을 거는 발언처럼 들리기도 하는데, 나 자신 문학공부를 문화연구나 문화공학으로 탈바꿈하는 것이 능사라고 보는 것은 아니나 그의 반문화공학적 태도에 동의하고 싶은 생각은 없다. 문화공학을 거부하는 태도는 창작과 비평과 같은 전통적인 문화적 실천의 소중함 때문이겠지만 그처럼 양자택일적으로 입장을 정리하는 것은 문화적 실천의 다양화나 문화운동의 진전을 위해 득보다는 실이 더 크다고 믿는다. '진정한' 문화적 실천을 지향한다며 문화공학을 배척하는 것은 문화운동의 활성화에 필요한 새로운 모색, 실험을 외면하는 결과를 낳을 확률이 더 크다는 생각인 것이다. 하지만 문화공학에

3_ 그 자리는 영미문학연구회의 주관으로 1997년 4월 2일 성균관대학교에서 열린 '오늘의 영문학 연구와 교육의 과제'라는 학술대회였다. 나의 발제(「한국 영문학 연구와 교육의 탈바꿈을 위하여」)는 대회 당일의 토론과 이후 영미연 전용통신망에서 이루어진 후속 토론과 함께 『안과 밖』 3호에 실려 있다.

4_ 백낙청, 「비평과 비평가에 관한 단상」, 『문학과 사회』, 1997년 여름, 511.

대한 반감이나 거부감이 적지 않음을 볼 때 그 의미 내역이나 개념, 혹은 용법 등을 제대로 설정하거나 해명하지 못한 점도 없지 않겠다는 생각이 드는 것도 사실이다. 이 글은 문화공학의 취지를 좀 더 상세하게 설명하고 그것이 문화운동적 기획으로서 갖는 가능성을 살핌으로써 문화적 실천 현장에 새로운 활기가 돋게 하려는 바람에서 마련된다.

2.

진보적인 문화적 실천과 관련하여 '문화공학'이라는 표현을 사용하여 새로운 접근법을 제안하는 데에는 그만한 이유가 있다. 문화적 실천을 수행하는 이들은 대체로 공학과는 거의 무관하거나 절연된 채 운영되는 인문사회과학과 예술 분야에 몸담고 있어서 자신들의 활동이 공학과 연관될 수 있다고 생각하는 경우가 드물 뿐더러 그런 가능성을 애써 부정하는 경우가 많다. 일종의 러다트주의일텐데, 이들에게 문화적 실천에 '공학'을 도입하자는 제안은 무식한 발언으로 들리거나 문화적 활동의 고유함을 모독하는 것으로 여겨질 것이다. 그러나 우리는 인문사회과학과 예술 분야 종사자들의 그런 반공학적 태도에 더 큰 문제가 도사리고 있다고 보고 문화공학적 접근법이라는 도발적이라면 도발적인 처방을 제시한다. 스노우(C.P. Snow)가 '두 문화'라고 부른 영역들 사이에 무지, 오해, 혹은 반목 등이 있기는 하지만 '공학'은 문화예술이 지향하는 인간활동과 반드시 상반하는 것만은 아닌 방식으로 사물과 사회의 운동을 생산적으로 전화할 수 있는 어떤 접근법을 제공하고 있다고 보기 때문이다.

공학은 경험, 습관 등에 의존하는 전통적 기술인 기능(skills)과는 구분된다. 이 기능적 기술이 좀 더 체계적인 기술이 되기 위해서는 기능을 기능으로 만드는 '비법적' 측면이 공개되는 과정을 거치게 된다. 드러커에 따르면 역사적으로 기능적 기술을 체계적 기술로 전환시키는 데 가장 큰 기여를 한 것은 디드로(Denis Diderot)와 달랑베르(Jean d'Alembert)가 편집한 『백과사전』(1751-72)이었다. 그의 말이 맞는다면 "이 유명한 백과사전은 모든 장인의 지식을 조합하여 체계적인 모양을 갖추려고 시도하였으며, 도제가 아닌 사람들도 '기술자'가 될 수 있는 길을 열어줄 수 있는 것이었다."[5] 드러크가 말하는 '체계적 기술'이 우리가 말하는 '공학과 동일한 것은 아니다. 18세기에 기능의 체계화로 등장한 것은 공학적 기술은 아니었던 것이다. "대부분의 생산 기술과 관련된 사실들은 매우 복잡하고 많은 변수들에 의해 좌우된다. 그것들은 수많은 실제 물질들의 성격과 화학 반응 등을 포함하는데, 이것들에 대한 과학적 이해는 아주 최근에야 얻어졌다. 그러나 이 사실들은 그에 대한 과학적 이해 없이도 계속해서 실제 기술에서 사용되어 왔다. 예를 들어, 유체 역학의 지식이 없어도 사람들은 경험에 의해 배 만드는 기술을 가지고 있었으며, 화학의 지식이 없어도 고로(高爐)기술을 가지고 있었던 것이다."[6] 공학이 탄생하기 위해서는 기술과 과학의 결합이라는 새로운 조건이 필요했다. "과학적 방법이 기술에 도입된 이후 1850년부터 과학 지식이 기술 발달에 중요한 역할을 담당했고 기술자들이 정교한 기계를 설계하기 위해 과학지식을 이용하고 연구하기 시작했다. 토목기술, 건축기술, 기계기술 등은 기능적 기술에서 과학적 기술로 발전했으며, 이러한 과학적 기술의 학문체계로서 생긴 것이 공학이다."[7]

근대적 공학, 혹은 공학적 기술의 성립 역사를 이렇게 정리할 수 있다면, '문화공학'은 근대적 과학의 한 변형으로서의 공학과 궤를 같이하는 문화와 관련된 일련의 실천 방식이라 할 수 있을 것이다. 하지만 '문화공학'이라는 표현을 기계공학, 전기공학, 혹은 화학공학처럼 특정한 대상을 전제하는 공학의 한 분야를 지칭하기 위해서 사용하고 싶지는 않다. 그럴 경우 '문

5_ 피터 드러커, 『자본주의 이후의 사회』, 이재규 역, 한국경제신문사, 1993, 58.

6_ 권욱현, 「현대과학 기술과 공학의 학문조직」, 소광희 외, 『현대의 학문체계— 대학에서 무엇을 배울 것인가』, 민음사, 1994, 265.

7_ 같은 글, 267.

화공학은 문화를 대상으로 하는 공학의 한 영역이라는 뜻이 되겠지만 여기서 '문화공학'은 문화적 실천을 수행하는 방식, 태도, 혹은 관점의 의미를 더 강하게 가진다. '공학'이 과학과 기술의 결합이고, 기술을 과학화하고, 과학을 기술에 적용하는 것이라면, 문화에 대한 공학적 접근은 그와 같은 맥락에서 문화적 실천의 새로운 방식을 개척하는 것이다. 문화공학적 접근은 따라서 문화적 생산 혹은 실천의 공정에 대한 지식이나 노하우, 기술의 획득을 비법 전수와는 달리 공개적 과정을 통하여 배우게 하는 것이어야 할 것이다. 전통적인 수공업에서 지식과 기술은 오랜 세월에 걸쳐 어렵게 터득한 '솜씨', '어깨 너머'로 배우는 비법이라는 점에서 묵시적인 성격을 띤다. 비법을 전수받는 과정은 그야말로 비밀에 싸여 있으며, 비법을 공개하지 않겠다는 서약을 엄격하게 지키지 않으면 안되는, 비공개적 실천, 즉 비교(秘敎)적 실천이다. 반면에 공학적 접근은 이런 비밀스런 실천에 쌓여 있는 신비를 백과사전처럼 공개적인 지식의 장으로 노출시키거나, 나아가 공개된 기술일지라도 그 과학적 근거를 제시하지 않으면 안된다. 문화공학적 접근은 이런 점에서 비법의 형태로 드러나지 않는 문화적 실천의 기술, 과정, 요소들을 공개함과 아울러 문화예술과 과학을 대면시키고자 하는 노력이라고 할 수 있다.

오늘날 문화공학이 필요한 것은 문화적 실천이 '공학적' 차원에서 이루어져야 하는 측면이 많기 때문이다. 주지하다시피 공학적 기술을 배제한 문화적 생산은 이제 상상하기 힘들며, 이는 흔히 기술과 대별된다고 하는 예술적 생산도 마찬가지다. 사실 특수한 역사 시기, 부르주아적 관점이 지배하는 시대 이외에는 예술이 기술과 상반되는 것으로 이해되는 경우는 별로 없었으며, 문화예술적 생산에 기술공학이 가동되는 것은 너무나 당연한 일이다. 사진과 영화가 기계복제라고 하는 기술의 도입을 통해 가능해진 예술 형태라는 것은 이미 옛 이야기이고, 이제 컴퓨터그래픽 기술을 사용하여 이미지를 생산하고, 하이퍼텍스트 기술을 사용하여 텍스트를 생산하며, 컴퓨터음악까지 나오고 있다. 이런 기술들을 예술적 생산에 도입하는 일을 둘러싼 미학적 논쟁은 복잡하지만, 새로운 기술적 매체인 사진이 예술인가 아닌가 하고 따지는 것보다는 사진의 출현으로 예술의 성격이 어떻게 바뀌는가 질문하는 것이 더 중요하다고 한 벤야민의 태도가 훨씬 더 생산적인 듯싶다.8 하이퍼텍스트 등 컴퓨터 기술이 도입된다고 예술작품의 질이 높아지느냐는 질문도 물론 가능하다. 소설이나 시와 같이 '수공예'적 예술 장르에서는 새로운 기술의 등장이 아무런 보탬이 되지 않는다는 말에 선뜻 반박할 근거가 없는 것도 사실이다. 그러나 벤야민의 문제의식에서 보면 기술의 문제는 예술작품의 성격과 형질을 바꿔버릴 수 있기 때문에 기존의 미학적 질문과는 다른 유형의 질문을 제기할 것을 요청한다.9 문화공학의 도입은 어쩌면 문화예술의 표현과 내용 수준까지도 포함하는 문화적 실천의 실질적인 변화, 즉 문화적 실천의 '기능전환'(Umfunktionierung)을 일으키는 문제가 되지 않을까 싶다.

'공학'이라는 표현에 대해서는 해명의 말이 필요할 것 같다. '공학'은 여기서 비법적-기능적 기술과 구분되는 체계적 기술이나 근대공학의 의미로만 사용되지 않는다. '문화공학'에서 사용하는 공학이 문화적 생산에 동원되는 요소들, 기계들, 지식들, 실천들, 관행들, 제도들을 습속에 따라 비반성적으로 가동하는 기능적 기술과 달리 이들 요인들의 상호관계에 대한 좀 더 의식적이고 반성적인 이해를 시도하는 체계적이고 공학적인 기술과 더 가까운 측면이 있는 것은 사실이다. 그러나 고로기술이나 조선술 등이 화학이나 유체역학의 과학적 지식에 의존하지 않고서도 훌륭한 기술로 작용했던 점을 생각하면, 그런 기술이 공학의 탄생과 함께 폐기 대상이 된다고 할 수는 물론 없을 것 같다. 하지만 그렇다고 관습이나 습속, 혹은 비법만을 고수하고 과학적 인식과 지식을 도입하려는 시도를 거부하는 것 또한 안될

8_ Walter Benjamin, "The Work of Art in the Age of Mechanical Reproduction," in *Illuminations*, tr. Harry Zohn (New York: Schocken Books, 1969), 227.

9_ 새로운 매체의 등장으로 예술적 형질의 변화를 초래할 수 있다. 이 점에 대해서는 졸고, 「디지털 시대의 문학하기」, 『문화/과학』 9호, 1996년 봄, 69-89 참조

일이다. 이런 선택의 어려움에 직면하게 되면서 우리는 '과학'이 새로운 차원으로 바뀌어야 한다는 생각에서 '공학'을 '과정학'의 관점에서 이해할 필요가 있다고 생각한다. 비법과 기술을 배제하지 않으면서 과학적 지식을 추구하는 일은 기능적 기술과 공학적 기술 중 어느 하나를 선택하는 문제라기보다는 양자를 포괄하는 새로운 차원의 과학을 필요로 한다. 고로기술에 동원되는 화학적 원료들의 성분에 대한 정확한 과학적 지식의 생산이라는 근대과학적 공학은 화학적 성분이 기술적 과정에서 일으키는 작용, 위상, 기능(機能) 등을 이해하는 것만이 아니라 이들의 상호관계가 복잡한 과정에 놓여있다고 하는 관점으로 전환될 필요가 있다. 이 경우 공학은 대상적 지식의 수준에서 머무르기만 하는 것이 아니라 과정학적 지식과 기술로 전환되어야 하지 않을까? '문화공학'은 이렇게 보면 기능적 기술을 넘어선 체계적 기술, 나아가 근대공학의 성격을 갖는 것만이 아니라 근대공학의 한계를 넘어서고자 하는 탈근대 과학과 동시대성을 지녀야 하고 그래야만 문화적 실천에 필요한 새로운 방향 모색에 더 긍정적인 시사점을 줄 수 있을 것 같다. 문화공학이 문화적 생산과 실천 과정에 새로운 가능성을 제시할 수 있는가 여부는 문화과정에 등장하는 요인들의 상호 작용과 효과 등이 지닌 복잡성을 인정하고, 문화적 요인들 각자에 대한 대상적 지식과 기술만이 아니라 요소들의 상호 작용 혹은 관계 설정에서 생기는 흐름들, 과정들에 어떤 생산적 기여를 할 수 있는가에 달려 있다. 문화공학은 이를 위해 문화적 생산과정을 공개하는 노력을 기울이면서 문화적 생산 공정에 대한 좀 더 반성적인 접근을 시도하고, 문화생산 과정에 등장하는 요소들과 요인들, 실천들, 제도들 여러 분절들의 개별적 역할과 위상을 조절할 수 있어야 할 것이다. 이렇게 보면 문화생산의 공정에 특별한 관심을 기울이며, 이 공정에 동원되는 자원들(재료들, 도구들, 매체들, 생산자들 등)을 서로 연관시켜 배치하며 그 역할과 기능들을 측정하고 이 결과 나타날 효과들을 예상하고 새로운 기획으로 전환시키는 일 등이 문화공학의 중요한 과업이 될 것으로 보인다.

3.

　표현은 생경할지 모르나 문화공학을 새로운 현상으로 볼 일은 아니다. 문화공학은 오래 전부터 문화생산 영역 곳곳에서 작동해 왔으며 특히 문화 산업 분야에서는 아주 두드러지게 나타난 편이다. 지나 마르체티에 따르면 미국 영화업계가 자주 만드는 액션모험물은 관객을 최대로 끌어들이기 위 해 서사이론을 활용하고 있다.[10] 1980년대에 나온 액션모험물에서는 주인 공을 설정할 때 백인을 등장시키더라도 '잘 나가는' 주류 백인이 아니라 백인이라 하더라도 비주류, 주변부 출신을 자주 채택하고 이런 주인공을 도와주는 '도우미'(the donor) 인물은 인디언이나 흑인, 여성, 제3세계인 가운 데서 찾는 경우가 많다. 비주류 백인과 비백인을 주요 인물로 설정하는 것 은 더 많은 관객으로부터 공감을 얻어내기 위함이다. 모험물에 나오는 비주 류 백인 주인공의 과제는 '악'을 상징하는 적대국(냉전 시대에는 주로 소련) 혹은 제3세계 침략자를 물리치는 일인 경우가 많다. 이런 서사 구도 설정에 서 중요한 것 하나가 실제로는 소수라고 해야 할 백인 주류 인구와 동화해 야 한다는 거부감을 비주류 사회 구성원 관객들이 갖지 않도록 하고, 오히 려 주류 백인의 사회 주도와 지배를 위해서 필요한 과업을 지지하고 그에 동참하게 하는 효과를 만드는 일일 것이다. 도우미를 여성이나 소수 인종으 로 설정하는 것은 가능한 한 더 다양한 관중이 영화 속 인물들 하나하나와 공감하게 함으로써 영화의 이데올로기와 동화할 수 있는 가능성을 높이고 자 함이다.

　이와 같은 문화공학 활용 사례는 얼마든지 있다. 미국의 뉴스 방송 진행 을 맡고 있는 앵커맨은 "자, 이제"(Now…this)라는 표현을 자주 사용한다. 닐 포스트먼은 이 표현이 뉴스 방송의 시청률을 높이기 위해 사건보도를 연예화한 데서 나온 결과라고 진단하고 있다. 전국 시청자를 대상으로 하는

10_ Gina Marchetti, "Action-Adventure as Ideology," in Ian Angus and Sut Jhally, eds., *Cultural Politics in Contemporary America* (New York: Routledge, 1989), 192-96 참조.

미국의 뉴스방송은 한 사건을 보도하는 시간을 대개 45초 미만으로 잡는다. "'자, 이제'는 방금 들었거나 본 것이 이제 막 듣거나 볼 것 혹은 앞으로 듣고 보게 될 그 어떤 것과도 관련이 없음을 나태내기 위해 라디오와 텔레비전의 뉴스 방송에서 자주 사용된다. 그 표현은 고속 전자매체에 의해 취재되는 세계가 어떤 질서나 의미도 가지고 있지 않으며 심각하게 받아들여져서는 안된다는 사실을 알리는 수단이다." 뉴스진행자가 '자, 이제'라고 하는 것은 "앞의 문제에 대해서는 충분히 오래(대략 45초) 생각했으니, 그 문제에 대해 병적으로 오래(90초) 집착해서는 안된다, 이제 관심을 다른 뉴스나 광고방송에 돌려야 한다"는 뜻이다.[11] 보도되는 사건들을 놓고 시청자가 계속 그 의미를 천착하게 되면 이어지는 다른 뉴스를 보지 않게 될 것이므로 뉴스에 보도되는 사건에 대해서는 시청자가 보도를 시청한 즉시 잊어버리는 것이 뉴스 제공자로서는 바람직한 태도가 된다. 이런 망각효과는 뉴스방송을 오락 프로그램처럼 만들 때 더욱 증폭될 것이다. 대부분의 뉴스 방송은 음악과 함께 시작하고 중간 중간에 음악이 삽입된다. 뉴스 프로그램에서 음악을 사용하는 것은 연극이나 영화에서처럼 오락적인 기분과 분위기를 만들기 위함이다. 시청자는 음악이 프로그램 틀로 제공되면 음악이 전혀 없을 때와는 달리 안심하고 크게 놀랄 일은 없다고 믿게 된다고 한다.[12] 국내 텔레비전이 저녁 아홉시 뉴스를 시작할 때 일제히 음악을 내보내고 있는 것도 이렇게 보면 뉴스방송을 연예화하는 것이라고 할 수 있다.

문화공학은 특히 광고업계가 자주 활용하는 기술이다. 리바이스 청바지 광고에서는 블루진의 '블루'를 시각적으로 만들어내는 일련의 광고를 만든 적이 있다. 이들 광고는 도시 거리를 배경으로 푸른 색조를 넣어 찍었는데, 화면 뒤로 블루스 음악이 들리면 배우가 블루진을 입고 등장한다. 여기서 주목할 점은 영어의 '블루'(blue)가 대중문화에서 지니고 있는 의미가 십분

11_ Neil Postman, "Now···This," in Gary Goshgarian, ed., *The Contemporary Reader*, 4th Ed. (London: Harper Collins, 1993), 268.

12_ Ibid., 270.

활용되고 있다는 것이다. 제이 로젠에 의하면, 화면에 비누방울을 공중으로 날리며 한 여성이 생각에 잠겨 거리를 걸어오는 모습에서는 저절로 즉 블루스 음악이나 제품명—리바이스 501 블루—이 직접 들리거나 보이지 않더라도 '블루'가 배어나게 되어 있다. 생각에 잠긴 여성의 모습이 우울함을, 비누방울이 날아가는 하늘이 푸름을 상기시키면서 소리나 색깔이 없어도 영어의 블루가 지닌 문화적 의미가 살아나기 때문이다. 여기서 중요한 것은 푸름이라는 색깔이 광고 표면에 나온다는 사실보다는 푸른 장면들, 푸른 바지(blue jeans), 블루스 음악이 그 위에 배열되어 있는, '블루'라는 어떤 친밀한 건축 같은 것이 형성된다는 점이다.[13] 문화공학 활용의 또 다른 사례로 우리는 로젠이 소개하는 휴렛-패커드사의 광고를 들 수 있을 것이다. 이 회사는 1980년대 중반에 "이렇게 하면 어떨까?"(What if…?)라는 말이 나오는 광고 시리즈를 만든 적이 있다.[14] 주로 첨단 직종 회사 사무실을 배경으로 하여 찍었는데, 회사 고급 두뇌로 보이는 한 사람이 좋은 착상이 떠오른 듯 동료에게 "알아냈어, 이렇게 하면 어떨까?" 하고 말하는 장면이 반복해 나오는 시리즈였다. 그 중 하나를 보면, 안경 긴 지적으로 보이는 여성이 눈을 위로 향한 채 연필로 책상을 가볍게 두드리다가 영감을 얻은 듯 벌떡 일어나 옆방의 동료에게 가서 "알아냈어…" 하고 말하는 장면이 있다. 곧 이어 "이렇게 하면…?"이라는 말이 나오는데 그 순간 그녀의 목소리는 작게 사라진다. 로젠은 이 광고는 전체가 무성이더라도 "이렇게 하면?"이라는 생각을 시청자가 들을 수 있다고 한다. 연필로 책상을 똑똑 두드리면서 눈을 하늘로 향하는 여성의 모습에서 그녀가 "이렇게 하면 어떨까" 하고 구상하고 있다는 것이 분명히 드러난다는 것이다. "여기에는 통상 말이나 수학 부호로 나타내는 개념인 '만약' 혹은 가정의 시각적 이미지를 만들어내려는 시도가 있다. 그림은 시제가 없다고들 한다. 그러나 휴렛-패커드는 시제— 이 경우는 조건 시제—가 실제 시각적 관념—언어로부터 빌려오지만 이미지

13_ Jay Rosen, "The Presence of the Word in TV Advertising," in Goshgarian, ibid., 317.
14_ 당시 미국에서 유학생활을 하던 중이었으므로 필자도 그 광고를 본 기억이 있다.

로 표현되는—이 될 수 있다는 점을 증명하려고 한다."[15]

이상의 문화적 실천 사례들을 어째서 문화공학으로 간주할 수 있는지 따질 필요가 있을 것이다. 예로 든 것들은 흔한 문화적 사례들인데 구태여 '문화공학'이라는 이름을 붙일 이유가 무엇인가? 우리가 그런 사례를 '공학적'이라고 보려는 것은 주의하지 않으면 놓치기 쉬운 계산, 기획, 설계 등이 거기 들어있음을 지적할 필요가 있다고 믿기 때문이다. 액션모험물에서 주목하고 싶은 부분은 서사적 장치를 도입하는 것이나 사회적 쟁점을 인물설정에 반영하는 것이 영화가 갖게 될 효과를 미리 측정하여 취한 결정이라는 사실이다. 주인공, 악한, 도우미 등은 블라디미르 프로프가 그의 서사이론에서 밝혀낸 인물유형들인데, 액션모험물은 이들 서사적 장치들을 인종, 성차, 계급 등과 같은 사회적 쟁점들과 연계하여 활용하고 있다. 서사이론과 사회이론에서 밝혀지는 장치들이나 쟁점들을 영화생산에 도입한 것은 공감하지 않는 인물들이 나오는 영화에 애써 돈을 내고 가려고 하지 않을 관객을 염두에 두고 있기 때문이다. 인물의 설정은 관중의 반응을 예측하여 이루어진 계산된 조치로서, 여기에는 1980년대 할리우드 영화를 소비할 잠재적 관람객에 대한 시장조사도 포함된다. 이 과정에서 영화의 잠재적 소비자들이 다양한 이데올로기적 태도와 성적 취향, 혹은 민족-인종적 정체성들을 지닌다는 사실을 외면할 수는 없을 것이다. 이는 곧 영화의 내용 구성에 그 소비를 둘러싼 영화적 효과에 대한 측정 결과가 반영되어야 함을 의미한다. 이 결과 영화제작은 복잡한 공정—'창조'보다는 '생산'이라는 말로 부르는 것이 더 적합한—을 갖게 되고 이 과정에서 서사이론은 영화의 성공을 위한 중요한 고려사항으로 등장한다고 할 수 있다. '문화공학'이라는 말이 필요한 것은 바로 이런 과정이 복잡한 공정을 가지고 있으며, 이 공정은 엄밀한 과정 관리, 효과 측정과 같은 계산이 필요하며, 따라서 설계와 기획의 관리가 필요하다고 보기 때문이다. 우리가 주목하고 싶은 것은 공정들

15_ Rosen, op. cit., 317.

간에 상호관계가 설정되어 있으며, 관객 반응과 같은 문화생산의 사후적 문제가 생산과정에 반영되어 나타난다는 점이다. 포스트먼이 살펴본 미국 뉴스방송 진행자의 '자, 이제'라는 말도 시청률에 의해 요청되는 변동의 한 예라고 할 수 있다. 관객으로부터 특별한 감정을 불러일으키기 위하여 푸름과 우울을 이미지로 보여줌으로써 청바지라는 의미가 만들어지도록 하는 것도 마찬가지다.

이렇게 보면 문화공학은 문화적 기능과 기술의 명시화를 꾀하는 특성을 갖는다고 할 수 있을 것이다. 기존의 문화적 실천에서는 묵시적으로 가동되는 이론적 지식을 명시적으로 활용하고 있는 것이다. 액션모험물에서 '도우미'라는 유형의 인물을 가동하는 데에는 서사적 장르 일반의 특징을 나타내는 것이라고 할 수도 있지만 프로프의 서사이론과 같은 이론적 작업의 성과를 반영한 것이다. 나아가서 '도우미'를 여성, 인디언, 흑인, 제3세계인 등으로 설정한 데서 보면 최근 수십 년 사이에 이론적 쟁점이 된 사회적 문제들에 대한 사회이론이 작용하고 있음도 확인된다. 여기에는 이데올로기론에 입각한 사회적 정체성에 대한 지식이 가동되고 있으며, 주체형성을 둘러싼 쟁점, 동일시라는 문제에 대한 이론적 지식이 동원되고 있다. 리바이스 광고의 경우는 문화공학이 대중문화에 스며들어 있는 녹아있는 문화적 약호를 활용하고 있음을 보여주고 있고 휴렛-패커드 광고는 텍스트와 이미지의 차이라고 하는, 중요하지만 복잡한 문화적 사실에 대한 지식을 이용하고 있는 경우다.

4.

이쯤 되면 문화공학 기획에 대해 의혹을 제기하는 사람이 나올 듯싶다. 위의 예로써만 본다면 문화공학을 가동하는 쪽은 기술공학을 지배하면서 영화산업을 주도하거나 방송이나 광고 분야 제작 전과정을 장악하고 있는 기득권 세력이다. 사실 문화산업을 지배하는 독점자본은 이제 비판이론가들이 수행한 비판적 작업들의 결과까지도 이용하고 있다. 여성을 수동적으로 혹은 성적 대상으로 표상하는 관행이 페미니즘 비판의 표적이 되자, 광고업계가 여성을 현모양처형의 소비자로서만이 아니라 활동적이고 도발적인 모습으로 그려내기 시작하기도 한 것이 단적인 예일 것이다. 그래서 다음과 힐난성 질문이 예상된다. 이런 판국에 왜 문화운동 진영이 나서서 문화산업의 첨단기술을 도입하자는 것인가? 소개된 예들은 단지 문화공학의 악용 사례일 뿐인가? 문화공학 자체가 자본 친화적인 접근법인 것은 아닌가?

그러나 자본에 쓰인다고 문화공학을 포기할 일은 아니라고 본다. 문화공학적 실천은 문화적 흐름들과 효과들, 힘들의 배치에 대한 실험을 배제하지 않는다. 액션모험물이 서사이론을 활용하는 것은 최대한 많은 관객이 영화의 지배이데올로기와 동일시하도록 하기 위한 지배세력의 '계산된' 조치로 보이기도 하겠지만 동시에 그 계산은 관객의 구성이 복잡하다는 점, 관객에게는 상충된 이해관계와 충동들, 욕망들이 있다는 점에 대한 인정이기도 하다. 이 인정이 많은 경우 공허한 것은 사실이다. 비백인 도우미는 백인 주인공에 대한 우정을 통해 결국은 미국의 백인 주류사회를 옹호하고 말지 않는가. 하지만 반면에 도우미를 비백인으로 설정하지 않으면 안 된다는 사실은 인물설정이 대중의 복잡성을 무시하는 일방적인 방식으로 이루어져서는 안 된다는 점을 말해준다. 그리고 그것은 오늘날 대중적 호소력을 갖는 이야기는 대중을 구성하는 소수자들의 복잡성을 고려해야만 한다는 점, 즉 서사이론을 활용하는 문화공학적 접근이 필요함을 말해주고 있기도 하다. 문화공학이 지배의 도구가 되고 말 것이라고 보는 것은 그것이 이런 복잡성에 유연하게 대응하고 있다는 점을 외면한 단순한 논리다.

욕망의 흐름들, 이데올로기적 효과들의 새로운 배치를 모색하기 위한 전략의 견지에서 문화공학을 볼 필요가 있다. 물론 현시점에서는 자본이 문화공학을 독점하는 듯 보이는 것은 사실이나, 이는 자본이 그것을 가장 잘 활용하고 있기 때문이다. 광고만 보더라도 최종효과가 계산된 음성, 시선, 표정, 몸짓 등을 주조해내는 문화공학적 실천을 반복하고 있는데, 이중 다수는 기존의 문화적 코드와 영토에서 끊임없는 탈주를 시도하는 듯 보인다. 그러나 자본의 문화공학 활용과 그 탈영토화 몸짓은 예외없이 상품 판매와 이윤추구라는 재영토화 구도, 즉 자본의 공리계 안에서만 실시된다. 여기서 일어나는 탈주는 미리 그 한계가 주어지며, 지배구조를 재생산하는 한에서만 수행되는 꼴이다. 문화공학적 기획을 제안하는 것은 자본이 이처럼 짜놓은 틀 안에 문화공학을 배치시키자는 말이 아니라 자본이 활용하고 있기는 하지만 그 가능성을 자본주의 공리계라는 한계 안에 가두고 있는 문화공학적 탈영토화 운동을 더 밀고 나가자는 것이다. 탈영토화의 예를 보여주는 문화공학적 실천도 적지 않다. 역사적으로 보면 20세기 초 바우하우스에서 한 실험이라든가, 브레히트의 서사극, 다다이즘과 초현실주의 등의 역사적 아방가르드, 에이젠슈타인의 몽타주 기법 활용, 프레이리의 '억압받는 자를 위한 교육'이나, 오늘날의 설치미술운동, 공공미술운동 등이 손꼽을 수 있는 사례가 될 것이다.[16]

문화공학에 대한 또다른 의혹은 문화공학이 추진하고자 하는 기능의 기술화와 기술의 공학화가 결국은 전통적으로 중시되던 암묵적 기능과 지식을 폐기해버리지 않겠느냐는 것이다. 암묵적 기능이나 지식은 주로 기예나 수공업 영역에서 획득되는 것으로서 오랜 관습을 전제로 하며, 관습에 의해 구축된 전통의 계승에 의해서 보존된다. 암묵적 지식을 명시적 지식이 대체할 경우 전자를 지켜주던 사회의 틀이 깨질 수 있다는 것은 역사적으로도 입증된 바다. 18세기 이후 서구가 명시적 기술과 지식을 동원하는 기계제 생산을 도입하여 산업화를 이룩하는 과정에 장인적 수공업이 해체된 것은 주지의 사실이다. 이 해체는 기능이 기술로 전환되면서 장인들이 독점해온 비법을 아무나 습득하게 되었을 뿐만 아니라 기술이 기계적 생산에 편입되

16_ 구체적인 사례들은 『문화/과학』 14호, 1998년 여름 특집('문화공학과 문화정치')에 실린 다른 글들을 참고하기 바란다.

면서 장인들의 고유한 생산 기능이 상실된 결과이기도 하다. 국내 문화운동계 일각에서 문화공학적 접근을 거부하는 것은 문화적 생산을 일종의 수공업으로 간주하고 공학적 과정을 도입하게 되면 문화의 수공업적 측면이 사라질 것을 우려하는 데서 나오는 입장으로 이해된다. 여기에는 예술적 '창조'가 공학적 과정과는 다른 경로를 통해 이루어진다고 하는 판단이 개입해 있는 것으로 보이는데, 사실 현재 예술로 규정되는 영역 중 다수가 산업화과정에서 기계제 생산으로 전환될 수 없었던 영역들임을 생각할 때 납득이 가지 않는 것은 아니다. 예술 생산에서는 산업분야와는 달리 암묵적 지식을 명시적인 것으로 전환하는 데 한계가 있는 경우가 많다. 이는 심미적 경험이 인간의 신체라고 하는 요소를 반드시 개입할 수밖에 없다는 점 때문에 나오는 결과이기도 한데, 인간 신체의 개입은 심미적 경험의 생산이 자동기계화되는 것을 거의 불가능하게 만드는 요인으로 작용한다. 예컨대 시 작법이 기계화되기 어려운 것은 문학적 상상력의 발동이 특수한 인간적 자질과 취향, 잠재력, 문화권 내에서 다양하고 복잡하게 습득되는 언어적 감수성 등을 필요로 하기 때문이며, 이는 적어도 아직은 자동제어방식으로는 확보할 수 없는 신체적 능력에 해당하기 때문일 것이다. 이런 사실은 우리가 전근대적이라고 치부하는 암묵적 지식들의 많은 부분은 폐기되거나 대체될 것이 아니라 보전해야 하는 것임을 말해준다. 예컨대 비법의 전수로 보전되는 전통적 기예들의 많은 부분들은 과학적 지식의 대상이 되지 않는다고 해도 결코 과학기술이 생산한 산물의 수준에 비해 뒤떨어지지 않는 예가 많다. 문학, 미술, 음악 등 예술은 공학적 과정을 거치지 않아도 가장 뛰어난 창조성을 발휘하고 있지 않은가. 비법적 기능과 암묵적 지식은 결코 공학적 과정에 의해서 대체되거나 공학이 출현한다고 해서 폐기될 것은 아니다.

　문화공학적 실천을 제안하는 것은 따라서 문화예술 생산에서 암묵적 지식과 명시적 지식은 서로 배척되니 그 중 하나, 특히 명시적 지식만 취하자는 것이 아니라 양자의 관계를 조정하자는 것이다. 문화공학 기획은 문화적 실천의 전화를 시도하지만 이미 말한 대로 모든 문화적 실천을 근대 공학의 틀로 가두려 하지는 않는다. 오히려 문화적 실천의 복잡성을 인정하는 과정학적 관점을 도입하려는 것이 문화공학적 관점이다. 여기서는 전근대적 문화와 근대적 문화, 그리고 양자의 특이성에서 나오는 각각의 특이한 문화생산의 과정은 배척될 대상이 아니라 새로운 과정에 배치될 요소들, 즉 탈근대적 전환을 위해 사용되는 자원으로 규정된다. 문화공학은 따라서 예술적 '창조'와 같은 특이한 문화적 생산방식을 보존하면서, 동시에 그런 특이한 활동들을 새로운 과정으로 연결시키고자 한다. 문화공학 기획은 문화적 실천의 새로운 통합을 위한 제안이지만, 부분적 지식들의 특이성들을 인정하지 않아도 이 통합이 온전해질 것이라고 보지는 않는다. 물론 보존되는 실천은 전환된 실천과 함께 전체 문화적 실천의 공정 변화에 따라 위상 변동을 겪을 것이다. 예컨대 하이퍼텍스트로 시를 쓰는 사람이 출현하게 되면 전통적 방식으로 시를 쓰는 사람과의 사이에는 다양한 관계 변동이 생길 수밖에 없을 것임이 예상된다. 이들 사이, 그리고 이들과 또다른 문화생산 영역에서 출현하는 다양한 형태의 실천들 사이의 관계는 분리되지 않고 부분적일지라도 어떤 관계망을 형성하게 될 것이기 때문이다. 이 말은 문화공학의 과제나 역할이 전근대적인 암묵적 지식을 근대적 지식으로 전환시키거나 대체하는 데 있는 것이 아니라, 근대적 지식의 한계를 극복하면서 암묵적 지식과 명시적 지식을 생산하는 두 개의 상반된 과정을 다시 역동적인 과정으로 상호연계하는 데 있다는 것이다. 그 역동적 과정에서 개별 예술창작자, 생산자, 비평가, 지식인, 혹은 이론가들이 겪을 새로운 분업과 협업 등의 조정을 과정학의 관점에서 시도하려는 것이 문화공학이다. 우리가 문화공학에서 '과정'으로 인지하는 것은 단순하고 확실하며 투명한 과정이라기보다는 불확정성 속에서 확률적 명시성을 갖는, 불확정성에 기초해서 제한된 범위에서의 확률적 가시성을 갖는 과정이지, 단순하고 일방적이라는 의미의 '기계적'인 투명성을 지닌 과정은 아니다. 문화공학을 위한 제안은 이런 점에서 문화적 실천을 근대공학으로 전환하자는 제안으로 이해될 수 없다. 우리가 문화공학론을 주창하는 것은 근대과학의 단선적 인과적 과정의 한계를 극복하기 위해 열려있는 비선형적 인과관계를 인정하는 과학으로 전환하기 위함이요, 또한 문화예술의 창작 과정이 독특성을 지녔다는 점, 즉 명시적 지식으로 환원되기 어려운 특이성을 지닌 실천이라는 점을 동시에 부각하려 함이다. 이 경우 '문화공학'은 생명 혹은 의미 현상으로서의 문화와 비생명적 과정학으로서의 공학의 긴장된 절합을 가리키며, 문화예술과정의 불확정적인 과정을 더 선명하게 부각시켜 생산력, 창의력을 더 증폭시키는 의미의 과정학이 될 것이다.

5.

우리는 문화적 실천에 문화공학을 도입하자는 제안으로 '진보적 실천'에 대한 나름의 관점을 제출한다. 진보적이라고 자처하는 지식인의 병폐 가운데 하나는 관점이나 입장 천명에만 의거해서 자신의 진보성을 입증하려는 경향이 크다는 점이다. 관점과 입장만을 내세울 경우 지식인의 실천은 담론적 실천에 국한되며, 지식인 사회에서만 통용되는 의사소통의 폐쇄회로에 빠져들기 쉽다. 그런 폐쇄회로에서 벗어나 진보적 관점이 현실 변화에 실질적으로 기여할 수 있어야 한다. 지식인은 그동안 너무나 많이 보편적 지식인임을 자처해 왔다. 고통 받는 대중을 '대신하여' 그들을 '위하여' 발언하는 일은 보편적 지식인의 전형적 실천이지만 우리는 그런 활동 방식이 바람직하다고만 보지는 않는다. 보편적 지식인의 실천은 대체로 사회적 공공성이 훼손 받는 경우 입장 표명을 위한 서명에 참여하거나 항의 성명서를 제출하는 정도가 고작이다. 이런 비판적 태도나 발언은 물론 진보를 위해 필요한 태도이지만 그 자체로 진보를 위한 충분조건이 되는 것은 아니다. 문화공학론은 진보적 실천이 문화 현장에서 실질적으로 작동하는 힘을 가져야 하며, 그러려면 비판이나 분석에 그칠 것이 아니라 '개입적' 성격을 가져야 한다는 입장이다. 진보적 입장이 지향하는 문화적 생산양식의 전화는 비판적 발언으로 이루어지는 것이 아니라 비판 이론으로 획득한 지식과 기술을 현장에서 가동시킬 때 겨우 시작될 수 있을 뿐이다.

이런 점에서 문화공학은 문화연구의 기존 관행과 거리를 둘 필요가 있을 것으로 보인다. 나는 문화연구만으로는 새로운 실천을 위한 전형을 만들 수 없을 것이라는 생각에서 한 선행 논의를 통해 인문학을 문화연구로, 문화연구를 문화공학으로 전환시킬 필요가 있음을 지적한 적이 있다.[17] 지금까지 관행을 보면 문화연구는 인간 행위의 관찰과 텍스트 분석에 지나치게 집착해오지 않았는가 싶다. 관찰과 분석은 비판적이라고 하더라도 결과에 대한 관찰이요 분석이지, 과정에 대한 개입은 아니다.[18] 문화연구가 과정보다는 결과에 집착한다면 예술작품의 감상과 평가를 자신의 주된 과제로 삼는 전통적인 예술비평과 크게 다를 바 없다. 비평의 경우 평가를 통해서 창작자의 작업에 개입하는 효과가 없는 것은 아니나 비평이란 것이 완성된 작품에 대한 평가의 성격을 가지는 한 그것은 문화적 실천에 대한 사후적 개입이지 과정 자체에 대한 개입은 아니다. 비평과 창작을 엄밀히 구별하는 관행 때문에 비평가와 예술가의 공동작업은 특별한 경우가 아니면 없고, 통상 비평가는 문화생산에서 제삼자 위치에 서게 된다. 문화연구가 관찰과 분석을 주로 하는 한 비평의 이런 관행에서 벗어나기는 힘들다. 반면에 우리는 문화적 현실을 비판적으로 보고 과학적으로 이해하려고 노력하는 것 이상으로 문화의 '실물경제'를 분석하고 그것을 실제로 바꿔내는 노력이 중요하다고 본다.[19] 실물경제는 문화적 생산과 관련된 실질적인 과정 일체

17_ 강내희, 「인문학, 문화연구, 문화공학」 참고

18_ 나 자신이 지금까지 해온 문화연구도 많은 부분 행위분석과 텍스트분석을 겸한 정도였다고 본다. 예컨대 『공간, 육체, 권력』(문화과학사, 1995)에 수록된 글들은 지금 시점에서 보면 대체로 개입적인 성격보다는 관찰과 분석 수준에 머물렀다고 생각한다.

19_ 여기서 '경제'는 시장경제를 포함하지만 거기에 한정되지 않는다. 경제를 경세제가(經世齊家)의 관점에서 볼 때, 그리고 영어의 경제(economy)에 이법(理法)이나 질서의 의미가 있음을 볼 때 우리는 경제는 '격물치지'가 필요한 영역 일체를 나타낸다고도 할 수 있을 것이다.

를 일컬으며, 문화공학은 이 과정에 개입함으로써 문화연구에 깃든 비판적 성격과 창작-생산 행위에 깃든 생산성을 동시에 추구하는 것을 과제로 삼는다. 문화의 실물경제는 복잡한 힘들과 에너지가 움직이는 과정들을 가지고 있으며, 그 과정들 속에서 구성된다. 이 전체 과정의 특징은 그 어떤 계기나 지점도 초월적 위치를 가지지 못한다는 점이다. 어느 한 지점에서 '객관적' 관찰이나 심판을 하는 것은 불가능하기도 하지만 그런 지점은 다른 지점들과의 관계에서 '동떨어진' 상태에 놓일 수가 없다. 하지만 여기에도 이론적 입장은 '언제나 이미' 관철되며, 그 입장의 유효성 여부에 따라서 문화적 효과가 달라진다. 문화공학은 그래서 한편으로는 문화연구를 전화하여 문화생산의 기술로 활용하고 다른 한편으로는 문화적 생산에 이론적 실천을 도입하려는 이중적 전화를 시도한다고 할 수 있을 것 같다. 문화공학은 현장에서 작동하는 이론의 성격을 띠며, 이론에 제시되는 문제 혹은 과제로서의 실천이라는 성격을 동시에 띤다.

실물경제에서 힘을 발휘하려면 비판적 입장의 제출만으로 끝날 것이 아니라, 그 입장이 효율적임을 입증할 수 있어야 할 것이다. 이 효율성은 물론 문화공학이 개입과 탈영토화 전략으로서 지닌 효율성인 것이지, 체제를 고정하기 위한 것은 아니다. 우리가 생각하는 문화공학은 비판적 입장의 배척이 아니라 그 심화와 실질화를 지향하는 실천이라는 점에서 대안을 제시하려는 노력을 배척하지 않는다. 그런데 대안이 효율적이기 위해서는 생산적인 설계와 기획이 필요하다. 그동안 진보진영은 현실 비판에는 열중했을지 모르나 개입적 실천에는 소홀했던 탓에 설계와 기획의 중요성을 별로 인식하지 못한 편이다. 진보진영의 정책 개입 사례를 보기 힘들다는 것이 그 증거일 것이다. 물론 진보를 자처하는 만큼 방향 제시가 전혀 없었던 것은 아니나 그 방향으로 나아가는 과정, 경로를 구체적으로 제시하는 정책 개입이 드물다는 것은 부정할 수 없다. 진보이론이 설계와 기획과 같은 미래학적 전망의 중요성을 인식하지 못한 결과일텐데, 진보적 실천의 개입 효과를 제대로 내려면 실물경제를 움직일 수 있는 청사진을 갖추지 않으면 안된다. 문화공학은 문화현실에 대한 비판만으로 진보적 실천을 끝내지 않고 현장에 개입하고자 하되 실물경제의 실질적 과정이 지닌 복잡성을 인식함으로써 미래학적 전망에 입각한 설계와 기획을 정교화할 필요성이 있다는 문제의식에서 나온 기획이다. 실물경제의 변화를 위해서는 대안적 정책의 제시라고 하는 개입적 전략이 필요하다고 본다.

6.

'문화공학'은 '문화'와 '공학'의 절합을 지향한다. 넓게 볼 때 문화공학은 문화영역인 인문학과 사회과학, 예술(이론), 자연과학을 포괄하는 통합적인 지식생산과 실천을 한다고 할 수 있다.[20] 이들 분야를 크게 인문사회과학과 자연과학으로 나누고 다시 양자 모두에 이론적 차원과 실천적 차원이 있음을 고려할 때 다음과 같은 네 가지 관계항들이 나오게 될 것이다. 이 네 관계들에서 현재 공학적 활동이 가장 활발하게 일어나는 곳은 실물경제와 자연과학이 만나는 곳이며, 인문학과 이론의 영역에 해당하는 곳에서의 공학적 실천은 거의 없다. 현재의 이런 문화적 실천의 구도 때문에 문화공학적 실천의 제안이 마치 문화적 실천을 D 영역 또는 공학으로 이동시키자는 말로 들릴지 모르나 인문학과 같은 비기술분야를 자연과학적 원리에 따라 움직이는 공학 분야로 전환시키자고 제안하는 것은 아니다. 문화공학의 기획은 기존의 인문학, 예술(이론) 분야에 과학기술적 개념들과 장치들을 활용하는 공학적 혹은 기계적(machinic) 방식을 도입하자는 제안이지만 동시에 기존의 공학적 과정에 인문사회과학적 문제설정을 도입하자는 것이기도 하다. 아니 의미나 감수성과 같은 인간적 혹은 문화적 가치를 고려하는

20_ 이 부분의 논의는 1998년 4월 18일의 편집위원회의 토론에서 홍성태가 제출한 견해에 의거하였다.

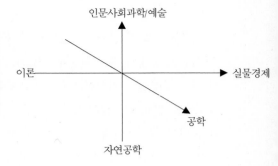

	인문사회/예술	자연과학
이론	A	B
실천 실물경제	C	D

틀이 거의 없는 현재의 공학구도에 문화적 요소들을 주입할 필요가 더 크다
는 것이 우리 생각이다. 세계는 물질과 에너지의 대사만으로 이루어지지
않는다. 세계가 구성되기 위해서는 물질, 에너지 이외에 의사소통을 위한
정보가 필요하다. 따라서 우리는 정보에 기반을 둔 의미생산의 문제를 배제
하고 세계를 변형시키는 인간의 활동이라 할 문화적 실천을 이해할 수도
수행할 수도 없다. 사회적 쟁점들과 이데올로기, 무의식, 아비투스, 감수성,
취향 등과 같은 개인적 혹은 집단적 정체성 형성과 같은 문화적 현상을
이루는 요소들은 따라서 의미생산과 관련된 윤리적이고 미학적인 문제들
로서 과학적 패러다임만으로 설명되지 않는다. 바로 이런 점 때문에 가타리
는 인문사회과학을 과학적 패러다임 대신 윤리-미학적 패러다임 쪽으로
전환시킬 필요가 있다고 말하는데,[21] 우리가 '문화공학'을 주창하는 것은
거꾸로 인문사회과학을 과학적 패러다임으로 전환시킬 것을 주장하는 것
으로 보일지 모르나 상반된 프로젝트는 아니다. '문화공학'은 러다이트주의
에 물든 국내 인문사회과학자들에게 경종을 울리고 싶은 마음에서 사용하
는 표현이지 공학에 윤리-미학적 차원이 있음을 부정하자는 제안이 아닌
것이다. 우리는 정보, 물질, 에너지가 복잡한 형태로 결합되어 현실을 구성
한다는 점을 중시하며, 문화와 공학의 긴장된 절합 혹은 횡단을 시도한다.
그리고 이러한 문화공학적 실천이 생산적 대안을 찾는 중요한 접근법이라

21_ Félix Guattari, *Chaosmosis: an ethico-aesthetic paradigm*, tr. Paul Bains and Julian Pefanis
　　(Sydney: Power Publications, 1995), 10.

고 생각하고 있다.

이런 발언을 두고 대안강박증에 걸린 것이 아니냐고 할지도 모르지만, 대안 제시의 중요성을 결코 과소 평가하고 싶지 않다. 미래학적 관점에서 대안 제시가 필요하다고 했던 앞서의 말도 근거 없는 희망을 피력하자는 제안은 아니다. 여기에는 진보적인 문화적 실천의 생산성이라는 문제가 걸려 있는데, 이 생산성은 가추법(abduction)이라는 방법론을 활용하여 대안 제시를 할 경우에만 확보되지 않을까 싶다.[22] '가추법'이란 퍼스(C.S. Peirce)가 말한 추론 방식으로서 추측에 의존하는 정도가 높기 때문에 연역법이나 귀납법에 비해 확실성이 떨어지는 것 같지만 생산성은 훨씬 더 높다.[23] 퍼스는 "추측이 관찰에 의해서 확인될 수 있는 한, 가추법은 믿을 만한 것이다"고 하면서, 가추법은 "과학적 추론의 첫단계"요 "새로운 생각을 가질 수 있게 해주는 유일한 논증형태"라고 본다.[24] 가추법은 "예지(prognostication)의 방법"이다.[25] 예컨대 "이 주머니에서 나온 콩은 모두 하얗다"라는 전제 혹은 법칙과 "이 콩들은 하얗다"라는 관찰된 사실에서 우리는 "이 콩들은 이 주머니에서 나왔다"는 결론을 추측할 수 있다. 이 과정에서 추론은 연역법이나 귀납법에서보다는 가정 혹은 추측의 성격을 훨씬 더 많이 가지고, 그런 점에서 확실성이 더 적어지지만 거꾸로 새로운 생각을 가지게 하고 예지케 하는 특성을 갖는다. 이런 식의 논증을 통해 어떤 법칙이 도출될

22_ '가추법'에 관한 논의는 1998년 4월 18일 『문화/과학』 편집회의에서 심광현이 제출한 의견에서 촉발된 것이다. 이 가추법에 대한 논의와 앞서 언급한 문화공학의 윤리-미학적 성격에 관한 논의를 발전시키면 문화공학의 방법론적 정초를 구축할 수도 있지 않을까 생각하는데, 문화공학의 '이론화' 작업은 차후로 기약한다.

23_ '가추법'에 대한 퍼어스의 설명은 C. S. Peirce, "Abduction and Induction," in *Philosophical Writings of Peirce* (New York: Dover Publications, 1955), 151-56 참조. 퍼어스의 가추법을 쉽게 이해하려면 움베르토 에코 외 지음, 『논리와 추리의 기호학』, 김주환 · 한은경 역, 인간사랑, 1994 참고.

24_ 토마스 시벅(Thomas A. Sebeok) · 진 우미커-시벅(Jean Umiker-Sebeok), 「자네는 내 방법을 알고 있네―찰스 퍼어스와 셜록 홈즈를 나란히 비교하기」, 『논리와 추리의 기호학』 69, 71에서 재인용.

25_ 토마스 시벅, 「하나, 둘, 셋 하면 풍성함이」, 『논리와 추리의 기호학』, 55에서 재인용.

수 있다면 그 법칙은 '발견적'(heuristic) 과정을 거쳐 도출되었다고 할 수 있을 것이다. 여기서 중요한 것은 법칙을 찾아내는 과정이 반드시 관찰된 사실에 근거하지만 동시에 가설의 설정을 요청한다는 점이다. 이런 추측과 가설 설정의 필요성은 수많은 인식 혹은 지식생산의 영역에 존재한다고 할 수 있다. 예컨대 양자역학에서는 대상에 접근하는 순간 대상이 변하기 때문에 사고로 추론하는 과정이 대상 인식에 반드시 필요하다고 보고 사고실험의 중요성을 인정하고 있다고 하는데, 가정과 추측의 역할이 중요한 경우라 할 것이다.

알튀세르가 중요하게 본 '문제설정'(problematique)도 같은 맥락에서 이해할 수 있다. 이 개념은 바로 눈앞에 있는 것을 보고도 보지 못하는 것은 그것을 문제로, 혹은 인식 대상으로 설정하지 않기 때문임을 시사한다. 이때 필요한 것은 어떤 현상을 문제로 보게 하는 것, 자명해 보여 당연하기만 한 것 같은 현상들을 문제있는 현상이 아니냐고 질문을 제기하는 것이다. 이 문제제기는 추측과 가설의 성격을 지닌다는 점에서 새로운 생각을 하게 하며, 가추법적이다. 우리 『문화/과학』은 1990년대 한국 상황에서 '언어', '욕망', '육체', '공간' 등이 자명한 것이 아니라 이데올로기, 무의식, 습속 등과 연결된 사회적 쟁점임이라는 견지에서 그 주제들을 이론적 논의의 대상으로 삼은 적이 있다. 문제적인 것으로 파악하지 않을 경우 언어나 욕망 혹은 공간은 '주어진 것'으로만, 즉 자명한 경험적 대상으로만 인식되어 연역법과 귀납법의 적용 영역을 벗어나지 못하며, 사회적 쟁점을 유발하지 못한다. 언어, 욕망, 육체, 공간 등이 문제라고 하는 전제로 출발하여 현실에서 그 문제들이 어떤 구체적인 모습을 하고 있는지 살펴봄으로써 그 전제의 구체적인 내용을 검토하고자 했다는 점에서, 『문화/과학』은 알게 모르게 가추법으로 문화현실에 접근했던 셈이다.

문화공학에는 윤리적-미학적 차원이 있다는 점에서 이런 문제설정적, 사고실험적, 가추법적 방법을 원용한 실험이 많이 필요할 듯싶다. 문화공학이 중시하는 인간의 정체성은 개인적이든 집단적이든 그것의 형성 과정에서 인간적 의미나 가치와 관련을 갖게 된다는 점에서 '인간다운 삶'이나 '삶의 질'과 같은 윤리-미학적인 쟁점을 안기 마련이다.[26] 이 쟁점을 논의하는 과정에서 문화적 가치, 이상이 중요한 위상을 가질 것을 충분히 예상할 수 있는데, 이때에도 인간의 삶과 관련된 전제를 가동시키는 가추법 방식이 중요해진다. 문화공학은 진보적 실천으로서 미래학적 성격을 많이 띠어야 할 것이라고 한 위의 발언도 이 맥락에서 더 잘 이해될 수 있을 것이다. 진보적 실천은 비판적 실천이기도 하지만 새로운 삶의 방식에 대한 전제들을 실험하는 것이기도 하다. 유가나 도가의 실천에서 볼 수 있듯이 올바른 삶, 바람직한 삶, 혹은 자유로운 삶 등에 대한 나름의 전제들이 작동하면 미래 사회를 설계하는 것이 중요한 실천의 과제로 떠오른다. 그것은 미래에 대한 전망을 현실화하는 노력인데, 이 전망은 오히려 종교적 실천들이 보여주듯 인간적 삶에 대한 대전제들로부터 탄생하는 법이다. 문화공학은 이런 실천들과 비슷한 방식으로, 그러나 종교적 실천들이 지닌 관념론적 전제는 거부하면서, 물질과 에너지와 정보, 혹은 인간과 자연과 기계의 영역들 내에서 인간의 신체적 가능성을 최대한 확장하려는 노력이다. 윤리-미학적 차원에서 인간 행동의 활성화를 촉진하는 일은 지금 여기서 일어나는 일이며, 그런 점에서 당장 수행해야 하는 일이기도 하다. 문화공학은 "신체행동학적인 자기조절과 자기강화"를 위한 프로젝트인 것이다. 평소에 현실의 문제점들을 보고 곧잘 비판하기는 하지만 사실 마땅히 대안을 제시하기란 쉽지 않다는 점을 생각할 때 가설에 의거한 추리는 그 대안을 찾는 유력한 방법을 제공하고 있는 것이 아닐까? 가설추리 방식에서는 사회의 문제들을 비판하려면 대안적 상황에 대한 전망을 가지는 것이 필요하다. 사실 지금까지 진보를 자처하는 사람들에게 부족했던 것은 바로 이런 전망이었다.[27]

26_ 여기서 "'윤리'란 "초월적 규범으로서의 '도덕'이 아니라, 자연-인간-기계를 포함한 다양한 신체들의 공생관계 속에서의 사회생태학적인 운동을 따르게 되는 '신체행동학'적인 자기조절과 자기강화의 의미를 함축하고 있다." 심광현, 『문화지형과 탈근대적 문화정치』, 문화과학사, 1998, 21-22.
27_ 아우토노미아 운동을 벌였던 네그리의 장점은 바로 이런 전망을 제시할 수 있었기

7.

　문화공학적 실천이 문화현장에 개입하고 대안을 생산하는 것이라면 진보진영이 흔히 접근조차 꺼리는 '제도권'에 진출하는 것도 회피할 일만은 아니라고 본다. 지금까지 30년 가까운 기간 동안 문화운동은 '문화'의 가치를 지키며 문화적 가치를 함양하는 문화적 활동의 사회적 제도적 기술적 조건들을 확보하는 것을 막는 제약들을 혁파하는 실천으로 이해되어 왔다. 여기에는 예술 창작의 자유를 제약하는 사회적 제약들에 대한 비판과 저항이 포함되며, 국가보안법과 같이 사상과 표현의 자유를 제약함으로써 예술 창작의 기본권리를 침해하는 법률에 대한 저항운동도 포함된다. 문화운동이 열악한 사회적 조건들에 저항하는 운동으로서의 정체성을 가지는 것은 너무나 당연하다. 하지만 그렇다고 탄압에 대한 저항과 비판이 문화적 실천의 가능성을 넓히려는 실험에 장애가 되어서도 안될 것이다. 역사적 아방가르드의 예에서 볼 수 있듯이 예술적 실험은 기존의 예술생산양식에 대한 개입의 성격을 갖기 마련이다. 이 개입은 '예술' 또는 '문화' 개념과 그 효과를 새롭게 정의하고 생산하고자 하는 실천으로서 기존 문화제도의 기능전환을 도모함이다. 이 기능전환을 이루기 위해서는 문화제도 안에서 그것을 '타고 넘어서는' 전략이 요청된다. 문화공학이 아방가르드적 실천을 지향하면서 제도적 개입을 회피하지 않는 것은 이 때문이다.

　문화공학이 개입하고자 하는 주된 대상은 시장과 국가가 될 것이다. 전통적으로 시장은 진보진영에 의해서 악으로 규정되어 통제받아야 할 대상으로 인식되곤 했다. 정통 맑스주의의 보루였던 구소련이 공식적으로 맑스의 '국가소멸' 테제를 수용하면서도 국가의 권력을 강화하여 결국 노멘클라투라라는 관료계급을 지배계급으로 만든 것도 시장에 대한 통제라는 명분을 통해서였

때문이 아니었을까? 그는 노동을 거부하고 놀이 속에서 노동을 위치짓는 과감한 시도를 했는데, 그의 시도는 미래사회를 놀이의 관점에서 본, 새로운 관점 때문에 가능했다고 할 수 있을 것이다.

다. 그러나 시장이 악이라는 생각은 시장에 대한 일면적 이해에서 나온 관념으로서 시정될 필요가 있어 보인다. 시장에 대한 비판은 주로 자본주의적 시장, 특히 독점자본이 지배하는 시장을 대상으로 이루어지고 있지만 시장의 역사는 자본주의적 시장보다 더 멀리 거슬러 올라간다. 따라서 오늘날 지배적인 현상으로 등장한 독점시장이 시장의 모델인 것은 아니며, 매우 작은 개별자들이 자기 진폭을 가지고 있는 생산단위, 소비단위의 중층적인 연결망 형태의 시장이 있음을 인정할 필요가 있다. 역사적으로 존재했으며, 그 자체로 억압적 혹은 독점적이라고 할 수 없는 이런 시장과는 달리 독점자본은 반시장이다. 이 반시장이 추구하는 독과점 구조를 해체하여 새로운 시장 형태로 전환하자면, 독점자본이 지배하는 시장을 횡단하거나 그 속에 '접혀있는'(folded) 소수시장들을 중층적으로 결합하는 네트워크를 구성하는 것이 필요하다. 문화공학론은 시장을 배척하지 않고 오히려 활성화한다는 입장을 견지하며 소수 시장들의 네트워크를 형성하는 방법론으로 작용할 수 있어야 한다.

국가도 문화공학의 중요한 활동영역이 된다. 여기에는 현단계 국가가 과거 군사정권 시절과는 달리 파시즘 체제로 작동하지 않는다는 판단이 개재되어 있으며, 국가기관에 진출하는 것이 반드시 진보적 입장의 포기나 투항을 의미하지는 않는다는 입장이 들어 있다. 문화적 실천들이 시장에 의해서도 조절되지만 특히 문화정책을 실시하는 국가에 의해 강제되는 측면이 많다는 점에 주목할 필요가 있다. 국가는 법적인 규제와 제도적 장치들의 가동을 통하여 실질적으로 중요한 문화적 관행과 효과들을 생산하고 있다. 국가의 이런 문화적 효과 생산에 대한 개입 방식을 과거처럼 비판에 국한할 수는 없다. 문화적 실천은 교육과정, 생산과정, 유통과정, 소비과정 등에서 이루어지고 있으며, 이들 영역과 과정은 시장의 차원에서만 사고될 것이 아니라 국가의 통제와 연관되어 사고되어야 한다. 문화운동이 문화적 실천의 가능성을 넓히는 노력이라고 보면, 문화운동은 당연히 문화정책이나 문화산업에 개입해야 할 것이다. 이는 오늘 '문화'의 의미와 문화적 효과를 규정하는 가장 강력한 현장이 바로 국가와 시장이라는 영역이라는 점을 인정하는 것이며, 문화공학은 그런 판단에 따라 문화현장 내부에서 '진지전'을 펼치는 것이 필요하다고 보는 전략이다.

문화공학 기획은 따라서 오늘의 현실을 삼중적으로 파악하고 있다. 그것은 국가, 시장, 그리고 자치영역이다. 우리는 국가와 관련해서는 그 소멸을 지향하지만 아울러 '국가 소멸'이 '독점 강화'로 이어져서는 안된다고 본다. 현재 국가소멸 테제를 가장 적극적으로 전유하고 있는 집단은 신자유주의 세력이다. 한국을 포함하여 세계 도처에서 통용되고 있는 '작은 정부론'은 구사회주의권의 국가관료체제, 케인즈주의국가의 관료제의 폐해를 치유한다는 명분에서 제출되어 가장 효율적인 정부 형태를 지향하는 관점인 것처럼 여겨지고 있다. 이 신자유주의적 '작은 정부론'은 그러나 그 속에 시장논리, 그것도 시장을 독점하고자 하는 자본의 논리를 품고 있다는 점에서 오히려 반시장론을 펼친다. 신자유주의가 시장의 독점화 경향에 굴복하도록 하는 전략이라면, 문화공학 기획은 거기에 저항하고자 하는 것이다. 이를 위해서는 국가의 거대화를 막되, 즉 작은 정부를 반대하지는 않되 시장을 독점하는 세력을 통제할 수 있어야 하는데, 우리는 바로 여기서 민중적 자치의 활성화라는 과제가 등장한다고 본다. 국가의 책임이 줄어들 때, 시장의 독점화를 막으려면 국가와 시장으로부터 상대적으로 자유로운 세력의 자치적 활동은 필수적이다. 따라서 우리는 사라져야 하되 현실적으로 존속하는 국가를 인정하고 그 국가의 기능이 독점자본에 이월되지 않도록 강력한 자치 공간을 열면서, 국가, 시장, 자치(시민사회 혹은 공공영역) 세 단위의 민주적 결합을 모색한다. 우리가 문화공학적 기획을 제안하는 것은 작은 국가와 강력한 지방자치와 탈중심화된 시장을 설계하는 것이 진보적 이론과 실천의 목표라고 보기 때문이다.

8.

지금쯤 문화공학의 정치적 함의가 어느 정도 드러나지 않았을까 싶다.

문화공학은 '비법'을 공개적 기술로 전환시키는 공학의 방식을 일단 수용한다. 문화적 생산과정의 노정, 노출을 유도하기 위함이다. 이 과정에서 전래 기술의 '과학화'를 동반하기도 할텐데, 이 과학화를 과정의 공개와 과정 관리의 민주화라는 의미를 갖는 것으로 이해할 필요가 있다. 문화공학의 '공학'이 근대적 과학의 그것인 것만이 아니라 오히려 탈근대적 과정학의 성격을 가져야 할 것이라는 점은 앞에서도 말했지만, 여기서 강조하고 싶은 것은 비법을 공학으로, 혹은 공개된 기술로 전환시킬 때는 어떤 '탈신비화' 작용이 일어난다는 점이다. 탈신비화는 문화공학의 기본적인 정치적인 효과의 하나다. 어떤 기술을 비법에 머물게 하려는 데는 대개 이유가 있는데, 이는 비법을 지닌 사람이 권력을 행사할 수 있기 때문이다. 비법의 탈신비화는 이 권력을 해체하는 효과를 가지게 된다. 따라서 과학과 공학의 도입은 기술을 비법으로 은폐하는 것과는 다른 공정과 과정을 낳게 되며, 이 결과는 대체로 권력의 탈중심화를 가져온다. 문화공학이 과정의 중요성을 강조하는 것은 이처럼 어떤 실천이든 그 과정에는 반드시 권력의 문제가 개입된다고 보기 때문이다. 이 점에서 문화공학이 지향하는 과정학적 성격이 중요한 정치적 의미를 지닐 수 있을 듯싶다.

문화공학적 접근은 문화정책을 입안할 때도 통상적인 과정과는 달리 그 공정을 공개하는 것을 원칙으로 삼아야 할텐데, 이는 공정의 비법적 관리로 인해 발생하는 신비화를 막고 정책입안자의 책임이나 한계 혹은 입장을 명시화하기 위함이다. 최근 한국민족예술인총연합과 결합하여 「21세기 한국사회의 발전을 위한 문화정책의 기본방향」을 세우면서 우리가 시도한 방식도 그런 것이다.[28] 이 작업으로 어떤 가시적인 성과를 거둔 것은 아니

28_ 이 제안서는 심광현의 주도로 마련되어 「21세기 한국사회의 발전을 위한 문화정책의 기본방향」이라는 제목으로 한국민족예술인총연합 문화정책연구소 명의로 공개되었다. 문건의 준비는 1997년 10월부터 서울문화이론연구소에서 격주로 진행된 '문화정책세미나'에서 비롯되었고, 작성 과정에 심광현 이외에 정준성, 박인배, 정희섭, 정남준, 원용진, 양현미, 김혜준, 강내희 등이 참여하였고, 1월 15일 민예총에서, 그리고 1월 21일 세종문화회관에서 발표되었다.

나, 문화공학적 접근의 몇 가지 효과들을 경험한 '발견적' 성과가 없었던 것은 아니라고 본다.[29] 정책 제안서에서 우리는 문화정책 수립의 공정을 적시하고, 이 공정에 가동되는 개념의 지형도와 정책의 설계도를 그려넣고자 하였다. '문화복지', '지방문화', '통일문화' 등과 같은 개념을 제출할 때 그 개념들을 문화정책의 통합적 지형도 속에서 살피고자 한 것이 한 예다. 개별 개념의 적용 범역 혹은 지형도와 개념들 간의 층위, 간극의 의미나 그 간극이 만들어내는 효과를 분석하는 일이 중요하다고 보았기 때문이다. 이 과정에서 우리는 김영삼 정권이 시작하고 김대중 정권도 인수한 듯 보이는 '문화복지' 개념이 '지방문화' 개념과 중복되며, '문화복지'를 강조하는 문화정책은 기실 지방문화의 옥상옥 역할을 할 뿐이라는 점을 인식하게 되었다. 개념을 작동시킬 때 개념의 어떤 부분을 혹은 어떤 층위를 작동시키느냐에 따라, 인적 자원이나 재정, 시설 등의 가동폭이 달라진다는 인식도 이어졌다. 이런 사실은 우리에게 정책의 기본원칙과 거기에 가동되는 개념들의 지형도를 공개하는 것이 중요한 정치적 함의를 지닌다는 점을 알려준다. 지방문화와 문화복지를 동시에 추진하겠다고 하면 이중정책을 실시하는 셈이요, 투자의 중복과 자원의 낭비, 국고의 비능률적 배분을 낳게 되고, 더 시급한 지원을 필요로 하는 분야에 대한 외면을 초래하게 된다. 문화 개념의 설정 방식이 중요한 정치적 효과들을 지니고 있다는 말이 아닐 수 없다. 문화의 개념 설정에는 정치적 이해타산이 작용하는데, 개념의 지형도를 파악하기 어렵게 해놓을 경우 그 정치적 함의를 계산하는 일은 그만큼 어려워진다. 개념의 지형도를 제출하는 과정학적 접근은 그런 점에서 중요한 정치적 선택이다. 우리가 제안서에 공정 설계도를 그려넣은 것은

29_ 이 과정에서 우리는 정책 개입 작업은 제안서 작성만으로 끝나지 않는다는 것을 절감하였다. 여론 수렴을 위한 토론회, 언론 플레이를 포함한 홍보 활동, 법안 제출과 입법 과정에서의 국회 청원(의 과정에서 필요한 국회 접촉), 성명서 발표, 가두투쟁 등 다양하고도 복잡한 과정을 안고 있었던 것이다. 그것은 우리가 '실물경제라 부른 과정으로서 성명서 발표나 가두투쟁으로만 귀결되지도 않지만 동시에 그런 실천을 배제할 수도 없는 거시적이면서도 미시적인 지난한 정치적 투쟁을 요청하는 과정이다.

누구든 그 공정을 독점해서는 안 된다고 보았기 때문이다. 설계도를 공개해야만 정책수립의 공정이 공개되고, 그래야만 정책이 더 나은 방향으로 개선될 수 있는 길이 열린다. 공정의 공개는 그것의 반복, 창의적 모방의 가능성도 제공한다는 점에서 중요한 정치적 결정이다.[30]

문화공학이라는 통합적 성격의 문화운동론을 제기하는 데는 장르나 영역 중심의 대변주의적 실천의 한계를 극복하자는 것인데 여기에는 분점권에 입각한 문화적 실천의 관행을 전화하려는 의도가 들어 있다. 우리는 영역 점거의 방식으로는 문화정치를 제대로 수행할 수 없다고 본다. 어떤 조직을 차지하는 것이나 어떤 영역을 '자기 땅'으로 만드는 영토화는 올바른 의미의 진보적 실천이 아니다. 어떤 과정이나 영역을 '내 땅'으로 간주하는 것은 그것을 외부에 공개하지 않으려는 것이고 독점하기 위함이다. 소위 정책전문가라는 이들이 정책의 수립을 분할하여 독점하는 것은 그 때문이다. 문화공학적 방법론은 전문가가 문화적 실천의 특정한 영역을 독점하여 전체 공정을 장악하는 것을 거부한다. 문화공학의 아방가르드적 실천은 대상과 대상, 범주와 범주, 실천과 실천 사이의 새로운 결합을 만들고자 하는 것이지 어떤 영역을 독차지하려는 것이 아니다. 이런 점에서 문화공학은 통합학문적 실천의 모델이라고 할 수 있겠다. 예컨대 도시공간의 공공환경 조성이라는 문제를 놓고서 그것이 영향력 있는 건축가의 몫인가, 공공미술 전문가의 몫인가, 도시설계 전문가의 몫인가 하고 따지는 것은 문화공학적 방식은 아니다. 전문가주의에서 벗어나는 것, 문화적 실천 과정을 개방하는 것, 그로써 독과점적 소유와 점유를 막는 것이 중요하다. 문화적 실천, 과정에 대한 통제를 어느 한쪽에서 장악하는 것을 막고 문화적 생산에서 분점권을 인정하지 않는 것은 문화적 과정을 고정시켜 권력의 집중화가 일어나는

30_ 민주화를 위한 전국교수협의회와 학술단체협의회가 공동으로 마련한 「21세기 한국사회의 발전을 위한 학문정책의 기본방향」 제안서가 그런 경로를 통해 나왔다. 이 정책 제안서는 두 단체의 주관과 한국방송대학 TV 방송국 후원으로 1998년 2월 17일 출판문화회관에서 열린 토론회에서 발표되었다.

것을 막기 위함이다. 문화공학은 문화적 욕망들의 흐름을 더욱 자유롭게 만들고 그 흐름들의 갈등이 자본이나 국가와 같은 독점적 힘에 의해 봉쇄되지 않도록 하는 실천으로 나아가야 한다. 문화공학이 지배의 도구인 기술공학으로 타락하지 않고 새로운 문화적 실천의 장을 여는 과정학적 실천이 되기 위해서는, 자본주의적 공리계의 해체 전략으로 작용하는 것이 필수적이다. 이런 점에서 문화공학은 아방가르드적 실천과 연계될 때에만 탈영토화의 작업을 제대로 수행할 수 있을 것 같다. 공리계를 수호하는 것이 아니라 해체하는 효과를 가지려면, 문화공학은 실험과 모색을 결코 중단할 수 없는 것이다.

9.

우리는 문화공학적 실천이 다양하게 시도되고 확산되기를 바란다. 문화산업 분야를 포함한 문화생산의 현장에는 이미 문화공학적 실천이 왕성하게 전개되고 있는 중이다. 하지만 한국의 문화생산자, 특히 인문학적 지식인들은 이런 실천 방식을 폄하하거나 외면하는 경향이 많다. 지식인은 관점을 제시하는 것만으로 임무를 다했다고 생각하고, 그것을 현실화하려는 노력을 좀체 경주하지 않는 것이다. 지식인은 문화공학적 실천을 통해 자신이 독점한 지식생산의 과정을 공개함과 아울러 그 공개 과정에서 스스로 새롭게 태어날 자세가 필요하다. 우리는 특히 문화운동 활동가가 문화공학적 실천을 하기를 원한다. 문화운동이 문화공학적 방법론을 택할 경우 일하는 방식이 크게 변하고 문화운동의 효과도 크게 달라질 것으로 믿는 것이다. 문화운동이 문화정치적 효과를 갖기 위해서는 문화공학을 통한 자체의 혁신이 필요하다. 문화공학적 접근이 문화운동 내부의 관성을 새롭게 할 수 있다면 그것 자체가 문화정치적 효과를 거두는 일이 될 것이다.

우리는 문화공학이 기존의 모든 문화적 실천을 대체할 수 있다거나 문화공학만이 문화적 실천 모델이 되어야 한다고 주장하지 않는다. 하지만 문화 공학적 접근법을 외면할 경우 문화적 실천의 한 중요한 층위가 배제될 것이 분명하고, 그로 말미암아 문화적 실천이 실질적이고 효과적으로 이루어질 수 있는 중요한 길들이 봉쇄될 것도 확실하다. 문화공학의 제안은 문화적 실천의 실질화와 풍부화, 다양화, 그리고 복잡화를 위한 것이다. 문화공학은 문화적 실천에 대해 위상학적 접근을 시도한다. 굽어 있고, 굴곡지고, 접혀지고 펼쳐지는 공간으로 각각의 특이점과 개별자들의 육화된 지식을 파괴하지 않은 채 그들의 실질적(virtual) 에너지를 유지하도록 하자는 전략이다. 이 특이점들을 유클리드적 공간으로만 흡수하게 되면, 그것은 근대적 공학체계로 특이점들을 환원시킴으로써 특이점들의 힘을 소멸시킬 것이다. 오히려 근대적 시공간의 압착화를 밀치면서 다양한 특이점들과 그 힘들을 축적하면서 중층화를 시도하는 것이 문화생산의 방향이고 그 방향으로 나아가고자 하는 것이 문화공학의 전략이다. 이런 실천을 통하여 삶의 양상을 바꿔내는 것이 필요하다. 윤리-미학적 차원에서 인간의 역능을 최대한 발휘할 수 있는 사회를 만드는 데 문화공학이 기여할 수 있기 바란다.(1998)

15.

문화예술대학원 교과과정의 특성화 전략

1. 서언—교과과정 기획위 예비모임 토론 요약

우리 사회의 민주적이고 진보적인 문화계 인사들이 주체가 되어 설립하고자 하는 문화예술대(이하 문예대)*가 필요로 하게 될 교과과정을 기획하기 위해 갖는 이 '연구집회'에서 내가 맡은 역할은 문화정책, 문화행정, 문화기획 부분의 교과과정 방향에 관련한 발제를 하는 일이다. 나는 이 발제를 1996년 11월 29일 한국출판협회에서 가졌던 '민족예술대(가칭) 설립을 위한 심포지엄'에서 약정토론자로 참가하여 얻게 된 감, 이해, 판단 등과 함께, 같은 해 12월 26일 민예총에서 있었던 교과기획위 예비모임에서 발제 예정자들과 함께 나누었던 논의에서 확인한 사실들을 바탕으로 전개하고자 한다. 현재 문예대의 구체적인 상, 설립 계획 등과 관련하여 확정된 것들은 별로 없어 보인다. 물론 우리 사회의 민주적, 진보적 문화운동의 정신을 계승하여 설립하는 교육기관인 만큼, 그리고 '심포지엄' 자리에서 대학 성격을 '민족'예술대로 하자는 주장이 강력하게 제기된 적도 있었던 만큼 문

---

* 설립을 추진했던 대학의 가칭은 "민족예술대"였지만 '민족'이라는 명칭을 붙일 것인가에 대해 이견들이 있었기 때문에 필자의 경우에는 '문화예술대'라는 명칭을 주로 사용하였다.

예대의 기본 방향이나 성격이 전혀 없을 수는 없다. 1998년에 대학원 수준으로 개교를 하고 그와 연동하여 '문화센터'와 '연수원'을 건립하며, 장기적으로 학부 대학을 설립한다는 등 몇 가지 복안이 공감을 얻으며 제출되고 있기도 하다. 하지만 학교에 대해서는 설립한다는 것만 확실할 뿐, 그 구체적인 모습, 편제, 교과과정의 성격 등은 여전히 모색의 대상이다. 오늘 이 모임이 학교의 성격, 교과과정의 방향 등을 실질적으로 구성하는 산파역할을 하리라는 생각이 드는 것도 그 때문이다.

확인을 위하여 교과기획위 예비모임의 토론 중 교과과정에 관련된 사항들을 나름대로 요약해 본다. 공동토론 과정에서 적잖은 공감대가 형성되었다고 보기 때문에 거기서의 논의 성과를 지침으로 하여 개인 발제를 하고 싶어서다. 예비모임에서 몇 가지 쟁점들이 명시적으로나 암시적으로 제출된 것으로 보인다. 그것들은 1) 학교의 성격을 어떻게 잡을 것인가? 2) 학교의 경쟁력을 어떻게 확보할 것인가, 3) 교과과정 운영을 어떤 원칙에서 할 것인가, 4) 학과체계를 어떻게 할 것인가, 5) 이론과 실기(창작)의 배분을 어떻게 할 것인가 등이다.

1) 학교 성격을 어떻게 잡을 것인가? 학교의 성격을 '민족'예술대로 잡자는 의견들이 있는데 통일 이후에도 문화예술교육을 할 수 있는 터전이 되어야 할 것이므로 통일 이후의 예술교육에 대한 상을 잡는 것도 중요하다. 통일 이후에는 민족 개념이 지금 그대로 유효하지는 않을 것이다. 민족 통일 이후 문화예술 분야에서 필요한 것이 무엇인지 생각할 필요가 있다. 이와 관련하여 동북아문화권의 변화에서 통일 한국이 차지할 문화적 위치, 해외 동포와의 연관관계 등을 미리 생각해야 하겠다. 민족'예술'대학의 틀로 예술 중심으로 가는 것은 21세기의 문화정세와 맞지 않을 수가 있으므로 '문화예술'대학으로 설정하는 것이 바람직하다.

2) 경쟁력 확보와 관련해서는 기존 또는 앞으로 생길 대학원들(서울대, 외국

대학 분원, 기업대학원 등)과 어떻게 차별화할 것인가가 문제이다. 학교의 경쟁력은 규모나 예산 투자보다는 다른 방식의 특성화, 적은 예산으로 큰 효과를 낼 수 있는 방안을 찾아야 한다. 이를 위해서는 착상과 기획을 중시할 필요가 있다. '지구방화'(glocalization=globalization+localization)와 '정보화'의 세계사적 변화와 관련하여 졸업생의 활동과 취업 전망을 보장할 수 있어야 한다.

3) 교과과정 운영 원칙은 문예대가 어떤 능력들을 갖춘 학생들을 배출할 것인가 하는 문제와 관련되어 있다. 학생들을 수동적인 피교육자가 아니라 능동적이고 자율적인 지식생산자로 양성하는 목표를 정해야 하며, 창의적 착상과 새로운 창작력을 가지고, 전반적인 문화행정과 정책에 대한 거시적 안목을 구비하고 이 안목을 활용할 다양한 능력을 가진 사람들로 양성해야 한다. 이를 위해서는 교과들 사이의 통합 운영이 필요하다. 현재 서양의 고급예술, 전통예술, 대중예술로 3분되어 운영되는 문화예술 교육을 통합하는 방향으로 가야 한다. 또한 특성화를 지향해야 한다.

4) 학과구성은 장르를 분할하는 방식 대 통합하는 방식의 대립이 있을 수 있는데 통합을 지향해야 한다. 다만 경쟁력을 지닌 일부 장르에 대한 배려는 필요하다. 학과편성 방식은 다음 4가지가 예시되었다. ① 장르중심: 문학, 미술, 영상, 음악 학과들의 체제로 하되 이론전공, 실기(창작)전공으로 나눈다. ② 학제중심: 이론학부(문화이론, 예술이론, 미학, 역사), 창작학부(문학실기, 미술실기)로 나눈다. ③ 문화학과(문화산업, 문화경영, 문화정책, 기획, 이론, 실습)와 예술학과(문학, 미술, 영상, 음악 등으로 이론과 실기를 동시에 진행)로 나눈다. ④ 학과의 틀은 편의상 갖추고 프로그램 중심으로 운영한다. 학과 구분을 하더라도 학과간 교류가 방해받아서는 안된다.

5) 실기(창작)의 경우 투자가 필요하기 때문에 적은 예산으로 더 큰 효과를 얻을 수 있는 소수 분야 이외에는 승부를 걸기가 어려울 것이다. 문예대

는 문화운동의 전통을 계승하므로 이론이 상대적으로 강한 편일 것이다. 이론에서 기선을 잡도록 하되 거기서 얻은 이니셔티브로 실기 부분을 지원할 수 있는 방안을 모색한다. 실기과정도 기존 대학과는 다른 방식으로 운영한다. 이론이든 실기든 기존의 분할과는 다른 방식으로 하자. 기존의 실기는 실시설계 쪽이라면 우리는 기본설계 쪽으로 한다. 이론과 실기가 서로 삼투되도록 한다. 아트보다는 테크닉에 해당되는 부분은 돈이 많이 들기 때문에 상대적으로 힘들고, 소프트웨어 중심으로 가야 할 것이다. 실시설계는 현재 인원, 기술을 활용하는 방식이 좋다. 이외에도 교수가 새롭게 공부해야 하는 학교를 만들고, '신 산학협동프로그램'이 짜여지고 있는 점을 감안할 때 문예대 출신을 기업들이 '써먹을' 수 있는 방식으로 교육하고, 이를 위해 인턴쉽 강좌 개설을 적극 고려하자는 의견들이 제출되었다.

이상의 논의 성과에 근거하여 이제 내가 할 일은 문예대에서 운영할(것으로 믿는) 문화정책, 문화행정, 문화기획 관련된 교과과정을 기획하는 일이다. 구체적으로는 교과과정안을 만들어야 할텐데, 지금 시점에서 구체적인 안들을 제출하는 것은 가능하지도 바람직하지도 않아 보인다. 교과과정을 구성하기 위해서는 학교의 성격과 지향, 조직과 운영 방식, 교육 목표와 방식 등이 상당히 구체화되어야 하며 이들 요건들과 교과과정은 상호 관련적으로 설정되어야 할 것이나 현재로서는 어느 것이든 불분명하기 때문이다. 이 발제는 따라서 교과과정을 구성하기 위해 필요한 전제들을 가설의 형식을 빌어 상정한 바탕 위에 몇 가지 논의 과제들을 추출하는 식으로 구성될 수밖에 없다. 이 과제들은 ① 문예대의 성격과 지향, ② 생존전략, ③ 이 전략과 관련된 학교—좀 더 구체적으로는 학과 혹은 프로그램—조직과 운영 원칙, ④ 교과 과정의 성격과 지향 방향 등과 관련되어 있을 것이다. 이들 과제들과 관련된 논의가 어느 정도 진행된 이후에야 비로소 ⑤ 교과과정의 편성 방식이나 ⑥ 그에 따른 몇 가지 특성화 전략과 교과목들의 구체적 예시가 가능할 것이다.

2. 문화예술대의 성격과 지향

1) 문예대는 어느 모로 보든지 1970년대 이후 전개된 우리 사회 문화운동의 비판적, 진보적 전통을 계승하고 발전시켜야 할 것이다. 문예대를 설립하는 것은 문화운동이 결실을 거두는 하나의 형태이기 때문이다. 그런 점에서 문예대는 문화운동이 추구했던 민족의 통일, 사회의 민주화, 민중의 권리 증대 등 사회적 염원들을 실현하는 것을 지속적인 과제로 삼아야 할 것이다. 우리 사회의 정치경제적 질곡이 해결되지 않은 만큼 문예대가 설립된다고 하여 진보운동에 대한 헌신을 포기해서는 안 되리라고 본다.

2) 하지만 동시에 (민족)문화예술대의 출현은 문화운동의 과제가 새로운 형태를 갖추고 나타남을 의미하기도 한다. 문예대는 문화운동계가 진력했던 민족민중민주 운동의 성과를 소중히 하되 특히 문화운동의 현재화를 위해 노력할 필요가 있다. 민족민중 예술과 문화운동의 '진보성' 계승을 반복의 형태로보다는 새로운 실천 방식 모색의 형태로 해야만 한다. 문예대는 그래서 국내 진보적 문화예술 활동의 주요 거점이 될 노력을 할 필요가 있다. 문화운동의 전통을 이어받은 문예대가 우리 사회의 정치경제적 질곡을 푸는 데 기여해야 하는 것은 물론이지만, 이 기능을 문화예술 교육을 중심으로 해야 하는 만큼 '문화예술'을 중심으로 문제를 제기하고 활동을 전개하자는 것이다. 이를 위해서는 문예대가 문화예술의 전위가 되는 것을 마다해서는 안 된다. 건강한 진보적 전통의 계승을 바탕으로 문화예술적 실천의 전위적, 실험적 모색을 통해 예술적, 문화적 실천의 진보적 전략을 수립하는 데 기여해야 하기 때문이다. 그렇게 하자면 문예대는 최고 수준의 문화예술교육장이 될 것을 목표로 해야 한다. 적당주의, 타협주의는 배격하고 최선의 교육 방식을 갖춘 최고 수준의 교육장에는 경쟁이 활발하고 비판의 자유가 왕성해야 할 것이다. 이 학교는 설립되면 많은 주목을 받게 될 것이 틀림없는데 이런 자유로운 분위기가 학교 발전의 활력소가 될 수 있

다. 교육부의 직접 통제를 받는 국공립대, 재단의 전횡에 노출되어 있거나 혹은 전근대적 인간관계에 의해 지배되는 사립대 등의 조직 구도를 닮아서는 안된다. 설립 주체들은 그래서 학교 설립으로 목표가 달성된 것으로 생각하지 말고 설립 이후의 학교 운영에도 각별한 주의를 기울여 학교의 조직과 운영 방식, 학교가 실시할 교육 방식 등에서 성과를 거두게 지원할 자세를 가질 필요가 있다. 이런 태도가 필요한 것은 문예대가 문화예술교육의 쇄신을 통해서만 문화운동의 전통을 계승할 수 있을 것이기 때문이다. 결국 문예대는 진보적 문화운동의 정신을 계승하여 새로운 형태로 최고 수준의 문화예술 교육을 추구하는 대학이 되어야 한다.

3. 생존전략의 구사

문예대는 이미 문화예술 교육을 실시하고 있는 대학들에 비하여 열악한 조건에서 출발하게 될 것이다. 재정이나 조직이 소규모일 것이므로 규모의 경쟁에서 밀릴 가능성이 있고, 후발 대학이라 동창회 등 지원 자원이 적고 아직 인정을 받지 못한 상태라 연구비 등의 외부 지원을 받기도 어려울 것이다. 이런 열악한 조건에서 생존하기 위해서는 빠른 시기 안에 학교 운영을 안정화시킬 수 있는 정확한 생존전략을 구사할 필요가 있다. 문예대의 기본 성격과 지향을 생각하면 문화운동의 진보성을 자양분으로 받아 그 정신으로 변별성을 확보해야 한다고 본다. 학교 운영의 민주화, 교육의 질 향상을 위한 끊임없는 노력 등으로 가능한 최단시일 안에 최고 수준의 대학으로 만들어내야 한다. 그러자면 무엇보다도 차별적 우위를 지향하는 방식이 좋다. 소규모 대학이 종합대학들의 규모와 경쟁을 할 수는 없을 것이다. 교과교육과 학교운영에서 상대적 우위를 확보할 수 있는 적소들(niches)을 개척하는 것이 그래서 필요하다. 무엇보다도 교과과정의 차별화 혹은 특성화를 중요한 생존전략으로 삼아야 할 것이다. 요컨대 문예대의 생존전략은 문화운동의 현재적 정신을 불 지피는 방식으로 이루어져야 한다. 문화운동의 현재화라는 학교의 기본 성격과 지향을 견지한다면, 1) 문화운동의 전략적 교두보이자 국내 문화활동의 중심지가 되고, 2) 학생들의 활동과 취업 전망에 실질적인 도움을 주기 위해 창의적이고 내실 있는 교과과정을 운영하고, 3) 학교 조직을 유연화하여 학교에 생기가 일도록 하는 생존전략을 채택하는 것이 좋다고 본다.

1) 국내 문화운동의 전략적 교두보이자 문화활동의 중심으로 만든다. 문예대는 국내 진보적 문화운동의 전통을 발전적으로 계승해야 하는 만큼 진보적 문화적 실천의 중심이 되는 것 자체가 하나의 과제이며 또한 학교의 색깔을 분명히 하는 일이다. 이 점을 자랑스럽게 생각하고 이것을 통해 우리 문화예술계에 기여하는 방식의 학교 운영, 교과 운영을 하는 것이 필요하다. 민주적 학교 운영 자체가 자랑스러운 일이 되도록 노력한다. 또 이 대학에서 일어나는 일들이 그 자체로 관심을 끄는 사건으로 되었으면 한다. 학교의 수업방식, 커리큘럼 작성 방식, 교수 채용방식 등에서 혁신적인 방식을 도입하는 것이 한 방법이다. 학교를 문화활동의 중심, 살아있는 문화현장이 되도록 하는 것이다. 이를 위해 학교분위기 자체를 학교의 특성화 상표가 되도록 하는 것도 고려한다. 실험정신이 충만한 사람들의 모임, 무엇이든 일을 만들어내고 사건을 일으키는 곳, 문화변동의 진원지라는 인식이 들도록 학교의 분위기를 만들자는 것이다. 이를 위해서는 학교발전이 곧 학교구성원의 발전이라는 생각이 들도록 해야 한다. 교수도 배우면서 가르치는 학교, 학생이 학교를 떠나서도 배울 수 있게 하는 학교, 학교를 최고 수준으로 유지하기 위한 대내외적 노력을 철저히 하는 학교를 만들도록 한다. 이를 위해서는 실천적인 학문전략을 구사하는 사람들이 필요하다. 자발적 자기훈련을 권장하는 방식도 필요하다. 또한 이 학교가 한국 문화전략의 산실이 되도록 해야 한다. 전세계 문화예술 분야들에서 발생하는 새로운 모색들에 대한 정보수집처가 되어야 하고 동시에 정보분석처가 되고

그와 함께 새로운 전략을 세우는 생산 지점이 되어야 한다. 후발 대학으로서 상대적으로 재정, 인력 등에서 열악한 문예대가 생존능력을 갖춘 대학으로 성장하려면 전략적 '첨단화'를 추진할 필요가 있다. 특성화 분야에 대한 과감한 투자와 함께 유연한 사고로써 기왕에 있는 여건들을 능동적으로 종합하는, 컴퓨터 용어로 말하자면 '윈도우' 체계를 수립하는 작업이 필요하다. 학제적인 연구는 물론이고 강좌나 학과 등 교육조직에서 '절합적'인 편성을 할 필요가 있는 것이다.

2) 졸업생의 활동 및 취업 전망을 키운다. 문화예술의 전문가가 활동할 분야들은 자율적인 전문예술활동 분야, 문화산업 분야, 문화예술교육분야 등이다. 문예대가 살아남으려면 한국문화예술계의 중요한 적어도 몇 가지 측면을 주도하는 역량을 가져야 한다. 이를 위해서는 탁월한 능력을 갖춘 학생들을 배출할 전략이 필요하다. ① 창의적 문제제기 능력을 가진 문화예술 일꾼, ② 네트워킹을 할 줄 알며 일인 다역을 할 수 있는 동량(통합적 사고와 일하기), ③ 세련된 감수성과 도덕적 능력을 갖추고 지도력을 갖춘 사람, ④ 멀티미디어 환경(과 그 문제들)에 대한 적응과 비판적 개입 능력이 있는 사람, ⑤ 이 학교 출신 몇 명만 모여도 반향을 일으키는 중요한 문화적 사건을 일으킬 수 있도록 다양하고 진정한 능력을 가진 사람을 만들어내도록 한다(예를 들어 도시 계획에 참여하여 도시의 틀을 획기적으로 바꾸는 일에 우리 학교 출신이 기여할 수 있게 한다). 문예대는 아울러 국내외 문화예술의 동향을 가장 정확하게 분석하고 문화정세에 능동적으로 대응할 수 있는 능력을 가지는 것이 필요하다. '지구방화'와 '정보화'의 세계사적 변화에 능동적으로 대응할 수 있도록 미래지향적 교과과정과 교수법을 운영하고 채택한다. 무엇보다도 창의적이고 내실있는 교과과정을 운영할 필요가 있다. 학교의 명운은 교과과정 운영의 내실 여부에 달려 있다. 교과는 문화적, 윤리적, 사회적, 정치적 맥락 속에서 미학적, 문화예술적 역능들과 문제들을 다루는 능력을 기르는 데 도움이 되는 방식으로 구성한다. 학생들로

하여금 심미적 형식들(텍스트, 이미지, 소리 등의 개별 혹은 결합 형태)과 실천들이 사회의 여러 장에서 갖게 되는 기능, 위상을 이해하도록 하고 그것들을 새롭게 창작, 조작, 편성, 배치, 관리, 운영할 수 있는 능력을 갖도록 한다. 이를 위해서 새로운 착상과 기획 능력을 갖는 것이 필요하며, 문화를 비판적으로 '읽는'(듣고, 시청하는 것도 포함한) 능력이 구비되어야 하며, 문화의 제문제를 상관적으로 파악할 수 있어야 하며, 문화적 감수성을 가져야 한다. 문화예술의 지배적 분할구도를 깨트리기 위해 문화-예술적 감수성과 개념을 새로이 정립하는 데 노력하며, 이를 위해 문화행정, 정책을 포함한 현대사회의 전반적 문화정세에 대한 통찰력과, 새로운 창작력(형상화)과 기획(문제제기) 능력들을 개발하도록 노력한다. 예비모임에서 제출된 희망처럼 문예대 출신이 문화 정책, 행정, 기획 등에 대한 거시적인 안목을 가지고 새로운 창작력을 발휘하려면 문화/예술 실천가들이 지식인으로서의 기본적 소양을 갖추는 것이 필요하다고 본다. 문화운동의 전통에서 구축된 비판정신이 생산적으로 전환될 수 있도록 문제제기 능력과 함께 문제들을 해결하는 자율적 능력을 갖는 데 도움이 되는 교과과정이 필요하다(구체적 교과과정에 대해서는 뒤의 6절 '교과과정 예시' 부분 참조).

3) 학교조직을 유연화한다. 이 대학을 '아메바'식으로 운영할 것을 제안한다. 여기서 '아메바'란 메타포를 쓰는 것은 학교가 지닌 높은 변신성을 나타내기 위해서다. 미래사회는 이산과 결연이 강조되는 사회가 될 것으로 예측된다. 이런 사회의 조직은 변화할 태세를 늘 갖추고 있는 것이 필요하다. 영토 위에서 붙박이식으로 살기보다는 언제나 이동할 준비를 갖추고 있어야 하기 때문이다. 신설 문예대는 학과체계를 구축하기는 하되 고정하지는 말고 느슨하게 운영되는 학과를 토대로 변동가능한 장단기 프로그램을 설정하여 그 프로그램이 일정한 강도를 가지고 운영되게 하는 방식을 취하는 것이 좋겠다. 프로그램의 강도나 열기가 식고 나면 폐기하고 새로운 프로그램을 개발하여 운영하면 정세변동에 민첩하게 대응할 수 있을 것이

다. 이런 제안은 기존의 학문 및 장르 편성 방식인 예술장르분할의 고착화를 방지하기 위해서다. 새롭게 제시되는 방식은 다양한 장르와 분야들을 횡단하는, 이질적 요소들의 실험적 합종연횡이다. 단 합종연횡 자체가 고착적 효과를 가져 분야들의 안정적 관계 설정을 유도하면 이는 기존의 분과종합적 체계와 크게 다를 바가 없다. 새로운 합종연횡을 장르와 분야들의 정합적 '통합'으로 보지 말고 실험 가능성의 확장 기회로 삼는 태도가 그래서 요구된다. 지배적이고 고정된 하나의 학문-예술 장르 편성 체계에 안주하지 않고 변신가능한 체계로 만드는 것이 바람직하다. 이를 위해서는 학교 편제나 교과 운영을 프로그램 중심으로 하는 것이 필요하다. 프로그램 중심이 되면 학과 중심으로 운영되는 체계의 중압감에서 벗어나기 쉽다. 프로그램은 한시적이므로 제도 고착을 막기가 더 쉽다. 단 프로그램들 사이에는 유동적 네트워크와 경쟁이 동시에 일어나도록 유도하는 것이 필요하다.

이런 조직은 물론 단점이 없지 않을 것이다. 학교 분위기가 혼란스러울 수가 있으며, 운영의 안정화가 이루어지지 않고 구성원들의 소속감 결여가 발생할 가능성이 크다. 그러나 구성원들 중 학생들은 3년 정도만 학교에 머물 것이어서, 교직원만 이런 분위기에 대한 거부감을 가지지 않으면 된다. 유연한 조직의 장점으로 우리는 조직의 비대화, 고착화, 노후화, 폐품화를 쉽게 방지할 수 있다. 개인의 참여가 다면적이 될 것이고 개인들과 프로젝트들의 네트워킹이 활발해질 것이며 이로 말미암아 학교 분위기가 늘 실험정신에 충만할 수 있다. 학교 구성원이 이 학교에 갖게 되는 사랑, 연대의식은 소유나 소속(지연, 학연)에서 오는 것보다는 꿈의 추구, 활동의 자유로움, 실험에 대한 열의, 기회 창출의 욕망 등에서 오도록 하는 것이 좋겠다. 이는 문예대가 안정된 기반 위에 서야만 조직이 생존한다는 생각을 버리고 오히려 문화적 변동과 사건을 일으키고 중요한 문제를 제기하는 곳이라는 인식을 만들고, 또 그렇게 하는 것을 이 학교 사업의 중요한 과제로 보자는 제안이다. 그래서 문예대 자체가 창립되고 유지되며 돌아가고 있다는 것 자체가 관심을 끄는 일이 되도록 하고 그 과정에서 학교의 성격이 만들어지고, 점검되고 또 수정되어 사변(이벤트)이 일어나게 하여 생명력을 갖도록 하자는 것이다. 추진위원, 학생, 교수들이 학교에 참여하는 방식도 고착적인 방식보다는 변신적, 한시적, 자기변혁적이어야 한다고 본다. 이런 기본 정신을 인사정책에 반영한다면 교수도 단일 학과에 소속시키기보다는 복수의 학과에 소속되게 하는 것이 바람직하다. 한 분야에 국한된 능력을 지닌 분과 전문가를 채용하는 일은 삼가고 필요할 경우는 객원교수 형식을 비는 것이 좋겠다. 물론 이런 채용제도를 도입하려면 선발 교수의 역량이 장르와 학문분야들을 통합하는 수준이어야 할 것이다. 이렇게 되려면 이 학교가 프로그램 중심이고, 문제제기적이고, 실험지향적이어야 하며, 이견과 이의를 자유롭게 제출할 수 있는 분위기를 만들어 착상과 기획이 자발적으로 일어날 수 있도록 적극 유도하는 방식으로 운영되어야 할 것이다. 만약 그래도 최소한의 조직 유지를 위한 개인적, 집단적 권위가 필요하다면 그 권위는 철저한 자기점검과 반성의 태도, 타인의 비판에 대한 개방성, 나아가서 철저한 실험과 변신의 추구 태도의 기반 위에 선 형태여야 할 것이다.

4. 교과과정의 성격과 지향

교과과정은 다음과 같은 성격과 지향점을 가졌으면 한다.

1) 진보적 교과과정: ① 기존의 문화·예술 관행, ② 문화·예술 교육, ③ 문화의 지배적 통념(문체부 중심과 문화운동권 양자), ④ 문화정책과 운동, ⑤ 문화산업·시장 등에 진보적 발언 및 실천을 할 수 있게 학과목을 조직한다. 교과과정을 문제제기, 이의제기, 기획 및 제안 능력을 향상시키도록 편성하는 것이 필요하다. 기존의 문화예술적 메커니즘의 작동에 제동을 걸 수 있는 전략을 개발하는 방식이다. 문화 통념의 재가공과 새로운 형태의 문화개념 창출에 의거한 문화제도 및 장치의 작동을 유도하기 위해

비판과 분석의 생산수단을 마련하고 인적·물적 네트워킹을 형성하여 지배적 문화생산 메커니즘의 '기능전환'을 꾀한다. '진보' 통념에 대한 분석·비판·대안 제시도 요구된다. '새로운' 방법론, 비판이론 대안 제시, 문화3분구도의 혁파, 문화운동의 네트워킹 방식 점검 등도 중요한 과제이다.

　2) 기술-과학 중시의 교과과정: 대학원 교육을 받은 문화예술 실천가가 갖추어야 할 소양과 기본기를 배양하고 습득하도록 교과과정을 짠다. 문화예술적 실천을 위한 고급 능력의 배양을 위해 필요한 내용을 담되 다양한 방식으로 느끼고, 따지고, 해내는 능력들을 기르도록 한다. 정세나 텍스트·이미지의 비판적 분석, 보고서와 제안서 등의 제출, 개인적·집단적 입장의 피력과 설득과 관련된 능력 향상을 위한 학과목들을 핵심교과과정(core curriculum)으로 만들어 몇 개 이상을 필수적으로 듣게 한다. 학생들이 과목을 선택할 때에는 반드시 지도교수의 지도를 받게 해야 한다. 개별 학생의 필요, 요구 등에 응해야 함은 물론이다. 학생들의 능력을 향상하기 위하여 느끼고, 따지고, 일하는 방식을 변화시킨다. 원론적 논의에서 벗어나 문화예술의 생산과 실천에서 실질적인 효과를 거둘 수 있도록 교과를 실학적으로 편성한다. 문예대의 주요 실천들(연구, 교육, 학습, 실습 등)이 원론의 확인이나 해석, 주석에 그치지 않도록 한다. 따라서 중요한 기술적, 이론적, 형상화 능력들의 전수와 함께 학생들이 무엇이든 해낼 수 있도록 돕는 교과과정을 운영할 필요가 있다. 현장 학습과정을 정규교과목으로 채택하고, 현장 답사를 통한 관찰, 분석, 개입 방도 마련 등을 중요한 학습과제로 삼게 하는 방식이 좋겠다. 이를 통해 실험정신이 충만한 학교로 만들어야 한다. 이 실험정신은 과학친화적 교과과정 운영에서 나올 것이다. 문화예술 교육장이라고 하여 과학교육에 대해 무관심해서는 안된다. 오히려 문화예술인의 과학적 능력을 높이는 것을 목표로 삼아야 할 것이다. 이는 문예대가 실험 정신에 투철하기 위해서 꼭 필요한 목표이다. '새로운' 기술과 과학 개념들을 적극 활용하도록 모색한다(요구: 컴퓨터 등 첨단 기기의

확보, 과학 관련 교양강좌 개설).

3) 통합-연계적 교과과정: 장르들과 학문분야들의 분할보다는 연계를 강조한다. 이를 위해서는 학과편성을 경직되게 하지 않아야 한다. 따라서 학과들은 형식적으로 설치하고 실질적으로는 프로그램 중심으로 운영하는 것이 좋겠다. 예를 들어 예비모임에서 나온 의견들 중 문화학과와 예술학과로 구분하고 학생들은 어느 한 쪽에 소속되게 하되 교과과정을 프로그램 중심으로 운영함으로써 학생들이나 교수들이 사안별이나 강좌별로는 실질적으로 통합되는 방식으로 운영되도록 할 수도 있을 것이다. 또한 문예대학이라고 하여 문화예술분야 교과만 편성해서는 안 된다. 교과과정은 가능한 한 통합적으로 운영해야 하며 그렇게 하기 위해서는 교과운영을 네트워킹화하는 것이 좋겠다. 분과학문적, 장르분할적 방식에서 벗어나 분할체계를 동요시키는 방식으로 교과를 운영한다(요구: 관련 연구소 설립, 인적-물적 네트워킹).

4) 개혁지향적 교육과정: 연구, 강의, 지도, 학습, 실습 등 교육과정 자체의 개혁과 변혁을 유도하는 교과과정의 편성. 상당수 과목들을 강의식에서 탈피시키고 세미나로 전환하며, 슬라이드나 비디오를 사용하거나 통신, 인터넷을 이용한 새로운 하이퍼텍스트 등을 이용한 교수법 전환은 권력의 '미시정치학'에 의거한다. 강좌의 실험적 운영을 적극 모색하고, 인턴쉽 강좌, 전향적이고 내실 있는 학생평가 방식을 개발(문제제기나 대안제시 능력평가, 시험 이외의 학생 활동 평가 등)(요구: 교강사는 교육 목표, 강의 방식, 진행계획서, 외부 단체 섭외 방식 등에 관한 계획서를 만들어야 할 것임)한다.

5. 교과 편성의 두 축: 이론과 문화공학 중심

이상 언급한 교과과정의 성격과 지향에 따라서 교과과정 특성화 전략을 펼치되 교과과정 편성의 두 가지 축을 정하는 것이 좋다고 본다. 하나는 이론을 기반으로 삼는 교과과정 운영이고, 다른 하나는 문화공학(cultural engineering)을 중시하는 교과목 운영이다.

1) 이론 중심의 교과운영: 신설될 문화예술 단설대학원은 실기 중심으로 예술교육을 하는 기존 대학들의 관행을 탈피하고 이론을 특히 중시할 필요가 있다. 예비모임에서도 문예대는 "이론에서 기선을 잡는" 방식으로 학교의 생존전략을 짜야 한다는 의견이 제시된 바 있다. 이론을 중심으로 교과과정을 운영해야 할 까닭은 다음과 같다. 첫째 실기 중심은 대체로 많은 예산이 필요하다. 적은 예산으로 운영하지 못하거나 할 수 있다고 해도 실기는 극히 제한된 범위 안에서 그것도 통합적 형태로 배치할 수밖에 없을 것이다. 둘째, 문화정책과 행정 등에 대한 거시적 안목의 개입을 수행하기 위해서는 이론의 강화가 더욱 필요하다. 실기는 분야 중심적이기 쉽기 때문에 지배적 문화정책과 같이 전반적인 문화효과를 발휘하는 대상이나 지점에 대해서 영향력을 행사하기가 쉽지 않다. 오히려 지배적 문화정책에 포섭될 가능성이 높다. 셋째, 문화운동 전통에서 견지해온 비판적 개입의 정신을 존중한다면 이론의 강화가 그 전통을 올바로 이어받는 것이 될 것이다. 진보적, 개입적 교과과정 편성을 하기 위해서는 이론을 전체 교과과정의 하부구조로 삼을 필요가 있다. 이처럼 이론을 바탕으로 하여 교과를 운영하는 사례는 외국에서도 발견할 수 있다. 참고로 미국의 칼아츠대(CalArts, California Institute of the Arts) 경우를 살펴보면 무용, 비디오, 사진 등의 학과·학부를 운영하지만 '비판적 연구'(critical studies) 과정을 두어 모든 학생들이 전체 학점의 40% 이상을 이 과정에서 의무적으로 수강하게 하고 있다. 1994-95 학년도 현재 이 과정은 ① 비판적·지적 기술들, ② 창조적·비판적 글쓰기, ③ 수량화 기술(컴퓨터기술 포함), ④ 인문학, ⑤ 사회과학, ⑥ 자연과학, ⑦ 해당예술사로 구성되어 있다. 글쓰기, 연구조사방법론, 컴퓨터와 같은 첨단기기 조작 능력을 향상시키는 교과목들이 필수로 잡혀 있다는 사실이 주목할 점인데,

이처럼 칼아츠는 예술대이면서도 예술적 기예를 능동적으로 익히고 발휘하기 위해서는 논리적 사고, 첨단기기 조작 능력, 인문사회과학적 소양과 비판적 능력, 자연과학적 지식 등이 중요하다고 보고 있는 것이다.

신설 문예대에서 이론을 중시하자는 것도 같은 취지이다. 문화예술교육에서 이론을 중시하는 교과 편성을 하자는 것은 문화예술적 실천 전반에 걸친 이론적 쟁점들을 중시하자는 것이다. 문화와 예술과 관련된 관념·통념·개념들을 가려내고 그것들에 들어 있는 사회적·정치적·윤리적·미학적인 경향·문제·효과들을 따짐으로써 문화예술적 지배제도나 장치, 권력관계 등의 변동이나 전환을 모색하는 것이 이론적 쟁점들을 따지려는 목적이다. 이론을 중시하는 교과과정은 나아가서 문화예술적 실천을 개별 장르 관련 실기보다는 실기를 포함한 실천의 분석과 비판을 관심의 표적으로 잡게 될 터인데, 이런 접근법의 효과는 문화기획과 같은, 이론적 지식을 활용하는 문화예술적 실천을 강화하는 것이다. 문예대가 문화정책, 행정, 기획 등에 개입하는 학교발전 전략을 구사하는 한 이론을 교과과정 운영의 중심 축으로 놓는 것은 불가피해 보인다.

2) 문화공학 성격의 강화: 교과과정 편성의 두 번째 기본 방향은 문화공학 중심의 교과과정 편성이다. '문화공학적' 교과과정안은 문화적 실천을 자연과학의 기술화라 할 공학과 결합하는 방식으로 방향 전환을 하자는 취지에서 나온 것이다. 흔히 문화예술은 과학, 특히 공학과는 거리가 먼 것으로 인식하는 경향이 있다. 그러나 최근 극소전자를 포함한 과학기술의 발달로 예술생산 방식이 근대적 수공업 단계에서 컴퓨터가 활용되는 자동생산과 같은 새로운 생산방식으로 전환되면서 이런 이해는 설득력을 잃고 있다. 오늘날 기계는 과거와는 달리 섬세함이나 세련됨 등에서 인간의 수공예 능력에 비추어 결코 뒤떨어진다고 할 수 없는 기술적 우위를 확보하는 분야들을 갈수록 많이 개척해내어 창조 과정 자체가 기술공학화 경향을 보인다. 이런 변화가 있다고 해서 기존의 예술적 덕목이던 자유로운 상상

력, 창의성 등이 그 가치를 잃는 것은 물론 아니다. 그렇기는 해도 문화예술의 연구나 활동 및 생산 방식은 테크노문화와 갈수록 긴밀하게 연관되고 있어서 과거와는 달리 산업공학 분야와 분리되기 어렵다. 문화예술적 실천의 기술공학화를 위해, 즉 테크노문화와 관련된 문화적 생산에서 창조적이고 생산적인 역할을 하기 위해 '문화공학'을 도입하는 것이 필요한 것도 그 때문이다. 문화공학은 문화예술에도 기획, 설계, 실행, 제작, 관리 등과 같은 공학적 공정이 깃들어 있음을 인정하는 접근법으로서 문화예술과 관련된 기술공학적 실험을 중시하는 생산방식이다. 문화예술생산양식의 변동은 지금 첨단기술의 도입으로 인한 예술적 실천에서 인간적 영역의 축소나 성격 변화를 중요한 특징으로 하고 있다. 중요한 문학적 형상화의 하나인 서사가 새로이 등장한 다양한 매체들에 적용되기 시작하여 백화점 전시 영역에까지 서사이론이 가동되고 있고 오써링 시스템(authoring system)이나 하이퍼텍스트의 등장으로, 혹은 캠코더와 같은 영상기기들의 개발로 예술적 창작과 생산 과정이 새로워지고 있다. 과학기술이 이처럼 문화시장의 팽창과 문화산업의 거대화에 작용하면서 문화적 기술과 공학은 당연히 대중의 일상적 삶 속에 깊숙이 스며들게 되었다. 물론 이 시장 변화는 '민족국가'의 민족문화 과정에 대한 국가 개입에 의해 절합되어 있다. 문화와 예술의 자율성이 국가 인구정책의 하나인 문화정책에 의해서 조절됨에 따라서 전체 문화가 조절, 통제, 관리의 대상이 되고 있는 것이다. 이 모든 변동은 문화과정이 중요한 사회공학적 기술임을 보여주고 있는데, 이에 따라 문화를 공학의 문제와 연결하여 사고하고 실천하는 일이 중요해졌다. 문화공학을 문예대의 교과과정에서 중심 운영 방침으로 삼자는 것은 바로 이러한 점에 주목하자는 말이다. 현단계에서 예술·인문·사회·자연과학 분야는 기술공학을 중심으로 새로운 재편의 요구를 받고 있는 중이다. 이 재편은 지식과 과학의 기술화로서 분명히 예술적 학문적 활동에 자본 예속화 경향이 있음을 보여준다. 하지만 이런 정세의 출현은 학문적, 문화예술적 활동 역시 기술공학화를 자신의 실천 조건으로 삼지 않으면 안 된다는 증거이기도 하다. 이론과 문화공학 중심의 교과편성은 이러한 변동이 오늘날 문화예술 생산의 특징을 결정하고 있음을 인정하고 그 변동에 능동적으로 대응하기 위해서 필요한 학문전략이다.

6. 교과과정 예시

교과과정은 이상 언급한 편성 원칙과 방침에 따라서 하되 다른 대학들과 경쟁하게 될 것을 고려하여 좀 더 구체적인 특성화 전략을 도입해야 한다. 진보진영의 경우 특성있는 교과과정을 운영할 계획이 없다면 문화예술교육에 굳이 참여할 필요가 없을 것이다. 문예대의 특성화는 ① 기존의 대학교육에 설치되어 있지만 문예대가 더 잘 운영할 수 있는 교과과정들을 설치하는 방식, ② 기존 대학들에 없는 교과과정들 중 전망이 유망하고 학교 실정에 적합한 것들을 고르는 적소 찾기 방식, ③ 기존 대학들이 설치한 교과분야들을 새롭게 편성하여 상호관련을 다시 짓는 방식, ④ 기존 교과과정 편성 방식의 한계를 분야의 관점에서건 배치의 관점에서건 극복하고 완전히 새롭게 편성하는 방식 등이 있을 것이다. 특성화는 나열식, 망라식 교과운영을 벗어나자는 것이다. 교과운영은 학교의 성격과 지향에 맞는 분야들 중에서 적소들만 고르되 그것도 선택적으로 하는 방식이어야 하겠다. 물론 이미 언급한 '교과과정의 편성 원칙들'을 이 특성화 전략에 반영해야 한다. 구체적인 특성화 입안 과정에서는 그 원칙들 중 특히 강조할 점들을 중요도에 따라 반영해야 할 것이다. 우선 생각할 수 있는 것은 학교의 생존전략에 따라서 적소를 개발하여 그 지점(들)을 중심으로 힘을 실어나가는 식이다. 여기서 교과편성안이 하나 나올 수 있다.

1) 제1안
소수의 학과로 개설할 분야들을 정하여 이 분야들에 필요한 교과목들을 배치하는 안이다. 개설 분야를 정할 때는 기존 대학에서 이미 설치하여 운

<제 1 안>

전공분야 단계	연행/축제	대중음악	전통공예	서사	공공미술	도시시각환경
기초·기술	관련실기, 글쓰기, 인터넷, 이미지구성	관련실기, 인터넷, 글쓰기	관련실기	창조적 글쓰기, 하이퍼미디어, 이야기구성	이미지 분석· 제작, 자료조사	
기초·교양				수사학, 서사이론, 여타교양과목		자본주의와 도시화
해당 문화예술사	연행축제 역사	대중음악사	공예의 역사	소설사, 구두·문자문화	공공미술사	
문화현실 분석	정세분석	정세분석	정세분석	일상과 서사		
정책개입 전략	정책분석	대중음악정책	전통공예정책?			시각환경개선 프로젝트
통합/ 연계교과	지방문화정책 +축제기획	다매체(시청각) 관련				
교육과정개혁 교과				하이퍼미디어 활용기획작성		프로젝트수행

(빈 칸이 많은 것은 현재 시점에 교과목을 모두 구상하지 못한 탓이다)

영하는 분야들은 중복되지 않도록 배려해야 한다. 신설 문예대에서 개설할 수 있는 장르나 분야는 그렇게 많지는 않겠지만 새로운 발상으로 접근하면 설치가 가능한 학과들이 없지도 않다. 일례로 1996년 11월 29일 심포지엄에서 제기된 연행/축제학과나 대중음악과처럼 기존 교과과정에 없는 분야들을 학과로 설치할 수도 있다. 문예창작과로 배치되어 있는 부분을 서사이론을 바탕에 간 글쓰기 과정으로 재편하여 설치하는 것도 생각할 수 있다. 이 이외에도 공공미술이나 도시시각환경과 같은 새로운 분야를 개척할 수도 있을 것이다. 이 안을 채택할 경우 분야를 우선적으로 선택하고 이후 해당 분야에 대한 교과목 구성이 필요하다. 나는 이 안은 문예대가 전반적으로 채택할 성질의 것은 아니라고 본다. 물론 발전 전망이 아주 좋은 분야의 경우는 설치할 수도 있겠지만 문제는 분야중심적 접근이다. 소수의 분야를 학과로 설치하여 걸맞은 교과목을 편성할 수도 있겠지만 분과적 체계가 될 소지가 많아서 조직과 운영의 유연화를 실현하는 데 걸림돌이 될 것으로 예상된다. 설령 분야간 교류를 원칙으로 학점 이수를 하도록 유도할 수도 있기 때문에 분과체계를 어느 정도는 극복할 수 있겠지만 여전히 학문이나 장르 조직이 경직되기 쉽고 기존 대학들과는 다른 분야를 개척한다는 장점이 있지만 충분히 분야통합적이지는 못하다.

2) 제2안

조직과 운영을 유연하게 해야 한다는 점을 감안할 때 학교편제는 변신이 쉽도록 프로그램 중심으로 짜는 것이 좋겠다. (전공)분야를 설정하더라도 고정하지 말고 또 가능한 한 서로 연계되도록 해야 할 것이다. 늘 분야들의 망라보다는 연계를 지향해야 한다. 따라서 '결합방식의 특성화' 쪽으로 방향을 트는 것이 좋겠다. 교과과정 개발에서 후발 대학의 장점은 새로운 시도를 마음껏 할 수 있다는 것이다. 기존 대학은 분야를 선별하는 것 이외에 특성화할 뚜렷한 방안을 찾기 어렵다. 기득권 세력에 의해서 장악되어 기껏해야 타협적인 특성화를 추구하기 마련이다. 문예대는 후발 대학이라 상대적으로 실험의 폭이 넓고, 또한 문화운동 전통의 자양분도 활용할 수 있으므로 이론과 실기의 결합과 분야들의 결합을 시도할 이론적 틀이 많은 편이다. 이런 점을 고려하여 중장기 프로그램들을 개발하여 운영하는 것이 필요하다. 학과체계가 꼭 필요하다면 명목상으로만 학과를 느슨하게 운영하고 실질적으로는 프로그램 중심으로 가야 한다. 이 프로그램들은 학교의 성격과 지향, 그리고 경쟁관계 등을 고려해서 당연히 특성화를 하되 교과과정은 관련 프로그램별 교환과 프로그램 내 주제군을 체계화하는 방식을 도입하면 좋겠다. 개별 프로그램들에 다음과 같은 단계 및 분야별 문제와 주제들을 공통으로 배치했으면 한다.

(1) 기초-실기 관련 교과: 프로그램에 따라서 필요한 예술적 실기들을 교육하는 교과들을 배치하고 문화예술 관련 능력·기술의 기초 다지기 과정을 배치한다. 예시: 자료수집 기술(도서관 이용법, 인터넷 사용법 등), 글쓰기(창조적, 비판적), 이야기 꾸미기(서사이론의 활용), 연구·조사·분석 능력의 함양, 제출 기술(수사학, 스프레드쉬트, 통계…), 이미지텍스트 분석,

<제 2 안>

프로그램 단계/분야	시각문화	(도시)문화기획	문화정책	문화공학	연행/축제	대중음악
실기 · 기술	이미지제작, 컴퓨터 그래픽	글쓰기, 자료수집방법	글쓰기, 자료수집, 컴퓨터관련 기술	컴퓨터그래픽, 하이퍼미디어 활용법	연행실기	
기초과정	이미지의 역사, 텍스트 · 이미지분석	이미지 · 텍스트, 서사이론, 기호학		서사이론, 기호학		
정세분석	시각문화생산양식, 문화시장 분석	지역 · 국가 · 제도 단위 세력관계,	기술공학발전과 예술생산/현단계 문화정책	예술생산양식, 기술공학전제 복제시대의 예술	한국의 축제	
문화정책	시각문화 · 공공미 술 · 도시문화 정책	서울시문화정책, 지방문화정책, 문화정책론	문화정책론	문화정책 과정과 요소들	국내외 축제 정책	
이론적 쟁점	감각-논리, 이미지-텍스트, 주체이론	인식론, 개념설정과 생산	민족 · 계급 · 인종 의 역사적 구성 방식	시간 · 공간, 이미지 · 텍스트 관계		
사회적 쟁점	공공영역과 시각문화(정책)	세대, 성, 계급, 새 주체들, 지역갈등	통일후 한국사회	기술 · 환경의 사회학		
문화경제 · 경영	시장조사, 경영방법론	문화정책과 시장				
문화공학	이미지와 서사	문화기획 기술과 공정화	문화정책과정의 공정화 연구			
교육과정 개혁	현장학습 등					

설치할 프로그램들은 학과체계보다는 과제나 방법론 중심으로 가는 것이 좋겠다. 이 도표는 설치 예상 프로그램에 대해 7개의 주제군들(과 교육개혁지향적 교과)을 기계적으로 적용하려고 한 한계를 보이고 있다. 개선을 위해서는 제3안 끝에 제시되는 이론과 공학의 결합 모델을 수용할 필요가 있을 것이다

서사이론, 기호의 연구 · 분석 · 조작 · 생산 · 관리 · 배분 등과 관련된 다양한 기초 과정.

(2) 정세분석 관련 교과: 문화예술 관련 변동을 사회구조, 정치적 역관계, 기술 변화와 연관지어 (미래학적으로) 살펴보는 과목들을 배치한다. 이미지의 범람 현상, 예술적 실천가들의 역할과 위상의 변화(첨단기술로 인한 자동화로 말미암아 발생하는 인간의 역할 변화), 표상 및 재현의 위상, 기능,

성격 변화(보드리야르의 시뮬라크르 개념 참고), 문화예술과 다른 분야들의 관계 변화(정치적, 사회적, 도덕적 관행들 사이의 관계를 따지는 문제: 예술의 정치화, 정치의 예술화, 예술의 상품화로 인한 문화산업의 등장). 다음의 변동들 혹은 동향들을 살핀다. ① 문화 및 문명의 패러다임 변동(정보화, 지방화, 개방화에 따른 문화시장, 문화산업, 문화활동, 문화생산의 변동), ② 문화예술의 생산양식 변동(기계복제→디지털복제·멀티미디어·하이퍼미디어의 출현에 따른 변화), ③ 해외문화정책 동향(문예대 출신이 거시적 안목을 가지고 또한 비판과 대안을 제시하기 위해 꼭 필요), ④ 해외의 문화교육, 예술교육 동향, ⑤ 문화시장, 문화산업의 동향(기호학 혹은 서사이론의 시장 참여 방식, 구성작가의 등장과 이야기의 판매, 이미지의 경제학, 광고에서 활용되는 언어와 이미지 분석, 혹은 이미지의 도상적, 상징적, 지표적 성격들 간의 분할·관련·배분 분석을 통한 이미지의 시장 참여 분석).

(3) 문화정책 관련 교과: 지배적 문화예술적 관행을 정립하는 정책적 과정들을 연구하고 그 과정의 변화를 모색하는 과목. 문화정책의 입안, 행정과정을 분석하며 새로운 대안들을 모색하는 과목들. ① 한국의 문화정책, ② 통일문화정책, ③ 서울시의 문화정책 연구(금년도 서울의 문화정책 기행정단위 분석 등), ④ 지방문화정책, ⑤ 도시문화정책 등. 어떻게 도시 문화정책에 기여하고 개입할 것인가, 비판활동을 어떻게 벌일 것인가, 문화의 장에서 공공성을 어떻게 확보할 것인가, 복지정책의 축소 경향 속에 문화복지는 가능한가 등을 따지고 분석한다.

(4) 이론적 쟁점들(과학, 인식론, 철학): 이론사적으로 문제가 된 입장들, 테제들, 명제들을 검토하는 교과. 예시: '인식', '과학', '진보', '주-객체 관계', '시-공간의 관계', '주체', '이데올로기', '문화,' '계급', '탈근대', '동서양 인식의 차이' 등 다양한 이론적 쟁점들을 시의적절하게 다룬다.

(5) 사회적 쟁점들(현단계 우리 사회 이해): ① 한국노동시장 변화의 문화적 함의, ② 새로운 주체의 등장(외국인 노동자, 외국인, 동성애자들, 폭주

족, 네티즌 등을 둘러싼 주체와 감수성의 변동을 분석하며 '하위문화'의 역동성을 점검한다), ③ 북한문화의 연구/한국인의 심성 혹은 전통적 한국인 문화의 분석, ④ 한국사회의 계급 구성, ⑤ 지구방화에 따른 지역적 변동이나 갈등 등.

(6) 문화경제·경영 관련 교과: 문화시장의 정세분석, 작동방식과 경영자, 운영자의 관점에서 보는 문화 관련 교과목들의 배치. 미래학적 시장분석, 동북아 정세와 문화시장의 변동, 동북아 영화생산과 시장의 변화 등.

(7) 문화공학 관련 교과: 문화기획의 공정화를 연구하는 교과목들의 배치. (도시)문화정책 입안 과정, 행정 프로세스, 정책과정에 개입하는 제주체 연구, 이미지-텍스트의 디지털화, 컴퓨터그래픽, 오써링 시스템, 서사이론의 사회적, 문화적 적용 모색, 이벤트기획의 공정 등을 다룬다. (좀 더 구체적인 설명과 문화공학적 접근법에 따른 과목 형태에 대해서는 앞의 5의 2)와 뒤 제3안 끝 부분을 참고할 것.)

3) 제3안

프로그램 중심으로 가되 문화예술 분야의 3분구도(서양고급예술, 한국 전통예술, 대중문화)를 혁파하고 나아가서는 예술+인문과학+사회과학+자연과학+공학의 개입적, 전략적 결합까지 모색하는 편성 방식이다. 학문 분야들, 예술장르들, 문화적 실천들, 이론과 실기의 '합종연횡'에 바탕을 둔 문화예술교육의 학익진을 펼치고 예술, 공학, 인문학, 사회과학, 자연과학 등 서로 다른 분야들을 연계하는 문화공학적 절합 정책이다. 현재 국내 종합대학에서 운영하는 학문-교육 분야들은 인문학, 사회과학, 자연과학, 공학, 예술 등이다. 이들 분야들을 하드웨어, 소프트웨어, 콘텐츠웨어로 구분하면 공학, 자연과학 쪽으로 갈수록 하드웨어와 소프트웨어의 결합 중요성이 높아지며 인문, 예술계열로 올수록 콘텐츠웨어가 중심이 되는 콘텐츠웨어와 소프트웨어의 결합이 중요해진다. 문예대학은 하드웨어와 소프트웨어와 콘텐츠웨어를 어떤 식으로 연계할 것인가? 문예대는 단설대학원이 될 것이므로 인문사회과학, 자연과학, 공학 계열의 지원을 직접 받을 수가 없다. 하지만 현단계에서 문화예술교육을 인문사회과학과 자연과학 및 공학과 연관시키지 않고서는 온전하게 실시하기 어렵다. 카오스이론, 카타스트로프 이론 등 새로운 과학 이론들, 계급, 민족, 성, 인종, 세대, 환경 등 복잡한 인문사회과학적 문제틀에 대한 이해 없이 문화정책, 행정 등 문화적 정세에 위력적으로 개입할 수 있는 문화예술적 역능들을 얻기 힘들기 때문이다. 문예대도 이런 분야들을 교육할 수 있는 조건을 구비해야 한다. 학과를 둘 필요는 물론 없으나 관련 강좌들은 개설할 수 있어야 한다. 망라적이 아닌 선택적 교과운영을 하고 개입적 효과가 있는 교과과정을 운영하기 위해서는 장단기 프로젝트를 염두에 둔 프로그램 중심 운영이 필요하다. 프로젝트 중심 교과는 대학원에 연계·부설된 연구소와 함께 운영해야 효과가 있을 것임은 물론이다. 결합 방식의 특성화 쪽으로 방향을 잡는다면 교과과정의 중장기 프로그램들을 중단기 프로젝트와 결합하는 방식으로 하는 것이 좋을 것이다.

이 경우 연구소와 결합하여 교과과정을 운영하는 것이 바람직하다. 교과과정과 연구소의 운영을 연계하고자 할 경우 이미 언급한 '문화공학'적 접근을 수용하는 것이 좋다. 이를테면 단설대학원과 연계하여 '문화공학연구소'를 설립할 수도 있을 것이다. 문화공학은 문화적 실천을 위해 문화와 관련된 제도적 장치, 정책적 과정, 생산의 공정을 검토하는 것은 물론 이 모든 현실적 과정에 직접 개입하여 의도하는 문화 효과를 실질적으로 생산하는 방식이다. 이런 목표를 따라 '문화공학'을 활용하려는 계획은 미국 (MIT의 Media Lab), 독일(Karlsruhe), 프랑스(Le Metafort), 일본(ARTEC) 등에서 이미 구체화되고 있다. 이들 연구소는 연구-기획, 실행-창작-생산, 운영-관리-행정 등의 제반 단위들을 상호연관 속에서 통합하고자, 지금까지 분리되어 있던 학문의 분야들(분과학문들), 예술의 각 장르들, 다양한 인간 활동들을 통합적으로 묶어내는 일을 하고 있다. 문예대에서 이런 분야에 투자를 한다면 당장 국제적인 연대를 가질 수도 있으며 국내 문화산업계에도 영향력을 행사할 수 있을 것이다. '문화공학연구소'는 문화예술의 공학화를 추진함으로써 현실 개입력을 높이고 문화적 실천의 공정화를 꾀하는 목표를 삼을 수 있을 것이다.

앞서 언급한 대로 이론과 문화공학의 두 축을 활용하여 교과목을 구성하게 되면 다음과 같은 구성 형태를 공통적으로 가질 것으로 예상된다.

<제 3 안>

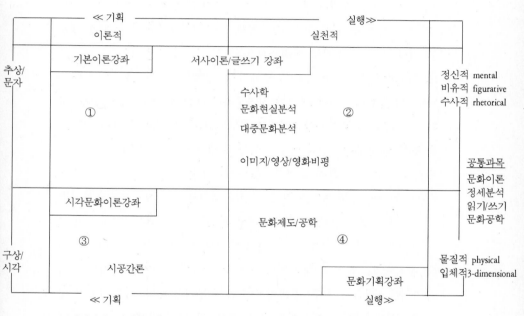

발전방향: 좌표축 ①→②, ③→④의 직선적 발전 및 ①→④의 나선적 발전

위의 표는 이론과 문화공학을 중시하는 통합적 교과설정 모델인데 구체적인 개별 강좌들은 제2안의 교과과정 구성표와 연계해서 설정해야 할 것이다. 다음은 그에 따른 몇 가지 예들이다.

(1) (도시) 문화공학(문화공학, 문화기획): 디지털 복제법(컴퓨터 프로그래밍), 글쓰기(배치고사 필요), 지도작성(대동여지도 활용, 항공사진 활용, 추상적·체험적 지도 활용-편력지도, 관찰지도 등), 서사이론의 적용(이미지,

장식·전시의 서사구조 및 기호학), 공간 구조와 그 변동 분석, 공공영역 확보전략, 담론정치전략-네트워킹 방식 연구, 지역역사 연구(팀강의. 강의 제안서, 계획서, 교수법, 예상 강의 효과 등을 구체적으로 제시한다)

(2) 거리조성: '거리정치'의 요소들(시청으로의 진출, 부랑의 자유 등), 스펙터클분석(이미지 범람, 공공미술의 기능), 거리장악 세력 분석(도시행정·정책의 입안 담당자들, 자본가·상점주인, 시민-행인, 운전자 등), 지역별 특성분석(상가, 주택가, 공공시설 등), 교통과 거리문화(자동차의 거리장악, 자전거, 행인, 통과와 속도, 지체, 정체, 그리고 통과제한의 문제들), 공공영역 거리 조성, 상업지역 거리조성

(3) 서울의 문화지도(문화공학, 문화기획): 자료조사(서울 항공지도, 대동여지도, 의궤 등), 세대별 계급별 지역문화지도(신촌, 압구정동, 구로동의 스타일 차이?), 시대별 서울문화지도(정도전의 한성, 조선의 산수 이해와 서울 조성, 임진왜란 이전과 이후의 서울, 일제 하의 서울, 해방 이후, 최근), 자료의 디지털화, 문화지도 관련 제안서 작성 등

　* 대안 1) 전국의 문화지도 작성: 지방의 세력구도 분석(유지들의 문화적 장악 방식), 네트워킹 모색(서울의 진보적 문화지식인과 지방의 대중·주민의 연계), 지방문화행정분석 등

(4) 문화정책: 문화의 개념설정 방식 연구, 문화산업과 교육의 정책적 효과 연구, 문화과정 연구, 정책행정의 과정 조직(문화의 실제 시공간 및 주체 즉 전문가집단-대중, 국내-국외, 중앙-지방, 과거-현재 간의 연계), 문화산업, 문화교육, 생활문화를 축으로 한 문화생산양식의 연구, 문화지식과 자본과 권력의 상호작용과 이것들이 문화교육, 문화산업, 생활문화에 갖는 관계 연구

(5) 상품미학과 대중문화(정세분석): 상품미학의 이론적 계보, 상품미학 문제의식의 효과, 상품미학의 작동방식, 상품미학의 역사적 조건, 상품미학의 문화적 환경, 자본과 감성의 연계 방식

(6) 문화기획협동과정: 역사적·동시대적 주요 문화 프로젝트를 실례로

놓고 최초의 구상-기획설계-기본설계-실행계획-제작·설치·운영-사후
관리의 전공정을 분석하여 문제점과 성과, 차후 과제 등을 분석. 예1) 미술
관·극장·복합문화센터·테마파크와 같은 문화공간의 사례. 예2) 대형전
시회나 이벤트(엑스포, 비엔날레, 베니스영화제). 예3) 주요 영화, 드라마,
다큐멘터리. 예4) 축제.

7. 결어

문예대가 진보적, 미래지향적 성격을 가진, 우리 사회 문화운동의 보루
가 되었으면 한다. 그렇게 되기 위해서는 예비모임에서 나온 지적대로 실기
중심으로 학과체계를 구성하거나 교과목을 운영하는 것은 가능하면 피하
는 것이 좋다. 물론 발전할 가능성이 충분히 있는 분야일 경우 실기 중심으
로 교과과정을 편성하는 것도 필요하다. 그렇지만 문화예술대가 진보적 문
화예술적 실천을 위한 개입 전략을 세운다면 아무래도 이론을 중앙에 포진
하면서 그 포진 효과가 실기분야들에 미치는 방식으로 나아가야 할 것이다.
그런 점에서 이론과 실기의 상호 삼투가 일어나도록 교과과정을 짜는 문화
공학적 접근이 교과과정 운영의 최종적인 원칙임을 주장하면서 이 발제를
끝낸다.(1997)

16.

인문학과 향연:

시학과 발명학으로서의 인문학

1. 인문학과 향연

대학의 학술행사를 '심포지엄'이라 부르는 경우가 많다. '논문발표회', '학술대회', '컨퍼런스', '세미나', '콜로키엄', '워크숍' 등 다른 이름이 없는 것은 아니다. 그러나 '심포지엄'은 이런 명칭들 가운데서도 독특한 뉘앙스를 지닌 것으로 보인다. 다른 것들이 주로 구성이나 진행 방식 등 학술행사의 객관적 성격을 가리킨다면, '심포지엄'은 학술행사의 이념적 차원을 두드러지게 만드는 표현인 것이다. '논문발표회'는 논문 발표를 목적으로 갖는 학술적 모임, '학술대회'는 논문 발표를 포함하여 토론 등 다양한 학술적 목적을 위해 갖는 모임, '컨퍼런스'는 집단적 토론 모임, '세미나'는 대학원 학생들의 강의 참여를 권장하는 과목 또는 다양한 의견 교환을 위해 정기적으로 갖는 학술적 모임, '콜로키엄'은 라틴어 어원(col+loquium)이 보여주듯 함께 의견을 나누는 모임 즉 집담회를 가리킨다면, '워크숍'은 특정 주제를 현안으로 삼아서 의견을 나누며 제기되는 문제를 푸는 학술적 작업에 해당한다. 반면에 '심포지엄'은 어떤 특이한 목적과 정신으로 치러야 하는 학술행사로 들린다.

주지하는 대로 '심포지엄'은 플라톤(Plato)이 쓴 한 대화록의 이름이기도 하다. 플라톤의 『심포지엄』(*Symposium*)은 파이드로스(Phaedrus), 아리스토파네스(Aristophanes), 파우사니아스(Pausanias), 에릭시마커스(Eryximachus), 알키비아데스(Alcibiades), 소크라테스 (Socrates) 등이 아가톤(Agathon)의 집에서 모여 향연을 벌이며 사랑을 주제로 토론을 벌이는 모습을 그려낸다. 플라톤의 다른 많은 대화록에서처럼 『심포지엄』에서도 토론 주제에 관해 가장 깊은 성찰을 담아 말하는 현자는 소크라테스다. 여기서 소크라테스가 주장하는 바의 핵심은 사랑의 본질과 목적은 육체적인 아름다움이 아니라 영혼의 아름다움, 아름다움의 본질 자체, 아름다움의 진리를 추구하는 데 있다는 것이다. 오늘날 대학의 학술행사를 흔히 '심포지엄'이라 부르는 데에는 대학이야말로 『심포지엄』에서 가장 중요한 인물로 등장하는 소크라테스가 말하는 '사랑을 행하는 곳', 즉 영혼의 아름다움을 추구하는 지혜와 진리의 장소임을 내세우려는 심리가 은근히 작용할 것이다.

하지만 오늘날 대학, 특히 인문학 분야에서 '심포지엄'이란 이름을 달고 열리는 학술행사들이 그 취지를 제대로 살리고 있는지는 의문이다. '심포지엄'이라는 말은 인문학 분야의 토론회를 일컫는 데 자주 쓰이는 것 같다. 반면에 사회과학, 자연과학, 응용학문 분야의 학술행사에는 '컨퍼런스'나 '워크숍'이라는 명칭이 더 어울린다. 이들 분야의 학술활동은 '중립적인' 학술모임(컨퍼런스)이나 소수가 모여 정보를 교환하고 문제를 해결하는 모임(워크숍)으로 이해되곤 하기 때문일 것이다. '워크숍', '컨퍼런스' 등이 인문학 분야에 사용되지 말라는 법은 없지만 이들 용어가 '과학'자가 붙어있고 구체적이거나 기술적인 문제 해결을 요하는 학문 분야에 더 어울리는 것은 사실이다. 반면에 인문학에서 제기되는 문제는 반성과 성찰을 요구하는 경향이 높다. 인문학 행사에 '심포지엄'이라는 명칭이 더 자주 사용되는 까닭도 여기에 있을 것이다. 하지만 '심포지엄'이란 표현을 자주 쓴다고 해서 과연 오늘 한국의 인문학이 심포지엄의 정신을 제대로 구현하고 있는 것일까?

'심포지엄'의 원래 뜻은 잔치, 향연이다. 플라톤의 『심포지엄』 역시 학술적 토론이 향연임을 보여준다. 이 저작은 한편으로는 고대 그리스 식자들이 사랑의 의미를 놓고 각기 다른 해석으로 토론을 벌이는 모습을 보여주면서 다른 한편으로 그 과정을 말 그대로 향연 속에서 진행시키고 있다. 반면에 오늘 대학의 인문학계 학술활동이 이런 모습을 갖는 경우는 별로 없다. '컨퍼런스'는 '토론회'로, '콜로키엄'은 '집담회'로 표현하는 등 학술행사의 명칭으로 사용되는 일부 외국어 표현을 번역해서 사용하기도 하는 것과는 달리, '심포지엄'은 그렇게 하는 일이 거의 없는 것도 이런 사정과 무관하지 않은 것 같다. '향연'으로 쉽게 번역해 쓸 수 있는데도 그렇게 하지 않는 것은 학술행사로서의 심포지엄은 술 마시고 노는 일과는 별개라고 보는 경향 때문일 것이다.[1]

'심포지엄'은 라틴어 'symposium'에서 왔고, 이는 '식자들의 연회 모임'의 뜻을 지닌 그리스어 'symposion'에서 왔다. 'Symposion'은 '동료 술꾼'의 뜻을 지닌 'sympotes'와 연결되어 있고, '함께'라는 의미의 'syn-'과 '술 마시기'라는 의미의 'posis'의 합성어다.(*Online Etymology Dictionary*) 플라톤의 『심포지엄』은 제목 그대로 학술적 모임을 향연의 모습으로 그리고 있다. 소크라테스를 비롯한 당대 지식인들이 아가톤의 집에 모여 연회를 즐기며 사랑의 의미를 놓고 토론을 벌이는 모습이 그것이다. 이 토론에서도 누가 가장 훌륭한 주장을 펼치느냐가 중요한 만큼 경쟁이 작용하지 않는 것은 아니다. 아리스토파네스가 발언을 끝내면서 먼저 발언을 끝낸 에릭시마커스에게 자기 발언을 갖고 놀리지 말라고 하고, 에릭시마커스가 아직 발언을 하지 않은 아가톤과 소크라테스가 사랑의 문제에 대해 잘 몰랐다면—물론 그는 그들이 사랑에 대해 잘 알고 있다고 보지만—아리스토파네스의 발언을 듣고 무척이나 걱정을 했을 것이라고 하자, 소크라테스는 소크라테스대로 자기는 아가톤 뒤에 발언을 해

1_ 번역 용어를 사용하지 않는 사례는 '세미나'에서도 찾아볼 수 있다. 그러나 '세미나'는 쉽게 '향연'으로 번역할 수 있는 '심포지엄'과는 달리 마땅한 번역어를 찾기 어렵다는 차이점이 있다.

야 해서 몹시 두렵다고 하고, 아가톤은 아가톤대로 소크라테스가 사람들로 하여금 자기 발언에 대해 기대를 갖도록 하여 자기를 당황하게 만든다고 항의하는 것을 보면, 토론 참석자 대부분이 상호 경쟁의 압박감을 느끼고 있음이 분명하다.[2] 하지만 이런 분위기를 상쇄하는 또 다른 분위기, 포도주 잔이 오가는 기본적으로 친교가 넘치는 분위기도 있다. 소크라테스의 발언이 시작될 무렵에 알키비아데스가 다른 데서 술을 마셔 많이 취한 상태로 들어와서 소크라테스를 찬양하는 대목이 특히 그러하다.(219 이하)

반면에 오늘 대학의 학술대회 모습은 아주 다르다. 대부분이 개인의 업적 축적을 위한 논문 발표의 장으로 활용되지 않으면 연구재단 등에서 수주한 프로젝트의 실적 과시가 목적인 것이다. 대학이 이런 모습을 보이는 까닭은 거기서 진행되는 연구와 교육이 자본주의에 의해 관리되고 있고, 자본주의 사회는 기본적으로 '노동사회'이기 때문이다. 한국의 대학은 오래 전부터 자본주의에 의해 지배되어 왔지만, 1995년 김영삼 정부에 의해 신자유주의적 '교육개혁안'이 수립되어 기업논리가 강화되면서 이 흐름이 더욱 확고해졌다.[3] 업적주의가 오늘의 대학사회를 지배하고 있는 것은 대학 또한 자본주의적 노동사회의 영향권 안에 들어간 결과다. '노동사회'는 원래 다양할 수밖에 없는 인간 활동들을 노동 그것도 임금노동으로 환원시키고, 다른 활동들의 의의나 가치를 노동의 기준으로 재단하는 사회다. 노동사회에서 "노동이란 갈수록 사회를 유지시키는 데 필수적인 매개물이다. 다시 말해 노동이 없으면 지배가 성공리에 이루어질 수 없다."[4]

물론 자본주의 체제는 노동사회의 면모만 보여주지 않으며, 노동사회와 함께 그것과는 전적으로 다른 모습을 띤 소비사회도 구축해 놓았다. 통념적으로 생각하면 노동사회와 소비사회는 서로 확연하게 구분된다. 노동사회

2_ Plato, *Symposium*, tr. W. R. M. Lamb (Cambridge, MA: Harvard University Press, 1967), 147-49. 이하 이 책에서의 인용은 본문에 그 쪽수를 표시한다.

3_ 강내희, 『교육개혁의 학문전략—신자유주의 지식생산을 넘어서』, 문화과학사, 2003.

4_ 홀거 하이데, 「노동사회로부터 벗어나기 위해 과연 맑스의 위기 이론이 필요한가?」, 제2회 맑스코뮤날레조직위원회 편, 『맑스, 왜 희망인가?』, 메이데이, 2005, 210.

가 개인들을 노동하는 존재로 규정하고 근면함, 성실함을 주된 인간적 가치로 제시한다면, 소비사회는 사람들이 여가와 유흥, 오락에 빠진 모습을 보여주는 것이다. 그러나 이런 표면상의 차이는 두 사회가 하나의 통일적 체계를 구성하는 요소들임을 은폐하는 기제의 결과로 봐야 한다. 노동이 개인들에게 임금을 통해 소득을 제공하면 소비는 소득을 지닌 개인들을 시장으로 소환하고, 노동은 다시 자신의 소득을 탕진한 개인들을 자신의 영역으로 소환하는 식으로 양자는 일관된 원환을 구성하고 있기 때문이다. 노동과 소비의 이런 관계는 자본이 축적되는 원리와 맞닿아 있다. 자본의 운동은 맑스(Karl Marx)가 지적한 것처럼 화폐-상품-화폐'(M-C-M') 과정으로 나타나며,5 개인들은 이 과정의 각 단계에서 상이한 모습으로 등장하게 된다. 화폐-상품(M-C) 단계에서는 화폐에 의해 구매되어 상품을 생산하는 노동자가 되고, 상품-화폐'(C-M') 단계에서는 임금을 받아 가처분소득을 지니게 되어 상품의 소비자가 되는 것이다. 그러나 자본의 관점에서 보면 노동자로서의 개인과 소비자로서의 개인은 모두 자본축적을 위한 도구적 요소일 뿐이다. 개인들은 노동자로서, 소비자로서 성격 변환을 할지 모르나 자본은 여전히 본성을 잃지 않고 자신의 운동을 계속하는 것이다. 자본은 화폐-상품단계에서는 개인들을 이윤을 낳을 상품의 생산자로 취급하고, 상품-화폐' 단계에서는 이윤을 붙여서 팔 상품을 구매해줄 소비자로 취급한다.

이 순환의 고리를 끊고자 한다면 개인들은 노동을 거부하든지 아니면 소비를 거부하는 결단을 해야 할 것이다. 가라타니 고진에 따르면 이 거부

5_ "화폐로서의 화폐와 자본으로서의 화폐는 우선 양자의 유통형태가 서로 다르다는 점에 의해서만 구별될 뿐이다. 상품유통의 직접적 형태는 C-M-C[즉 상품의 화폐로의 전환과 화폐의 상품으로의 전환, 다시 말해 구매를 위한 판매이다. 그러나 이 형태와 아울러 그것과는 전혀 다른 형태, 즉 M-C-M[화폐의 상품으로의 전환과 상품의 화폐로의 재전환, 다시 말해 판매를 위한 구매를 발견하게 된다. 후자의 형태로 유통하는 화폐는 자본으로 전환하며 자본으로 되고 그 기능의 관점에서 보면 이미 자본이다"(칼 맑스, 『자본론 I』(상), 김수행 역, 비봉사, 1991, 184). 본문에서 C-M' 단계에서 원본에 없는 프라임 표시를 한 것은 상품 판매 후에 등장하는 화폐는 이윤이 추가되었음을 나타내기 위함이다.

는 노동과 소비가 연결되는 곳, 노동자인 개인이 소비자로 전환하는 곳에서 일어나야 한다. "노동자가 유일하게 주체로 나타나는 장소"는 "자본제 생산에 의한 생산물이 팔리는 장소, 즉 '소비'의 장소"[6]이기 때문이다. 하지만 자본주의는 이런 일이 일어나지 않도록 노동사회와 소비사회를 구축해 놓았다. 후자는 자본주의적 욕망의 가동을 통해, 전자는 궁핍에 대한 공포를 통해 개인들을 계속하여 노동자, 소비자로 만들어 자본주의 체계의 원환 속에 가두는 것이다. 노동이 노역으로만 전개되고 소비가 생산성 없는 탕진의 형태를 띰으로써 양자는 서로 다른 모습을 띠고 있지만 이 차이는 노동과 소비의 전략적 구분에 따라 만들어진 결과다. 상품이 잉여가치를 낳는 수단이고 이 수단의 존재를 위해 생산노동이 필수적이라면, 소비와 노동의 구분은 노동의 전일적 지배를 가능하게 만드는 장치일 뿐이다. 자본주의에서 노동과 소비가 일견 구분되면서 또 서로 닮은꼴을 보이는 것도 양자가 상호 전제의 관계에 놓여 있음을 보여준다. 호르크하이머(Max Horkheimer)와 아도르노(Theodor W. Adorno)는 일찍이 이 상호 전제를 자본주의 사회에서는 여가와 노동이 흡사한 모습을 띤다는 말로 환기한 바 있다.[7] 그들에 따르면 소비문화가 지배하는 "후기 자본주의 하의 오락은 노동의 연장이다." 이 오락은 "기계화된 노동과정으로부터의 도피로서 추구"되지만, 기계화가 사람들의 여가에 워낙 강력한 영향력을 행사하고 있는 상황에서 사람들이 갖게 되는 "경험들은 노동과정 자체의 잔상일 수밖에 없다."[8] 오늘날 대학에서 놀이의 정신이 사라지고 학문 분야 가운데 가장 유장해 보이던 인문학마저 전공자들을 업적 쌓기에 분주하게 만드는 것은 필시 여가마저 노동의 연장으로 전락한 국면에서 학문이 겪는 운명일 것이다.

그러나 일만 하는 관행, 자본축적의 목적을 위해 삶을 노동에 종속시키

6_ 가라타니 고진, 『트랜스크리틱—칸트와 마르크스 넘어서기』, 송태욱 역, 한길사, 2005, 53.

7_ Max Horkheimer, Theodor W. Adorno, "The Culture Industry: Enlightenment as Mass Deception," in *Dialectic of Enlightenment* (New York: Continuum, 1982), 127.

8_ Ibid., 137.

는 관행은 자본주의와 함께 형성된 것임을 기억할 필요도 있다. 고귀하다며 노동이 찬사를 받는 것은 최근의 일이다. "영리활동을 '소명'으로 보는 것이 근대 기업가의 특징이듯이 노동을 '소명'으로 보는 것은 근대 노동자의 특징"[9]일 뿐이다. "'노동'이라는 말은 고대 인도유럽어족에서 '(가여운) 고아'라는 말에 뿌리를 두는데, 그것은 고아가 자기를 돌볼 가족이 없는 상태에서 어쩔 수 없이 '부자유스런 일'을 해야만 했기 때문이다."[10] 고대 그리스에서도 노동은 노역으로만 이해되었다. 노동을 하는 것은 노예들과 여성이었고, 시민은 공적 담론의 장에 참여해야 했던 것이다. 노동이 노역으로 여겨졌다는 것은 '노동'을 의미하는 프랑스어 'travail', 여행을 의미하는 영어 'travel'이 모두 고문도구를 의미하는 라틴어 'tripalium'에서 나왔다는 사실로 확인할 수 있다. 여행을 가리키는 'travel'이 고문도구를 가리키는 말에서 유래한 것은 대중교통 수단과 호텔 등의 숙박시설이 잘 갖춰지기 전까지 여행은 거의 목숨을 건 도박에 해당했기 때문이다.[11] 이런 노동을 바람직하고 귀중한 활동인 양 만든 것이 자본주의다. 자본주의는 한편으로 일, 노동, 생산, 소유 등 목적 지향적 활동과 다른 한편으로 놀이, 향유, 자유 시간 등을 구분해 전자만을 바람직한 활동으로 만듦으로써, 꽃향기 맡고, 들판에서 뛰어놀며, 산보하고, 사랑하고, 시 짓는 일 등 그 자체로 가치 있는 수많은 인간적 활동들을 자본의 축적과 소유를 위한 수단으로 전락시켰다.[12]

9_ 막스 베버, 『프로테스탄티즘의 윤리와 자본주의 정신』, 박성수 역, 문예출판사, 1988, 143.

10_ 하이데, 앞의 글, 210.

11_ Daniel Boorstin, *The Image: A Guide to Pseudo-Events in America* (New York: Atheneum, 1978), 85.

12_ 『경제학-철학 수고』에서 맑스는 사람들은 "보고, 듣고, 맡고, 맛보고, 느끼고, 생각하고, 관찰하고, 경험하고, 원하고, 행동하고, 사랑하는" 활동을 통해 세계와 관계를 맺는 방식으로 세계에 대한 "인간적 현실의 전유"를 이룬다고 말하고, 자본주의 사회에서는 이런 인간적 전유가 사적 소유에 의해 축소되어 버린다고 지적했다. 즉 우리는 이제 "모든 신체적 정신적 감각들" 대신 "그 모든 감각들의 완벽한 소외일 뿐인 가짐의 감각"만을 갖게 된다는 것이다. Karl Marx, *Economic and Philosophic Manuscripts of 1844*, in Karl Marx and Frederick Engels, *Collected Works*, Vol. 3, *Marx and Engels 1843-1844* (Moscow: Progress Publishers, 1975), 299-300.

우리는 잘 놀 필요가 있고 잘 놀 수 있어야 한다. 학문, 특히 인문학에 놀이의 정신, 향연의 태도를 도입할 필요가 있다. 사실 인문학은 전통적으로 기능, 생업, 전문직 등 돈을 목적으로 하는 활동과는 달리 특정한 목적에 얽매이지 않는다는 의미에서 자유로운(liberal) 활동으로 간주되었다. 이런 활동의 근저에는 놀이가 있고, 놀이는 그 자체로 자유롭다. 논다는 것은 열려 있는 문이 '노는' 데서 볼 수 있듯이 어떤 틀에 얽매이지 않는다는 말이다. 인문학을 향연, 잔치로 만들자는 것은 그 안에 이런 놀이의 정신, 자유의 기운을 도입하자는 제안이다.

사실 인문학은 전통적으로 잘 노는 법을 강조한 측면이 없지 않다. 조선조의 유학자가 경서의 궁구에 치중하면서도 '시서화'를 외면하지 않았다는 것은 상식이다.[13] 선비들이 글씨 쓰기와 시 짓기, 사군자 치기, 시조 부르기를 일상적으로 했던 것은 그런 기예 배양도 수준 높은 인간적 역량을 쌓는 일이라고 본 때문일 게다. 근대적 인문학의 분과학문으로 배치된 철학, 역사, 문학, 언어학 등도 서로 분리되어 아무런 소통 없이 담을 쌓고 있는 것이 문제이기는 하지만 따지고 보면 모두가 인간의 문제를 이해하는 데 생략할 수 없는 지식생산을 목적으로 하고 있고, 그런 점에서 인간이 벌이는 최고 수준의 잔치를 위해서는 꼭 필요한 능력을 제공한다고 하겠다.

물론 그렇다고 각종 향연이 지닌 역사적 한계까지 외면할 수는 없다. 플라톤이 그려낸 향연은 소크라테스를 비롯한 남성들만 주빈으로 나온다는 점에서 지독히 남성중심적이었다. 조선조 지식인들이 멋을 펼친 곳이 기방인 경우가 많았다는 점도 쉬 용납하기 어렵다. 뿐만 아니라 동서양의 옛날 향연은 노동해야만 먹고살 수 있는 가난한 사람들 즉 프롤레타리아트의 참여 기회를 대부분 봉쇄하고 있었다고 봐야 한다. 과거 주요 인문학자

13_ 정약용의 경우 유배지에서 그가 큰아들에게 보낸 편지를 보면 자식들이 시 쓰는 데 열중하는 것을 경계하는 모습을 보여준다. 시보다 먼저 살필 것이 '경(經)'이라는 것이 이유였다(정약용, 『다산시문집 9』, 성백효 외 역, 솔출판사, 1996, 16). 그러나 그가 누구보다도 시를 많이 써서 남긴 것을 보면 시를 퍽이나 중시했음을 알 수 있다.

들의 소양을 무조건 찬양하기 전에 혹시 그들이 우리가 존중해야 할 민주주의적 가치들을 훼손한 점은 없는지 살펴봐야 함을 보여주는 대목이다.

인문학을 향연으로 거듭나게 하려면 그 '사회적 기반'을 세워야 할 것이다. 인문학의 향연은 조선조의 정자문화처럼 특정 세력에게만 허용되는 여유가 아니라 계급적, 성(애)적, 종족적, 직업적, 지역적 차이로 빚어지는 차별을 넘어서는 공유(commons)가 되어야 한다. 그래야만 인문학적 놀이와 향연은 사적 소유의 특권이 아닌 공적 질서에 의해 보장받는 인간적 권리가 되고, 민주주의를 위한 노력이 될 수 있다. 향연으로서의 인문학을 구상하는 것은 결국 인문학, 나아가서 학문과 그것의 보루로서의 대학을 오늘 교수들에게 논문 쓰는 기계가 되라고 요구하는 시장의 명령에 맞서는 자유의 공간으로 만들자는 제안이다. 이 공간을 구축하고 만드는 과제는 지식생산 활동 전반, 오늘날 지식생산의 주된 거점인 대학 전반, 학문 전반에 주어져 있지만, 무엇보다 인문학에 주어져 있다고 봐야 한다. 인문학의 정신, 태도, 활동이야말로 심포지엄의 그것에 가장 잘 어울리지 않는가.

2. '시학'으로서의 인문학

인문학이 길러야 할 '노는 능력'은 기본적으로 인문학의 시학적 성격에서 나온다고 하면 틀린 말일까? 이런 생각을 해보는 것은 인문학은 시학적 성격을 갖고 있으며, 바로 거기서 자유로운 '놀이'로서의 인문학, 리버럴한 활동으로서의 인문학이 나온다고 볼 수 있겠기 때문이다. '시학'은 상상의 원리, 허구와 개연성의 문제를 다룬다. 널리 상식으로 수용되고 있는 아리스토텔레스의 말대로 '시인의 기능'은 "일어난 것이 아니라 일어날 것 같은 것—개연성 또는 필연성의 법칙에 따라 가능한 것—을 말하는" 데 있다."[14] 시적

14_ Aristotle, *Poetics*, in Hazard Adams, ed., *Critical Theory since Plato* (New York: Harcourt Brace Jovanovich, INC, 1971), 53.

개연성은 역사적 사실들의 구체성과도 구분되지만 이념이나 개념의 추상
성과도 구분된다. 시드니(Philip Sidney)는 그래서 "철학자가 교훈을 제시하
고 역사가가 사례를 제시한다"면, 시인은 두 가지 일을 다 한다고 주장한다.
"철학자의 지식은 추상적인 것, 일반적인 것에 의거하고 있어서" 알아듣기
힘들고, 역사가는 "당위가 아니라 실제 사실에, 사물들의 일반적 이유가 아
니라 특정한 진실에 너무 얽매여 있어서" "필요한 결과보다는 성과가 적은
교리밖에 낳지 못하"는 반면에 시인은 "일반 관념과 특정 사례를 연결"할
수 있다는 것이다.15 시는 어떻게 철학의 일반성과 추상성, 역사의 구체성
을 연결할 수 있는가? 시드니는 시가 '말하는 그림'(speaking picture), '꾸며낸
이미지'(feigned image)라는 사실에서 답을 찾는다.16

　시가 이처럼 어떤 생생한 꾸밈, 허구를 통해 개연적인 상황이나 문제를
다루는 능력을 갖는다는 사실은 인문학에 어떤 함의를 지니는가? 이 질문
은 시와 시학이 어떻게 인문학의 전범이 될 수 있느냐고 묻는 것이기도
하다. 시드니가 시를 한편으로 철학, 다른 한편으로 역사와 구분했다는 점
을 생각하면, 철학과 역사, 아니 관점에 따라서는 더 많은 학문을 포함할
수 있는 인문학의 기본정신을 시학만이 구현한다고 주장하는 것은 지나친
일인지 모른다.17 그러나 허구의 문제가 시학의 핵심을 이룬다면 그리고
앞으로 논증해야 하겠지만 인문학이 허구적 질서에 대한 모험이라면 인문
학의 시학적 성격을 강조하는 것이 큰 잘못은 아닐 듯싶다. 인문학이 시,
또는 시학의 원리를 담고 있다고 보는 까닭은 시와 마찬가지로 그것 역시
허구, 가정, 전제 등을 기반으로 하여 작동한다고 보기 때문이다. 인문학은
'~인 것처럼'(as if)의 성격을 띠는 경향이 높다. "어떤 '~인 것처럼'이 수천

15_ Philip Sidney, "An Apologie for Poetry," in *Critical Theory since Plato*, 160.

16_ Ibid., 162.

17_ 보기에 따라서는 법학, 경제학, 정치학, 사회학 등도 인문학이라 볼 수 있다. 인문학을
　　인간의 기본 문제를 다루는 학문이라고 할 때 인간의 권리, 인간을 위한 이용후생,
　　인간관계에 깃들은 권력관계, 인간들 간의 관계를 다루는 문제들은 모두 인간의 기본
　　문제라고 볼 수 있겠기 때문이다.

의 방식으로 인문학—이것이 어제의 것이든, 오늘의 것이든 혹은 내일의 것이든—이라 불리는 학술 영역에 속하는 모든 대상들의 구조와 양식을 특징짓지 않는가?"18 '~인 것처럼'은 가정이며, 가정은 어떤 상황을 전제함이다. 데리다는 대학이, 그리고 그 안에서는 특히 인문학이 진리와 인간에 관해 스스로 생각한 모든 것을 아무런 유보 없이 공적으로 말하는 '조건 없는 자유'를 요구하며 그 자유를 지키는 것이 자신의 과제임을 공언하는 독특한 지위를 갖는 제도이자 학문이라고 말한다.19 대학과 인문학이 이런 전제와 가정을 하는 것은 시가 허구적으로 어떤 보편적 질서를 전제하는 것과 다르지 않다. '시', '인문학', '대학'은 그렇다면 칸트가 말한 '규제적 이념'(regulative idea)에 해당하는 셈이다. 규제적 이념은 현실에서 바로 확인할 수 있는 '구성적 이념'(constitutive idea)과는 달리 '지구'나 '물자체'처럼 경험적으로 확인되지 않는 존재를 지각하게 하는 것으로, "어떤 경험적 한계도 절대적인 한계로 인정하지 않는"20 이성의 원리다. 인문학을 시학의 관점에서 생각하려는 것은 우리가 이 학문을 통해 인간에 대한 근본적 성찰이나 비판을 위해 어떤 '규제적 이념'을 설정하고 이에 따라 더 나은 상태로 나아가려 한다고 볼 수 있겠기 때문이다.

시학 또는 시가 더 나은 삶을 추구하는 것과 관련되어 있다는 것은 동양과 서양 전통 모두에서 확인된다. 동양 전통에서 가장 오래된 시 전통의 하나는 『시경』(詩經)에 나온다. 『시경』에 실린 시들은 "시대적으로는 주초(周初)부터 춘추(春秋) 초기까지의 것 305편을 수록"하고 있는데,

본디 3,000여 편이었던 것을 공자가 311편으로 간추려 정리했다고 알려져 있지만, 오늘날 전하는 것은 305편이다. 시경은 풍(風), 아(雅), 송(頌) 셋으로 크게 분류

18_ Jacques Derrida, "The future of the profession or the university without condition (thanks to the "Humanities," what *could take place* tomorrow)," in *Jacques Derrida and the Humanities: A Critical Reader*, ed. Tom Cohen (Cambridge: Cambridge University Press, 2001), 33.

19_ Ibid., 26-30.

20_ Ibid., 395.

되고 다시 아(雅)가 대아(大雅), 소아(小雅)로 나뉘어 전해진다. 풍(國風이라고도 함)은 여러 나라의 민요로 주로 남녀 간의 정과 이별을 다룬 내용이 많다. 아(雅)는 공식 연회에서 쓰는 의식가(儀式歌)며, 송은 종묘의 제사에서 쓰는 악시(樂詩)다.(『네이버 백과사전』)

이 사전적 설명은 간단하지만 공자가 정리한 시가 주로 공공적 용도로 사용되고 있었음을 말해준다. '풍'에 속하는 시는 남녀 간의 정과 이별을 다룬 것이라고 하지만, 이 시들도 국경에 번 서러간 지아비를 그리워하며 전전반측하는 '요조숙녀'의 이야기를 담고 있는 등 개인적 경험에 속해도 이미 수많은 사람들의 삶에 영향을 미치는 문제들을 다룬다는 점에서 공적인 성격이 없지 않다. 요조숙녀는 바람직한 여성상으로서 공식 연회와 종묘 제사에 사용되는 '아'와 '송'에 속하는 시들이 제시하는 이상적 질서, 사회적 규범 등과 통하는 가치를 표상한다고 할 수 있다.[21]

시의 공적인 성격은 그 어원에서도 짐작된다. 한자 '詩(시)를 보면 '寺'(사)와 '言'(언)을 합쳐서 만든 글자인 만큼 '사'에서 사용하는 말 정도의 의미가 될 것이다. 여기서 확인해야 할 것이 '寺'의 정확한 의미다. '寺'는 오늘 통상 '절'을 가리키는 한자어로 사용되고 있지만, '詩'에 포함된 '寺'가 절을 의미할 수는 없다. 공자가 『시경』을 편찬한 것은 중국에 불교가 들어와서 '寺'가 절의 의미를 갖기 훨씬 이전이기 때문이다. '寺'의 원래 의미는 일정한 법도(寸)에 따라 토지(土)를 관리하는 관청을 의미했다고 한다. 그리고 외국에서 온 사람을 접대하는 관공서도 사(寺)라고 했는데 이 단어가 절의 의미를 띠게 된 것은 1세기 후반 인도로부터 중국에 불교를 전하러 온 사람들이 홍려사(鴻臚寺), 백마사(白馬寺) 등에 묵게 된 것이 계기였다.(『네이버 한자사전』) 이런 점을 고려하면 '시'는 원래 '관공서, 공공건물에서 사용하는 말'로 이해된다. 공자가 『시경』을 편찬했을 때 공적인 성격이 큰 시들을 선별

21_ 여기서는 자세하게 다루지 않겠지만 규범이나 공적 질서 추구로서의 시가 고도로 억압적일 가능성도 있다는 문제도 있다.

한 것도 이런 맥락에서 이해할 수 있을 것 같다.[22] '시'는 그렇다면 관공서의 말, 즉 공적인 말인 셈이다. 여기서 유념할 것은 공적인 말은 칸트적인 의미에서 규제적일 수 있다는 것이다. 관청에서 정한 말은 많은 사람들의 행동을 관리할 수 있고, 그런 의미에서 '생산적'이며, '창조적'이다.

서양 전통에서 '시'는 그리스어 '포이에티케'(poietike)에서 나왔다. "포이에티케는 희곡이나 조각을 창작한다는 예술적 의미의 '창조'와 과자를 만들거나 다리를 건설한다는 좀 더 직공적인 의미의 '만들기'를 의미한다."[23] 『심포지엄』에도 시가 모든 창조적 활동의 대명사임을 말해주는 구절이 있다. "무엇이든 무에서 유로 나아가는 모든 것의 전체 원인은 짓기 또는 시입니다. 그래서 모든 기예의 산물은 시의 종류들인 것이며 그것들의 장인들은 모두 시인들인 것입니다."[24] 시인이 장인이라고 말하는 사람은 소크라테스에게 사랑의 본질과 목적에 대해 가르침을 주는 것으로 나오는 여성 현자 디오티마이다.

> "그러나 영혼의 잉태 문제가 있어요," 그녀는 말했습니다. "자신의 육체보다는 영혼 속에서 영혼이 잉태하고 낳기에 더 적합한 그런 것들을 잉태하는 사람들이 있거든요. 그런데 그런 것이 무엇이겠습니까? 사려 깊음, 그리고 덕행 일반이지요. 그리고 이것들의 아버지는 모든 시인들, 그리고 발명가들이라 불리는 그런 장인들입니다. 그런데 사려 깊음 가운데서도 가장 고귀하고 아름다운 부분은 도시들과 거주지들의 다스림과 관계가 있습니다. 그건 절제와 정의로 불리지요."(199)

22_ 다음은 비슷한 취지의 정약용의 말이다. "『시경』 3백편은 모두 충신, 효자, 열부(烈婦), 양우(良友)들의 진실하고 충후한 마음의 발로다. 임금을 사랑하고 나라를 근심하지 않은 것이라면 시가 아니요, 시대를 슬퍼하고 세속을 개탄하지 않은 것이라면 시가 아니며, 높은 덕을 찬미하고 나쁜 행실을 풍자하며 선을 권하고 악을 징계한 것이 아니라면 시가 아니다." 정약용, 앞의 책, 17.

23_ Shirley Grundy, *Curriculum: Product or Praxis?* (Abingdon, Oxon: Routledge, 1987), 22.

24_ Ibid., 187.

디오티마에게 시는 사려 깊음과 덕행의 원천으로 이해된다. 특히 주목할 점은 이 시가 공적인 질서를 유지하는 일과 통하는 것으로도 이해되고 있다는 점이다. "사려 깊음과 덕행"의 "아버지"는 시인이자 장인인데, 이들이 관장하는 가장 중요한 과제는 "도시들과 거주지들"을 다스리는 일, 즉 공적인 질서를 관장하는 일이다. 알다시피 그리스에서 남자들이 할 수 있는 가장 중요한 일이 도시 문제를 관장하는 일, 공적인 영역을 보살피는 일이었다. 공자에게서와 마찬가지로 여기서도 시는 공적인 질서와 연관되어 있었던 것이다. 이 공적인 질서가 더 나은 삶의 추구와 관련되는 것은 그 질서를 통해서만 수해나 화마, 악행, 전쟁의 참화와 같은 자연적, 역사적 혼돈에 대응할 수 있기 때문이다.

플라톤이 『공화국』에서 예술, 시는 모방의 모방일 뿐이라는 이유로 배척하고, 『아이온』에서는 시인은 제 정신이 아니라는 이유로 배척한다는 점만 기억하는 문학 전공자에게는 이 부분이 놀랍게 다가올 수도 있을 것이다. 통념에 따르면 소크라테스를 앞세우는 플라톤 전통은 시와 예술을 이성의 문제와는 분리했으며, 이상적 사회로 만들고자 한 '공화국'에서 시인들을 축출하고자 했다. 자신이 세우고자 했던 이상사회로부터 시인을 축출하려 한 플라톤이 왜 『심포지엄』에서는 소크라테스에게 사랑의 참다운 의미를 가르쳐주는 디오티마의 입을 빌려서 시인을 공적 질서의 발명가라고 했던 것일까? 여기서 시적인 질서와 공공적 질서 사이에 어떤 친연성이 있는지 살펴볼 필요를 느낀다.

'시적 정의'(poetic justice)는 통상 문학적 창조로 만들어지는 허구적 세계에서 바람직한 삶의 질서가 구현되는 현상을 가리킨다. 주로 고전소설에서 자주 나오는 권선징악의 결말을 가리켜 일컫는 말로서 현실에서는 자주 일어나지 않는 도덕적 질서 또는 그런 질서에 대한 회구가 허구의 세계에서 실현되는 모습이다. "정의의 실현은 역사적 현실에서는 쉽게 이루어지지 않는다. 권선징악과 인과응보는 사람들이 바라마지 않을지언정 역사적 현실로 구현되는 것을 확인하기는 어려울 일인 것이다. 이것은 정의가 원망

(願望)의 형태로 존재하며, 이차원(異次元)에 해당하는 시적인 세계, 문학적이고 예술적인 허구의 세계를 그 존재조건으로 삼는다는 말이기도 하다."25 이렇게 보면 '시적 정의'는 희망과 소망, 상상 등을 통해서만 구현될 수 있는 정의이다. 상상으로 이루어진 시의 세계, 허구적인 이차원 세계에서만 가능한 정의 말이다. 그렇다면 이 정의는 앞에서 여러 번 언급한 '공적 질서'와 같은 궤에 속하는 염원이 아니겠는가.

공적인 질서는 '공'(公)이 실현되는 곳이고 '의'(義)가 실천되어야 하는 곳이라는 점에서 '외부'를 가리킨다. 조선조의 남명 조식이 평소에 패용하던 '경의검'(敬義劍)에 새겨 넣었다는 경구—"안으로 밝히는 것은 경이요 밖으로 자르는 것은 의다"(內明者敬, 外斷者義)—에서 보더라도 '의'는 외부를 향한 태도임이 분명하다. 이때 '의'는 남명처럼 벼슬을 하지 않는 처사(處士)라도 바깥을 향해 지켜야 하는 결단의 모습으로서, 언뜻 보면 허구와는 거리가 멀어 보이는 것도 사실이다. 그러나 외부에서 구현해야 할 이 '의'를 허구의 세계나 상상력과 분리할 수 없는 것은 그것이 목숨을 걸고 지켜야 할 어떤 공적인 질서, 이상적인 질서에 대한 태도의 표명, 자기 신념의 표명이기 때문이다. 공적, 이상적 질서는 원래부터 있던 질서가 아니라 당위로서 요청되는 질서이고 그런 점에서 '규제적 이념'에 해당한다. 칸트의 이 개념은 우리가 잠정적으로 설정하는 질서에 속한다는 점에서 상상의 산물이다. 공적인 질서 또는 하버마스(Jürgen Habermas)의 용어를 빌어서 말하면 공공성(Öffentlichkeit)은 기본적으로 허구적 질서며, 그런 점에서 시학의 문제가 되고, 인문학의 문제가 된다. 인문학이 사회와 갖는 관계는 바로 여기서, 즉 시학처럼 삶에 대해, 새로운 세계에 대해, 아름다움에 대해, 또는 영혼의 아름다움이라는 추상적 가치의 사랑에 대해 상상하고, 성찰하고, 해석하며, 나아가서 새로운 사회를 설계하고자 하는 태도를 가지고 있는 데서 구축된다고 할 수 있을 것 같다. 인문학은 기본적으로 창조하고 지어내는 일로서 시학인 것이다.

25_ 강내희, 「의림과 시적 정의, 또는 사회미학과 코뮌주의」, 『신자유주의 시대 한국문화와 코뮌주의』, 문화과학사, 2008, 83. 이 글은 본 책에 함께 묶여 있다.

3. '발명학'으로서의 인문학

인문학이 시학의 성격을 지닌다는 것은 인문학은 발명학이라는 말이기도 하다. 시학은 한자어 '시'(詩)의 어원학적 의미나 그리스어 어원인 '포이에티케'가 보여주듯이 창조의 원리를 다루는 학문이다. 시학을 기반으로 하는 시 또는 문학의 허구성은 바로 여기서 나온다. 위에서 인문학 일반은 기본적으로 이런 시학을 바탕에 깔고 있음을 전제한 바 있다. 인문학은 삶과 세계, 아름다움과 같은 가치나 규범 등에 대해 성찰하고, 해석하고, 상상하며, 나아가서 새로운 설계를 하고자 하는 지향성(규제적 이념)을 갖기 때문이다. 인문학은 창조성을 바탕에 깔고 지어내는 일, 설정하는 일을 두려워하지 않는 한 그 자체로 시학이고, 따라서 발명학이다.

'발명학'(heuretics)은 신학 용어로서 해석학의 이면을 구성하는 '타자'에 해당한다. 발명학은 경전을 읽는 방식에서 해석학과 다르다. "해석학은 경전 안에서 찾을 수 있는 '독해'를 낳았다. 이들 독해는 그 안에 놓여있던 것처럼 보였다…[반면에] 발명학은 실패한 혹은 미심쩍은 해석학이었다. 그런 독해 관행은 글쓰기와 많이 닮았다."[26] 발명학이 글쓰기에 더 가까워 보이는 것은 "성경에 대해 무엇을 생각할 수 있는가?"라는 질문을 던지는 해석학과는 달리 "성경으로부터 무엇을 만들 수 있는가?"라는 질문을 던지기 때문이다.[27] 이런 발명학이 '실패한 해석학'인 것은 해석학 전통의 우위 때문일 것이다. 그러나 해석학 자체가 사실은 경전이나 텍스트 안에 있는 의미를 그냥 건져내는 것이 아니라 텍스트를 구실로 삼아서 필요한 의미를 만들어내는 것인지도 모른다. 해석학의 전통이 지속되는 한 발명학은 경전을 멋대로 다루는 발칙한 학풍으로만 간주될 가능성이 높다. 그러나 경전에 통달한 신수(神

26_ Michael Jarrett, "On Hip-Hop, A Rhapsody," *Electronic Book Review*, 2007. http://www.electronicbookreview.com/thread/electropoetics/readiness (Original Post: 05-09-2007, 2009년 7월 28일 접속.)

27_ Jarrett, "Heuretics Defined," 연도미상. http://www2.yk.psu.edu/~jmj3/defheu.htm. n.d. (2008년 10월 10일 접속.)

秀) 대신 무식했다던 혜능(慧能)이 남종선이라는 새로운 법맥을 연 사례에서 볼 수 있듯이 창조적이고 적극적인 학풍은 해석학보다는 발명학에서 찾아야 할 것이다. 인문학의 한 원형을 이루는 시학이 발명학이라는 것은 그리스 어원에서 보여주듯 시학 자체가 제작술(poietike)이었다는 사실이 말해준다.

인문학이 시학, 나아가 발명학임을 강조하려는 것은 그것이 너무 오랫동안 해석학의 테두리에 갇혀 있었다고 보기 때문이다. 인문학의 이런 경향은 크게 세 가지 측면에서 확인할 수 있다. 우선 오늘 인문학은 대체로 자신이 추구하는 가치와 의미, 구축하고자 하는 질서를 작품, 텍스트, 경전 안에서만 찾는 경향이 높다. 문학, 역사, 철학 등 인문학의 주요 분과가 하는 일이 거의 예외 없이 주어진 텍스트들의 해석에 머물 뿐이라고 하면, 과연 얼마나 현실을 왜곡한 셈일까? 아마 누구도 작품, 경전, 텍스트 등에 집착하는 인문학의 이러한 경향을 부정하긴 어려울 것이다. 하지만 이런 텍스트중심주의에 빠져 있다면, 인문학은 맑스가 19세기 중반에 「포이어바흐 테제」를 통해 철학을 향해 가한 비판을 고스란히 받을 수밖에 없다. 맑스는 테제 11을 통해 다음과 같이 말한 바 있다. "철학자들은 세계를 단지 다양하게 **해석해왔을** 뿐이다. 그러나 중요한 것은 세계를 **변화시키는** 것이다."[28] '세계를 해석하는 것'과 '변화시키는 것' 가운데 맑스가 선택하는 쪽은 명확하다. 그는 자신의 철학이 할 일은 세계의 변화 즉 사회변혁임을 분명히 한다. 관념론적 전통의 철학이 갇혀있던 해석학의 한계를 뛰어넘어야 철학이 올바른 자리를 잡을 수 있다고 본 것이다.

다른 한편 오늘의 인문학은 '인간주의'의 틀 속에 갇혀 있다고 봐야 한다. 물론 이런 상황은 어제 오늘의 일이 아니라 근대 이후 서구에서 인간주의가 지배적 이데올로기로 부상하면서 생긴 것이며, 오늘 대학에서 편성된 인문학 학문들이 동일한 역사적 흐름 속에 포획되어 있다는 증거다. 문제는 인문학이 이 결과 인간을 세계의 근본으로 설정하면서 그 형상까지 고착시켜

28_ 맑스, 「포이에르바하에 관한 테제들」, 칼 맑스·프리드리히 엥겔스, 『저작선집』, 최인호 외 역, 박종철출판사, 1991, 189. 강조는 원전.

버린 것 같다는 것이다. 근대 인문학에서 인간은 '주체'였고, 이 후자에게 세계는 해석할 대상이었을 뿐이다. 주체인 한에서 인간은 모든 것의 출발점이었고, 다른 모든 것과 구분되어야만 했다. 이는 인문학을 지배해온 인간주의가 "인간의 본성을 전제하고 사물들의 세계와 인간의 세계를 구분하며, 사물들과 존재의 영역과 경계를 전제함으로써 작동"[29]해온 데서 나온 결과다. 하지만 이로 인해 주체로서의 인간과 대상으로서의 세계 사이에는 커다란 심연이 놓이게 되고, 인간은 세계와 자신 사이에 틈입하는 혼돈을 거부하면서 자연을 자신의 지배 하에 두려는 욕망을 버리지 못했다. 근대 인문학에서 인간은 언제나 인간이었으며, 자기의식의 주인이었고, 그의 의식은 명료하면서 스스로에게 현전해야 했으며, 그의 판단 역시 명확해야 했고, 그 정체성은 동일해야 했으며, 이 자기동일성을 위해 모든 이율배반은 배척되어야 했다. 이런 상황은 인간을 세계, 대상, 타자 등 자신의 모든 외부에 맞서 있는 중심으로 만들었고, 이 결과 인간을 중심으로 한 해석체계가 형성되었다고 할 수 있다. '인간주의'는 인간을 주체로 만들어 비인간, 비주체를 모두 해석의 대상으로 만든 것이다.

오늘 인문학이 지닌 해석학적 편향을 부추긴 또 하나의 원인은 근래에 들어와서 인문학이 제도적으로 예술과 분리된 데서 찾을 수도 있다. 예술은 기본적으로 시학적이고 발명학적일 수밖에 없다. 그것은 인간의 각종 감각기관으로 만지고, 부수고, 때리고, 치고, 주물러서 그 결과물을 만들어낸다. 그러나 오늘날 인문학이 이런 예술적 제작 행위들로부터 너무나 멀리 떨어져 있다면, 이는 그것이 너무 오랫동안 대학을 자신의 배타적 거처로 삼아온 저간의 사정과 무관하지 않을 것이다. 인문학은 대학을 거점으로 세상을 바라보았고, 기본적으로 분과학문의 폐쇄된 시좌에서 존재하는 모든 것, 생각할 수 있는 모든 것을 응시해 왔다고 해도 과언이 아니다. 게다가 지금은 예술마저도 대학 안으로 들어와서 인문학이 먼저 겪은 제도화의 과정을

29_ 강내희, 「GNR 혁명'과 탈인간주의 시대의 지식생산」, 『문화/과학』 57호, 2009년 봄, 32. 이 글은 본 책에 함께 묶여 있다.

거친 지 오래 되었다. 오늘 인문학은 예술과 기본적으로 분리되어 있을 뿐더러 예술과 모처럼 연결된다고 하더라도 제도화된 예술의 모습만을 보이기 십상일 뿐이라는 점에서 인문학이 원래 가졌던 시학적, 발명학적 성격을 복원할 기회를 잃고 있다.

따라서 인문학에 발명학의 접근법을 도입하자고 하는 것은 오늘의 인문학 역시 텍스트 해석에만 안주하는 관행에서 벗어나서 텍스트의 발명, 나아가 세계의 변화에 기여토록 하자는 제안이다. 시학으로서의 인문학, 나아가서 발명학으로서의 인문학은 온갖 잡동사니를 버무려 자신을 만들어야 하기에 진흙탕을 터전으로 삼아야 할 때가 많을 것이다. 데리다의 문자학(grammatology)을 활용하며 나름대로 '발명의 논리'를 버무려낸 울머(Gregory Ulmer)에 따르면, 발명학은 지형학(chorography)을 방법론으로 삼는다. 지형을 이루는 코라(chora)는 모든 것을 수용하는 그릇이고, 온갖 일이 일어나는 터전, 수많은 건물이 들어서는 대지, 무엇이든 있게 하는 공간이다. 코라는 사전적 의미로 보면 "생성이 일어나는 영역이다."[30] 여기서 일어나는 새로운 일, 즉 발명의 사건은 발명자가 발명의 현장 이전에 겪었던 경험들, 트라우마, 기억들을 디에게시스(diegesis)의 형태로 가동하여 새로운 모습으로 버무려낼 때 일어난다. 디에게시스는 연극에서 등장인물이 행위가 진행되는 무대 밖에서 일어났거나 연극 도중에 재현되는 행위에 앞서서 일어난 다른 행위에 관하여 이야기하는 것으로 무대 위에서 일어나고 있는 장면에 해당하는 미메시스와 구분된다. 그 어떤 새로운 사건도 디에게시스를 가동하지 않고 일어나는 법은 없다. 디에게시스는 발명, 창조가 진행될 때 작동되는 전제(premises)로서 발명 현장(chora)의 구역(premises)을 형성한다고 할 수 있다.[31] 텍스트의 의미를 텍스트 안에서만 찾지 않고, 그것을 해석하는 독자

30_ Gregory Ulmer, *Heuretics: Logic of Invention* (Baltimore and London: The Johns Hopkins University Press, 1994), 48.

31_ "논리학에서 '프레미스'(premises)는 결론을 끌어내는 명제, 명시적 혹은 암묵적 가정, 또는 소개나 설명 방식에 의한 사전 진술이다. '프레미스는 또한 한 구역의 땅— 대지와 다른 부속물을 갖춘 건물— 을 가리킬 수도 있다." ibid., 48.

의 과거 경험이 텍스트 읽기에 미치는 영향까지 텍스트의 의미망에 포함시켜야 한다는 현상학의 주장은 이런 점에서 틀리지 않았다.

인문학을 발명학으로 새롭게 규정하려는 것은 인문학으로 하여금 모험을 피하지 말 것을 요구하는 일이다. 모험은 여행이나 항해 등 길 떠나기의 형태를 띠곤 한다. '여행'은 그것을 의미하는 영어 'travel'이 고역을 의미하는 'travail'에서 온 사실에서 짐작할 수 있듯이 어려움을 동반하게 되어 있다. 이 어려움은 오지 않은 미래와의 조우에서 파생하는 난관이다. 무릇 모험 (adventure)은 다가오는(venire, 'to come') 것 즉 미래로의 나아감(ad-)에서 비롯된다. 모험은 불어닥치는 한 바탕 바람(vent)과의 만남이며, 그런 점에서 그것은 '발명', '영감'과 통한다. 발명은 라틴어에서 'inventio'로 표기되었는데, 여기서 'vent'는 바람의 의미인 'ventus'에서 온 음절이다. '착상'을 의미하는 'inspiration'에도 바람의 한 형태인 '숨'(spiritus)이 들어오는 현상임을 보여주는 어원학이 작동한다. 발명이나 착상은 이처럼 죽어있는 것에 숨, 바람, 아이디어 등을 통해 생명을 불어넣는 행위다. 인문학은 과연 자신을 새롭게 하는 외부의 힘, 바람을 받아들일 자세가 되어 있는가? 자신의 외부와 만나려면 인문학은 모험을 회피할 수 없다. 인문학은 그동안 지켜온 자리—학문으로서의 위상, 대학 내 보호받는 제도로서의 위상, 권위를 지켜주는 교수법, '신성한' 텍스트 즉 정전을 중심으로 형성된 권좌 등—를 스스로 벗어던질 용기를 보여줄 수 있을까?

인문학의 모험은 여행으로 이루어져야만 한다. 여행은 인문학에게 새로운 이론적 능력을 갖추기 위한 필요조건으로 요청되는 것이다. 여행자는 오래 전부터 이론가의 모델로 간주되어 왔다.[32] 그것은 이론(theoria)이 자기가 속한 지역, 고향을 벗어난 여행자와 같은 사람이 도달하는 앎의 영역에 속하기 때문이다. 여행이 고향의 익숙함에서 벗어나는 일이고, 이론은 늘 부딪치는 경험의 관습을 벗어던지는 생경한 사유와의 만남이라는 점에서

32_ Ibid., 120.

양자는 서로 통한다. 둘 다 먼 곳으로의 이동, 다시 말해 기존의 터전, 습속으로부터의 격리를 전제하며, 충격을 동반한다. 그러나 이 충격을 겪지 않을 경우 과연 인문학은 자신을 제대로 써낼 수 있을까? 글쓰기란 원래 표면에 상처내기라는 점에서,[33] 아픔과 충격을 동반하며, 그 상처로서의 글을 남기지만 특히 인문학적 글쓰기야말로 여행과 모험, 그리고 그에 따라 겪는 충격의 상처라는 의미가 강하다. 그 여행이 사유의 형태로 이루어진다고 하더라도 그 글은 사유가 겪은 충격의 흔적으로서만 공명을 일으킬 것이다. 그러나 어떤 형태로건 떠나보지 않고 쓴 글은 다른 사람의 공명을 불러일으키기 어렵다. 매력적인 글쓰기를 위해서라도 인문학은 길을 떠나야 한다. 물론 어떤 길이냐가 문제겠지만 말이다.

오늘 인문학의 모험은, 그리고 인문학이 발명학으로 전환해야 할 필요성은 정세적으로도 불가피한 것 같다. 알다시피 디지털기술, 하이퍼미디어, 또는 유비쿼터스 컴퓨팅 등 새로운 매체와 기술의 등장으로 바야흐로 문명의 전환이 일어나고 있다. 이런 새로운 환경을 맞은 인문학이 스스로 모습을 바꾸지 않고, 예컨대 발명학과 같은 새로운 형상으로 변환되지 않고 생존할 수 있는 가능성이 있을까? 발명의 어머니는 필요라는 에디슨의 말은 정확하다. 절실함이 없으면 새로운 것을 만들 이유도, 욕망도 사라진다. 인문학이 존립의 위기에 처해있다는 의식을 더 강하게 할수록 자신을 새롭게 발명할 필요는 더 커질 것이다. 이 필요성은 향연으로서의 인문학을 생각할 때에도 더욱 절실해진다. 인문학이 자신을 새롭게 발명하고, 스스로 발명학으로 전환하는 것은 인문학의 존재 이유를 새롭게 하는 일, 오늘 시장의 논리에 따라서 비생산적이고 불필요한 것으로 치부되거나 아니면 '콘텐츠'가 되어 문화산업의 수단이 될 것을 요구 받고 있는 인문학이 오늘도 내일도 존재해야 하고, 인문학과 함께 존재해야 하는 대학을 대학답게 만드는

33_ 글이 상처라는 것은 글이 그 한자어 '契'(새길 결)이 보여주듯이 나무에 칼집을 낸 흔적이거나, 대지를 쟁기로 갈아 높힌 고랑의 모습이거나, 또는 철필이나 만년필처럼 첨단(尖端)을 지닌 뾰족한 촉으로 종이 표면을 긁어서 낸 표시라는 점으로 확인된다.

학문으로서 존재해야 하는 이유를 입증함과 동시에 스스로 존재할 수 있는 능력을 갖추는 일이다. 발명학으로서의 인문학은 이런 점에서 이제는 고전적이 된 근대적 인문학의 쇄신이라는 의미를 지닌다.

4. 명정(酩酊) 인문학

플라톤의 『심포지엄』에서는 토론이 끝나갈 무렵 갑자기 술자리가 소란해진다. 사랑에 대해 이야기를 나눌 때까지는 전날 마신 술기운을 잠재울 겸, 향연의 참석자들은 각자 원하는 만큼만 술을 마시고 있었다. 그러나 소크라테스의 발언이 끝나자 알키비아데스가 술이 크게 취해 나타나서 분위기가 급변한다. 일단 알키비아데스는 소크라테스에게 '연인'으로서 최고의 찬사를 바친다. 거기에는 소크라테스가 술을 잘 마시려 하지 않지만 일단 권유를 받고 마시게 되면 "우리 모두를 다 물리치곤 했"으며, "누구도 소크라테스가 취한 것을 보지 못했"며 놀라워하는 경외심도 포함되어 있다.[34] 알키비아데스의 소크라테스 찬양이 끝난 뒤 향연의 분위기는 한결 더 무르익는데, 대부분 사람들이 지난 밤 마신 술로 몸 상태가 좋지 않은 것도 잊고 술을 마신 모양이다. 이 향연 이야기를 전해준 아리스토데무스에 따르면 아가톤, 아리스토파네스, 소크라테스가 특히 끈질겼다고 한다. 새벽녘에 잠이 깨서 보니 세 사람이 그때까지 술을 마시며 과연 한 동일 작가가 좋은 비극과 희극 작품을 다 쓸 수 있는지 따지고 있었다는 것이다. 그 중에서도 소크라테스는 정말 '말술'이었던 모양이다. 아리스토파네스가 쓰러지고, 이어서 아가톤까지 잠이 들지만, 소크라테스는 아무 일이 없었던 듯 일어나서 리케움에 가서 몸을 씻은 뒤 평소처럼 일을 보다가 저녁이 되어서야 집으로 가서 쉬었다고 하니 말이다.[35]

34_ Plato, *Symposium*, 233.
35_ Ibid., 245.

플라톤이 그려내는 소크라테스는 정말 대단해 보이지만, 과연 오늘 인문학자가 그를 닮아야 할지는 의문이다. 소크라테스는 오늘날 세계인의 사유를 지배하고 있는 서양 철학, 학문, 또는 인문학의 효시로 간주된다. 그의 방법론인 대화 또는 변증법은 모험을 허용하더라도 그 모험의 관리를 늘 염두에 둔다. 소크라테스가 사형선고를 받을 것이 분명한 자신의 재판에 참석한 것은 공적 질서를 저버릴 수 없었기 때문이다. 그런 점에서 그는 여행을 떠나더라도 반드시 고향으로 돌아올 사람에 가깝다. '율리시즈'인 것이다. 율리시즈는 고향으로 돌아가기 위해 칼립소, 키르케, 사이렌 등 많은 여성들의 유혹과 위협을 물리쳐야 했다. 그러나 그가 사이렌의 노래를 듣지 않으려고 귀를 막은 것은 타자들과의 만남을 거부했다는 말이기도 하다. 율리시즈의 여행은 이질적 세계로의 방랑보다는 귀환, 근원으로의 회귀가 목적이었던 것이다. 소크라테스와 그를 스승으로 삼은 플라톤, 이들을 생각하는 자의 전범으로 삼은 서양의 전통, 그리고 제국주의로 인해 이 전통의 지배를 받게 된 오늘의 지구문명 역시 그의 궤적을 따르는 셈이다. 그러나 과연 우리는 율리시즈를 좇아 기원으로 되돌아가는 여행을 해야 할 것인가? 데리다는 "율리시즈는 귀환, 향수, 거주, 오이코노미아의 원환"을 의미한다고 보고, "다음 천년—그리고 이미 오늘—의 건축가는 율리시즈 같은 이는 아닐 것"[36]이라 말한다.

인문학을 향연으로 보자는 것은 인문학자의 모임을 오늘 대학에서 자주 보는 학술대회와는 다른 형태로 갖자는 제안이다. 인문학은 그렇다면 자주 여는 심포지엄을 향연으로 만들어야 하겠다. 그러려면 인문학은 술 취한 모습도 띠어야 하지 않을까? 물론 술은 통상 학문과는 거리가 먼 것으로 치부된다. 정약용은 귀양 도중에 둘째 아들이 술을 잘한다는 말을 전해 듣고 폐가망신한 집안의 자식이 학문은 돌보지 않고 술에 탐닉해서 되겠느냐며 크게 꾸짖는 편지를 써 보낸다. 그리고 언젠가 정조가 하사한 술을 마신

36_ Derrida, op. cit., 45; Ulmer, op. cit., 31에서 재인용.

뒤 "어떤 이는 남쪽으로 향하여 절을 올리기도 하고, 어떤 이는 연석에 엎어지고 누워 있고 하였지만, 나는 시권(試卷)을 다 읽고, 착오 없이 과차(科次)도 정하고 물러날 때에야 약간 취했을 뿐"이었으나 그렇게 술이 센 자기도 "술을 반 잔 이상 마시는 것을 본 적이 있느냐"며, 술은 입술만 축이며 조심스레 마셔야 한다고 아들을 타이른다.[37] 그러나 그런 다산도 젊었을 때 서울의 남산에서 놀다가 세검정 쪽에 소나기가 몰려오는 것을 보고 풍광을 즐기러 말을 휘몰아 달려갔으며,[38] 업무를 팽개치고 고향 근처에서 고기 잡고 술 마시며 놀았던 적이 있다.[39]

　"절에 이르러 술 한 잔에 시 한수를 읊조리며 하루해를 보냈다. 이렇게 사흘을 놀다가 비로소 서울로 돌아오니, 무릇 얻은 시가 20여 수였다."[40] 다산이 「유천진암기」(遊天眞菴記)에서 쓴 말이다. 그가 "얻은 시"는 술로 빚어진 것이나 진배없으니, 술은 그에게 시상을 떠오르게 한 원동력이었던 셈이다. 물론 이런 사실만으로 술의 힘을 과장해서는 곤란하다. 술을 마시면 생각이 자유롭게 떠오르고 따라서 여기서 말한 시학과 발명학으로서의 인문학을 구축할 수 있는 단상들, 발상들, 자료들이 더 많이 생길 것이라고 하는 것도 과장이리라. 말술을 마시고 난 뒤에도 아무 일 없었던 듯이 일어나서 하루 일을 더 보고 귀가하는 소크라테스에게서 우리는 술을 이긴 사람의 모습을 본다. 다산 역시 술을 마셨어도 시를 쓸 정신은 남겨두고 있었을 것이다. 그러나 그렇다고 소크라테스나 다산처럼 '제정신' 차리는 일에만 몰두하라는 것은 인문학에 요구되는 분위기, 『심포지엄』에서 사랑의 담론을 가능하게 만드는 향연의 분위기를 무시하는 것일 수도 있다. 데리다가 비판한 '로고스중심주의'는 술자리의 소음을 허용하지 않지만 인문학을 새로 해야 할 우리에게는 그런 소음이 오히려 더 소중할지 모른다. 인문학이

37_ 정약용, 앞의 책, 41-42.
38_ 정민, 『미쳐야 미친다―조선 지식인의 내면 읽기』, 푸른역사, 2004, 319-22.
39_ 같은 책, 323-24.
40_ 같은 책, 324.

시학, 발명학이 되려면 소음은 불가결하다. 디에게시스는 저 멀리 기억 속에 있고, 또한 무의식의 밑바닥에 있다. 거기서 건져온 재료들은 등장인물의 전언 속에서 소음처럼 들릴 뿐인지 모르지만 그런 소음이 가해져야, 그리고 혼란이 있어야만 인문학도 향연이 되지 않겠는가. 향연에서는 좁은 의미의 이론들, 입장, 주장들만이 소통되지 않는다. 거기에는 너털웃음과 비방, 음악, 술 따르고 술잔 부딪치는 소리, 때로는 누군가가 분노에 받쳐 외치고 때로는 설움에 받쳐 우는 소리도 있어야 한다. 이런 소음과 더불어 웃음이 넘쳐나고, 누군가의 재미있는 일화도 소개되고, 공개되어도 무방한 비밀이 때로는 밝혀져야 향연은 더욱 재미있어질 것이다. 술자리는 더욱 농익어가고 사람들의 몸도 휘청거린다. 이런 향연의 모습을 지녀야만 인문학은 시학과 발명학에 더 가까워지지 않을까?

향연을 벌이려면 당연히 능력들의 함양이 필요하다. 인문학은 시학으로, 발명학으로, 그리고 또 다른 형태로 바뀌어야 하겠지만 그 과정에도 지난 세월 겪은 방법들, 축적한 기억들을 활용할 수밖에 없다. 율리시즈처럼 우리는 고향으로만 돌아가진 않을 것이다. 그러나 앞으로 나아가면서 우리는 공자와 율리시즈와 소크라테스와 퇴계와 다산을 우리가 펼치는 향연의 무대로 불러낼 디에게시스로, 유령들로 활용할 수밖에 없다. 그들을 우리의 여정에서 결국 지우기 위해서라도 그렇다. 유령은 "여기 저기"(hic et ubique)에 있으며[41] 쉽게 사라지지 않는다. 유령의 다른 이름은 그래서 '되돌아오는 자'(the revenant), '출몰하는 자'(the frequenter)다.[42] 그런 존재는 우리가 그 죽음을 제대로 애도해줄 때에만 자신의 자리로 돌아갈 것이다. 이런 유령들과 그 밖의 다른 것들, 즉 무수히 많은 전제들, 코라, 디에게시스를 활용해야만 인문학은 자신의 잔치를 신나게 펼칠 수 있을 것이다. (2011)

41_ William Shakespeare, *Hamlet, Prince of Denmark*, ed. Philip Edwards (Cambridge: Cambridge University Press, 2003), 124.

42_ Derrida, *Specters of Marx: The State of the Debt, the Work of Mourning & the New International*, tr. Peggy Kamuf (New York: Routledge, 1994).

제 7 부

지식생산의 새로운 실험

17.

'GNR 혁명'과 탈인간주의 시대의 지식생산
—비판적 인문학자의 단상

1. 서론

이 글에서 나는 'GNR 혁명'으로 인해 우리가 알고 있는 세계에 어떤 문명적 충격이 가해지고, 어떤 문화적 사회적 변동이 예상되는지, 새로운 변화는 자본주의적 삶의 극복을 희구하는 비판적 지식인에게 어떤 함의를 갖는지 생각해 보려고 한다. 과학기술의 발전이 오늘 급속하고 광범위하게 진행되고 있다는 것은 비전문가에게도 어렵지 않게 포착되는 사실이다. 한국의 경우 최근에 논란을 빚은 '황우석 신드롬' 같은 것이 대중으로 하여금 과학기술 문제에 대해 전례 없는 관심을 갖도록 만든 계기로 작용하기도 했다. 물론 비전문가가 과학기술의 세세한 내용을 알기란 쉽지 않다. 황교수가 부정한 방법으로 자신의 연구업적을 부풀린 것으로 드러나 서울대에서 파면을 당한 뒤에도 상당수 사람들이 그를 민족부흥의 순교자인 양 떠받들고 있는 것도 그런 사실과 무관하지 않을 것이다. 그렇다면 비전문가는 과학기술 문제에 대해서는 침묵을 지켜야 하는 것일까? 나 자신 'GNR' 분야를 잘 모르면서도 여기서 그 함의를 따져보고자 하는 것은 최근의 기술발전이 나와 내 이웃과 사회에 엄청난 파장을 일으킬 것이 분명해 보이기 때문이다. '성찰적 근대성'을 주장하는 논자들이 지적하듯이, 오늘 작동되고 있는 '전문가시스템'은 전문가들 자신도 알지 못하는 방식으로 위험한 상황을 초래할 수 있다.[1] 핵 폐기장 건설, 유전자 변형식품 생산, 광우병 위험 소의 수입 등 최근 우리 사회에서 불거지고 있는 과학기술로 인한 문제들을 다룰 때, '전문가'에게만 맡겨놓을 수는 없는 이유가 있다고 하겠다.

여기서 'GNR 혁명'은 미국의 발명가-미래학자 레이 커즈와일이 2005년에 펴낸 한 책에서 21세기 전반부 인류가 겪게 될 것이라고 예측한 세 개의 과학기술 혁명, 즉 유전학(genetics), 나노기술(nanotechnology), 로봇공학(robotics) 분야에서의 발전을 일컫는 말이다.[2] 커즈와일에 따르면 우주에서의 생물학적, 기술학적 진화는 여섯 단계를 거치는데, 'GNR 혁명'은 이 가운데 다섯 번째로서 "기술과 인간 지능의 융합"이 일어나 지구에서 '만물의 영장'으로 군림해온 인간의 위상에 근본적 변화가 일어나는 시점이다.[3] 커즈와일은

1_ 성찰적 근대성의 입장은 현단계 사회를 '위험사회'로 간주한다. '위험사회'는 "경향적으로 자기비판사회이기도 하다…전문가는 상반되는 전문가에 의해 깎아 내려지거나 쫓겨난다. 정치인은 시민단체의 저항을 만나게 되고, 기업경영자는 도덕적이고 정치적인 동기에 의해 활성화되고 조직화된 소비자의 불매운동에 직면한다. 행정기관은 자조집단에 의해 비판받는다." 울리히 벡, 「정치의 재창조: 성찰적 근대화 이론을 향하여」, 울리히 벡·앤소니 기든스·스콧 래쉬, 『성찰적 근대화』, 임현진·정일준 역, 한울, 1998, 34.

2_ 멀홀의 경우는 'GNR' 대신 'GRAIN'이라는 약성어를 쓴다. 'GRAIN'은 'genetics', 'robotics', 'artificial intelligence', 'nanotechnology'의 준말이다. Douglas Mulhall, *Our Molecular Future: How Nanotechnology, Robotics, Genetics, and Artificial Intelligence Will Transform Our World* (Amherst, NY: Prometheus Books, 2002), 30. UCLA에서 개최된 한 나노기술 관련 학술대회에서는 'nano', 'bio', 'info', 'cogno'를 합성한 NBIC라는 약성어를 제안하기도 했다. Kate Marshall, "Future Present: Nanotechnology and the scene of risk," in N. Katherine Hayles, ed., *Nanoculture: Implications of the New Technoscience* (Bristol: The Cromwell Press, 2004), 151. 이런 약성어들은 'GNR'과 함께 최근에 과학기술 분야에서 진행되는 주요 발전과 동향, 수렴 방향을 보여준다.

3_ 커즈와일이 말하는 진화의 여섯 단계는 물리 현상과 화학 반응이 생겨나는 제1기, 탄소 기반 화합물이 자기복제 기제를 갖춘 분자들의 복합체로 발전하여 생명이 탄생하는 제2기, 정보 처리 기제로서의 뇌가 등장하는 제3기, 이성적이고 추상적인 사고력과 도구를 사용할 수 있는 인류가 기술을 발전시키는 제4기, 기술과 인간 지능의 융합이 일어나는 제5기, 인간적 지능이 물질과 에너지에 스며들어 "우주가 깨어"나는 제6기로

"기술과 인간 지능의 융합"이 일어나면 기존의 인간 지능을 능가하는 인공지능의 출현이 필연적이라는 예상을 내놓고 있다. "현재 우리가 처한 지점은 'G 혁명'의 초기 단계"로서 "생명이 간직한 정보 처리 과정을 이해함으로써 인체의 생물학을 재편하는 법을 익히고 있다"며,(277-78) 'G혁명' 다음에는 'N혁명'과 'R혁명'이 이어질 것이라는 것이다. 이 기술발전 시나리오에서 커즈와일이 가장 위력적일 것이라고 보는 것은 'R혁명', 그 가운데서도 인공지능의 출현이다. 그가 'R혁명'과 인공지능의 출현을 중시하는 것은 "DNA에 기반을 둔 생물학을 자유자재 활용하게 된다 해도 인간은 '2류 로봇'으로 남을 것"이라고 본 한스 모라벡의 견해를 지지하기 때문이다.(278) 커즈와일은 "핵심은 오로지 지능"이라며, "인간 수준의 인공지능이 탄생한다면 그것은 언젠가 인간 지능을 초월할 수밖에 없다"고 본다.(356)

이런 예측이 맞는다면 G, N, R 혁명이 동시적으로 진행되는 '특이점'이 조만간에 다가올 전망이다. 커즈와일은 "전면적 분자 나노기술"이 나타나는 시점을 2025년경으로, 초인적인 "강력한 인공지능"이 나타나는 시점을 2029년경으로 잡고 있다.(358) 이때에 지능의 존재를 검사하는 튜링 테스트를 통과하는 기계가 등장한다는 것인데 그의 예측은 그것으로 끝나지 않는다. 뒤이어 "비생물학적 지능이 급속히 발전해가는 능력 강화의 시대"가 펼쳐지면서 2040년대 중반이 되면 인공지능이 "인간 지능의 수십억 배 이상 발전"한다고 덧붙이는 것이다.(360) 이런 일이 실현된다는 것 자체도 놀랍지만 경천동지할 기술의 발전이 수천, 수백 년도 아니고 불과 2-30년 안에 이루어진다니 더욱 놀라지 않을 수 없다.

유전학 혁명의 초기 단계라고 하는 지금 인류는 알다시피 새로운 정치경제학적 위기를 맞고 있다. 2007년 말부터 세계 자본주의가 심각한 축적의 위기를 드러내고 있는 것이다. 지난 40년 가까이 자본의 금과옥조로 작동되던 신자유주의가 지금 세계적으로 수세에 몰린 것도 세계 공황이 예상되고

구성된다. 레이 커즈와일, 『특이점이 온다』, 김명남·장시형 역, 김영사, 2007, 34-42. 앞으로 이 책에서의 인용은 본문의 괄호 안에 그 쪽수를 표기한다.

있는 것과 무관하지 않다. 그동안 부를 축적하며 끄떡없을 것 같던 거대 은행과 기업이 대거 파산하고, 엄청난 수의 사람들이 일자리를 잃고 거리로 내쫓기고 있다. 비자본주의적 삶에 대한 전망을 가진 사람들은 이런 상황에서 어떻게 해야 할 것인가? 사회적 변동의 추이를 예의 주시하고, 대안적 삶을 설계하고 이를 실현하기 위한 노력이 그 어느 때보다 많이 요구된다. 지금은 자칫 잘못하면 인류의 대재앙이 예상되는 시점이다. 80년 전 비슷한 규모의 공황이 빚어졌을 때 인류는 파시즘의 발흥을 목격했고, 지구적 규모의 살육을 야기한 세계대전을 겪어야 했다. 파시즘은 처음에는 대중운동으로 시작할는지 몰라도 결국은 위로부터의 대중적 증오와 죽음의 동원으로 끝난다. 자본주의 역사를 되돌아보고 인류를 위한 새로운 전망을 세워야하는 시점에 'GNR 혁명'을 생각하는 것은 이 놀라운 과학기술의 발전이 자칫 새로운 파시즘의 출현과 연동될지도 모른다는 점 때문이다. 커즈와일은 '강력한 인공지능'으로 초지능이 출현하면 "본질적으로 통제 자체가 불가능하다"고 전망한다.(358) 이런 예측에 근거가 없지 않다면 지금 인류는 실로 절박한 상황에 놓여 있는 셈이다. 자본주의가 다시 공황을 맞고 새로운 파시즘의 발흥이 우려되는 시점에 인공지능에 의한 지배라는 문제까지 걱정해야 하니 말이다. 어떻게 할 것인가?

앞으로 인류는 필시 혼돈의 시대를 거치게 될 것이다. 자본주의 이후에 혼돈이 빚어질 것이라는 점에 대해서는 많은 사람들이 언급한 바 있다. 1998년에 쓴 『유토피스틱스』에서 자본주의 세계체제의 위기 이후 새로운 질서가 만들어지기까지는 50년 넘게 혼돈을 겪을 것이라고 예상한 월러스틴이 한 예이다.4 월러스틴이 새로운 질서가 형성될 것이라고 보는 2050년과 커즈와일이 특이점이 도래할 것으로 보는 2040년대 중반은 서로 멀지 않은 시점들이다. 물론 월러스틴의 새 시대와 커즈와일의 그것은 서로 다른 사회적 상을 전제하고 있다. 전자가 여전히 인류 역사의 시대에 속한다면

4_ 이매뉴얼 월러스틴, 『유토피스틱스— 또는 21세기의 역사적 선택들』, 백영경 역, 창작과비평사, 1999, 92.

후자는 인간의 역사적 참여가 불필요할지도 모르는 강력한 인공지능의 시대인 것이다. 과연 이런 시대가 올 것인지, 자본주의 이후가 어떻게 펼쳐지는지는 정확히 알 수 없지만 미래는 지금 우리가 어떤 결정을 하고, 어떻게 준비하느냐에 달려 있을 것이다. 월러스틴은 "체제가 정상적으로 작동할 때, 구조적 결정력은 개인과 집단의 자유의지를 능가"하는 반면 "위기와 이행의 시기에는 자유의지의 요소가 중심적"이라며, "2050년의 세계는 우리가 만드는 대로 될 것"이라고 말한다.[5] 다른 한편 커즈와일은 강력한 인공지능이 인간 통제를 벗어날 것이라 보면서도 뜻밖에 낙관적인 전망을 펼친다.

로봇공학 분야에서 취할 수 있는 최고의 전략은 미래의 비생물학적 지능이 자유, 관용, 지식과 다양성에 대한 존중 등 인간적 가치들을 최대한 따르게 하는 것이다. 그것을 이루는 최고의 방법은 현재 그리고 미래의 우리의 사회에서 그 가치들을 극대화하도록 노력하는 것이다. 모호한 얘기로 들리겠지만 사실이다. 이 분야에서는 순전히 기술적인 해법은 없다. 강력한 지능은 덜 강력한 지능이 만든 것은 무엇이든 수월하게 뛰어넘을 수 있기 때문이다. 우리 손에서 탄생하는 비생물학적 지능은 이미 우리 사회에 침투하고 있으며 앞으로도 침투할 테고, 우리의 가치를 반영할 것이다. 비생물학적 지능은 생물학적 지능에 깊이 스며들어 생물학을 재편하는 단계로 나아갈 것이다.(591)

커즈와일의 이런 입장은 예상 밖이다. 통상적으로 그는 과학기술의 발전으로 인한 세계의 근본적 변화는 불가피하다는 태도를 취하는 편이다.[6] 하지만 여기서 그는 비생물학적 지능으로 빚어질지 모르는 문제에 대해 비-과

5_ 같은 책, 93.
6_ 커즈와일은 강력한 인공지능이 재앙을 가져오지 않도록 하기 위해 '우호적 인공지능'을 만들기 위한 토론이 일어나고 있지만 "오늘날의 전략 수준으로는 미래의 AI가 인간의 윤리와 가치를 체득할 것이라는 다짐을 이끌어내기가 불가능하다"(571)고 본다. 이것은 인공지능이 일단 개발되면 그 자체의 발전 노선을 따를 것이라는 전망이다.

학기술적 접근을 제안하고 있다. GNR로 인해 인류 절멸의 가능성까지 포함된 엄청난 변동이 예상되고, 심지어는 그것을 통제할 수 없는 상황이 생길지도 모르지만 그동안 인류가 축적하고 함양해온 가치들이 살아남도록 하는 것이 가장 바람직하다고 말하고 있는 것이다.

GNR 기술은 오늘 어디까지 와있으며, 그것은 어떤 변화를 초래할 것인가? GNR의 발전으로 예상되는 인간적 삶의 변화는 무엇인가? 우리는 불과 수십 년 안에 인류의 존재방식 자체를 바꿀지도 모르는 과학기술의 발전을 어떻게 받아들여야 할까? 오늘 과학기술 발전의 양상과 그 방향을 이해하고 설정하려는 비판적 지식인에게는 어떤 과제가 부여되는가? GNR 혁명이 전개되는 상황에서 전통적인 비판적 지식생산은 어떤 상황에 처하게 되고, 또 새로운 지식생산은 어떤 방향으로 이루어져야 할 것인가? 이 글에서 내가 품고 있는 질문들은 이런 것들이다. 나는 여기서 비판적 인문학자의 입장에서 이들 문제를 생각해 보고자 한다. 그런 입장이 필요하다고 보는 것은 GNR 혁명으로 인간의 의미는 말할 것도 없고 존재 자체가 의문시될 수도 있겠기 때문이다.

2. GNR 기술의 현황

스위프트의 『걸리버 여행기』에서 주인공은 허공을 떠도는 섬 라퓨타에 가서 약간의 지식을 얻고 돌아와 수도 라가도에 연구소를 세우고 기상천외한 실험을 하는 발니바비 사람들을 만난다. 걸리버가 라가도의 연구소에서 만나는 한 사람이 오이로부터 햇빛을 추출하려는 과학자이다. 이 과학자의 계획은 추출한 햇빛을 유리병에 집어넣어 밀폐해 두었다가 햇빛이 모자란 날 사용하겠다는 것이다. 라가도 연구소에는 이밖에도 인간의 배설물로부터 원래의 음식을 만들고, 집을 지을 때 지붕부터 먼저 짓고, 얼음에 열을 가해 화약을 제조하겠다는 따위의 '미친 과학자들'이 숱하게 나온다.[7] 스위프트가 그의 작품에서 이런 과학자들을 그려낸 것은 18세기에 세간의 관심을 끌기 시작한 근대과학의 허황함을 풍자하기 위함이었다. 걸리버가 발니바비의 과학기술자들을 만날 때 무노디의 안내를 받도록 해놓은 점이 주목을 요한다. 무노디는 발니바비에서 양식을 지닌 유일한 인물로 그려지고 있다. 과학자들의 기괴한 실험들로 넘쳐나는 연구소를 둘러보는 걸리버 옆에 그런 사람을 배치시켜 놓았다는 것은 작가가 주인공의 관찰력이나 판단력을 신뢰하지 않는다는 표시이다.[8] 독자로 하여금 걸리버의 시각에만 의존하지 않고 무노디의 설명을 곁들여 듣도록 하여 그런 실험들을 판단하도록 한 서사전략을 감안하면, 스위프트는 자신의 시대에 유사한 실험을 한 근대과학을 웃기는 짓거리라 여겼을 것이라 짐작할 수 있다.

그러나 GNR 기술이 발전하면 스위프트가 허황하다고 본 일이 현실로 다가오지 않을까? 오이에서 햇볕을 만들어내겠다는 과학자의 꿈은 스위프트에 의해 허황된 것으로 여겨졌지만 지금은 햇볕, 땅, 거름 등의 원자들을 특정하게 조합하여 도토리를 만들어낼 수 있다는 주장이 나오고 있다.

도토리는 그 안에 흙, 물, 공기 속의 원자들을 참나무로 재배열하는 분자기계들을 가지고 있다. 우리는 그것을 잘라서 톱질을 하여 거기서 가구를 만들 수 있다. 원자들을 재배열하는 것은 자연이 분자기계들로 그 일을 하면 아주 싸다. 우리가 하려는 것도 비슷한 접근이지만 분자기계의 설계와 제어 이면에 있는 공학을 가지고 하려고 한다.[9]

다음은 랠프 머클의 말이다.

7_ Jonathan Swift, *Gulliver's Travels and Other Writings*, ed. Louis A. Landa (Boston: Houghton Mifflin Company, 1960), 145 이하.

8_ 걸리버는 자신이 보고 듣는 것은 무조건 믿는 인물로 그려진다. '걸리버'(Gulliver)는 갈매기의 영어 글자(gull)로 만든 이름이다. 영어의 "gullible"이 잘 속는다는 의미를 가지고 있는 데서 짐작할 수 있듯이 걸리버는 '갈매기처럼 잘 속는 사람'이다.

9_ James Von Ehr, interview by Wall Street Reporter, December 29, 2000. www.wallstreetreporter.com/html2/interviewsa-z/archive_main.htm; Mulhall, op. cit., 40에서 재인용.

제조된 생산물은 원자들로 만들어진다. 그런 생산물의 특질은 원자가 어떻게 배열되는가에 의해 정해진다. 석탄 속의 원자를 재배열하면 우리는 다이아몬드를 만들 수 있다. 모래 속의 원자를 재배열하(고 몇 가지 다른 요소를 첨가하)면 우리는 컴퓨터 칩을 만들 수 있다. 흙, 물, 그리고 공기 속의 원자를 재배열하면 우리는 감자를 만들 수가 있다.[10]

흙, 물, 공기에서 감자를 만들어낼 수 있는 원리는 여기서 간단한 것으로 제시된다. 모든 것은 원자의 배열로 만들어지는데, 나노기술은 원자들을 조합하는 능력을 제공한다는 것이다. 그러나 원자의 재배열을 가능하게 하는 기술이 과연 가능한가? 그렇다는 것이 에릭 드렉슬러의 말이다.

드렉슬러는 『창조의 기계』에서 물질을 분자 수준에서 조작할 수 있는 나노기계인 분자조립기의 제작 원리를 제시한 바 있다.[11] 커즈와일의 정리에 따르면 이 기계는 컴퓨터, 명령어 구조, 명령어 전송, 생성자 로봇, 로봇 팔 말단, 내부 환경, 에너지 등의 하부체계로 구성되며, 그 "조립 능력은 자신이 떠 있는 부품의 바다에 따라 제한"되지만 "우리가 원하는 거의 모든 물리적 실체를 만들어 줄 수 있다."(311) 멀홀은 분자조립기가 이런 일을 하려면 세 가지 조건이 충족되어야 한다고 본다. 예정된 순서로 분자들을 배열하는 능력(배치), 스스로 복제하는 분자 체계(자기복제), 성분들을 다른 기계로 맞춰 넣는 분자 공장(조립)이 필요하다는 것이다.[12] 조립기에 대한 드렉슬러의 정의는 "분자들을 배치함으로써 화학 반응을 유도할 수 있는 분자 제조를 위한 범용 목적의 장치"라는 것이다. 문제는 이런 정의를 어떻게 해석하느냐는 것이다. 멀홀은 나노 용어들이 공식적으로 표준화되지 않아서 혹자는 "조립이 유전학과 같은 생물학적 과정과

10_ Ralph C. Merkle의 홈페이지("Nanotechnology")에서 인용. http://www.zyvex.com/nano (2009년 2월 1일 접속.)

11_ Eric K. Drexler, *Engines of Creation: The Coming Era of Nanotechnology* (New York: Anchor Books, 1986).

12_ Mulhall, op. cit., 38.

관련이 있다"고 보고 있고, 혹자는 조립을 "패턴 속에 자기조립을 하는 화학물질에 적용한다"며, "진정한 조립기는 배치, 자기복제, 조립의 전제조건을 모두 충족시켜야 한다"고 말한다.[13] 비전문가로서는 이런 이야기를 들으면 반신반의할 수밖에 없다. 과연 배치와 자기복제, 조립의 전제조건을 모두 충족시키는 나노기계의 출현이 가능한가? 과연 'GNR 혁명'은 일어나고 있고, 2040년대 중반에 특이점이 도래할 것이라는 예측은 신뢰할 만한가?

드렉슬러는 분자조립기가 만들어지면 예상되는 위험상황에 대해서도 언급했다. "인간의 통제를 거부하고 자율적으로 움직이는 나노기계들이 떼를 지어 몰려다니면서 인간을 공격하고, 자기 증식을 위해 지구 위의 모든 것을 먹어치우는 회색 점액질"이 출현할 수도 있다고 한 것이다.[14] '회색 점액질' 이야기는 나노기술의 부작용 즉 기술발전으로 일어날지 모르는 테크노디스토피아에 대한 경고이기도 하다. 컴퓨터 언어 자바의 개발자이자 선마이크로시스템즈 창업자인 빌 조이도 GNR의 위험을 경고하고 나섰다. 『와이어드』지에 실어 유명해진 한 글에서 조이는 인류의 생존을 위해서는 위험한 기술을 포기해야 한다는 견해를 제출한다. "우리는 20세기의 NBC(핵·생물학·화학) 기술에 대해 그랬던 것처럼 GNR 기술을 두고 군비경쟁이 일어날 것임을 쉽게 상상할 수 있다"는 이유 때문이다. 그런데 조이는 자기가 이런 우려를 갖게 된 것이 브로슬 하슬라쉬로부터 "나노 규모의 분자 전자기술이 이제는 실용적이 되었다"는 말을 들은 뒤라고 밝히고 있다.[15] 이것은 '회색 점액질'의 공포가 근거 없는 심리적 현상이 아님을 시사해준다. 조이는 GNR 기술이 실제로 개발될 수 있다고 믿게 되면서, 그 위협을 경고하고 나선 셈이기 때문이다.

13_ Ibid., 39.

14_ 루이 로랑·장클로드 프티, 『나노 기술, 축복인가 재앙인가?』, 이수지 역, 민음in, 2006, 21.

15_ Bill Joy, "Why the Future Doesn't Need Us," *Wired* 8, no. 4 (April 2000). http://www.wired.com/wired/archive/8.04/joy.html (2009년 2월 11일 접속.)

그러나 새로운 형태의 탄소분자인 '풀러린'을 발견한 공로로 노벨 화학상을 받은 바 있는 리처드 스몰리는 입장이 다르다. 그는 분자조립기는 '뚱뚱한 손가락'과 '끈끈한 손가락'이 문제라며 그 제작 가능성을 믿지 않는다. '뚱뚱한 손가락'은 조립기가 원자를 집기에는 너무 큰 복수의 조작 팔을 가져서 생기는 현상이고, '끈끈한 손가락'은 원자가 조작 팔에 들러붙는 현상이다. 스몰리는 이런 현상을 피할 수가 없기 때문에 분자 수준에서의 조립기 제작은 불가능하다는 입장이다.[16] 하지만 커즈와일은 "지난 십 년간, 정교한 분자 반응을 통해 분자들을 조립하는 대안적 기법들이 수없이 연구되어 왔는데, 스몰리는 그 내용을 깡그리 무시"(327)한다고 하면서, "2020년대가 되면 분자조립기가 현실에 등장하여 가난을 일소하고, 환경을 청소하고, 질병을 극복하고, 수명을 연장하는 등 수많은 유익한 활동들의 효과적인 수단으로 자리 잡을 것"(330)이라며 분자조립기 제작 가능성을 제시한 드렉슬러의 손을 들어준다.

어느 쪽 이야기가 맞는 것일까? 과학기술의 문외한이 이런 전문적 논쟁에서 입장을 취하기는 어렵다. 지금까지 자주 인용한 커즈와일은 드렉슬러의 주장을 믿는 것 같으나 과학계에는 스몰리와 같은 의견도 적지 않은 모양이다. 캐서린 헤일스는 드렉슬러가 나노기술의 창시자로서 사계에서 의심의 여지가 없는 지위를 부여받을 것으로 보이지만, "많은 과학자들이 그를 의혹과 심지어 경멸의 눈초리로 보고 있다", 한 학술회의에서 옆자리에 앉은 사람이 분노하여 그에게 주먹싸움을 청한 적도 있다고 전한다.[17] '미스터 나노기술'로 알려진 드렉슬러에 대한 이런 상반된 평가를 볼 때, 나노기술, 나아가 GNR 전반에 대해 다음과 같은 신중한 태도를 취하는 것이 옳을 듯싶다.

16_ Richard E. Smalley, "Of Chemistry, Love and Nanobotics," *Scientific American*, September 2001, 77; Muhall, 323에서 재인용.

17_ Hayles, "Connecting the Quantum Dots: Nanotechscience and Culture," in Hayles, ed., *Nanoculture*, 12.

진실을 말하면 나노기술은 자연계에서의 실현과는 별도로 지금은 아직 대체로 미래에 대한 **전망**일 뿐이다. 그러나 여기서는 전망과 상상력이 아주 중요하다. 사실 과학적 공상가가 다가올 세계에 대한 이국적 꿈들로 우리를 매료시키고 때로는 자극하는 미래학자들과 공생적으로 공존할 여지는 충분하다. 그러나 궁극적으로는 우리의 공상적인 생각들은 모두 진정한 실험실 과학의 정련과 정제를 받아야 한다.[18]

여기서 나노기술은 아직 실현되지 않은 것으로 간주된다. 현재는 유전학 기술이 많이 개발되었지만 나노기술은 아직 제대로 발전하지 못했다고 보는 커즈와일도 이 점에서는 다르지 않다. 인용문은 나노기술이 전망의 단계에 있지만 지금은 공상과학처럼 들리는 이야기도 미래학자들의 이국적인 꿈과 합치될 가능성을 부정하지 않는다. 하지만 그러면서도 공상을 실험실 과학으로 입증할 것도 요구하고 있다. 오늘 이 실험실 과학은 어떤 모습인 것일까?

GNR 혁명의 현단계 모습은 최근에 과학기술 실험의 핵심 시설로 사용되는 가속기를 통해 볼 수 있을 것 같다. 위키백과에 따르면 "입자 가속기는 물질의 미세 구조를 밝히기 위해 원자핵 또는 기본 입자를 가속, 충돌시키는 장치"로 설명되는데,[19] 국내에는 포항공대가 둘레 280미터의 방사광가속기를 보유하고 있다. 포항가속기연구소는 이 가속기의 이용분야를 단백질·생체구조 연구(응용분야: 기가DRAM 이상 초고집적회로제작), 결정 및 비결정체의 미세구조분석(응용: 신소재 개발[고온초전도체, 고온세라믹]), 물질의 표면·계면의 구조연구(세제 및 신약개발), PPM 단위의 미량분석(심장병진단[혈관조영]), 화학·촉매 연구(미세로봇제작)라고 소개한다.[20]

18_ Editors, "Foreword," in Sandy Fritz, comp., *Understanding Nanotechnology: From the Editors of Scientific American* (New York: Warner Books, 2002), viii; Hayles, ibid., 13에서 재인용.

19_ http://ko.wikipedia.org/wiki/%EC%9E%85%EC%9E%90_%EA%B0%80%EC%86%8D%EA%B8%B0 (2009년 2월 13일 접속.)

20_ http://pal.postech.ac.kr/ (2009년 2월 10일 접속.)

이것 자체로도 대단한 연구를 진행할 수 있음을 알 수 있지만 지금 세계에는 수많은 가속기가 가동되고 있는 모양이다. 2001년에 나온 입자가속기에 관한 한 개론서에 따르면 "세계에는 현대 병원들에서 암 치료에 사용되는 선형가속기에서 창조의 비밀을 풀기 위해 국제 입자물리학실험실에서 사용되는 거대 '원자파괴장치'에 이르기까지 1만개 이상의 입자가속기가 있다."[21] 이 가운데서도 가장 규모가 크고 위력적인 것은 프랑스와 스위스 국경지대 알프스 산맥 지하에 설치된 유럽원자핵공동연구소(CERN)의 강입자가속기이다. 이 기계는 광속으로 가속한 양자를 서로 충돌시켜 빅뱅 직후 우주의 상태를 점검하려는 목적으로 원주 27킬로미터 터널 안에 설치되어 있는데, 2008년 9월부터 가동에 들어갔다가 고장 때문에 실험을 중단하고 있지만 2009년 가을에 재가동될 예정이다.[22]

1만여 개의 입자가속기가 가동되고 있다는 것은 '원자의 재배열' 기술이 활발하게 개발 중이라는 말이다. 기술 개발은 이미 시작된 것으로 보인다. 1989년에 캘리포니아의 IBM 알마덴 연구소 도널드 아이글러와 엘하드 슈바이저가 원자현미경(AFM)을 이용해 35개의 크세논 원자들로 I, B, M 글자를 써서 원자 수준의 정밀도로 물질을 다룰 수 있음을 입증한 바 있고, 1991년에는 일본의 NEC 기초연구실험실의 물리학자 수미오 이이지마가 강철보다 최소 35배 강력한 구조물인 탄소 나노튜브를 합성하였고, 1993년에는 노스캐롤라이나 대학의 워렌 로비넷과 UCLA의 스탠리 윌리엄스가 가상현실 시스템을 주사터널현미경에 연결하여 원자의 관찰과 조작을 더욱 쉽게 만들었으며, 2000년 루슨트테크놀로지스 벨연구소가 옥스퍼드 대학과 연계하여 DNA 모터를 만들어내어 바이오기술과 나노기술의 관련성을 입증한 바 있다. 이런 기술발전들을 언급한 뒤 멀홀은 다음과 같이 말한다.

21_ E.J.N. Wilson, *An Introduction to Particle Accelerators* (New York: Oxford University Press, 2001), 뒤표지.

22_ http://en.wikipedia.org/wiki/Large_Hadron_Collider (2009년 2월 15일 접속.)

정말 작은 물질들을 다루는 최첨단 연구에서 MIT, 하버드, 그리고 선마이크로시스템즈 같은 회사의 물리학자들은 폭발적 잠재력을 지닌 인공 원자들—원소주기표를 새로 만들게 할지도 모르는 디자이너 성분들—의 새로운 영역에서 응용실험을 시작했다. 그런 원자들은 전자적으로나 광학적으로 자극을 받으면 프로그램 가능한 물질, 즉 정밀하게 반복적으로 조정될 수 있는 성질을 지닌 물체들을 만들게 해준다. 이들 물체는 우리가 단 한 번의 스위치로 재료의 화학적, 광학적, 물리적 성질들을 바꾸게 할 수 있다. 최초의 그런 적용 사례의 하나가 즉각적이고 짙은 색깔 변화를 가능케 하는 형광 작용이다. 광범위한 응용까지는 많은 시간이 걸리겠지만 원리들은 실제로 제시되었다. 다시 말하거니와, 그와 같은 발전은 개별 원자들의 나노 차원의 조작에 의해 가능해졌다.[23]

멀홀이 여기서 말하는 기술은 아직은 실현되지 않았다. "전자적으로나 광학적으로 자극을 받으면 프로그램이 가능한 물질, 즉 정밀하게 반복적으로 조정될 수 있는 성질을 지닌 물체들"이 만들어지진 않은 것이다. 그러나 멀홀이 위에서 언급한 대로 이미 많은 유전공학이나 나노 관련 기술들이 개발되었다는 사실은 꿈같은 이야기들이 반드시 꿈같지만은 않다고 여기게끔 만든다. 이런 생각은 멀홀보다 훨씬 더 큰 확신을 가지고 특이점의 도래를 예측하는 커즈와일의 책을 읽을 때 더 강하게 든다.

여기서 나는 나노기술 중심의 GNR의 발전을 일단 실현 가능한 것으로 파악하며 말을 하고 있다. 이 분야에 대해 전문적인 지식을 갖고 있거나 확실한 근거가 있어서 그렇게 하는 것은 아니다. 그럼에도 불구하고 GNR 혁명의 '현실성'을 전제해야 한다고 보는 것은 스몰리 등의 예상대로 GNR 기술이 만개되지 않을 때보다는 커즈와일이나 드렉슬러의 주장이 현실로 나타날 때가 더 심각한 상황을 초래할 것 같기 때문이다. 사실 나노기술이 획기적인 발전을 이루지 못 한다고 전제하면 과학기술이 인류 사회에 어떤

23_ Mulhall, op. cit., 36.

영향을 미칠 것인지 비판적으로 성찰해볼 필요성은 그만큼 줄어든다. 나 같은 인문학자가 오늘의 과학기술에 대해 관심을 기울이고, 거기서 어떤 종류의 발전이 이루어지는지 알아볼 필요를 느끼는 것은 드렉슬러의 예측처럼 나노기술의 발전이 분자조립기를 탄생시키고, 커즈와일의 주장처럼 유전학, 나노기술, 로봇공학의 융합으로 특이점이 현실이 될 경우 엄청난 파장이 예상되기 때문이다.

3. GNR과 인간

'GNR 혁명'의 여파 가운데 가장 큰 충격은 물질의 경계를 해체할 수도 있다는 점이 아닐까 한다. 우리가 문 대신 벽을 통해 건물을 출입할 수 있는 상황을 상상해보라. 상상, 허구의 세계에는 이런 일이 자주 일어난다. 하지만 이미지 조작 기술이 발전하기 전에는 영화에서도 사람이 벽을 통과해버리는 장면을 연출하기는 쉽지 않았다. 사람이 마치 연기나 물을 관통하듯이 두꺼운 건물 벽을 관통하는 모습은 20년쯤 전에 만들어지기 시작했다. <사랑과 영혼>(1991)이나 <터미네이터 2>(1992) 등 1990년대 초에 제작된 영화에서는 이미지모핑이라는 기술이 응용되어 <사랑과 영혼>에서는 영혼으로 남은 주인공의 남편이 달리는 기차 속으로나 건물 벽을 관통하여 주인공을 따라다니며 지켜주는 것으로 나타나고, <터미네이터 2>에서는 주인공 모자를 죽이러 미래에서 온 액체금속 유기체 T-1000이 자유자재로 모습을 바꾸는 장면이 자주 나온다. 그러나 지금 말하는 과학기술의 발전 수준은 그런 이미지모핑을 통해 화면에서 사람이 벽을 통과하고, 살인 사이보그의 으깨진 얼굴이 원상태로 복귀하게 하는 것에 그치지 않는다. '벽을 통한 건물 출입'은 이미지 조작으로 그치지 않고 우리의 몸이 실제로 벽을 통과하는 실제 상황이다. '분자골목'(Molecular Alley)이 '반도체계곡'(Silicon Valley)을 대체할 경우, 이런 일은 상상으로만 그치지 않게 될 것이다.[24]

최근까지 사람들은 '반도체계곡'의 마법에 흠뻑 빠져 있었다. 디지털기술의 발전으로 텍스트와 이미지를 동영상과 혼합하는 기호생산체계를 경험하게 된 것이다. 가상의 세계에서 말과 행동은 더 이상 분리되지 않는다. 디지털기술이 나오기 전 언행의 일치는 마술의 세계에서만 가능했다. 마술은 사기술로도 통한다. 공중부양이나 순간이동 마술 등은 아무리 신기해도 현혹을 포함한다. 과학이 아닌 것이다. 반면에 반도체계곡이 열리면서 명령어가 이미지의 동작을 야기하는, 즉 말이 바로 행동으로 전환되는 것이 기술적으로 가능해졌다. "컴퓨터 프로그램은 지정된 장치에 의해 읽히면 행동을 지시하는 순수 언어이다…행동들은 말을 읽는 기계로부터 자동적으로 나온다."[25]

하지만 GNR 기술과 연관시켜서 생각하면 말과 행동을 연결시키는 이런 기술도 가상현실의 수준에서만 이루어진다는 점을 지적할 필요가 있다. 가상현실은 현실의 일부를 구성하긴 하지만 그렇다고 실제적 물질성을 갖는 것은 아니다. 반면에 GNR 기술로 인해 우리의 몸이 벽을 통과한다면 그것은 가상의 차원을 뛰어넘어 현실적 차원에서 일어나는 일이다. 나노기술은 새로운 유체상태 즉 '나노논리'가 관철되는 현상을 가능케 하기 때문이다.

'나노논리'는 "대안적 정체성의 논리"로서 "신체적 모호화 현상"을 대동하며, 그 작동 방식은 다양한 나노시나리오에서 확인된다.[26] '나노논리' 개념을 소개하고 있는 밀번의 나노시나리오 사례를 몇 개 들어보자. "나무로 된 의자가 일군의 나노봇에 의해 탁상으로 변형되고 그 '의자 성질'이 교묘하게 실질적으로 '탁상 성질'로 변형될 수 있다." "나무 의자가 살아 있는

24_ '분자골목'이 '반도체계곡'을 대체한다는 표현은 Mulhall, op. cit., 35에서 가져왔다.

25_ Robert Horvitz, "Is Computer Hacking a Crime?", in Jack Hitt, ed., *The Harper's Forum Book: What Are We Talking About* (New York: Citadel Press, 1991), 256-57; Mark Dery, *Escape Velocity: Cyberculture at the End of the Century* (London: Hodder and Stroughton, 1996), 66에서 재인용.

26_ Colin Milburn, "Nanotechnology in the Age of Posthuman Engineering: Science Fiction as Science," in Hayles, ed., *Nanoculture*, 124.

고기로 변할 수 있다. 여기에는 어떤 마술도 없다. 다만 분자들의 정밀한 재배치만 있을 뿐이다." "나무 의자가 인간(즉 호모 사피엔스)으로 변할 수 있다. 고기로 변하던 것과 똑같은 과정이 이제는 인간주의적 형이상학에 조금 더 강력한 도전을 가하는 것이다." "고기가 인간으로 변할 수 있다. 고기는 죽지 않고 존재를 멈추지 않는다. 그저 인간이 될 뿐이다." "한 인간이 또 다른 인간을 위한 자료를 나르는 일군의 나노봇에 의해 삽시간에 다른 사람이 될 수 있다. 인간 A와 인간 B는 동일한 물질, 동일한 시공간 좌표를 공유한다. 그들은 상이한 정체성을 갖고 다른 사람들이지만 동일한 존재이다."[27]

물론 이런 시나리오는 아직은 공상과학에 속한다. 그러나 분자조립기가 만들어진다면? 앞에서 "흙, 물, 공기 속의 원자를 재배열하면 우리는 감자를 만들 수가 있다"는 머클의 말을 인용했었다. 의자가 탁상으로, 고기로, 인간으로 변할 것이라고 하는 밀번의 나노시나리오나 흙과 물과 공기로부터 감자를 만들 것이라는 머클의 예상은 원자의 재배치 사례에 속한다. 이 작업은 재료공학에서는 이미 구현되고 있는 기술이다. 1985년에 모스크바 국립대학 물리학 교수 콘스탄틴 리카레바는 자기 학생들인 알렉산더 조린, 드미트리 아버린과 함께 (나노서킷과 약하게 연결된 전도체인) 이른바 '쿨롱의 섬'[28]으로부터 개별 전자의 운동을 통제하여 단전자 소자를 만들 수 있는 가능성을 열었으며, 이 소자는 1987년에 벨연구소의 제럴드 돌런과 시오도어 풀턴에 의해 실제로 만들어졌다.[29] 이런 성공 사례는 물론 나노기술, 로봇공학 발전의 첫 걸음마일 뿐이지만, '분자골목'이 '반도체계곡'을 대체하기 시작했다는 증거이기도 하다. 언어와 행위의 일치는 따라서 더 이상

27_ Ibid., 125-26.

28_ 현대의 반도체 기술은 수백 옹스트롬(Å) 크기 정도의 전자 풀 혹은 금속 입자를 제작하는 것을 가능케 했다. '쿨롱의 섬'은 '양자 점'(quantum dot), '단전자 소자'(single-electron transistor) 등과 함께 터널 접합(tunnel junction)을 통하여 전극에 연결된 구조를 가리키는 이름이다.

29_ Hayles, "Connecting the Quantum Dots," 11.

가상세계에서만 가능한 마술이 아니다. 사람들이 벽을 통과한다면 '열려라 참깨!'가 효력을 발휘하는 곳은 다름 아닌 실질세계이다. 그리고 실제세계에서 나의 몸이 벽을 통과한다면 사물들 간에 있다고 알고 있는 장벽, 경계나 활동들 간의 구분과 차이는 더 이상 지금처럼 생각될 수 없다.

원자를 자유자재로 재배치할 수 있고, 우리가 속한 물질세계가 근본적으로 재구성되면 인간의 미래는 어떻게 될 것인가? 더글러스 멀홀은 가까운 미래 이후에는 특정 기능을 수행하는 '로봇 하인'(robo servers) 수십억 개가 돌아다니고, 인간의 지능과 대등한 능력을 지닌 로보 사피엔스(robo sapiens) 즉 생각하는 로봇이 등장하며, 인공적으로 강화된 지능과 신체를 갖춘 고등 인간(homo provectus)이 나타날텐데, 이들만이 로보 사피엔스와 대등한 능력을 드러낼 것이라고 예상한다.[30] 2029년경에 인간의 지능에 버금가는 인공지능이 출현하고, 2040년대 중반에는 인간 지능의 수십억 배를 능가하는 '강력한 인공지능'이 출현할 것이라는 커즈와일의 예측을 앞에서 소개한 바 있다. 멀홀의 예측에서는 호모 프로벡투스와 로보 사피엔스가 대등한 관계를 이루는 것 같지만 커즈와일의 그것에서는 이미 호모 프로벡투스의 존재는 의미가 없어질 것 같다. 로보 사피엔스 또는 강력한 인공지능은 이미 인간의 한계를 넘어선 지능 존재일 것이기 때문이다.

GNR 혁명은 이처럼 인간주의 이후 시대를 생각하도록 요구한다. 인간주의는 그동안 인간적 삶의 본질을 이해하고 그 바람직한 발전 방향을 모색해온 인문학의 기본 이념으로 받아들여져 왔다. 인간주의에 따르면 인간 주체는 자기 통일성을 지닌 존재이다. 이 후자는 자기의식의 소유자이자 주인으로 인식된다. 그러나 인간의 유전자를 조작할 뿐만 아니라 원자 재배열을 통해 존재자들이 상호간의 경계와 구분을 뛰어넘으며 의자에서 탁상으로, 고기로, 사람으로 변형되어 자신들의 본성을 바꾼다면, 그리고 인간의 지능을 수십억 배 능가하는 로보 사피엔스가 등장한다면 인간은 '만물의 영장이

30_ Mulhall, op. cit., 85.

라는 자화상은 말할 것도 없고 존재 가능성마저 보장받지 못하는 상황에 처할 전망이다. 로보 사피엔스나 강력한 인공지능을 출현시킬 특이점에 대한 예측은 공상과학에서나 통하는 것인지도 모른다. 하지만 위에서 살펴본 것처럼 만여 개의 입자가속기가 작동되고 있고, 그 가운데 둘레 27킬로미터나 되는 터널을 뚫어야만 설치할 수 있는 규모에 실험 도중에 블랙홀을 만들어낼지도 모른다고 일부 과학자들이 우려할 만큼 위력을 지닌 강입자가속기가 포함되어 있다는 사실, 그리고 위에서 일별한 각종 기술발전 등을 상기하면 과학기술이 인간의 수준을 능가하는 새로운 존재를 출현시킬 수 있다는 예상을 무조건 공상으로만 치부할 것은 아닌 듯싶다. GNR 기술의 가능성이 열리면서 우리는 탈인간 상황에 대한 사유를 더 이상 늦출 수는 없게 되었다.

4. 탈인간 시대의 지식생산

'나노'는 10억분의 1미터를 가리키는 단위이다. 1나노미터라면 수소 원자 10개의 크기이고, DNA 분자의 직경이 2.3나노미터라고 하는데, 나노기술은 이처럼 극소한 단위에 적용되는 기술이다. 나노기술은 인류 역사상 처음으로 개별 원자와 분자를 조합하거나 다룰 수 있는 능력을 통해 재료공학에 대한 발본적인 새 접근법을 제공한다고 평가받는다.[31] 머클에 따르면 "우리로 하여금 기본적으로 모든 원자를 적합한 장소에 넣을 수 있게 하고, 분자적 정밀도로 명시할 수 있는 물리학의 법칙과 합치하는 거의 모든 구조를 만들 수 있게 하고, 필요한 원재료 및 에너지 비용을 크게 초과하지 않는 제조비용을 쓰도록 해야"만 나노기술로 인정될 수 있다.[32] 머클은 현재 나노기술이 권투장갑을 끼고 레고 블록을 옮기는 것처럼 조야한 수준이라고 말한다. 하지만 궁극적으로 '권투장갑'의 장애를 극복하여 "분자적 정밀도

31_ Hayles, "Connecting the Quantum Dots," 11.
32_ Merkle, op. cit.

로…물리학의 법칙과 합치하는 거의 모든 구조를 만들 수 있게" 해야 한다면 그것은 로봇공학과 긴밀한 관계를 맺지 않을 수 없을 것이다.

드렉슬러가 다른 과학자들로부터 공격을 받는 한 이유는 나노기술을 로봇공학의 관점에서만 이해하려는 경향 때문이라고 한다. 빅토리아 베스나와 제임스 짐젭스키 같은 경우는 드렉슬러가 나노물질들로 기어, 도르래, 컨베이어벨트와 같은 기계장치들을 만든다고 말하는 것은 나노기술을 기계학인 로봇공학으로 파악하는 것이라며 잘못이라는 입장이다. 나노기술은 기계학보다는 생물학의 관점에서 이해해야 한다고 보는 것이다. 하지만 이들의 입장을 소개하는 헤일스에 따르면 나노과학과 나노기술에서 기계학과 생물학은 칼로 자르듯이 구분되기 어렵다.[33] 극소 세계에서는 생물적인 것과 기계학인 것 간의 경계가 모호하기 때문이다. 나노기술은 DNA 분자 수준의 단위에서 작업하려는 것인 만큼 기계학과 생물학이 겹쳐지는 지점, 나아가서 유전학과 로봇학이 융합되는 지점에서 작용할 수밖에 없다. 이런 점은 커즈와일의 다음 글에서도 분명하게 드러난다.

> 2020년대가 되어 나노기술을 자유자재로 다루게 되면 우리는 세포 핵 속의 생물학적 유전 정보 보관소를 우리가 나노기술로 만든 물질과 바꿔치기할 수 있을 것이다. 즉 유전 암호를 지닌 동시에 RNA, 리보솜, 기타 생물학적 조립에 필요한 컴퓨터 요소들의 활동을 모방하는 기계를 집어넣는 것이다. 유전 암호를 저장하고 유전자 발현 알고리즘을 간직한 나노컴퓨터, 발현된 유전자에 대해 아미노산 조립을 수행하는 나노봇이 있으면 된다.(317)

내가 여기서 관심을 갖는 것은 2020년대에 과학자들이 나노기술을 자유자재로 다룰 수 있을 것인지, 세포 핵 속의 생물학적 유전 정보 보관소를 나노기술로 만든 물질과 교환할 수 있을 것인지 여부가 아니다. 그런 기술의

33_ Hayles, op. cit., 12.

실현 가능성 여부는 미래에 가서 판명이 나겠지만, 중요한 것은 GNR 기술 개발을 위한 노력은 이미 시작되었고, 이 노력은 융합적 연구 형태를 띠어야 한다는 것이다. 나노컴퓨터와 나노봇으로 세포핵을 다루려면 과학기술의 다양한 분야의 융합은 필수적이 아니겠는가. GNR 기술 개발이 혁명적 의미를 띠는 한 까닭은 이처럼 새로운 지식생산 체계를 형성하도록 하는 데 있지 않을까 싶다.

밀번에 따르면 나노 논리는 사이보그 논리로서 생물학적인 것과 기술적인 것, 신체와 기계의 구분을 내파시킨다. 나노기술이 적용되는 원자의 수준에서는 생물학과 물리학, 화학의 구분이 일어나지 않는다.

> 나노기술은 신체 및 기계적 대상들의 성분들이 서로 분간될 수 없다고 생각하고 따라서 생물학적 기계를 나노기계의 모델로서 활용하여 어떤 궁극적 순환성을 달성한다. 나노논리는 유기체와 기술 간의 모든 지적 경계들을 제거한다—드렉슬러가 말하는 것처럼 나노논리는 '하드웨어와 생명 간의 구분이 희미해지게' 한다. 그래서 인간의 신체는 이미 그 안에 있는 기계적 나노장치들과 불가분하게 얽히고 상호침투하고 합체되어 포스트휴먼 사이보그가 된다.[34]

이런 점 때문에 나노논리에서는 인간 본연의 영역이 따로 보장될 수가 없다. "유기체와 기술 간의 모든 지적 경계들을 제거"한다는 것은 생물학적인 것(the biological)과 기술적인 것(the technological)의 구분을 내파시키고, 생물-논리적인 것(the bio-logical)과 기술-논리적인 것(the techno-logical) 사이에 순환성을 구축한다는 것이다. 나노논리가 적용되면 순수하게 인간적인 영역은 존중될 수가 없다.

탈인간 사이보그가 출현하는 상황에서는 그래서 인간의 본성을 전제한 인간주의가 지배하던 때의 각종 영역 분할 방식은 유지되기 어려울 전망이

34_ Milburn, op. cit., 125.

다. 인간주의에 기반을 둔 시대의 지식생산에서는 분과학문 체계가 지배했다. 인간주의는 근대 이후 인간과 사회, 세계를 이해하는 지배적인 패러다임으로 작용해 왔고, 이 기간의 지식생산을 규정해 왔다. 우리가 아직도 자연과학, 인문과학, 사회과학, 예술 등으로 지식과 역능의 종류를 크게 나누고, 이들 범주를 다시 물리학, 화학, 생물학, 문학, 언어학, 역사학, 철학, 정치학, 경제학, 사회학, 지리학, 인류학, 음악, 미술, 무용 등으로 나눠서 이들과 관련된 연구와 교육을 실행하는 것은 그 결과이다. 이런 범주화와 인간주의는 어떤 관련이 있는가? 인간주의는 인간의 본성을 전제하고 사물들의 세계와 인간의 세계를 구분하며, 사물들과 존재의 영역과 경계를 전제함으로써 작동한다. 인간주의에서 인간이 인간인 것은 그 자신의 진정한 소유자이기 때문이고, 무기물이나 동식물은 물론이고 심지어는 여자, 아랍인, 흑인, 중국인, 동성애자 등 '인간 같잖은 인간'과는 분명하게 구분되는 본성을 지녔다고 이해되기 때문이다.[35] 하지만 밀번이 말하는 나노논리가 물질세계의 존재와 작동 원리를 지배한다면, 그로 인해 상상과 실재의 관계, 정체성을 포함한 사회적 분할 방식이 영향을 받는다면 "실재와 모사, 과학과 공상과학, 유기체와 기계"의 구분은 사라지게 되고,[36] 그동안 우리가 수용해온 근대적 지식생산 체계도 더 이상 유효할 수 없다.

GNR 기술의 발전은 따라서 지식생산을 혁명적으로 변동시킬 전망이다. 유전공학은 이미 엄청난 수준으로 발전했다. 앞에서 GNR 기술 개발에서 핵심은 로봇공학, 특히 인공지능이라는 커즈와일의 견해를 언급한 바 있다. "생명공학 혁명은 굉장히 중요한 사건이지만, 일단 생물학의 방법론이 완전히 성숙하면 생물학에 내재된 한계 또한 명백해질 것"(309)이므로 나노기술, 나아가서 로봇공학, 특히 인공지능 기술에 의해 기존의 기술들이 통합될 것이라는 전망이었다. 하지만 이 전망은 현실성이 있다고 해도 GNR이

35_ 인간주의가 각종 인종차별주의, 성차별주의, 식민주의와 공존할 수 있었던 한 이유가 여기에 있다.

36_ Milburn, op. cit., 123.

라는 첨단기술 영역에서의 발전 방향에만 해당될 뿐이다. 이렇게 물을 수 있을 것 같다. 인문학, 사회과학, 예술 영역 등 비기술영역의 지식 또는 역능 생산은 어떻게 될 것인가? 최근에 에드워드 윌슨은 이에 대한 답변으로 '통섭'이라는 접근법을 제시한 바 있다.

통섭에 대한 믿음이 자연과학의 기반이다. 적어도 물질세계에서는 개념적 통일로 향하고 있는 것이 압도적 추세이다. 자연과학 내 분과학문의 경계는 사라지고 있고, 통섭을 전제하는 변화하는 혼성 영역들에 의해 대체되고 있다. 이들 영역은 화학물리학과 물리화학에서 분자유전학, 화학생태학, 그리고 생태유전학에 이르는 많은 차원의 복잡성에 걸쳐 있다. 이들 새로운 전문분야는 모두 연구를 위한 하나의 초점 이상으로 간주되지 않는다. 각 분야는 새로운 아이디어와 발전하는 기술의 산실이다. 인간의 행동이 물리적 인과에 따른 사건을 포함할진대 왜 사회과학과 인문학이 자연과학과의 통섭에 반응을 보이지 않아야 하겠는가? 그리고 인문학과 사회과학이 어떻게 그런 연대로부터 혜택을 얻지 않겠는가?[37]

윌슨이 여기서 제시하고 있는 '개념적 통일'로의 접근은 커즈와일의 견해와 크게 다르지 않다. 앞에서도 살펴봤지만 커즈와일은 유전학, 나노기술, 로봇공학 분야가 "유전 암호를 저장하고 유전자 발현 알고리즘을 간직한 나노컴퓨터, 발현된 유전자에 대해 아미노산 조립을 수행하는 나노봇"(317) 개발로 귀결될 것으로 본다. 물론 여기서 인용한 글에 한해서는 윌슨과 커즈와일의 관심 분야가 다른 것이 사실이다. 후자가 과학기술 분야에서의 융합에만 관심을 두고 이야기한다면 전자는 물질세계에서의 개념적 통일, 자연과학 분과학문의 경계 소멸, 통섭에 따른 혼성 영역의 등장만이 아니라 이런 변화와 사회과학 및 인문학의 관계에도 관심을 표명하고 있는 것이다.

37_ 에드워드 윌슨, 『통섭—지식의 대통합』, 장대익·최재천 역, 사이언스북스, 2005. 인용문은 http://en.wikiversity.org/wiki/Consilience (2009년 2월 10일 접속)에서 찾아 필자가 번역한 것이다.

그렇다면 두 사람의 관심사를 종합할 수 없는 것일까? 윌슨의 관심사를 커즈와일의 그것과 연결하여 생각하면 다음의 질문들을 던질 수 있을 것 같다. 'GNR 시대'에 인문학, 사회과학, 나아가서 예술은 자연과학 또는 과학기술과 어떤 관계를 맺을 수 있는가? GNR 혁명으로 인간의 소멸이 예상되는 시점에 우리는 인문사회과학과 예술을 어떻게 새로 가꾸어야 하는가? 인간이 사라진 시대, 포스트휴먼, 트랜스휴먼이 등장한 시대에 인문학, 인간과학, 지식생산은 어떤 모습을 띨 것인가?

멀홀에 따르면 나노기술이 발전한 시점에는 대부분의 물건은 집안에서 디지털제작기로 만들어지고 이렇게 되면 "재화의 비용은 더 이상 재료의 가격으로 결정되지 않고 재화를 만드는 소프트웨어의 가격과 그것을 상상하는 사람들에 대한 사례금으로 정해진다." "소프트웨어의 실제 비용"은 "인간 및 컴퓨터의 두뇌능력"이기 때문이다. 이 말은 GNR 기술이 발전하여 원자들의 재배열을 자유자재로 할 수 있게 될 경우, 혹은 밀번의 나노시나리오가 실현되어 의자가 탁상으로, 고기로, 사람으로 바뀌는 것이 가능해지면 재화의 생산은 "같은 시간 같은 장소에 수천 개의 부품이 도착하도록 만드는 거추장스러운 글로벌 네트워크"가 불필요해지고,[38] 오직 상상에 의해서 바로 생산이 가능해질 정도가 된다는 것이다. 이와 비슷한 생각은 장 보드리야르에 의해 이미 제출된 바 있다.

모델들은 더 이상 초월성이나 투영을 구성하지 않으며, 더 이상 실재에 대한 상상을 구성하지 않는다. 그들은 그 자신들이 실재의 예견이며, 따라서 허구적인 어떠한 종류의 예견 여지도 남겨 놓지 않는다. 이 열려진 영역은 정보통신학적인 의미로 시뮬라시옹의 영역, 즉 이러한 모델들의 (각본들, 가장된 상황들을 올리기 등) 모든 방향으로의 조작의 영역이다. 그런데도 아무것도 이러한 조작을 실제 자체의 관리 및 조작과 구별하지 않는다. 더 이상 허구는 없다.[39]

38_ Muhall, op. cit., 99.
39_ 장 보드리야르, 「시뮬라크르들과 공상과학」, 『시뮬라시옹─ 포스트모던 사회문화론』,

보드리야르는 여기서 시뮬라크르의 논리를 말하고 있다. 실재와 허구의 구분이 필요한 것은 실험실 과학과 공상과학 간의 구분이 필요하기 때문인데, 그의 논지는 그런 구분이 불가능하다는 것이다. "더 이상 허구는 없다"는 것은 언어적 명령("열려라 참깨!")이 실재의 물질적 변화를 가져오는 세계가 열렸다는 말이다. 보드리야르는 그것을 시뮬라크르의 세계로 본다. 하지만 이것은 GNR로 열리는 세계와 어떻게 같고 다른가?

보드리야르의 위 구절을 인용하고 있는 밀번은 보드리야르가 허구와 과학의 구분이 불가능함을 보여준다고 지적하고 있다.[40] 밀번이 이런 지적을 하는 것은 나노기술이 발전하려면 과학만이 아니라 허구의 도움도 받아야 함을 강조하기 위함이다. 그에 따르면 연구 분야로서의 나노기술은 과학과 공상과학이 서로 스며드는 지점이며, 나노기술에서는 "생물적인 것과 기술적인 것이 상호침투하고 과학과 공상과학이 합쳐진다."[41] 그러나 밀번 자신이 제안한 나노논리를 수용한다면 더 급진적인 말도 가능할 것 같다. 보드리야르가 말하는 허구와 실재의 구분 소멸, 밀번이 말하는 과학과 공상과학의 융합은 문화적, 사회적 차원에서 일어나는 일이다. 보드리야르는 『아메리카』에서 디즈니랜드가 로스앤젤레스의 모델임을 지적한 바 있다.[42] 허구와 실재를 구분하는 관점에서 보면 디즈니랜드는 허구이고 로스앤젤레스는 실재이다. 하지만 로스앤젤레스가 디즈니랜드를 본떠서 만들어진다면 모델로서의 디즈니랜드는 더 이상 '상상계'를 구성하는 것이 아니라 그 자체로 '실재의 예견'이 된다. 이때 디즈니랜드는 로스앤젤레스가 모방하는 대상이다. 그럼에도 불구하고 여기서 언급되는 허구와 실재는 문화적 사회적 차원에서 존재하는 것이지 물리적, 화학적, 생물학적 차원의 물질로서 존재하는 것은 아니다. 반면에 나노논리의 급진성은 디즈니랜드를 본떠서

하태환 역, 민음사, 1992, 199-200.

40_ Milburn, op. cit., 112.

41_ Ibid., 114.

42_ 장 보드리야르, 『아메리카』, 주은우 역, 문예마당, 1994 참고.

로스앤젤레스를 건설하는 차원을 벗어난다. 더 이상 모델에 바탕을 두고 현실을 만들어내는 문제가 아니다. 반도체계곡에서만 통용되는 "열려라 참깨!"의 주문도 아니다. 나노기술은 이미지모핑의 차원을 벗어나며, 문화적 모델의 수용 수준을 넘어서 사물들의 직접적 현시를 가능케 한다. 앨리스가 이상한 나라에서 겪은 일들이 현실세계에서 실현되는 것과 같다. '이상한 나라'에서 앨리스는 사물들, 존재들이 이상하게 변형되는 것을 겪는데, 나노기술의 세계에서도 자유자재의 물질적 변환이 일어날 것처럼 보이는 것이다.

GNR 기술이 이런 변화를 현실화하면 자연과학, 과학기술, 인문학, 사회과학, 예술 분야는 종전의 방식대로 분리되어 운영되기 어려울 것으로 보인다. 특히 인문학의 경우 아직도 분과학문의 틀에서 벗어나지 못했으나 이제 이런 관행은 고수되기 어려울 것이다. 인간과 비인간의 구분, "실재와 모사, 과학과 공상과학, 유기체와 기계"의 구분이 모호해지고, 생물-논리적인 것과 기술-논리적인 것 사이에 순환성이 성립되면 인문학의 이론적 근거를 제시해온 인간주의가 영향력을 잃는 것은 필연적이다. 이것은 GNR 기술로 탈인간이 현실로 되면 지식생산 역시 새로운 모습을 띨 수밖에 없다는 것을 보여준다. 문제는 새로운 지식생산을 어떻게 준비하느냐는 것이다.

5. 맺으며

지금까지 나는 GNR 혁명이 현실로 다가오리라 전제하면서 그 함의를 생각해 보고자 했다. 혹자는 여기서 하늘이 무너진다고 요란을 떠는 병아리의 모습을 떠올릴 수도 있겠다. 2040년 중반에 특이점이 도래할 것이라는 예측에 대해서도 그런 사람은 과장된 과학기술 담론을 펼쳐 사적 이익을 취하려는 자의 술수로 여길 공산이 있다. 이런 의혹은 이 글을 쓰는 동안 주변에서 일어나고 있는 일들을 생각하면 더욱 커진다. 지금 한국에서는 서울시의 재개발정책으로 삶의 터전에서 쫓겨난 철거민 다섯 명이 저항하던 중 경찰의 폭력 진압으로 희생당한 데 항의하여 연일 집회와 가두시위가 벌어지고 있다. 작년 5월 초부터 서너 달 동안 광우병 위험 미국 소 수입에 반대하는 촛불시위가 일어나 나라 전체를 뒤흔든 것과 비슷한 상황이 예상되고 있는 것이다. 이런 상황에서 GNR 혁명을 말한다는 것은 무슨 의미가 있는 것일까? 공상과학의 구름 잡는 이야기 대신 오늘의 정치경제적 질서를 바로 세우는 일이 더 긴급하지 않겠는가? 글 모두에서 지금은 새로운 공황과 파시즘의 도래를 우려해야 하는 때임을 지적했었다. 공포의 역사가 반복될 것만 같은 이런 절박한 상황에서 GNR 이야기는 지나치게 한갓지고 허황하게만 들린다.

하지만 역사는 반복하더라도 새로운 조건에서 반복한다는 점도 기억할 필요가 있다. 파시즘만 하더라도 동일한 형태를 취하지만은 않을 것이다. 이미 자본은 공황의 돌파를 위해서 새로운 축적이 가능한 곳을 찾고 있고, 최근 급증하는 유전공학에의 투자도 그런 사례에 속한다. 유전공학에 눈독을 들이는 것을 보면 자본의 GNR 전반에 대한 관심은 필연적이다. GNR을 개발하려는 자본과 서울의 재개발을 통해 자기 증식을 꾀하는 자본은 아무런 관련이 없는 것일까? 2008년 촛불집회에서는 수천, 수만, 혹은 수십만 명이 서울 거리를 장악했었다. 용산참사로 인해 시작된 2009년의 촛불집회에서도 1만 명에 가까운 군중이 모이기 시작했다. GNR 혁명의 위력이 온통 자본의 수중에 들어갈 경우 이들 군중이 어떤 대접을 받는지 생각해보라. GNR 기술이 전면적으로 발전하여 나노기술과 로봇공학에 의해 인간이 불필요해지면 거리에서 집회를 하는 군중은 제거해버려도 되는 존재로 전락할는지 모른다. GNR은 그런 일을 손쉽게 처리할 수 있는 강력한 무기이다.

앞에서 GNR 혁명 가운데 가장 위력적일 로봇공학에서 취할 수 있는 "최고의 전략은 미래의 비생물학적 지능이 자유, 관용, 지식과 다양성에 대한 존중 등 인간적 가치들을 최대한 따르게 하는 것"(591)이라는 커즈와일의 처방을 언급한 바 있다. 'GNR 시대'에도 인간적 가치는 어떻게 보존되고 정의되어야 하는가라는 질문이 중요하다는 말일 것이다. 그러나 사실 인간 지능의 수십억 배를 능가하는 강력한 인공지능이 출현한다면 인간적 가치 따위가 무슨 소용일까 하는 생각도 없지 않다. "초지능은 본질적으로 통제가 불가능하다"(358)고 하니 말이다. 그래도 커즈와일은 '비생물학적 지능'의 출현 과정에서의 인간의 기여를 기대하고 있는 것 같다. 이런 태도 자체를 나무랄 수는 없겠다. 통제할 수 없는 인공지능을 미래에 출현시키는 것도 결국 우리의 책임이라는 것이니 나름대로 의미가 없지 않다. 문제는 이 책임을 어떻게 지느냐는 것이다.

미래의 기술에 대해 책임지는 방식은 다양할 터인데, 그 하나가 예상되는 미래가 전개되지 않도록 미리 예방하는 것이다. GNR 기술로 나노물질이 자기복제 능력을 가지게 될 위험을 느낀 빌 조이는 다음과 같이 경고한다.

> 우리를 중단시켜야만 하는 것은 무엇보다도 유전학, 나노기술, 그리고 로봇공학 (GNR)의 파괴적 자기복제 능력 때문이다. 자기복제는 자신의 설계도를 복제하기 위해 세포의 조직을 사용하는 유전공학의 방법으로서 나노기술에서 회색 점액 질을 탄생시킬 수 있는 일차적 위험이다. 만든 사람들이 부과하는 윤리적 제한에서 벗어나고자 복제를 하거나 변신하는 보그와 같이 날뛰는 로봇 이야기가 우리의 공상과학 책과 영화에 자주 나온다. 자기복제는 우리가 생각하는 것보다 더 근본적일 수 있으며 그래서 통제하는 것이 더 어렵거나 심지어 불가능할 수도 있다.[43]

'회색 점액질', <스타트랙>에 등장하는 악당 로봇 등을 공상과학이 아닌 현실에서 맞닥뜨릴 가능성을 생각하면 모골이 송연하다. 인간으로서는 차마 상상하기 어려운 일이다. 언뜻 보면 조이의 이런 전망은 커즈와일의 미래에 대한 신뢰와는 대조적으로 보이지만, 내가 볼 때 두 사람은 크게 다른

43_ Joy, op. cit.

것 같지는 않다. GNR의 파괴적 자기복제 능력을 우려하는 빌 조이는 과학기술의 문제를 진화론의 관점에서 이해하는 듯하다. 자기 복제하는 기계의 출현은 진화의 새로운 단계이고, 여기에는 인간이 설 자리가 없다. 조이는 이것을 걱정한다. 우리는 앞에서 드렉슬러도 비슷한 말을 한 것을 살펴봤다. 아울러 둘은 기계문명의 발전을 중심으로 생각하지만 여전히 인간주의자들이다. 조이의 공포가 인간의 절멸에서 비롯된다면, 커즈와일이 제시하는 자유, 관용, 다양성 등의 가치는 자유주의 인간주의의 기본 덕목이다. 문제는 이런 덕목이 그럴듯하게 들린다 해도 실제의 삶에서는 늘 선택적으로 적용된다는 것이다. 역사적으로 인간주의는 제국주의, 성차별주의, 인종차별주의 등과 공존해 왔다.

비판적 지식인으로서 더 큰 관심을 가져야 할 것은 인류 전체를 공격할 '회색 점액질'의 문제만이 아니라 자본에 의한 회색 점액질 또는 인공지능의 관리 문제가 아닐까 싶다. 인간의 미래에 대한 막연한 걱정, 인공지능에 인간적 가치를 반영하려는 선의의 노력은 나름대로는 의미가 있지만 그런 태도에서는 GNR을 둘러싸고 전개될 것이 분명한 정치경제적 갈등과 투쟁에 대한 인식을 찾아보기는 어렵다. 새로운 질문을 던지는 것이 그래서 필요하다. GNR과 관련하여 우리는 어떤 미래를 기획해야 하는가? 비자본주의적 GNR의 미래는 가능한가? GNR 기술의 개발에서 진보적 기획과 실천은 어떻게 이루어질 수 있는가? GNR에 인간적 가치만이 아니라 유물론적 지향성을 담을 수 있을 것인가?

지금 내게는 이런 질문에 대한 속 시원한 답변이 준비되어 있지 못하다. 하지만 이들 질문이 중요하다는 것만큼은 부정하기 어려울 것이다. 그리고 이런 질문들을 제기하려면 새로운 지식생산의 틀이 필요하다는 생각이다. 특히 인문학과 사회과학 분야에서 활동하는 비판적 지식인의 경우 지금까지와는 다른 방식으로 과학기술 문제에 접근해야만 할 것 같다. 이미 위에서 살펴본 대로 GNR을 중심으로 한 과학기술은 지금 엄청난 속도로 발전하고 있고, 그 파장은 인류의 운명을 결정지을지도 모른다. 하지만 우리는

GNR의 현황에 대해 얼마나 잘 알고 있고, 그 함의를 얼마나 잘 이해하고 있는가? 중대한 과학기술의 변동에 대한 초보적 사실 파악도, 그 중요성에 대한 인식도 제대로 이루어지고 있지 않은 것이 한국 인문사회과학의 실정이다. 이는 오늘 인문사회과학이 대학의 지식생산 체제에 종속되어 있고, 대학의 지식생산은 여전히 분과학문 중심이라는 사실과 무관하지 않다. 오늘 한국의 대학에서는 인간주의가 지배하던 근대적 지식생산의 관행이 여전한 가운데 인문학, 사회과학, 자연과학, 과학기술, 예술은 서로 철저히 분리된 채 운영되고 있다. GNR 기술의 발전 상황, 그것의 사회적 문화적 함의에 대한 비판적 지식인의 논의를 찾아보기 힘든 것도 이런 사정의 결과일 것이다. 다시 말하거니와 지금은 새로운 공황과 파시즘이 예상되는 시점이다. 이런 국면에서 과학기술의 역할을 무시할 수 없다면 GNR과 같은 중대한 기술의 동향에 대해 무지한 상태라는 것은 그 자체로 간과할 수 없는 과실이 아닐 수 없다. 오늘 비판적 지식인이 떠안아야 할 과제는 한두 가지가 아니나 GNR 기술 발전의 동향에 대해서도 예의 주시할 필요가 있고, 그 함의를 이해하기 위해 새로운 지식생산의 틀을 만드는 데에도 노력해야 할 것 같다. (2008)

18.

은유와 담론의 정치학, 또는 인지과학과 탈구조주의의 접점을 찾아서

1. 서언

은유와 담론은 인간, 사회, 세계, 자연, 현실, 실재 등을 파악하고 인식하는 데, 그것들을 묘사하고 표상하는 데, 그리고 그것들을 관리하고 통제하는 데 중요한 역할을 한다. 은유와 담론은 기본적으로 언어적 표현이다. 은유는 어느 한 대상을 가리키는 단어 대신 다른 단어를 사용하는 언어 표현이고, 담론은 은유를 포함한 다양한 언어적 표현들을 일정한 규칙성에 따라 배치한 것, 즉 언어적 구성체다. 이런 점을 고려하면, 인간과 사회와 현실, 그리고 세계, 자연, 실재 등을 파악하고 인식하고, 묘사하고, 표상하고, 통제하고 관리하는 데 은유와 담론이 중요하게 작용한다고 말하는 것은 언어적 표현들이 그런 실재적 혹은 현실적 대상들을 각색하거나 조명할 수 있다고 말하는 것이며, 심지어는 실재와 대상의 '객관성' 자체가 언어적 표현 이전에 성립한다기보다는 언어와 더불어서만 성립한다고 말하는 것일 수도 있다.

이 후자의 입장을 우리는 에르네스토 라클라우가 정식화한 바 있는 담론에 '존재론적 선차성'이 있다고 하는 주장에서 만나게 된다. 라클라우에 따르면 '담론'은 언어적 상징적 활동만이 아니라 "객관성 자체 구성의 일차적 지반"에 해당한다.

> 담론으로…나는 근본적으로 말과 글 영역들에 국한된 그 무엇보다는 그 속에 서 **관계들**이 구성적 역할을 하는, 요소들의 모든 복합체를 의미한다. 이것은 요소들이 관계의 복합체에 앞서 존재하는 것이 아니라 그것을 통해 구성된다 는 말이다.[1]

이 발언은 인간, 자연, 사회, 세계, 현실, 실재 등 우리가 통상 외부에서 객관 적으로 존재한다고 생각하는 것들이 담론이 작용하기 이전에 존재하지 않 는다는 매우 강한 주장을 담고 있다. 하지만 대상 세계의 인식과 표현에 언어가 중요한 역할을 한다고 말하는 것과 라클라우처럼 담론이 존재론적 선차성을 갖는다고 주장하는 것은 크게 다른 일이다. 전자의 경우 별다른 반론이 예상되지 않지만, 후자의 경우는 담론(과 나아가서 언어)의 작용과 범위를 과도하게 강조하고 확대하며, 담론의 '외부'에 대해 생각할 수 없게 한다는 지적을 피하기 어렵다. 라클라우는 '담론'을 통상 생각하는 것과는 달리 "말과 글"이 아니라 "객관성 자체 구성의 일차적 지반"으로 본다는 점에서, "관계의 복합체"로서의 담론 과정을 통과하지 않는 객관성의 존재 를 인정하지 않는 셈이다. 담론구성체에 들어가기 전에는 객관적인 대상들 이 "존재하는 것이 아니"라고 보니까 말이다.

이런 입장에 대해서는 객관적 대상들은 엄연히 존재하지 않느냐는 상식 적 수준의 반론이 일단 예상될 수 있다. 은유와 담론이 작동하려면 언어체 계가 전제되어야 하겠지만, 돌멩이나 나무, 풀, 산짐승 등 물리적이거나 자 연적인 '요소들'은 인간이 언어를 사용하기 훨씬 이전부터 존재했고, 따라

1_ Ernesto Laclau, *On Populist Reason* (London, New York: Verso, 2005), 68; Michael Kaplan, "The Rhetoric of Hegemony: Laclau, Radical Democracy, and the Rule of Tropes," *Philosophy and Rhetoric*, Vol. 43, No. 3 (2010), 256에서 재인용. 강조는 원문.

서 언어와 별개로 작용을 한다고 봐야 하지 않겠느냐는 것이다. 돌멩이에 맞아서 상처가 나고 나무나 풀이 생태 환경을 조성하고 있는 것은 담론, 나아가서 언어적 작용과는 별개로 일어나는 사건, 사실처럼 보인다는 말이 겠다.

물론 다른 생각도 가능하다. 인간이 출현한 뒤로 지구상의 많은 현상들, 현실, 사건들은 갈수록 인간의 개입에 더 많이 영향을 받게 되었고, 이 결과 인간이 지닌 언어적, 상징적 활동들이 비-인간적인 객관적 현실과 상호관 련을 맺는 일이 갈수록 중요해졌다고 보는 것이 한 예다. 브루노 라투르에 따르면 자연과 사회와 담론 영역과 관련한 지식생산들이 서로 크게 분리되 었다는 근대에 들어와서도 자연 현상(사실)과 사회적 현실(권력), 담론적 효 과(상징) 간의 상호작용이 그치는 일은 일어나지 않았다.[2] 지구 전체 기후에 영향을 미치고 있는 엘니뇨와 라니뇨 현상, 최근 부쩍 빈번해진 게릴라성 소나기, 복제양 돌리의 탄생 등 오늘 우리 주변에서 만연하는, 라투르가 '잡종', '키메라', '준-대상들'(pseudo-objects)이라 부르는 현상들은 모두 담론, 권력, 사실 가운데 어느 한 차원에서의 조명만으로는 해명되지 않는 복합적 성격을 갖고 있다. 라클라우의 경우 담론을 "말과 글 영역들에 국한된 그 무엇이라기보다는 **관계들**이 그 속에서 구성적 역할을 하는 요소들의 복합 체"로 본다는 점에서 라투르가 담론, 권력, 사실로 구분하지만 서로 복합적 으로 연결되어 있다고 보는 복잡계 현상으로 사용하고 있는 것 같은데, 이 런 용법을 받아들인다면 적어도 오늘날 담론에 선행하고 담론과 분리된 실재는 없다는 말을 터무니없다고 하기는 어려울 것 같다.

그러나 앞에서 은유와 담론은 기본적으로 '언어적 표현'의 문제라고 본 것은 설령 담론이 요소들 간의 관계를 바탕으로 구성되는 복합체라고 하더 라도 그 안에 포함되는 요소들은 서로 차이를 가질 것이고 이에 따라서 서로 다른 효과들을 만들 것이라고 보기 때문이다. 오늘 우리가 말하는 자

2_ 브루노 라투르, 『우리는 결코 근대인이었던 적이 없다』, 홍철기 옮김, 갈무리, 2009.

연 환경, 정치적 사건 등은 언제나 이미 그것들을 일정한 관계 속에 위치시키는 담론 작용으로부터 벗어날 수 없다고 할 수 있지만, 그렇다고 자연이 작동하는 방식, 정치가 작동하는 방식이 서로 같다고 할 수는 없다. 라투르의 말대로,

외부의 지시대상—사물들로 이루어진 자연—과 화자—말이 쓰이는 맥락, 혹은 사회적 맥락—에 괄호를 치는 사람들은 오직 의미효과와 언어게임에 대해서 말할 수밖에 없는 것이 사실이다. 그러나 멕킨지가 관성유도항법장치의 진화과정을 검토할 때 그는 우리 모두를 죽일 수 있는 장치에 대해 말하고 있는 것이다.[3]

언어, 담론에 의해 자연 대상과 인간 주체를 언급할 수 있고, 또 그런 대상과 주체는 언어(와 나아가 생각)에 의해 환기될 때에만 의미를 갖는다고 하더라도 대상과 주체가 언어 자체인 것은 아니며, 언어와 담론의 작용과 대상과 주체의 작용이 동일한 것은 아니다. "산이여, 이리 오너라" 해도 산이 움직이지 않자 마호메트는 산 쪽으로 걸어갈 수밖에 없었다. 마호메트가 부른 '산'도, 움직이지 않은 '산'도, 마호메트와 산과 군중 등의 요소들이 서로 관계를 지닌 복합체와 무관하지 않지만 마호메트가 제출한 "산이여 오라"라는 언어적 표현에 의해 산이 움직일 것을 기대하는 것은 '원시인'일 것이다. 프로이트에 따르면 원시인은 "단순한 생각에 의해 자기가 외부 세계를 바꿀 수 있다고 믿는다."[4] 객관적으로 존재하는 것이 담론, 나아가서 생각에 의해 우리의 관심 대상이 될 때 의미를 가진다고 인정하면서도 은유와 담론을 언어적 상징적 행위에 국한하여 보고 싶은 것은 이런 이유 때문이다.

3_ 같은 책, 27.

4_ Sigmund Freud, *Totem and Taboo* (New York: W. W. Norton, 1950), 87; Mark Dery, *Escape Velocity: Cyberculture at the End of the Century* (London: Hodder & Stoughton, 1996), 42에서 재인용.

이것은 "텍스트의 바깥에는 아무 것도 없다"고 한 데리다의 말을 부정하기 위함은 아니다.[5] 데리다는 언어가 세계에 대한 방해물이라 여기는 (예컨대 루소가 보여주고 있는) 언어관을 비판하기 위해 이 말을 썼다. 루소에 따르면 언어는 우리가 세상을 볼 때 사용하는 렌즈와 같은 것으로서 반드시 매개와 왜곡의 작용을 하게 마련이다. 루소는 언어란 세계를 있는 그대로 보지 못하게 하는 어떤 타락, 악이라 본 것이다. 하지만 데리다는 해석 없이 세계를 경험하는 것은 불가능하며, 해석을 구성하는 텍스트와 언어를 경유하지 않은 채 세계를 직면할 수는 없다고 봤다. 이렇게 보면 텍스트의 외부가 없다 함은 이 외부가 내부와의 관계에 의해 사고될 수밖에 없다는 말로서 이때 외부는 내부에 대해 외-밀한(ex-timate) 것, 즉 내부의 내적 한계에 해당한다.[6] 하지만 이처럼 내부에 의해, 즉 담론에 의해 바깥으로 상정되기 때문에 담론 내부에 있다 할 수 있다고는 해도 이때 '있다'함이 외부가 존재론적으로 담론 내부에 속함을 의미한다고 볼 일은 아니다. 언어가 존재하는 모든 것은 아니기 때문이다. 아래에서 나는 언어를 이처럼 현실의 전체가 아닌 일부로 보고 은유와 담론의 정치학을 살펴보고자 한다.

그런데 '텍스트 바깥에는 아무 것도 없다'란 것을 모든 것을 텍스트로 환원시키는 명제로 이해하지 않는 것 못지않게, 텍스트, 언어, 은유, 담론의 역할을 실재의 왜곡이나 타락으로만 보는 태도를 아무런 비판 없이 받아들이는 것 역시 곤란할 것 같다. 오늘 데리다나 라클라우처럼 비판적 지식인 일부가 담론, 텍스트를 세계 이해의 일차적 원리, 즉 그것 없이는 객관적 대상들도 이해할 수 없는 인식의 틀로 보는 것과는 달리, 사실 일반적 경향은 그런 언어적 현상의 역할에 대해 부정적인 태도를 드러내는 것이라고 봐야 한다. 이런 경향은 특히 언어와 정치의 관계를 따질 때 더욱 빈번하게

5_ Jacques Derrida, *Of Grammatology*, tr. Gayatri Spivak (Baltimore: Johns Hopkins University Press, 1976), 158.

6_ Slavoj Žižek, "Coke as objet petit a," in *The Fragile Absolute, Or Why Is the Christian Legacy Worth Fighting for?* (London: Verso, 2000), 24.

나타나는 것 같은데, 이때 정치는 언어유희와는 엄격하게 구분되어야 하는 것으로 간주되곤 한다. 정치를 언어유희와 구분하려는 것은 일반적으로 언어란 잘해야 고작 실재나 현실 또는 진리의 표상에 불과하고 잘못하면 왜곡에 빠지기 쉽다고 보기 때문일 것이다. 이런 관점에서는 은유와 담론과 같은 언어적 표현은 정치의 왜곡이 되기 십상이라고 생각할 가능성이 높다. '정치'는 매를 들어서라도 사태를 바로잡는 일로 생각하면,7 은유와 담론은 정치의 왜곡일 가능성이 높고, 따라서 온전한 정치를 위해서는 거부되거나 최소화해야 할 부류에 속한다는 것이다. 플라톤이 언어적 표현에 가장 능하다고 간주되는 시인을 자신이 세우려는 공화국에서 축출하려 한 것도 정치와 언어(와 언어가 조장한다고 여겨지는 과도한 표현들) 사이에는 지향하는 바가 다르다는 판단에 근거한다. 이때 언어의 특징은 남유(濫喩, catachresis)에서 가장 잘 나타난다. 밀턴의 시 「리시더스」("Lycidas")에 나오는 "스스로는 양치기 지팡이도 제대로 들지 못하는 눈먼 입들!"과 같은, 말이 되지 않는 것 같은 비유가 그런 남유의 한 예라 하겠는데,8 언어에 대한 예의 불신은 언어란 것은 '입이 멀었다'고 하는 식의 오용으로 나아갈 위험을 언제나 안고 있다고 본 데서 나왔을 것이다. 그러나 여기서 정치를 은유와 담론의 견지에서 생각해보려는 것은 남유와 같이 언어가 지닌 오용의 위험이 오히

7_ 이런 의미는 '정치'에서 한자가 합성된 모습을 보면 알 수 있다. '政治'의 '政'에서 '攵'은 갑골문에서 막대나 연장을 든 손 모습을 하고 있어서 회초리로 상대를 굴복시키는, 또는 매를 들고 가르치는 의미를 갖기도 한다. '政'은 그래서 강압적 수단으로 무엇을 바로 잡는다는 뜻이다. '정'이 이처럼 타자를 대상으로 삼는다면, '治'는 자율적 활동을 가리킨다. 이 글자는 물을 가리키는 '氵' 변과 태를 의미하는 '台'가 합쳐진 것인데, 이중 '台'는 태아의 배꼽과 태반, 그리고 입을 형상하며, '나'라는 뜻을 갖고 있다. '治'가 자율적 활동을 가리킨다는 것은 물이 자기의 이치에 따라 흐르는 모습을 보여주기 때문이다. 이런 의미를 지닌 '치'와 '정'이 합쳐진 '정치'는 사람들이 제 이치에 따라 살도록 하되 그렇게 되지 않을 시에는 매를 들어서라도 바로잡는다는 의미인 셈이다. 흥미로운 것은 정치에 '정'과 '치'가 함께 있는 한 어느 한쪽이 다른 한쪽을 완벽하게 지배하기는 어려울 것 같다는 점이다. 한자문화권에서 정치가 요임금, 순임금처럼 성인이 할 일로 간주된 것도 이런 어려움을 안고 있었기 때문이 아닐까 싶다.

8_ John Milton, *Complete Poems and Major Prose*, ed. Merritt Y. Hughes (Indianapolis: The Odussey Press, 1957), 123.

려 정치를 구성하는 한 근본 원리가 아닐까, 정치 자체는 은유와 담론을 우회할 수 없는 것이 아닐까 생각하기 때문이다. 은유와 담론, 즉 언어적 실천은 정치를 배반하는 것이 아니라 오히려 정치를 가능하게 하는 생략할 수 없는 자원이 아니냐는 것이다.

이 글에서 나는 이런 생각을 발전시키기 위해 두 가지 이론적 전통, 한편 으로는 20세기 후반 이후 새로운 인간학의 중요한 모델로 등장한 인지과학 과 다른 한편으로는 역시 비슷한 시기에 영향력을 키워온 탈구조주의/해체 주의를 참조하고자 한다. 이 두 전통은 전자의 경우 자연과학에서 발전한 지식을 따르고 있고, 후자는 철학을 중심으로 한 인문학 전통에 근거하고 있다는 점에서 일견 관계가 별로 없는 것으로 보일 수도 있다. 슬라보이 지젝이 탈구조주의/해체주의가 문화연구의 이론적 기반을 이루고 있다면 인지주의는 '제3의 문화'의 이론적 기반을 이루고 있다고 하면서, 오늘 두 전통 사이에는 '보편적 공적 지식인의 위상'을 놓고 지적 헤게모니 투쟁이 벌어지는 중이라고 말하는 것도 그런 점과 무관하지 않을 것이다.9 그러나 탈구조주의/해체주의와 인지주의, 데리다와 다윈 사이에 갈등만 있는 것이 아니라 상보성이 있다는 점도 생각해야 한다. 해체주의와 (오늘 인지주의가 크게 기대고 있는) 진화론은 예컨대 기본적으로 재현/표상의 통념이나 체계 의 고정성에 대한, 원형 또는 기원의 기초에 대한 비판적 시각을 공유하면 서도 동시에 재현과 체계가 적어도 일정한 순간에는 그런대로 작동한다는 점을 이해할 수 있게 해주는 공통점을 갖고 있다. 엘렌 스폴스키에 따르면, 다윈적 이론들은

모두 적응적 변화 가능성을 허용하면서, 체계성, 즉 안정성과 예측 가능성을 설 명해준다. 중요한 것은 그것들이 어떤 불변하는 고정적 중심이라는 생각, 일습의 플라톤적 보편이나 문자적 의미들 없이 그렇게 한다는 것이다.10

9_ Slavoj Žižek, "Cultural Studies versus the 'Third Culture'," *The South Atlantic Quarterly*, Vol. 101, No. 1 (Winter 2002).

여기서 나는 이처럼 '플라톤적인 보편이나 문자적 의미'를 전제하지 않으면서도 인간의 생물학적, 문화적 생존을 가능하게 하는 생명 적응의 메커니즘이 있다고 보는 진화론과 그에 입각하여 문화 현상을 설명하는 인지과학, 특히 '제3세대 인지과학'이 해체주의/탈구조주의와 이론적으로 상보적인 관계에 있다고 보고, 은유와 담론의 정치라는 문제를 생각해 보고자 한다.

2. 인지과학과 은유, 그리고 정치

레이코프와 존슨에 따르면 서양의 철학 전통은 은유, 나아가서 담론, 언어, 재현 등에 대해서 '플라톤적'이라 규정할 수 있는 일련의 관점을 수용해왔다. 여기에는 "실재는 인간 마음, 두뇌, 또는 몸의 특유한 특성들과 독립적으로 존재하는 범주들로 구분"되며, "마음, 두뇌, 몸으로부터 독립적인 이성이 사용하는 개념들은 마음, 두뇌, 몸으로부터 독립적인 실재의 범주들을 정확하게 특징짓는다"고 보는 철학적 세계관이 작용한다.[11] 실재의 범주들이 마음과 두뇌와 몸으로부터 독립된 것으로 간주된다면 언어의 정당한 역할은 오직 하나, 객관 세계를 '문자적으로' 그려내는 것밖에는 없을 것이다. 그리고 이런 (전통적) 언어관에서 은유는 어떤 일탈로 간주된다. "관념들이 이 세계에 합치하려면 문자적이어야 하기 때문에, 그것들은 은유적일수 없다"는 논리가 성립하는 것이다. 레이코프와 존슨은 이런 생각을 은유 또는 언어에 대한 객관주의 이론으로 보고, 그런 이론에서는 "모든 의미는 문자적이라 주장되므로, 은유는 진리 주장들을 표현할 능력이 없다"는 결론이 나오게 된다고 본다.(186)

10_ Ellen Spolsky, "Darwin and Derrida: Cognitive Literary Theory As a Species of Post-Structuralism," *Poetics Today*, Vol. 23, No. 1 (Spring 2002), 58.

11_ 조지 레이코프 · 마크 존슨, 『몸의 철학』, 임지룡 · 윤희수 · 노양진 · 나익주 옮김, 도서출판 박이정, 2002, 52. 이하 이 책에서 하는 인용은 본문의 괄호에 그 쪽수를 표시한다.

이와 같은 생각은 20세기 중반까지도 철학적 전통에서 지배적 위상을 차지해온, 인간의 마음 작용을 '표상' 또는 '재현'으로 이해하는 관점과 긴밀하게 연관되어 있는 것으로 보이며, 인간의 마음 작용, 인지 과정을 연구하는 종합적 접근법으로 떠오른 인지과학에서도 확인되고 있다. 인지과학에서 여전히 지배적 영향력을 지니고 있는 제1세대 인지과학의 기본 입장은 계산주의와 표상주의다. '계산주의'는 인간의 마음을 정보처리 체계로 보고, 이 체계의 기본 기능은 정보의 변환을 계산하는 데 있다고 보는 관점이고, '표상주의'는 정보처리 체계가 표상을 다룬다고 보는 관점이다.[12] 그러나 이런 관점은 20세기 중반 큰 영향력을 발휘한 행동주의 심리학에서 수용되었던 것으로 마음, 나아가서 언어의 작용을 무화하는 경향이 있다. 인지과학의 과제를 "O=f(I×M)이라는 관계를 설정하고, 마음의 내용 M을 I×M의 관계에서(실제로는 완벽한 또는 가능한 모든 I와 O가 아니라, 연구자에 의해 표집된 I'와 O'의 관계에서) 간접적으로 추론하는 것"으로 본다면, 행동주의 심리학은 "마음이란 수동적이고 가변성 없는 스위치 연결 상자로 보았고, I와 O에 아무런 영향을 주지 못하는, 규명할 수도 없고 규명할 필요도 없는 하나의 암흑상자"로 본 것이다.[13] 마음이 의미 없는 암흑상자라면 언어 역시 외부로부터 들어오는 자극이나 정보를 처리하여 어떤 결과물로 생산하고 출력하는 데 별다른 역할을 할 수 없다. 전통적 언어관에서 언어를 표상/재현으로 간주하는 것은 언어가 그 자체의 작용을 하지 못하거나 해서는 안 된다는 관점인 것이며, 나아가서 은유적 표현이나 담론적 과정을 진리를 왜곡하는 것으로 보는 것이 된다.

반면에 레이코프와 존슨은 '개념적 은유'라는 관점을 제출함으로써 인지과학 전통에 속하면서도 제1세대와는 달리 인간의 마음을 블랙박스와는

12_ 이정모, 『인지과학』, 성균관대학교 출판부, 2010, 49.

13_ 같은 책, 116, 117. 여기서 I는 "현실에 있어서 마음에 작용하는 물리적 또는 심리적 조건인 자극 또는 입력", M은 "이 자극 또는 입력을 받아 이에 작용하는 마음", 그리고 O는 "그 경험의 결과로 인간이 어떠한 형태의 반응 또는 출력을 내어놓는 것"을 가리킨다.

전적으로 다른 실체로 간주하는 모습을 보여주고 있다. 그들에 따르면, "마음은 본유적으로 신체화되어" 있고, "사고는 대부분 무의식적"이며, "추상적 개념들은 대체로 은유적"이다.(25) 여기서 은유, 나아가서 담론, 언어, 그리고 마음은 제1세대 인지과학자들에게서처럼 결코 "수동적이고 가변성 없는 스위치 연결 상자"로 나타나지 않는다. 오히려 은유는 우리가 세계를 이해하는 방식을 규정하는 어떤 본유적 구도로서 인간의 인지 작용을 이해하려면 반드시 전제해야 할 조건으로 제시된다. 레이코프와 존슨의 은유 이론 근저에 작용하는 것은 진화론적 관점이다. 그들이 말하는 '개념적 은유'란 "개념화에 대한 인지적 기제"로서 인간이 진화 결과로 갖게 된 신체적 조건에 부합하여 이루어지는 경험과 긴밀하게 연결되어 있다.(85) 위/아래, 좌/우, 전/후 등 논리적인 것처럼 보이는 개념들이 그 의미를 갖게 된 것은 인간의 신체 구조와 무관하지 않다는 것인데, 레이코프와 존슨은 이처럼 개념들이 은유적 구조를 갖고 있고, 은유는 신체로부터 발원하는 작동 원리를 갖고 있다고 함으로써 도덕적 개념들까지도 "신체적 평안함과 활동에 대한 우리의 경험에 토대를 두고 있으며, 그 경험에 의해 통제를 받는 은유 체계들로부터 나온다"고 말한다.(488) 이런 관점은 "영적 절차는 일종의 심적 절차"라며, "이러한 [영적, 심적] 경험은 최고도로 복잡한 생물학적 절차"라고 말하는 신경생물학자 다마지오에게서도 찾아볼 수 있다.14 다마지오는 "영적 상태에 도달하는 절차가 어떻게 신경학적으로 수행되는지에 대한 설명"이 가능하다고 보고, "영적 경험이라는 것은 생명체의 특정 상태, 특정 신체 구성과 특정 심적 구성의 미묘한 조합"이라고 한다.15 레이코프와 존슨은 마음, 인지 나아가서 영혼의 문제까지도 생물학적인 몸의 관점에서 설명하려고 시도하는 다마지오와 같은 2세대 인지과학자들의 성과를 수용하여 '개념적 은유'라는 은유를 바라보는 새로운 관점을 제

14_ 안토니오 다마지오, 『스피노자의 뇌— 기쁨, 슬픔, 느낌의 뇌과학』, 임지원 옮김, 사이언스북스, 2007, 334.

15_ 같은 책, 337.

출하고 있는 셈이다.

최근에 들어와서 정치이론에서 은유에 대한 관심이 부쩍 높아진 것은 레이코프와 존슨이 도입한 개념적 은유 이론이 영향력을 드러내고 있음을 보여주는 것 같다. '개념적 은유' 이론이 기존의 은유 이론과 다른 점은 후자처럼 은유를 예외적인 언어 사용 사례로 보지 않고 "추상적 개념들이 대체로 은유적"이라고 보는 데 있다. 레이코프와 존슨은 우리가 은유와는 관계가 없을 것이라고 여기는 자동적이고 무의식적인 인지 행위에도 은유가 작용한다고 주장한다. 우리가 위/아래, 좌/우, 전/후 등을 구분하는 것은 우리의 신체적 조건에 따른 경험의 결과이지만 이런 것의 인지과정은 자동화되어 무의식처럼 일어나고 있다는 것이다. 진화론과 인지주의를 활용하여 문학이론을 펼치고 있는 마크 터너에 따르면 추상적 개념들이 '대체로' 은유적인 것은 우리의 인지 과정을 지배하는 것이 의식이 아니라 무의식이기 때문이다. "표준적 사유의 도상학에서는 뇌의 무의식적 측면의 극적 역학이 부재하고, 우리는 평온한 외부만 볼 뿐이다. 우리 앞에 펼쳐진 것은 이제 누군가 생각하고 있는 이미지를 제시"하지만, "사유의 무의식적, 자동적, 비창조적 측면들이야말로 활동이 실제로 일어나는 곳이다."[16] 터너에 따르면 의식은 오히려 특수한 것이며 이 특수한 것은 평범한 것, 우리가 의식적으로 관심을 기울이지 않지만 계속 작동하고 있는 것에 근거한다. 이런 관점에서는 개념적 은유가 큰 위력을 갖는 것은 자동적, 무의식적으로 작용한다는 점 때문인 것으로 이해된다.

은유가 중대한 정치적 효과를 만들어내는 것은 기본적으로 "어떤 것을 다른 어떤 것에 의해 보는 장치"로서 작용하며,[17] 이때 "(여행에 대한 우리

16_ Mark Turner, *Reading Minds: The Study of English in the Age of Cognitive Science* (Princeton: Princeton University Press, 1991), 41-42, 43.

17_ Kenneth Burke, *A Grammar of Motives* (1945), 503; Petr Drulák, "Identifying and assessing metaphors: Discourse on EU reform," in Terrell Carver and Jernej Pikalo, eds., *Political Language and Metaphor: Interpreting and changing the world* (New York: Routledge, 2008), 106에서 재인용.

의 개념적 도식과 같은) 출처 개념도식을 (인생에 대한 우리의 개념적 도식과 같은) 목표 개념도식에다 사상(寫像)하는 것"이 강력하게 작용하기 때문이다.[18] 예컨대 '**국가는 사람이다**'라는 개념적 은유는 두 개의 상이한 개념적 영역들 즉 '**사람**'의 개념에 해당하는 출처영역과 '**국가**'에 해당하는 목표영역을 연결시켜서, "우리 경험의 한 부분(출처영역)에서 우리가 알고 있는 것을 우리 경험의 다른 부분(목표영역)에 적용하도록 해준다."[19] 중요한 것은 이 사상(寫像) 또는 전사(轉寫) 과정에서 새로운 의미 생산 효과가 만들어질 수 있다는 점이다. 때로는 목표영역이 친근할 수도 있고, 때로는 출처영역이 친근할 수도 있다. 가령 특정한 개념적 은유에서 목표영역보다 출처영역이 친근할 경우 우리는 쉽게 이해되지 않는 목표영역을 친근한 출처영역의 관점에서 바라보게 되고, 반대로 출처영역이 낯선 경우에는 목표영역을 통상적으로 이해하던 것과는 색다르게 볼 수 있는 기회를 갖게 된다. 이것은 은유가 전통적으로 주로 문학적 분석의 대상으로 취급되었을 때 가졌다고 가정된 '낯설게 하기' 효과만이 아니라,[20] 대상을 관습적으로 보고 정상적으로 이해할 수 있도록 하는 '정상화하기' 효과도 동시에 갖고 있음을 보여준다고 하겠다.

일단 은유가 낯설게 하기와 정상화하기의 두 상반된 효과를 지니며 작동할 수 있다는 점만 가지고 은유가 정치에서 작용하는 방식을 생각하면 은유의 정치는 한편으로는 어떤 정치적 상태 또는 사태의 '자연화'에, 다른 한편으로는 그것의 '낯설게 하기'에 기여할 수 있다고 볼 수 있을 것 같다. 한예로 전자의 경우 "은유는 [러시아 월경] 지역들이 국제사회에 내세우는 자기주장의 과정을 주로 '자연적 권리', '태고적 근거' 또는 '유기적'이라고

18_ Turner, op. cit., 52.

19_ George Lakoff, "The contemporary of metaphor," in Andrew Ortony, ed., *Metaphor and Thought,* Second Ed. (Cambridge: Cambridge University Press, 1993), 208-9; Drulák, op. cit., 106에서 재인용. 여기서 강조는 은유임을 나타내는 표시다.

20_ 러시아 형식주의자들은 문학적 언어의 특징을 일상 언어의 그것과 구분하면서 문학적 언어는 낯설게 하기라는 독특한 기능을 가지고 있다고 봤다.

제시되는 어떤 것을 언급함으로써 무정치적인 자기주장 과정으로 파악하도록 하는 데 기여할 수 있다."[21] 정치적 사태의 이런 자연화는 사실 무수하게 일어나고 있다고 봐야 할 것이다. 예컨대 한국의 현실 정치권, '조중동' 등의 언론에서 정치란 전문 정치인이 하는 것으로, 정치는 정치의 고유한 영역이 있다고 말할 때, 그래서 예컨대 이명박 대통령이 자기는 정치를 하지 않고 대통령직을 수행할 뿐이라고 말할 때, 정치는 원래 정치에 속한, 그래서 정치에 태생적이며 따라서 '자연스런' 영역이나 집단의 일로 간주되면서 정치는 '자연화된다'고 할 수 있다.

이와 같은 논리는 다른 한편 은유가 특정한 정치적 상황을 생경한 것으로 만들 경우, 정치를 새롭게 보게 하는 작용을 할 수도 있다는 결론으로 이어지게 된다. 레이코프가 진보적 정치를 효과적으로 하려면 정치적 사태를 파악하는 개념적 얼개(frame)를 바꿔야 한다고 보는 것도 같은 논리다. 레이코프는 2001년의 9.11 사태 이후 부시 행정부가 처음에는 '희생자', '범죄', '가해자', '군사행동', '적' 등의 은유를 사용하다가 문제의 테러행위가 통상적 전쟁 범주와 맞지 않는다는 점이 드러나자, 다시 테러리스트들을 '비겁자'라 했지만 이들이 자기 목숨을 내놓고 공격해온 점 때문에 이 은유마저 들어맞지 않자, 급기야는 '연기를 피워 그들을 굴에서 쫓아내겠다'며 설치류로 취급하거나 '그들이 살고 있는 늪을 말려버리겠다'며 늪에 사는 뱀이나 물고기 정도로 말한 것은 당시 상황을 보수적 의제에 유리하게 끌어가기 위한 "은유에 대한 광란적 탐색"이었다고 하면서, 이 모든 시도를 자기들 의도대로 사태의 얼개를 짜맞추고 다시 짜맞추는 과정으로 보자고 제안한다. 이때 보수 세력이 내세우는 도덕의 개념적 은유는 **'엄격한 아버지'**로서, 이에 따르면 "세상은 위험한 곳이다, 세상에는 악이 날뛴다, 우리는 우

21_ Andrey S. Makarychev, "Metaphors and Power: Reinventing the Grammar of Russian Trans-Border Regionalism," Paper presented at the Sixth Pan-European Conference on International Studies, Toronto, September 15, 2007. Archive: http://archive.sgir.eu/uploads/Makarychev-metaphors_and_power.pdf (2010년 11월 접속.)

리의 힘을 보여주고 그 악을 제거해야 한다"는 개념적 틀이 성립한다. 예상하겠지만 레이코프가 이런 보수적 반응에 대해 대안으로 제안하는 것은 사태의 얼개를 다른 방식으로 짜는 것인데, 이때 그가 강조하는 것은 진보세력은 보수 세력이 내세우는 은유를 부정하는 방식으로만 대응해서는 안 된다는 것이다. 보수적 의제가 언론 매체를 지배하고 있는 상황에서는, 보수 세력의 얼개를 부정하는 식으로 대응해서는 그 얼개에서 결코 벗어날 수가 없다는 이유 때문이다. 이에 따라 레이코프는 "긍정적 형태의 담론"을 형성할 것을 대안으로 제안하며, 진보 진영이 제시할 핵심 개념은 '책임'이라고 주장한다. "진보적/자유주의적 도덕은 공감, 즉 타자를 이해하고 그들이 느끼는 것을 느끼는 능력이다. 그것은 책임 안에 전제되어 있다"는 이유 때문이다.22

이와 같은 관점은 "정치적 언어—약간의 변이를 덧붙이면 이는 보수주의자에서 무정부주의자에 이르는 모든 정파에게 해당한다—는 거짓말을 진실처럼 들리게 하고 살인자를 존경스럽게 만들고 바람에 불과한 것에 견실함이란 외관을 주도록 꾸며져 있다"고 말한 조지 오웰과는 다른 견지에서 정치와 언어를 이해하는 것이라고 할 수 있다.23 정치적 언어가 거짓말을 진실인 양 만들고 바람처럼 부실한 것을 견실하게 보이게 한다고 보는 것이 정치적 언어는 진실, 진리를 재현하지 못한다, 진리와는 거리가 멀다고 하는 비난이라면, 레이코프와 존슨의 개념적 은유 이론은 은유적 표현이 언어, 나아가서 수사학만의 문제가 아니라, 따라서 사실 관계를 왜곡하는 위험을 안고 있는 것으로만 볼 것이 아니라, "은유는 우리가 사유하는 방식을 반영한다"고 보는 관점이다.24 이는 특정한 은유가 작동하는 정치는 그

22_ George Lakoff, "September 11, 2001." http://www.metaphorik.de/aufsaetze/lakoff-september11.htm (2010년 11월 접속.)

23_ George Orwell, *Inside the Whale and Other Essays* (Harmondsworth: Penguin Books, 1957), 157; Jack Lule, "War and its metaphors: news language and the prelude to war in Iraq, 2003," *Journalism Studies*, Vol. 5, No. 2 (2004), 181에서 재인용.

24_ Jack Whitehead, "Chapter 4-Metaphor," 82. http://www.jackwhitehead.com/teesonphd/005c4.pdf

은유에 의해 사상(寫像)되는 개념들이 작동하는 정치라는 것이며, 따라서 정치는 은유에 의해서 완전히 결정되지는 않는다고 하더라도 크게 규정된다고 보는 것과 같다. 레이코프가 『코끼리는 생각하지 마』나 『프레임 전쟁』과 같은 저술을 통해 정치를 개념적 은유의 작용이라는 관점에서 살피고 있는 것은 이런 이유 때문이다.

이제까지 본 것처럼 레이코프와 존슨에게 은유는 언어의 문제라기보다는 언어 이전 사유의 문제다. 그들에게 개념적 은유는 "개념화에 대한 인지적 기제"로서 언어적 표현 이전에 작동하는 일종의 사유방식이다.[25] 레이코프와 존슨은 "은유는 감각운동 영역에서 나오는 관습적 심상을 주관적 경험의 영역에 대해 사용할 수 있게 해 준다"고 하는데,[26] 우리는 여기서 그들이 은유에 대해 말하면서 언어의 현상으로 말하지 않고 인간이 진화의 결과로 갖게 된 "감각운동 영역에서 나오는 관습적 심상을 주관적 경험의 영역에 대해 사용할 수 있게 해 준다"는 식으로 개념화에 대한 인지적 기제의 관점에서 은유를 설명하고 있는 점에 유의할 필요가 있다.

물론 그렇다고 하여 그들이 은유를 언어적 표현과 무관하다고 말하는 것은 아니다. 당연히 은유는 언어에 의해 표현된다. 다음의 문장들을 살펴보자

나는 우울증에서 **벗어났다**. (I came out of my depression.)

그는 **미쳤다**. (He went crazy.)

그는 **경계를 넘어갔다(머리가 돌아버렸다)**. (He went over the edge.)

그녀는 행복 상태에 **들어갔다**. (She entered a state of euphoria.)

그는 우울증에 **빠졌다**. (He fell into a depression.)[27]

(2010년 11월 접속.)

25_ 레이코프 · 존슨, 앞의 책, 85.

26_ 같은 책, 같은 곳.

27_ 이 예들은 레이코프 · 존슨의 같은 책, 271쪽에서 가져왔으며, 번역의 일부는 새로 고쳤다.

보다시피 여기에는 다양한 언어적 표현들이 제시되어 있다. 하지만 레이코프와 존슨에 따르면 이들 다양한 표현은 한결같이 '**변화**'라고 하는 개념적 도식을 나타낸다. 그들에게 은유는 다양한 표현들보다는 그것들이 공통적으로 나타내는 개념적 도식을 가리키는 용어로 사용되고 있는 것이다. 물론 그럼에도 불구하고 은유가 언어로 표현되어야 한다는 사실만큼은 변함이 없다고 봐야 하겠지만 말이다.

3. 탈구조주의/해체주의의 은유 이론

지금까지 간단하게 살펴본 레이코프와 존슨의 개념적 은유 이론이 은유와 정치의 관계를 진화론과 인지과학이라는 자연과학 영역에서의 연구 결과를 바탕으로 하여 인간의 실제 언어 사용을 경험적으로 설명하려고 했다면, 이제 살펴보고자 하는 은유 및 담론의 정치에 대한 탈구조주의/해체주의의 관점은 철학적 전통에 기반을 두고 있고 다분히 인문학적인 성격을 띤다고 할 수 있다. 은유를 주로 개념적 도식의 견지에서 이해한 레이코프와 존슨과는 달리 탈구조주의자들은 은유를 주로 언어의 문제로 간주한다. 이런 점은 탈구조주의가 구조주의 언어학자 소쉬르의 언어이론 자장에서 크게 벗어나지 않는다는 사실과 무관하지 않을 것이다. 소쉬르는 언어를 과학적 탐구의 대상으로 만들 때 일단 실재와 단절시켜놓고 언어의 특성을 연구했다고 할 수 있다.[28] 그가 제안한 언어 기호 이론은 기호의 작용이나 기호의 의미를 기호가 지칭한다고 간주되는 대상물(즉 언어체계 외부의 실재세계)과는 무관하게 기호체계의 내적 연관 속에서 파악하는 기획이다. 소쉬르에 따르면 기호는 기표와 기의로 이루어져 있는데, 여기서 눈여겨볼

28_ 소쉬르는 자신의 작업을 '과학적' 작업이라고 말한다. 이때 과학은 자신의 고유한 대상을 갖는 지식생산인데, 소쉬르가 언어현상을 구체적인 파롤이 아닌, 체계적인 랑그로 파악한 것은 이런 이유 때문이다.

점은 이때 기표도 기의도 기호가 지시한다는 대상과 분리되어 있다고 간주된다는 것이다. '나무'를 예로 들자면 그것의 기의는 '돌'이나 '흙'과는 구분되는 개념이고, 기표는 '나무'라는 소리 자체보다는 우리가 그 소리로 인해 '돌' 소리, '흙' 소리와 구분하여 갖게 되는 소리 이미지라는 것이 소쉬르의 설명이다. 이렇게 되면 기호 '나무'는 외부 세계에 서있는 식물도, '나무'라는 소리 자체도 아닌 것이 된다. 소쉬르는 더 나아가서 하나의 기호가 지닌 의미는 그 자체에서 나오는 것이 아니라 그 기호가 다른 기호들과 맺는 관계를 통해 결정된다고 말한다. '나'라는 단어는 그 자신 때문에 의미를 갖는 것이 아니라 한편으로는 '너'나 '그', '우리' 등 그것과 계열을 함께 이루는 단위들과의 관계에 의해, 다른 한편으로는 예컨대 "나는 집에 간다"와 같은 문장에서는 '나'가 이 문장 안에 선택된 단위들이 서로 통합될 때 갖게 되는 위치에 의해, 다시 말해 '나'라는 특정한 한 기호가 계열축 상으로나 통합축 상으로 어떤 위치를 갖게 되느냐에 따라서 의미가 결정된다는 것이다.[29]

언어 기호에 대한 소쉬르의 이런 이해는 언어의 표상이론, 또는 실재론적 언어관에 대한 비판을 담고 있다고 볼 수 있다. 표상이론, 실재론에서 언어의 의미는 언어 내적으로가 아니라 외부 대상과의 관계에 의해, 즉 특정 언어 기호가 어떤 대상을 지시하느냐에 의해 파악된다. 이때

> 단어와 그것의 지시대상 간의 관계는 투명한 연계와 자연적 방향성을 갖는 것으로 간주되었다. 대상들의 견고한 '실재' 세계가 있고, 그것을 비추고, 규정하고, 묘사한다고 간주되는 이차적 표상 체계가 있다는 것이다. 이 견해에서 하나의 단어(모든 단어)는 다른 용도에 사용될 수도 있지만 하나의 일차적인, 하나의 '실제적인', 하나의 문자적인 의미를 갖는다.[30]

29_ Ferdinand de Saussure, *Course in General Linguistics*, tr. Wade Baskin (New York: Philosophical Library, 1959).

30_ Spolsky, op. cit., 49.

그러나 소쉬르는 언어 기호를 이렇게 실재 세계와의 관계로 보는 대신 그 자체의 체계라는 관점에서 봄으로써 언어를 일단 외부 세계와 분리한다. 소쉬르가 관심을 가졌던 것은 언어 자체가 어떻게 구성되어 있고, 그것이 구성한 체계의 내부 관계에 의해 어떤 효과를 만들어내는지 규명하는 것이었다. 그는 자체적인 메커니즘을 가지고 작동하는 언어가 외부 세계를 가리키는 효력을 갖는 것은 자의적인 성격의 관습이 작용한 결과라고 설명한다. 문화적으로 서로 다른 관습 때문에 한국어로는 '나무'가, 한자로는 '木'이, 영어로는 'tree'가, 프랑스어로는 'arbre'가 나무를 가리키게 된다는 것이다.

소쉬르의 이런 구조주의와 탈구조주의의 차이점은 무엇보다도 전자가 언어 체계를 관습의 산물로 보면서도 이 관습에 안정성이 있다고 보는 반면에 후자는 그 관습의 불안정성을 강조한다는 데 있다. 탈구조주의, 특히 데리다의 해체주의가 의미의 비결정성을 주장할 수 있는 근거는 의미를 구축하는 언어체계의 관습 자체가 늘 동요할 수밖에 없기 때문에 의미도 고정될 수 없다는 데서 나온다. 이런 점 때문에 탈구조주의는 구조주의를 비판한다고 볼 수도 있겠지만, 탈구조주의 언어이론은 언어적 관습을 중시한 소쉬르의 입장을 부정한 것이 아니라 오히려 그것을 더욱 급진화한 것임을 인식할 필요가 있다. 언어의 작용은 외부 세계를 지시하는 것이라는 실재론적, 표상주의적 관점에 대한 비판과, 언어는 자의적 관습 체계라고 하는 새로운 이해가 이루어지고 나면 언어의 관습과 체계가 불안정하다는 인식에 이르는 데에는 한걸음밖에 걸리지 않는다. 데리다는 기호란 상이한 맥락들 속에서 반복될 수 있지만, 그 반복가능성 때문에 새로운 의미 생성 가능성을 갖게 된다고 본다. 기호는 자신의 반복가능성 때문에 의미가 고정될 수 없다는 논리다.[31] 이렇게 되면 기호는 반복가능성과 함께 의미의 불

31_ 데리다에 따르면 "쓰인 기호는 그 맥락, 즉 그 각인 순간을 조직하는 일습의 현전들로부터 분리되는 힘이 있다. 이 분리의 힘은 단순한 속성이 아니라 쓰인 것의 구조 자체다…우리는 언제나 쓰인 통합체를 '소통'의 모든 가능성은 아닐지라도 기능의 모든 가능성을 잃게 하지 않고 그것이 잡혀 있거나 주어져 있는 연결 사슬로부터 떼어낼 수 있다. 결국 우리는 그것을 다른 사슬들에 각인하거나 접목함으로써 그 안에서 그와

안정성을 동시에 갖게 되는 셈이다.

해체주의에서 은유의 중요성이 부각되는 것이 바로 이 지점이 아닌가 싶다. 반복 가능한 단어나 기호가 불안정성을 갖는다는 것은 그것들이 속하는 관습, 체계 등이 늘 왜곡되고 굴절될 가능성이 있다는 말과 같다. 여기서 굴절, 왜곡은 남유(catachresis)를 가리키는 바, 언어 기호가 말의 오용에 해당하는 남유로 이어질 수 있다는 것은 언어가 기본적으로 비유라는 뜻이다. 비유(trope)가 인도유럽어에서 회귀선들을 가리키는 'tropics'와 어원상으로 같다는 것은 우연찮은 일로서 이는 회귀선들이 태양의 회전과 관련되어 있는 것처럼 비유 역시 언어적 표현상의 회전 사례에 속하기 때문에 생긴 일이다. 아울러 'tropics'는 남회귀선과 북회귀선을 한계선으로 하고 있고 태양이 가장 강렬하게 비추는 열대지방을 가리킨다는 점도 의미심장한데, 이런 사실은 태양의 회전현상과 언어적 비유 사이에 모종의 상동관계가 있음을 시사한다.

여기서 데리다가 아리스토텔레스의 은유 이론을 '해체하고' 있는 모습을 살펴볼 필요가 있다. 데리다에 따르면 아리스토텔레스는 은유를 명사, 의미를 가진 소리(phōnē sēmantikē), 렉시스(lexis) 등과 궤를 함께 하며, 따라서 로고스, 미메시스, 알레테이아(진리, alētheia)를 드러내는 수단, 지식의 수단으로 생각했다.

> 우리 앞에 내놓는 것, 그림을 만드는 것, 생생한 행동을 일으키는 것—이런 것이 아리스토텔레스가 좋은 은유에게 있다고 하는 많은 장점들, 그가 늘 에네르게이아(energeia)의 가치와 연관시키는 장점들로서, 아리스토텔레스의 형이상학, 형이상학 자체에서 에네르게이아의 결정적 역할은 잘 알려져 있다.[32]

같은 다른 가능성을 확인할 수 있을 것이다." Derrida, "Signature Event Context," *Margins of Philosophy*, tr. Alan Bass (Chicago: The University of Chicago Press, 1982), 317. 이로 인해 기호들은 어떤 맥락에서도 인용될 수가 있고, 어떤 맥락으로부터도 분리될 수 있게 된다. 데리다는 기호의 반복가능성 개념을 통해 J.L. 오스틴이 맥락의 변화가능성을 고려하지 않고 기호의 의미를 규정하는 것을 비판하고 있다.

아리스토텔레스가 은유를 지식의 수단으로 여겼다는 것은 은유를 진리의 이름으로 이해했다는 말과 다르지 않다. 그에 따르면 "좋은 은유를 만든다는 것은 어떤 유사성을 본다는 것"인데, 이때 유사성은 진리의 가치를 구성하는 것이다. "은유(좋고 진실한 은유)의 조건은 진리의 조건"이라는 것이다.[33] 그러나 데리다는 아리스토텔레스가 진리의 최고 은유로 간주하는 태양의 재현 불가능성 문제를 지적한다.

아리스토텔레스는 『시학』에서 은유를 "어떤 사물의 이름을 다른 어떤 것에 적용하는 것"으로 정의하면서 이런 언어 용법의 네 번째 유형으로 '유비'(analogy)를 들었다.

유비에 의한 은유는 네 번째 항이 세 번째 항과 맺고 있는 것처럼 두 번째 항이 첫 번째 항과 관계를 맺을 때 성립한다. 그러면 시인은 네 번째 대신 두 번째를, 혹은 두 번째 대신 네 번째를 이용할 수 있다…이리하여 술잔은 디오니소스에 대해 방패가 아레스에 대해 서있는 것과 같은 관계 속에 서게 된다. 시인은 그래서 술잔을 '디오니소스의 방패'로, 방패를 '아레스의 술잔'이라고 부를 수 있다. 또는 노년과 인생의 관계가 저녁과 하루의 그것과 같다고 하면 시인은 저녁을 하루의 노년이라 칭할 수가 있고, 또는 이 구절에 대한 엠페도클레스의 변주처럼 노년을 인생의 저녁 또는 인생의 황혼으로 부를 수 있다.[34]

이어서 아리스토텔레스는 "이런 유비관계에서 일부 항목은 특정한 이름이 없을 수 있다"고 보고, "그래도 그것들은 유비적으로 사용될 수 있다"고 한다.

씨를 던지는 것은 따라서 파종하는 것이다. 반면에 태양과 관련해서는 그 불길을 던지는 것은 특정한 이름을 갖지 않는다. 그러나 이 [이름 없는] 행위는 씨뿌리기

32_ Derrida, "White Mythology: Metaphor in the Text of Philosophy," 239.
33_ Ibid., 237.
34_ Aristotle, *Poetics*, tr. Gerald F. Else (Ann Arbor: The University of Michigan Press, 1970), 57.

가 종자에 대해 맺는 것과 같은 관계 속에 서있다. 따라서 우리는 '신이 만든 불길 파종하기'라는 표현을 보게 된다.[35]

데리다가 문제삼는 지점이 바로 여기다. "태양과 그 광선 사이에 씨뿌리기와 종자 사이에 있는 것과 같은 관계가 있다는 사실이 언제 보인 적이 있는가?" 그는 계속해서 말한다.

> 모든 은유가 모호한 [생략법적] 비유 또는 유비라면 우리는 여기서 전형적인 은유, 은유적 배가(redoubling), 생략의 생략을 다루고 있는 셈이다. 그러나 보이지 않는 항목은 어떤 것을 제대로 호명하는 명사를 요구한다. 아리스토텔레스에 따르면 현전하는 항목들(태양, 광선, 파종행위, 종자)은 그 자체로 비유(tropes)가 아니다. 여기서 은유는 고정된 의미와 지시대상을 지닌 고유명사들을 대체하는 것으로 이루어진다. 우리가 태양에 대해 다룰 때에는, 그 지시내용이 적어도 우리가 그것에 대해 제공하는 표상 안에서는 언제나 근원적이고, 유일무이하고, 대체 불가능하다는 고유성을 지닌 태양을 다룰 때에는 그렇다. 이 체계에서는 하나의 태양밖에 없다. 여기서 고유명사는 은유의 비은유적 원동력, 모든 비유의 아버지이다. 모든 것은 그것을 중심으로 회전하고 모든 것이 그것을 향해 회전한다.[36]

고유명사가 "고정된 의미와 지시대상"을 가지고 있다면 "언제나 근원적이고 유일무이하고, 대체 불가능한 고유성을 지닌 태양"이야말로 그런 고유명사에 해당할 것이다. 이런 고유명사는 그것 자체이기 때문에 비유가 아니다. 태양, 광선, 파종행위, 종자 등을 비유가 아니라고 하는 것은 그것들이 고유명사라고 하는 것과 같은바, 이때 은유는 고정된 의미를 지닌 고유명사들을 대체하는 행위다. 하지만 문제는 고유명사 가운데서도 가장 고유명사다운 것, 즉 태양마저 비유와 은유가 아니고서는 언급될 수가 없다는 것이

35_ Ibid., 57-58.
36_ Derrida, op. cit., 243.

다. "태양이 '파종'할 수 있다면 그것의 이름은 그것을 구성하는 관계들의 체계 안에 기입되어 있다. 이 이름은 더 이상 은유가 따라잡을 유일무이한 사물의 고유명사가 아니다."[37] 태양이 파종할 수 있다는 것은 태양이 더 이상 고유명사가 아니라 이미 태양의 의미를 규정해주는 비유와 은유 등의 관계망 안에 속해 있다는 것, 다시 말해 이미 비유와 은유 등의 매개에 의해 그 의미가 파악되어야 한다는 것, 태양 자체가 언제나 이미 비유와 은유에 속한다는 것과 같다.

데리다의 이런 지적은 철학적 담론과 문학적 담론의 종별적 차이를 강조해온 철학 전통에 대한 강력한 문제제기이기도 하다. 전통적 철학은 철학적 개념을 은유와는 질적으로 다른 것으로 보지만 데리다는 태양을 은유적 표현의 매개를 통해서만 표현될 수 있다고 보고, 나아가서 태양 자체가 이미 비유와 은유로 작용한다고 봄으로써 그런 관점과는 거리를 취한다. 데리다에게 태양은 비유의 세계, 열대 지방에서 가장 핵심적 존재, 즉 은유적 존재로 등장하는 셈이다. 열대에 태양이 있다는 것은 결국 거기서는 온갖 것이 회전하고 있다는 것이며, 어디에나 은유가 있다는 말과 통한다. 아리스토텔레스는 모든 것이 태양을 중심으로 그것을 향해 돈다고 하지만 열대에서 회전하는 것은 무엇보다도 태양인 것이다. 태양의 회전에 대해 사람들이 까마득히 잊고 있다고 해도 말이다.

태양, 개념, 진리를 은유로 보는 관점은 물론 데리다에게서 비롯된 것은 아니다. 진리를 은유로 보는 관점은 니체에게서도 볼 수 있다. 니체에 따르면 진리는 언어적 표현, 은유와 따로 있는 것이 결코 아니며, 은유는 미리 존재하는 실재를 표상하는 역할만 하지 않는다.

무엇이 진리인가? 은유들, 환유들, 의인화들의 유동하는 군단, 요컨대 시적으로, 수사학적으로 강화되고 옮겨지고 꾸며졌다가 오랜 시간이 지난 뒤 어떤 민족에

37_ Ibid., 244.

게 고정되고 표준적이고 구속력 있어 보이게 되는 인간관계들의 총체다. 진리란 사람들이 그것이 환영이라는 사실을 잊어버린 환영들로서 감각적 충격이 없는 닳아버린 은유, 그 [표면] 이미지를 잃어버리고 이제는 더 이상 동전이 아니라 금속으로만 사용되는 동전이다.[38]

닳아빠진 은유는 그렇다면 자신이 은유임을 망각한 은유가 된다. 은유의 자기망각은 '감각적 충격'의 소멸에서 비롯되며, 이 소멸은 빈번한 사용의 결과다. 은유는 자주 쓰임으로써 자신의 감각적 신선함을 잃고, 대신 안정된 의미를 얻게 된다. (진리를 가리킨다고 하는) 개념어들이 '자명한' 의미를 갖게 되는 것도 이렇게 보면 반복된 사용으로 인해 은유로서의 신선함을 잃어버린 결과로서, 이때 의미로서 갖게 되는 진리 가치는 은유의 반복된 사용으로 생산된 '이자'에 해당한다고 할 수 있다. 진리와 의미는 은유가 '고리대금업'을 하여 얻어낸 성과물인 셈인 것이다.

데리다는 은유의 고리대금업에 대해 말하기 위해 아나톨 프랑스의 『에피큐로스의 정원』에 등장하는 폴리필로스의 발언을 인용한다.

나는 형이상학자들이 자신들을 위한 언어를 만들 때 칼이나 가위 대신 각명(刻銘, exergue), [동전] 단위, 앞면을 갈기 위해 메달과 동전을 숫돌에 갈아야만 하는 칼갈이들과 얼마나 비슷한지 생각하고 있습니다. 그들은 크라운 은화에 새겨진 에드워드 왕, 빌헬름 황제, 공화국 등 어느 것도 보이지 않을 때까지 다 갈아버리고 나면, '이 은화들은 영국적인 것, 독일적인 것, 프랑스적인 것 어떤 것도 갖고 있지 않다, 우리는 이 은화들을 시간과 공간의 모든 제약으로부터 해방시켰다, 이것들은 더 이상 5실링의 가치를 가지고 있지 않다, 이것들은 평가를 할 수 없는 값을 가지고 있으며, 그 교환가치는 무한정 확장된다'고 말합니다. 그들이 이렇게 말하는 것은 맞습니다. 이 가난한 칼갈이의 행위로 인해 말들은

38_ Friedrich Nietzsche, *Friedrich Nietzsche on Rhetoric and Language*, ed. and tr. Sander L. Gilman, Carole Blair, and David J. Parent (New York: Oxford University Press, 1989), 250.

물리적인 뜻에서 형이상학적인 뜻으로 바뀝니다. 이 과정에서 말들이 뭔가 잃는 다는 것은 분명합니다. 말들이 그로써 얻는 것이 무엇인지는 바로 분명하지 않 습니다.[39]

폴리필로스가 말하는 '말들이 잃는 것'은 동전이 잃는 것과 비슷할 것이다. 동전을 숫돌에 갈고 나면 거기 새겨진 명각, 가격 단위, 공화국의 상징물 또는 국왕의 조상 같은 것들 즉 동전이 지닌 이미지(Bild), 감각적 생생함은 사라진다. 마찬가지로 말들이 자주 쓰이면 그것이 지니고 있던 '물리적인 뜻' 다시 말해 말이 지녔음직한 생생한 '원래 의미'가 사라지게 된다. 폴리필 로스에게 진리를 추구한다는 형이상학자들의 말, 개념들은 널리 통용될 수 있는 '교환가치'는 크게 늘어났을지라도 말의 원래 의미 또는 생생함이 사 라진 것들이다.

　우리는 여기서 플라톤이 시적 표현, 은유 등에 대해 말한 것과는 크게 대립되는 입장과 만나게 된다.

　플라톤은 은유가 지닌 설득하고 모방하는 힘을 인식하고 자신이 생각하는 사회 질서에 그것은 위험한 것이라 판단했다. 모방의 시와 시를 구성하는 은유는 진실 한 것이 못 되었다. 그것은 간접적이었기 때문에 진실한 것을 모방할 뿐이었다. 은유는 그렇다면 근본적으로 왜곡을 불러일으킨다. 플라톤은 은유가 사람들에 게 야기하는 감정에서 위험을 감지하고 이 무기를 휘두르는 시인들을 공화국에 서 추방함으로써 자신의 사회적 책임감을 발동시킨 것이다. 플라톤이 관심을 두 는 것은 정치체다. 다시 말해 정치체와, 만약 사람들이 그들에게 주어진 자리를 지키기만 하면 그 역학 관계를 제대로 규제할 형상적 진리다. 은유는 이 기획을 대체로 방해한다고 그는 생각했다.[40]

39_ Derrida, "White Mythology," 210에서 재인용.

40_ Bonnie Howe, *Because You Bear This Name: Conceptual Metaphor and the Moral Meaning of 1 Peter* (Boston, Leiden: Brill, 2006), 27.

플라톤에게는 은유가 아무리 위력적일지라도 진리로부터 두 번씩이나 벗어난 것 따라서 존재론적으로나 인식론적으로 하등한 것이다. 하지만 폴리필로스에게는 오히려 형이상학적 개념들이 진리의 생생한 모습을 무뎌보이게 하는 셈이다.

니체에게서도 은유가 형이상학적 개념에 선행한다는 생각, 오히려 개념들이 은유의 잔여물이라는 관점을 볼 수 있다. 니체에 따르면 "개념들의 위대한 구조는 로마 유골안치소의 딱딱한 규칙성을 드러내고 수학의 엄격함과 차가움의 분위기를 가지고" 있지만, "개념은 '어떤 은유의 잔여물'로 남겨진 것일 뿐"이며 "신경 자극의 이미지들로의 인위적 전이에 대한 환영이 모든 개념의 어머니는 아니라 해도 할머니"다.[41] 은유를 개념의 할머니로 본다는 것은 은유가 개념들에 선행한다고 말하는 셈이다. 이처럼 은유와 비유가 개념들에 선행한다고 보고, 개념이 오히려 은유의 찌꺼기라고 보게 되면 철학적 담론과 문학적 담론, 철학적 개념과 은유적 표현 사이의 관계를 새롭게 봐야 할 필요가 생기고, 정치에서 은유가 제기하는 문제도 새롭게 이해해야 할 것이다.

토마스 홉스나 존 로크 등 근대적 정치이론가들은 언어의 비유적 성격이 정치에 미치는 영향에 대해 경계했었다. 홉스는 『리바이어던』에서 현실을 왜곡시킨다는 이유로 은유와 같은 비유에 의존해서는 안 된다고 말한다. 그는 "적합한 단어들 대신 은유, 비유, 다른 수사학적 형상들을 사용하는 것"을 탐탁지 않게 여기는데, 왜냐하면

예컨대 길들은 갈 수가 없고 속담도 말을 하지 못하는데도, 통상 하는 말로 길이 간다느니 여기로 저기로 이끈다느니, 속담이 이런 저런 말을 한다고 하는 것이 타당하다고는 해도 판단함에 있어서, 그리고 진리를 추구함에 있어서 그런 말들은 허용되어서는 안 되기 때문이다.[42]

41_ Nietzsche, op. cit., 251.

42_ Thomas Hobbes, *Leviathan*, 1651, Part 1, Chapter 5; Daniel Chandler, "Rhetorical Tropes,"

사물이나 사태에 대한 올바른 판단, 진리의 추구에서 은유와 비유, 그리고 다른 수사학적 표현들을 쓰지 말아야 한다는 것은 언어는 그것이 표현하고 묘사하고자 하는 대상에 대해 '적합'해야만 한다는 것, 따라서 대상의 문자적 표상 이상의 역할을 하는 언어적 표현은 회피되어야 한다는 것이다. 로크의 경우는 다음과 같이 말한다.

> 만약 우리가 사물에 대해 있는 그대로 말하고 싶으면 질서와 명료함 이외의 모든 수사적 기술, 웅변이 만들어낸 모든 인위적이고 비유적인 말들의 적용은 잘못된 생각들을 불어넣고 감정들을 움직이고, 판단력을 오도하는 것 이외의 다른 용도가 없으며, 따라서 정말 완벽한 속임수이다. 그러므로 웅변이 연설이나 통속적인 말하기에서 그것들을 아무리 훌륭하고 인용할 만하게 만든다고 해도 가리키고 가르치고자 하는 모든 담론들에서는 전적으로 회피해야 한다. 그리고 진리와 지식이 문제가 되는 데서는 그런 말을 하는 사람이나 언어에 대해서는 커다란 잘못이라고 생각되지 않을 수 없다.[43]

홉스와 로크가 근대 정치이론의 틀을 닦은 사람들임을 생각하면 그들의 이런 언급은 근대 정치에서 은유와 비유, 문학적 표현, 담론적 실천 등이 어떤 취급을 받았을는지 쉽게 짐작할 수 있게 해준다. 그들의 언어관은 기본적으로 '근대 과학주의'가 지녔던 태도와 크게 다르지 않다. 17세기 영국

---

in *Semiotics for Beginners*. http://www.aber.ac.uk/media/Documents/S4B/sem07.html에서 인용. 홉스의 은유 및 비유 비판에 대해서는 곧이곧대로 받아들일 것은 아니라는 견해도 없지 않다. 예컨대 안드레아스 무솔프는 레이코프와 존슨이 홉스를 은유 비판가로 해석하고 있는 데 대해 홉스의 은유 비판 자체가 은유로 표현되고 있다는 점에 유념해야 한다면서 홉스를 단순한 은유 비판가로 봐서는 안 된다는 견해를 제출하고 있다. Andreas Musolff, "Metaphor as Deception: Metaphor as 'Deception': Thomas Hobbes and political metaphor." www.dur.ac.uk/resources/mlac/german/resources/Metaphor.pdf (2010년 11월 11일 접속.)

43_ John Locke, *An Essay on the Human Understanding*, 1690, Book 3, Chapter 10; Chandler, "Rhetorical Tropes"에서 인용.

의 왕립협회가 표명했던 것이 그런 태도로서, 토마스 스프랫에 따르면 이 협회는 "자연에 대한 지식을 수사학의 색깔들, 공상의 장치들, 우화의 유쾌한 기만으로부터 분리시키고자"고 하는 언어관을 가지고 있었다.[44] 왕립협회 과학자들은 수사학, 우화 등 은유를 가동하는 언어적 표현은 자연의 정확한 표상이 아니며 따라서 실재를 왜곡한다고 본 것이다. 은유에 대한 이런 불신은 기본적으로 표상의 왜곡에 대한 불신으로서 홉스와 로크가 그들의 정치이론에서 추구했던 것도 표상의 왜곡을 피하고 표상과 재현이 제대로 일어나도록 하기 위함이 아니었을까 싶다. 알다시피 두 사람은 권력의 구성을 한편에서는 절대군주 중심으로, 다른 한편에서는 대의민주주의를 중심으로 사고했지만 이를 사회계약의 문제로 간주했고, 이 계약을 성사시키는 원칙을 사회 전체의 의사나 이해의 반영으로 즉 재현, 표상, 대변으로 봤다. 두 사람이 은유나 비유를 불신한 것은 그런 언어적 표현이 감정들만 고양시킬 뿐 판단력을 오도하고, 진리와 지식을 왜곡시킬 것이라 본 때문이다.

그러나 은유, 나아가서 비유가 언어의 왜곡이 아니라 모든 언어의 가능성이라면 은유와 비유의 비판은 오히려 정치의 가능성을 봉쇄하는 것이 될 수도 있다. 니체와 데리다에 따르면 은유는 개념을 '따라잡는' 부차적인 것이 아니다. 개념 자체가 은유의 잔여물이라면 이제 모든 언어적 표현은 은유로부터 분리될 수 없게 된다. 이는 또한 언어에서의 정상성과 비정상성 간의 구분, 예컨대 '정상적' 언어와 거기에 기생하고 있다고 보는 '문학적' 표현 간의 구분도 더 이상 지속될 수 없다는 것을 의미한다. 모든 언어가 이처럼 언제나 이미 문학적인 것 또는 은유로 이해된다는 것은 그렇다면 어떤 정치적 의미가 있는 것인가? 플라톤, 홉스, 로크에게 정치란 합리성이 지배하는 질서, 진리의 권위가 도전받으면 안 되는 지점이었다고 할 수 있다. 언어, 비유, 은유가 그들로부터 회의적 눈초리로 감시당하는 것은 그와

44_ Thomas Sprat, *The History of the Royal Society of London for the Improving of Natural Knowledge* (1667); Chandler, "Rhetorical Tropes"에서 인용.

같은 질서의 안정성을 뒤흔들어서는 안 되기 때문이다. 하지만 니체와 데리다에게서는 은유, 비유, 그리고 (문학적) 언어는, 그리고 언어의 오용에 해당하는 남유까지도 기존의 질서에 도전하고 끊임없이 새로운 것을 추구할 수 있는 가능성, 새로운 의미 전파를 위해 필요한 것으로 이해된다. "인간 언어의 작용이 그 반복가능성과 그 불안정성 양자에 의존한다"는 것은 "그 불안정함 때문에 취약한 단어들이 새로운 의미들의 전파를 위해 사용될 수도" 있다는 의미다. "우리는 새로운 자유를 얻는다. 놀 수 있는 자유와⋯ 결론을 내리는 것을 피할 수 있는 자유 말이다."[45] 이 자유는 체계를 폐쇄시키는 것을 거부하는 것이라는 점에서 체계(의 기능) 전환을 지향하며 따라서 정치적이라 할 수 있다. 물론 이때 정치는 그 어떤 체계든 체계의 변화를 꾀하는 기획의 의미를 갖는다.

4. 은유의 정치

지금까지 레이코프와 존슨의 견해를 중심으로 인지과학 전통에서 바라보는 은유의 개념과 그 정치적 함의, 그리고 데리다의 해체주의를 중심으로 탈구조주의 전통에서 바라보는 은유의 개념과 그 정치적 함의를 살펴봤다. 우리가 확인한 것은 두 전통 모두 일단 은유를 중요한 정치적 의미와 기능이 있다고 본다는 점이다.

인지과학에서 은유는 정치현실을 채색하고, 은폐하는 힘을 갖는 것으로 간주된다. 레이코프는 자기 학생들에게 '코끼리는 생각하지 마라' 하고 요구하면 오히려 코끼리의 이미지에서 벗어나지 못한다는 것을 확인하고, 그 까닭을 이미지란 일단 제시되고 나면 부정하려 해도 부정되지 않고 사유의 틀을 계속 규정하는 효과가 있다는 데서 찾고 있다. "'코끼리'와 같은 단어

45_ Spolsky, op. cit., 50.

는 그에 상응하는 프레임을 불러일으키는데" "그 프레임을 부정하려면 우선 그 프레임을 떠올려야" 하기 때문이란 것이다.[46] 코끼리 이미지는 이때 은유로 작용하며, 개념적 기제로서 현실을 파악하고 이해하는 얼개가 된다. 은유가 정치적으로 중요한 것은 특정한 시점 어떤 쟁점에 관해 언제나 일정한 관점을 제공함으로써 분명치 않고 추상적이며/거나 복잡한 쟁점들을 구체화하는 데 중요한 역할을 하기 때문이다.[47] 그런데 "쟁점들의 어떤 측면들이 은유적으로 은폐되거나 조명되는 것은 특정한 은유들이 다른 것들 대신 선택되는 데에 따라 결정된다."[48] 아마 미국에서 공화당과 민주당을 상징하는 동물들—코끼리와 당나귀—이 뒤바뀐다면, 사회적 쟁점들을 다루고 이해하는 방식도 크게 달라질 것이다.

은유는 그렇다면 이데올로기의 작용과 긴밀하게 연계되어 있는 것처럼 보인다. 이데올로기는 "그들의 실재 존재조건에 대한 개인들의 상상적 관계를 표현한다."[49] 이때 표현은 상징적 표상체계로 이루어지는바, 코끼리나 당나귀 이미지들이 그런 표상에 해당하는 것일 게다. 그런데 이데올로기는 무엇보다도 상식으로, 즉 명백함으로 작동한다. 우리가 자신의 실제 삶의 조건에 대해 가지고 있는 상상의 표상이 주어지면 그 표상은 우리에게 너무나 당연한 의미를 가지고 다가오게 되어 있다. 이때 우리 자신은 너무나 자명한 주체이며, 표상의 의미 역시 명백하다.

당신과 내가 (자유로운·도덕적인 등의) 주체들이라는 것은 명백하다. 하나의 단어가 '하나의 사물을 지칭하'거나 '하나의 의미를 가지게' 하는 등의 모든 자명

46_ 조지 레이코프, 『코끼리는 생각하지 마』, 유나영 역, 삼인, 2006, 23, 24.

47_ Kenneth Burke, *On Symbols and Society* (Chicago: University of Chicago Press, 1989); Iina Hellsten, *The Politics of Metaphor: Biotechnology and Biodiversity in the Media* (Tampere: Tampere University Press, 2002), 11에서 재인용.

48_ Hellsten, ibid.

49_ 루이 알튀세르, 「이데올로기와 이데올로기 국가장치—연구를 위한 노트」, 『아미앙에서의 주장』, 김동수 옮김, 솔출판사, 1991, 107. 아래에서 이 글의 인용은 본문의 괄호 속에 표시한다.

성들(거기에는 언어의 '투명성'이라는 자명성이 포함된다)과 마찬가지로, 당신과 내가 주체들이라는—그리고 그것은 의문의 여지가 없다는—이러한 자명성은 하나의 이데올로기적 효과이며 기초적인 이데올로기적 효과다.(116)

단어의 의미가 명백하고, 우리의 주체성이 명백하면, 하나의 단어가 어떤 사물을 가리키는 것은 너무나 당연해진다. 그래서 '코끼리'라고 하는 순간 우리는 그때 작동되는 개념적 기제로 인해 그 단어가 코끼리를 가리킨다고 여기게 되며, 이는 너무나 당연한 과정인 것처럼 간주된다. 우리와 코끼리 사이에는 긴밀한 동일시가 이루어지며, 우리는 그 굴레에서 쉽게 벗어날 수 없게 되는 것이다. 은유가 개념적 기제로서 작동하는 방식 또한 이와 크게 다른 것 같지 않다. 코끼리를 말하는 순간 코끼리의 이미지가 작동시키는 개념적 은유와 기제에 의해 우리는 코끼리를 코끼리로 인지하고, 이 인지의 틀로부터 쉽게 벗어날 수 없는 것이다. 설령 코끼리를 생각하지 말라고 해도 계속 코끼리를 생각할 수밖에 없는 것은 그런 인지틀이 사라지지 않아서 생기는 효과다.

　이런 과정이, 은유의 작동으로 만들어지는 이데올로기적 효과이고 그것은 또한 정치적 효과임을 다시 강조할 필요가 있을까? 이데올로기가 지배 체제의 재생산 기제로서 작동한다면, 은유도 그런 효과의 생산과 무관하지 않다. 이데올로기가 역사 전체를 관통하며 무의식처럼 영원하다면,(106) 은유도 개념적 기제로서 우리가 사물, 사태를 파악하는 방식을 끊임없이 규정한다고 할 수 있다. 물론 은유와 이데올로기가 동일한 방식으로 작동한다는 것은 아니다. 이데올로기가 개인들을 주체로 호명하고 이 호명을 통해 지배 효과를 만들어낼 뿐이라면 은유는 좀 더 중립적이라고 할 수 있다. 이데올로기는 지배 내 구조(structure in dominance)의 효과와 연결되어 있지만 은유는 그런 것 같지는 않은 것이다.

　탈구조주의에서도 은유는 중요한 정치적 함의를 지닌다. 앞 절에서 살펴본 대로 은유는 개념을 '뒤따라가는' 것이 아니다. 아리스토텔레스에게서 은유는 로고스, 미메시스, 알레테이아를 드러내는 수단이고, '좋은 은유'는 에네르게이아를 갖고 그런 근원적 대상을 우리 앞에 세워내는 생동감을 일으켜야 하는데, 이때 은유의 작동 방식은 데리다가 말한 '흔적'의 그것과 흡사하다. 통상적으로 생각하면 흔적은 근원 또는 원본에 비해 당연히 부차적이지만, 데리다에게 그것은 오히려 시원적(originary)인 위상을 갖는다. 이것은 흔적이 원본에 대해 부차적이라 하더라도 원본이 흔적 없이는 그 자신의 위상을 가질 수 없는 한, 원본은 흔적을 언제나 이미 전제해야 하고, 그런 점에서 거꾸로 흔적에 대해 부차적이라고 할 수 있다는 논리다. 아니 사실 원본과 흔적 가운데 어느 것이 부차적이냐 시원적이냐 따지는 일이 무망한 것이 양자는 상대를 전제하지 않고서는 자기 자신으로 성립할 수 없기 때문이다. 앞에서 살펴본 것처럼 태양은 "언제나 근원적이고 유일무이하고, 대체 불가능한 고유성"을 지닌 고유명사적 존재라고 해도, 계속해서 은유에 의해서 접근될 수밖에 없다는 점에서, 흔적에 의존하여 자신을 드러낸다고 할 수 있다. 이런 식으로 보면 은유는 그것이 '앞에 세우려는' 대상에 대해 시원적 위상을 갖는 셈이다. 더 중요한 것은 원본의 흔적 또는 근원적인 것의 보충임과 동시에 시원적인 성격을 갖는다면, 은유는 위에서 살펴본 대로 창조성을 갖게 된다는 것이다. 은유가 남유로까지 이어질 때는 말의 오용이 될 수 있지만 이런 오용의 가능성에서 새로운 표현의 가능성이 나온다고 볼 수 있으며, 의미생성의 이런 새로운 자유 확보는 의미생산 체계나 구조의 해체 효과를 갖는다고 할 수 있다. 탈구조주의자에게 은유는 그래서 정치의 가능성 자체를 말하는 셈이다.

은유는 어떻게 혁명의 가능성을 제공하는가? 그것은 은유가 혁명의 논리를 제공할 수 있기 때문이기도 하다. 혁명은 기존 체제의 근본적 변혁으로서 지배 구도의 판 바꾸기에 해당한다는 점에서 체제의 재생산으로 이어지는 이데올로기적 동일시가 더 이상 반복하지 않는 상황의 전개를 일컫는다. 알튀세르에 따르면 맑스는 모순의 불균등 혹은 중층결정의 관점에서 이 문제를 생각했다.[50]

그러므로 모순은 모든 발전의 원동력이다. 모순의 중층적 결정에 토대를 둔 대체와 응축이, 그것들의 지배를 통해, 복잡한 과정의 존재, 다시 말하면 '사물들의 생성 변화'의 존재를 구성하는 (비대립적, 대립적, 폭발적) 국면들을 설명한다.[51]

알튀세르가 말하는 '비대립', '대립', '폭발'은 모순들의 상이한 양태를 가리키는바, 이들 양태는 각기 주체와 지배체제의 관계에서 주체가 갖는 세 가지 상이한 태도에 해당하는 동일시, 반동일시, 역동일시와 관계를 맺는다.[52] 여기서 비대립의 국면이 사물들의 생성 변화 과정에서 주체가 '지배 내 구조'와 자신을 동일시함으로써 그 구조를 변함없이 계속 재생산하는 경우라면, 대립적 국면은 주체가 지배 구조를 명시적으로 적대시하며 거리를 취하고 있지만 아직 지배 내 구조의 근본적 변화는 일어나지 않은 경우이고, 폭발적 국면은 다양한 주체들의 동시적 작동으로 인해 지배 내 구조가 근본적인 새로운 단계로의 변화를 일으키며 급격하게 요동치는 상황으로 이해할 수 있지 않을까 생각할 수도 있을 것이다. 그런데 비대립, 대립, 폭발이 지배구조의 모순의 상이한 양태를 가리킨다면 동일시, 반동일시, 역동일시는 모순에 대한 주체의 대응이라는 점이 중요하다. 비대립의 국면에 대해서도 동일시, 반동일시, 역동일시의 상이한 태도가 가능한 것처럼 대립, 폭발의 국면에 대해서도 상이한 태도들이 가능하기 때문에, 한편으로 비대립, 대립, 폭발과 다른 한편으로 동일시, 반동일시, 역동일시 사이에는 적어도 아홉 가지의 조합 가능성이 열려 있는 셈이다. 하지만 이런 다양한 관계를 인정하더라도 그 관계들의 역동적 차이를 생각할 필요가 있다. 만약 어느

50_ 알튀세르를 탈구조주의자로 보는 데에는 무리가 있을 수도 있지만 넓게 봐서 그의 이론이 탈구조주의에 미친 영향을 생각해서 여기서는 탈구조주의 전통에 속하는 것으로 간주하려고 한다.

51_ 루이 알튀세르, 「유물론적 변증법에 대하여(기원들의 불균등에 대하여)」, 『마르크스를 위하여』, 고길환·이화숙 역, 백의, 1990, 248.

52_ 동일시, 반동일시, 역동일시에 대해서는 Michel Pêcheux, *Language, Semantics, and Ideology*, tr. Harbans Nagpal (New York: St. Martin's Press, 1982)와 강내희, 「언어와 변혁」, 『문화/과학』 2호, 1992년 겨울 참조

시점에 비대립의 국면이 전개되고 주체들이 그것을 주도하는 지배 내 구조와 동일시하기만 한다면, 사회는 사람들이 아무런 변화도 추구하지 않는 '행복한 동물'의 무기력에 사로잡힌 상황에 빠질 것이다. 반면에 폭발적 국면에서 사람들이 동일시의 태도를 취한다면, 객관적으로 혁명이 요청되고 그 가능성이 고조되는데도 대중은 아무런 반응을 보이지 않는 상황이 될 수 있다. 이런 점을 고려하면 혁명을 위해서는 한편으로는 모순들이 어떤 상황에 있는지 살펴보면서, 다른 한편으로는 어떤 주체적 대응을 조직할 것인가를 생각해야 할 것으로 보인다. 그런데 이런 점은 은유와 무슨 관계가 있을까?

혁명 즉 '지배 내 구조'의 해체와 새로운 사회로의 전환이 가능하려면 모순의 비대립과 대립을 넘어서 폭발 국면으로의 이전이 필요하다. 알튀세르는 이 과정을 단계적인 것으로 보지 않는다. 레닌을 좇아 "모순은 어떤 계기에서건 항상 작동하고 있다"고 보고, 비대립, 대립, 폭발의 "세 계기들은 단지 존재의 세 가지 형식에 불과하다"고 여기기 때문이다. 그에 따르면 비대립은 "모순의 중층결정이 치환의 지배적 형식(역사 또는 이론상의 '양적 변화들'이라는 표현으로 동일화되는 것의 '환유적' 형식)으로 존재하는 계기", 대립은 "중층결정이 응축의 지배적 형식(사회의 경우 날카로운 계급 갈등, 학문의 경우 이론적 위기 등)으로 존재하는 계기", 그리고 끝으로 "혁명적 폭발(사회 속에서, 이론 속에서)은 전체의 해체와 분리를 야기하는 고정되지 않은 총괄적 응축의 계기, 다시 말해서 질적으로 새로운 토대 위에 있는 총괄적 재구성"을 가리킨다.[53] 여기서 알튀세르는 모순의 작동 방식을 '환유'와 '은유'를 통해 사유하고 있다. 우선 그는 환유를 비대립의 국면에서 작동하는 모순의 전개 방식의 이름으로 사용한다. "모순의 중층결정이 치환의 지배적 형식"을 띠는 것을 '환유적' 형식으로 보는 것이다. '치환'이

53_ 알튀세르, 「유물론적 변증법에 대하여」, 247. 인용문의 '치환'은 번역문에는 '대체'로 나오지만 '치환'으로 하는 것이 정확하다. 아래에서 보겠지만 '치환'과 '대체'는 각기 다른 의미를 갖고 있다.

비대립 국면을 형성하는 것은 그로 인해 나타나는 변화는 아무리 새롭다 하더라도 전체의 근본적 성격을 바꿔내지 못하기 때문이다. 치환은 하나의 문장에서 선택된 한 단어가 다른 단어로 바뀌는 것과도 같다. "나는 집에 간다"라는 문장에서 '나' 대신 '너'가 들어가면 '너는 집에 간다'가 될 것인데, 이때 전체 문장은 구도는 바뀌지 않은 채 새로운 결합을 이루게 된다. 그리고 이 변화는 문장의 통합 축(the syntagmatic)에서 일어나는 것이므로 통시적 성격을 갖는다고 할 수 있다.

다른 한편 알튀세르는 '지배 내 구조'의 근본적 변화가 발생하는 국면을 '응축', 나아가서 '총괄적 응축'으로 부른다. 이 응축은 치환과 대비되는바, 이는 은유의 작용과 관련되어 있다. 은유는 통시적 차원에서 일어나는 환유와는 달리 공시적 차원에서 발생하며 동일 계열 축(the paradigmatic)에 속한, 따라서 상호 유사성을 지닌 요소들의 대체를 전제한다. 예컨대 "나는 집에 간다"를 구성하기 위해 동원되는 다양한 계열 축들('나'-'너'-'그들'-'우리', '나'-'개인'-'사회', '나'-'타자'-'동일자'-'자아', '는'-'은'-'이'-'가', '는'-'만'-'도'-'밖에', '집'-'학교'-'직장', '집'-'가족'-'사회'-'공동체', '집'-'국가'-'정치'-'세상', '에'-'(으)로'-'(으)로부터', '에'-'을'-'를'-'의' 등) 안에서 일련의 대체가 발생하면 "우리가 힘을 합쳐 세상을 바꾼다"라는, 원래의 문장과는 전적으로 다른 문장을 만들어낼 수가 있다. 이때 계열 축은 중층결정의 형태로 존재한다. 다시 말해 "나는 집에 간다"의 '나'는 환유의 차원에서는 '는', '집에', '간다' 등과 인접의 관계를 이루며 나타나지만 다른 인칭대명사(너, 우리, 그, 그녀 등)나 주어로 등장할 수 있는 다른 단어들— 이때는 무수히 많은 계열들을 생각할 수 있다 —을 전제한다. '나'는 결국 그 안에 무수히 많은 잠재적 표현들을 안고 있는 것이다. 은유가 응축 또는 혁명적 응축과 연결될 수 있는 것은 하나의 명시적 표현이 서로 대체될 수 있는 많은 다른 표현들을 포함하거나 전제하기 때문이다. '나'의 움직임은 이때 '나'만의 움직임만이 아니라 그것과 유사하며 그것을 대체할 수 있는 다른 요소들의 움직임도 전제할 것이다. 서로의 위상이 유사한 단위들 간에 선택이 일어날 때 물론 대체의 효과가 나타나지만, 은유적 대체는 이때 응축의 효과를 대동할 수 있다.

라클라우에 따르면 이런 일은 '차이'와 '등가'의 변증법에 의해 가능하다. 다양한 계열 축에 속한 단위들은 서로 간에는 차이들만 가지고 있다고 볼 수 있다. 이 단위들을 상이한 사회적 세력들이라 보면 이들 세력은 상호 차이에 의해 각자 정체성을 갖는다. 즉 그들의 정체성은 소쉬르가 말한 대로 개별 기호의 의미가 그 기호 자체에서 나오는 것이 아니라 다른 기호와의 차이 때문에 나오듯이 상호 차이 때문에 나오는 것이다. 그런데 다른 한편 사회 세력들은 서로 대등한 관계를 가지고 있기도 하다. 라클라우에 따르면 총체성은 달성하기 불가능한 것이다.

> 문제는 정의상 하나의 총체성은 절대적으로 모든 것을 포함해야 하지만 만약 그럴 경우 그것은 자신을 그 자체와 다른 어떤 것과 구별되는 하나의 총체성으로서 결정하는 데 필요한 한계를 결여할 것이라는 점이다. 반대로 어떤 제한된 총체성은 모든 것을 포함하지 못하고 역설적으로 자신의 통일성을 확보하기 위해 배제하는 것에 의존할 것이다. 이것은 이제 총체성 내부에 있는 모든 변별적 요소들을 그 총체성이 배제하는 것과의 관계에서 서로 대등한 것으로 만들 것이다.[54]

요소들이 이처럼 하나의 총체성 내부에서 서로 차이를 지니면서 동시에 그 외부와의 관계에서는 상호 등가적이게 되면 상황은 복잡할 수밖에 없다. "등가성이 총체성 내 **변별적** 요소들로서의 그것들의 정체성들을 침식"할 것이기 때문이고,[55] 이 결과 "모든 정체성은 변별적 논리들과 등가적 논리들 간의 이 긴장 안에서 구성"되어야 할 것이기 때문이다.[56]

54_ Kaplan, op. cit., 257.

55_ Ibid. 강조는 원문.

56_ Laclau, *On Populist Reason*, 70; Kaplan, ibid., 257에서 재인용.

하지만 라클라우는 바로 이런 점 때문에 알튀세르가 '응축'이라고 부르는 상황이 발생할 수 있다고 보는 것 같다. 이 상황을 그는 헤게모니라고 부른다. "하나의 차이가 특정한 차이임을 그치지 않고 통약 불가능한 한 총체성의 표상이 된다…한 특정한 것이 통약 불가능한 보편적 의미생산을 담당하는 이 작용은 내가 **헤게모니**라 부른 것이다."[57] 하나의 차이가 "통약 불가능한 한 총체성의 표상이 된다"는 것을 사회적 상황에 적용하면, 하나의 세력이 통약 불가능하지만 그래도 일정한 방식으로 작동하고 있는 사회 구성체 전체를 표상한다는 말이 될 수 있다. 라클라우는 이런 예로 차티즘, 레닌주의, 페론주의, 솔리다르노시치 등을 꼽는다. 마이클 카플란이 정리하는 바에 따르면 이들 사례에서는 "한 명백한 공동의 적이 다소간 동시적으로 시야에 들어오면 기존의 구조적 조건들의 결과로 요구들이 일어나고 이 요구들이 더 광범위한 대중적 네트워크 안에 각인된다."[58] 이런 상황은 알튀세르가 말한 응축과 크게 다르지 않다. 응축이 동일한 계열 축에 속한 상호 유사성을 지닌 단위들의 공시적 존재를 전제하듯이 헤게모니적 상황도 서로 차이를 가지고 있지만 총체성에 대해 등가적 위상을 지니는 요소들, 세력들의 동시성을 전제한다.

여기서 은유적 응축의 효과는 지젝이 말하는 '보편적 특이자'(singulier universel)의 역설과 같다. 이것은 "보편자의 대타로 나타나는 특이자가 사회체 내 관계들 간에 기능하는 '자연스런' 질서를 불안정하게 만드는" 역설로서 "비-부분의 전체와의, 사회에서 나름대로 규정된 어떤 지위도 갖지 못한 (또는 그 안에서 주어진 종속적 지위에 저항하는) 사회 부분의 보편자와의" 동일시에 해당하는데, 지젝은 이 동일시를 가리켜 "정치화의 기본 행위"라고 말한다."[59] 여기서 이루어지는 동일시는 기존 사회 질서 내부에서 제

57_ Ibid.

58_ Kaplan, op. cit., 261.

59_ Slavoj Žižek, *The Ticklish Subject: The Absent Centre of Political Ontology* (New York: Verso, 1999), 221.

기능을 하지 못하는 어떤 세력이 스스로 질서 전체 즉 보편자의 대타임을 자칭하는 일로서 라클라우가 말한, 하나의 차이가 총체성의 표상으로 나서는 상황과 다르지 않다. 이것이 은유적 과정인 것은 하나의 차이, 특이자가 총체성 또는 보편성을 띠게 되는 것은 동일한 계열 축에 속한 유사한 단위들 간의 대체 과정에서 선택된 그 차이, 그 특이자가 유사한 등가적 단위들을 자기 내부에 응축하는 과정이기 때문이다. 이런 은유적 응축은 환유적 치환과는 달리 지배 내 구조, 총체성, 보편자의 전체 구도를 바꿔낼 수 있다.

지금까지 알튀세르, 라클라우, 지젝 등이 혁명적 국면을 은유적 응축의 성립으로 이해하고 있는 것을 살펴봤다. 은유를 급진적 정치의 가능성으로 보는 이런 해석은 데리다와 니체가 은유를 이해하는 방식과 기본적으로 상통한다. 후자들에게서 은유는 언어 오용의 위험에도 불구하고, 아니 바로 그런 가능성 때문에 새로운 의미 생성의 가능성을 만들어낸다. 은유는 언어적 기호가 반복 가능성을 지님으로써 갖게 되는 변화의 가능성 즉 언어의 불안정성을 가리키지만 동시에 언어로 하여금 새로운 의미를 만들 수 있게 하는 원리로 작동하는 것이다. 스폴스키가 말하듯이 이로 인해 우리는 "놀 수 있는 자유와⋯결론을 내리는 것을 피할 수 있는 자유"와 더불어 의미를 고정시키는 체계의 변화라는 정치의 가능성을 얻을 수 있게 된다.[60]

그런데 은유의 정치학에 대한 이런 탈구조주의적 이해와 앞에서 레이코프의 견해를 중심으로 살펴본 은유의 정치학에 대한 인지과학적 이해 사이에는 어떤 유사점이 있는 것일까? 은유가 정치적으로 중요하고, 은유를 통해 정치가 작동한다고 본다는 점에서 두 전통은 공통점이 있다. 하지만 지젝, 라클라우, 알튀세르, 데리다 등이 은유를 어떤 새로운 의미 변화, 폭발적 사회 상황을 야기하는 메커니즘으로 본다면 레이코프는 은유를 관습의 틀로 본다는 점에서 두 전통 간에는 차이점도 없지 않다. 레이코프(와 존슨)에게 은유는 '영역 사상'(domain mapping)으로 이해되는데, 그들의 이론은 사상

60_ Spolsky, op. cit., 50.

을 주로 두 영역, 즉 출처영역과 목표영역 사이에서 일어나는 것으로 전제한다는 점에서 '두 영역 사상 모델'에 해당한다. 그런데 은유를 두 영역 간에 일어나는 사상 현상으로 이해하는 것은 은유 작용을 관습에 속하는 것으로 이해하는 것과 같다. 앞에서 레이코프와 존슨에게 은유는 인간이 진화의 결과 갖추게 된 신체적 조건과 연결된 '인지적 기제'에 해당한다는 점에서 진화론의 견지에서 이해될 수 있다고 했는데, 이는 또한 그들에게는 은유가 안정적 의미 생산임을 보여준다고 하겠다. 예컨대 "이제 우리는 **되돌아갈 수 없다**"와 같은 표현이 두 연인이 처한 현재 상태를 가리킬 수 있는 것은 '**사랑은 여행**' 은유가 그 안에서 작동하고, '사랑'의 다양한 양상들이 '여행'의 여러 양상들과 사상 가능한 관계를 맺고 있으며, 이 관계가 쉽게 이해할 수 있을 만큼 오래 구축되어 왔기 때문이다. 하지만 은유가 이처럼 인지적 기제의 안정적 작동을 전제한다는 것은 은유가 지배적 상황의 변화를 야기한다는 탈구조주의적 관점과는 맞지 않다. 물론 미국의 제3세계와의 외교 관계에서 '**엄격한 아버지**' 은유 대신 '책임'을 강조하는 새로운 은유로 바꿀 것을 제안하는 데서 볼 수 있듯이, 레이코프도 은유가 계속 동일한 것으로 지속되어야 한다고 말하는 것은 아니지만, 그에게서 은유는 안정적 의미 부여가 이루어진다는 사실, 은유의 관습성이 강조된다는 사실은 변하지 않는다.

하지만 인지과학 전통에서도 은유의 창조성을 이해할 수 있는 가능성이 전혀 없는 것은 아니다. 그런 가능성을 제공하는 이론가로 포코니에(와 마크 터너)를 꼽을 수 있다. "레이코프의 모델이 장기 기억 안에 있는 안정적인 은유 관계를 다룬다"면, "포코니에의 모델은 새로운 은유가 어떻게 만들어지는지 보여주고 이들 은유가 본질적으로 역동적이고 일시적일 수 있도록 해준다."[61] 포코니에에 따르면 은유적 인지과정 또는 창조과정은 세 단

61_ Jack Whitehead, "Chapter 4-Metaphor," 85. 여기서 화이트헤드가 언급하는 전거는 Mark Turner & Gilles Faucconier, "Conceptual Integration and Formal Expression," *Journal of Metaphor and Symbolic Activity*, Vol. 10, No. 3 (1995), 183-204와 Faucconier, *Mappings in*

계로 이루어진다. 첫 번째 단계는 하나의 영역에서 나온 도식을 다른 영역에 응용하는 유비 **도입**과 관련되어 있다. 예컨대 '컴퓨터 바이러스' 개념은 우리가 이미 바이러스에 대해 가지고 있는 생각들을 컴퓨터와 관련된 지적 영역에 적용한 경우다. 두 번째 단계는 **범주화**에 해당하며 새로운 개념 구조의 창조와 관련되어 있다. '컴퓨터 바이러스' 은유는 작동이 썩 잘 되긴 하지만 작동이 잘 되는 것은 일반적인 수준에 국한된다. 더 구체적인 수준에서는 컴퓨터 기술자가 바이러스를 처리하려면 자기들이 원래 쓰던 특정 도구를 써야 하는 데서 알 수 있듯이 사상된 영역이 우리가 기존 영역에 대해 어떻게 생각할 것인지 실제로 결정하지는 않는다. 사상된 영역은 기존 영역에 대한 새로운 사유 방식을 만드는 데 도움을 줄 뿐이며, 만약 현실이 이 새로운 영역을 만들지 못하게 하면 은유는 무너진다. 세 번째 단계는 **명명** 단계다. 한 영역에 속한 사물들의 이름을 다른 영역으로 이전시킬 때 우리는 한 사물이 다른 사물'인 양' 말하는 것이 아니라 실제로 그것이 다른 것**이라고** 말한다. 이것은 은유적 사상이 우리의 개념적 문법적 체계에 정착되어야 한다는 뜻으로, 이렇게 되면 의식 수준에서 그 사상이 일어난다는 사실이 덜 명백해져서 그 사상은 무의식적이게, 그리고 사용할 때 더 자연스럽게 된다. 또한 이 과정은 은유를 추론의 모델, 목표 영역에 대한 새로운 생각의 모델이 되게 한다. 이 마지막 단계는 보다시피 **개념적 혼성**에 해당한다. '컴퓨터 바이러스'에서 바이러스는 생물학적 바이러스와 컴퓨터 바이러스를 뒤섞는 것이다.[62]

포코니에가 말하는 은유의 혼성 과정에서 우리는 서로 다른 범주들이 응축되는 것을 보게 된다. 그에게서 은유는 두 개념 영역 간의 사상으로만 이해되지 않고 서로 다른 범주들을 그 안에 담는 작용으로 제시되기 때문이다. 물론 컴퓨터 바이러스의 경우 혼성은 생물학적 영역과 컴퓨터 영역에 속하는 두 범주만 섞일 뿐이지만 포코니에의 '개념적 혼성 모델'은 레이코

Thought and Language (Cambridge, U.K.: Cambridge University Press, 1997)이다.
62_ 이 절의 내용은 화이트헤드의 글 84-85를 정리한 것이며, 강조는 포코니에의 것이다.

프의 '사상 모델'과는 달리 은유 작용이 두 영역 간의 교환 형태가 아니라 다양한 영역들이 하나의 공간에서 뒤섞이는 과정으로 이루어진다고 본다. "이들 정신 공간은 현실적일 수도 상상된 것일 수도, 아니면 화자에 의해 구성된 것일 수도 있는 어떤 대상에 대한 기존의 관념들 또는 표상들을 안고 있는 의식의 범위들"이고, "단일한 한 정신 공간이 복수의 개념적 영역들을 나타낼 수 있다."[63] 은유가 개념적 영역들 **사이**에서 일어나는 사상만이 아니라 이처럼 복수의 개념적 영역들을 포함하는 의식 범위, 정신 공간에서 만들어지는 혼성으로 작동한다면 우리는 은유가 개념적 응축을 포함한다고 할 수 있을 것이다. 물론 포코니에가 말하는 은유의 혼성 작용이 혁명의 국면을 설명하는 은유적 응축으로 바로 이어진다는 것은 아니다. 포코니에는 여기서 은유의 순수한 창조적 과정을 설명하고 있는 것이지 은유 작용을 혁명의 모델로 제시하고 있지는 않다. 그러나 언어이론을 활용하여 혁명에 대한 사유를 가다듬고 있는 알튀세르, 라클라우, 지젝의 사례에서 배운다면, 포코니에가 제시하는 은유의 혼성 모델을 정치적으로 해석하는 것이 꼭 무리일 것만은 아닐 듯싶다. 은유적 혼성 과정에 다양한 개념적 영역들이 포함됨으로써 은유적 창조가 일어난다는 사실에서 우리는 사회 구조 변화, 새로운 질서 창조는 다양한 세력들의 응축을 필요로 한다는 점을 다시 확인할 수 있다.

『몸의 철학』에서 레이코프와 존슨은 자신들의 은유 이론은 탈구조주의와는 다르다고 주장한다. 자신들의 입장이 은유는 경험에 근거하고 있다고, 즉 신체화되어 있다고 한다면, 탈구조주의는 '구성주의적' 입장으로서 어떤 근거도 부정한다고 여기기 때문이다. 그들에 따르면 "그와 같은 극단적인 형태의 사회 구성주의는 틀렸다."[64] 레이코프와 존슨은 또한 소쉬르가 제창

63_ Ibid., 83.

64_ George Lakoff and Mark Johnson, *Philosophy in the Flesh: The Embodied Mind and Its Challenge to Western Thought* (New York: Basic Books, 1999), 331; Veronkka Koller, "Metaphor Clusters in Business Media Discourse: A Social Cognition Approach," Ph.D. thesis submitted at the Department of English at the University of Vienna, 2003, 37에서 재인용.

하고 이후 탈구조주의자들도 수용하고 있는 기호의 자의성 개념을 부정한다. "예를 들어 사랑의 관계에 관한 논의에서 사용되는 **흡인**(attraction), 전기(electricity), 자성(magnetism) 등은 자의적이 아니다. 그것들은 물리적 힘이라는 근원 영역 안에서 '사랑은 물리적 힘'이라는 일반적인 개념적 은유와 함께 동기화되어 있다"는 것이다.[65] 하지만 탈구조주의와 인지과학이 전적으로 상반된 관점에서 은유를 이해하는 것은 아니다. 두 전통은 지금까지 본 대로 은유가 정치적으로 중요한 기능을 한다고 보고, 은유의 작동이 혼성과 응축의 양상으로 일어난다는 점을 인정한다는 점에서 서로 닮았다. 물론 인지과학 전통이 은유를 언어의 기저에서 작용하는 인지적 기제로 이해하는 반면, 탈구조주의 전통은 은유를 언어의 문제로 파악한다는 차이점이 없는 것은 아니다. 그러나 이들 차이점은 두 전통이 상대방을 서로 보완할 수 있는 근거인 것이지 배척할 근거는 아닐 것이다.

5. 담론의 상대적 위치

지금까지 은유의 정치학에 대해서는 주목하면서도 담론의 정치학에 대해서는 별다른 언급을 하지 못했다. 은유와 담론은 어떤 관계를 맺고 있는 것일까? 이 글 첫머리에서 은유는 한 대상을 가리키는 단어 대신 다른 단어를 사용하는 언어표현으로 보고, 담론은 은유를 포함한 다양한 언어적 표현들을 일정한 규칙성에 따라 배치한 언어적 구성체로 볼 것을 제안했었다. 이것은 은유를 문장 이하의 언어적 단위로 보고, 담론을 그 위 단위로 보자는 말이기도 하다. 담론은 이때 단어, 구절, 문장, 문단, 텍스트, 내러티브, 장르 등 다양한 언어적 단위들을 포함하는 구성체에 해당한다. 말하자면 언어로 표현된 것 전체를 가리키는 것은 아니라고 해도 그것을 더 상위에서

65_ 레이코프·존슨, 앞의 책, 673.

포괄하는 것이 거의 없는, 재현이나 표상, 에크리튀르(데리다) 등과 같은 개념적 수준에서 파악되어야 하는 단위인 셈이다. 그런데 재현, 표상, 기호, 에크리튀르 등의 단위를 사용하지 않고 '담론'을 사용하는 것은 '재현'이나 '에크리튀르' 등이 언어적 표현들을 총칭적으로 다룬다면 '담론'은 그것들을 내부에서 변별적으로 다룰 수 있게 해주기 때문이다. '담론'을 말하는 순간 우리는 기호의 단위를 생각하게 된다. 즉 언어 기호를 단어와 문장과 텍스트와 담론 등의 변별적 단위로 구분하게 되는 것이다. 이렇게 보면 은유를 담론 내부에 포함된 표현 단위로 보는 것이 가능해진다고 할 수 있다.

　　반면에 은유는 통상 단어 수준에서 작동하는 것으로 이해된다. 아리스토텔레스가 은유를 명사를 중심으로 본 것이 한 예다. 하지만 은유가 아리스토텔레스가 말하는 것처럼 명사와 같은 단어 수준에서 표현된다고 하더라도, 또는 다른 사람들이 말하는 것처럼 그보다 더 높은 수준에서 작동한다고 하더라도 그 효과를 얻으려면 구절이나 문장, 텍스트, 담론 등 은유가 들어있는 단위보다 더 높은 단위 속에 배치되는 것이 필요하다. 예컨대 다음 문장을 보라.

> 대처는 EC 지도자들에게 끝없이 되풀이되는 정상회담은 그만두고 자기 국민들을 돌보라고 경고했다. 그녀는 "유럽 발 기차가 부당 이익으로 이루어진 통상적인 화물을 잔뜩 싣고 유권자들이 원하지도 않고 이해하지도 못하는 행선지를 향해 큰 소리를 내며 질주하지 않을까 두렵다. 하지만 기차는 제어될 수 있다"고 말했다.(*Sunday Times*, 1992년 9월 20일)

클레바노프, 베이그먼, 디어마이어에 따르면 위 예문에서 인용된 부분은 실제 기차에 관한 이야기 이외에는 다른 언급이 없기 때문에 그 자체로 은유가 아니다. 그들은 기차 이미지가 은유가 되려면 인용 부분이 첫 번째 문장이 제공하는 맥락 속에 들어가야 한다고 본다.[66] 다시 말해 인용문은 대처가 한 발언의 맥락 속에서만 은유로 전환된다는 것이다. 은유가 은유로서 작용하기 위해서 이처럼 맥락이 필요하다는 점은 은유적 창조성을 담론의 맥락에서 찾고 있는 졸탄 쾨벡세스에게서도 확인할 수 있다. 쾨벡세스에 따르면 담론에서의 은유적 창조성은 '출처영역 관련 창조성', '목표영역 관련 창조성' 외에 '맥락 유발 창조성'으로 이루어진다.[67] 이 마지막 창조성은 '직접적인 언어적 맥락', '담론에 참여하는 주요 실체들에 대해 우리가 알고 있는 것', '물리적 배경', '사회적 배경', '직접적인 문화적 맥락' 등 다섯 가지 맥락들로 유발되는 유형이다.[68]

여기서 은유적 창조성을 '맥락 유발'의 관점에서 볼 필요성을 환기하는 것은 은유와 담론이란 아무 것도 없는 공백 속에 발생하는 것이 아니라 상황을 대동할 수밖에 없음을 지적하기 위함이다. 나는 이 글에서 라클라우의 은유 이론을 부분적으로 활용하면서도 다른 한편으로는 문제가 있다고 말했는데, 그것은 그가 말하는 은유나 담론 개념은 그것을 한정하는 맥락을 인정하지 않기 때문이다. 이미 언급한 대로 라클라우는 담론을 "말과 글 영역에 국한된 그 무엇"이 아니라 "그 속에서 관계들이 구성적 역할을 하는,

---

66_ Beata Beigman Klebanov, Eyal Beigman, and Daniel Diermeier, "Discourse Topics and Metaphors," Proceedings of the Workshop on Computational Approaches to Linguistic Creativity, 2009, 1. http://www.aclweb.org/anthology/W/W09/W09-2001.pdf(2010년 11월 26일 접속).

67_ 레이코프와 존슨은 은유를 관습의 작용으로 보는 경향이 높다고 앞에서 지적한 말을 여기서 새롭게 해석할 필요가 있을 것 같다. 은유가 관습에 의존한다고 보는 것과 관습이 창조성을 갖는다는 것이 꼭 모순되는 것은 아니다. 코벡세스가 말하듯 은유가 출처영역, 목표영역과 관련하여 창조성을 만들어낸다면 이는 레이코프와 존슨이 말하는 사상 작용이 창조성을 만들어낸다는 말과 같은 것인데, 하지만 이 창조성은 포코니에와 터너, 또는 데리다, 알튀세르, 라클라우 등이 말하는 은유적 창조성과는 구분될 필요가 있다. 출처 및 목표 관련 창조성은 말하자면 관습적 창조성이다. 이것은 거의 자동적, 무의식적으로 일어나기 때문에 우리가 당연시하고 따라서 비창조적인 것으로 간주하지만 실은 경이로운 작용이라고 할 수 있다. 즉 엔트로피는 증가한다는 열역학 제2법칙이 관철되고 있는 가운데 네겐트로피가 존재하는 것과 같다. 하지만 그래도 은유적 응축이 일어나서 새로운 창조성이 만들어지는 것은 이 네겐트로피마저도 관습으로 여기고 엔트로피가 증가하는 혼돈의 세계로의 도약을 감행하는, 즉 아방가르드의 실험이 일어날 수 있기 때문이다. 이에 대해서는 움베르토 에코, 「열림, 정보, 의사소통」, 『열린 예술작품』, 조형준 역, 새물결, 1995 참조.

68_ Zoltán Kövecses, "Metaphorical Creativity in Discourse," Insights, Vol. 3. No. 2 (2010), 3.(2010년 11월 26일 접속.)

요소들의 모든 복합체"라고 하는데, 여기서 객관성 차원에 속한다고 간주되는 "요소들은 관계의 복합체인 담론에 앞서 존재하는 것이 아니라 그것을 통해 구성된다." 하지만 담론을 이렇게 보는 것은 담론이 '물리적 환경', '사회적 배경', '직접적인 문화적 맥락'이라고 하는, 그것을 둘러싼 상황 안에서 작동할 수밖에 없다는 점, 즉 담론에 외부가 있다는 것을 무시하는 일이다.

노먼 페어클라우의 경우는 라클라우와 달리 '담론'이 그 외부를 갖는다는 점을 인정한다. 페어클라우에 따르면 '담론'을 말하는 것은 "언어 사용을 순수하게 개인적인 활동 또는 상황적 변수들의 반영보다는 사회적 실천의 한 형태로 보는 것"이다.[69] 담론을 사회적 실천의 한 형태로 본다 함은 "담론과 사회 구조 사이에 변증법적인 관계가 있다"는 것을 인정한다는 말이다. 이 변증법에 의해 담론은 한편으로는 "사회 구조에 의해 형성되며 강제"되고 다른 한편으로는 사회를 구성하는 효력을 갖게 된다. 페어클라우에 따르면 담론의 구성적 효과에는 세 측면이 있다. 담론은 첫째 사회적 정체성, 주체 위치의 구성에 기여하고, 둘째 사람들 간의 사회적 관계들을 구성하는 데 기여하며, 셋째 지식 및 믿음 체계의 구성에 기여하는 것이다.(63-64) 하지만 페어클라우는 동시에 담론에 대한 구성주의적 이해를 지나치게 강조해서는 곤란하다는 점도 지적하고 있다. 담론적 "실천들은 그것들이 불가피하게 어떤 구성된 물질적 현실 속에서 이미 구성된 '대상들'과 이미 구성된 사회적 주체들과 더불어 일어날 수밖에 없다는 사실에 의해 강제된다"고 보기 때문이다.(60) 이런 관점은 현실을 담론에 의해서만 구성될 수 있다고 보는 라클라우의 그것과는 크게 대비된다고 하겠다. 페어클라우는 자신의 담론분석을 미셸 푸코의 담론이론과 대비하여 '텍스트 지향적 담론분석'이라고 규정함으로써,(37-61) 담론을 사회구조와 구분하며 텍스트 중심으로 이해하는 모습을 보여준다.

69_ Norman Fairclough, *Discourse and Social Change* (Cambridge, U.K.: Polity, 1992), 63. 이후 이 책에서의 인용은 본문의 괄호 안에 그 쪽수를 표시한다.

변증법적 인식은 이 글에서 살펴본 탈구조주의자들과 인지과학자들에게서도 찾아볼 수 있다. 그런데 이때 중요한 것은 변증법을 말하더라도 그것을 환원주의적으로 이해하느냐, 비환원주의적으로 이해하느냐다. 변증법을 내세운다고 하더라도 그 변증법이 환원주의적 입장에 머문다면 그것은 결국 동일성의 원리로 귀착될 수밖에 없으며, 이로 인해 담론과 현실도 서로 간에 아무런 차이가 없는 동일 층위로 변하고 말 것이다. 알튀세르는 헤겔의 변증법이 이런 종류에 속한다고 봤으며, 맑스야말로 "직선적 인과성(경제주의)이나 표현적 인과성(루카치적 총체성의 동어반복적 표현)이 아닌 중층결정되는 구조적/변증법적 인과성을 포착하려는 전대미문의 새로운 과학적 설정"을 유일하게 감행했다고 봤다.[70] 앞에서 살펴본 바지만, 알튀세르가 사회적 모순의 대립과 폭발 국면에서 일어나는 (은유적) 응축 또는 혁명적 (은유적) 응축의 양상이라고 부른 것이 그런 구조적, 변증법적 인과성이 작동하는 방식이라고 할 수 있겠다. 거기서 은유는 변증법이 작동되는 방식을 가리키는 또 다른 이름으로서 모순들이 복합적으로 존재한다는 것을 전제하는 문제의식이다. 심광현은 알튀세르가 헤겔의 변증법은 "단일한 모순의 '논리적-이론적 지양'"을 꾀하며 '이론-실천-이론'의 순서로 작동한다고 본 반면, 맑스의 변증법에서는 "논리적 일관성에 현실의 모순을 끼워 맞추는 대신 현실의 변화와 맞물려 적대적인 모순이 작동하게" 되기 때문에 변증법이 '실천-이론-실천'의 순서로 작동하는 것으로 이해했다고 지적한다.[71] 변증법을 이처럼 비환원주의적으로 이해할 경우, 즉 테제와 안티테제의 대립이 종합으로 나아가는 단선적 운동이 아니라 서로 환원되지 않는 모순들의 상호관계로 이해할 경우, 담론과 현실(실재, 대상, 자연, 세계 등)의 관계에 대해서도 새로운 시각을 얻게 된다. 담론이 현실로 환원될 수 없듯이 현실이 담론으로 환원될 수

70_ 심광현, 「맑스 변증법의 현대적 재해석—칸트, 알튀세르, 벤야민과의 비교를 중심으로」, 『변증법』(현대사상 7), 현대사상연구소, 2010.

71_ 같은 글.

없다는 것이 그것이다.

"텍스트 바깥에는 아무것도 없다"고 한 데리다에게도 담론(과 재현, 에크리튀르 등)을 비환원주의적 변증법의 관점에서 이해하고 있는 측면이 없지 않다. 데리다가 은유를 '흔적'이나 '보충'으로 이해하고, 그것의 시원적 성격을 강조한 것은 부정할 수 없는 일이며, "텍스트 바깥에는 아무것도 없다"고 함으로써 흔적과 보충의 매개 없이 이해되는 세계란 없다고 본 것도 사실이다. 하지만 그가 동시에 '원본' 개념 없는 '흔적'이 있을 수 없다고 한 점도 잊어서는 안 된다. 데리다는 줄기차게 형이상학을 비판하고 해체했지만, 형이상학을 없애야 하거나 없앨 수 있다고 생각하지 않았다. 형이상학이 먼저 전제되어야만 그것에 대한 비판으로서의 해체 기획이 가능하다고 본 것이다. 이것은 형이상학이 해체에 의해 무화될 것이라고 보는 관점, 담론 비판에 의해 현실이 모두 설명될 것이라고 보는 관점과는 다르다고 하겠다.[72]

인지과학 전통에서도 이와 같은 비환원주의적 발상이 없지 않다. 물론 제1세대 인지과학의 경우 마음과 언어의 작용 자체를 인정하지 않고 언어를 실재의 표상으로 취급한다는 점에서 대상과 실재 중심의 환원주의적 입장을 가졌다고 할 수 있다. '계산주의', '표상주의', 그리고 때로는 '인지주의' 입장으로 분류되곤 하는 제1세대 인지과학은 "유기체의 내적 상태를 무시하고 감각적 자극과 행동적 조건에만 주목했던 행동주의 심리학"에 대한 반발로 출발했지만 "뇌를 컴퓨터를 모델로 삼아 복잡한 정보를 가공 처리하는 '물리적 상징 시스템'"으로 설정함으로써 "상징적 표상(재현)의 구조와 내용, 그리고 주어진 문제를 풀기 위해 상징적 표상을 조작하는 알고리즘의 본성을 규명하는 데 집중한 결과, 행동주의 전통이 금기시했던 '의식'

72_ 지젝의 경우 크게 봐서 탈구조주의 전통과 관련이 없지 않고 명시적으로 자신을 변증법 지지자로 내세우고 있지만 그를 가리켜 비환원주의적 변증론자라고 할 수는 없을 것이다. 지젝은 자신을 헤겔주의자로 내세운다는 점에서 그의 변증법은 헤겔적 변증법이라고 봐야 하며, 따라서 여기서 말하는 비환원주의적 변증법 전통에는 속한다고 할 수 없을 것 같다.

의 문제를 행동주의와 같은 방식으로 삭제"하는 우를 범했던 것이다.[73] 환원주의에서 벗어나지 못한 것은 통상 '연결주의'로 불리는 제2세대 인지과학도 마찬가지였던 것으로 보인다. 연결주의는 컴퓨터 대신 "인공 신경 네트워크를 모델로 삼아, 신경 네트워크의 설계(유닛, 층위, 연결), 학습 규칙, 네트워크의 행위로부터 창발하는 분산된 하위상징적(subsymbolic) 표상(재현)들에 초점을 맞춤"으로써 계산주의에 비해 "인지과정과 환경 간의 관계에 대해 보다 역동적 개념을 제공"하긴 하지만, 환경과의 "감각운동적 '짝패 구성'(coupling)을 포함하지 못"하는 한계를 드러낸 것이다.[74]

인지과학 전통에서 비환원주의적 관점은 '신체화된 역동주의' 또는 '발제적'(發製的, enactive) 접근으로 간주되는 제3세대 인지과학에서 찾아볼 수 있다.

'신체화된 역동주의'는 연결주의와 마찬가지로 물리적 상징 시스템보다는 자기-조직적인 역동적 시스템들에 초점을 둔다. 그러나 인지과정은 두뇌와 몸과 환경을 포함하는 연속적인 감각 운동적 상호작용의 비선형적이고 순환적인 인과성으로부터 창발한다는 주장을 추가한다. 이 접근법의 중심적 은유는 머리 속의 신경적 네트워크로서의 마음이 아니라 세계 속에 신체화되어 있는 역동적 시스템으로서의 마음이다.[75]

'체화된 마음' 개념은 여기서 심광현이 원용하고 있는 에반 톰슨이 1990년대 초에 프란시스코 바렐라, 엘리너 로쉬와 함께 쓴 저술에서 제출된 바 있다. '체화된 마음'이란 인간의 인지를 발제(發製, enaction) 현상으로 보는 관점으로서, "매우 뿌리 깊은 우리의 과학적 전통 중 하나—즉, 세계는 인식

73_ 심광현, 「제3세대 인지과학과 '체화된 마음의 정치학」, 『문화/과학』 64호, 2012년 겨울, 213쪽 참고
74_ 같은 글, 214.
75_ 같은 글, 215.

주체로부터 독립되어 있다는 전통적 입장—에 대해 문제를 제기"한다.[76] 반면에 발제적 인지과학 관점에서 인지는 다음과 같이 이해된다.

> 지각 이해의 표상론적 출발점에는 세계의 미리 주어진 속성을 재현하는 정보 처리 문제가 존재한다는 것을 우리는 알고 있다. 반면에 발제적 접근의 출발점에는 지각자가 주어진 환경에서 그의 행위를 조절하는 방식에 관한 연구가 존재한다. 지각자에게 주어진 이러한 환경은 지각자의 행위의 결과로 끊임없이 변화하므로 지각 이해의 기준점은 미리 주어진, 지각자에게 독립된 세계가 아니라 지각자의 감각 운동 구조(신경체계가 감각과 운동을 연결하는 방식)이다. 미리 주어진 세계가 아니라 이 구조—지각자가 체화되는 방식—가 지각자가 행동하는 방식과 지각자가 환경에서 벌어지는 사건에 의해 조절되는 방식을 결정한다. 따라서 지각에 대한 발제적인 접근의 전체적인 관심은 지각 독립적인 세계가 재현되는 방식을 결정하는 것이 아니다. 오히려 그것은 지각 의존적인 세계에서 행동이 지각을 통해 인도되는 방식을 설명하는 감각 체계와 운동 체계 사이의 법칙적 연결 또는 공통의 원칙을 결정하는 것이다.(278)

체화된 마음은 여기서 "지각자에게 독립된 세계"의 표상이나 반영으로 등장하지 않는다. "지각자가 행동하는 방식과 지각자가 환경에서 벌어지는 사건에 의해 조절되는 방식"을 결정하는 것은 "미리 주어진 세계가 아니라" "지각자의 감각 운동 구조", 다시 말해 "지각자가 체화되는 방식"인 것이다. 여기서 다시 강조해야 할 점은 언뜻 보면 "지각자의 감각 운동 구조"가 행하는 발제가 독립된 세계로부터 지각자에게 향하던 애초의 운동을 이제는 반대로 지각자로부터 세계로 향하는 운동으로 전환시키는 것 같지만 그렇게 볼 것은 아니라는 것이다. "인식의 주관과 인식의 객체 그리고 마음과 세계는 상호 규정 또는 의존적인 상호 발생을 통해 서로 관계를 맺게" 되기

76_ 프란시스코 바렐라 · 에반 톰슨 · 엘리너 로쉬, 『인지과학의 철학적 이해』, 석봉래 역, 옥토, 1997, 245. 이후 이 책에서의 인용은 본문의 괄호 안에 그 쪽수를 표시한다.

때문이다.(246) 인식 주관과 인식 객체의, 마음과 세계의 상호 규정과 의존적인 상호 발생은 이중결합(double coupling) 현상이라고 할 수 있다. 이 이중결합에서

> 외적 사건들은 시스템 속에 포함된 것이 아니기에 실제로 초월적이다. 그러나 그것들은 미리 딱지 붙여진 외적 사건으로 도착하는 것이 아니라, 네트워크의 (자기-조직적인) 역동성에 의해 그것들이 가진 의미와 함께 그 자체로 구성되거나 닫히게 된다. 다른 말로 하자면 시스템에 대해 외적인 사건들로서의 그것들의 지위는 (시스템 관찰자에 대한 그것들의 지위와는 반대로) 시스템 자신의 행위의 한 기능이다.[77]

이처럼 외적 사건과 자기 조직적 네트워크 체계가 이중 결합되어 상호 전제의 관계를 맺고 있다면 마음과 세계, 인식 주체와 객체는 상호 작용을 통해서 인지를 일으킨다고 할 수 있다. 체화된 마음은 이런 작용을 하는 마음이며, 인지는 그래서 "고정되었거나 표상된 것이 아니라 경험적이며 발제된 것"이 된다. 구체적인 예를 들자면, "적색, 녹색, 황색, 자주색, 오렌지색… 범주들은 경험적이며, 합의적이며 체화적인 것이다. 이 범주들은 환경과의 구조적 결합이 지닌 생물학적, 문화적 역사에 의존한다."(275)

톰슨과 바렐라가 제시하고 있는 발제로서의 인지 개념, 알튀세르의 중층결정 개념, 데리다의 형이상학 해체 기획, 페어클라우의 텍스트 지향적 담론분석 등에 대해 지금까지 좀 장황하게 살펴본 것은 담론과 현실의 관계를 이해하는 데 필요한 '과학적' 시각을 얻기 위함이었다. 이 글에서 살펴본 은유의 작용과 그 정치적 가능성, 나아가서 담론(및 언어, 재현, 에크리튀르 등)의 정치학이 지닌 중요성을 새삼스럽게 강조할 필요는 없을 것이다. 앞에서 이미 살펴본 레이코프와 존슨, 포코니에와 터너, 알튀세르, 라클라우,

---

77_ 심광현, 「제3세대 인지과학과 '체화된 마음의 정치학'」, 217.

지젝, 니체, 데리다 등의 은유 이론을 통해 우리는 은유가 어떤 정치적 함의를 지니고 있는지 살펴봤고, 나아가서 담론과 은유의 관계에 대해서도 부분적으로 검토해 봤다. 그러나 은유와 담론이 작동시키는 정치학이 중요하므로 그 작동 방식을 이해하고 파악하는 것이 중요하다고 말하는 것과 은유와 담론이 모든 것을 결정한다고 말하는 것은 전혀 같은 일이 아니다. 발제적 인지과학 또는 체화된 역동주의, 텍스트 지향적 담론분석, 형이상학 해체, 중층결정 등의 입장이나 개념을 통해 우리가 배울 점은 은유와 담론과 같은 인지적 과정과 그것이 대상으로 삼는 현실 또는 세계의 관계를 비환원주의적으로 파악해야 하며, 은유와 담론의 작용을 무화해서도 안 되겠지만 그렇다고 절대화해서도 안 된다는 인식, 즉 담론의 상대적 위치라는 관점이 아닐까 싶다.

6. 결어

은유와 담론의 정치학은 언어의 정치학, 또는 언어적 표현 기저에서 작용하는 인지적 기제의 정치학이다. 이 글에서 우리는 이 정치학이 어떻게 작동하는지 살펴보고자 인지과학과 탈구조주의라는 상이한 두 이론적 전통을 참고했다. 인지과학과 탈구조주의는 20세기 후반에 자연과학과 인문학 분야에 각기 등장하여 한편으로는 은유, 비유, 담론, 언어와 다른 한편으로는 현실, 세계, 실재, 대상 등의 관계라는 문제에 대해, 즉 흔히 재현, 표상, 대변 등의 쟁점을 중심으로 다뤄지던 미학적이고, 인식론적이며, 정치적인 문제에 대해, 나아가서 우리의 각종 인지 및 경험 방식을 이해하는 문제에 대해 새롭게 조명할 수 있는 관점을 제공해왔다고 할 수 있다. 두 전통이 이와 관련하여 공통적으로 기여하는 바가 있다면 그것은 재현이나 표상, 대변의 가치는 그 대상 또는 원본으로 간주되는 것의 있는 그대로의 재-현(re-presentation)에서 나온다고 보던 전통적 관점을 교정하고 은유와 담론 등

언어적 표현 또는 인지적 기제의 작동 자체에 관심을 기울이도록 한 데 있을 것이다.

물론 두 전통이 초점을 맞추는 은유와 담론의 측면은 각기 다르다. 소쉬르의 언어이론에 대한 비판적 검토 및 계승과 연결되어 있는 탈구조주의가 은유를 주로 언어의 문제로 다루고 있다면, 인지과학에서 은유는 레이코프, 존슨, 포코니에, 터너의 작업에서 확인할 수 있듯이 언어의 이면에 있는 인지적 작용의 측면에서 이해되기 때문이다. 아울러 탈구조주의가 은유와 담론의 문제를 직접 정치적 문제로 다루는 경향이 높다고 한다면, 인지과학에서는 레이코프와 같은 드문 경우가 없지는 않지만 대체로 은유의 문제를 과학의 문제로만 국한해서 다루는 경향이 높은 것도 사실이다.[78] 그러나 은유와 담론의 정치학, 나아가서 언어, 재현, 표상의 정치학을 이해하는 데 인지과학과 탈구조주의는 둘 다 빠뜨릴 수 없는 중요한 이론적 자원으로 보인다. 무엇보다 두 전통은 외부 대상의 선차성을 전제하고 언어의 역할을 대상에 대한 문자적 표상에 한정시키려 하지만 사실은 불가능한 기획이라고 할 표상주의에 대한 설득력 있는 비판적 관점을 제공하고 있다.

그렇다고 인지과학과 탈구조주의 전통 안에 문제적 관점이 없다는 것은 아니다. 제1세대, 제2세대 인지과학의 경우 표상의 문제설정에서 완전히 벗어나지 못한 면모를 드러내는 점, 탈구조주의에서는 라클라우처럼 담론 중심적 사고에서 벗어나지 못하는 경우가 그런 예에 속한다. 하지만 제3세대에 이르게 되면 인지과학은 한편으로 은유와 담론, 다른 한편으로 현실이나 대상 간의 관계를 비환원주의적으로 이해하고 인지를 발제의 관점 또는

78_ 과학을 정치로부터 분리시키려는 아주 강한 경향이 인지과학계에 있다는 데 대해서는 Peter Stockwell, "Towards a Critical Cognitive Linguistics?" 참조. 스톡웰은 이 글에서 어느 인지언어학 학술대회에 제출된 '인지언어학과 이데올로기에 대한 맑스주의적 접근'이라는 논문발표계획서에 대해 익명의 인지언어학 전문가가 "인지언어학과 맑스주의 사이에는 근본적 차이가 있다. 인지언어학은 과학적 시도로서 인지과학의 일부인 것이지 맑스주의처럼 선험적 이론이 아니다'라고 말하며 발표 기회를 주지 말 것을 권고한 사례를 언급하고 있다. http://eprints.nottingham.ac.uk/23/0/CRITCOG.PDF(2010년 11월 28일 접속.)

체화적 역동주의 관점에서 이해할 수 있게 해주며, 탈구조주의의 경우는 은유/담론과 현실/사회구조의 관계를 비환원주의적 변증법의 관점에서 볼 수 있게 해주는 일부 이론가들이 있다. 나아가서 은유와 담론의 정치학이란 견지에서 볼 때 인지과학과 탈구조주의의 관점들은 담론을 진보적 정치 전략의 중요한 자원으로 활용할 수 있게 해주지 않는가 싶다. 은유와 담론의 정치학을 인지과학과 탈구조주의의 관점에서 이해할 때 우리는 한편으로는 은유와 담론이 현실을 조명하고 은폐하는 인지적 기제로서 어떻게 작용하며, 다른 한편으로는 지배체제의 근본적 변혁을 상상할 수 있는 전략으로서 언어적 사유가 어떻게 도움을 줄 수 있는지 더 잘 알 수 있을 것이다. 하지만 물론 이때에도 담론과 현실의 관계를 비환원주의적 변증법의 관점에서 봐야 한다는 사실은 그대로 남는다. (2010)

학문의 비환원주의적 '통섭'을 위한
초분과적 기획과 문화연구

1. 서언

근래에 들어와서 국내에 새로운 지식생산 모델로서 학문간 '융·복합'의 필요성이 제시되고 이에 대한 담론이 확산되고 있다. 이런 현상은 한국의 공적 지식생산 정책을 주도하고 있는 교육과학기술부 산하 한국연구재단이 2000년대 중반부터 학문의 융·복합 연구를 촉진하는 연구 프로젝트를 대거 발주하고 있는 것과 무관하지 않아 보인다. 융복합 연구를 촉진하는 경향은 이를 주도하고 있는 자연과학과 공학 계열은 물론이고, 연구재단이 2007년부터 인문한국(HK) 사업을 벌여오고 있는 인문학계, 2010년에 사회과학한국(SSK) 사업을 시작한 사회과학계에도 예외 없이 나타나고 있다.

최근 국내의 이런 흐름은 미국과 유럽 등지에서 좀 더 전에 떠오른 학문정책의 추세를 따르고 있는 듯싶다. 미국에서는 과학재단(NSF)이 2002년 나노(Nano), 생명과학(Bio), 정보과학(Info), 인지과학(Cogno)을 포괄한 NBIC라는 이름의 과학진흥 정책을 제출한 바 있고, 캐나다는 이를 '혁신적 파괴기술'(Innovative Disruption Technologies, IDT)로 재구성한 틀을, 유럽공동체에서는 미국의 NBIC 틀에 유럽의 특성을 가미한 '유럽 지식사회 건설을 위한 융합

기술'(Convergent Technology for European Knowledge Society, CTEKS)을 새로운 과학기술 정책 방향으로 제시한 바 있다.[1] 구미의 이런 동향도 갑자기 나타난 것이 아니다. 우리는 그 전조를 오스트리아 린츠의 아르스엘렉트로니카센터(1980), 미국 뉴멕시코의 산타페연구소(1984), 미국의 MIT 미디어랩(1985)과 독일 카를스루에의 ZKM(Zentrum für Kunst und Medientechnologie, 1997), 미국 카네기멜론 대학의 ETC(Entertainment Technology Center, 1997) 등 다수의 대학 또는 민간 연구소들이 설립되어 기존의 근대적 지식생산 체계인 분과학문 중심의 연구를 지양하려 한 데서 찾을 수도 있다.[2]

오늘 학문간 융복합을 주도하고 있는 것은 보다시피 과학기술 담론이다. NBIC나 IDT, CTEKS, 그리고 이들 정책과 비슷한 미래 전망을 제시하고 있는 GNR이나 GRAIN 개념 등은 모두 과학 중심일 뿐만 아니라 그것도 이론과학보다는 응용과학, 기술과학에 편중되어 있다.[3] 이런 점은 오늘 과학이 지식을 위한 지식의 생산보다는 리오타르가 일찍이 언급한 '수행성' 중심의 지식생산 형태로 이루어지고 있음을 보여준다.[4] 더불어 그것은 학문 융복합 담론이 "지식생산 메커니즘의 실제적인 물리적 변화와 맞물려 있다"는 증거이기도 하다. 지금의 융복합 담론은 2000년대 초반에 유포되어 관심을 끌었으나 '수사학적' 성격이 강했던 '지식사회' 담론이나 '신지식인' 담론과는 다르다. 후자의 담론이 "새로운 지식생산의 인프라가 갖춰지지 않은 상

1_ 이정모, 「과학기술 패러다임이 바뀐다…한국은 한발 뒤쳐져」, 『교수신문』, 2004. 12. 6.

2_ 심광현, 『유비쿼터스 시대의 지식생산과 문화정치—예술-학문-사회의 수평적 통섭을 위하여』, 문화과학사, 2009, 211.

3_ 'GNR'은 Genetics(유전공학), Nanotechnology(나노기술), Robotics(로봇공학)의 합성어이고, GRAIN은 Nanotechnology, Robotics, Genetics, Artificial Intelligence의 합성어다. GNR이 향후 기술과학의 발전 방향이 된다는 견해는 레이 커즈와일(『특이점이 온다』, 김명남·장시형 역, 김영사, 2005), GRAIN 약성어는 더글러스 멀홀(Douglas Mulhall, *Our Molecular Future: How Nanotechnology, Robotics, Genetics, and Artificial Intelligence Will Transform Our World* [Amherst, NY: Prometheus Books, 2002])이 제시한 것이다. GNR 기술 등을 중심으로 한 과학기술 발전의 사회 문화적 함의에 대한 국내 논의로는 『문화/과학』 57호, 2009년 봄 특집 'GNR시대의 도래와 문화변동' 참조.

4_ 장-프랑수아 리오타르, 『포스트모던의 조건』, 유정완 외 역, 민음사, 1992.

황에서 미래를 준비하자는 당위적 성격이 강한 것이었다면, 오늘의 학문간 융·복합 담론은 이미 변화된 지식생산의 하부구조에 적응할 수 있게 학문 편제와 지식생산의 상부구조를 새롭게 재편해야 한다는 시급성을 시사하고 있다."5 이런 진단이 맞는다면 우리는 지금, 학문의 융·복합이 필수적인 지식생산 환경을 맞이한 셈이 된다.

하지만 이 글에서 좀 더 깊은 관심을 두고자 하는 것은 학문의 '융복합'보다는 '통섭' 문제다. 융복합 담론과 통섭 담론은 서로 긴밀하게 연결되어 있기는 하지만 동일하다고 할 수는 없다. 무엇보다 전자의 경우는 학문이론적 성찰에서 비롯되었다기보다는 정책적 고려에서 등장했다는 느낌을 지우기 어렵다. 한국에서 융복합 담론은 연구재단에서 먼저 학문 융복합에 기반을 둔 일정한 수의 연구프로젝트를 공모하고, 연구자들이 이에 부응하여 융복합의 필요성을 강조하는 식으로 형성되는 측면이 강하다는 점에서 학문 외적 요인이 그 확산에 중대한 영향을 미친다고 봐야 한다. 융복합 논의가 연구재단 등 정부 기관들에서 내놓는 사업 안내 문건들, 연구재단의 지원에 생존을 의존하는 대학 연구소 등이 생산하는 정책 및 기획 문건에서 자주 등장하는 것은 그 때문이다.

반면에 통섭 담론은 기본적으로 학문 내적인 논의, 학문이론적 관점에서 출발했다. 이는 1840년에 '통섭'(consilience)이란 말을 처음 사용한 것이 영국의 철학자이자 과학사가였던 윌리엄 휴얼이었다는 사실, 그리고 20세기 말에 그 말을 다시 꺼내 사용하기 시작한 것이 사회생물학자인 에드워드 윌슨이었다는 사실로도 확인된다. 휴얼이 오귀스트 콩트가 내세운 연역법에 입각한 실증주의의 대안으로 귀납법에 바탕을 둔 통섭 개념을 제안했다면,6 윌슨은 진화론을 근거로 하여 자연과학과 사회과학, 인문학 등 모든 학문들

5_ 심광현, 앞의 책, 199-200.

6_ Steve Fuller, "Strategies of Knowledge Integration," in M. K. Tolba, ed., *Our Fragile World: Challenges, Opportunities for Sustainable Development* (Oxford: EOLSS Publishers, 2001 [for UNESCO]).

을 관통하는 지식의 통합을 제안한다는 점에서,7 두 사람 모두 학문이론적 관점에서 통섭 담론을 전개하고 있다. 물론 그렇다고 학문이론이 학문정책과 무관하다는 말은 아니다. 학문의 발전을 목적으로 삼는 한, 학문정책도 학문이론을 반영하여 수립되는 것은 당연한 일이고, 그런 점에서 융복합 담론이 통섭 담론과 무관하다 할 수는 없다. 그러나 정책적 고려를 우선시 할 때에는 학문 내적 관점이나 쟁점을 우선적으로 다루어야 하는 학문이론에 대한 고려는 뒷전으로 밀릴 공산이 크고, 실제 학문정책에서도 그런 일이 다반사로 일어난다. 반면에 통섭 담론은 지식생산의 문제를 학문 내적 논리로 다루고 있다는 점에서 학문이론적 성격이 더 크다고 하겠다.8

학문의 통섭은 다양한 양상을 가질 수밖에 없는 학문들 간의 관계 맺기란 문제를 제기한다고 할 수 있는데, 이 글에서는 궁극적으로 '문화연구'의 관점에서 이 문제를 생각하려고 한다. 사실 국내에서도 '통섭' 담론이 최근에 등장하기 전에 학문들 간의 관계를 따지는 논의가 없었던 것은 아니며, 문화연구의 경우 근대학문의 지배적 편제라고 할 수 있는 분과학문 체제에 대한 비판을 전개해 왔다고 할 수 있다.9 1990년대 중반 이후 국내 대학에서 신자유주의적 개혁이 진행되면서 상당수 대학들이 '문화' 자가 들어가는 학부 학과들을 새로 만들고, 몇몇 대학들이 '문화학' 또는 '문화연구' 이름을 단 대학원 협동과정을 만든 것도 국내에 문화연구가 수용되기 시작한 것과 무관하지 않을 것이다.10 이 글에서 나는 통섭 담론을 중심으로 지식생산의

7_ 에드워드 윌슨, 『통섭—지식의 대통합』, 최재천·장대익 역, 사이언스북스, 2005.

8_ 그렇다고 통섭 담론과 융복합 담론의 관계를 무시하자는 것은 아니다. 아무리 학문간 관계 문제를 이론적으로 다루는 경향이 높다고 하더라도 통섭 담론은 학문이 공적인 지식생산 체계인 대학제도에 의존하고 있고 따라서 당대의 정치경제학적 조건과 사회적 압박으로부터 자유로울 수 없는 한, 융복합 담론의 확산이라고 하는 학문공학적 국면 조성과 무관할 수가 없다.

9_ 강내희, 「분과학문체계의 해체와 지식생산의 '절합적 통합'」, 『지식생산, 학문전략, 대학개혁』, 문화과학사, 1998.

10_ 물론 국내 대학들이 '문화' 관련 학과들을 대거 만든 것은 문화연구가 제기한 분과학문 비판에 대한 보수적 대응에 해당한다. '문화연구'는 반분과적 성격이 강한데 문화연구 학과를 만든 것은 문화연구의 분과 중심 학문에 대한 문제제기를 기존의 ('돈이 되지

통합 제안이 제기하는 쟁점들을 살펴보고, 이 쟁점들을 비판적 문화연구의 관점에서 어떻게 이해할 수 있을 것인지 검토한 다음, 통섭의 새로운 방향을 모색해 보려고 한다.

2. 통섭과 '제3의 문화'—인문학계의 반응

학문 통섭과 관련한 논의는 국내에서도 제법 많이 진행된 편이다. 윌슨이 1998년에 쓴 『통섭—지식의 대통합』이 2005년에 번역된 뒤로 통섭 논의가 크게 촉발된 것이다.[11] 그런데 오늘 '통섭'은 인구에 널리 회자되고 있고, 그것의 현실태라 할 학문 융복합 프로젝트의 만발에도 불구하고 학계 전반으로부터 썩 좋은 반응을 얻고 있지는 못한 것 같다. 윌슨의 통섭 제안은 지식생산의 '수직적 통합'이라고 할 수 있다.[12] 슬링거랜드에 따르면 수직적 통합으로서의 통섭은 기본적으로 환원적인 지식생산에 해당한다. "신경과학은 유기화학에 의존하고, 유기화학은 그것대로 물리화학에, 물리화학은 그것대로 물리학에 의존한다. 이 의존의 본질은 하위 설명 차원이 고위 차원에 중요한 통제기능을 행사한다는 것이다. 물리화학에 대해 우리가 알고 있다고 생각하는 모든 것과 어긋나는 유기화학의 가정은 즉각 거부당할 가능성이 높다. 그렇지 않으면 그 가정은 물리화학에 대한 전적인 재고를 요구하게 될 것이다.

않는) 분과 폐기와 새 분과 수립 전략으로 역이용한 셈이다.

11_ 2009년 서울대 사회과학연구원이 두 차례에 걸쳐 주최한 '학문간 경계를 넘어— 통합적 학문연구의 가능성과 전망 학술대회, 2009년 여름에 5회에 걸쳐 진행된 4개 대학 연구소 공동학술대회, 서울대 사회과학연구원과 중앙대 인문과학연구소가 2009년에는 '현단계 과학기술의 변동과 인문사회과학'이라는 주제로, 2010년에는 '학문의 융복합을 말한다— 제3의 문화를 위하여'라는 주제로 매년 6회씩 공동워크숍을 주최한 것을 예로 들 수 있다. 국내 통섭 논의에 대한 좀 더 자세한 정보는 심광현, 앞의 책, 35-36 참조

12_ John Tooby and Leda Cosmides, "The psychological foundation of culture," in J. Barkow, L. Cosmides and J. Tooby, eds., *The adapted mind: Evolutionary psychology and the generation of culture* (New York: Oxford University Press, 1992).

수직적 통합 뒤에 작용하는 논지는 인문학이 다루는 설명 수준들이 이 설명의 위계에 속한 자신들의 본래 위치에 연결될 필요가 있다는 것이고, 전반적 '통섭'의 강제를 받아야 한다는 것이다."[13] 그러나 이와 같은 통섭 제안은 많은 관심을 불러일으킨 것과는 별도로 만만찮은 저항을 불러일으켰다.

통섭에 대해 가장 강렬하게 반발한 쪽은 인문학계다. 학문의 통합을 주장하면서 그 작업을 자연과학 중심으로 하자는 것이 통섭론이라면 인문학의 이런 반응은 당연하다고 봐야 할 것이다. 자연과학 중심의 통섭론은 학문의 목적을 한편으로 사실 및 진리 추구와 다른 한편으로 가치 추구로 두고 결국 전자의 활동을 중심으로 전개되어온 근대적 학문의 과학주의 태도에서 크게 벗어나지 않는다. 세계체계론에 따르면 서구에서는 장기 16세기 동안 봉건주의에서 자본주의로 전환되는 시점에 '진리'와 '가치'의 구분과 분리에 근거한 앎의 두 가지 방식이 제도화되었다.[14] 베이컨의 귀납법과 경험주의, 데카르트의 연역법과 합리주의가 16세기에 뉴턴에 의해 종합됨으로써 과학에서 지배적 이론적 접근 및 방법론적 실천을 위한 토대가 마련되고, 이로 인해 자연과학과 인문학의 분리가 이루어진 것이다. 그런데 이 과정은 사실 또는 진리 추구 중심의 자연과학이 학문의 모델로 정립되는 과정으로서, 19세기 말 사회과학이 한편으로 사회주의, 다른 한편으로 보수주의에서 나오는 가치담지적 정치적 요구를 중재하고 관리하는 자유주의의 개혁 도구로 수용되면서 가치중립적 성격을 띠게 됨에 따라 더욱 강화된다. 물론 이런 변화 속에서도 인문학은 가치담지적 성격을 고수해 왔지만, 자연과학은 물론이고 사회과학까지 과학주의로 경도된 마당에 인문학이 지배적 흐름에 맞설 대단한 힘을 배양할 수 있었던 것은 아니다.[15] 오늘

13_ Edward Slingerland, "Good and Bad Reductionism: Acknowledging the Power of Culture," *Style*, Vol. 42, Nos. 2-3 (2008), 267.

14_ Richard E. Lee, "Cultural Studies, Complexity Studies and the Transformation of the Structures of Knowledge," *International Journal of Cultural Studies*, Vol. 10, No. 1 (2004). 이하 내용은 리처드 리의 글을 요약한 것이다.

15_ 20세기에 들어와서 인문학이 가장 큰 타격을 받았던 것은 우연이 아니다. 프랭크와

자연과학 중심의 통섭론이 나오고 있는 것은 이렇게 보면 근대 학문의 큰 흐름이 그대로 지속되는 모습을 보여주는 셈이다. 통섭 제안에 대해 인문학자들이 무관심 아니면 적대감을 드러내고, 최근에 '통섭' 담론을 확산시키는 데 가장 결정적인 역할을 한 에드워드 윌슨의 "작업이 1970년대 이래 인문학자들 사이에 그토록 강렬하고 지속적인 반발을 불러일으킨" 것은 이런 맥락에서 이해될 필요가 있다.[16]

인문학자들의 통섭에 대한 이런 반발은 오래 전에 C.P. 스노우가 '두 문화'라고 부른 문제가 그대로 지속되고 있음을 보여준다. 알다시피 1950년대 말 스노우는 당시 지식인 사회가 상호이해와 소통의 단절로 '문학적' 문화와 '과학적' 문화 사이에 커다란 간극이 있는 것을 문제로 지적한 바 있다. 스노우가 '두 문화'를 문제라고 본 것은 그 중 하나를 대변하는 문학적 지식인과 다른 하나를 대변하는 과학자들 사이에 아무런 교류가 없고, 또 인문학 중심의 지식인 사회에서 과학자들에 대한 언어도단의 무시가 이루어지고 있다고 생각한 때문이었다. 물론 스노우의 입장은 과학적 문화와 문학적 문화의 분리를 극복해야 한다는 것이었지만, 오늘 인문학자들이 통섭 제안에 대해 대부분 거의 자동적으로 부정적 태도를 드러내는 것은 여전히 두 문화의 간극을 좁히는 것이 어렵다는 것을 보여준다.

아니 사실 최근 인문학자들의 이런 태도는 상황 반전의 결과라고 봐야 할 것이다. 스노우가 자신의 문화 진단에서 더 큰 문제로 강조한 것은 인문학자들의 과학에 대한 무지와 무관심이었다. 그는 "지식인, 특히 문학적 지

게이블러에 따르면 인문학의 위축은 한편으로는 학문의 기본 세 분야들(인문학, 사회과학, 자연과학) 간의 중요성 재조정, 다른 한편으로는 응용학문의 위상이 크게 높아진 것과 관계가 있다. David John Frank, Jay Gabler, *Reconstructing the University: Worldwide Shifts in Academia in the 20th Century* (Stanford, CA: Stanford University Press, 2006) 참조.

16_ Edward Slingerland, Mark Collard, "Introduction," in Slingerland and Collard, eds., *Creating Consilience: Toward a Second Wave* (New York: Oxford University Press, 2012), 2. 이 글에서의 인용은 인터넷에서 내려 받은 PDF 파일의 쪽수를 가리킨다. http://faculty.arts.ubc.ca/eslingerland/pdfs/CreatingConsilience_Introduction_v12.pdf (2010년 10월 6일 내려받음.)

식인은 말하자면 타고난 러다이트들"이라며, "거의 모든 곳에서…무엇이 일어나고 있는지를 이해하지 못하고" 있다고 꼬집고,[17] 반면에 과학자들에 대해서는 "매우 지적인 인간이라는 점을 상기시킬 필요가 있다. 그들의 문화는 많은 점에서 정확하며 훌륭한 것이다"[18]라고 말한다. 과학에 대해 무지한 문학적 지식인들이 지식인의 표상으로 군림하고 있는 데 대한 불만을 토로하고 있는 셈이다. 스노우의 지적이 사실이라면 오늘은 그와는 아주 다른 상황이 되었다고 할 수 있다.

상황의 반전은 '제3의 문화'가 오늘 지배적 문화 현상으로 등장한 데서 확인된다. 스노우는 커다란 반향을 불러일으킨 「두 문화와 과학혁명」을 발표하고 4년 뒤 작성한 「두 문화: 그 후의 고찰」에서 '제3의 문화'에 대한 기대를 피력한 바 있다. 그가 이 문화에 대해 정확한 정의를 내리고 있는 것은 아니지만 "그러한 문화는 그 본래의 사명을 다하기 위해서도 과학적 문화와 대화를 나누지 않으면 안'된다고 말하는 것을 보면,[19] 제3의 문화가 두 문화 간의 소통 부족 문제를 해결한 모습일 것임을 짐작하기는 어렵지 않다. 그런데 존 브로크만에 따르면 이런 문화는 이미 기정사실이 되었다. 물론 오늘의 제3의 문화는 "스노우가 예언했던 것과는 성격이 조금 다를 수밖에 없다."[20] 스노우가 기대한 제3의 문화가 문학적 지식인과 과학적 지식인, 다시 말해 인문학자와 과학자가 그 안에서 서로 진지한 대화를 나누고 있는 모습이었다면, 브로크만이 이미 존재하고 있다고 보는 제3의 문화는 "그동안 소위 '과학'이라 불리던 것이 지금에 이르러서는 '대중문화'로 자리잡"은 형태이기 때문이다.[21] 다시 말해 오늘 이 문화를 주도하는 것은 인문적 역능을 갖춘 과학자들이라는 것이다. 브로크만은 이들을 '과학적 사고로 무장한 새로운 인문주의자들'이라고도 하는데, 여기서 강조하고 싶

17_ C.P. 스노우, 『두 문화』, 오영환 역, 민음사, 1996, 34, 37.

18_ 같은 책, 25.

19_ 같은 책, 86.

20_ 존 브로크만, 『제3의 문화』, 김태규 역, 대영사, 1996, 2.

21_ 같은 책, 3.

은 것은 이들 인문주의자는 대부분 인문학 전공자가 아니라는 사실이다. 브로크만은 "이 새로운 [제3의] 문화는 경험세계에 토대를 둔 이들 과학자들과 그 밖의 사상가들로 이루어져" 있다고 하지만,[22] 그가 소개하는 제3의 문화인들 가운데 '그 밖의 사상가들'이 차지하는 비중은 사실 매우 낮고 대부분이 전문과학자들이다.[23]

오늘 제3의 문화가 출현했지만 이 현상이 기본적으로 과학 중심인 것은 브로크만이 소개하고 있는 인문학적 소양을 갖춘 전문과학자들을 보지 않더라도 알 수 있다. 제이 클레이턴에 따르면 "두 문화가 또 다시 융합하고 있다. 과학, 기술, 대중문화, 그리고 인문학이라 불리는 문학적 지적 삶의 영역들 간의 관계에서 변화가 일어나고 있는 것이다."[24] 클레이턴이 이 관계 변화를 체현하는 사례로 드는 것은 컴퓨터광(狂, geek)이다. 그는 찰스 디킨스의 『데이비드 코퍼필드』를 통해 자신의 삶을 설명하는 테크노키드를 관찰한 존 카츠의 연구를 소개하며,[25] 사람들은 '문학작품을 읽는 10대 컴퓨터 해커'를 드문 유형의 사람으로 간주하지만 "그와 같은 종횡이 새 천년을 맞는 미국사회 주요 부문들의 징표"(807)라고 말한다. 디킨스를 읽

22_ 존 브로크만, 『과학의 최전선에서 인문학을 만나다』, 안인희 역, 동녘사이언스, 2006, 10.

23_ 브로크만은 『제3의 문화』에서는 스티븐 제이 굴드, 머리 겔-만, 다니엘 데닛, 리처드 도킨스, 스티브 존스, 폴 데이비스, 니콜라스 험프리, W. 다니엘 힐리스, 로저 솅크, J. 도인 파머, 리 스몰린을, 『과학의 최전선에서 인문학을 만나다』에서는 제러드 다이아몬드, 스티븐 핑커, 헬리나 크로닌, 엔디 클라크, 마크 하우저, 리처드 랭검, 대니얼 데닛, 스티븐 코슬린, 조던 폴락, 데이비드 겔런터, 로드니 브룩스, 한스 모라벡, 데이비드 도이치, 마빈 민스키, 레이 커즈와일, 제이런 러니어, 세스 로이드, 앨런 구스, 폴 슈타인하르트, 리자 랜들, 리 스몰린, 마틴 리스를 제3의 문화의 대표적 지식인들로 소개한다. 보다시피 이들은 대부분이 과학자들이며, 스티븐 굴드 정도를 제외하면 진보적 성향을 띤 사람을 찾기 어렵다. 이런 점과 함께 커즈와일, 모라벡 등이 적극적 인공지능주의자임을 고려하면 브로크만이 말하는 '제3의 문화'는 친자본적 과학기술 중심일 수밖에 없을 것임을 쉽게 짐작할 수 있다.

24_ Jay Clayton, "Convergence of the Two Cultures: A Geek's Guide to Contemporary Literature," *American Literature*, Vol. 74, No. 4 (2002), 809. 이하 이 글에서의 인용은 본문의 괄호에 그 쪽수를 표시한다.

25_ Jon Katz, *Geeks: How Two Lost Boys Rode the Internet out of Idaho* (New York: Villard, 2000).

는 10대 해커가 있다는 것은 테크노문화에 물든 젊은이들은 전통적인 문학적 문화와는 거리가 멀다는 통념을 뒤집는 셈인데, 클레이튼에 따르면 전통적인 문학적 교양과 첨단기술 능력의 결합은 멀티미디어 컴퓨터 애플리케이션과 같은 새로운 기술의 출현으로 인해 기술, 인문학, 과학, 예술 간의 문화 융합이 요구되면서 나타나는 사례로서, 테크노문화가 지배하고 있는 오늘은 별로 드문 일이 아니다.

그러나 클레이튼은 이런 두 문화 융합 현상을 바람직한 현상으로만 보지 않는다는 점에서, 브로크만과는 대비되는 태도를 취한다. 그는 두 문화 분리를 종결짓는 방안에는 종합, 헤게모니, 제휴의 세 가지 모델이 있을 수 있다고 보고, 이 가운데 종합을 월슨이 제시한 통섭과 같은 부류라고 하며 종합은 유토피아적 글쓰기로서 설득력이 가장 떨어지는 방안이라고 말한다.(823) "오늘 일어나는 융합은 일상 직종에서 자신들과 무관한 영역들로부터 유래하는 다양한 종류의 지식과 직면해야 하는 정보 경제 속에서 살며 일하는 사람들로 구성되어 있다"는 것, 그리고 이런 융합이 나타나는 새로운 질서에서는 '통합'만이 아니라 '탈구현상'도 적잖이 작용한다는 것이 그 이유다.(811) 월슨의 통섭론과 같은 유토피아적 미래학자의 글쓰기는 이런 현실을 비판적으로 인식하지 못한 한계를 갖고 있다는 지적이다. 클레이튼은 두 문화 분리가 더 이상 작동하지 않는 것은 "과학이 모든 다른 형태의 담론에 대한 실질적 헤게모니를 달성했기 때문"이라 보는 견해를 소개하고, 여기서 "문학 및 다른 인문학은 세계에 대한 타당한 관점을 생산한다는 주장을 할 수 없게 되었고 그리하여 삶의 실제 업무에서 무의미해졌다"고 한다. "과학이 자동으로 이기고 있다"는 것이다.(823) 클레이튼은 그래서 선호하는 문화 분리의 종결 방식으로 '제휴'를 택한다. "분과들 간의 제휴를 만들어내고, 거기서 전술 팀들이 다양하고 변화하는 전문역량들의 공통기반을 활용하는 것이 융합을 위한 바람직한 구조로 보인다"는 이유 때문이다.(824) 하지만 클레이튼은 이 제휴를 구축하는 방법에 대해서는 별다른 말을 하지 않는데, 그것은 그가 제휴도 만병통치약은 아니라고 믿기 때문이다. 그는 "그런 전략에는 기회만큼이나 많은 위험들이 도사리고 있다"고 하고, "테크놀로지에 대한 후퇴가 아니라 비판적 개입이 한때 휴머니즘적 가치라고 부르던 것에 대한 최선의 희망"이라고 결론짓는다.(825)

브로크만과 클레이튼이 보여주고 있듯이 제3의 문화가 등장했다면 그것은 테크노과학이 지배하고 있는 오늘 문화 상황의 반영일 것이다. 인문학계에서 윌슨의 통섭 제안에 대한 반대가 심한 것은 이렇게 보면 '현실적으로 존재하는' 제3의 문화가 지닌 과학 중심적 경향에 대한 반작용일 것이 분명하다. 인문학자들의 그런 태도는 스노우가 '두 문화' 문제를 지적했을 때 스노우의 관점을 강렬하게 반박하고 나섰던 영국의 문학비평가 F.R. 리비스의 관점과 크게 다르지 않다. 리비스는 1962년에 행한 한 강연에서 두 문화 문제를 거론한 스노우의 강연을 바로 지목하며, 스노우의 주장은 과학계의 이익을 대변하는 것이라는 신랄한 비판을 감행한 바 있는데,[26] 브로크만의 진단처럼 제3의 문화가 이미 형성되었다고 하면 리비스의 이런 우려가 현실로 나타난 셈이다. 오늘 인문학계가 통섭에 대해 시답지 않은 태도를 드러내는 것도 이와 무관하지 않을 것이다. 그러나 나는 여기서 그렇다고 인문학은 인문학대로, 과학은 과학대로 서로 간극을 유지하며 두 문화를 지키자는 태도 역시 극복할 필요가 있다는 입장에서 통섭 문제를 생각할 필요가 있다고 본다. 문제는 어떤 통섭이냐, 즉 어떤 학문간 관계 맺기냐.

3. 통섭, 간분과성, 초분과성

사실 통섭에 대해 거부감을 느끼는 인문학자들도 과학과의 관계 맺기를 아예 거부하는 경우는 거의 없을 것이다. 통섭은 모든 지식을 자연과학의 진리 모델에 종속시키므로 인문학의 특수성을 외면하는 지식생산 방식이

26_ F. R. Leavis, *Two Cultures? The Significance of S. P. Snow's Richmond Lecture* (London: Chatto and Windus, 1962).

라고 비판하는 경우에도 서로 다른 학문 간의 교류, 대화, 소통이 필요함을 인정하는 인문학자들은 얼마든지 있다. 예컨대 이남인은 "윌슨이 주장하는 것과는 달리 인문학/사회과학과 자연과학 사이에는 지울 수 없는 경계선이 존재하며 양자를 '봉합선 없이' 완벽하게 통합하는 일은 불가능하다"는 관점에서 인문학과 자연과학의 통섭에 대해서는 반대를 표하면서도,[27] 양자 간의 관계는 '학제적 연구'가 되어야 한다고 한다. 학제적 연구는 여기서 "현대에 접어들면서 파편화되어 결국 현실과의 소통이 이루어지지 않"아 "현대 학문이 처한 위기를 극복할 수 있는 길 중의 하나"로 제시된다.[28] 서로 다른 학문 영역들 또는 분과들 간의 "진정한 대화와 소통에 토대"를 둔 학문 간 관계 맺기가 학제적(interdisciplinary) 연구 또는 간분과성(interdisciplinarity) 기획이라면 그런 것을 반대할 명분을 찾기는 어려울 것이다.[29] 그리고 인문학, 사회과학, 자연과학에 속하는 어떤 분과학문도 그 존재이유를 부정당할 수가 없다면, 따라서 어느 한 분과의 이름으로 다른 분과를 강제로 통합할 수 없다면, 분과들 간의 관계 맺기가 학제적 연구 이상으로 나아가기도 어려워 보인다. 학문 간 대화와 소통을 전제하는 한 학제적 연구 또는 간분과성은 각 분과의 고유한 목소리를 전제하는 것이며, 따라서 학문공동체에서 분과들의 권리를 보장하는 한 방편이라고 할 수 있다.

그러나 간분과성에 입각한 연구가 오늘 학문 수행의 최선의 방안인가 하는 의문도 없지 않다. 다음은 간분과성에 대한 알튀세르의 지적이다.

이[간분과성] 신화는 인간과학에서도 일반적으로도 광범위하게 통용되고 있다. 사회학, 경제학, 심리학, 언어학과 문학사는 끊임없이 문학이든 과학이든 현존

27_ 이남인, 「인문학과 자연과학은 어떻게 만날 수 있는가? 통섭 개념에 대한 비판을 토대로 삼아」, 『학문간 경계를 넘어: '통합적 학문연구'의 가능성과 전망(2)』(서울대사회과학연구원 학술대회 자료집), 2009. 4. 23, 27.

28_ 같은 글, 29.

29_ '간분과성'은 '학제성'이라고 하는 것이 더 어울릴 것 같으나, 이 글에서는 다분과성, 초분과성 등과의 비교 효과를 위해서 사용하게 되었다.

분과학문들로부터 관념들, 방법들, 절차들을 빌려온다. 우리가 지금 논하는 것은 학제간 '라운드테이블'을 개최하는 절충적 관행이다. 이웃이라면 누구도 잊지 않고 모두 초대하지만 우리는 [그들이 누군지] 결코 알게 되지 못한다. 아무도 남겨 놓지 않으려고 모든 사람을 초대하는 것은 우리가 누구를 초대해야 할지, 우리가 **어디에** 있고 **어디로** 가고 있는지 모른다는 말이다. '라운드테이블'의 관행은 그 것이 대위법과 주요부를 구성하는 간분과성의 장점이라는 이데올로기를 대동하기 마련이다. 이 이데올로기는 우리가 세상이 알지 못하는 것을 알지 못하면 무식한 자들을 모두 끌어 모으는 것으로 족하다는 공식에 담겨 있다. 과학은 무식한 자들의 모임에서 떠오른다는 말이다.[30]

간분과성 또는 학제적 연구가 '무식한 자들의 모임'이 될 수 있다는 지적은 그런 식으로는 사실상 아무런 새로운 지식을 만들어내지 못할 수 있다는 말이다. 물론 이남인이 기대하듯이 참여하는 사람들이 '진정한 대화와 소통'을 한다면 학제적 연구가 '무식한 자들의 모임'만으로 끝나지 않을 수도 있을 것이다. 그러나 실제로 학제적 연구가 자국 입장만을 대변하려드는 외교관들이 모인 라운드테이블과 같은 경우가 많다는 점을 부정할 수 없다면 학제적 연구 외에 다른 방안을 찾을 필요도 있다고 본다. 물론 통섭과 그것의 현실태인 '현실적으로 존재하는 제3의 문화'가 지닌 과학중심주의, 그리고 이것이 지닌 단순 환원주의는 당연히 배격해야 하겠지만, 통섭까지도 포함하여 학문간 관계 맺기의 또 다른 방도는 없겠는지 알아봐야 하지 않겠느냐는 것이다.

이런 맥락에서 최근의 통섭 논의 가운데 통섭이 지닌 환원주의를 인정하면서 이 환원주의를 나쁜 환원주의와 좋은 환원주의로 나누어, 후자에 입각한 통섭을 추구하자는 슬링거랜드의 제안이 눈에 띈다.[31] 슬링거랜드에 따

30_ Louis Althusser, *Philosophy and the Spontaneous Philosophy of the Scientists & Other Essays,* tr. Ben Brewster, James K. Kavanagh, Thomas E. Lewis, Grahame Lock, and Warren Montag (London & New York: Verso, 1990), 97. 강조는 원문.

르면 학문과 지식생산에서 환원은 필수 불가결하다. 아무리 독특한 경험을 중시하는 인문학이라 하더라도 일정한 추상화를 하지 않고서는 학문 세계에서 소통 자체가 이루어지지 않고 공감대가 형성되지 않을 것임을 전제하면 환원은 학문세계에서 피할 수 없다는 것이 그 이유다. 그래서 그는 인문학적 경험에 대한 지식생산도 추상화가 반드시 필요하며, 따라서 과학이 인문학의 기본 모델이 되어야 한다고 본다. 하지만 동시에 그는 동일한 자연세계, 물질세계에 속한다는 점에서 인문학적 사실들도 과학적 추상화의 대상이 될 수밖에 없지만 인문학적 경험의 독특함은 독특함대로 인정해야 한다는 말도 곁들인다. 그렇다고 과학적 추상화를 포기하는 것은 아니다. 슬링거랜드는 인문학적 경험의 독특함도 인류가 자연의 일부로서 진화해 온 결과로 나타나는 것이라고, 즉 자연과학적 추상화에 의해서도 설명될 수 있는 떠오름 현상이라고 보기 때문이다. 이때 떠오름은 인간이 자연에 속하면서도 동시에 유적 존재로서의 종별성을 갖게 하는 자연적 현상으로서, 소설이나 시, 음악 등의 예술, 선악과 책임감 등의 도덕적 감정, 영성과 같은 종교적 체험 등 인간에게 고유한 가치 문제들, 즉 인문학이 자연과학과 자신을 구분하는 근거로 삼아온 특징이나 화두, 쟁점은 그로 인해 형성된다고 할 수 있다. 그러나 '통섭'이라는 용어를 똑같이 사용하면서도 슬링거랜드가 자신은 윌슨 식의 환원주의를 넘어서고 있다고 말하는 것은 이 떠오름이 한편으로는 자연의 질서에 속하는 진화 현상이면서도 그로 인해 인간 생명체가 어떤 불귀점을 넘어 새로운 모습을 드러낸다고 보기 때문이다. 그는 그래서 자신이 말하는 통섭은 인문학의 고유한 작업을 제거하는 일이 아니라고 하면서 "통섭이 인간적 삶의 모든 측면을 유전인자나 생물학적 본능과 같은 어떤 하위 차원의 공통분모로 환원시킨다는 생각"은 "몇 가지 이유로 정확하지 않다"고 주장한다. "우선 통섭의 틀 안에는 배타적으

31_ Slingerland, "Good and Bad Reductionism: Acknowledging the Power of Culture"; Slingerland and Collard, "Introduction," in *Creating Consilience: Toward a Second Wave*. http://faculty.arts.ubc.ca/eslingerland/pdfs/CreatingConsilience_Introduction_v12.pdf

로 특권적인 단일한 설명의 차원이 없다. 통섭 틀 안의 어떤 작업은 인간의 삶의 특질들을 유전인자와 같은 하위 차원의 현상들로 설명하려 하지만 다른 작업은 더 고차원의 설명력을 지닌 현상들을 활용한다"[32]는 것이다.

슬링거랜드가 제안하는 통섭의 방식은 윌슨이 제안하는 것과는 달리 학제적 연구의 간분과성을 추구할 가능성을 열어놓고 있는 것으로 보인다. 그에 따르면 "과학이 단순히 인문학에 한계를 지우는 것만이 아니라 인문학에서의 작업이 과학적 가정들의 재공식화를 규정할 수도 있다."[33] 이런 사실은 인문학적 쟁점이나 문제의식을 무조건 과학적 원리로 환원시킬 수는 없다는 것과 인문학과 과학 사이에 서로 관점이나 문제의식을 경청하는 태도가 필요함을 환기시킨다. 예를 들어 지구 나이와 관련하여 찰스 다윈과 윌리엄 켈빈 사이에 입장 차이가 벌어졌을 때, 켈빈은 물리학의 관점에서, 다윈은 생물학의 관점에서 그 나이를 추정했는데, 에너지 자원과 열역학 법칙들에 의거하여 지구 나이를 계산한 켈빈보다 생명체의 진화에 걸리는 시간을 고려하여 계산한 다윈이 제시한 지구 나이가 10배나 넘게 나오자 하위 차원의 더 근본적 학문인 물리학과 상위 차원의 생물학 사이에 입장 차이가 생겨나게 되었으나, 슬링거랜드에 따르면 두 사람이 이런 상황에 대해 보인 반응은 '심란해한' 것이었다. 즉 두 사람은 양자의 입장 차이가 해소될 때까지, 다시 말해 물리학과 생물학 간의 통섭이 방사능, 즉 켈빈이 몰랐던 에너지 자원의 발견으로 다시 한 번 이루어질 때까지 편히 쉬지 못했다는 것이다. 슬링거랜드는 이 일화를 "고차원의 설명 즉 생물학에서의 발견이 물리지질학이라는 저차원의 설명 재조직을 유발하도록 하여 후자 영역으로 하여금 개념상의 막다른 골목에서 벗어나게 하고 새로운 방향으로 나아가도록" 한 사례라고 보고, "이것은 일단 인문학자와 과학자 간에 쌍방향 소통이 정말로 일어난다면, 문학자와 인지 신경과학자가 제출한 예상들에서 발견되는 모순들은 인지 신경과학을 수정하게 할지도 모른다는

32_ Slingerland and Collard, "Introduction," 19.

33_ Ibid., 21.

점을 보여준다"[34]고 말한다. 이런 점은 통섭이 일어나는 경우에도 '상위' 학문과 '하위' 학문 간에 학제적 연구가 가능하고 필요함을 보여준다고 하겠다. 통섭과 간분과성 간에 양립불가의 관계만 작용하지 않는 것이다. 하지만 그럼에도 불구하고 나는 여기서 이처럼 '고위' 학문과 '하위' 학문 간의 관계 맺기가 꼭 간분과성의 관점에서만 시도되어야 하는지, 학제적 연구를 넘어서는 연구 방식도 필요하지 않은지, 그리고 통섭의 방식까지 넘어설 수 있는 가능성은 없는지 묻고 싶다.

이와 관련하여 '초분과성(transdisciplinarity)의 기획'을 살펴볼 필요가 있을 것 같다. 바사라브 니콜레스쿠에 따르면 초분과성은 다분과성(multidisciplinarity), 간분과성(interdisciplinarity)과 구분되는 학문 관계 맺기 전략이다. "다분과성은 하나의 분과만이 아니라 동시에 다수의 분과에서 연구주제를 다루며," "분과의 경계들을 지나가지만 그 목적은 분과 연구의 틀 안에 남아 있다." 다른 한편 간분과성은

하나의 분과에서 다른 분과로 방법들을 이전하는 데 관심이 있다. 간분과성도 다분과성처럼 그 목적이 그대로 분과 연구의 틀 안에 남은 채로 분과들의 경계들을 지나간다. 간분과성은 양자 우주론과 카오스 이론처럼 새로운 분과들을 생성할 수도 있다.

끝으로,

초분과성은 분과들 **사이에** 있는 것, 상이한 분과들을 **가로지르고** 있는 것, 그리고 모든 분과들을 **넘어서** 있는 것과 관계를 맺는다. 그것의 목적은 현 세계의 이해이며, 그것이 의무로 삼는 하나의 일은 지식의 통합이다.[35]

34_ Ibid., 21-22.

35_ Basarab Nicolescu, "Transdisciplinarity: past, present and future," 2006, 143-44. http://www.movingworldviews.net/Downloads/Papers/Nicolescu.pdf (강조는 원문). 이하 이 글에서의 인용

여기서 우리가 눈여겨볼 점은 초분과성은 다분과성, 간분과성과는 달리 '분과들 너머'에 대한 시각을 갖는다는 것이다. 맥그레거와 볼크만에 따르면, 간분과성은 "분과들을 끌어 모아도 분과들 간의 경계와 관계를 바꾸려는 시도는 없다."[36] 반면에 초분과성은 분과들 간의 경계와 관계에 대한 새로운 이해에 근거한다.

니콜레스쿠는 그와 마찬가지로 초분과성을 지향하면서도 초분과적 연구의 목표를 '공동 문제 해결'에 두는 입장에 대해 비판하며, 분과들 간의 경계는 후자들처럼 "지표면 위의 나라들, 대륙들, 대양들 간의 경계들"로 볼 것이 아니라 "은하들, 태양계들, 별들, 행성들 간의 분리"로 이해하고, 분과들 사이에는 연속성이 아니라 불연속성이 있다고 봐야 한다고 말한다. 분과들 간의 경계를 가로지를 때 나타나는 것은 그래서 어떤 공허라고 할 수 있는데, 중요한 것은 이 '공허'가 "비가시적 물질과 에너지로 가득 차 있"어서 "결코 텅 빈 게 아니"라는 것이다.(144) 이 공허가 있기 때문에 분과들 간에 또는 너머에는, 나중에 보겠지만 '포함된 중간' 또는 '은폐된 제3자'가 작용할 수 있다.

초분과성 기획에는 '현실 차원들'이라는 개념이 중요하다. 니콜레스쿠는 '현실'(Reality)을 "우리의 경험, 표상, 묘사, 이미지, 그리고 수학적 공식들에도 저항하는 것"으로 정의한다. 이 현실은 '존재하는 것'으로서 영원히 베일 속에 가려져 있는 '실재'(the Real)와는 달리 우리의 경험에서 만나는 저항과 연결되어 있고, 우리가 알 수 있는 것이다. 니콜레스쿠에게서 '현실 차원'은 특정 법칙 아래 있는 불변하는 체계 일습이다. 즉 "양자적 실체들은 양자 법칙에 종속되고, 이 법칙은 거시물리적 세계의 법칙들과 근본적으로 다르다." 이는 "하나의 현실에서 다른 현실로 넘어갈 때 적용 가능한 법칙들에서 단절이 있고, 근본 개념들(인과성 등)에서 단절이 있으면 두 현실은 상이하

은 그 쪽수를 본문에 표시한다.

36_ Sue L. T. McGregor, Russ Volckmann, "Making the Transdisciplinary University a Reality," *Integral Leadership Review*, Vol. X, No. 2 (2010).

다"는 말이다. 각 현실 차원은 그래서 나름의 시공간을 갖는다. 예컨대 고전적 현실 개념이 4차원 시공간(공간 세 차원과 시간 한 차원)을 갖는다면 양자물리학의 현실 개념에는 4보다 큰 수의 차원들을 지닌 시공간이 있다. 중요한 것은 이들 상이한 현실 차원들 사이에는 위계가 없다는 것이다. "하나의 현실 차원은 모든 다른 차원들이 동시에 존재하기 때문에 자신의 모습을 갖기" 때문이다.(147) 니콜레스쿠가 제안하는 초분과성 기획은 이렇게 볼 때 통섭 개념과는 달리 위계적이지도 환원적이지도 않은 셈이다.

니콜레스쿠는 상이한 두 차원들 간의 그리고 모든 차원들 너머의 지대는 우리의 경험들, 표상들, 묘사들, 이미지들, 그리고 수학공식들에 대한 '비저항 지대'를 이룬다고 말한다. 그에 따르면 이 지대가 지닌 위상학적 거리는 유한하지만 그렇다고 "유한한 거리가 유한한 지식을 의미하진 않는다." "직선의 한 선분이라는 이미지를 생각해보라. 그 선분은 무한한 수의 점들을 포함한다. 같은 식으로 유한한 위상학적 거리는 무한한 수의 현실 차원들을 가질 수 있다."(147) 비저항의 지대는 '성스러운 것'이다. 이때 성스럽다는 것은 어떤 합리화에도 굴하지 않는다는 의미로, 하나의 현실 차원만 있다고 하는 것은 이 성스러운 것을 제거하는 일이 된다.

니콜레스쿠가 말하는 초분과성에는 대상과 주체, 은폐된 제3자라는 세 요인이 관여하며, 현실 차원들과 비저항 지대의 통일체는 초분과적 대상을, 이들 차원과 지대를 인지하는 지각의 상이한 차원들과 지각에 따라 생기는 비-저항 지대의 통일체는 초분과적 주체를, 그리고 비-저항 지대는 주체와 객체 간의 상호작용 항인 제3자를 구성한다. 관심을 끄는 것은 이 제3자인데, 니콜레스쿠에 따르면 그것은 초분과적 주체와 초분과적 대상이 서로 차이를 유지하면서 통합될 수 있게 하는 '포함된 중간'이다.(148) 이 중간, 제3자는 상호배제적인 모순들(A이자 동시에 비-A인 제3의 T)을 가능하게 하고 이해할 수 있게 해주는 것으로, 동일성과 비-모순성, 배제된 중간을 공리로 하는 고전적 논리학과는 다른, 모순 현상들을 이해하게 해주는 새로운 이론의 가능성을 제기한다. 중간 또는 제3자는 이때 고전적 논리학에서 벗어날 수 있게 하는 결정적 위치가 된다.

> 만약 우리가 어떤 단일한 현실 차원에 머문다면 모든 것은 두 모순적 요소들
> 간의 투쟁으로 나타난다. 제3의 역학, T-상태의 역학은 분리된 것으로 보이는
> 것이 실제로 통합되어 있고, 모순적인 것 같은 것이 비모순적인 것으로 인식되는
> 또 다른 차원의 현실에서 행사된다.(151)

학문들의 관계 맺기에서 이 중간 개념이 중요한 것은 학문들의 비환원적
통합을 위한 방안이 될 수 있을 것 같기 때문이다. 니콜레스쿠에 따르면
초분과성은 세 개의 공리로 이루어진다. 그 첫 번째는 "자연에는 그리고
이에 대한 우리의 지식에는 현실의 상이한 차원들과 그에 상응하는 지각의
상이한 차원들이 있다"라는 '존재론적 공리'이고, 두 번째는 "한 차원의 현
실에서 다른 차원으로의 통과는 포함된 제3자의 논리에 의해 보장된다"는
'논리적 공리'이며, 세 번째는 "전체 현실 또는 지각 차원들의 구조는 복잡
구조"라는, 즉 "각 차원은 모든 차원들이 동시에 존재하기 때문에 존재하게
된다"(146)는 '복잡성의 공리'다. 포함된 제3자가 여기서 중요한 것은 "포함
된 중간 논리는 통합과정을 위한 도구로서 우리로 하여금 현실 또는 지각의
두 상이한 차원들을 가로질러 사유에서만이 아니라 우리 자신의 존재 속에
서도 우주의 일관성을 효과적으로 통합하게 해준다"(152)는 점 때문이다.
포함된 중간은 현실과 지각의 모든 차원들을 가로지르게 한다는 점에서
초분과성의 존재론적 공리와 관련될 뿐 아니라, 어떤 현실 또는 지각 차원
도 다른 모든 현실 및 지각 차원의 존재를 전제하여 인식하게 하는 역할을
한다는 점에서 복잡성 공리와도 연결되어 있다. 이리하여

> 존재론적, 논리적, 복잡성 공리들이 결합하여 일으키는 작용은 가치들을 만들어
> 낸다…초분과적 가치들은 객관적이지도 주관적이지도 않다. 그것들은 초분과적
> 대상의 주관적 객관성과 초분과적 주체의 객관적 주관성의 상호작용을 가리키

는 숨겨진 제3자로부터 나온다.(154)[37]

니콜라스쿠의 초분과성 기획은 이렇게 볼 때 학문간 관계 맺기에서 새로운 모델을 제시하는 것으로 보인다. 그것은 윌슨이 말한 어느 한 분과로의 통합이라는 환원적 통섭도, 기존의 분과는 그대로 둔 채 '외교적으로' 상이한 학문들이 라운드테이블에 모여 앉아있는 '무식한 자들의 모임'도 아니다. 슬링거랜드가 말하는 '제2의 물결' 통섭의 경우 초분과성 기획과 가까워 보이기도 하지만 역시 궁극적으로는 환원주의를 포기하지는 않는다는 점에서 초분과성과는 구분되어야 할 것 같다. 초분과성은 복잡성 개념을 수용하며, 따라서 '보편적 상호의존'의 원칙을 따른다.

보편적 상호의존의 원칙은 인간의 마음이 상상할 수 있는 최대로 가능한 단순성, 현실의 모든 차원 간 상호작용의 단순성을 포괄한다. 이 단순성은 수학적 언어에 의해서가 아니라 상징적 언어에 의해서만 포획될 수 있을 뿐이다. 수학적 언어가 분석적 마음에만 말을 건다면, 상징적 언어는 생각들, 느낌들, 신체를 지닌 인간 존재의 총체성에 말을 건다.(153-54)[38]

37_ 이 제3자는 심광현이 말하는 프랙탈 공간 개념과도 상통하는 듯하다. "프랙탈 공간은 유클리드 공간처럼 텅 빈 것이 아니라 연속적으로 변주하면서 스스로 생성되는 공간이다. 또 패치워크 같은 비정형 조각들의 모음이라고 할 리만 공간을 생성하면서 동시에 연속적으로 그 사이를 주파하는 자기-조직하는 공간이기도 하다. 여기에 자기 복제와 반복이라는 특성이 추가되어야 할 것이다. 프랙탈이 자기-조직하는 생태계의 생성원리이자 작동원리가 될 수 있는 이유가 여기에 있다. 스스로 끊임없이 주름 접기와 펴기를 반복하면서 자기 복제를 수행하고 연속된 변주를 통한 비정형 자기 조직화의 과정이 바로 프랙탈한 것이다." 심광현, 『프랙탈』, 현실문화연구, 2005, 29.

38_ 니콜레스쿠의 이 말은 오해의 소지를 안고 있는 것 같다. 수학적 언어와 상징적 언어를 서로 너무 다른 것으로 구분하며 전자는 분석적 마음에만 말을 건다고 하는 것은 예컨대 수학에서도 선험적 종합판단이 가능하다고 본 칸트의 관점, 즉 수학적 언어도 '인간 존재의 총체성' 경험을 나타낼 수 있다는 관점을 무시하는 것이 된다. 하지만 여기서 니콜레스쿠가 강조하는 바는 '인간 존재의 총체성', 즉 '인간의 마음이 상상할 수 있는 최대로 가능한 단순성'을 포괄하는 능력이다. 물론 이때 이 총체성, 단순성은 언제나 이미 복잡성인 것으로 이해되어야 할 것이다.

니콜레스쿠가 제출하는 초분과성 기획은 기존의 간분과성, 다분과성 기획과도 다르지만 윌슨, 슬링거랜드가 제출한 통섭 제안과도 다르다. 그것의 한 공리로 작용하는 복잡성 개념은 총체성에 속한 어떤 개별 차원이든 다른 모든 차원들과 동시에 존재한다는 관점에서 보도록 함으로써 인과성에 대한 새로운 이해, 아니 사실은 세계 이해의 오랜 원칙으로 수용되어온 '보편적 상호의존' 시각을 취하게 함으로써 다른 통섭 이론이 지닌 환원주의를 근본적으로 극복하는 역할을 하기 때문이다. 초분과성 기획은 또한 통섭 제안을 거부해온 전통적인 인문학의 태도와도 다른 접근법을 제시한다. 인문학은 학문간 관계 맺기를 시도하는 경우에도 간분과성 기획인 학제적 연구 범위를 넘어서지 않으며, 학제적 연구조차 거부하는 경우도 적지 않다. 이에 비해 초분과 기획은 그 존재론적, 논리적, 복잡성 공리를 통해 개별 분과로 하여금 "현실의 모든 차원 간 상호작용의 단순성" 즉 '보편적 상호의존'을 외면하지 않도록 한다. 물론 초분과성의 관점이 개별 분과학문들의 존재이유를 부정하는 것은 아니다. 앞서 본대로 "분과들 **사이에** 있는 것, 상이한 분과들을 **가로지르고** 있는 것, 그리고 모든 분과들을 **넘어서** 있는 것과 관계를 맺는다"면,(143) 초분과성은 언제나 이미 분과들이 독자적으로 존재함을 전제하지 않을 수 없다. 니콜레스쿠는 그래서 "(다분과성과 간분과성을 포함한) 분과성과 초분과성 간에는 아무런 대립이 없고 생산적 상보성이 있다"고 하고,(144) 맥그레거와 볼크만은 "초분과성은 분과적, 간분과적 작업에 대한 대체를 요구하지 않는다. 오히려 그것은 현존하는 학문적 실천에 대한 보완이 되려고 한다"[39]고 말한다.

국내에서도 이와 비슷한 취지의 논의를 찾아볼 수 있다. 통섭에 대한 에드워드 윌슨의 관점과 이 개념을 처음 제출한 휴얼의 관점을 비교하며 후자를 중시하는 심광현의 통섭 논의가 그것이다. 심광현에 따르면 휴얼에게 통섭 즉 'consilience'는 'jumping together'로서 '더불어 넘나듦'의 뜻을 가지

39_ McGregor and Volckmann, op. cit.

며, 오늘 학문간 통섭을 꾀할 때에도 이런 이해에 입각해야 한다. 그런 통섭 개념이 "오늘의 복잡계 과학의 관점에도 더 부합한다"[40]는 이유 때문이다. 여기에는 "복잡계 과학이야말로…이질적인 계열들의 복합적인 뒤섞임의 과정에서 이루어질 복잡한 상호과정과 이를 통해 새로운 형태의 지식과 경험을 촉진하는 창발적 과정"이라는 인식이 자리잡고 있다. 심광현이 이에 따라서 제안하는 학문간 관계 맺기의 모습은 'T' 자형 이미지를 만들어내는 학문 분과 또는 예술 장르 간의 '원무'다. 그는 마티스의 <원무>(1905)에 나오는 손을 서로 맞잡고 춤을 추는 인간 군상에 대해 "자신의 정체성을 유지하면서도 두 팔을 벌려 다른 사람의 손을 잡으면서 함께 도약하는 이미지"[41]라며, 통섭도 각 학문 분야가 자신의 분과적 정체성을 훼손당하지 않으면서 "두 팔을 벌려" 다른 분과들과 협업하는 것이 중요함을 강조한다. 이때 "기존의 학문 분야나 전공은 일종의 노드(node)에 해당하며 학문간 연결망은 링크(link)에 해당"하고, "여러 노드들을 링크로 연결하게 되면 '무작위 네트워크' 또는 '척도 없는 네트워크'가 형성될 수 있다."[42] 니콜레스쿠의 통섭 기획 역시 "분과성과 초분과성 사이에는 아무런 대립이 없고 생산적 상보성이 있다"고 본다는 점에서 학문 간의 관계 맺기를 상이한 학문들이 'T' 자형으로 원무를 추고 있는 것으로 이해할 수 있을 것이다. 하지만 이때 초분과성의 기획이 분과성, 간분과성, 다분과성과는 다른 점은 학문들이 관계를 맺을 때 한편으로는 각자 고유한 정체성을 유지하는 자유를 누림을 인정하지만 각 분과는 이미 다른 분과들과 함께 성립해 있다는 점에 의해 그 위상이 이미 바뀐 것으로도 이해되어야 한다는 것이다. 복잡성의 공리에 따라 개별분과들은 이미 학문들 분과의 총체성 체계 안에 위치해 있는 것으로 간주되어야 하기 때문이다. 초분과성이 '분과들 너머'라는 시각을 제공한다는 것은 이런 의미라고 하겠다. 인문학 분야에서 이런 '분과들 너머'의

40_ 심광현, 『유비쿼터스 시대의 지식생산과 문화정치』, 206.

41_ 같은 책, 209.

42_ 같은 책, 207.

시각을 제출한 것이 오늘날 '문화연구'라는 이름으로 행해지고 있는 지식생산 방식이 아닐까 한다.

4. 문화연구, 복잡성 연구, 초분과성

'문화연구'는 1950년대 중반 이후 영국에서 나타나기 시작하여 1990년대 이후에는 세계적으로 확산된 지식생산의 한 패러다임이다. 퓨어리와 맨스필드가 지적하듯 "문화연구는 사회학, 인류학, 역사학, 언어학, 기호학, 맑스주의, 문학연구, 영화연구, 철학 등 다양한 학문들에서 기원한다."[43] 기원이 이처럼 다양하다는 것은 안정적인 분과 기반이 없다는 말로서, 문화연구가 처음 버밍엄 대학 현대문화연구소(Centre for Contemporary Cultural Studies, CCCS)에서 학위과정으로 도입되었을 때 학위논문을 써야 했던 학생들이 서지 작성에 애를 먹은 것도 이런 사정과 무관하지 않았을 것 같다.[44] 문화연구는 또 상이한 맥락에서 서로 다른 이론적 실천적 지형에서 다양하게 성립되었기 때문에 영어 표기 'cultural studies'의 복수 형태가 보여주듯이 모습이 다양할 수밖에 없다.

> 문화연구는 다중적 담론들을 갖고 있고 다수의 상이한 역사들을 갖는다…그것은 많은 상이한 종류의 작업을 포괄했다…그것은 언제나 불안정한 형성물들의 집합이었다. 그것은 따옴표를 붙여야만 하는 '중심'이 있었을 뿐이다…그것은 많은 궤적들을 갖고 있었고 많은 사람들이 그것을 통해 상이한 궤적들을 갖고 있었고 갖고 있다.[45]

43_ Patrick Fuery, Nick Mansfield, *Cultural Studies and Cultural Theory* (Toronto: Oxford University Press, 2000), 22.

44_ 스튜어트 홀에 따르면 서지를 어떻게 작성할지는 "아무도 몰랐다"고 한다. Carey Nelson, Paula A. Treichler, and Lawrence Grossberg, "Cultural Studies: An Introduction," in Lawrence Grossberg, Carey Nelson and Paula A. Treichler, eds., *Cultural Studies* (New York: Routledge, 1992), 2에서 인용.

이런 점은 문화연구가 기존의 어떤 분과학문에 속하는지가 불분명했고, 자신의 '고유한 연구 영역'을 갖지 못했다는 말도 된다.[46] 문화연구는 이 결과 '반분과적'(anti-disciplinary), '간분과적', '분과횡단적'(cross-disciplinary), 또는 '초분과적' 지식생산 패러다임이라는 지적을 받곤 한다. 여기서 문화연구가 '반분과적'이라 함은 기존의 학문 분과 틀에 안주함을 거부한다는 말이며, '간분과적'이라 함은 둘 이상 학문의 만남으로 이루어진다는 말이고, '분과횡단적'이라 함은 '다분과적'인 것과 같이 동시에 여러 학문들을 가로지르는 식으로 지식을 생산한다는 말이고, '초분과적'이라 함은 기존의 학문 분과들을 넘어서서 지식생산을 한다는 말일 것이다.

이처럼 분과 틀을 반대하거나 그것을 넘어서려 하거나 동요시키려는 경향이 문화연구에 나타난 것은 문화연구가 20세기 중반의 지배적 지식생산에 대한 반발로서 등장한 지적 기획이었다는 사실에서 연유한다. 넬슨에 따르면 문화연구는,

'유령 같은 분과'(ghostly discipline)며, 또 그런 식으로 남는 것이 좋다. 그 경계가 끊임없이 이동하고 내용이 불안정하고 따라서 반분과적인 것이 문화연구의 특징이고 나아가야 할 방향이라는 것이다. 이런 점은 문화연구가 "연구의 대상을 쪼개서 개별 분과들에 배타적으로 분배하는 것에 대해, 학문 분과들이 지식 영역을 분할하는 방식에 대해, 많은 학술 작업의 사회적 영향에 대해 비판적으로 대응한다[47]는 사실과 무관하지 않다.

45_ Stuart Hall, "Legacies of Cultural Studies," in Grossberg, Nelson and Treichler, eds., op. cit., 278.

46_ 문화연구가 지금까지도 안정적인 학과 기반을 가질 수 없었던 것도 이런 이유 때문이라고 할 수 있다. 문화연구는 영국 버밍엄 대학에서 1960년대부터 '현대문화연구소'(CCCS)를 중심으로 이루어지다가 1980년대에 문화연구학과로 독립했지만 학과로서의 생존에는 실패한 경험이 있다. 한국의 경우에도 학부 수준에서 '문화연구'의 이름을 단 학과는 어느 대학에도 없으며 대학원 수준의 협동과정으로 운용되는 프로그램에도 '문화연구' 이름을 붙인 곳은 한 군데(중앙대)밖에 없다.

47_ Nelson, "Always already cultural studies: academic conferences and a manifesto," in John Storey, ed., *What Is Cultural Studies? A Reader* (London: Arnold, 1996), 277.

로버트 리에 따르면 문화연구의 이런 태도는 "익숙해지고 당연한 것처럼 된 인문학과 사회과학 간의 분리, 사회과학들 내부의 분할 구도에 대한 탈중심화 및 불안정화"에 해당한다.[48] 지배적 지식생산 구도의 이 탈중심화, 불안정화는 당시 자유주의 세력이 장악하고 있던 자본주의 미국 헤게모니 체제에 대한 지적 도전이었다. 베트남전쟁, 제3세계 학자들과 활동가들의 사회참여, 민권운동, 페미니즘운동, 학생운동 등이 이런 도전을 구현하거나 실천한 요인 또는 세력이라고 하겠는데 리는 이런 도전이 "역사와 권력을 사회방정식 외부에서 쓴 19세기로부터 물려받은 평형, 합의 모델"을 더 이상 유효하지 않은 것으로 만들었다며, 지식생산에서 이런 흐름을 가장 극적으로 보여준 것이 인문학에서는 '문화연구', 과학 분야에서는 '복잡성 연구'라고 지목한다.[49]

위에서 살펴본 통섭과 초분과성 기획의 관점에서 보면, '문화연구'가 '복잡성 연구'와 서로 비슷한 시점에 등장한 것이 중요하다. 리는 인문학과 사회과학 간의 분리, 사회과학들 내부의 분할 구도의 탈중심화가 문화연구에 핵심적이라 하면서 이 점이 중요한 것은 "근대 세계에서 합법적이고 권위 있는 지식이라는 것을 규정하고 조직하는 분과 구조의 인식론적 기초 즉 과학에서의 '진리'와 보편성의 결합이 각 방면으로부터 심문을 받게 되었다는 사실" 때문이라고 본다. 진리와 보편성 개념의 결합에 의문을 제기하도록 한 것은 "평형과 확실성을 강조하는 것"으로부터, "인과성을 실험적 복제와 가설의 시험에 적합한 선행 조건과 후행 사건의 일관된 조합이라고 규정하는 것"으로부터의 이동을 야기한 복잡성 과학이다. "카오스 안의 질서(이상한 끌개들), 카오스로부터의 질서(자기-조직화, 분산구조들), 그리고 비정수 차원들을 드러내는 병적 함수(pathological functions)와 자연적 형

48_ Lee, "Cultural Studies, Complexity Studies and the Transformation of the Structures of Knowledge," 10. 리의 글은 인터넷에서 내려 받은 피디에프 파일의 쪽수로 표시한다. http://www.cultural-science.org/FeastPapers2008/RichardLeeBp.pdf

49_ Ibid., 6.

태들의 시각적 표상(프랙탈 기하학)" 등 복잡성 현상은 뉴턴의 가역적 물리학이 전제하는 것과는 달리 운동의 비가역성을 보여주며, "고전적 과학의 전제들에 대한 재평가를 암묵적으로 요청하고 연구의 대상들, 분석의 방법들, 그리고 오랫동안 '과학적' 실천을 구성한다고 당연시된 탐구의 목적에 대한 재개념화"를 요청한다.[50]

문화연구가 다루는 대상들, 현상들, '현실 차원들'(니콜레스쿠)은 물론 '복잡성 연구'가 다루는 것과 같은 엄밀 과학에 속하는 현상들은 아니다. 이상한 끌개들, 자기-조직화, 분산구조, 프랙탈 현상 등 복잡성 연구 또는 과학이 다루는 현실 차원들은 주로 자연 현상이며, 전통적인 근대적 분과학문 체제의 견지에서 보면 진리와 사실의 문제를 규명하는 '과학'의 대상에 해당한다. 반면에 문화연구는 사회적 삶 속에서 인간의 행위와 창조성, 주체성의 문제 등 인간적 가치와 결부된 문제를 중시하며, 그런 점에서 인문학적 기원을 갖는다고 할 수 있다. 앎의 문제를 진리-사실의 문제와 가치의 문제로 구분하여 전자는 (자연)과학이, 후자는 인문학이 맡도록 한 것이 근대적 지식생산의 기본 구도였다면, 가치의 문제를 중시한다는 것은 문화연구가 지식생산의 근대적 분할 구도에서 인문학에 속함을 보여주는 것이다. 그러나 이렇게만 보는 것은 물론 문화연구와 복잡성 연구가 등장한 것 자체가 근대적 지식생산 구도를 동요시킨 지적 변혁에 해당한다는 정작 중요한 점을 무시하는 일이 된다. 문화연구와 복잡성 연구가 등장한 시점을 역사적으로 다시 고찰할 필요가 있다.

한편으로 보면 1950년대 중반 영국에서 문화연구 작업이 처음 등장한 것은 근대적 지식구도에서 우위를 점한 학문의 '과학주의'에 대한 인문학적 개입이었음이 분명하다. 2차 세계대전이 끝나고 미국자본주의의 헤게모니가 절정에 오른 이 시기 학문적 지식은 자연과학 우위의 3분구도 하에 놓여 있었다고 봐야 한다. 지식의 구조가 근대 초부터 서로 분리되어온 자연과학

50_ Ibid., 10-11.

과 인문학, 그리고 19세기 후반부터 새롭게 등장한 사회과학의 세 분야로 크게 삼분된 가운데 자연과학이 학문의 모델로 작용하며 사회과학까지도 과학주의의 영향을 받고 있었다는 점은 앞에서도 언급한 바다. 문화연구의 등장은 이런 지식생산 구도에서 그동안 자신의 연구방식이 과학적이고 보편적이라고 내세워온 법칙정립적인 사회과학의 주장을 비판하며 문화적 사회적 현상의 이해에서 '가치'와 '해석'이 중요함을 강조하는 경향이 나타난 것을 의미한다.[51] 문화연구는 이런 점에서 인문학적 태도를 드러내는 학문 방식이라고 할 수 있다.

그러나 문화연구가 인문학적인 것만은 물론 아니다. 문화연구는 인문학에서 출발했지만 인문학을 근저에서 뒤흔든 지적 기획이었기 때문이다. 영국의 문화연구는 문학비평과 신좌파라는 두 상이한 조류가 결합한 지적 기획이기도 했다. 20세기 중반까지 문학비평은 영국에서 특이한 지적 위상을 차지하고 있었다. 다른 지식 영역에서는 외면당하던 '총체성' 개념을 유일하게 보존하고 있었던 것이다.[52] 에드먼드 버크, 새뮤얼 콜리지, 매튜 아놀드, 월터 페이터, F.R. 리비스 등으로 이어져 내려온 문학비평 전통은 그래서 1960년대에 이르러 당대 사회의 문제를 총체적 관점에서 바라보는 유일한 지적 전통이었으나 다른 한편 "생각하고 말한 가장 좋은 것"(아놀드)을 추구하며 노동자계급의 대중문화는 저질로 보는 기본적으로 보수적 태도를 지니고 있었다. 이런 비평 전통에서 성장했으면서도 그것이 지니고

51_ '해석'과 '가치'와 짝을 이루는 것은 둘 다 정신의 작용으로 이해되기 때문이다. 과학적 연구는 반면에 '사실'과 '설명'의 짝으로 이루어진다고 할 수 있다. 빌렘 플루서에 따르면 자연의 사실은 설명될 수 있는 반면에 정신은 해석될 수 있다. 빌렘 플루서, 『코무니콜로기—코드를 통해 본 커뮤니케이션의 역사와 이론 및 철학』, 김성재 역, 커뮤니케이션북스, 2001, 11-15.

52_ 페리 앤더슨은 1960년대 말 영국 문화의 '구성요소들'을 분석하면서 20세기 중반 영국에서 외국 출신 지식인들이 주도하는 다른 지식생산 분야와는 달리 문학비평에서만 예외적으로 F.R. 리비스를 중심으로 한 영국인들이 주도했고, 문학비평만이 총체성 개념을 보존하며 사회 전체의 문제를 다룬다고 말한 바 있다. Perry Anderson, "Components of the National Culture," *New Left Review* I/50 (1968).

있던 문화적 엘리트주의를 배척하고 노동자계급 문화를 비평적 분석 대상
으로서의 가치를 지닌 '텍스트'로 간주함으로써 기존 문학비평과는 다른
진보적 비평의 전망을 연 것이 리처드 호거트, E.P. 톰슨, 레이먼드 윌리엄
스 등 문화연구의 선구자들이다. 한 예로 윌리엄스는 '문화는 평범하다'는
테제를 제출하며 고급문화와 저급문화를 구분하는 문학비평 전통의 엘리
트주의를 뒤엎어버린다.[53] 문화연구는 보수적 문학비평 전통에 대해서만
반발한 것이 아니었다. 대중문화를 문학작품에 비해 가치가 떨어지지 않는
텍스트로 봄으로써 전통적 인문학의 엘리트주의를 비판하기도 했지만, 아
울러 문화분석을 사회 이해의 핵심 과제로 삼음으로써 전통 좌파의 경제결
정론적 경향에 대해서도 문제제기를 했다.[54] 경제결정론이 문화를 이데올
로기로 보고 문화의 진실을 경제적 하부구조에서 찾으려 했다면 문화연구
는 문화에서 일어나는 계급투쟁은 그 나름의 자율성을 지닌 기호적 실천을
우회해야만 한다고 본 것이다.[55]

53_ Raymond Williams, "Culture Is Ordinary," in R. Gable, ed., *Resources of Hope: Culture,
Democracy and Socialism* (London: Verso, 1989).

54_ 문화연구는 일부 맑스주의의 경제결정론을 비판하지만 그렇다고 맑스주의를 거부하
지는 않는다. 홀에 따르면 문화연구는 '맑스주의와 씨름'을 벌였다고 하는데, 이는 문
화연구가 맑스주의가 중시하는 계급문제를 중대한 과제로 삼고 있었다는 말이다. 문
화연구는 한편으로 일부 맑스주의의 경제결정론을 거부하면서도 다른 한편으로 문화
에서의 계급투쟁을 이해하고자 하지만, 또 다른 한편에서는 계급중심주의에 대한 페
미니즘과 탈식민주의로부터의 문제제기까지도 수용하지 않을 수 없게 된다(Hall, op.
cit., 279-83). 이런 점은 문화연구가 끊임없이 분과적 한계를 뛰어넘고 있고, 넘어야
함을 보여준다.

55_ Ibid., 283-84. 문화연구가 '문화의 상대적 자율성' 개념을 수용한 것은 앤더슨이 영국
지성계에서 문학비평이 유일하게 간직했다고 하는 총체성 개념에 대한 비판적 인식
을 담고 있었다는 말도 된다. 윌리엄스의 경우 '문화는 평범하다는 테제를 통해 문학
비평의 엘리트주의를 거부했지만 문화를 '총체적 삶의 방식'으로 규정함으로써 '총체
성' 개념은 받아들였다고 할 수 있으나, 그의 영향력이 상대적으로 약했던 CCCS에서
는 알튀세르의 맑스주의 해석이 수용됨으로써 '총체성'보다는 '중층결정'의 관점이 채
택되었다. '중층결정'은 하나의 전체는 여러 심급으로 구성되어 있다고 보고, 이들 심
급은 어느 하나도 다른 것을 일방적으로 결정하지 않는 것으로, 전체의 구성을 복잡한
것으로 본다는 점에서 전체를 복잡계로 본다고 할 수 있다. 총체성 개념에서는 이런
복잡성 개념이 나오기 어렵다.

로버트 리가 버밍엄대학의 현대문화연구소(CCCS)에서 이루어진 문화연구가 "'일련의 학제적 영역들'의 탈중심화, 탈안정화"였다고 보는 것은 이런 사실에 근거한다.[56] "학제적 영역들의 탈중심화, 탈안정화" 효과를 냈다는 것은 문화연구가 분과학문들 간의 학제적 연구에만 멈춘 것이 아니라 이들 학제적 연구들마저 다시 넘어서곤 한다는 것을 말해준다. 문화연구가 정치경제학, 질적 방법론, 기호학, 담론분석, 서사이론 등의 방법론은 물론이고 맑스주의, 페미니즘, 탈식민주의, 정신분석학 등 다양한 이론적 자원들을 활용하는 모습은 한편으로 보면 문화연구의 분과적 정체성이 동요하고 있음을, 다른 한편에서 보면 문화연구가 끊임없이 분과적 한계를 넘어서고 있음을 보여준다.

문화연구가 근대적 지식생산 양식에 새로운 동요를 가져왔다는 사실은 근대사회의 현실을 인식하는 방식에서 새로운 변화를 일으켰다는 말이기도 하다. 그리고 근대적 질서는 자유주의가 지배해 왔다는 점에서, 문화연구는 자유주의가 상정하는 질서, 객관성, 가치 등에 문제를 제기했다고 볼 수 있다. 자유주의 질서는 "경험적이고 실증주의적인 '진리'의 영역인 과학을 인상주의적이고 혼돈스런 '가치들'의 영역과 대립"시키는 식으로 지식을 생산하도록 했고, 보편적인 과학의 기준에 의해 사회를 관리함에 따라서 인문학을 제외하고는 과학으로 하여금 예측 가능한 사실들을 다루도록 했다. 사회과학이 가치중립적인 성격을 갖게 된 것도 "'진보'를 위한 '과학적인' 또는 비-가치지향적인 정책 수립 과정"을 확보하기 위함이었다.[57] 문화연구가 당대 지식생산에 충격으로 다가왔다는 것은 지식생산의 이런 자유주의에 대해 도전했기 때문인데, 이 도전은 보수주의와 사회주의가 새롭게 결합한 모습으로서 '새롭다'함은 이때 문화연구가 한편으로는 문학비평의 보수성을 극복하고자 했고, 다른 한편으로는 조야한 맑스주의의 경제결정론을 극복하고자 한 것을 가리킨다.

56_ Lee, op. cit., 10.
57_ Ibid., 4.

여기서 짚고 넘어가야 할 점은 문화연구의 등장을 근대적 지식생산을 지배하던 과학주의에 대한 비판으로는 봐야 하겠지만 과학의 거부로 볼 것은 아니라는 것이다. 문화연구가 등장한 시기에 과학 분야에서 복잡성 연구가 등장한 것은 우연의 일치만은 아닌 것 같다. 니콜레스쿠가 말하듯이 복잡성의 공리에 따르면 "각 차원은 모든 차원들이 동시에 존재하기 때문에 존재하게 된다."[58] 통섭, 특히 윌슨 식의 환원주의적 통섭 개념에 따르면 어떤 차원은 더 근본적인 차원으로 환원시켜 설명할 필요가 있겠지만, 복잡성의 공리에서 그 차원은 결코 환원될 수 없다. 이런 사실은 문화적 현상, 사회적 현상을 설명할 때 기존의 사회과학이 했던 것처럼 비-가치지향적이고 중립적인 과정에 따라서 설명할 수 없다는 것을 말해준다. '이다'(사실들의 영역과 과학의 목적)와 '~여야 한다'(가치들의 영역과 인문학의 과제)의 재-융합이 일어났기 때문이다.[59] 리는 "복잡성 연구에서 우발성, 맥락-의존성, 체계 창조성, 그리고 다중적 중복적 시공간 틀에 대해 강조하는 것은 사회과학의 관심사와 놀라운 유사성을 띠며, 외재주의와 연관된 '객관성'은 역사적 사회 체계들을 포함한 새로운 복잡계 모델의 피드백 메커니즘을 찾아내고 그에 대해 연구한 결과 심각하게 의문에 붙여지고 있다"고 말한다.[60] 문화연구가 인문학과 사회과학을 가로지르며 사실과 가치들을 융합하는 것은 복잡계가 지닌 이런 피드백 메커니즘을 사회현실에서 보고 있기 때문이라고 할 수 있다. 그리고 문화연구를 위에서 살펴본 '초분과성' 기획과 연관하여 생각할 수 있는 것도 이런 점 때문이 아닐까 한다.

문화연구가 초분과성 기획에 속한다는 것은 문화연구가 '분과들 너머'라는 시야를 갖고 지식생산을 한다는 말이다. 초분과성 기획에서 개별 분과들은 각자 자율성을 갖지만 '복잡성의 공리'에 따라서 각 개별 분과는 함께

58_ Basarab Nicolescu, "Transdisciplinarity: past, present and future," 2006, 146. http://www.moving worldviews.net/Downloads/Papers/Nicolescu.pdf

59_ Lee, op. cit., 13.

60_ Ibid., 12.

존재하는 다른 모든 분과들과 이미 관계를 맺고 있고 그에 의해서 영향을 받는다고 할 수 있다. 그리고 상이한 분과들의 관계는 "은하들, 태양계들, 별들, 행성들 간의" 그것처럼 분리된 상태라고 하더라도 그로 인해 생겨나는 불연속성은 공허이긴 하되 "결코 텅 빈 게" 아니라 "비가시적 물질과 에너지로 가득 찬" 상태, 즉 포함된 중간 또는 은폐된 제3자가 작용할 수 있는 지대라고 봐야 한다.[61] 문화연구가 사실들('이다')과 가치들('~여야 한다')의 융합이라면, 이는 초분과성의 용어로 다시 쓰면 대상의 현실 차원들과 지각과 주체의 현실 차원들이 연결되는 장이 된다는 말이다. 니콜레스쿠에 따르면 문화는 종교와 더불어 현실과 지각의 여러 차원들과 '숨겨진 제3자'의 비저항 지대에 걸쳐서 나타나는 현상이라는 점에서 테크노과학과 다르다.

> 테크노과학이 전적으로 대상의 지대에 위치해 있다면, 문화와 종교는 대상, 주체, 그리고 제3자의 세 항 전체에 걸쳐 있다. 이런 비대칭은 양자의 대화의 어려움을 말해준다. 이 대화는 테크노과학의 문화가 진정한 문화가 될 때에만 일어날 수 있다. 이런 대화가 방법론적으로 가능한 것은 숨겨진 제3자가 현실의 모든 차원들을 가로지르기 때문이다.[62]

니콜레스쿠가 말하는 테크노과학도 복잡성 과학의 견지에서 보면 문화와 다를 바 없이 진정한 문화에 속하지 말라는 법이 없겠지만 여기서 중요한

61_ Nicolescu, op. cit., 144.

62_ Ibid., 157. '숨겨진 제3자가 현실의 모든 차원들을 가로지른다는 니콜레스쿠의 이 말은 모든 것을 이 제3자를 통해 설명할 수 있다는 것으로 들린다는 점에서 또 다른 환원주의적 주장으로 간주될 수도 있겠다. 그러나 니콜레스쿠에게서 '숨겨진 제3자'는 현실 차원들 간의 비저항지대, 지각의 상이한 차원들 간의 비저항지대, 그리고 주체와 객체 간의 비저항지대에서 상이한 항들의 상호작용을 일으킨다는 점에서 그것 자체가 본질을 구성한다고 할 수는 없다. '숨겨진 제3자'의 작용이 이처럼 상이한 항들, 요인들 간의 상관관계를 통해 나타난다면 이 제3자를 환원 작용을 일으키는 원인으로 볼 필요는 없을 것 같다.

것은 문화연구의 대상으로 설정되는 문화가 초분과성의 특징을 띠고 있다는 것이다.

5. 문화연구 대 '제3의 문화' 대립을 넘어서

지금까지 문화연구가 20세기 중반 이후 자신과 거의 동시에 출현한 복잡성 연구와 함께 어떻게 기존의 근대적 지식생산 구도를 동요시키고 학문간 비환원적 관계 맺기로서의 초분과성 기획의 예로 작동해 왔는지 살펴보고자 했다. 문화연구는 '분과들 너머'를 지향하기 때문에 지식생산을 어느 한 분과로 통합하려고 하지 않는다. 문화연구가 출현 반세기가 넘도록 마땅한 학과체제를 갖추지 못한 것은 한편으로는 자신의 고유한 지식 대상을 갖지 못한 결과로 볼 수도 있지만, 다른 한편으로는 특정 대상을 중심으로 한 분과를 지향하는 대신 지식생산의 지배적 구도 다시 말해 오늘날 지적 헤게모니를 행사하고 있는 자유주의적 지식체계에 문제를 제기하기 때문에 생긴 결과라고 할 수 있다.

이런 점에서 문화연구는 '제3의 문화'와는 대비를 이룬다. 브로크만이 이미 기정사실이 되었다고 말하는 제3의 문화는 앞서 살펴본 대로 과학 중심인데 이는 진화론, 양자물리학, 우주론, 인지과학, 신경생리학, 인공지능, 컴퓨터공학, 카오스이론, 체계이론, 복잡성 과학 등 다양한 영역을 포괄한다. 슬라보이 지젝에 따르면 이들 과학 분야의 성과들을 대중적으로 알리고 있는 제3의 문화와 탈구조주의적-해체주의적 문화연구 사이에는 오늘 어느 쪽이 보편적인 '공적 지식인'의 지위를 차지하느냐를 두고 '지적 헤게모니 투쟁'이 벌어지고 있다.[63] 사실 승자는 이미 결정되었다고 봐야 한다. '제3의 문화'가 광범위하게 지적 헤게모니를 장악하고 있는 것이다. 두 가지

63_ Slavoj Žižek, "Cultural Studies versus the 'Third Culture'," *The South Atlantic Quarterly*, Vol. 101, No. 1 (2002), 19.

측면에서 그렇다. 먼저, 제3의 문화와 관련된 저술들의 대중적 호소력이 문화연구의 그것과는 비교되지 않을 정도로 막강하다. 문화연구의 경우 TV 나 영화, 컴퓨터게임, 하위문화 등 대중문화 현상을 자주 다룬다는 점에서 대중과의 접점을 많이 갖고 있다고 할 수 있지만, 문화연구 서적들의 판매 량과 '과학혁명' 중심의 제3의 문화 서적들의 판매량은 비교할 수 없을 정도로 후자가 많다. 다른 한편 지배적 지식생산 제도와의 관계에서도 제3의 문화는 문화연구보다 훨씬 더 나은 조건을 누리고 있다. 문화연구의 경우 (설령 스스로 원한다고 해도) 오늘 공식 지식생산 제도의 핵심인 대학에 아직 제대로 발을 붙이고 있지 못하고 "현존 학계에 완전히 맞아 떨어지지 않는 이물질"처럼 취급되고 있다면, 제3의 문화를 일으키는 인지과학 등 과학 분야들은 "지반을 재탈환하고 이 [이물질] 침입자를 제거하기 위한 학술적 지식—전문적, 합리적, 경험적, 문제-해결적 이론—의 공인된 활동"으로 부상해 있는 것이다.[64]

지젝은 이런 점을 지적하며 제3의 문화를 대변하는 과학적 입장을 '인지주의'로 부르면서 "인지주의와 문화연구 간의 구분은 단순히 두 학설, 두 이론적 접근 간의 구분"만이 아니라 "궁극적으로 두 개의 전적으로 다른 지식 양식들 또는 실천들 간의 좀 더 근본적인 구분"에 해당한다고 말한다.[65] 이런 관점에서 보면 제3의 문화가 문화연구를 제치고 지적 헤게모니를 행사한다는 것은 '학문적' 지식과 '비학문적' 지식이 구분되는 가운데 전자의 지적 우위가 관철된다는 말이며, 일견 문화연구가 복잡성 연구와 더불어 문제시한 근대적 지식생산의 구도가 되살아난 셈이 된다. 다시 말해 1960년대에 일어난 자유주의 질서에 대한 거대한 도전, 자유주의 질서의 관리자들을 골치 아프게 만들었던 각종 소음이 신자유주의 질서가 그 절정에 다다른 이제는 가라앉아 다시 과거의 질서로 되돌아간 것 같다는 것이다. 지젝에 따르면 인지주의적인 비판가들은 문화연구를 "분파적이고 스탈

64_ Ibid., 30-31.
65_ Ibid., 31.

린주의적이고 권위주의적이며, 당 노선 문제가 개방적인 경험적 연구와 합리적 논증을 지배하는 웃기는 준-신학적인 종파적 투쟁"에 속한다고 보는 반면에 "자신들은 이런 밀폐되고 고루한 분위기를 제거하는 신선한 공기인 것으로 제시한다." 다시 말해 그들은 이제 1960년대의 "반-학문기득권적 논리에서 멀리 벗어난" 듯이 군다는 것이다. 지젝은 인지주의 혹은 제3의 문화가 이처럼 자신은 과학적인 근거에 입각하여 정확한 지식을 생산하고 있으며 이데올로기적 도그마에서 자유롭다는 자의식을 갖고 있다면 그것은 문화연구가 애초에 강하게 내비친 반분과적 태도와 결별하고 오히려 "제도학문적 대학 담론을 지적 자유의 진정한 현장"으로 여긴다는 말로서,[66] 문화연구의 관점에서 보면 학문의 자유주의적 질서에 다시 굴복한 꼴이다.

하지만 문화연구와 제3의 문화를 대립시키고 후자를 더 강하게 비판하는 것으로 문제가 해결되는가 하는 질문은 남아있다. 지젝은 사실 문화연구에 대해서도 그다지 우호적이지는 않은데, 그것이 "자본주의 세계체계의 기본 동질성을 건드리지 않고 남겨놓는 문화적 차이들을 위해 싸우고" 있다는 것이 그 이유다.[67] 문화연구에 대한 이런 회의에도 불구하고 지젝이 '현실적으로 존재하는 제3의 문화'에 대해 더 비판적인 태도를 취하는 것은 물론 후자가 더 큰 지적 헤게모니를 행사하고 있다는 판단 때문이다. 아래에서 나는 문화연구와 제3의 문화 사이의 대립을 기정사실로 여기며 두 기획을 비판적으로 검토하고 있는 지젝의 관점은 문제점이 없는지 따져보고, 문화연구와 제3의 문화 사이에 소통과 연대의 가능성은 없는지 살펴본 다음, 제3의 문화와의 대립을 넘어선 문화연구의 발전 방향을 제시하고자 한다.

지젝이 문화연구와 제3의 문화에 대해 기본적으로 부정적 태도를 취하

66_ Ibid., 32.

67_ Žižek, *The Ticklish Subject: The Absent Centre of Political Ontology* (London: Verso, 2008), 261.

는 것은 두 지적 기획이 모두 학문제도 안에 소속되어 있다는 점 때문임을 확인할 필요가 있다. 지젝은 문화연구는 1960년대에 처음 등장했을 때에는 반-학문기득권적 태도를 지니고 있었고 지금도 학계에서 곧잘 '이물질'처럼 여겨지곤 하긴 해도 여전히 공식 학문제도 안에 기생하는 것이 사실이고, 특히 미국에서처럼 일부 문화연구자들이 보여주는 '급진적' 모습은 노동자계급 문화와는 연계가 별로 없는 "학계의 급진적 유행"일 뿐이라고 보는 듯하다. "문화연구 영역은 오늘의 세계적 지배관계를 효과적으로 위협하기는커녕 그 관계의 틀에 완벽하게 부합한다"는 것이다.[68] 지젝의 이런 지적을 전혀 근거가 없다고 보기 어려운 것은 문화연구가 학문의 자유주의적 질서에 안주하고 있는 경우가 많기 때문이다. 하지만 그렇다고 그가 시사하고 있는 것처럼 공식적 학문제도에 참여하는 것 자체로 비판적 지식생산의 비판성이 자동으로 사라진다고 봐야 할지는 의문이다. 지젝은 문화연구의 반-학문기득권적 경향을 제3의 문화보다 나은 것으로 보고 있고, 제3의 문화에 대해서는 자신의 '지적 자유'를 '제도학문적인 대학 담론'에서 찾는다는 이유로 신뢰하지 않는데, 이런 관점은 (문화연구도 포함한) 비판적 지식에 대해 지식생산 제도로부터 벗어날 것을, 무정부주의적 태도를 취할 것을 요구하는 것으로 이는 지식생산의 지배적 구도에 개입하지 않고서도 즉 '피를 묻히지 않고서도' 비판적 지식이 효과를 만들 수 있다고 보는 것과 같다. 하지만 지배체제를 비판하면서 그것의 작동 과정에 개입하지 않는 것은 지배체제를 온존시키는 또 다른 방식이 될 수도 있다. 지배이데올로기에 종속되어 자본주의적 생산관계를 재생산하기만 하는 '좋은 주체'는 물론이고, 체제를 거부하면서도 거기서 거리를 두며 그 작동 방식을 바꾸려는 아무런 노력도 하지 않는 '나쁜 주체'에 의해서도 변혁은 이루어지지 않을 것이기 때문이다.

우리에게 필요한 것은 알튀세르 학파의 폐쇄가 제안한 역동일시(disidenti-

68_ Žižek, "Cultural Studies versus the 'Third Culture'," 30.

fication) 전략이 아닐까 싶다. 이 전략은 한편으로는 동일시, 다른 한편으로는 반동일시(counteridentification)와 구분된다.[69] 동일시는 '착한 주체'의 태도로서 이 주체는 자신에게 제시되는 자신의 이미지를 거부해버리는 '나쁜 주체'와 달리 거기에 '자유롭게 동의하는' 존재다. 반동일시의 경우는 명백한 것만 말하는 좋은 주체가 '살아낸' 의미들을 되돌려주는 말썽꾸러기의 양식이다.[70] 이들은 "'보편적 주체'가 '자기에게 생각하라고 제공하는' 것에 대한 간격(거리 두기, 의심, 심문, 도전, 반발 등의)으로 구성되는 '입장을 취함'으로써 보편적 주체에 맞선다." **'당신들이 말하는** 석유위기', **'당신네의** 사회과학', **'당신이 말하는** 처녀 마리아'라는 식으로 말하곤 하는 사람들이다.[71] 동일시와 반동일시는 대립적이지만 서로 대칭을 이루며 비슷한 효과를 만들어낸다. 폴 윌리스가 1970년대 영국의 고등학생들을 대상으로 연구한 결과에서 나타났듯이, '사나이' 학생들—반동일시 주체의 전형적 형태—은 모범생들—동일시 주체—을 경멸하며 학교 지침을 일일이 거부하지만, 자본주의 생산양식의 재생산의 측면에서 보면 아무런 다른 기능을 하지 않는 주체형태다. 그들은 결국 부모들처럼 노동자계급으로 성장해, 학교제도란 궁극적으로 자본주의적인 노동력 재생산이라는 이데올로기적 기능을 작동시킨다는 것을 그대로 보여주기 때문이다.[72] 반면에 역동일시는 지배체제에 대해 개입하여 그것을 '타고 넘는' 전략에 해당한다. 무뇨스에 따르면,

역동일시는 지배이데올로기를 다루는 세 번째 양식으로 그런 구조 안에 동화되기를 선택하지도 그렇다고 엄격하게 그것에 대항하는 것도 아닌 양식이다. 차라

69_ Michel Pêcheux, *Language, Semantics and Ideology* (New York: St. Martin's Press, 1982), 158-59.

70_ Diane McDonell, *Theories of Discourse: An Introduction* (New York: Basil Blackwell, 1986), 39.

71_ Pêcheux, op. cit., 157.

72_ 폴 윌리스, 『학교와 계급재생산』, 김찬호 역, 이매진, 2004.

리 역동일시는 지배이데올로기를 타고 넘으며 작용하는 전략이다. 지배이데올로기의 압박에 굴복하거나(동일시, 동화) 피할 수 없는 그 세력권으로 벗어나려는(반동일시, 유토피아주의) 대신, 이 '타고 넘는 작용'은 문화적 논리를 내부에서 전화시키려고 하는 전략이다.[73]

이런 관점에서 보면 문화연구와 제3의 문화가 학문제도 안에서 수행되고 있다는 사실 자체를 문제로 삼는 지젝의 지적은 오히려 그 자체가 변혁전략을 결여한 것임을 보여주는 셈이 된다.[74]

오늘 보편적 공적 지식인의 위상을 놓고 문화연구와 제3의 문화가 서로 경쟁하고 있다고 함으로써 두 지적 기획을 대립적으로 보는 지젝의 관점도 비판적으로 검토하는 것이 필요하다. 위에서 자유주의적 지식생산의 틀을 동요시키며 등장한 문화연구가 오늘 제3의 문화의 한 핵을 구성하는 복잡성 연구와 함께 등장했으며, 두 지적 기획이 기존의 지식 구조의 일대 전환을 가져왔다고 본 로버트 리의 견해를 살펴본 바 있다. 리에 따르면 "인문학과 사회과학 간의 경계 허물기를 보여주는" 문화연구가 지식구조 위계의 하층부에 있다면, "우발성, 맥락-의존성, 체계 창조성" 등을 강조하는 복잡성 연구는 그 상층부에 있으면서 지식을 새롭게 추구하는 방향을 제시한다.[75] 한편으로 문화연구가 사회과학이 추구하던 가치중립적이고 보편적이며 경험적인 지식생산에 '가치'나 '주체성'과 같은 인문학적 관점을 불어넣고, 인문학에는 인간 본성의 사회적, 역사적 조건에 대해 인식하도록 만들었다면, 다른 한편으로 복잡성 연구는 역사적 사회 체계도 복잡계의 피드백 메커니즘으로 보게 함으로써[76] "'이다'(사실의 영역과 과학의 목표)와 '~여

73_ José Esteban Muñoz, *Disidentifications: Queers of Color and the Performance of Politics: Cultural Studies of the Americas* (Minneapolis: University of Minnesota Press, 1999), 11.

74_ 역동일시 및 폐쇄를 포함한 알튀세르 학파에 대한 지젝의 비판적 논의를 살펴보려면 Žižek, *The Sublime Object of Ideology* (New York: Verso, 1991) 참조.

75_ Lee, op. cit., 11, 12.

76_ Ibid., 12.

야 한다'(가치의 영역과 인문학의 과제)의 재융합"의 필요성을 제기했다고 할 수도 있다.[77] 리는 여기서 복잡성 연구란 지배적 지식생산 구도, 나아가 자유주의적 사회질서에 대해 역동일시의 전략으로 개입하여 그 구도와 질서를 뒤흔들려는 문화연구의 시도에 대한 '과학적' 근거를 제시한다고 보는 것 같다. 그는 지금 우리가 목격하고 있는 것은 "'과학적' 모델 위에 구축된 지식의 정당성 주장을 뒷받침하는 존재론 자체가 변혁을 겪고 있다"는 사실이라 보고,[78] 이런 상황에서 "변화의 방향은 복잡성 연구가 보여주듯이 예컨대 가치 적재된 결정과 행동의 형태로 조그마한 동요에도 예민하게 의존하게 될 것"이라는 입장을 제출하고 있다.[79] 문화연구와 복잡성 연구 또는 나아가서 제3의 문화 사이에 상보성이 있음을 보여주는 관점이라고 하겠다.

지젝이 '탈구조주의적 해체주의적 문화연구'라는 표현을 쓰는 데서 시사되고 있듯이 문화연구가 이론적으로 탈구조주의 또는 해체주의에 크게 의존하고 있다면, 이 이론 전통과 제3의 문화의 주된 이론적 전통에 속하는 진화론 간의 관계를 살펴봄으로써 문화연구와 제3의 문화 간의 양립 또는 상호 보완 가능성을 확인할 수도 있을 것이다. 엘렌 스폴스키에 따르면 "다윈의 진화이론은 재현에 대한 탈구조주의적 비판과 의미심장하게 일치한다."[80] 둘 다 형이상학적 관념론 또는 본질론에 대한 비판을 담고 있다는 이유 때문이다. 스폴스키는 인간의 인지(시각, 청각, 촉각 등)는 상이한 복수의 인지 모듈에 의존해야 함에 따라 생기는 정보 구조들 간의 간극들을 채우기 위해 개인적 경험과 기억에 바탕을 둔 추론을 사용하게 됨에 따라서 창의성을 갖게 되었다고 본다. 이것은 인류 사회에서 문화적 다양성이 있다

77_ Ibid., 13.

78_ Ibid., 12.

79_ Ibid., 14.

80_ Ellen Spolsky, "Darwin and Derrida: Cognitive Literary Theory As a Species of Post-Structuralism," *Poetics Today*, Vol. 23, No. 1 (2002), 43. 이하 이 글에서의 인용은 본문의 괄호 속에 그 쪽수를 표시한다.

는 사실에서 확인되는 것으로, 유전자 상속은 그 상속이 어떻게 사용될 것인지를 예측하지는 않는다는 사실을 말해주고 있다. 하지만 이런 말을 한다고 해서 스폴스키가 진화론을 부정하는 것은 아니다. 오히려 그녀는 인지적 진화론적 가정들은 역사와 문화에 대해 새로운 질문들을, 더 많은 역사적 연구를 요구하는 질문들을 제기한다고 본다.(46)

스폴스키에 따르면 "인간 두뇌의 진화 연구에서 나오는 가정들"은 "탈-구조주의 사상과 전혀 불일치하지 않고 실제로 이 사상을 확장하며 풍부하게 만든다."(47) 탈구조주의의 기본 입장의 하나는 언어가 외부 현실을 바로 의미하지는 않는다는 것이다. 이미 소쉬르에 의해 지적된 바지만 단어들은 다른 단어들과의 관계의 효과로 의미를 산출하는 것이지 단어들 자체에 의미를 담고 있는 것은 아니다. "언어는 각 항의 가치가 다른 항들의 동시적 현존에서만 생겨나는 항들의 체계"인 것이다.[81] 소쉬르는 통상 구조주의자로 알려져 있지만 자크 데리다와 같은 탈구조주의자도 '텍스트 바깥'에서 의미를 찾지 않는 것은 마찬가지다. 그렇다고 탈구조주의자들이 구조주의자들과 동일한 언어 및 재현에 대한 이해를 갖고 있는 것은 아닌 것이 후자가 구조의 안정성을 인정하는 반면 전자는 그것에 대해서도 회의를 표하기 때문이다. 소쉬르가 기호의 자의적 성격, 기호의 작동이 관습에 의해 영향을 받는다고 했다면, 탈구조주의자들은 "관습의 안정화하는 힘 자체도 해체될 수 있다"고 보고,(49) 급기야는 의미 결정의 불가능성, 재현의 불가능성을 주장하기까지 한다. 하지만 스폴스키는 이후에 탈구조주의 진영에서 이런 과격한 주장에 대한 수정이 이루어졌다고 보고 "만약 인간의 재현 체계가 직접적 현실에 대해 정말로 아무런 통로도 제시하지 않는다면 진화와 적응에 대한 다윈적 프로그램 전체를 폐기하는 일이 일어날 것"이라고 말한다. "인간(이나 다른 종들)이 자신들의 신체 외부 세계에 대한 상대적으로 신뢰할 수 있는 정보를 얻지 못하면 오랫동안 생존할 수 없을 것이고 재생

81_ Ferdinand de Saussure, *Course in General Linguistics*, tr. Wade Baskin (New York: Philosophic Library, 1959), 114.

산 등도 할 수 없을 것"이기 때문이다. 이런 관점에서 보면 진화론은 해체론 적 주장의 절대성을 조정하며 그 주장의 구배적 성격 또는 점차성(gradience) 을 지지한다고 볼 수 있다. 이때 우리의 재현 체계는 불안정하기는 하지만 언제나 역설적이고 언제나 오해를 불러일으키는 것은 아닌 것으로 이해된 다. 스폴스키는 재현체계의 불안정성을 오히려 장점으로 보는데, 그것은 그녀가 "기표와 기의의 간극은 비극이 아니다. 그것은 체계로 하여금 새로 운 맥락의 도전을 맞게 하고 새로운 결합과 새로운 의미로 낡은 단어들을 사용할 수 있게 하는 유연성을 내장시킨다"고 보기 때문이다.(52) 스폴스키 가 볼 때 "체계는 꼭 전적으로 안정적이진 않다. 그것은 언제나 오용에, 즉 고의적인 수사적 납치나 비유에 열려 있다." 이런 취약함이 꼭 부정적인 요소만은 아니라는 것이 중요하다. 다양한 맥락에 걸쳐 반복 가능한 형태로 있어서 텍스트와 같은 재현 체계는 오용의 취약함을 갖고 있지만, 이것이야 말로 "창조적 혁신을 허용하고 종이 결코 다함이 없는 두 가지 일, 즉 생존 과 적응을 하도록 해주는 바로 그것"인 것이다.(53)

스폴스키가 말하듯이 재현체계의 의미가 확정되어 있지 않고 불안정하 다고 보고, 따라서 본질론에 근거하든 아니면 안정된 관습에 입각한 것이라 고 보든 구조화된 재현체계에 대해 의혹의 눈초리를 보내지만, 동시에 문제 의 불안정성을 오히려 창조적 소통의 자원으로 여기는 것이 탈구조주의라 면, 탈구조주의자에게 구조 또는 체계는 원래 그런 것, 마땅히 그래야 할 것이 아니라 당분간 그런 것일 뿐이다. 하지만 구조와 체계가 지금 당분간 '그런 것'으로 존립하지 않으면 소통 자체가 불가능하다는 점에서 탈구조주 의자 역시 언어와 같은 의미 체계가 구조화되어 있다는 점을 인정하지 않을 수 없다. 중요한 것은 그래도 역시 이 구조가 영원하지 않다는 것, 그 안에 불안정한 요인들을 담고 있다는 것인데, 스폴스키는 이런 관점이 그 어느 것보다 다원적이라고 본다. 진화론자(다윈과 그 후예)와 해체론자(데리다 등)는 모두 "구조화—구조들의 생산(그리고 이것은 구조들의 이론들을 무 한하게 생산하는 것과 같은 것이다)—를 특정한 환경 안에서 그에 반응하

여 일어나는 행위로 보기 때문이다."(56)

　문화연구와 제3의 문화 사이에 지젝이 암시하듯 대립보다는, 로버트 리와 엘렌 스폴스키가 보여주듯 오히려 상동성과 상보성이 작용한다면, 두 지적 기획을 초분과성의 관점에서 서로 연계될 수 있는 것으로 볼 수 있지 않을까? 그리고 오늘날 지배적인 지식생산을 동요시키기 위해 그 내부에서 '타고 넘는' 역동일시 전략의 자원으로 활용할 수 있지 않을까? 물론 문화연구와 제3의 문화 사이에 꼭 상호보완의 관계만 있는 것은 아닐 터이다. 지젝이 지적하는 것처럼 양자간에 경쟁과 투쟁이 있을 수도 있겠고, 특히 제3의 문화가 갈수록 자본의 영향을 더욱 받고 있는 거대복합과학을 기반으로 하며 '제도학문적 대학 담론'을 지적 자유의 장으로만 본다는 점도 문제가 아닐 수 없다. 하지만 그렇다고 두 지적 기획이 기존의 지식생산에 대해 가하는 문제제기와 그 안에 담긴 대안적 지식생산의 가능성까지 무시할 일은 아닐 것이다. 문화연구와 제3의 문화는 지젝처럼 비판만 할 것이 아니라, 더 가꾸어 키워나가야 할 지적 자원으로 간주할 필요가 있다고 본다.

6. 결어

　스노우가 '두 문화 분리'의 극복을 과제로 제출한 이래 '현실적으로 존재하는 제3의 문화'가 등장했지만, 이 문화의 경우 과학 중심적인 것이 사실이고, 이로 인해 많은 인문학자들이 우려하듯, 또 위에서 살펴본 대로 지젝이 암시하듯, 인문학적 문화 또는 여기서 제시한 문화연구와 제3의 문화 사이에는 갈등이 존재하는 것이 사실이다. 이 글에서 나는 양자 간의 관계를 대립으로 보는 관점을 극복할 필요가 있다는 판단에서 문화연구와 제3의 문화의 대립보다는 상호 관계 맺기, 초분과적인 연계를 더 중시하는 입장을 제출했지만, 현존하는 지식생산 현장에서 학문의 분과들 또는 분야들 간의 괴리는 여전하다고 봐야 한다. 오늘 학문은 크게 인문학, 사회과학, 자연과학 세 분야로 나뉘어져 있고, 이들 분야에 속하는 학문들 내부에서는 다시 이론과 기술 중심으로 분할되어 있다. 브루노 라투르에 따르면 세 분야로의 학문 구분은 그동안 우리가 '근대인'으로 자처해 오면서 '사실'과 '권력', '담론'의 세계를 서로 구분하여 지식을 생산해온 결과다.[82] 여기서 '사실'은 자연을, '권력'은 사회를, 그리고 '담론'은 인문학을 포함한 문화를 가리킨다 할 수 있을텐데, 보다시피 이들 대상은 각기 오늘날 학문이 인문학, 사회과학, 자연과학으로 나뉘어져 있는 것과 상응 관계를 이루고 있다. 라투르는 이 삼분법이 지식생산 차원에서 이루어지고 있다고는 해도 실제로 '사실'과 '권력'과 '담론'이, 또는 '자연'과 '사회'와 '문화'가 분리된 적은 없었다고 말한다. 근대의 기본 구도는 한편으로는 정화와 분리의 원칙에 의해 사실과 권력과 담론을 구분하고 있지만, 이 원칙은 가동되는 즉시 번역과 매개의 원칙에 의해 영향을 받아 세 가지 차원 가운데 어디에 속하는지 알 수 없는 키메라들, 준-대상들을 수도 없이 많이 만들어내고 있다는 것이다. 이는 지식생산에서 벌어지고 있는 두 문화 또는 학문의 삼분법은 실제로 일어나고 있는 현상을 제대로 다루고 있지 못함을 말해준다고 하겠다.

이런 점에서 학문간 통섭은 필요한 일이 아닐 수 없다. 하지만 위에서 살펴본 대로 통섭이 환원적으로 작용할 경우 현존하는 학문들 가운데 소수만이 특권을 누리게 되고 나머지는 도태당할 우려가 있는 것도 분명하다. 정부의 정책, 예산 편성 등을 통해 현실적으로 큰 영향을 미치고 있는 학문간 융복합이 진행되고 있는 상황에서 학문이론적으로 환원주의적 통섭을 주장하는 것은 학문생태계를 초토화시킬 가능성이 없지 않은 것이다. 하지만 이런 이유로 통섭은 불가하다고 하고, 기존 학문들을 온존시켜야 한다며, 필요에 따라 학제적 연구 정도만 추진하면 되겠다고 한다면, 그것 역시 지금까지 긍정적으로 살펴본 문화연구와 복잡성 연구의 정당한 문제의식을 모르쇠로 외면하는 것이라 하겠다. 환원주의적 통섭이 문제가 있다고

82_ 브루노 라투르, 『우리는 결코 근대인이었던 적이 없다』, 홍철기 역, 갈무리, 2009.

해도 비환원주의적 통섭까지 거부할 수는 없다. 당연히 한편으로는 분과들의 자율성을 인정해야 하겠지만, 다른 한편으로는 분과들 간의 대화와 소통을 촉진시키고, 더 나아가서는 '분과들 너머'로까지 나아가는 통섭이 필요하다. 이 글에서 살펴본 대로 비환원주의적 통섭 모델로서의 초분과성 기획이 성립될 수 있다면 학문간 통섭을 반대하는 것이 오히려 오늘 여전히 인류사회를 지배하고 있는 자유주의적 지식생산 구도를 온존시키는 일이 될 것이다. 복잡성 연구와 함께 1960년대에 등장하여 지배적인 지식생산 구도에 대해 문제제기를 해온 문화연구 기획이 유효한 것도 이런 이유 때문이다. 문화연구는 아직도 분과체제에 대해 비판적인 자세를 갖고 여러 학문 분과들을 '불편하게 만들며' 까다로운 면모—지젝이 말하듯이 '이물질'로서—를 드러내고 있는데, 이 까다로움이야말로 문화연구가 제도권 학문 세계 내부에 있으면서도 그 세계의 새로운 전화를 야기하는 불씨로 작용하는 자원이 아닐까 한다.(2010)

■■■ 관련 글 목록 ■■■

1. '의림'과 시적 정의, 또는 사회미학과 코뮌주의(『문화/과학』 53호, 2008년 봄)

   「공간의 시적 정의와 건축의 외부」(『문화/과학』 66호, 2011년 여름)

   「신자유주의 위기와 코뮌운동의 주체형성—노동권의 복원과 즐거운 혁명」(『문화/과학』 60호, 2009년 겨울)

   「코뮌주의와 문화사회」(『문화/과학』 50호, 2007년 여름;『신자유주의 시대 한국문화와 코뮌주의—문화사회론적 접근』, 문화과학사, 2008 재수록)

2. **노동거부의 사상**(『문화/과학』 16호, 1998년 겨울;『신자유주의와 문화—노동사회에서 문화사회로』, 문화과학사, 2000 재수록)

   「시간의 경제와 문화사회론」(『마르크스주의 연구』 제8권 제4호, 2011)

   「문화사회 건설과 노동거부」(『문화/과학』 20호, 1999년 겨울;『신자유주의와 문화』 재수록)

   「문화사회를 위하여」(『문화/과학』 17호, 1999년 봄;『신자유주의와 문화』 재수록)

3. **누가 음란을 두려워하랴**(『문화/과학』 28호, 2001년 겨울;『한국의 문화변동과 문화정치—문화사회를 위한 비판적 문화연구』, 문화과학사, 2003 재수록)

   「신자유주의 체제와 문화적 권리」(문화연대 주최 '신자유주의 체제를 넘어서는 문화운동의 새로운 프레임 "문화권"—문화권의 사회적 확산을 위한 연속토론회 발표문, 2007년 5월 25일;『신자유주의 시대 한국문화와 코뮌주의』 수록)

   「<거짓말> 사태가 제기한 문제들—예술의 음란성 논란과 음란물의 사회적 관리」(『문화/과학』 21호, 2000년 봄)

   「'문화적 권리'의 이해와 신장을 위한 예비적 검토」(세계인권선언 50주년 기념 '한국인권의 현황과 과제' 토론회 발표문, 1999년 2월;『신자유주의와 문화』 수록)

   「신자유주의와 표현의 자유」(민주화를위한전국교수협의회, 민주와진보를위한지식인연대, 한국민족예술인총연합 등 공동 주최 '우리사회, 표현의 자유는 있는가 토론회 발표문, 1997년 9월 10일;『신자유주의와 문화』 수록)

4. **일상의 금융화와 리듬분석**(제7회 맑스코뮤날레 발표, 2015년 5월 16일; 맑스코뮤날레집행위 편, 『다른 삶은 가능한가』, 한울아카데미, 2015 수록)

   『신자유주의 금융화와 문화정치경제』(문화과학사, 2014)

「금융파생상품의 작동원리와 문화적 효과」(『마르크스주의 연구』 제8권 4호, 2012)

「미래할인의 관행과 일상문화의 변화」(『경제와 사회』 92호, 2011년 겨울)

5. **1987년 체제 이후 한국에서의 신자유주의 지배와 문화지형 변동**(중국 상해대 당대문화연구소 초청 강연 발표문, 2012년 5월 9일)

「신자유주의 너머 문화사회로」(홍세화 · 김세균 외, 『사상이 필요하다』, 글항아리, 2013)

「한미 FTA와 문화」('한미FTA 대안 시민학교' 강의 원고, 2012년 2월 15일)

「문화와 시장—신자유주의 시대의 한국문화」(『마르크스주의 연구』 제5권 2호, 2008년 여름; 『신자유주의 시대 한국문화와 코뮌주의』 재수록)

「신자유주의 시대 문화지형의 변동과 문화운동」(『마르크스주의 연구』 제4권 1호, 2007; 『신자유주의 시대 한국문화와 코뮌주의』 재수록)

「신자유주의와 한류—동아시아에서 한국 대중문화의 문화횡단과 민주주의」(『중국현대문학』 42호, 2007; 『신자유주의 시대 한국문화와 코뮌주의』 재수록)

「가없는 미디어매트릭스」(『문화/과학』 48호, 2006년 겨울; 『신자유주의 시대 한국문화와 코뮌주의』 재수록)

「강남의 계급과 문화」(『황해문화』 제42호, 2004년 봄; 『신자유주의 시대 한국문화와 코뮌주의』 재수록)

「문화다양성, 세계화, 그리고 교역」(유네스코한국 주최 '문화다양성 국제규약 제정의 가능성과 전망 세미나 발표문, 2003; 『한국의 문화변동과 문화정치』 수록)

「신자유주의 시대의 한국문화」(『황해문화』 제31호, 2001년 여름; 『한국의 문화변동과 문화정치』 재수록)

「'위기' 이후의 문화」(한국-유럽지식인 포럼과 『르몽드 디플로마티크』지가 파리에서 공동 개최한 학술회의 발표문, 2000년 11월; 『신자유주의와 문화』 수록)

「IMF의 신자유주의 공세와 문화변동—문화정치를 구상하며」(『경제와 사회』 38호, 1998년 여름; 『신자유주의와 문화』 수록)

「1990년대 한국에서 산다는 것」(한국-유럽지식인포럼과 파리8대학 공동 주최로 파리 8대학에서 열린 학술대회 발표문, 1998년 6월; 『신자유주의와 문화』 수록)

6. **신자유주의 반대운동, 어떻게 발전시킬 것인가**(민주화를위한전구교수협의회 창립 20주년 기념 '한국사회의 발전방향과 민교협 운동' 심포지엄 발표문, 2007년 6월 26일)

「촛불정국과 신자유주의—한국 좌파의 과제와 선택」(『문화/과학』 55호, 2008년 가을; 홍성태 편, 『촛불집회와 한국사회』, 문화과학사, 2009 재수록)

「현 단계 문화운동의 방향과 과제」(『문화/과학』 56호, 2008년 겨울; 『신자유주의 시대 한국문화와 코뮌주의』 재수록)

「문화운동과 교육」(지역연구 사람대사람 창립토론회 기조강연문, 2007년 10월 20일;
『신자유주의 시대 한국문화와 코뮌주의』 수록)

「민교협 20년의 신자유주의 반대운동」(민주화를위한전국교수협의회, 『민교협 20년사』, 2007)

「한미 FTA 협상 타결 이후 신자유주의 반대 투쟁의 과제」(한미FTA저지 교수학술단체공
동대책위원회 주최, '한미FTA협상과 한국사회의 진로' 토론회 발표문, 2007년 4월 26일)

「한미 FTA와 한국에서의 신자유주의, 문화, 그리고 민주주의」(미국 콜롬비아대학교
동아시아학과 초청강연 발표문, 2006년 4월 26일)

「맑스와 한국 문화운동의 방향」(맑스코뮤날레 집행위, 『맑스, 왜 희망인가?』, 메이데
이, 2005; 『신자유주의 시대 한국문화와 코뮌주의』 재수록)

「비자본주의 사회를 꿈꾸며」(『비평』 2호, 2000; 『신자유주의와 문화』 재수록)

「21세기의 혁명—'문화사회'라는 프로젝트」(강내희 외, 『혁명의 문화사』, 이후, 1999;
『신자유주의와 문화』 재수록)

7. 종결어미 '-다'와 한국의 언어적 근대성(『흔적』 3호, 문화과학사, 2008)

「근대성과 번역」(『비평과 이론』 제14권 1호, 2009)

「한국의 식민지 근대성과 충격의 번역」(『문화/과학』 31호, 2002년 가을)

「근대성의 '충격'과 한국 근대성 논의의 문제」(『문화/과학』 25호, 2001년 봄)

「재현체계와 근대성」(『문화/과학』 24호, 2000년 겨울)

「한국 근대성의 문제와 탈근대화」(『문화/과학』 22호, 2000년 여름)

「고도기술시대의 현실재현」(『한길문학』, 1990년 9월호)

8. 흉내 내기와 차이 만들기—신식민지 지식인을 위한 유령학(『흔적』 창간호, 문화과학사, 2000)

「근대적 공간 환경과 인문학자의 유령학」(중앙대 『인문학연구』 43호, 2009)

「환등상으로서의 근대성과 '유령학'의 문제설정」(중앙대 『인문학연구』 42호, 2008)

9. 영문학의 연구와 버터 읽기(『외국문학』, 1987년 봄호; 『문학의 힘, 문학의 가치—문학의
유물론적 이해』, 문화과학사, 2003 재수록)

「식민지 시대 영어교육과 영어의 사회적 위상」(『안과밖』 18호, 2005년 상반기)

「한국 영문학 연구와 교육의 탈바꿈을 위하여」(『안과밖』 3호, 1997; 『문학의 힘, 문학
의 가치』 재수록)

「영국의 문학교육과 그 제도화」(중앙대 『인문학연구』 25호, 1996; 『문학의 힘, 문학의
가치』 재수록)

「한국 영문학 연구와 교육의 전화를 위한 한 모색」(김용권 외, 『영문학 교육과 연구의
문제들』, 한신문화사, 1996; 『문학의 힘, 문학의 가치』 재수록)

「영어교육과 언어철학」(영어교사모임 편, 『올바른 자리 매김을 위한 영어교육』, 푸른

나무, 1991; 『문학의 힘, 문학의 가치』 재수록)

「서구의 ‘야만안’ 담론」(『서강영문학』 제2호, 1990; 『문학의 힘, 문학의 가치』 재수록)

10. 문학의 힘, 문학의 가치—탈근대 관점에서 본 문학범주 비판과 옹호의 문제들(『문화/과학』 13호, 1997년 겨울; 『문학의 힘, 문학의 가치』 재수록)

「문화연구와 ‘문형학’—문학의 새로운 이해」(『한국언어문화』 제26권, 2004. 12)

「문학교육의 전화와 ‘문형’의 문제설정」(한국영어영문학회 학술대회 한국영미문학교육학회 주관 ‘문학교육인가, 문화교육인가 토론회 발표문, 2003년 1월 23-25일; 『문학의 힘, 문학의 가치』 수록)

「언어문화교육의 개념과 방향」(문화연대 문화교육위원회 언어문화교육분과 주최 ‘언어문화교육의 개념과 방향 토론회 발표, 2003년 6월 13일; 『문학의 힘, 문학의 가치』 수록)

「대학 문화언어교육의 문제들」(문화연대 문화교육위원회 언어문화교육분과 주최 토론회 발표문, 2002년 11월 8일; 『문학의 힘, 문학의 가치』 수록)

「문학과 아픔의 미학」(부산 경성대 인문학연구소 강연문, 2002년 5월 28일; 목포대 영문학과 강연문, 2002년 10월 23일; 『문학의 힘, 문학의 가치』 수록)

「사이버 ‘문형’과 주체형성—사이버정치의 조건들」(『문화/과학』 10호, 1996년 겨울; 『문학의 힘, 문학의 가치』 재수록)

「문학 연구와 교육의 담론이론적 모색」(『인문학연구』 제20집, 1993; 『문학의 힘, 문학의 가치』 재수록)

11. 롯데월드론—독점자본과 문화공간(『한길문학』 8호, 1991; 『공간, 육체, 권력』, 문화과학사, 1995 재수록)

12. 유사도시, 역공간, 사이버공간—결연의 시험장(『문화/과학』 7호, 1995년 봄; 『공간, 육체, 권력』 재수록)

「근대적 공간환경에 관한 한 성찰」(『공간환경』 60호, 1998)

『공간, 육체, 권력』(문화과학사, 1995)

「서울, 그 일상공간의 동학」(『문화/과학』 5호, 1994년 봄; 『공간, 육체, 권력』 재수록)

「압구정동의 ‘문제설정’—한국자본주의의 욕망구조」(강내희 외, 『압구정동: 유토피아/디스토피아』, 현실문화연구, 1992; 『공간, 육체, 권력』 재수록)

13. 서울의 도시화와 문화경제—동향과 문제(중국 충칭대 인문사회과학고등연구원 주최 ‘문화시야 속의 도시화—충칭을 예로 삼아 워크숍“文化視野中的都市化—以重慶爲例”工作坊] 발표문, 2012년 4월 19-24일)

「‘량장쓰후’와 경관의 문화정치경제—금융화 시대 중국의 ‘사회주의적’ 공간 생산」(공저자: 시에잉후아解英華, 『중국현대문학』 71호, 2014)

「세계화시대 한국의 시공간 탈구—기획금융의 문화정치적 함의」(한국문화연구학회,
성공회대 동아시아연구소 공동 주최 제1회 문화연구 국제학술대회['아시아에서 문화
경제와 문화도시'] 발표문, 2012년 2월 10일)

「'디자인 서울'과 공간의 문화정치: 문화기호학적 분석」(공저자: 윤자형, 『마르크스주
의 연구』, 제7권 제4호, 2010)

14. **문화공학을 제안하며**(『문화/과학』 14호, 1998년 여름; 『지식생산, 학문전략, 대학개혁』,
문화과학사, 1998 재수록)

15. **문화예술대 교과과정의 특성화 전략**('민족예술대학[가칭] 설립 추진위원회' 주최 '민족예술대
학[가칭] 설립을 위한 교육과정 워크숍' 발표문, 1997년 1월 18일; 『지식생산, 학문전략,
대학개혁』 수록)

「교양교육의 혁신과 학문체제의 개편—교육내용을 중심으로 본 대학개혁의 방향」(교
육운동단체 공동학술대회 발표문, 2011년 12월 1일; 민주화를위한전국교수협의회 편,
『입시·사교육 없는 대학 체제』, 한울아카데미, 2014 축약본 수록)

『인문학 활용 국가발전전략 수립 연구』(안삼환·강내희·심광현·김정인 공저, 경제
인문사회연구회, 2005. 서장과 제2장['국가발전전략과 문학'])

「대학의 학문제도 및 교육과정 개편의 방향 모색」(전교조 제4회 참교육실천보고대회
발표문, 2005년 1월 10일-13일)

「대학교육과 학문의 위기 극복을 위하여—진단과 모색」(전교조 제3회 참교육실천보
고대회 발표문, 2004년 1월)

「'교육내용'으로 본 교육운동의 과제와 방향」(교수노조 창립 3주년 기념 '교육운동의
과제와 방향' 토론회 발표문, 2003년 11월 15일; 『교육개혁의 학문전략—신자유주의
지식생산을 넘어서』, 문화과학사, 2003 수록)

「한국 대학교육의 문제와 대안: 문화적 관점」(교육개혁시민운동연대주최 '노무현정부
교육정책 평가와 올바른 교육개혁을 위한 정책 제안 토론회 발표문, 2003년 11월 10일;
『교육개혁의 학문전략』 수록)

「노무현 정부의 학문정책 과제」(『교육비평』, 2003; 『교육개혁의 학문전략』 재수록)

「문화교육과 대학의 학문제도」(전국교직원노조 제2회 전국참교육실천보고대회 발표
문, 2003년 1월 9-11일; 『교육개혁의 학문전략』 수록)

「21세기 한국사회 발전을 위한 학문정책의 기본방향」(『지식생산, 학문전략, 대학개혁』 수록)

「인문학, 문화연구, 문화공학—지식생산의 변화와 대학의 변화」(『중대신문』 창간 50
주년 기념 학술심포지움 발표문, 1997; 『지식생산, 학문전략, 대학개혁』 수록)

「분과학문체계의 해체와 지식생산의 '절합적 통합'」(『문화/과학』 11호, 1997년 봄; 『지

식생산, 학문전략, 대학개혁』재수록)

16. **인문학과 향연**(『영미문화』제10권 3호, 2011)

「한국 인문학의 제도적 문제들」(『서강인문논총』제23집, 2008)

「노무현 정부의 출범과 '인문학 위기'의 극복」(전국대학인문학연구소협의회 주최 '인문학에서 본 노무현 정권의 과제' 심포지엄 발표문, 2003년 2월 28일; 『교육개혁의 학문전략』수록)

「21세기 인문학의 사회적 역할—자기비판을 통한 전화」(14개 대학 인문학연구소 학술 심포지엄 '현대사회의 인문학—위기와 전망' 발표문, 1997년 11월 28일; 『지식생산, 학문전략, 대학개혁』수록)

「컴퓨터시대의 인문학—기계주의적 관점의 전망과 진단」(중앙대학교 인문과학연구소 주최 제68회 학술연구발표회 발표문, 1997년 6월 19일; 『문학의 힘, 문학의 가치』수록)

17. **'GNR 혁명'과 탈인간주의 시대의 지식생산—비판적 인문학자의 단상**(『문화/과학』57호, 2009년 봄)

「유비쿼터스 시대 글쓰기와 주체형성, 그리고 인문학」(『인문연구』제57권, 2009)

「과학기술, 글쓰기, 주체형성」(박이문 외, 『새로 보는 과학기술』, 고즈윈, 2007)

「'근대문학' 이후 '문학(연구)?」(『비평과 이론』19호, 2006)

「디지털복제시대의 '문자예술'」(『인문학연구』34호, 2004)

「몸, 글, 인문학」(『인문연구』47호, 2004)

18. **은유와 담론의 정치학, 또는 인지과학과 탈구조주의의 접점을 찾아서**(『문화/과학』64호, 2010년 겨울)

「문학적 표현과 인지과학」(2010년 한국인지과학회 학술대회 발표문)

19. **학문의 비환원주의적 '통섭'을 위한 초분과성 기획과 문화연구**(『한국사회과학』제32권, 2010)

「일상의 문제와 문화연구, 그리고 맑스주의」(『마르크스주의 연구』제12권 2호, 2015)

「혁명사상 전통 계승으로서의 1990년대 한국의 문화연구」(『문화연구』제2-2, 2013)

「한국 문화연구의 방향 설정—문화사회와 대안적 세계화를 위하여」(중앙대 한국현대 문화연구소 학술대회 '한국 문화연구의 새로운 방향' 발표문, 2008년 12월 5일)

「통합교육과정으로서의 문화연구—중앙대에서의 시도」(한국예술종합학교 전통예술 원 학술심포지엄 '한국적 문화연구를 위한 대안 모색' 발표문, 2006년 10월 19일)

「문화연구와 문형학」(『한국언어문화』26집, 2004)

「문화연구와 '새' 인문학」(『서강인문논총』제18집, 2004)

「타자의 문화연구와 숭고의 미학」(『문화/과학』29호, 2002년 봄; 『한국의 문화변동과 문화정치』재수록)

「문화연구의 정치학」(『비평』창간호, 1999; 『한국의 문화변동과 문화정치』재수록)